Civil

21世纪东部法学系列教材

张 旭 总主编

民法学

（第二版）

主　编 李　峰

副主编 杨　瑞　张友连

撰稿人（按章节先后顺序）

侯银萍　杨　瑞　张亚琼

高周荣　李　峰　朱红英

孟兆平　李　嘉　李云波

张友连　孙科峰　李海龙

21世纪东部法学系列教材

民　法　学

主　编　李　峰
副主编　杨　瑞　张友连
撰稿人　（按章节先后顺序）
侯银萍　杨　瑞　张亚琼　高周荣
李　峰　朱红英　孟兆平　李　嘉
李云波　张友连　孙科峰　李海龙

厦门大学出版社

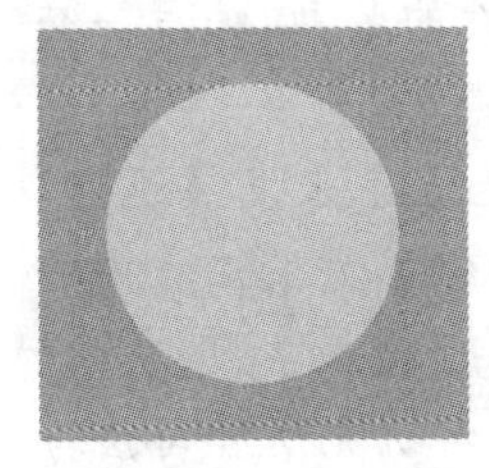

总 序

一国社会的文明与进步不仅取决于该国社会政治、经济的发展，也取决于该国社会法制化的发展，而一国法制化的发展与高等法学教育之间的直接联系，使得世界各国在其法制化进程中，都不能不高度重视本国的法学高等教育。法律作为一门专业性和时代性都很强的科学，不仅需要一大批法律专家和学者对于有关专业问题的深入研究，更需要具有普适性高等法学教育的发展和推动，而在高等法学教育中，从“传道、授业、解惑”的角度看，法学教材的编辑不能不说是法学教育诸多环节中十分重要的一环。换言之，作为高等法学教育基本依托的法学教材建设，以及法学教材的质量与法学教育水准之间的密切联系，使得法学教材的建设成为高等法学教育中一个不容忽视且必须予以高度重视的问题。

我国东部地区人杰地灵，物产丰富，改革开放以来不仅是社会经济发展最快的地区之一，也是文化教育最为发达的地区之一，伴随我国法学教育改革前进的步伐，高等法学教育取得了令人鼓舞的成就。然而，就法学教材的建设而言，却存在一定程度的不足。其具体表现就是，至今没有出版一套较为全面地反映和体现东部法学教育特征的高等法学教材。而无论是就历史的发展还是现实需要的角度看，东部不仅在中国近代意义的法学教育和法学研究上，曾经有过自己的辉煌，而且，就现实东部的经济、社会发展的需要而言，编辑一套针对东部法学教育的特点，能够体现东部法学教育特色，以及充分适应东部高等法学教育需要的法学教材，也具有十分显著的现实意义。申言之，针对东部法学教育的具体情况，编辑一套能够体现东部法学教育特色，以及充分适应东部高等法学教育需要的法学教材，不仅是东部地区社会经济、政治发展的需要，也是社会高等法学教育的现实需要。

21 世纪是我国社会高度发展的一个新的历史时期，在这个新的历史发展时期中，就高等法学教育而言，不仅面临法学教育观念的变革、教育方式的改革，也涉及教育内容的更新与发展，而这一系列问题最终都无一不体现在法学教材的编写与更新上。从这一个角度上讲，作为一项创造性的劳动，编写一套适应社会发展需要的教材值得我们认真地去思考、研究和探索。

浙江工业大学法学院，虽然算不上老牌的法学院，但是近年来发展迅速，学科建设得到了超常规发展，科研水平有了长足的提高，已经成为浙江省内有一定实力的法学科研、教学机构。学院设有理论法学、宪法行政法学、民法学、经济法学、刑法学、诉讼法学、国际法学等 7 个学科，以及法学研究所和司法与人权研究中心。与西南政法大学联合培养的法律硕士专业学位人员已达 200 多人。诉讼法学学科颇具实力，已获得硕士学位授予权。

同时，学院拥有一支教学经验丰富、科研成果丰硕的师资队伍，教授、副教授近 20 人，80%以上的教师具有博士、硕士学位。学院的教学、科研设施齐全，法学院大楼建筑面积达 12000 平方米，并配有装备现代化多媒体设施的模拟法庭 3 个。学院图书资料室藏书量达数万册，中外文学术期刊数百种。

在我们现有法学研究和教学力量的基础上，基于东部法学教育的现实需要。我们经过精心策划以及充分的准备，以我校教师为主，在浙江省内部分高校教师的参与下，我们编写了《21 世纪东部法学系列教材》。这套教材首期出版的是按照教育部颁布的《全国高等学校法学核心课程基本要求》而编写，以及由教育部确定的法学专业核心课程的 14 门教材。

在这 14 本核心课程教材的编写中，我们不仅有意识地吸收了近十几年以来，在我国社会发展中出现的较为定型的法学研究成果，以及相应学科国际发展的动向，使本教材在内容上能够充分反映出 21 世纪中国法学发展的现状，以及相应学科的国际发展趋势，而且，特别注意到了东部法学教育，以及法学本科教学的特点，有的放矢地针对法学高等教育中本科学生的特点，将教学内容、教学提问，以及案例教学结合起来，使教材不仅具有新颖性、学术性，也具有较大的可读性。

法学教材的编写虽然不同于法学专著的撰写，但是资料的收集、学术思想的整理和教材的编写，以及逻辑体系上的斟酌、考量也决非一件十分容易的事情。为此，特向参与本套教材编写的各位作者，表示衷心的感谢！

本套教材的出版得到了厦门大学出版社的大力支持，在此一并表示衷心的感谢！

张 旭

2007 年 4 月于杭州

目　录

第一编 总 论

第一章

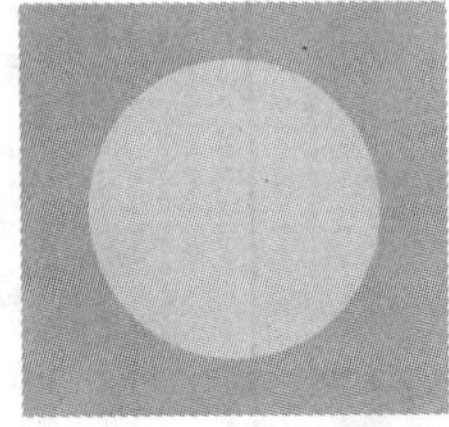

民法概述

第一节 民法的含义

一、民法的词源

“民法”一词源于罗马法的市民法(ius civile),在古罗马,由于城市及领地的划分,每个城市均有自己的法律或者规则。作为城邦国家的公民,其身份就是市民,对市民的各种关系进行规范的法律称为“市民法”是自然的。当时,罗马也是一个城市,在罗马,就有万民法与市民法的分别。“市民法”是罗马人特有的法律,属于罗马私法,是指调整市民之间个人关系的法律。而“万民法”是罗马人与其他所有民族共同拥有的法律。[①] 随着市民阶层经济实力的逐渐强大,这一新生力量在政治上的地位也愈来愈不容忽视,慢慢开始对封建势力构成威胁。“市民社会”也逐渐演变为专有名词。资产阶级革命的过程中,革命者运用市民法作为制度性武器,以平等的市民观解构教会法和封建等级制度。资产阶级提出了“天赋人权、人人平等”的思想,“市民社会”有了与政治国家对立的基础社会的含义。

通说认为,我国自古诸法合一,民刑不分,汉语中的“民法”一词并非我国固有的。“民法”这一术语是日本学者在翻译欧洲市民法时,将市民法翻译成

① [意]彼德罗·彭梵得:《罗马法教科书》,黄风译,中国政法大学出版社 1992 年版,第 13 页。

“民法”而产生的。关于日本人所用“民法”一词的译者，一种观点是津田真道于 1866 年在介绍欧洲法律文明时把荷兰语的“Burgerlyk Reget”译为“民法”，[①]另一种观点是箕田磷祥在日本明治维新后制定民法典时把法语的“droit civil”译为“民法”。[②] 我国民法的引进始于清代，当时称为“民律”。我国清朝末年，清政府派沈家本等人为修订法律大臣，聘请日本学者松岗义正等人起草民法，于 1911 年完成《大清民律草案》。南京国民政府成立后，设立民法起草委员会，1929 年 5 月 23 日公布的民法典，是我国法律上使用“民法”一词的开始。

二、民法的种类

(一)实质意义上的民法与形式意义上的民法

实质意义上的民法，也称部门法意义上的民法，是指所有调整平等主体财产关系和人身关系的民法规范的总称。它不仅包括民法典，还包括民事单行法、民事特别法及散见于宪法和其他规范性文件的民法规范。形式意义上的民法，是指按照一定的体例编纂，并以法典方式命名的民法典。实质意义上的民法与形式意义上的民法的区分具有重要意义：一是实质意义上的民法应当符合形式意义上的民法；二是在法律的掌握上，不仅要掌握形式意义上的民法，而且要掌握实质意义上的民法，如合同法、民用航空法上的侵权赔偿问题等等。

在我国，目前虽然还没有形式意义上的民法，但是新中国成立以来，我国已经制定并颁布了许多民法规范，并有一部作为民事基本法的《民法通则》，因而，实质意义上的民法是客观存在的。

(二)广义的民法与狭义的民法

广义的民法，是指所有调整民事关系的成文法和不成文法、民事普通法和民事特别法。在我国由于实行民商合一的立法例，传统商法实际上是民事特别法，即属于广义的民法的内容，因而广义的民法也就是实质意义上的民法。狭义的民法，是指除商法以外的民法典和其他民法规范。

(三)实证意义上的民法与自然意义上的民法

实证意义上的民法是指具有普遍的强制力的行为规范，因这种法能够为人们证实并进行观察和研究，故称为实证意义上的民法。实证意义上的民法

---

① 梁慧星:《民法总论》，法律出版社 2001 年第 2 版，第 1 页。

② 梅仲协:《民法要义》，上海昌明书屋 1947 年版，第 9 页。

在形式上包括民法典、特别民事法律法规以及具有法律效力的其他规范形式。而自然法是上帝统治理性动物的法,它永远是公正和善良的。[①] 自然意义上的民法是理想状态的民法,实证意义上的民法永远不可能等于自然意义上的民法,但是可以接近自然意义上的民法。

三、民法与民法学

民法与民法学是性质不同的两个概念,两者既有密切联系又有重要的区别。民法是民法规范的总称,是由国家制定或认可的、作为国家意志表现出来的法律规范,是由国家强制力保证实施的。民法学是以研究民法理论与实践及其发展规律为主要对象的一门社会科学,不具有法律效力,也不具有国家强制力。

民法与民法学既互相联系又互相影响。民法学对民事立法和司法实践具有指导和推动作用;同时民法学的内容又取决于民法的内容。两者是相辅相成、相互促进的。

四、民法的概念

大陆法系国家的民法典大多不通过定义的方式来确定民法的概念,只有少数国家的民法典是从私法的角度给民法下定义。如"民法系人类社会生活之规范约束人类私人间之关系","民法系私法的一部分,乃规律私人间一般社会生活关系之根本法"等。[②]

我国的民事立法是从民法的调整对象的角度给民法下定义。依据我国法律,不同的法律部门调整不同的社会关系,民法调整的社会关系的范围非常广泛,包括财产关系和人身关系。我国《民法通则》第 2 条,将民法的概念表述为:"民法是调整平等主体的自然人之间、法人之间、自然人和法人之间的财产关系和人身关系的法律规范的总称。"对这一概念的理解应注意以下几点:

(一)民法是法律规范的一种

法律规范是社会规范的一部分,诸如道德、宗教等都属于社会规范,但是它们均不同于法律规范,因为法律规范是规定人们权利义务并由国家强制力保证实施的社会规范。

---

① 李永军:《民法总论》,法律出版社 2006 年版,第 5 页。

② 洪逊欣:《中国民法总则》,上海昌明书屋 1936 年版,第 1 页。

（二）民法调整的法律规范仅仅限于平等的主体之间

民法所调整的财产关系和人身关系这两种社会关系都具有平等的属性。何谓平等？在民法的范围内，平等意味着当事人之间互不隶属，意志自由，处于同等地位。这就使得民法法律关系区别于具有隶属性的行政法律关系和具有管理性的经济法律关系。

（三）民法的主体范围具有广泛性

民法的主体即民事主体，是在民法上能够享有民事权利并承担民事义务的人。我国《民法通则》中的平等主体，既可以是自然人之间，也可以是法人之间，还可以是自然人与法人之间，足见其范围之广泛。

第二节 民法的性质及任务

一、民法的性质

民法的性质是指民法本身固有的根本属性。民法的性质决定了民法的本质、面貌以及发展的方向。我国民法的性质可以概括为如下几个方面。

（一）民法是私法

公法与私法的划分是西方大陆法系国家法律史上源远流长的一种法律的分类，但是分类的标准颇不一致。主要有以下几种代表学说：

利益说把法律划分为公法与私法，是罗马法学家乌尔比安首先提出来的。他认为保护国家利益的法律属于公法，保护私人利益的法律属于私法。根据这一学说，判断某一法律关系或者某一法律规范是属于公法还是属于私法，其标准是所涉及的是公共利益还是私人利益。主体说认为，如果某一法律关系有公共权力机关的参与，并且是以行使公权的身份参与，则该法律关系即是公法调整的范围；如果某一法律关系的参加者为私人，或者公共权力机关参与但却不是以公共权力的行使为目的的，则是私法的调整范围。[①] 隶属说在很长一段时间内一直处于主导地位。该说认为，公法的根本特征在于调整隶属关系，而私法的根本特征在于调整平等关系。这种区分的标准类似于新中国历史上对经济法与民法的划分。统治关系说认为，以上划分公法与私法界限的

---

① 王泽鉴：《民法总则》，中国政法大学出版社 2001 年版，第 12 页。

公式化的表述均存在缺陷,将各个具体的法律制度或者法律关系归属于这个领域或者那个领域主要是受到了历史原因的影响。因此,任何旨在用一种空洞的公式来描述公法与私法之间界限的尝试,都是徒劳无益的。对于以前的法律应当由历史因素来决定,只有对新产生的法律,才能对其进行合理的界分,标准是:公法是指受约束的法,而私法是指自由决策的法。[①] 不难看出,该种学说所持的划分公法与私法的标准是主体能够自由作出行为的决策。私法主体对自己决策的后果承担财产上的利益或者不利益的责任,故法律允许其自由决策。而公法主体由于不对决策的后果承担利益或者不利益的财产责任,故不能自由决策。[②]

公法与私法虽然不是实证法意义上的概念,但是公法与私法的价值关系则要服从于历史的发展观和价值观。公法与私法的划分在今天仍然有着重大的意义。一般而言,公法包括宪法、刑法和行政法等,私法包括民法和商法。

(二)民法是市场经济的基本法

从民法的产生与发展过程来看,民法是随着商品经济的需要而产生的,以调整商品经济关系为主要内容,并随着商品经济的发展而不断完善。商品交换需要民法的调整。在我国,民法是由全国人民代表大会制定颁布的,是我国的基本法。

(三)民法是民事实体法

根据法律规定的内容不同,可以将法律分为实体法和程序法。实体法是主要规定权利义务的法律。而程序法则主要是指权利义务得以实施的程序的法律。民法规定的是平等主体之间的财产关系和人身关系,属于民事实体法。与民法相对应的民事程序法是民事诉讼法。

(四)民法是国内法

根据法律制定和适用领域不同,法律可以分为国内法与国际法。民法是由一国立法机关制定的,只能适用于一国领域内所发生的民事权利义务纠纷的法律。而且,从适用的对象来看,民法只适用于本国公民和法人以及外国人、无国籍人等在本国领域内所发生的民事纠纷。因此,民法属于国内法。

---

① [德]迪特尔·梅迪库斯:《德国民法总论》,邵建东译,法律出版社 2000 年版,第 14 页。

② 李永军:《民法总论》,法律出版社 2006 年版,第 14 页。

二、民法的任务

民法的任务是民法立法宗旨的具体体现，是由民法的性质和地位所决定的。《民法通则》第1条规定，为了保障公民、法人的合法的民事权益，正确调整民事关系，适应社会主义现代化建设事业发展的需要，根据宪法和我国实际情况，总结民事活动的实践经验，制定本法。《合同法》第1条规定，为了维护合同当事人的合法权益，维护社会经济秩序，促进社会主义现代化建设，制定本法。因此，民法的任务可以概括如下：

（一）保护民事主体的合法权益

民法不仅确认民事主体的各项财产权利，而且确认和保护民事主体的各项人身权利。民事主体只有享有人身权，才能成为独立的主体；只有享有财产权，才能生存和发展。民法保护民事主体的合法权益，一方面是从法律上确认各项民事权利，另一方面体现为规定权利受到侵害时的救济方法。民事主体的各项合法民事权益受到侵害时，权利人都有权请求国家给予保护。

（二）促进社会主义市场经济的发展

民法作为市场经济的基本法，促进社会主义市场经济的发展当然是其主要任务之一。实现社会主义现代化，必须大力发展社会主义市场经济。为完成促进社会主义市场经济发展的任务，民法规定了市场经济发展的基本条件、市场经济活动的基本规则，主体进行经济活动的行为模式；民法实行“意思自治”，使主体得以充分发挥自己的积极性、主动性，合法地追求经济效益，从而促进经济的发展。

（三）维护市场经济秩序和社会秩序

社会主义市场经济是法制经济，只有建立起良好的正常的经济秩序和社会秩序，才能保障社会主义现代化建设的顺利进行。民法一方面倡导公平竞争，保障交易安全，为主体进行正常的经济活动创造平等竞争的条件和环境；另一方面规定民事主体实施不法行为的民事责任，从而维护正常的经济秩序和社会秩序；同时，民法也为经济活动中不可避免的纠纷提供解决的法律依据。

第三节　我国民法的体系

一、我国现行民法的体系

民法的调整对象决定了民法的内容博大精深，涉及面非常广泛，庞大的民事法律法规之间构成了统一的整体，成为民法的体系。我国现有的市场经济体制是由计划经济过渡而来的，民事立法的体系的建立和健全还需要一个过程。1986 年颁布的《民法通则》在我国没有民法典的情况下，起到了民事立法的指导作用。根据中国法学界普遍认识，中国现行的民事法律体系大体分为四个层次：

（一）《民法通则》是民事基本法

我国尚未制定民法典，《民法通则》在整个民法体系中的地位就显得异常重要。《民法通则》共有 156 条，以传统民法典中民法总则的内容为主线，对民法分则部分内容作了概括性规定，在民法体系中居于基本法的地位。

（二）《物权法》、《合同法》、《婚姻法》、《继承法》等为主要民事法律

《民法通则》对民法分则只是作了概括性规定，具体的内容是由民法的部门法规定的。《物权法》、《合同法》、《婚姻法》、《继承法》等法律是民事基本法的重要组成部分，同时也分别是物权关系、合同关系、婚姻关系、继承关系方面的基本法。

（三）《公司法》、《票据法》、《证券法》、《专利法》等是民事特别法

在我国，商法是民法的特别法，诸如《公司法》、《证券法》等商事法都是民法的特别法；知识产权法包括《著作权法》、《专利法》、《商标法》等，也属于民事特别法；除此以外，《城市房地产管理法》、《土地管理法》等法规中的民事部分，也是民事特别法的重要组成部分。

（四）《城市房地产管理法》、《土地管理法》等中的民事规则

国务院制定的行政性法律、法规中的民法规则，例如国务院专门为贯彻合同法所制定的 20 多个细则，以及土地管理法中关于土地所有权和使用权的规定、民用航空法中关于民用飞行器权利的规定、城市房地产管理法中关于房地产抵押的规定等是民法的重要组成部分。

二、我国未来民法典的体系

大陆法的法典化传统来源于罗马法，法典化(codification)本身是一个不断积累和完善的过程。这一运动的一个顶峰则是 1804 年《法国民法典》的制定：正是《法国民法典》的制定使近代法典化揭开了新篇章。《法国民法典》的内容、体例，影响了整个大陆法国家民法典的制定。在《德国民法典》问世之前，几乎所有国家民法典的制定都受到《法国民法典》原则和体例的影响。如果说，《法国民法典》以它的原则影响了整个世界的话，那么，《德国民法典》则主要以它严密的体系影响了整个世界；如果说前者影响了 19 世纪的民法典的话，那么，后者则影响了 20 世纪民法典的制定。《德国民法典》的问世比《法国民法典》晚了几乎整整一百年。《德国民法典》是德国学说汇纂及其深邃的、精确而抽象的学识的产物，与《法国民法典》的革命性、理性化和非技术化等特征形成鲜明的对照。《德国民法典》是对 19 世纪人类社会发展阶段历史的总结，并影响了 20 世纪大陆法系国家民法典的制定。21 世纪仍然是一个法典化时代，我国这次制定民法典是瞄准 21 世纪目标，即要使我国的民法典成为反映 20 世纪民法成就、影响 21 世纪的"世纪法典"。

(一)我国民法典制定的历史背景

中华人民共和国成立至改革开放之前近 30 年间，因为政治体制和经济体制的缘故，基本上不存在制定民法典的土壤。较深层的原因是中国从 20 世纪 50 年代中期开始全面而且彻底地建立计划经济体制，这种体制要求把社会生活尤其是经济活动的基本方面都纳入公共权力或者行政权力控制的范围内。[①] 在这种体制下，中国缺乏民法典制定的两大决定性因素：民事主体平等的社会空间和社会大众的意思自治。在这期间里，民众的民事生活范围实际上非常狭小，只有婚姻家庭关系问题显著，因此民事领域里的法律调整只有婚姻法显得十分必要，这一时期中国调整民事生活的法律仅有《中华人民共和国婚姻法》(1954 年)一部。但在"文化大革命"时期这部法律事实上也被废止。中国立法机关在 20 世纪 80 年代初期，又一次开始试图制定民法典，并编制了民法典的征求意见方案，为民法典的制定创造了可能。因此，在这一段历史期间，中国立法机关根据立法机关和学术界多次讨论过的民法典征求意见稿，将其中争议不太大的部分，单独制定了《经济合同法》、《继承法》、《婚姻法》及《民法通则》，立法机关和国务院又根据这些法律制定了一些民事法律、法规和办

① 唐德华：《民法教程》，法律出版社 1987 年版，第 35 页。

法。20世纪90年代之后中国彻底放弃计划经济体制，建立市场经济体制。这对于中国国计民生整体具有历史意义，而且对于中国民法典的制定具有决定性意义。90年代之后中国民法的发展有了全新的方向，而且有了巨大的动力。这一时期内，中国立法机关除制定了民法体系中诸如《公司法》、《保险法》等十分重要的特别法，在民法典固有范围内制定了《物权法》、《合同法》等，还制定了多个关于贯彻这些立法的条例和规则，其立法质量也有了很大的进步。

(二)构建我国民法典体系的问题

所谓民法典的体系，是调整平等主体之间的关系、具有内在有机联系的规则体系，也可以说是将民法的各项规则有机地组合在民法典中的逻辑体系。民法体系化有助于在整个民法典的体系制度中充分贯彻民法的基本价值观念，如平等、诚实信用、私法自治、维护交易安全等，同时有助于减少和消除民事法律制度之间的冲突和矛盾。将各项法律制度整合为一个有机的整体，从而建立起内在和谐一致的民事规范体系。依照科学的、完备的体系所构建的民法典将更加便于民法规范的遵守与适用。①

如何构建我国民法典的体系，在理论上存在着较大的争议。在短短的几年内，我国学者陆续提出了多种关于未来民法典体系设计的方案，并围绕着这些方案展开过激烈的争论。在现有的民事法律和学者与立法机关共同努力的基础上，2002年12月23日，第九届全国人大常委会第三十一次会议审议了《民法(草案)》。该草案一出台，就备受关注，我国各界尤其是法学界围绕这一方案展开了激烈的争论。该草案共由九编组成：第一编是总则，第二编是物权法，第三编是合同法，第四编是人格权法，第五编是婚姻法，第六编是收养法，第七编是继承法，第八编是侵权责任法，第九编是涉外民事关系的法律适用法。其中，合同法、婚姻法、收养法和继承法等法律，都是已经生效的法律，这次编纂民法典只是将它们编进来，并未作任何改动。

这部《民法(草案)》是我国社会主义现代化建设重要的转折时期诞生的一部重要民事法律草案，是我国民商事法律发展的里程碑，是对我国改革开放以来民事立法的总结。

1.关于民法总则

《民法(草案)》继受德国“潘得克吞”编纂体例，在草案之始规定民法总则。民法总则的内容，是适用于所有的民事关系乃至商事关系的最基本、最普遍、最一般的事项。

---

① 王利明：《试论我国民法典体系》，载《政法论坛》2003年第1期。

《民法(草案)》主要对无民事行为能力人的年龄、诉讼时效的期间及民事主体的种类作了修改补充。将《民法通则》规定的 10 周岁以上的未成年人是限制民事行为能力人,修改为 7 周岁,将两年诉讼时效修改为 3 年。关于民事主体,草案在民法通则规定的公民、法人两类主体之外,增加规定了"第三类主体"即"其他组织"等。

2.关于物权法

物权法是调整财产的归属与利用关系的法律制度,是国家经济体制与财产权制度的基石。为明确物的归属,保护权利人的物权,充分发挥物的效用,维护社会主义市场经济秩序,维护国家基本经济制度,我国有必要制定物权法律制度。2007 年 3 月 16 日第十届全国人民代表大会第五次会议通过了《中华人民共和国物权法》,该部法律于 2007 年 10 月 1 日起施行。所谓物权,是权利人依法对特定的物享有直接支配和排他的权利,包括所有权、用益物权和担保物权。

关于所有权,民法草案除规定了国家所有权、集体所有权外,还对私人所有权作了专门规定,私人所有权的范围,包括自然人以及个体经济、私营经济等非公有制经济的主体,对其不动产或者动产享有全面支配的权利。

用益物权,是权利主体对他人的不动产享有占有、使用、收益的权利。我国是土地等重要生产资料实行公有制的国家,如何创设完善的用益物权体系以实现生产资料公有制,是一个迫切需要解决的问题。有鉴于此,《民法(草案)》规定了多种用益物权,即土地承包经营权、建设用地使用权、宅基地使用权、地役权、探矿权、采矿权、取水权和渔业权等。这些用益物权形式,是我国生产资料(特别是土地)公有制得以充分实现的法律机制。

担保物权,是与用益物权相对应的他物权,是为确保债权的实现而设定的,以直接取得或者支配特定动产、不动产或权利的交换价值为内容的制度。《民法(草案)》借鉴大陆法系和英美法系国家在实践中新创的担保物权形式,规定了较为完善的担保物权体系,即抵押权、质权和留置权。

占有,是占有人对不动产或者动产实际上的占领与控制。《民法(草案)》从我国的实际情况出发,规定了占有的类型,占有的推定效力,善意占有人对不动产或动产的使用、收益,以及占有的物上请求权等等。

3.关于人格权法

所谓人格权,指以权利人自身的人格利益为标的的权利。人格权因出生而取得,因死亡而消灭,不得让与或抛弃。人格权的保护,是现代民法所面临的重大的基本任务。正因为如此,《民法(草案)》对人格权设专编规定,对生命权、身体权、健康权、自由权、姓名权、名称权、名誉权、荣誉权、肖像权等作了规定。

4.关于侵权行为法

《民法(草案)》将侵权行为法称为侵权责任法。侵权行为法,在各国也称作不法行为法、损害赔偿法、非合同产生之债法,不一而足。我国关于侵权行为的规定,在《民法通则》中,是规定在民事责任之中,而不是规定在债法当中。但是在学理上,还是称之为侵权行为法或者侵权法。民法典草案将其称为侵权责任法,还是沿袭了《民法通则》的体例。在中国的现实社会中,侵权行为法的作用是极为重要的,需要有一个独立发展的空间。侵权责任法编总共10章,从条文和文字上,都是较为丰富的。其中变化的主要部分,是丰富了特殊侵权行为法,该编用了大量的篇幅规定了特殊侵权行为的责任以及责任的特殊形式。

第四节 民法的调整对象

一、民法调整对象的概念

民法的调整对象就是民法所调整的各种社会关系。在我国,各法律部门主要是依据各自的调整对象的不同而作的划分。明确民法的调整对象有助于分清民法与其他法律部门的关系,有助于明确民法的性质,也有助于确认法院管辖权,便于当事人参加诉讼。

二、我国民法的调整对象

根据《民法通则》第2条的规定,我国民法的调整对象是平等主体的公民之间、法人之间、公民与法人之间的财产关系和人身关系。从该条款的规定来看,民法的调整主体包括自然人和法人,但是,我国《合同法》第2条规定,本法所称合同是平等主体的自然人、法人、其他组织之间设立、变更、终止民事权利义务的协议。因此,我们可以将我国民法的调整对象概括为:平等主体的自然人、法人、其他组织之间的财产关系和人身关系。

三、民法调整的财产关系

（一）财产

市场经济条件下，生产要素是由市场全面配置的。财产是最重要的生产要素，随着经济的发展、技术的进步，人们对财产的认识也在不断深化。作为财产，必须具备如下要件：第一，须是具有经济价值的事物，即能够满足人们的某种需要。第二，须是人力能够支配。阳光、空气虽然是我们须臾不可缺少的，但是人们至今不能支配和控制，因此，它们不属于财产。财产可以分为有形财产和无形财产，有形财产如土地、房屋、机械设备等，无形财产如智力成果等。

（二）财产关系的概念

财产关系是当事人以财产为内容而发生的社会关系。在法学概念的范畴内，财产关系不同于经济学中的经济关系及商品关系等概念，但又与它们有着密切的联系。

严格说，我国民法调整的财产关系虽然其核心部分是商品关系，但是并不限于商品关系。一些社会关系虽然不具有商品关系的性质，但民法还是要加以调整，如继承关系等。总而言之，我国民法调整的财产关系，不是指财产与财产之间的关系，也不是指人与财产之间的关系，而是指人与人之间因财产所发生的具有经济内容的社会关系。

四、民法调整的人身关系

（一）人身关系的概念

人身关系是指与人身不可分离的，以人身利益为内容的，不直接体现为一定物质利益的社会关系。我国《民法通则》明确规定了人身权，诸如生命健康权、姓名权、肖像权、名誉权、荣誉权等人身权应该受到法律保护。

属于民事范围内的人身关系，是一种平等主体之间的社会关系，它历来是传统民法的调整对象之一。我国民法调整的财产关系虽然主要是商品关系，但却决不限于商品关系。因而把平等主体之间的人身关系纳入民法调整的范围决不意味着把人身关系商品化。一些调整商品经济活动的法律规范并不适用于人身关系领域；一些调整商品关系的民法原则，如等价有偿原则，也不适用于人身关系领域。

现代社会中，人作为社会的主体，其社会价值和自身价值日益重要，其自身安全和个体利益也越来越容易受到威胁。为了维护人的价值、尊严和安全，民法不断加强对民事主体人身权进行法律保护的功能，不断完善人身权保护的立法体系。人身权已经成为民法体系中的独具特色的、完整的、严密的分支系统，与财产权一起，构成现代民法的两大支柱。[①] 现代民事立法中，对人身权利的法律保护和对人身关系的法律调整都有日益加强的趋势。

（二）民法调整的人身关系的特点

并非所有的人身关系都是由民法调整的，其他部门法也调整人身关系，我国民法只调整平等主体之间的人身关系。这种人身关系具有以下特点：

1.主体地位平等

我国民法调整的人身关系的主体具有平等的法律地位，他们之间没有隶属关系，相互尊重、平等对待，每个民事主体都有独立的人格利益。

2.与民事主体的人身不可分离

民法所调整的人身关系与民事主体的人身不可分离，离开了特定的人格和身份，就不会发生人身关系。民事主体所享有的人身权利，除法律另有规定外，不能转让，不能继承，一般也不能任意放弃或者被剥夺。

3.不直接体现为财产利益

人身关系是以民事主体的人身利益为内容的，人格和身份都不是财产，不能给当事人直接带来经济利益。在各种人身关系中，只有少数权利，如自然人的姓名权、名誉权、隐私权等无财产内容，而是纯粹体现为精神利益，大多数人身关系，如肖像权、法人姓名权，则具有明显的财产利益，只不过不是直接体现为财产利益。可见，人身关系与财产利益有着密切联系，人身关系在一定条件下可以转化为财产利益。

（三）民法调整的人身关系的种类

根据人身关系产生的依据不同，人身关系分为人格关系和身份关系。

人格关系指民事主体的人格利益发生的社会关系。人格利益分为一般人格利益和具体人格利益，一般人格利益是泛指人的人身自由和人格尊严；具体人格利益是指具体的生命、健康、姓名、名誉、肖像等人格利益。可见，人格利益不是对人的身体，而是对人的人身和行为自由、安全及精神自由等方面享有的利益。

身份关系，即基于一定的身份而产生的社会关系。所谓身份，是民事主体在亲属关系以及其他非亲属的社会关系中所处的稳定地位，以及由该种地位所产生的与其自身不可分离，并受法律保护的利益。[②] 身份关系的客体是身份利益，身份利益具有多元性。不同的具体身份关系表现为不同的具体身份

① 魏振瀛：《民法》，北京大学出版社、高等教育出版社 2000 年版，第 634 页。

② 杨立新：《人身权法论》，中国检察出版社 1996 年版，第 49 页。

利益，如配偶权的身份利益，侵权的身份利益等。“身份权虽然在本质上是一种权利，但却是以义务为中心，权利人在道德和伦理的驱使下自愿或非自愿地受制于相对人的利益，因而权利之中包含义务。”①

第五节　民法的渊源

一、民法的渊源的含义

“法律是一种历史文化现象，萌生于一个民族灵魂深处并在那里经过长期的历史进程而孕育成熟。”②民法的渊源在含义上一直存有争议，学者们也形成了多种观点。王泽鉴先生认为，民法的渊源是指法的存在形式。法律、习惯及法理为直接渊源，而判例与学说为间接渊源。曾世雄先生认为，民法的法律渊源是指形成民法的各种源泉，亦即构成民法的各个部分，也就是实质民法与形式民法。而日本学者平井一雄认为，所谓民法的渊源，是指作为私法的普通法的实质意义民法的存在形式。还有学者认为，法律渊源是法官在制定法律规则时通常所诉诸的某些法律资料与非法律资料。③

可见，民法的渊源的确有许多含义，也可以从不同的角度理解，对这一概念的界定与论者对法律所持的态度有关。我们认为，民法的渊源，是指民法的效力渊源，即根据民法的效力来源划分民法的不同形式。

二、民法的渊源的种类

（一）制定法

根据孟德斯鸠的“三权分立”理论，立法、行政、司法相互分离、相互制约，只有立法机关才有权力制定法律。所谓制定法，即经具有立法权的国家机关制定的法律文件。制定法主要有：宪法、民法典、民事单行法与有权解释等。

1. 宪法

---

① 王利明：《人格权法新论》，吉林人民出版社 1994 年版，第 209 页。

② ［德］K. 茨威格特：《比较法总论》，潘汉典等译，贵州人民出版社 1992 年版，第 258 页。

③ 梁慧星：《民法总论》，法律出版社 1996 年版，第 20 页。

宪法是国家的根本法，具有最高的法律效力，是其他法律规范的立法依据。民事法律也必须以宪法为基础。

2. 民事基本法

在大陆法系国家，民法典是民事法律规范的基本形式。大陆法系是成文法国家，其法律传统源于罗马法，并多以法典的形式表现出来。由于成文法是由立法机关通过严格的程序制定出来的，因此，成文法具有判例法所没有的形式的合理性、规则的完整性及普遍的适用性等优点，成文法因此为当今世界大多数国家所普遍接受，成为法律的主要载体。“法典的目的是，试图对各种特殊而细微的实情开列出各种具体的、实际的解决办法，它的最终目的是想有效地为法官提供一个完整的办案依据，以便使法官在审理任何案件时都得心应手地引律据典，同时又禁止法官对法律作任何解释。”[①]然而，社会生活是复杂多变、包罗万象的，意欲通过立法，使所制定出来的成文法律成为具体、明确、涵盖性极强的、能运用于社会生活的各个角落并能经受住时空考验的“万能钥匙”，只不过是一个美好却无法实现的梦想。法律的不确定性、滞后性以及不周全性等特点使成文法的运行逐渐暴露出与生俱来的局限。

3. 民事单行法

民事单行法是针对特定类型的民事关系的法律调整而制定的特别法规。民法典并不能包含所有的民事法律关系，一些民事法律关系往往需要通过制定单行法来规范，特别是在实行“民商合一”立法例的国家，许多商事法律是由单行法的方式表现出来的，如《公司法》、《证券法》、《票据法》、《破产法》等等。

4. 有权解释

有权解释一般是指立法机关所作出的解释。为了防止司法过度自由裁量对国家和国民造成危害，尤其是大陆法系国家，法律严格限制法官对法律进行解释，因此，法院的解释一般不是法律的渊源。

(二) 判例

判例法作为一种独特的法律体系，起源于英国并为普通法系国家所世代承继，它是一种以体现在判例中的法律原则作为法律渊源的法律制度。判例对相同或相似的案件具有法的约束力，是审判经验的积累，是法官裁判所适用的有效依据。判例在大陆法系和普通法系中的地位迥然不同。在英国、美国等普通法系国家，判例是法律的主要渊源。而在德国、日本等大陆法系国家，判例则是一国法律的次要渊源，甚至未被确认为法律的渊源。但是，应当承认

① 王利明：《论中国判例制度的创建》，载《判例研究》2000 年第 1 期。

的是，大陆法系国家越来越重视判例的作用。

（三）习惯法

“习惯法”这一概念，最早是由西方学者提出的。习惯法是罗马法的重要组成部分，“古老的习惯经人们加以沿用的同意而获得效力，就等于法律”①。这一论断得到了许多学者的认可，例如梅因认为：“罗马法典只是罗马人的现存习惯表示于文字。”②事实上，习惯法曾经是罗马法的基本渊源。帝政以前，习惯法的效力仍然优先于制定法；帝政以后，国家法律全面成文化，习惯法的地位开始下降。尤其在今天，制定法越来越普遍和发达，习惯法作为法律渊源的重要性已经减弱。

（四）法理

法理，即法律的基本原则和精神。无论法律是否明确规定，它都是法律渊源。作为民法的渊源，法理是由立法精神演绎而形成的处理民事法律关系的基本原理。

三、我国民法的渊源

（一）宪法

在我国，宪法是我国的根本法，具有最高的法律效力。我国现行宪法规定了民事主体的基本民事权利和基本民事义务，是民法的法律渊源。处理民事纠纷时，民事法律规范没有相关规定时，可以直接适用宪法的规定。

（二）民事法律

民事法律是由全国人民代表大会及其常务委员会制定和颁布的民事方面的法律。民事法律有民事基本法和民事单行法之分。

（三）全国性行政法规

我国《宪法》规定，国务院可以根据宪法和法律，规定行政措施，发布决定和命令。作为国家最高行政机关，国务院制定的规范性文件即行政法规，其内容不仅包括行政性质的规范，也包括民事规范。

（四）地方性民事规范

根据我国《宪法》的规定，各省、直辖市的人民代表大会及其常务委员会，在不同宪法、法律、行政法规相抵触的前提下，可以制定地方性法规。民族自

① ［古罗马］查士丁尼：《法学总论——法学阶梯》，张企泰译，商务印书馆 1989 年版，第 11 页。

② ［英］梅因：《古代法》，沈景一译，商务印书馆 1959 年版，第 11 页。

治地方的人民代表大会有权依照当地民族的政治、经济和文化的特点，制定自治条例和单行条例。我国先后在香港和澳门设立了香港特别行政区和澳门特别行政区，依据规定，香港和澳门两地的法律制度基本不变，其中原有的民法规范仍然适用各该特别行政区。

（五）有权解释

有权解释严格意义上是指立法机关的解释。我国《宪法》第 67 条规定，全国人民代表大会常务委员会有权解释法律。所以，全国人民代表大会常务委员会对法律的解释为有权解释，具有法律渊源的效力。

最高人民法院是否有权解释法律？对此，我国宪法并没有授予其解释法律的权利。但是，全国人民代表大会常务委员会《关于加强法律解释工作的决议》中规定："凡属于法院审判工作中具体应用法律、法令的问题，由最高人民法院进行解释。"据此，许多人认为，最高人民法院在其权限内所做的关于民事部分的司法解释，对各级人民法院处理民事案件具有约束力，最高人民法院具有司法解释权，其解释也属于有权解释，是法律的渊源。

然而，最高人民法院在解释法律的过程中，已经远远不是在解释法律，而是在改变全国人民代表大会及其常务委员会的立法。例如 1995 年 6 月 30 日第八届全国人民代表大会常务委员会第十四次会议通过的《中华人民共和国担保法》第 24 条规定："债权人和债务人协议变更主合同的，应当取得保证人书面同意，未经保证人书面同意的，保证人不再承担保证责任。"而最高人民法院 2000 年 9 月 29 日通过的《关于适用〈中华人民共和国担保法〉若干问题的解释》第 30 条规定："保证期间，债权人与债务人对主合同数量、价款、币种、利率等内容作了变动，未经保证人同意的，如果减轻债务人的债务的，保证人仍应当对变更后的合同承担保证责任；如果加重债务人债务的，保证人对加重的部分不再承担保证责任。"显然，最高人民法院的解释改变了立法的规定，有人认为这种修改无疑破坏了法律的权威性。

（六）习惯法

我国民法对习惯未作一般规定，只在某些情况下才承认习惯具有习惯法的效力，如最高人民法院曾以司法解释的形式承认民间的房屋典当的习惯。

我国历史传统悠久，民族众多，习惯也较多，而习惯须由法律承认后才能成为习惯法。由习惯转变为习惯法，必须具备相应的条件，如习惯所涉及的事项无法律规定、该习惯长期以来被当作具有约束力的规则遵守、习惯与法律的基本原则及社会公序良俗不相抵触等等。

(七)法理

我国法律没有规定法理是民法的法律渊源。作为民法渊源的法理,是由立法精神演绎而形成的处理民事关系的基本原理,是民法原则与精神的体现,其功能在于弥补民法之不足,同时还对法官正确判决案件起到积极的指导作用。我们认为,我国民法虽然没有规定法理是民法的法律渊源,但是既然它是法律原则与精神的体现,应当也是我国民法的法律渊源。

(八)国家政策

我国《民法通则》第 6 条规定,民事活动必须遵守法律,法律没有规定的,应当遵守国家政策。可见,在我国,国家政策是民法的法律渊源之一。但是,我们认为,国家政策应当是立法的考虑因素,不应当作为法律渊源。

第六节　民法的适用范围

民法的适用范围,即民法的效力范围,是指民法在何时,何地,对何人发生法律效力。了解民法的适用范围,是正确理解和适用民事法律规范的重要条件。

一、民法对人的适用范围

民法对人的适用范围,也称民法对人的效力,即民法适用于哪些人。以国籍为标准,人可以分为本国人、外国人和无国籍人。根据我国民法的规定,我国民法对人的适用范围,采用的是许多国家所适用的原则,即以属地主义为主,与属人主义、保护主义相结合的原则。

我国《民法通则》第 8 条规定,在中华人民共和国领域内的民事活动,适用中华人民共和国法律,法律另有规定的除外。本法关于公民的规定,适用于在中华人民共和国领域内的外国人、无国籍人,法律另有规定的除外。需要注意的是,我国自然人、法人在我国领域外发生的民事法律关系,按照国际法上的规定,一般适用所在地国家的法律,但是法律另有规定的除外。

二、民法在空间上的适用范围

民法在空间上的适用范围,也称民法的地域效力,是指民法在哪些地方发生效力。一般而言,我国民法适用于我国领土、领海及领空,也适用于根据国际法视为我国领域的我国驻外使馆、在我国领域外航行的我国船舶及飞行于我国领域外的我国飞行器。在具体的法律适用上，民法的适用领域则根据民事法律规范制定的机关不同而有所不同。

三、民法在时间上的适用范围

民法在时间上的适用范围也称民法的时间效力，指的是民事法律规范在何时生效，何时失效及该民事法律规范对其生效前的民事法律关系有无溯及力。

（一）民法的生效时间

民法的生效时间一般会根据民事法律规范的性质和实际需要而定。主要有以下方式：

有些民法规范自公布之日起就开始生效。在语言表述上，此类民事法律规范关于生效的时间一般作明文规定，常表述为：本法（或本条例）自发布之日起施行。有些民事法律规范涉及面广，情况比较复杂，需要经过一定时间才便于实施，这些民事法律规范往往自公布后经过一段时间再生效。有些民事法律规范是在该规范中规定具体的生效时间。如《中华人民共和国合伙企业法》第 109 条规定，本法自 2007 年 6 月 1 日起施行。

（二）民法的失效时间

民法的失效时间，是指民事法律规范效力终止或者被废止的时间。法律规范自废止时失去效力，不得再适用。法律规范的废止日期可以在发布该规范的规范性文件中规定，也可以通过发布一项命令宣布废止，还可以是在新的规范性文件中规定。民事法律规范失效时间的规定主要有以下几种情况：(1)新法在规定其生效时间的同时，规定废止旧法的适用。(2)新法通过规定与新法相抵触的旧法部分无效，我国 1984 年 1 月由国务院发布的《工矿产品购销合同条例》第 44 条规定："本条例自发布之日起施行。过去的有关规定与本条例有抵触者，均应按本条例执行。"可见，旧法规定与新法规定有抵触的部分是无效的，这也间接废止了旧法的部分规定。(3)由国家机关颁布专门的决议，宣布某些法律失效。另外，在司法实践中，如果新法与旧法的规定相冲突，应该适用"新法优于旧法"、"后法优于前法"的原则，以新法、后法为准，在法理上称为默示废止。

（三）民法的溯及力问题

我国民事法律规范，贯彻法律不溯及既往的原则，民事法律规范原则上没有溯及力，法律另有规定的除外。法律不溯及既往规则，是指法律原则上只适用于法律生效后发生的事项，而不适用于法律生效前已发生的事项。法律的生效时间也是法律的施行时间。民事法律规范自施行之日生效，施行之日与公布之日可以一致，也可以不一致。民事法律规范的施行日期一般是由相应的规范性文件规定的。只有在法律明确规定对法律施行前发生的事项也适用该法律时，该法的规范才有溯及力，才可适用于该法施行前发生的事项。

民法贯彻法律不溯及既往的原则，其目的在于维护民事法律关系的统一性和稳定性。如果新法有溯及力，将会影响法律主体对当时法律的信赖和尊重；如果旧法所调整的社会关系随时可能被新法重新调整，必然会使当时的行为主体无所适从、裹足不前，从而使法律所具有的调整社会秩序、指引行为模式的功能成为一纸空文。

第七节　民法与相关法律部门的关系

一、民法与商法

（一）商法的概念

商法是规制商事主体及商事行为的法律规范的总称。近代商法起源于中世纪，11 世纪晚期到 12 世纪是商法变化的关键时期，也是近代商人法的基本概念和制度形成的时期。在这一时期，各种商事原则、规则、程序形成体系，许多商事法律制度如票据、有担保的债权等得以创立。

商人作为一个阶层的出现为商法的产生奠定了基础。商法在存在形式上，有以商法典形式存在的商法，也有以非法典的形式存在的商法。前者被称为形式意义上的商法，后者被称为实质意义上的商法。大陆法系国家有制定法典的传统，诸如德国、法国、日本等国均制定了与民法典并列的商法典，这种民法与商法二元分立的体系被称为民商分立。有的国家则将商法的具体内容规定在民法之中，不再专门制定独立的商法典，这被我们称为民商合一的立法体例。在采用民商合一立法体例的国家中，虽然没有商法典，但是存在实质意义上的商法。如瑞士采用民商合一的体例，无独立的商法典，却有《公司法》、《票据法》等商事单行法；我国也没有商法典，却有《公司法》、《票据法》、《保险法》、《破产法》、《证券法》等实质意义上的商法。

（二）商法的特点

在内容上，商人和商行为是商法的两个基本组成部分。商法关于商事主体即商人的规定主要是对公司、商事合伙和商自然人的规定；商法关于商行为的规定主要是商业交易本身的法律规范。在本质上，商法和民法都属于私法，但是商法受到国家的强制性干预却远远多于民法。如许多国家的公司法中规定，公司的设立要严格遵守法定程序；票据法中对票据的交易和流通也规定了严格的形式要件。商业发展过程中形成了一系列的交易和运作规则，这些交易和运作规则中存在大量复杂的技术性规范，而这些技术性规范的制定完全出自立法专家的精心设计，其内容并非仅凭一般常识所能了解。

（三）民法与商法的关系

民法与商法的关系非常密切，以至于人们常常以“民商法”称之。民法与商法都属于私法。民法与商法所规范的社会关系具有同一性，即私人之间的财产关系。民法的一些基本原则同时也是商事主体实施商事行为所应遵守的基本行为准则，如等价有偿原则、公平原则、诚实信用原则、自愿原则等。民法与商法是一般法与特别法的关系。在具体的法律制度上，商法是对民法所调整的社会关系的再次分工调整。在法律适用上，商法具有优先适用的效力，而民法对商法则起到一般和补充的作用。商法有规定的，首先应适用商法的规定，商法没有规定的，可以适用民法的规定。

民法不仅调整平等主体之间的财产关系，还调整平等主体之间的人身关系。而且民法所调整的多为静态的财产关系。商法所调整的是营运中的财产关系，更偏重动态的财产关系。商法的调整对象是商事关系，具有营利性特征，这就使得商法在具体交易行为、商业管理以及时效等很多方面都不同于民法的规定。商法规则的技术性非常浓厚，大多数规则宛如一部精巧的机器，如果不熟悉操作规程，很难运用自如。这与民法偏重于伦理性的特征有所不同。由于国际贸易活动和国际商事活动的发展，商事活动越来越表现出其国际化的趋势。商法的国际性在各种商事法律中均有不同程度的体现，尤其是在海商法、票据法领域更为明显。民法与商法相比，地域性更强一些。

二、民法与经济法

民法调整的是具有平等法律地位的主体之间的财产关系和人身关系，是横向联系的法律关系；经济法调整的是政府在干预、管理经济活动的过程中所形成的经济关系，经济法所调整的经济关系是具有隶属性的非平等性的经济关系，是纵向联系的法律关系。在民事法律关系中，主体之间的法律地位是平等的，他们之间不存在隶属关系。即使原来在别的角度上是地位不平等的当事人，一旦进入民法的调整领域，都会被民法强制性地归结为地位平等的主体，并且尽一切所能消解可能导致双方民事地位不平等的因素。而经济关系中的主体双方是一种管理与被管理、监督与被监督的关系，双方的地位是不平等的，是一种隶属关系。民法对民事主体之间的财产关系和人身关系主要采取的是一种相对宽容的态度。它尽量将选择权交给当事人自己，鼓励当事人用自愿协商的方法确定权利与义务。除非涉及国家利益和社会公共利益，民法一般不作过多的强制性、禁止性规定；而经济法主要采取政府直接干预、管理的方法，政府与市场主体的经济关系主要体现为命令与服从，管理与被管理的关系。经济法主体之间的经济纠纷，一般要经过主管部门调解或者仲裁机构仲裁解决，也可以直接向人民法院起诉，而民事主体之间的纠纷一般不会通过仲裁处理程序。

三、民法与行政法

行政法是规定国家行政机构的组织及其管理活动的法律规范的总称。行政法与民法都是我国法律体系中的重要法律部门，都属于基本法。尽管行政法的调整对象既有财产关系，又有人身关系，但是行政法与民法仍然有重大差别：

行政法的调整对象是行政关系，即国家行政机关在履行行政职能的过程中发生的社会关系，这种行政关系具有强制性、国家意志性和不对等性；而民法的调整对象是平等主体之间的财产关系和人身关系，具有平等性和任意性。行政法采取的是命令与服从的调整方法，而民法采取的是平等、自愿、等价、有偿的调整方法。行政法贯彻的是行政合法性原则和行政合理性原则，而民法遵循的是公平原则、自愿原则、诚实信用原则及公序良俗原则等。行政法律规范是由强制性规范构成，体现出国家意志性和强制性的特征，而民法大多都是任意性规范。

第八节　民法的解释

一、民法解释的概念

民法解释有广义和狭义之分。在广义上的民法解释包括立法解释、学理解释和司法解释。立法解释即有权解释,是指立法机关依照法定程序对民法所作的解释,立法解释属于立法活动。学理解释学者对民法规范的含义所作的解释,相对于立法解释而言,是无权解释,属于学术活动。司法解释是指法官在利用民法规范处理民事案件时,对法律规范的含义进行探究的活动。依据我国民法的主流观点,我们在这里所讲的民法解释是指司法解释,这也是狭义的民法解释。

司法解释发生在司法审判过程中,与具体民事案件的处理有直接的关系。正如德国学者拉伦茨所言:"法律条文对解释者构成疑难时,他借着解释这一媒介的活动来了解该条文的意旨;而一个法律条文的疑难则在其被考虑到它对某一特定的法律事实的适用性时发生。"①任何法律规范只有在针对具体案件时,其概念的不确定性与含糊性才能凸显出来,解释才有必要。然而,这种解释又要受到严格的限制。首先,司法解释要受到民法基本价值取向的限制,法官对法律的解释应当是基于公共秩序、善良风俗、诚实信用、公平自愿等民法的基本原则而作出的;其次,司法解释要遵循严格的解释规则,法官只能根据法律上下文的关系,按照词句的原意和立法者的意图进行解释,不能赋予法律另外的含义。

二、民法解释的必要性

"在一个典型的法典中,几乎没有一条法规不需要作司法解释,因为它的意思不仅当事人及其代理人弄不清楚,就连法官自己也不清楚。"②任何法律必须经过解释才能适用,民法解释的必要性主要表现在以下几个方面:

法律所使用的语言并非都是专门的法律术语,大多是生活用语,这些语言的外延并不明确,而且在表达方式上带有弹性。因此,在适用法律时,必须对这些有弹性的用语进行解释。法律尤其是成文的法典,是理性的产物,而人的理性的有限性已经被证实,所以,任何法律都不可能穷尽社会生活。如果一种社会生活没有被法律规范所包含,那么就应当允许法官通过解释民法而适用于它。③

---

① [德]卡尔·拉伦茨:《法学方法论》,陈爱娥译,五南图书出版有限公司 1985 年版,第 221 页。

② [美]约翰·亨利·梅利曼:《大陆法系》,顾培东等译,知识出版社 1984 年版,第 47 页。

③ 李永军:《民法总论》,法律出版社 2006 年版,第 140～141 页。

三、民法解释的方法

(一)文义解释

文义解释,又称语义解释,是指依据法律条文文句的字义或文义及其通常使用的方法阐明民法法律条文所要表达的内容的一种解释。法律条文本身是一系列字句的排列组合,要确定法律条文所要表达的内容,首先须确定该词句的意义。文义解释是民法解释的第一步,而且所作的解释不能超过可能的文义,若逾越了文义可能的范围,就不再是严格意义上的解释,而是公开的造法行为。这样,法律的尊严和安定性价值也就荡然无存。

法律术语多取自生活用语,在进行文义解释时,应当结合具体情况为之。如果某一法律用语已经具有专门的法律意义,应当优先适用法律特殊用法而排除一般生活用法。如民法上的“善意”,具有“不知不应知”的含义,而非生活用语中的“好心”之意,在法律解释时就应当采用特定用法。在进行文义解释时,应当以今日之语用法为准,如民法中的书面形式与现在互联网时代的书面形式有较大差异,我们应当以现在的书面形式理解民法的相关规定。

(二)体系解释

体系解释,是指按照法律条文在法律体系中的地位、上下文的关系及前后关联的位置阐释法律条文的意思。法律条文在整个法律规范当中不能单独存在,它与其他的法律条文一起,通过有机组成的方式,形成法律规范。当某种法律表达依其文义有多种意义时,通常可以将其放在上下文中推知其真正含义。

(三)目的解释

目的解释是指探求立法或者准立法者在制定法律时所做的价值判断及其所欲实现的目的,以推知立法者或者准立法者的意思。当一个具体法律规范从文义上存在多种意义,而根据体系解释仍不能确定其清晰的含义时,就应当考虑到立法者的目的。现代国家中,立法者往往不是个人而是一个集团,我们所说的立法者的意志,并不是立法机构某个成员的意志,而是代表立法机构整体意志的多数人的共同意志。

(四)扩张解释

扩张解释,是指法律文句的文义解释过于狭窄,不足以表示立法的真意时,而扩张该条文文句的含义作出的解释。例如,《民法通则》第100条规定:“公民享有肖像权,未经本人同意,不得以营利为目的使用公民的肖像。”现原告起诉被告未经其许可而使用其肖像,请求法院责令被告停止使用。在这个案件中被告有无权利使用原告的肖像呢？若从法律条文的文义上理解，非以营利为目的使用他人的肖像，不在须经本人同意之列。但从该条规范的立法目的上看，该条的规定是为了保护公民的肖像权，从保护自然人肖像权上说，未经本人同意，即使不以营利为目的，也不得使用他人的肖像，除非为了公益目的。因此，被告应停止使用原告的肖像。这种解释就属于扩张解释。

（五）限缩解释

限缩解释，又称缩小解释，是指在法律条文的文句含义过于宽泛，不符合立法本意时，限制法律条文的文义的解释。如《民法通则》第58条中规定："无民事行为能力人实施的民事行为无效。"从该条立法目的上说，是为了保护无民事行为能力人的利益，因此，该条文的含义过于广泛，在解释上，无民事行为能力人实施的纯获利益的行为不在无效之列。这种解释即为限缩解释。

（六）合宪性解释

合宪性解释，是指以宪法的基本价值取向为准则，依据位阶较高的法律规范解释位阶较低的法律规范的解释方法。一个国家的法律体系中，宪法是位阶最高的基本法，代表了一个国家的基本价值取向，对任何法律所作的解释都必须符合宪法的精神，否则是无效的。对位阶较低的法律规范进行解释时，不能与上位阶的法律规范相抵触，这样才能维护法律秩序的统一。

本章思考题：

1.如何理解民法的性质？

2.如何构建与完善我国未来民法典的体系？

3.如何理解民法解释的重要性？

第二章

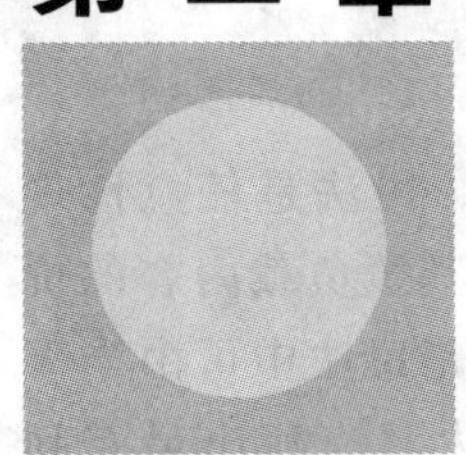

民法的基本原则

第一节　民法基本原则概述

一、民法基本原则的含义

民法的基本原则，是其效力贯穿于各项民事法律制度和民事规范始终的根本规则，是民法立法的指导方针和解释民法规范、适用民法规范以及进行民事活动的基本准则。民法的基本原则是全部民事规范的灵魂，是民法基本精神与基本价值的体现。

二、民法基本原则的特征

民法基本原则具有以下特征：

（一）非规范性

依据法理，法律规范是对一个事实状态赋予一种确定的具体法律后果的规定。法律规范一般由两部分构成：首先规定法律事实，即将一个通过抽象的方式加以一般地描述的“法律事实”规定为构成要件；然后规定法律后果，即以同样抽象的方式加以一般地描写法律效果，将该法律效果归属该抽象的事实。也就是说：现实生活中的具体案件事实符合法律规范的抽象构成要件时，法律规范中的抽象法律效果就会运用到具体案件中。民法的基本原则显然不具有这样的特征。可见，民法基本原则在民法的体系中，不是民法规范，而属于非规范性的规定，民法基本原则不具有作为民法规范所要求的明确的行为模式和确定的保证手段的构成成分。民法基本原则的存在,是为了帮助人们准确地理解和正确地适用民法,其本身并非法律规范,而是属于非规范性规定中的原则性规定。

(二)强行性

民法的基本原则具有强行性,属于民法的强行性规定。民法是任意性规定与强行性规定的统一。任意性与强行性的决定因素在于其所负载内容的价值的根本,即是否为社会的根本价值。所谓任意性规定,就是民法中可由当事人自由选择是否遵行的规定,它的存在的前提是相信当事人具有作出最有利于自己的判断和选择的能力。因为民法调整的范围极广、内容复杂,这使得立法者从技术上难以有足够的把握完成对各种民事活动行为模式的无漏洞的强行设计,而只能听凭当事人在一定前提下的自由选择。所谓强行性规定,是指不能由当事人自由选择而必须无条件地遵循的法律规定。民法的基本原则体现的是国家经济体制在民事领域的诸项基本价值以及我国在民事领域实行的根本政策,关乎我国政治经济制度之根本,因此民法基本原则所负载的价值是社会根本性的价值。民法的基本原则不是一般的民法规范,而是以抽象的强制性补充规定的形式内在地转化为民事法律关系的默示条款,由法官行使自由裁量权,根据立法的一般精神具体化为具体的补充规定,并选择相应的制裁或者奖励措施,从而实现民法基本原则的法律强制性。在适用民法基本原则时,当事人必须无条件地遵守,不能规避民法基本原则的适用;民事法律关系也必须遵守民法的基本原则,否则无效;民事法律规范也必须以民法基本原则为指南。

(三)抽象性

民法的基本原则是对民法的调整对象最本质要求的反映。它并不具体地规定民法某一项具体制度或者规范的具体内容,只是对民法所调整的社会关系的本质和规律通过抽象的方式加以反映。由此决定了民法基本原则的高度概括性和抽象性,它对民法所调整的社会关系的本质和特征都要作出全面和抽象的概括,反映了民事活动和民事法律关系的基本特征。民法基本原则不对权利义务各方的行为模式和保证手段作十分确定的、详尽无遗的规定,运用模糊概念授予司法机关以自由裁量、考虑具体情况解决问题的权力,也是克服成文法局限性的一种立法技术。

(四)普遍指导性

民法的基本原则应当贯彻于民事法律制度的始终。对民事立法、民事司法和民事活动带有普遍的指导意义。只有这样,民法基本原则才能实现民事立法的宗旨。如果民法基本原则的效力仅局限于民事法律关系的某一范围或某一领域,则不是民法的基本原则,而是民法某项制度的具体原则。如物权法中的公示公信原则和物权法定原则,只适用于物权法律制度,是物权法的基本原则,而不能作为民法的基本原则。将矛盾的普遍性与特殊性的相互关系的原理应用在民法上,民法基本原则对民事法律关系具有普遍的拘束力,但是在某些个别的具体法律关系中也有例外,如等价有偿原则是民法的基本原则,但是在赠与合同关系中,就不能适用。

三、民法基本原则的功能

(一)在立法上,具有立法准则的功能

许多国家的民法典在法典的开头位置规定了民法的基本原则,我国《民法通则》也是这样规定的。其目的在于表明民法的基本原则应当贯穿于整个民事立法,体现民事立法的宗旨和基本精神,对整个民事领域起到统率和指导的作用。立法者在制定民法规范时,其出发点和指导思想应当能够反映我国的社会经济文化制度的本质特征,而民法基本原则就是属于能够高度概括立法思想、立法政策和立法理论的法律条款。

(二)在司法上,具有审判准则的功能

民法基本原则是司法机关适用和解释民事法律法规的基本准则。司法机关以民法基本原则为指导,才能正确理解、解释和适用民法规范,才能正确处理民事案件。司法机关在运用民法具体规则裁判案件时,需要对法律条文进行解释,而这种解释应当符合民法基本原则的精神,不能违背民法的基本原则,否则,该民法解释是无效的。

(三)在民事活动中,具有行为准则的功能

民法的基本原则也是民事主体进行民事活动时的行为准则。民事主体在进行民事活动的过程中,既要遵循具体的民事法律规范,又要遵循民法的基本原则。民法规范是从民法基本原则中推导出来的,具有直接的可操作性和具体性,因此民事活动中的当事人首先应以民法规范作为自己的行为准则;如果民事主体的民事行为在民法具体规范中没有规定,民事主体应当依据民法的基本原则约束自己的行为。违反民法基本原则的民事活动是不能受到法律的保护的。

(四)在法律存在漏洞时,具有补充法律漏洞的功能

由于民法所调整的社会关系的复杂性、多变性,法律不可能穷尽一切;由于立法者的认识具有局限性;由于法律具有稳定性,不能朝令夕改,因此现行

法往往不能完全适应社会的需要,民事立法的漏洞是不可能完全避免和克服的。虽然民法基本原则不具备法律规范的具体构成要件与法律后果,但是从民法基本原则的立法发展看,民法的基本原则在立法上的确定正是克服成文法局限性的产物,是弥补成文法不足的需要。在新的民事法律关系发生而无具体民法规范的情况下,司法机关可以直接适用民法基本原则处理案件,民事主体可以直接根据民法基本原则进行民事活动。

四、民法基本原则的形成与发展

民法的基本原则是随着社会的发展而形成并不断发展的。最早的法律是由一些习惯构成的,没有法律的一般概念,更没有法律原则。直到 1804 年法国公布并施行了《法国民法典》,为适应自由竞争时期资本主义经济发展的需要,以平等、民主、自由为基础首次确立了民法的三大基本原则:绝对私有权原则、契约自由原则和过失责任原则。所谓绝对私有权原则,是指私人对其财产享有绝对的、排他的、自由处分的权利;所谓契约自由原则,是指契约必须由当事人自由意志一致才能生效,契约的内容由当事人自由决定,契约的方式及相对人的选择等由当事人自由决定,任何人无权干涉;所谓过失责任原则,是指如果本人没有过失,即使其行为给他人造成损害,也不需要承担民事责任。《法国民法典》首创的民法三大原则,成为以后很多国家制定民法典所遵守的重要准则。

法律原则作为社会历史发展的产物,随着历史的变化也需要作出相应的修正。随着资本主义由自由竞争阶段过渡到垄断阶段,自由资本主义阶段的民法原则越来越不能适应社会的需要。20 世纪以后,民法的立法思想开始由"个人本位"向"社会本位"转变,民法中渗透了国家的干预,从而导致了 19 世纪民法三大原则的变化。首先,私人所有权受到限制。所有权的行使必须尊重社会公益,不得滥用民事权利等等。其次,契约自由受到限制。某些特定的人或者企业在其业务范围内有承诺订约的义务,禁止订立违反公共秩序的合同等等。再次,广泛采取了无过错责任。此外,诸如公共秩序、善良风俗、诚实信用、禁止权利滥用等民法原则得到确立并有新的发展。

根据我国《民法通则》的规定,我国民法的基本原则主要有:平等原则、自愿原则、公平原则、诚实信用原则、公序良俗原则、禁止权利滥用原则。

第二节　平等原则

一、平等原则的含义

平等原则是指民事主体享有独立的、平等的法律人格，在具体的民事活动中，地位平等，互不隶属，任何一方当事人都不能将自己的意志强加给另一方，其合法权益平等地受到法律的保护。我国《民法通则》第3条规定："当事人在民事活动中的地位平等。"这一条款明确规定了民事主体地位平等的原则。

平等原则是由民法调整的社会关系的性质决定的。因为民法所调整的社会关系就是平等主体之间的财产关系和人身关系，这就必然要求法律赋予主体平等的地位。

平等原则是民法的首要原则。因为社会成员只有在平等基础上形成的社会关系，才为民事关系，赋予主体平等的地位是民法特有的调整方法。离开平等也就没有民事关系，也就没有民法。我国民法的平等原则归根结蒂是由社会主义的经济制度和政治制度决定的。因为商品经济是"天生的平等派"，在社会主义市场经济条件下，商品经济关系主体双方的地位只能是平等的。而社会主义的政治制度也要求人与人之间的关系是平等的，"法律面前人人平等"是社会主义法制的基本要求。

二、平等原则的具体体现

（一）民事主体的权利能力一律平等

民事主体的权利能力也就是民事主体的法律人格。我国《民法通则》第10条明确规定，公民的民事权利能力一律平等。任何自然人，无论其民族、性别、年龄、精神状况、宗教信仰及文化程度等有何差异，他们的民事权利能力都是平等的。自然人的民事权利能力的时间是平等的，即自出生时起到死亡时止；自然人的民事权利能力的范围是平等的；同时自然人也不得放弃或者自我限制其民事权利能力。

法人是民事主体的重要组成部分，法人的民事权利能力平等。当符合法人的成立要件，取得法人资格时，法人就具有平等的民事权利能力，其权利能力不因法人的规模大小与其级别不同而有差异。

自然人和法人之间的民事权利能力也是平等的，具有平等享有民事权利和承担民事义务的资格，不存在“大集体、小个人”之说。

（二）民事主体在具体的民事法律关系中的地位一律平等

任何民事主体进行民事活动、参与民事法律关系，他们的民事法律地位是完全平等的。任何一方当事人不得将自己的意志强加于另一方当事人；主体之间平等地分摊民事权利和民事义务，任何一方不得主张高于他方的特权；即使当事人之间是具有隶属关系的上下级，在进行民事活动时也是地位平等的主体，上级不能因此而凌驾于下级之上；国家作为民事主体从事民事活动时，与其他主体具有平等的法律地位。

需要注意的是，民事主体法律地位的平等，并不意味着每个民事主体享有的民事权利和承担的民事义务都是一样的。民事权利能力只是为民事主体享有具体的民事权利提供了前提条件。

（三）民事主体的合法权益平等地受到法律的保护

民事主体法律地位的平等，还意味着法律并不因主体为自然人、法人还是其他组织，而对其合法权益予以不同的保护。任何主体的合法权益受到非法侵害时，当事人都可请求予以法律救济。法律平等地保护民事主体的合法权益，决不偏袒某类主体，也不忽视或轻视对某类主体合法权益的保护。同样，如果民事主体非法侵害其他民事主体的合法权益，也要平等地受到民事制裁或者承担相应的民事责任。

平等原则的意义在于：有助于明确区分民法与其他法律部门，表明我国民法调整的是平等主体之间的社会关系；有助于完善我国民事立法，我国虽然制定并颁布了大量的民事法律法规，但是要做到全面贯彻民事主体地位平等原则，还有很多工作要做，还要进一步完善我国的民事立法；有助于我国社会主义市场经济的发展，不能贯彻民事主体地位平等原则，就不能开展平等的交换和公平的竞争，商品经济的法律秩序就不可能建立。切实保障平等原则的实现，对培育和发展社会主义市场经济具有十分重要的意义。

第三节　自愿原则

一、自愿原则的含义

自愿原则，是指民事主体在民事活动中，意志独立、自由，行为自主，以自己的真实意志充分表达自己的意愿，按照自己的意思设立、变更、终止民事法律关系。我国《民法通则》第 4 条规定，民事活动应当遵循自愿原则。

自愿原则是民事主体意志独立的必然要求，也是平等原则的表现和延伸。民事主体享有独立的主体资格和独立的利益，只有以自己的真实意志自愿地设定权利义务，才能充分发挥其进行民事活动的主动性和积极性。自愿意味着自由，是以平等为前提的，当事人只有地位平等，各方才能有独立的意志，才能有意志自由，才能自愿地决定自己的行为。同时，没有当事人的意志自由，一方也就可以将自己的意志强加给另一方，也就无平等可言。

二、自愿原则的具体体现

(一)民事主体从事民事活动时有意志自由

在民事活动中，当事人有很大的自主权，有对外表达合法意愿的自由。民事主体不仅可以决定是否实施某种行为或者参与某项民事法律关系，而且可以决定行为的相对人、行为的方式、法律关系的内容以及法律规范的适用等等；当事人不仅可以自主决定实体上的民事权利和民事义务，而且可以自主处分其民事权利，选择处理纠纷的程序、方式等等。当然，民事主体的意志自由并不是绝对的，表达的意志必须是真实的，不能是虚伪的；不能违反法律的强制性规定等。

民法规范中有较多的任意性规范，尤其是民事合同方面的法律规范。民事主体基于自愿而设立、变更、终止的民事法律行为，除违反法律、法规的强制性规定以外，具有法律效力，会受到法律的保护。我国《民法通则》规定，民事法律行为从成立时起具有法律约束力。行为人非依法律规定或者取得对方同意，不得擅自变更或者解除。

(二)民事主体意思表示的内容优先于任意性规范和法律推定条款

民事法律关系的设立、变更、终止是当事人自由意志的结果，在当事人的意思表示与法律的任意性规范并存的情况下，应当优先适用当事人的具体约定，只有当事人在意思表示中未作约定或者约定不明确时，才适用任意性规范。如依据我国民法的规定，合同关系中，法律承认当事人约定条款的效力优先，法律的任意性规范只有当合同有关质量、价款、数量、期限、地点等内容约定不明确时，才具有补充的作用。可见，当事人关于民事事项的约定，只要不违反法律的强行性规定，就具有法律效力，并且“约定大于法定”，即当事人关于该事项约定的效力优先于法律关于该事项的任意性规定。当然，意思表示的内容不得超越民事强行法和民法基本原则的效力。任何自由都不是绝对的，当事人自愿进行民事活动时不得违反法律的强行性规定，不得损害社会公共利益和他人的利益。

三、自愿原则与意思自治原则

自愿原则在传统民法上又被称为意思自治原则，可以说，自愿原则是私法的意思自治原则在我国民法上的体现。意思自治原则最早是由《法国民法典》确立的。由于《法国民法典》与自由竞争时期的资本主义经济相适应，奉行个人主义，因而意思自治原则被奉为支配整个私法的“最高原则”、“私法根本价值之所在”等。当资本主义进入到垄断阶段，法律上的自由主义被逐渐增长的国家干预主义所代替，“个人本位”让位于“社会本位”，意思自治原则也受到越来越多的限制，如强制性合同的大量出现、保护消费者利益立法运动的蓬勃发展等等。

意思自治是民法的基本原理，指的是民事主体的意志自由，要求保障当事人从事民事法律活动时意志自由，不受国家权力和其他当事人的非法干涉。依据意思自治原则，在私法领域，每个人有权依其自我意愿处分有关私法之事务，形成私法上的权利义务关系。换言之，私法自治的基本理念是在法定范围内，自己的事由自己做主，为自己立法，为自己谋利，对自己负责。其实质即平等的当事人通过协商决定相互间的权利义务关系。意思自治原则是对人意志自由的本质的尊重，没有自由意志的人不能成为民事主体。同时，自由又意味着责任，一个具有自由意志的人应能认识并承担自己行为的后果，因而意思自治原则隐含着“民事行为能力”的概念。再者，意思自治是对立法者认识能力之局限性的承认，民事活动的无限复杂性决定了立法者不可能制定出全知全能的民法，故而意思自治原则即是允许以民事主体的认识能力、知识和经验补充立法的不足，把全社会的、总的决策分解为许多小的决策。

第四节　公平原则

一、公平原则的含义

公平原则，是指民事主体应当本着社会公认的公平观念从事民事活动，司法机关在裁判民事纠纷时，应当体现社会正义的要求。公平是基本的法律价值理念，民法是私法，调整的是平等主体之间的财产关系和人身关系，更应当强调公平的价值观。我国《民法通则》第 4 条规定，民事活动应当遵循公平原则。《合同法》第 5 条规定，当事人应当遵循公平原则确定各方的权利和义务。

公平原则，要求当事人在民事活动中应以社会正义、公平的观念指导自己的行为、平衡各方的利益，要求以社会正义、公平的观念来处理当事人之间的纠纷。公平作为一种价值观念，是以一定社会的共同价值观为基础的，在不同的社会有不同的标准。在社会主义市场经济条件下，公平一方面要求主体发展机会的平等和自由竞争，另一方面要求主体之间的竞争是有效率的，不损害他人利益和社会利益。公平偏重的是社会正义，而不是个体正义，也就是说，判断公平与否的标准是社会公认的价值标准，而不是个体的价值观。

二、公平原则的具体体现

(一)民事主体参与民事法律关系的机会平等

民事主体进行民事活动的机会平等是公平的重要保障和基本条件。只有机会平等，主体才能平等地进行正当竞争。在民事活动中，利用自己的特别优势而强迫他人接受不利的条件，采取不正当的手段进行不正当竞争等，都是违反公平原则的。

(二)民事主体从事民事法律行为时，不得显失公平

在民事活动中，当事人应当公平交换，利益均衡，在相互关系中当事人的权利义务应合理负担，一方的利益与其负担应相称，具有对应性，不得显失公平。

(三)当事人承担民事责任时应当合理分担

在民事活动中，当事人受有损害时，应公平合理地确定当事人的民事责任。民事主体在承担民事责任时，如果是适用过错责任的场合，就应当按照其

过错程度承担相应的民事责任。双方都有过错时,双方应就各自的过错程度承担民事责任;即使因一方过错造成损害时,过错方承担责任的范围也应与造成的损害相当。如果是适用无过错责任的场合,应当由双方对损失合理分担。在双方都没有过错,法律也没有规定应适用无过错责任时,就应当依照公平责任原则作出裁判。

公平原则是法律适用的原则,有助于弥补民法规范的漏洞与不足。同时,公平原则是一项重要的民事司法原则,这一原则在合同责任中表现为情势变更原则,在侵权责任中表现为公平责任原则。公平原则是社会道德规范在我国民法上的体现,判断公平与否的标准,一般而言,应当从社会正义的角度,以社会公认的价值观、是非观为标准,从我国民法规范的基本精神出发,以我国现阶段的一般交易习惯和人们的价值观为标准。

第五节 诚实信用原则

一、诚实信用原则的含义

诚实信用原则,是指民事主体在民事活动中,行使民事权利和履行民事义务应当诚实,守信用,行为合法,不规避法律。我国《民法通则》第 4 条规定,民事活动应遵循诚实信用的原则。《合同法》第 6 条规定,当事人行使权利、履行义务应当遵循诚实信用原则。

诚实信用原则起源于罗马法。罗马法中规定有诚信契约,依该契约,债务人不仅要依契约条款,更重要的是要依照其内心的诚实观念履行契约的约定。诚实信用原则在当时只是用来补充契约条款不足的一种法律救济方法。进入 20 世纪后,日益复杂的社会关系使立法者不得不借助于“弹性条款”。1907 年的《瑞士民法典》首次将诚实信用原则确立为民法的基本原则。日本和我国台湾地区的民法也明确规定诚实信用是民法的基本原则。基于诚实信用原则的地位与作用,它被奉为现代民法的最高指导原则,学者谓之“帝王条款”。

二、诚实信用原则的具体体现

诚实信用原则是一个高度抽象的原则,其内涵和外延非常广泛,该原则主要表现为:

民事主体在民事活动中要诚实，恪守信用，不弄虚作假，不为欺诈行为，进行正当竞争；民事主体行使权利应当本着善意的态度，获取利益不得损害他人利益和社会公共利益；民事主体应信守诺言，严格按照法律的规定和当事人的约定履行义务，不得擅自毁约，自觉承担责任；在当事人约定不明确或者订约后客观情形发生重大变化时，应依诚实信用的要求确定当事人的权利义务和责任；在民事法律关系终止后，当事人应当本着诚信的态度，保护对方的合法权益。

三、诚实信用原则的意义

诚实信用原则与公平原则一样，原为道德准则。诚实信用作为市场经济活动的道德准则，要求当事人诚实经营，在追求自己的经济利益时不得损害他人的利益，以维护良好的市场经济秩序。诚实信用作为法律原则是将道德准则法律化，而使其具有法律拘束力。

诚实信用原则，既是民事主体进行民事活动时应遵循的基本准则，也是法院解释当事人的意思时的基准。诚实信用原则的内容极为概括抽象，这实质上是以模糊规定或者不确定规定的方式把相当大的自由裁量权交给了法官。法院在裁判案件时，既可依诚实信用原则来衡量当事人间的利益关系以确定当事人的权利和义务，又可以依此原则来解释和补充法律。但法院在依诚实信用原则处理民事纠纷时，不得因此原则而滥用自由裁量权，也不能违反平等和自愿原则。

第六节　公序良俗原则

一、公序良俗原则的含义

公序，即公共秩序，是指国家社会的存在及其发展所必需的一般秩序；良俗，即善良风俗，是指国家社会的存在及其发展所必需的一般道德。公序良俗原则是指民事主体在民事活动的过程中，其行为应当遵守公共秩序，符合善良风俗，不得违反社会公德和社会的一般道德，不得损害社会利益和国家利益。我国《民法通则》第 7 条规定："民事活动应当尊重社会公德，不得损害社会公共利益，破坏国家经济计划，扰乱社会经济秩序。"我国《合同法》第 7 条也规定："当事人订立、履行合同，应当遵守法律、行政法规，尊重社会公德，不得扰乱社会经济秩序,损害社会公共利益。”公序良俗原则于民法制定之初,主要是对契约自由进行限制的原则。发展至今,公序良俗原则已被视为与诚实信用原则同等的私法领域的基本原则:私法上权利的行使、义务的履行,须在此范围内,始视为正当。如果说诚实信用原则是在法律自由的基调上,从法律内部对当事人间的权益加以调整修补,那么公序良俗原则就是在同样的基调上,从法律外部对当事人之间的权益加以限制。

公序良俗原则是学者根据世界范围内的普遍立法用语而对中国现行的民法原则规定进行概括而得出的,中国现行法因受到苏联民事立法及民事理论的影响,未使用“公序良俗”的字样,而是以“社会公共利益”、“社会公德”来表达同样的精神,“社会公共利益”在内涵与作用方面同“公共秩序”相当,“社会公德”则与“善良风俗”相当。公序良俗原则在诸多民事立法较发达的国家都有着明文规定,如《法国民法典》第 6 条规定,个人不得以特别约定违反有关公共秩序和善良风俗的法律。《德国民法典》第 138 条规定,违反善良风俗的行为无效。《日本民法典》第 90 条规定,以违反公共秩序或善良风俗的事项为标的的法律行为无效。

民法之所以需要规定公序良俗原则,是因为立法当时不可能预见一切损害国家利益、社会公益和道德秩序的行为而作出详尽的禁止性规定,故设立公序良俗原则,以弥补禁止性规定之不足。公序良俗原则包含了法官自由裁量的因素,具有极大的灵活性,因而能处理现代市场经济中发生的各种新问题,在确保国家一般利益、社会道德秩序,以及协调各种利益冲突、保护弱者、维护社会正义等方面发挥极为重要的作用。当遇有损害国家利益、社会公益和社会道德秩序的行为,而又缺乏相应的禁止性法律规定时,法院可直接依据公序良俗原则认定该行为无效。

二、公序良俗原则的具体内容

(一)民事活动应当尊重社会公共利益和社会公德

社会公共利益,是社会成员的共同利益;社会公德是社会公认的道德规范。我国的社会主义经济制度和政治制度,社会主义市场经济秩序,社会生活秩序,符合社会主义精神文明建设要求的优良民风和习惯,都属于社会公共利益,民事主体在民事活动中均应尊重,不得违反。

(二)民事主体行使权利不得损害公共秩序和善良风俗

民事主体在行使民事权利时,不得损害社会公共秩序和善良风俗,不得损害国家利益、社会利益和他人利益,不得违反法律的强行性或禁止性规定。

三、违反公序良俗原则的行为类型

日本学者我妻荣运用判例综合研究法，将违反公序良俗的行为归纳为以下七种类型：(1)违反人伦的行为；(2)违法正义观念的行为；(3)乘他人窘迫、无经验获取不当利益的行为；(4)极度限制个人自由的行为；(5)限制营业自由的行为；(6)处分生存基础财产的行为；(7)显著的射幸行为。此即著名的“我妻类型”。我国台湾学者史尚宽先生认为可以分为五种类型：(1)有反于人伦者；(2)违反正义之观念；(3)剥夺或极端限制个人自由者；(4)侥幸行为；(5)违反现代社会制度或妨害国家公共团体之政治作用。我国大陆学者梁慧星教授结合法国、德国、日本及我国台湾的有关著作，将可能被判断为违反公序良俗的行为归纳为以下几种类型：(1)危害国家公共秩序的行为；(2)危害家庭关系的行为；(3)违反性道德的行为；(4)射幸行为；(5)违反人权和人格尊严的行为；(6)限制经济自由的行为；(7)违反公平竞争的行为；(8)违反消费者保护的行为；(9)违反劳动者保护的行为；(10)暴利行为。

第七节 禁止权利滥用原则

一、禁止权利滥用原则的含义

禁止权利滥用原则作为现代社会中调整权利分配的一项重要原则，在社会生活中占据了重要的地位。禁止权利滥用由一项一般法观念发展到判例，最后发展到现代成文法上的一项基本原则，经历了漫长的过程。与诚实信用原则、公序良俗原则相似，禁止权利滥用作为一个高度抽象的法律概念，至今尚无一个完整而明确的概念表述。究竟何为权利滥用，各国学者对其作出了不同的解释，形成了不同的学说。

(一)“权利滥用”概念否定说

此说认为，“权利滥用的用语，其自身即属矛盾，因为我们行使我们的民事权利，则我们的行为不能不说是适法，假若认为违法时，则必然是逾越了权利的范围，而属于无权利行为。权利滥用伊始，即同时失去了其权利滥用的性质"。[①] 法国学者普兰利亦持此种观点。这种观点与罗马法中"行使自己的权利,无论对于何人均非不法"的思想一脉相承,但至今只为少数学者所采用。

(二)"权利滥用"概念肯定说

此说为大多数大陆法系学者所采用,是大多数大陆法系学者对权利滥用概念所持的观点。而其又因各学者所采用的界定权利滥用概念的标准不同形成了不同的学说。(1)恶意说。此说从主观角度出发,将权利的滥用归结于以行使权利的方式损害他人利益之恶意,认为"权利乃法律分配一部分社会利益于权利人行使权利之结果,固不免使他人发生损害,然专以损害他人为目的的,则属权利之滥用"[②]。《德国民法典》即为此学说的典型代表,该法典第 226 条规定:"权利的行使,不得以损害他人为目的。"(2)本旨说。该学说以社会本位为其出发点,认为权利的本旨在于权利的社会性,行使权利应当遵守诚实信用原则,否则,即构成权利的滥用。《瑞士民法典》采用此观点,其第 2 条规定:"任何人在行使权利或履行义务时都必须遵守诚实信用原则,权利的明显滥用,不受法律保护。"(3)界限说。此说将权利的滥用归结为对权利行使正当界限的超越,认为"权利滥用者,谓权利行使必有一定之界限,超越这一正当界限而行使权利,即为权利之滥用"[③]。如《巴西民法典》第 160 条规定:"因权利正常行使所为的行为,非属不法。"(4)目的与界限混合说。此学说融合了本旨说与界限说,认为"权利的滥用谓逸出权利的社会的、经济的目的或社会所不容许的界限之权利行使"[④]。如《波兰民法典》第 5 条规定:"如果某人以作为或不作为而取得有悖于法典的社会经济目的和社会共同原则的利益,即认为是滥用权利。"

以上各种学说,从不同的标准和角度揭示了权利滥用的含义,各有合理性的一面。权利滥用,就其本质而言,是私权行使对利益之平衡的破坏。在其定义的发展过程中,我们不难发现,对其界定由加害恶意的主观标准,逐渐演进到诚实信用原则的违反、利益均衡原则的破坏,正常权限的超越、社会经济利益的违背等客观标准,体现出权利滥用概念认定的不断完善的趋势。我国学理上一般认为,我国民法可参酌外国立法和实践,从主客观两个方面来考察主体是否滥用权利。就主观方面而言,权利人的主观目的主要是为了损害他人利益,判断是否以损害他人利益为主要目的,应当以社会一般观念认定,从客

① 郑玉波:《民法总则》,台湾三民书局 1979 年版,第 407 页。

② 胡长清:《中国民法总论》,中国政法大学出版社 1997 年版,第 386 页。

③ 李宜琛:《民法总则》,台北"国立"编译馆 1997 年版,第 399 页。

④ 史尚宽:《民法总论》,中国政法大学出版社 2000 年版,第 714 页。

观上看，权利人的行为产生损害他人的后果，或者权利人的行为损人不利己也可以认定为滥用权利。正如有些学者所指出的那样："从缺乏正当利益，选择有害的方式行使权利，损害大于所得的外部行为推定权利人存在滥用权利的故意，并采用不顾权利存在的目的行使权利，及违反侵权法的一般原则的标准推定权利人具有滥用权利的过失，再看权利人行使权利的行为是否造成了或可能造成他人或社会利益的损害，综合分析，作出判断。"①

二、禁止权利滥用原则的形成与发展

禁止权利滥用的法观念最早出现在古罗马时期，尽管古罗马向来有"行使自己的权利，无论对于何人，皆非不法"的法谚，但法律对具体民事权利的行使仍加以一定的限制，如因相邻关系的限制，因公共利益的限制，因人道主义和道德方面的限制等。由于当时罗马法上"个人主义"观念根深蒂固，在注重个人利益的私法作为核心的法律体系中，所有权成为一切法律的终极目的，因此禁止权利滥用在这一时期仅表现为一些零碎的限制性规定。

当资本主义进入垄断阶段，法律的核心概念开始由个人移向社会，法律的终极目的开始在保护个人自由与权利的同时兼顾整个社会发展和人类生存的意义。法观念开始由个人本位转向了社会本位，客观要求国家干预经济生活，对绝对的个人权利加以限制。于是为了满足社会现实的需要，禁止权利滥用原则应运而生。《德国民法典》第 266 条规定："权利的行使，不得以损害他人为目的。"这一规定将禁止权利滥用理论首次上升为法律。1907 年《瑞士民法典》第 2 条规定："任何人在行使权利或履行义务时都必须遵守诚实信用原则，权利的明显滥用，不受法律保护。"第一次在法律中明确规定了权利滥用的概念。1922 年《苏俄民法典》第 1 条规定："民事权利之行使违背社会经济之使命者，不受法律保护。"随后各国民法典纷纷效仿，除少数国家不承认禁止权利滥用原则以外，绝大多数国家都效仿德国或瑞士的立法例，在民法典中确立了禁止权利滥用原则。

本章思考题：

1. 如何理解民法的基本原则在整个民法体系中的地位？
2. 如何理解民法的平等原则与自愿原则的关系？
3. 如何理解禁止权利滥用原则的含义？

---

① 徐国栋：《民法基本原则解释》，中国政法大学出版社 1993 年版，第 91 页。

第三章

民事法律关系

第一节 民事法律关系概述

一、民事法律关系的概念

在现实生活中，人们为了满足自身物质生活和文化生活的需要，彼此之间要产生各种各样的具体的社会关系。为了使社会关系的产生、变更与消灭符合国家利益和社会经济变化的发展，国家依据当代物质生活条件，制定和运用不同的法律规范对各种社会关系进行引导、规范与保障，从而形成了不同的法律关系。

民事法律关系是由民法在调整平等主体之间的社会关系过程中所形成的一种法律关系。它是平等主体间的财产关系和人身关系等社会关系在法律上的体现，即指由民事法律规范确认、调整和保障的产生于民事主体间的具有民事权利义务内容的社会关系。

对民事法律关系概念的把握，应从以下几个方面进行理解：其一，民事法律关系是民事法律规范调整财产关系和人身关系所形成的社会关系。没有民事法律规范，就没有民事法律关系，民事法律关系是民法调整的结果。其二，民事法律关系是基于民事法律事实而形成的社会关系。只有抽象的民事法律规范并不能形成民事法律关系，必须由民事主体的行为或其他民事法律事实，才能形成民事法律关系。例如，A与B有了结婚的事实，才能成为夫妻关系，否则只有《婚姻法》并不能自然而然地形成夫妻的法律关系。其三，民事法律关系是以民事权利义务为内容的社会关系。民事法律规范对社会关系的调整,是通过将民事主体之间的财产关系和人身关系转化为民事权利义务实现的。

二、民事法律关系的特征

(一)民事法律关系是平等主体之间的社会关系

民法的调整对象是平等主体之间的财产关系和人身关系,民法所调整的社会关系的平等性决定了民事法律关系的平等性。不管是自然人、法人,只要在民事法律关系中,都是以民事主体的身份出现,它们之间的关系都是平等的。

同时,民事主体之间建立何种民事权利与民事义务关系,如何实现民事权利,履行民事义务,完全由民事主体在合法的前提下,通过平等沟通与协商,以意思自治原则为基础而实现。可以说,平等是民事法律关系的核心与灵魂,也是民事法律关系区别于其他法律关系的最重要特征。

(二)民事法律关系的产生,大多取决于民事主体的自由意志

民事法律规范是由国家制定的,体现国家意志,民事法律关系只有符合国家意志才能获得国家强制力的保护。但是,民法是私法,必须贯彻意思自治原则。绝大多数民事法律关系的发生、变更和终止,都体现了当事人的自由意志。也即是在具体的民事活动层面上,由当事人根据自身的利益和需要,自主地决定建立民事法律关系,而不允许任何组织或者个人非法支配与强制,否则,就不可能导致当事人之间法律上民事权利义务的合法产生。

因此,民事法律关系通常是由民事主体在自主自愿的基础上形成的,体现当事人的意志,这也是民事法律关系区别于其他法律关系的特征之一。

(三)民事法律关系体现对财产关系和人身关系的并重

民法是商品经济发展的产物,因而由民法调整而形成的法律关系,大多是具有直接物质利益为内容的财产关系。同时,民法也调整平等主体之间的人身关系,但人身关系一般被作为财产关系发生的前提,对人身关系的损害,法律往往使侵权人与受害人之间发生财产关系。也应该看到,随着民法现代化、文明化的发展进程,人们对人身关系的重视程度不断加强,与此相适应,民法已逐步摆脱财产法的褊狭。所以,民事法律关系应理解为既包含财产关系,也包含人身关系,对二者的并重是民事法律关系的又一特征。

(四)民事法律关系的保障措施具有补偿性

刑法的保障措施主要体现惩罚性,行政法的保障措施主要体现强制性,而

民事法律关系的保障措施则主要体现为财产补偿性。这是由民法调整商品经济关系的财产性和主体的平等性决定的。通过财产补偿能使被破坏的商品归属和商品流转得到恢复和补救,从而维护商品生产和交换的正常发展。从民事责任的承担方式来看,如停止侵害、排除妨害、恢复原状、返还原物、消除危险等都具有财产补偿性。当然,在少数情况下,也可依法使责任者承担惩罚性的民事责任,但此时惩罚的目的仍是促使当事人履行义务,使民事法律关系尽可能正常实现,而不单纯是为了惩罚。

三、民事法律关系的分类

(一)财产法律关系和人身法律关系

根据民事法律关系的内容即民事法律关系当事人间的民事权利和民事义务是否具有直接的物质利益,可将民事法律关系分为财产法律关系和人身法律关系。这是民事法律关系最基本的分类。

财产法律关系,是指以直接物质利益为内容,与财产的归属或者财产的流转相联系的民事法律关系,也即是其内容具有财产性的民事法律关系。由于民法主要调整财产关系,因而财产法律关系在民事法律关系中占有很大的比重。例如,基于物的占有、使用、收益和处分等而发生的物权关系,基于物的流转等而发生的债权关系都属于财产法律关系。

人身法律关系,是指与民事法律关系主体的人身即人格和身份不可分离的,不具有直接物质利益内容的民事法律关系。这种法律关系直接影响到民事主体的人格与身份利益,是民法调整人身关系的法律表现。例如,基于民事主体的姓名、名称、名誉、荣誉、肖像、生命、健康等而发生的民事权利义务关系,都属于人身法律关系。人身法律关系又可以分为人格权法律关系和身份权法律关系,它们虽然不具有直接的物质利益内容,但又与人们的物质利益密切相关。

将民事法律关系分为财产法律关系与人身法律关系的意义,在于正确界定法律关系的内容与性质,赋予民事主体不同的民事行为以不同的法律效力。在财产法律关系中,权利主体通常可以转让其财产权利;而在人身法律关系中,权利主体的权利与人身不可分离,因而绝大多数人身权利具有不可转让性。同时,区分这两种法律关系也有利于根据不同性质的法律关系采取不同的法律保护方法以加强对它们的保护。对于财产法律关系,主要是采用返还财产、恢复原状、赔偿损失、支付违约金等财产补救的方式维护当事人的民事权利;而对于人身法律关系,则通常采用停止侵害、消除影响、恢复名誉、赔礼道歉等非财产补救方式维护当事人的民事权利，但在一定条件下，也可通过赔偿损失等财产方式予以保护。

（二）绝对法律关系和相对法律关系

根据民事法律关系的权利所对抗义务主体的范围即义务主体是否特定，可以将民事法律关系分为绝对法律关系和相对法律关系。

绝对法律关系，是指权利主体享有的民事权利所针对的义务主体是不特定的，即义务人为权利主体以外的不特定的任何人的民事法律关系。在这种民事法律关系中，作为特定人的权利主体不需具体义务人为积极行为即可行使和实现其民事权利，而且，权利主体在法律规定的范围内享有排除和对抗任何他人妨碍或干涉其行使和实现民事权利的权利。义务主体则是不特定的任何人，其义务是不妨碍或不干涉权利主体合法行使和实现其权利，即表现为消极的不作为。如所有权法律关系、人身权法律关系等即属于绝对法律关系。

相对法律关系，是指权利主体与义务主体彼此对应，权利主体的权利只针对特定的义务主体有效的法律关系。在相对法律关系中，权利主体与义务主体都是特定的，权利主体权利的实现需要义务主体的积极行为予以协助，义务主体负有实施该种行为的义务。例如，债权法律关系即为相对法律关系。

区分绝对法律关系和相对法律关系的意义在于，有利于确定民事法律关系的义务主体及其所承担的民事义务，有利于确定民事权利主体享有的权利及其行使和实现的方式，从而准确适用民事法律规范。

（三）物权法律关系和债权法律关系

根据权利主体行使和实现的权利及其方式的不同，可以将财产法律关系分为物权法律关系和债权法律关系。

物权法律关系，是指以物权为内容，权利主体可以对权利客体直接进行支配，不需要义务人实施积极行为即可实现其民事权利的法律关系。这是一种绝对权关系，权利主体的民事权利可以对抗权利主体之外的一切人。例如，基于对物的占有、使用、收益和处分等而产生的民事法律关系即属于物权法律关系。物权法律关系是绝对法律关系，但绝对法律关系并非都是物权法律关系。

债权法律关系，是指以请求权为内容，权利人必须经义务人的一定行为配合才能行使和实现其权利的法律关系。它是一种相对法律关系，其权利效力只能对抗特定的相对人。它是人们依法在民事流转过程中而发生的民事法律关系。

划分这两种法律关系的作用，在于物权与债权是民事主体享有的两大基本的财产权，前者为静态财产权，后者为动态财产权，由此产生了物权法律制度与债权法律制度这两大基本制度。掌握这两种法律关系各自的性质特点与内容，能使我们正确认识与分析这两种重要的法律关系，并准确适用相关民事法律规范。

第二节　民事法律关系的主体

民事关系关系的要素，是指构成民事法律关系的必要因素。民事法律关系的要素包括主体、内容和客体三项，任何一项都不可缺少。

一、民事法律关系主体的概念

民事法律关系的主体，简称民事主体，是指参与民事法律关系，享有民事权利和承担民事义务的人。这里的“人”应作广义的理解，不仅包括自然人，还包括不具有自然生命，却具有法律生命的法人及其他社会组织。在某些场合下，还包括以民事主体身份参与民事法律关系的国家，如以国家名义发行国库券，国家接受无主财产或无人继承的财产等。民事法律关系是发生在人与人之间的经过法律调整的社会关系，没有民事主体就不能构成民事法律关系。可以说，主体是民事法律关系的首要因素。

对民事法律关系的主体，应着重从以下几个方面进行理解：

1. 民事法律关系主体资格的成立需要具备两个条件：一是适合于作法律关系主体，二是法律的承认，二者缺一不可。如在奴隶社会，奴隶就不是民事主体。而随着商品经济的发展，企业更多地参与商品经济活动，客观上要求法律对它的民事主体资格加以确认，赋予其法律上的人格，于是各国法律纷纷确立了法人制度，使其成为民事法律关系主体。在现代社会，民事主体的范围已大大拓展，凡依法有资格享有民事权利和承担民事义务的自然人、法人和其他组织都可能成为民事法律关系主体。

2. 民事主体分为权利主体和义务主体。民事权利和民事义务是相对应的，各为一方主体承受。权利主体是指在民事法律关系中享有权利的一方主体。义务主体是指在民事法律关系中承担义务的一方主体。在民事法律关系中，多数情况下，双方既是权利主体又是义务主体，如在买卖关系中。在少数情况下，一方只是权利主体，另一方只是义务主体，如在赠与关系中。

3. 民事法律关系的权利或义务主体有时并非只是一人。当权利主体或义务主体是一人时,称为单数主体。当有一方或双方是两人或两人以上时,称为多数主体。例如,在债权债务法律关系中,债权人和债务人每一方都既可以是一个人,也可以是几个人。如果债权人或债务人一方为几个人,或者双方都为数人时,则该债权债务关系称为多人之债。此时,几个债权人或几个债务人可以连带享受权利或承担义务,也可按份享受权利或承担义务。

4. 民事法律关系的主体有特定主体和不特定主体之分。民事法律关系的权利主体都是特定的,而义务主体则可以是特定的,也可以是不特定的。在绝对法律关系中,义务主体是不特定的任何人,而在相对法律关系中,义务主体则是特定的某一人或数人。

二、民事法律关系主体的特征

(一)民事主体的法律地位平等

民事法律关系的主体在地位上是平等的。不论不同的民事法律关系主体本身有何差异,一旦进入商品交换领域,参与民事法律关系,都必须遵守民法规定,其法律地位完全平等。即使国家作为民事法律关系的主体从事民事活动,也必须受民法规范约束,与其他民事主体处于平等地位。任何人在进行民事活动时,都不得凌驾于法律之上,或违背法律,或利用公共权力或经济实力强迫他人服从不平等条件。

(二)民事主体的意思自主

民事法律关系主体被承认为法律上的人,也即被承认具有自主表示意思的能力。意思自主是民事法律关系主体最基本的能力,也是判断民事法律关系是否有效的标准。民事主体在设立、变更和终止民事法律关系时,各方当事人都有在法律规定的范围内选择自己行为内容和行为方式的自由,其进行的意思表示都应当是自愿的、真实的。

(三)民事主体的权利义务一致

权利和义务相一致是我国法律的基本原则。在我国,民事主体享有广泛的民事权利,也要承担相应的民事义务,既是权利主体,也是义务主体。例如自然人在享有各项财产权利和人身权利的同时,不许承担相应的义务,不得侵犯国家、集体和他人的财产权利和人身权利。法人在自己的经营或业务范围内,享有充分的经营自主权和其他民事权利,但也必须遵守国家法律,在法律所规定的范围内从事民事活动。任何民事主体都不能只享有权利而不承担义务,或只承担义务而不享有权利。

三、民事法律关系主体的范围

民事主体首先是自然人，现代法治强调自然人享有民事主体资格，而且此种资格不容剥夺。基于社会生活的需要，法律也允许一些社会组织在依法创设之后可以以自己的名义参加民事法律关系，进行民事活动，这些社会组织在《民法通则》中被规定为法人。与此同时，随着市场经济的发展，法人之外的其他组织如合伙、个体工商户、农村承包经营户、个人独资企业、企业法人的分支机构、筹建中的法人组织等等也成为一类新的市场主体，法律也逐渐承认其可以以自己的名义参加民事法律关系，从而其他组织也可以成为民事主体。此外，国家在特定场合中也可以成为民事主体。关于民事主体的具体规则，将在后面相关章节具体介绍，此处暂略。

第三节　民事法律关系的内容

一、民事法律关系的内容概述

民事法律关系的内容，指民事法律关系的主体享有的民事权利和承担的民事义务。民事法律关系的内容所体现的权利义务关系，是民法调整的社会关系在法律上的表现。这种社会关系的主体是否享有民事权利，承担民事义务，是民事法律关系与非民事法律关系的重要区别。民事法律关系的内容，是构成民事法律关系不可或缺的基本要素。

二、民事权利

(一)民事权利的概念

民事权利是指法律为保障民事主体实现某种利益的意思，而允许其行为的界限。权利人可以在法定范围内，享有一定利益或实施一定行为，可以请求义务人为一定行为或不为一定行为，以保障其享有或实现某种利益。当权利人因他人的行为而侵害其民事权利的享有、行使时，可以请求有关国家机关采取强制措施予以保护。

(二)民事权利的分类

1. 财产权、人身权与综合性权利

这是以民事权利所体现利益的性质为标准而进行的分类。

财产权是以财产利益为内容的权利，即以财产利益为直接实现的权利或者以涉及财产利益的事物为标的的权利，主要包括物权、债权等。财产权原则上不具有专属性，可以转让、抛弃、继承。财产权的主体限于现实地享有或可以取得财产的人，而不像人格权那样可以为一切人普遍地享有。[①]

人身权是以人身利益为内容，与权利主体不可分离的权利，即以主体自身的人身利益为实现的权利，包括人格权和身份权。人格权是以权利人的人格为标的的权利，包括生命权、健康权、身体权、姓名权、名称权、名誉权、荣誉权、肖像权等。身份权是以权利人特定的身份为标的的权利，在现代社会主要是指亲属权，如亲权、监护权、配偶权等。人身权一般都具有专属性，原则上不得转让、抛弃和继承。但随着市场经济的发展，一些人格利益也具有财产价值，人格权中的一些权能如肖像权的使用权可以依法转让。

此外，一些权利兼具财产和人身性质，其内容既包括人身利益又包括财产利益。此种权利以特定的身份为基础，又以财产利益为内容，故而被称为综合性权利，如知识产权、继承权、社员权等。

2. 支配权、请求权、形成权和抗辩权

这是以民事权利的作用为标准进行的分类。

支配权是指权利人可以直接支配权利客体，而具有排他性的权利。支配权的行使和实现具有直接性，权利人直接支配无须外力介入，并且权利人可以排除他人的妨碍。支配权的典型代表是物权、知识产权和人格权。

请求权是指权利人要求他人为或不为一定行为的权利。一般而言，请求权的权利人不能对权利的客体予以直接支配，必须通过义务人的作为或不作为来实现其权利。债权是典型的请求权，债权人不能直接支配债务人的行为，不能支配债务人本身，只能请求其为或不为特定的行为。

形成权是指权利人依自己单方面的意思表示，使民事法律关系发生、变更或消灭的权利。形成权的主要功能在于，权利人得依单方意思表示，使已发生的法律关系之效力发生、变更或消灭。比如，无权代理人实施的行为，真正有权人可以予以追认，也可以不予追认，一旦权利人对无权代理行为予以追认，该行为将对权利人产生约束力。属于形成权的主要有撤销权、解除权、抵销权、法定代理人的承认权、选择之债的选择权等。

抗辩权又称异议权，是指对抗请求权或否认对方权利的权利。一方面，抗

---

① 谢怀栻：《谢怀栻法学文选》，中国法制出版社 2002 年版，第 354 页。

辩权具有法定性,必须基于法律的规定而产生。另一方面,抗辩权还具有被动性,它是对抗或否认对方请求权的权利,因此必须待他人请求时,始得对之抗辩。

3.绝对权和相对权

这是以民事权利的效力范围为标准而进行的分类。

绝对权,又称对世权,是指无须通过义务人实施一定的行为即可实现,并可以对抗不特定人的权利。绝对权有两个特征:一是权利人无须通过义务人的行为,自己可以直接实现其权利;二是义务主体不特定。物权、人身权等属于绝对权。

相对权,又称对人权,是指必须通过义务人实施一定的行为才能失信,只能对抗特定人的权利。相对权也有两个特征:一是权利人不能直接实现其权利,必须通过义务人的行为才能实现;二是只能请求特定的人为一定行为,该权利也只能对抗特定的人。债权是较为典型的相对权。

4.主权利和从权利

这是以民事权利的依存关系为标准所作的分类。

主权利是指相互关联的两个或者两个以上的民事权利中,不依赖于其他民事权利就可以独立存在的权利。例如,债权和为其担保而设立的抵押权,其中债权即为抵押权的主权利。

从权利是指相互关联的两个或者两个以上的民事权利中,不能独立存在而从属于主权利的权利,从权利以主权利的存在为前提。例如,债权和为其担保而设立的抵押权,抵押权即为债权的从权利。此外,如质权、留置权、保证债权等也属于从权利。

主权利与从权利的主从关系体现在:(1)主权利存在,从权利才能存在;主权利因履行、抵销、免除等消灭时,从权利也消灭。(2)从权利不能与主权利分离,这是由从权利不能单独存在的性质决定的。

5.既得权和期待权

这是以民事权利是否已经享有(取得)为标准而进行的分类。

既得权是指权利人已经取得并能享有或者享受权利利益的权利。既得权应该是已具备成立要件并具备现实性,如被继承人死亡后,继承人取得遗产的权利就是既得权。

期待权是指因法律要件不具备或不充分,而尚未现实取得的权利。它是当事人尚未取得,必须有一定的事实发生才能取得的权利。可以说,期待权并非权利,而只是一种利益,其扩大了某些情形下对权利人的保护程度。如继承开始以前的法定继承人、遗嘱继承人或遗赠人的权利，附条件、附期限的权利等均属期待权。

（三）民事权利的行使与保护

1. 民事权利的行使

民事权利的行使，也称民事权利的实现，是指民事主体在其意志支配下，通过处置民事客体或者民事权利自身，依法实际获得民事利益或者满足自己的利益需求的行为过程。民事权利的行使，主要反映的是民事主体的意思自治。行使民事权利，需要一定的手段或者途径。一般认为，民事权利的行使主要有两种途径：(1)自己行使。又称直接行使，即民事权利人通过自己的民事行为，对其合法民事权利按其内容、手段等要求加以行使，以实现自己的利益目的。(2)他人代为行使。民事权利由他人代为行使的原因很多，如因权利人自身民事行为能力的欠缺而由法律设定代其行使民事权利的人，因民事权利人自身为了用最经济的手段获取利益最大化的需要等等。民事权利由他人代为行使，主要有监护、代理、行纪、信托等方式。

民事权利的行使是由权利人的意思决定的，任何人和任何组织都不得非法干涉。但是，民事权利的行使尽管属于私人的权利，却关系到他人，甚至国家和整个社会的利益，因而必须受到一定的限制。正因如此，我国《民法通则》确立了“权利不得滥用”的原则。这一原则是民法思想由权利行使绝对性向社会的权利制度转变的体现，同时也是我国《宪法》规定“中华人民共和国公民在行使自由和权利的时候，不得损害国家的、社会的、集体的利益和其他公民的合法自由和权利”的体现。因此，民事权利的行使一般要遵守民法的基本原则，而且不得损害他人或社会的利益。

2. 民事权利的保护

民事权利的保护，也称民事权利的救济，是指民事权利受到侵害时，用民事保护的方法，防止或减少权利受到侵害，或使受到侵害的权利得到恢复。根据民事权利的保护措施性质的不同，可以将民事权利的保护方法分为国家保护和自我保护。(1)国家保护。民事权利的国家保护即为公力救济，是指民事权利受到侵害时，由国家机关通过法定程序予以保护，即主要通过民事诉讼程序保护。当然在必要的时候，还受到宪法、行政法、刑法以及其他法律部门的保护。任何民事权利受到侵害，其权利主体都有权向人民法院提起诉讼，任何人不得剥夺该项权利。(2)自我保护。民事权利的自我保护，又称私力救济或自力救济，是指民事权利受到侵害时，民事主体自己采取必要的措施保护其权利。民事权利的自我保护方法一般有：第一，自卫行为，是指当民事权利受到侵害或有受到侵害的现实危险时，权利人采取必要的措施，以防止损害的发生或扩大。自卫行为包括正当防卫和紧急避险，我国《民法通则》第128条和第129条分别对二者进行了规定。第二，自助行为，是指民事主体为保护自己的权利，对他人的人身自由予以拘束或对他人的财产予以扣押或毁损的行为。我国对此尚无法律明文规定，但在司法实践中已经存在。按照司法实践和国外的立法，自助行为应具备四个要件：其一，是为保护自己的权利，保护的权利必须是现实完满的请求权；其二，情势紧迫、来不及请求公力救济，即自助行为为必要的；其三，采取的手段适当，自助的手段、时间和程度要受到一定的限制；其四，事后及时请求有关国家机关处理。

三、民事义务

（一）民事义务的概念

民事义务是指民事法律规范规定或当事人依法约定，义务人为一定行为或不为一定行为，来满足权利人的利益的法律手段。民事义务不履行，当事人可以直接向义务人请求履行，也可提起诉讼。民事义务与民事权利的范围和程度是一致的，两者具有对应性，民事权利的实现取决于民事义务的履行，民事义务履行的范围则要受到民事权利行使范围的限制。

（二）民事义务的分类

以民事义务发生的根据为标准，可以将民事义务分为法定义务和约定义务。法定义务是指民事法律规范规定的民事主体应负的义务，如在绝对权法律关系中义务人所承担的义务。约定义务是指由当事人协商确定的义务，约定的义务不违法即受法律的保护。

以民事义务人行为的方式为标准，可以将民事义务分为积极义务和消极义务。积极义务是指义务人应作出一定积极行为的义务，又称作为义务。例如完成工作、给付财物等。消极义务是指义务人必须为消极行为或容忍他人的行为，又称为不作为义务。例如，用益物权中，物的所有人有容忍他物权人使用、占有、收益其所有物的义务。

以民事义务产生的依据和效力为标准，可以将民事义务分为本义务和附随义务。本义务是合同本身约定的义务，主要为给付义务。附随义务则是基于诚实信用原则的要求，随着合同关系的建立而产生的合同约定以外的义务，例如通知义务、保护义务和保密义务等。附随义务的主要目的是要求当事人以对待自己的事物的注意对待他人的事物，以辅助债权人实现其债权。

第四节　民事法律关系的客体

一、民事法律关系客体的概念与特征

民事法律关系的客体，是指民事法律关系的主体享有的民事权利和承担的民事义务所共同指向的对象。民事法律关系的客体具有如下特征：一是客观性。民事法律关系的客体，不依主体的意识为转移，具有客观性。二是效益性。民事法律关系的客体，作为其主体所享有的权利和承担的义务所共同指向的对象，能满足主体的物质利益和精神需要，即客体实为各种物质和非物质的财富。三是法定性。民事法律关系的客体，必须是得到国家法律规范确认和保护的客观现象。

二、民事法律关系客体的范围

民事法律关系客体的范围受一定生产力发展水平和社会历史条件的制约。随着生产力的发展，民事法律关系客体的范围也在不断扩大。在古罗马法中，民事法律关系的客体仅限于物，奴隶也被纳入物的范畴。自近代以来，智力成果在推动社会进步方面起着越来越重要的作用，智力成果已经商品化，于是，智力成果也成为民事法律关系的客体。与此同时，人们不单重视对财产权利的保护，也十分重视对人身权的保护，人身非物质利益也被视为民事法律关系的客体。

在我国，随着社会主义市场经济的发展和民事立法的逐步完善，民事法律关系的客体也呈多元化的特点。通说认为，它主要有以下四类：

(一)物

1. 物的概念与特征

民法上的物是指存在于人身之外的，能够满足人们的社会需要，并能为人所实际控制或支配的物质实体。民法上的物是为人力所能控制和支配的自然物与人类创造物，随着人类征服自然、改造自然的能力不断扩大，民法上的物的范围以及种类也在不断扩大、增多。要成为民法上的物，必须具备以下法律特征：

(1)物存在于人身之外。民法上所称之物，具有非人格性。除奴隶社会把奴隶当成权利的客体，其他社会都没有把人作为权利客体。人只能成为民事法律关系的主体，而不能成为其客体，因而，民法上的物只能是人身之外的物。法律不允许对生存的人的身体或者与身体相联系的组织器官，进行排他性的控制和支配。使用于人身的人工制作的组织器官，如能够与人身相分离的义肢、义齿、义眼等，未安装在人身之上时是独立于人身之物，而一旦装上人体，即成为身体的一部分，不能再视为物。人不能成为民法上的物，但与人体相脱离的人体的某一器官或组织可以成为民法上的物，如血液、毛发、某些组织器官等。由于人死亡后，其主体资格已消灭，因而尸体及尸体火化后的骨灰可以成为民法上的物。但从伦理道德考虑，尸体及火化后的骨灰一般只能成为继承权的客体，且只具有精神价值而不具有交换价值，不得以尸体或骨灰进行交易。

(2)物能满足人们的社会需要。民法上的物，必须具有一定的使用价值，能够满足人们一定的社会需要。不具有使用价值的物，不能成为民法上的物。因为物是利益的承载体，人们参与法律关系，对物行使民事权利，是为了获得一定的利益。如果物不能满足人们的需要，人们就无法获得其利益，这对于人们便没有任何意义。

(3)物能够为主体所实际控制或支配。民事主体设立民事法律关系，是为了谋取一定的物质或精神利益。如果所设定法律关系的客体不能为人所控制或支配，则权利的享有、义务的承担无从因人的意志而实现，那么此种法律关系的设定就没有实际意义。因此，物除应具有使用价值或者其他价值，还必须能够被人所控制或支配。否则，即使能给人带来利益，满足人的需要，如日、月的光辉，但由于不能被人所实际控制和支配，也就不能构成民法上的物。

(4)物应当具有独立性。物具有独立性，也即是要求物必须独立为一体，该物能独立地满足人们生产、生活的需要。在交易实践中，物能否独立满足人们的需要，应根据交易的具体情形确定。民法上要求的物的独立性与物理上的物的独立性有所不同。物即使不具有物理上的独立性，也可以根据交易上的观念和法律规定来确定某物是否具有独立性。例如，一块土地虽然在物理上无法与其周围的土地分离，但在观念上可以通过确定其四至来使之独立，也可以通过法律规定的登记方法，将分割的数块土地公示于众。

2.物的分类

(1)动产与不动产

根据物是否能够移动，以及移动后是否损害其价值，可以将物分为动产与不动产。这是民法上物的基本分类，也是最重要的分类。

动产是指在空间上能够移动而不损害其价值或用途的物，如牲畜、家电等。大部分物为动产。某些物在性质上能够移动，但因其价值较高，且在交易习惯上转让程序较为慎重，在法律上亦具有不动产的某些特征，学理上称为“准不动产”，即被拟制的不动产，如机动车、船舶、民用航空器等。

不动产是指在空间上不能移动或移动会损害其用途或价值的物。不动产主要包括土地、附于土地之上的建筑物和其他定着物、建筑物的固定附属设备。土地之上的出产物在与土地分离之前，我国法律也认定其为独立的不动产，如种植在土地上的未收获的庄稼、树木等。但其一旦与土地分离后，则成为动产。

划分动产与不动产的意义在于：第一，设定物权的类型不同。他物权中的用益物权原则上限于不动产，而担保物权中的动产质权、留置权只能设立在动产之上。第二，物权变动的法定条件不同。动产物权变动一般以交付为要件，而不动产以登记为要件。第三，诉讼管辖与法律适用不同。因不动产引起的诉讼，由不动产所在地法院管辖，并依物之所在地法处理，而动产的诉讼则不一定由动产所在地法院管辖，法律对管辖问题有着灵活具体的规定。

(2)流通物、限制流通物与禁止流通物

这是以物在流转过程中所受限制的程度为标准进行的分类。流通物是指法律法规允许在民事主体之间自由流通之物，一般的物均属流通物。限制流通物指法律法规对物的流通范围和流通程度作了一定限制的物，如黄金、白银、文物、受到特殊管制的物品等。禁止流通物是法律法规明确禁止流通的物，如枪支、弹药、国家的专有财产、淫秽书刊等。

此种分类的法律意义在于根据可否自由流通和流通的范围与程度，可以确定具体民事行为的法律效力。若为流通物，其他生效要件具备，行为即为有效；若为限制流通物，具备其他生效条件后，还须按规定履行特定手续之后才可生效；若为禁止流通物，即使具备其他生效要件，行为亦为无效。

(3)特定物与种类物

根据物是否具有独立特征以及是否可以相互替代，可将物划分为特定物与种类物。特定物是指自身具有独立的特征，或者被权利人指定而特定化，不能以其他物代替的物，包括世界上独一无二的物和原属种类物后经特定化的物。种类物是指具有共同的属性与特征，可以用品种、规格、质量或度量衡加以确定的，并且没有特定化的物，如质量、价格相同的大米。特定物不能以他物替代，故又称“不可替代物”，种类物可以用相同的物替代，又称“可替代物”。但是，特定物与种类物的区分也不是绝对的，种类物可以经由民事主体的意志指定而特定化，成为特定物。例如，许多袋大米放在市场上出售，买受人指定购买其中的一袋，那么这一袋大米就特定化为特定物。

划分特定物与种类物的意义在于：第一，有些法律关系只能以特定物为客体或标的物，如所有权法律关系；而有些法律关系的客体可以是特定物也可以是种类物，如买卖法律关系。第二，物意外灭失的法律后果不同。在民事交易中，特定物灭失的，由于其不能替代，因而可以免除义务人的交付义务，而只能请求赔偿损失。种类物具有可替代性，其灭失的，不能免除义务人的交付义务，可责令义务人以同种类的物为交付，即义务人须作替代履行。

(4)可分物与不可分物

根据物能否分割以及分割是否损害其用途及价值，可将物分为可分物与不可分物。可分物是指可以分割并且分割不会损害其用途和价值的物，如一吨大米。不可分物是指按照物的性质不能分割，或者分割会改变其性质或影响其用途的物，如一头牛。

此种区分的法律意义在于：第一，分割共同财产时，若为可分物，则可进行实物分割；若为不可分物，则只能采取变价分割或者折价补偿的方法分割财产。第二，在多数人之债中，若标的物为可分物，债的关系的主体可按份享有债权或按份承担债务；若标的物为不可分物，则主体之间只能连带享有债权或者连带承担债务。

(5)主物与从物

以物与物之间是否具有从属关系为标准，可将物分为主物与从物。凡两种以上的物相互配合，按一定的经济目的组合在一起的，其中能独立存在并起主要作用之物为主物，起辅助或补充作用之物为从物。

此种区分的意义在于：如无法律的特别规定或当事人的特别约定，就主物进行的处分，效力及于从物；因标的物的主物不符合约定解除合同的，解除效力及于从物，但因标的物的从物不符合约定被解除的，解除的效力不及于主物。

(6)原物与孳息

此类划分根据在于两物之间的渊源关系。原物是指依照法律规定或依其自然性质原已存在并能产生新物的物。孳息是指因原物而产生的收益，分为天然孳息和法定孳息。天然孳息是指依照物的自然性质而产生的收益物，又称直接孳息，如母牛产的小牛、树上结的果实等。法定孳息是指依照法律规定而产生的收益物，又称间接孳息，一般包括利息、租金、承包金等。

此种区分的意义在于确定孳息的归属。在我国法律实务中，如法律未明确规定或当事人未特别约定的，孳息收取权由原物人享有；转移原物的所有权，孳息的所有权应同时转移。

(二)行为

行为是指民事法律关系主体的有意识地行使权利和履行义务的活动。从一般意义上看，债的法律关系的客体主要是行为，例如，运输合同的客体就是运输行为，加工承揽合同的客体是加工行为等等。关于行为的具体内容，参见本书合同部分，此处暂略。

(三)智力成果

智力成果，又称知识产品，是指人们通过脑力的创造性劳动所生产出的，具有一定外在表现形式的劳动产品。智力成果作为精神劳动的产物，凝结着劳动者的具体劳动与人类的一般劳动，具有使用价值和交换价值，从而成为民事法律关系的客体。智力成果具有非物质性、创造性等特点，主要包括发明、实用新型、外观设计、著作、商标等。

(四)人身利益

所谓人身利益，亦称人身非物质利益，是指与民事主体的人身不可分离的人格利益与身份利益，具体表现为存在于人格和身份之上的生存需求或精神需求。

人身利益可以分为人格利益与身份利益。人格利益是指与民事主体的生命、健康、名誉、隐私、自由、姓名、名称等紧密联系的利益，决定了自然人、法人和其他社会组织的主体资格与生存基本状况。身份利益是指与民事主体的身份相联系的利益，如荣誉、家庭成员之间的身份等，是民事主体通过身份而产生出的极其重要的情感与心理的需求。

第五节 民事法律事实

一、民事法律事实的概念

民事法律关系的发生、变更和消灭不可能是无缘无故的，必然是由一定的原因引起的，导致民事法律关系变动的原因即为民事法律事实。所谓民事法律事实，是指能够引起民事法律关系发生、变更和消灭的事实或客观现象。例如，结婚行为能产生婚姻关系，时效能够使民事法律关系发生、变更与消灭等。

应当注意的是，并非所有的客观事实都是民事法律事实。何种情况或现象可以构成民事法律事实，全凭法律的规定或确认。只有能够引起民事法律关系的发生、变更与消灭的事实或者客观现象才是民事法律事实。例如，人的睡觉、吃饭，虽然是客观事实，但并非法律事实，因而不能够引起民事法律关系的发生、变更与消灭。

二、民事法律事实的分类

按照事实与民事主体的主观意志的关系，可以将民事法律事实分为行为和事件两类。

(一)行为

行为，是指人的主观意识支配下的有意识的活动。行为作为法律事实有作为和不作为两种表现形式。民事法律关系的产生、变更和消灭，多数是民事主体意思自治、当事人自觉选择的结果，因此，行为是引起民事法律关系产生、变更和消灭的最广泛的法律事实。按照不同的标准，可以对行为进行以下分类：

按行为是否违法，分为合法行为(适法行为)和违法行为(不法行为)。合法行为是符合法律的要求，能够达到人们预定目的的行为。违法行为是不符合法律要求，发生与当事人的意志相悖的法律后果的行为。

按行为人意识状态的不同，分为表示行为和非表示行为。表示行为又称表意行为，是指行为人作出意思表示，旨在形成、变更和终止民事法律关系的行为，如签订合同、立遗嘱等。从广义上而言，表示行为还包括准民事行为，即以意思表示为要素，虽然不能引起民事权利、义务的产生、变更和终止，但可以引起其他民事法律后果的行为，如意思通知行为、观念通知行为。非表示行为又称非表意行为，指行为人主观上并无形成、变更和终止民事法律关系的内在愿望，但是其所实施的行为因为法律的规定而产生一定的民事法律后果的行为，如无因管理、遗失物的拾得等。

按照行为性质的不同，可分为民事法律行为、行政行为和司法行为等。

(二)事件

事件，又称自然事实，是指与人的主观意志无关的，能够引起一定民事法律关系发生、变更和消灭的客观现象。事件作为造成一种客观后果的现象，可以是自然原因，也可以是社会原因或者他人的原因。例如，人的死亡导致继承法律关系产生、财产的灭失引起所有权法律关系的消灭、因为自然灾害使得当事人变更合同内容、时间的经过引起时效的完成等等。

三、民事法律事实构成

通常情况下，一个民事法律事实就能引起民事法律关系发生、变更和消灭。但在某些情况下，需要有两个或两个以上的民事法律事实相结合，才能引起一定的民事法律关系发生、变更和消灭。这种引起民事法律关系发生、变更和消灭的两个以上的民事法律事实的总和，称为民事法律关系的事实构成。例如，遗嘱继承法律关系的产生，就需要被继承人生前对财产的分配留下遗嘱和被继承人死亡这两个基本法律事实的同时具备。抵押担保法律关系，需要当事人签订抵押合同、抵押登记等民事法律事实。

本章思考题：

1. 什么是民事法律关系？民事法律关系有哪些特征？
2. 什么是民法上的物？民法上的物有哪些特征？
3. 什么是民事法律事实？它分为哪几种？
4. 举例说明什么是民事法律事实构成。
5. 案例分析

甲、乙平日关系很好，一日乙到甲家串门，看到甲有一个从国外带回的随身听，便爱不释手。甲见后便说："你拿去吧。"乙非常高兴就将该随身听拿回家。3 个月后，甲见乙仍未将随身听送还，便找乙要。乙非常生气说："你这人怎么这样？给人的东西还往回要。"甲说只答应借给乙用一段时间，从未说过给乙的话。乙说"你拿去吧"这句话的意思就是送给乙的意思。为此二人发生争执。请问：(1)甲乙之间是否存在着民事法律关系？如存在，是一种什么性质的民事法律关系？(2)该民事法律关系的主体、内容和客体是什么？(3)本纠纷中的民事法律事实是什么？

第四章

自然人

第一节　自然人的民事权利能力

一、自然人的概念

自然人是指基于出生而取得民事主体资格的人。自然人首先是一个生物学上的概念,凡活着出生的有生命的人类个体都称为自然人。自然人也是一个法律概念,在文明社会是最典型的民事主体。

我国《民法通则》第二章确立了自然人的民事主体地位,其标题为“公民(自然人)”,明确表明了公民就是自然人。而事实上,这种立法方式存在瑕疵,因为公民的概念与自然人的概念是有差异的。首先,公民是一个公法概念,也称国民,是指取得一国国籍并根据该国宪法和法律规定享有权利和承担义务的人;而自然人则是一个私法概念,传统民法立法和民法著作一般使用自然人的概念,而不使用公民的概念。其次,自然人的外延更为广泛,它不仅包括本国公民,而且还包括外国公民和无国籍人。凡是公民均为自然人,但自然人不一定是一国的公民。

二、自然人民事权利能力的概念与特征

自然人作为民事法律关系的主体,首先必须具有民事权利能力,这是独立人格的体现。在现代民法中,任何自然人都享有民事权利能力,即独立人格。民事权利能力是指民事主体依法享有民事权利和承担民事义务的资格。自然

人的民事权利能力，是指法律赋予自然人享有民事权利、承担民事义务的资格。它是自然人参加民事法律关系、取得民事权利、承担民事义务的法律依据，也是自然人享有民事主体资格的标志。

自然人的民事权利能力在不同的时代具有不同的特征，我国自然人民事权利能力的特征主要表现在：

（一）统一性

统一性是指自然人民事权利能力的内容的统一性，即自然人的民事权利能力是自然人享有民事权利资格和承担民事义务资格的统一。自然人民事权利能力的统一性决定了自然人既是权利主体又是义务主体。法律上既不允许自然人只承担义务而不享有权利，更不允许只享有权利而不承担义务。例如，自然人依法享有财产权，既意味着自然人享有对自己财产的占有、使用、收益和处分的权利，又意味着自然人负有对他人财产不得侵犯的义务。

（二）平等性

自然人民事权利的平等性是近代民法的基本理念。自然人的民事权利能力平等，首先是自然人作为民事主体资格的平等，即自然人不论年龄、性别、种族、健康、宗教信仰等差别，都平等地享有民事权利能力。其次，自然人民事权利能力的平等，意味着自然人无论其自身各方面的自然情况如何，都完全地享有民事权利能力，不受任何歧视。

（三）广泛性

广泛性是指自然人享有广泛的民事权利能力，其内容涉及自然人生存和发展的一切方面，其领域涉及财产关系和人身关系两大领域。法律赋予自然人广泛的民事权利，是充分实现人的价值、满足人的精神生活和物质生活的需要，是促进社会发展所必需的。

（四）不可转让性

民事权利能力是自然人生存发展的必要条件，转让民事权利能力，无异于抛弃其做人的资格。因此，民事权利能力是不可转让的，即使当事人自愿转让或者抛弃其民事权利能力，法律也不承认其效力。①

三、自然人民事权利能力的开始

（一）一般规则

自然人的民事权利能力始于出生。我国《民法通则》第 9 条明确规定："公

① 彭万林：《民法学》，中国政法大学出版社 1999 年版，第 83 页。

民从出生时起到死亡时止，具有民事权利能力，依法享有民事权利，承担民事义务。”因出生这一自然事实的完成，自然人当然取得民事权利能力而无须履行任何法定手续。我国户籍制度规定，自然人出生以后，应办理户籍登记，但此项登记，仅属户籍管理上的要求，并不是自然人民事权利能力取得的要件。

关于出生时间的确定标准，在理论上存在不同的观点，主要有阵痛说、一部露出说、全部露出说、初声说和独立呼吸说等。不过，独立呼吸说为通说。根据这一观点，所谓出生是指与母体完全分离，而能独立呼吸，保有生命，至于脐带是否剪断、胎儿是否啼哭则在所不问。如郑玉波先生即认为，其应具备的要件为“出”与“生”，两者缺一不可。所谓“出”者，乃由母体分离是。所谓“生”者，乃保持其生命而出世（否则谓之死产），至保持命之久暂，亦非所问。[①]

对于出生时间的证明，根据最高人民法院《关于贯彻执行〈中华人民共和国民法通则〉若干问题的意见》第 1 条的规定，自然人出生的时间以户籍证明为准；没有户籍证明的，以医院出具的出生证明为准；没有医院证明的，参照其他有关证明认定。

（二）胎儿利益的保护

胎儿是指自然人未出生但在受胎之中的生物体状态。传统民法规定自然人的民事权利能力始于出生，依此，胎儿不应享有民事权利能力。但胎儿的权益又必须给予保护，所以在不承认胎儿民事权利能力的前提下，民事法律规范必须设计一些特殊的保护规则来达到对胎儿的保护。各国判例学说及立法对于胎儿的保护主要有三种态度：

一是总括性保护，对活产的胎儿，视为出生前即具有民事权利能力。例如，《瑞士民法典》第 31 条规定：“胎儿，只要出生时尚生存，出生前即具有民事权利能力的条件。”

二是就胎儿的某些特定利益进行保护。法国、德国、日本等国采该种立法。如《日本民法典》第 721 条就规定：“胎儿，就损害赔偿请求权，视为已出生。”《德国民法典》规定，胎儿在继承、抚养人被害时视为已出生者，可享有继承权、损害赔偿请求权等。

三是在不承认胎儿权利能力前提下，考虑胎儿将要成为婴儿的利益，给予其特殊的保护。如我国《继承法》第 28 条就规定：“遗产分割时，应当保留胎儿的继承份额。胎儿出生时是死体的，保留的份额按照法定继承办理。”可见，我国民法即采用此种保护原则。

① 郑玉波：《民法总则》，台湾三民书局 1979 年版，第 68～69 页。

四、自然人民事权利能力的终止

自然人的民事权利能力终于死亡，死亡是自然人民事权利能力消灭的唯一原因。自然人的权利能力具有不可转让性，因此，只要自然人存活，其权利能力就不能被剥夺、转让或者受他人限制。自然人出生就意味着民事权利能力终生相随，生命这一载体消亡，也就意味着民事权利能力的消灭，且是绝对消灭。民法上的死亡包括生理死亡和宣告死亡。公民是否死亡，直接关系到其民事权利能力是否终止、原权利义务是否变更以及继承法律关系是否发生等重要问题。因此，正确认定自然人的死亡时间具有重要的意义。

（一）生理死亡

生理死亡又称自然死亡，是指自然人生命的终结。至于自然人是因患病死亡、被人杀害、意外事故而致死还是正常死亡，对主体资格的丧失并无影响。生理死亡的时间在民法上具有一定的法律意义。

我国民法并未规定生理死亡的时间确定，在如何认定生理死亡的时间问题上，医学上主要有脉搏停止跳动说、心脏搏动停止说、呼吸停止说、脑死亡说等学说。在我国的司法实践中，自然人在医院死亡后，以死亡证明上记载的死亡时间为准；没有死亡证明的，以户籍本上登记的死亡时间为准。对互相有继承权的多人在同一事件中死亡，不能确定时间的，适用死亡时间推定。最高人民法院《关于贯彻执行〈中华人民共和国继承法〉若干问题的意见》（以下简称《继承法意见》）第 2 条规定："相互有继承关系的几个人在同一事件中死亡，如不能确定死亡先后时间的，推定没有继承人的人先死亡。死亡人各自都有继承人的，如几个死亡人辈分不同，推定长辈先死亡，几个死亡人辈分相同，推定同时死亡，彼此不发生继承，由他们各自的继承人分别继承。"

（二）宣告死亡

宣告死亡是指通过法定程序确定失踪人死亡。宣告死亡的时间以人民法院宣告死亡的日期为准。宣告死亡一般认为被宣告死亡人的民事权利能力消灭，但如果被宣告死亡人实际还活着，应视为其权利能力仍然存在。我国《民法通则》第 24 条第 2 款就规定："有民事行为能力人在被宣告死亡期间实施的民事法律行为有效。"

第二节 自然人的民事行为能力

一、自然人民事行为能力的概念

自然人的民事行为能力是指自然人能以自己的行为取得民事权利，承担民事义务的资格。自然人要有民事行为能力，就必须有正确识别事物、判断事物的能力，即有意思能力。意思能力是自然人具有行为能力的基础。自然人具有意思能力，一方面要达到一定的年龄，具备一定的社会活动经验，另一方面还要有正常的精神状态，能够理智地进行民事活动。

自然人的民事行为能力和民事权利能力都是由法律规定的，非依法律不得限制和剥夺。但两者也是有区别的：第一，民事权利能力是每个自然人都具备的能享有权利和承担义务的资格。民事行为能力则并非每个自然人都能够具备。第二，民事权利能力始于出生，终于死亡。民事行为能力则以意思能力的存在为前提，有意思能力即有行为能力，无意思能力则无行为能力。虽然民事行为能力与民事权利能力是两个不同的法律概念，但二者又密切相关，自然人具有民事权利能力是具有民事行为能力的前提。

二、自然人民事行为能力的种类

根据我国《民法通则》的规定，按照不同年龄阶段和智力及精神是否正常，可以将自然人的民事行为能力划分为三类：

（一）完全民事行为能力

完全民事行为能力，是指能够通过自己的独立行为参加民事法律关系，取得民事权利和承担民事义务的资格。一般情况下，自然人达到成年时，不仅能够有意识地实施民事行为，而且能够理智地判断和理解法律规范和社会共同生活规则，能够估计到实施某种行为可能发生的后果及对自己的影响。因此，已成年的自然人，被认为是具有完全民事行为能力的人。根据我国《民法通则》的规定，完全民事行为能力人可以分为两种：

1. 一般完全民事行为能力人

一般完全民事行为能力人是指 18 周岁以上，精神、智力正常的成年人。《民法通则》第 11 条第 1 款规定："十八周岁以上的自然人是成年人，具有完全行为能力，可以独立进行民事活动，是完全民事行为能力人。”

2. 特殊的完全民事行为能力人

特殊的完全民事行为能力人指的是16周岁以上不满18周岁的自然人，以自己的劳动收入为主要生活来源的，视为完全行为能力人。《民法通则》第11条第2款规定：“十六周岁以上不满十八周岁的公民，以自己的劳动收入为主要生活来源的，视为完全民事行为能力人。”《民法通则》之所以例外地作出这种规定，主要是考虑到根据《劳动法》第15条的规定，16周岁以上的自然人享有劳动权，并可能具有一定的收入，如完全否定其具有完全的行为能力，有失妥当。需要注意的是，这里的“以自己的劳动收入为主要生活来源”是指依靠自己的收入来维持自己的生活，并且达到当地人们的平均生活水平。如果仅有收入而不能作为生活的主要来源，则不能认为是完全民事行为能力人。

（二）限制民事行为能力

限制民事行为能力又称不完全民事行为能力，是指自然人在一定范围内具有民事行为能力，超出一定范围便不具有相应的民事行为能力。

1. 限制民事行为能力人的范围

我国《民法通则》第12条第1款规定：“十周岁以上的未成年人是限制民事行为能力人，可以进行与他的年龄、智力相适应的民事活动。”《民法通则》第13条第2款规定：“不能完全辨认自己行为的精神病人是限制民事行为能力人，可以进行与他的精神健康状况相适应的民事活动。”据此，10周岁以上不满18周岁的未成年人和年满18周岁但精神状态相对不健全的成年人，具有限制民事行为能力，可以实施与其年龄、智力、精神健康状况相适应的法律行为。一般来说，限制民事行为能力人可以实施以下行为：

第一，纯获法律上利益的行为。所谓纯获法律上利益是指单纯取得权利，免除义务，即限制民事行为能力人不因其法律行为而在法律上负有义务。如对限制民事行为能力人未无负担的赠与，对限制民事行为能力人为债务承认等。最高人民法院《关于贯彻执行〈中华人民共和国民法通则〉若干问题的意见》第6条规定：“无民事行为能力人、限制民事行为能力人接受奖励、赠与、报酬，他人不得以行为人无民事行为能力、限制民事行为能力为由，主张以上行为无效。”该条实际上是承认了限制民事行为能力人可实施接受奖励、赠与等纯获法律上利益的行为。

第二，日常生活必需的行为。限制民事行为能力人可以从事一些日常生活所必需的交易，若不赋予其这种权利，不仅会限制其行为的自由，而且会给其生活造成不便。如未成年人有权实施到理发店理发、购买零食或文具用品、看电影、到娱乐场所观光等交易行为。

第三，在法定代理人确定的目的范围内，对自己财产的处分行为。法定代理人事先为其子女确定目的范围，允许子女在该范围内处分财产，实际上是事先授权子女从事某种行为，因此该子女的处分行为有效。例如，父母给子女一笔资金允许其外出旅游，那么可认定父母已经概括地作出同意，该子女对该笔资金在旅游范围内发生的必要的交易享有处分权。

2.限制民事行为能力人的行为能力所受限制的范围

对此，我国《民法通则》只做了原则性规定，即他们只能进行与其年龄、智力、精神健康状况相适应的法律行为，其他比较复杂或重大的法律行为应由其法定代理人代理或征得其法定代理人的同意后进行。如何判断是否相适应，可以从他们的行为与本人生活相关联的程度、本人的智力或精神状况能否理解其行为，并且预见其行为后果，以及行为涉及的财产数额、行为的性质等方面来认定。

(三)无民事行为能力

无民事行为能力，是指自然人不具有以自己的行为取得民事权利和承担义务的能力。《民法通则》第12条第2款规定："不满十周岁的未成年人是无民事行为能力人，由他的法定代理人代理民事活动。"第13条第1款规定："不能辨认自己行为的精神病人是无民事行为能力人，由他的法定代理人代理民事活动。"

不满10周岁的未成年人，一般来说处于生长、发育的最初阶段，智力水平普遍较低，一般难以进行民事活动，故法律将他们归为无民事行为能力人。虽然现实生活中不满10周岁的未成年人的智力水平相差很大，不否认个别智力水平较高者，如八九岁的大学生、五六岁的儿童音乐家等，但总体来说，他们仍不具有综合的认识和判断能力，故应由其法定代理人代理民事活动。但在实践中，不满10周岁的未成年人进行与他的年龄、智力相适应的民事活动，根据日常生活习惯，应认定其民事行为的效力。例如，小学二年级的学生到商店购买文具盒、练习本的民事行为，应确认其效力。

不能辨认自己行为的精神病人，由于其心智丧失，不具有认识和判断能力，从保护他们的自身利益出发，法律规定他们为无民事行为能力人，由其法定代理人代理民事活动。由于判断精神病人是否能够辨认自己的行为比较困难，故《民法通则》规定，应经利害关系人申请，由人民法院根据司法精神病学鉴定或参照医院所做的诊断、鉴定宣告其为无民事行为能力人。在不具备诊断、鉴定条件的情况下，也可参照群众公认的当事人的精神状态认定，但应以利害关系人没有异议为限。

三、自然人无民事行为能力和限制民事行为能力的宣告

我国对未成年人以外的无民事行为能力人和限制民事行为能力人采取宣告制度。《民法通则》第19条规定:“精神病人的利害关系人,可以向人民法院申请宣告精神病人为无民事行为能力人或者限制民事行为能力人。”宣告自然人为无民事行为能力人或者限制民事行为能力人,必须具备以下要件:(1)被宣告人为精神病人。(2)经利害关系人申请。没有利害关系人申请,人民法院不得主动进行宣告。这里的利害关系人,主要是指精神病人的配偶、父母、成年子女及其他亲属。(3)须经人民法院宣告。

自然人被宣告为无民事行为能力或限制民事行为能力人,其行为能力只是处于一时的中止或受限制的状态。所以,当他们的智力障碍排除,具有辨认事物的能力时,可以根据其健康恢复的状况,经本人或者利害关系人申请,由人民法院宣告其为限制民事行为能力人或完全民事行为能力人。

第三节　宣告失踪与宣告死亡

现实生活中,有时会出现自然人下落不明的情形,这种情形称为自然人失踪。对于失踪人的关系人的利益调整问题,法律必须给予一定的妥善安排,因此,各国民法设置了宣告失踪与宣告死亡制度。

一、宣告失踪

宣告失踪是指自然人离开自己的住所,下落不明达到法定期限,经利害关系人申请,由人民法院宣告其为失踪人的一项制度。立法之所以规定宣告失踪制度,其目的是通过人民法院确认自然人失踪的事实,结束失踪人财产无人管理及其应履行的义务不能得到及时履行的非正常状态,以保护失踪人和利害关系人的利益并维护社会经济秩序的稳定。

(一)宣告失踪的条件和程序

1.宣告失踪的条件

(1)自然人失踪的事实。自然人失踪的事实包括两个方面:其一,自然人离开自己的住所或居所没有任何音讯,即“下落不明”。例如,渔民出海打鱼一

去不返，不知下落；其二，这种下落不明状态持续时间满两年。两年的期限从失踪人最后离开住所或居所下落不明的次日开始计算；战争期间下落不明的，下落不明的时间从战争结束之日起计算。

（2）利害关系人的申请。所谓利害关系人，是指下落不明人的近亲属或对该人负有监护责任的人以及该人的债权人和债务人。利害关系人应具有完全民事行为能力，限制民事行为能力人或无民事行为能力人不具有申请人的资格。有权申请自然人为失踪人的利害关系人没有先后顺序，只要其中有人提出申请，未申请的利害关系人即使反对，也不硬性规定人民法院对失踪申请案件的受理。但人民法院应遵循“不告不理”的原则，不能依职权主动宣告某失踪的自然人为失踪人。

根据最高人民法院《关于贯彻执行〈中华人民共和国民法通则〉若干问题的意见》第 24 条的规定，有权申请自然人为失踪人的利害关系人包括：被申请宣告失踪人的配偶、父母、子女、兄弟姐妹、祖父母、外祖父母、孙子女、外孙子女以及其他与被申请人有民事权利义务关系的人，如债权人、合伙人等。

（3）人民法院的受理与宣告。宣告失踪只能由人民法院作出判决，其他任何机关和个人均无权作出宣告失踪的决定。

2. 宣告失踪的程序

根据《民事诉讼法》第 166 条和第 168 条的规定，宣告失踪的程序为：（1）利害关系人应到失踪人住所地或最后居住地的基层人民法院提出失踪宣告申请；（2）人民法院受理后，首先应发出寻找失踪人的公告，公告期为 3 个月；（3）公告期满，人民法院依据宣告失踪的条件是否得到确认，作出宣告失踪的判决或驳回申请的判决。

（二）宣告失踪的效力

在自然人被宣告为失踪人以后，由于其民事主体资格仍然存在，故而不产生婚姻关系解除和继承开始的后果。但是，宣告失踪仍将产生其他方面的效力。根据我国《民法通则》的规定，宣告失踪的效力表现为：

1. 为失踪人的财产设定代管人

宣告失踪制度的主要目的之一是为失踪人的财产设置管理制度。法院判决宣告自然人失踪的，应当同时指定失踪人的财产代管人。根据《民法通则》第 21 条的规定：“失踪人的财产应当由其配偶、父母、成年子女或关系密切的其他亲属、朋友代管。代管有争议的，没有以上规定的人或者以上规定的人无能力代管的，由人民法院指定的人代管。”按照按照管理人对失踪人的财产有利原则，近亲属或者其他亲属、朋友不分先后顺序管理失踪人的财产。无民事行为能力人、限制民事行为能力人失踪的，其监护人即为财产代管人。代管人必须具有完全民事行为能力，必须尽到善良管理人的责任，否则，失踪人的利害关系人可以向法院请求代管人承担民事责任。

代管人对失踪人的财产的代管主要是对失踪人现有财产的管理和保护以及失踪人的债权及其他财产权益的管理和保护。失踪人的财产代管人向失踪人的债务人要求偿还债务或者向侵害代管财产的人请求损害赔偿的责任时，可作为原告。

2.清偿失踪人的债务，并追索其债权

自然人被宣告失踪后，并不丧失民事权利主体资格，其原来所享有的民事权利仍然有效，承担的民事义务仍须履行。在失踪期间，由代管人行使失踪人的权利和履行其义务。根据最高人民法院《关于贯彻执行〈中华人民共和国民法通则〉若干问题的意见》第32条的规定，在失踪期间，失踪人的财产代管人向失踪人的债务人要求偿还债务的，可以作为原告提起诉讼；失踪人的财产代管人拒绝支付失踪人所欠的税款、债务和其他费用，债权人提起诉讼的，人民法院应当将代管人列为被告。

（三）失踪宣告的撤销

自然人被宣告失踪是依据其下落不明的失踪事实，一旦失踪事实消除，法律上继续认定该自然人失踪就丧失了事实根据，故应撤销对该自然人的失踪宣告。《民法通则》第22条规定："被宣告失踪的人重新出现或者确知他的下落，经本人或者利害关系人的申请，人民法院应当撤销对他的失踪宣告。"

宣告失踪的撤销，同样要由人民法院依据法定程序进行。失踪宣告经撤销，则代管也随之终止。代管人应当将其代管的财产交还给宣告失踪的人，并向宣告失踪人报告在其代管期间对财产管理和处置的情况。只要代管人并非处于恶意，其在代管期间支付的各种合理费用，失踪人无权要求代管人返还。

二、宣告死亡

宣告死亡是指自然人下落不明达到法定期限，经利害关系人申请，人民法院宣告其死亡的法律制度。宣告死亡是生理死亡的对称，是一种法律推定，即从自然人下落不明达到法定期限的事实推出他已死亡的事实。法律现实可能与自然现实不一致，被宣告死亡的自然人可能仍在某处生存着。

法律之所以要规定宣告死亡制度，目的在于破除自然人长期下落不明所造成的财产关系和人身关系的极不稳定状态，及时了结下落不明人与他人的财产关系和人身关系，从而维护正常的社会秩序。宣告死亡与宣告失踪具有密切的联系，但从法律上看，宣告失踪并非宣告死亡的必经程序。不管利害关系人是否曾申请过宣告失踪，他都可以直接到法院申请宣告死亡。

（一）宣告死亡的条件和程序

宣告死亡需自然人下落不明达到法定期限。一般情况下，自然人下落不明必须满 4 年，此期限从自然人下落不明事实的次日起算。战争期间下落不明的，从战争结束之日起算。自然人因意外事故下落不明的时限要求为两年，从事故发生之日起算。因意外事故下落不明，经有关机关证明该公民不可能生存的，利害关系人可以向人民法院申请宣告他死亡，此种情况不受两年期限的限制。

宣告死亡需经利害关系人的申请。根据最高人民法院《关于贯彻执行〈中华人民共和国民法通则〉若干问题的意见》第 25 条的规定，申请宣告死亡的利害关系人的顺序为：(1)配偶；(2)父母、子女；(3)兄弟姐妹、祖父母、外祖父母、孙子女、外孙子女；(4)其他有民事权利义务关系的人。这一顺序是排斥顺序，即前一顺序的利害关系人不提出申请死亡宣告，后一顺序的利害关系人无权申请。同一顺序的关系人，有提起宣告死亡的，也有提起宣告失踪的，人民法院应当宣告死亡。同时，还应注意，申请撤销死亡宣告时不受上列顺序的限制。

宣告死亡需经人民法院的受理和宣告。人民法院受理利害关系人的申请后，应立即发出寻找下落不明人的公告，公告期为 1 年，因意外事故的公告期为 3 个月。公告期满，仍不能确定下落不明人是否生存，人民法院即作出死亡宣告。判决中应确定被宣告人的死亡日期，未确定的，判决宣告之日即为被宣告人的死亡日期。

（二）宣告死亡的效力

死亡宣告与普通民事诉讼效力不同，不仅仅对被宣告人发生效力，对一切人都发生效力。一般情况下，宣告死亡的效力应与生理死亡的效力相同，即宣告死亡人丧失民事主体资格，民事权利能力和民事行为能力终止；原先参加的民事法律关系消灭；婚姻关系解除；其个人合法财产变为遗产开始继承。具体而言，其效力体现在：

被宣告死亡的自然人与他人之间的各种民事法律关系消灭，宣告死亡的效力应与生理死亡的效力相同，就是从这个意义上而言的；被宣告死亡的自然人在宣告死亡期间的民事法律行为有效，因为宣告死亡只是推定，被宣告死亡人并不一定死亡，因此，如果被宣告死亡的自然人仍然存在，其民事法律行为仍然有效；宣告判决之日即为被宣告死亡的自然人的死亡日期，如果被宣告死亡和自然死亡的时间不一致的，被宣告死亡所引起的法律后果仍然有效，但自然死亡前实施的民事法律行为与被宣告死亡引起的法律后果相抵触的，则以实施的民事法律行为为准。

（三）死亡宣告的撤销

宣告死亡只是法律上的推定，当被宣告死亡的人重新出现或者有人确知其没有死亡的，经被宣告死亡人本人或者利害关系人的申请，人民法院应当撤销对他的死亡宣告。根据《民法通则》第 25 条和最高人民法院《关于贯彻执行〈中华人民共和国民法通则〉若干问题的意见》第 37 条至第 40 条的规定，死亡宣告的撤销产生如下效力：

被宣告死亡人的配偶未再婚的，夫妻关系从撤销死亡宣告之日起自行恢复。但是，如果配偶已再婚的，应保护现行的婚姻关系；如果配偶再婚后又离婚或者再婚后配偶他方死亡的，不能自行恢复婚姻关系。被宣告死亡人在被宣告死亡期间，其子女被他人依法收养的，撤销死亡宣告后，仅以未经本人同意而主张收养关系无效的，一般不应准许，但收养人和被收养人同意的除外。撤销死亡宣告后，本人可请求返还财产，但原物已经由第三人合法取得的，第三人可不予返还。因继承而取得财产的自然人或组织，应当返还原物或者给予适当补偿。利害关系人隐瞒真实情况致使他人被宣告死亡而取得财产的，除应返还原物和孳息以外，还应对给他人造成的损失予以赔偿。

第四节 监 护

一、监护的概念、性质与功能

（一）监护的概念

监护是指对未成年人和精神病人的人身、财产及其他合法权益进行监督和保护的一项民事法律制度。其中，履行监督、保护义务的人为监护人，而被监督、被保护的人则为被监护人。

对未成年人和精神病人设立监护人制度的立法由来已久，现代监护制度是在古罗马法及日耳曼法中的相应制度的基础上建立起来的。大陆法系国家多将父母对未成年人子女在人身和财产方面的养育、管教和保护管理等权利义务称为亲权，并设立相应的亲权制度。监护是对精神病人和不能得到亲权保护的未成年人设立的保护制度。在英美法系国家,亲权和监护不分,统称监护。在我国民法制度中,只有《婚姻法》中有部分亲权的内容,其他的民事法律制度并没有明确区分亲权与监护制度。

(二)监护的功能

就本质而言,监护是对那些缺乏行为能力的人进行监督和照顾,从而保护无行为能力人和限制行为能力人的合法权益的一种制度。详言之,监护制度具有以下功能:其一是弥补被监护人的行为能力。民事行为能力欠缺的自然人,不能或者不能独立地进行民事活动,无法主动地通过自己的行为为自己取得权利,设定义务,从而使其难以安身立命。监护制度使得监护人得以代理或协助被监护人从事民事活动或其他活动,这实际上就相当于被监护人通过监护人可以从事一些民事活动,从而使其行为能力的缺陷在一定程度上得以弥补。其二是保护照顾被监护人的人身和财产等合法权益。其三是对被监护人进行监督和管束,防止其实施违法行为,损害他人和社会的利益。

二、监护人的设立

根据监护产生的原因不同,可以将监护分为法定监护、指定监护与遗嘱监护三种类型。法定监护是指由法律直接规定监护人的监护,指定监护是指由人民法院指定监护人的监护,而遗嘱监护则是指根据遗嘱而设定的监护。

我国现行法律根据被监护人的不同将监护分为未成年人的监护与成年精神病人的监护两种类型,并分别作了规定。

(一)未成年人的监护

根据《民法通则》第16条的规定,未成年人的监护分为以下几种情况:

1.父母为未成年人的法定监护人

未成年人一经出生,具有监护能力的父母便成为未成年人的当然监护人。这种监护是一种法定监护,它因子女出生而开始,不必另有原因,父母分居或离异,不影响其监护人的资格。但父母一方或双方作为监护人对未成年人明显不利的,人民法院可以取消父母一方或双方的监护人资格。当父母因正当理由不能亲自履行监护职责时,实践中也允许父母委托他人代为履行部分或全部监护职责,但父母仍为法定监护人。

2.除父母之外的未成年人的法定监护人

未成年人的父母双亡或丧失监护能力或被取消监护人资格的,由下列有监护能力的人担任监护人:(1)祖父母、外祖父母;(2)成年兄、姐。他们担任监护人是法定义务。

3.未成年人的其他亲属、朋友担任监护人

其他亲属、朋友担任未成年人监护人的条件为:(1)未成年人的父母双亡,又没有祖父母、外祖父母以及成年兄、姐;(2)有监护能力;(3)其他亲属、朋友愿意担任监护人;(4)应得到未成年人父母所在单位或未成年人住所地的居民委员会或村民委员会的同意。他们的监护不是法定监护。

4.协议确定未成年人的监护人

未成年人父母双亡或丧失行为能力的,其他法定监护人有两人以上又均具有监护能力的,可以通过协议确定由其中一人或多人担任监护人。

5.指定未成年人的监护人

指定未成年人的监护人是指定未成年人父母之外的近亲属担任监护人。它在以下两种情况下发生:一是争当未成年人的监护人,二是都不愿担任未成年人的监护人。

根据《民法通则》第16条第3款的规定,为未成年人指定监护人有两种:一是有关组织指定,二是人民法院指定。有权指定未成年人的监护人的有关组织是未成年人父母所在单位;如果未成年人父母没有所在单位或者该单位拒绝指定或不适宜由其指定时,由未成年人住所在的居民委员会或者村民委员会指定。当事人不服上述组织指定的,可向人民法院提起诉讼。如果未经有关组织指定,直接向人民法院起诉的,人民法院不予受理。由此可见,有关组织的指定是人民法院指定的必经程序。

有关组织和人民法院在指定未成年人的监护人时,应按照《民法通则》第16条第2款中的顺序。如果前一顺序有监护资格的人无监护能力或者由其担任监护人对未成年人明显不利的,人民法院可以根据有利于未成年人的原则,从后一顺序有监护资格的人中择优确定。未成年人有识别能力的,应征求未成年人的意见。同一顺序有监护资格的人是数人,可以指定一人,也可以指定数人。监护人一旦指定,就不允许自行变更。如果自行变更,则由原被指定的监护人和变更后的监护人共同承担监护职责。

6.有关组织担任未成年人的监护人

未成年人没有上述法定监护人,也没有其他亲属、朋友担任监护人,应按照监护方便和对被监护人有利的原则,由未成年人父母所在单位或者未成年人住所地的居民委员会、村民委员会或民政部门担任监护人。上述组织担任监护人不分顺序。

7.未成年人监护人的变更

未成年人监护人的变更主要包括:(1)监护人死亡、丧失了监护能力;(2)

监护人不履行监护职责，给未成年人造成损害或者利用监护方便侵害未成年人财产利益的，经未成年人的近亲属申请，人民法院可以变更监护人；(3)在法律允许的范围内，监护人之间可以协议变更监护人。但任何变更都必须以有利于保护未成年人利益为目的。

(二)精神病人的监护

这里的精神病人是指成年精神病人，未成年精神病人的监护适用未成年人监护的规定。根据《民法通则》第 17 条的规定，为精神病人设立监护人包括如下情形：

精神病人的法定监护人包括：(1)配偶；(2)父母；(3)成年子女；(4)其他近亲属。这些亲属担任精神病人的监护人是其法定义务，只要他们具有民事行为能力，就不允许借故推诿。关系密切的其他亲属、朋友愿意承担监护责任，经精神病人所在单位或者住所在的居民委员会、村民委员会同意的，也可以担任监护人。但其担任精神病人的监护人不是法定义务，而是基于自愿且得到有关组织的同意。精神病人没有上述法定监护人或者上述法定监护人均丧失了监护能力，则由精神病人所在单位或者精神病人住所在的居民委员会、村民委员会或者民政部门担任监护人。《民法通则》规定，当担任精神病人的监护人有争议时，由精神病人所在单位或者精神病人住所地的居民委员会、村民委员会从近亲属中指定监护人。

对上述组织指定不服的，可以向人民法院起诉，由人民法院指定监护人。无论是有关组织指定还是人民法院指定，均应遵循监护人的顺序。精神病人指定监护人的顺序为：(1)配偶；(2)父母；(3)成年子女；(4)其他近亲属；(5)关系密切的其他亲属、朋友中愿意担任监护人且经有关单位同意的。只有前一顺序中有监护资格的人无监护能力，或者由其担任监护人对被监护人明显不利时，才可从后一顺序中有监护能力的人中择优确定。如果精神病人有一定的识别能力，还应征求其意见。

三、监护人的职责

根据《民法通则》第 18 条的规定，监护人的职责主要有：保护被监护人的身体健康，被监护人无论是未成年人还是精神病人，对其身体健康都不像完全民事行为能力人那样具有全面的知识和自我保护能力。因此，需要监护人保护被监护人的身体健康和人身安全，防止被监护人受到不法侵害；照顾被监护人的生活，监护人在日常生活方面必须给被监护人以必要的关心、照料。对于未成年人来说，其必要的物质文化生活需求必须满足，以保证未成年人的健康成长。对于精神病人来说，监护人应细心照料其生活，不得虐待或遗弃被监护人；对被监护人进行管理和教育。监护人应当关心未成年人的成长，对其进行教育。监护人对被监护人要进行监督和管理，防止他们受到伤害或侵害他人利益；保护和管理被监护人的财产和其他合法权益。监护人应当妥善管理和保护被监护人的财产，对被监护人应得的合法收益应依法保护。对于被监护人财产的经营和处分，监护人应尽善良管理人的注意。非为被监护人的利益，监护人不得处分其财产。

代理被监护人进行民事活动，被监护人由于年龄或者精神原因，不能清晰地理解和认识自己的行为及其法律后果，如果不进行监督，容易发生侵害他人合法权益的行为，造成他人、集体和国家利益的损失。因此，《民法通则》第 14 条规定："无民事行为能力人、限制民事行为能力人的监护人是他的法定代理人。"监护人以代理人的身份代理被监护人进行民事活动时，应当维护被监护人的利益，不得代理被监护人同自己进行民事活动；代理被监护人进行诉讼，在被监护人的合法权益受到侵害或者与他人发生争议时，监护人应当代理被监护人进行诉讼，以维护其合法权益；承担相应的民事责任，《民法通则》第 18 条规定，监护人不履行监护职责或者侵害被监护人合法权益的，应当承担责任；给被监护人造成财产损失的，应当赔偿损失。如果因监护人管教不严，被监护人造成他人损害的，由监护人承担民事责任。监护人尽了监护职责的，可以适当减轻其民事责任。如果被监护人有财产的，从被监护人的财产中支付赔偿，不足部分由监护人补充，但监护人为单位的除外。如果监护人不履行监护职责给被监护人造成损害的，应当赔偿损失。

四、监护的终止

监护的终止也即是监护的消灭。监护因一定的事实而发生，也因一定的事实而终止。监护终止的原因主要有以下几种情形：其一，被监护人获得完全民事行为能力。自被监护人成年之日起，监护关系自然解除；精神病人痊愈，恢复了民事行为能力，经人民法院作出撤销监护裁决后，监护关系终止。其二，监护人或被监护人一方死亡。监护人或被监护人一方死亡（包括宣告死亡），监护关系自然终止。其三，监护人丧失了行为能力。监护人以有完全行为能力为条件，丧失民事行为能力，也就丧失了监护能力，监护关系当然结束。其四，监护人辞去监护。监护人有正当理由的，可以辞去监护，但这不适用于未成年人的父母。所谓正当理由，是指监护人患病、迁居、家庭困难等，但监护人辞去监护应经有指定权的机关同意，擅自辞去的不发生效力。其五，监护人被撤销监护人资格。监护人不履行监护职责或者利用监护之便侵害被监护人合法权益的,经利害关系人申请,人民法院可以撤销其监护资格,并由此终止监护关系。

第五节 自然人的住所

一、住所的概念

住所是指自然人长期居住、生活的地点,是自然人参与各种法律关系集中发生的中心地域。在社会生活中,每个人总是在一定的场合内活动着,如工作场所、营业活动的场所、居住的场所、财产所在地等。由于自然人活动地场所可能各不相同,这就需要在法律上确定自然人的住所。法律上确定住所的意义主要在于:确定自然人的民事主体状态、决定监护、决定宣告失踪与宣告死亡、决定债务的清偿地、决定婚姻登记的管辖地点、在涉外民事关系中确定法律适用的准据法等。

应当注意,住所与居所不同。居所是自然人居住的处所,它与住所的区别在于:首先,自然人只能有一个住所,居所则可以有多个;其次,住所具有法律意义,而居所则不具有法律意义,特殊情况除外;再次,住所是自然人进行民事活动的主要地点,而居所一般则不是。

二、住所的确定

《民法通则》第 15 条规定:“公民以他的户籍所在地的居住地为住所,经常居住地与住所不一致的,经常居住地视为住所。”《民法通则》第 9 条规定:“公民离开住所地最后连续居住一年以上的地方,为经常居住地。但住院治病的除外。公民由其户籍所在地迁出后至迁入另一地之前,无经常居住地的,仍以其户籍所在地为住所。”由此可见,我国现行法以户籍所在地的居住地为自然人的住所。所谓户籍,是指我国行政法上以户为单位记载公民有关事项的行政管理的法律文件。户籍既是行政管理的文件,也是证明有关公民身份的文件,同时也可用来确定住所。我国《户口登记条例》规定:“公民应当在经常居住的地方登记为常住人口,一个公民只能在一个地方登记为常住人口。”因此,我国公民一人只能有一个住所。

本章思考题：

1.什么是自然人的民事行为能力？自然人的民事行为能力如何划分？

2.监护人的设立有哪几种方式？监护人的监护职责有哪些？

3.宣告失踪和宣告死亡各应具备什么条件？有何法律后果？撤销失踪和死亡宣告有何法律后果？

4.什么是自然人的民事权利能力？其与自然人的民事行为能力有何关系？

第五章

法 人

第一节 法人概述

一、法人的概念与特征

(一)法人的概念

法人是相对于自然人而言的一类民事权利主体。根据我国《民法通则》第36条的规定,法人是具有民事权利能力和民事行为能力,依法独立享有民事权利和承担民事义务的组织。在法律上,不仅自然人被赋予独立人格,而且一定的组织也被赋予独立人格,法人即是具有独立人格的组织。

关于组织的人格问题,在罗马法中就已经受到关注,当时的法律已赋予国家、地方政府以及僧侣会、基金会、商业社团、国库、尚未继承的遗产等以人的资格,拥有权利能力。然而,一般认为,罗马法尚未使用法人的概念,法人概念为中世纪意大利注释法学派学者所创制,"法人"被用来说明团体的法律地位。1794年,德国普鲁士邦普通法典首次出现法人的概念。1896年,德国民法典规定了法人制度,"法人"成为制定法上的概念,并为后来各国的民事立法所接受。

(二)法人的特征

1.法人是一种社会组织

现代社会中,组织也是重要的成员,它们具有自己的名称、组织机构和活动场所,以自己的名义参加各种社会活动,为使得这些组织具有法律上的地位，法律赋予这些组织以独立的人格，具有民事权利能力和民事行为能力，可以在民事活动中取得权利和承担义务。法人就是这样的组织。当然，并不是任何组织都能取得法人资格，各国立法对于法人的成立规定有实体性和程序性条件，只有那些具备法定条件得到国家认可的社会组织才能取得法人资格。

2. 法人拥有独立的财产

法人作为民事主体，从事民事活动，参与市场交换，必须具有自己的财产。拥有属于自己的财产是法人人格独立的物质基础，也是法人独立从事民事活动的前提。据此，法人才能独立享有民事权利，独立履行民事义务和独立承担民事责任。法人具有独立的财产，意味着法人的财产独立于其创设人或其成员的财产，当然也独立于其他法人或自然人的财产。

3. 法人以自己的名义参加民事活动

法人具有自己的名称，并且以该名称从事民事活动，享有权利和承担义务。法人作为一个独立的组织体，具有自己的意志形成机关和执行意志的机关，拥有自己的财产，独立承担民事责任，具有独立的法律人格，都是以其名称进行的。法人的名称是表彰一个法人组织以便区别于自然人或其他组织的标志，是法人必需的要素。

4. 法人独立承担民事责任

法人独立承担民事责任，意味着法人是以自己的财产对外承担民事责任，而非以其创设者、其成员或者其他法人或自然人的财产承担民事责任。法人独立承担民事责任，是其具有独立财产的必然结果，也是法人组织具有独立人格的体现。

二、法人的本质

法人的本质问题是探究法人理论的法哲学基础，不同的哲学流派对于法人本质有着不同的观点和看法，法人的本质问题是自 18 世纪以来一直为西方民法学者所关注和讨论的问题。归纳起来，主要有以下三种代表性观点：

（一）法人拟制说

此说认为，权利义务主体只限于自然人，非自然人为权利主体只能是法律所拟制。民事主体应以自然人为限，法人之所以成为民事主体，乃是法律拟制的产物，法人不过是法律上拟制的人或观念的人。

这一学说是建立在罗马法的法人观念基础之上的，与现代民法现实不符。事实上，不论法人还是自然人，其作为民事主体，既是客观存在的体现，同时也是法律规定的结果。自然人与法人之间不存在谁拟制谁的问题，既然自然人不是法律的拟制，法人也不应是法律的拟制。

（二）法人否认说

法人否认说只承认自然人的存在，而否认法人的存在，认为法人只是假设的人。任何团体都是自然人的集合，团体的事务实际上是全体个人的事务，而非法人的事务。此说又分为三种不同的学说：

目的财产说又称无主财产说，认为法人本身不具有独立的人格，而是为达到特定目的由多数人的财产集合而成的无主财产。也就是说，法人的本质为无主财产或者目的财产。受益人主体说认为，法人制度最终是为了自然人的利益，法人财产实际上是自然人的财产，所以只有受益的自然人才是事实上的权利主体，法人制度不过是使多数主体的法律关系简单化而进行的一种技术设计。管理人主体说认为，法人的财产并不属于法人本身所有，而属于管理其财产的自然人，现实担任法人财产的管理者，才是该财产的主体。[①] 法人否认说否认法人作为独立主体的存在，难以适应社会经济生活发展的需要，所以一直在理论上没有成为通说，也并未被各国法律所采纳。

（三）法人实在说

该说认为，法人并不是法律虚构的，也并非没有团体意思和利益，而是一种客观存在的主体。该说又可分为两种：一是有机体说，又称团体人格说或具体实体说。该说认为，在社会生活中存在两种有机体，一种是“自然的有机体”即自然人，具有“个人意思”；另一种是“社会的有机体”即团体，具有“团体的意思”。法律赋予团体以法律人格，使其成为权利义务主体，即所谓法人。二是组织体说，该说认为，法人不是社会有机体，而是权利主体。也就是说，法人是具有表达自己意思和实施自己意志的组织机构，具有独立于其成员的利益，所以应当具有独立的人格。

法人实在说承认法人是一种实际存在的社会实体，法律只是赋予其法律人格，并非法律的拟制，较之法人拟制说和法人否认说，更具有合理性，无疑是对法人本质认识的进步。我国《民法通则》也是以法人实在说为基础，认为法人具有民事权利能力和民事行为能力以及民事责任能力。

三、法人的分类

（一）大陆法系国家和地区对法人的传统分类

1.公法人与私法人

---

① 魏振瀛：《民法》，北京大学出版社、高等教育出版社 2000 年版，第 72 页。

按照传统的公法与私法的划分标准，法人可以划分为公法人和私法人。

公法人是指以社会公共利益为目的，根据公法而设立的行使国家管理职能的法人，如依宪法及其相关组织法而设立的国家机关。私法人是指以私人利益为目的，依据私法而设立的法人，如依公司法而设立的各类公司。

公法人与私法人划分的意义在于：(1)诉讼方式不同。对于公法人，因行使公权力发生纠纷的，可以通过行政诉讼、行政复议等程序加以救济；私法人的纠纷则依据民事诉讼或仲裁程序加以解决。(2)损害赔偿依据不同。公法人及其职员侵权行为所生损害，依国家赔偿法确定损害赔偿责任；私法人及其职员因侵权行为所生侵害，则依民法规定承担损害赔偿责任。(3)有关犯罪问题。有些罪名仅适用于公法人中的公务员。

2. 社团法人与财团法人

按照法人成立的基础或构成要素不同，私法人可以分为社团法人与财团法人。

社团法人是以一定数量的成员为基础而设立的法人，是人的集合。典型的社团法人如公司、各种学会、协会、商会、合作社等。财团法人，又称“目的财产”，是指为一定目的而设立的，并由专门委任的人按照规定的目的使用的各种财产，是财产的集合。典型的财团法人如寺院、各种基金会、慈善组织等。

对二者进行区分的意义在于：(1)成立基础不同。社团法人以成员为基础，一定数量的成员是社团法人成立的必要条件。财团法人以特定的财产为基础而设立，财团法人无成员之说。(2)设立人的地位不同。社团法人的设立人在法人成立时成为法人的成员，享有社员权，如投资者设立公司后成为公司股东，享有股东权。财团法人的设立人给予其捐赠行为设立法人后，与法人脱离，不具有法人成员的地位，也不享有法人成员的权利。(3)设立行为不同。社团法人的设立行为限定为生前行为，且为两人以上的共同法律行为；财团法人的设立可为生前行为，也可为死后行为，可为多数人行为，也可为一人行为。(4)设立程序和目的不同。社团法人可为公益，也可为营利，所以不同目的的社团法人的设立程序的严格程度不同；而财团法人只能以追求公益事业为目的，其设立的程序较为严格。(5)有无意思机关不同。社团法人有自己的意思机关，称为自律法人；财团法人则没有自己的意思机关，称为他律法人。

3. 营利法人、公益法人与中间法人

根据法人成立或活动的目的不同，可以将法人分为营利法人、公益法人和中间法人。

营利法人是指以营利益并将所得利益分配给其成员为目的而设立的法

人,如公司。公益法人是指以公益为目的而设立的法人,如学校、医院、基金会、慈善组织等。中间法人是指既非以营利为目的又非以公益为目的的法人,其目的只为了增进同业者之间的相互了解或者提高同业者的社会地位,如校友会、同乡会、各种兴趣爱好者的俱乐部等。

采取这种分类的法律意义在于:(1)行为能力不同。营利法人可从事营利性事业,公益法人和中间法人则无权从事营利性事业,而只能从事批准的事业。(2)组织形式不同。营利法人只能采取社团法人(公司)的形式,公益法人和中间法人则既可采取社团法人形式又可采取财团法人形式。(3)设立原则不同。营利法人原则上采取准则主义,公益法人和中间法人则采取许可主义。

4.本国法人与外国法人

这是根据法人的国籍所作的分类。具有本国国籍的法人为本国法人,不具有本国国籍的法人为外国法人。

此类划分的意义在于:(1)对外国法人,有专门的认证制度。外国法人虽在其本国取得法人资格,但在其他国家,它的法人资格是否被认可要取决于它所在的该他国是否认许。(2)外国法人享有的权利范围或业务范围限制。经认许的外国法人一般享有与本国法人基本相同的权利,但多数国家都规定有某些特殊的权利外国法人不得享有,某些特殊的业务外国法人不得经营。

(二)我国现行法对法人的分类

对于大陆法系国家和地区对法人的传统分类,我国现行民商立法基本上未予采用。在《民法通则》中,法人被分为企业法人、机关法人、事业单位法人和社会团体法人。

企业法人是指以营利为目的,独立从事商品生产和经营活动的法人。在我国,根据所有制性质的不同,可将企业法人分为国有企业法人、集体所有企业法人和私营企业法人;根据是否有外资参与,可将企业法人分为中资企业法人、中外合资经营企业法人、中外合作经营企业法人和外商独资企业法人。

机关法人是指依法享有国家赋予的行政权力,并因行使职权的需要而享有相应的民事权利能力和民事行为能力的国家机关。国家机关以法人的资格进行民事活动时,与其他当事人处于平等的法律地位。有独立经费的机关法人以自己的名义参加民事活动所产生的债务,应以它的独立经费给予偿还,若债务超出其经费而另需抵补的,应由国家立法加以保证。国家机关依照法律或行政命令成立,不需要进行核准登记程序,即可取得相关的资格。

事业单位法人是指为了社会公益目的,由国家机关或者其他组织利用国有资产举办的,从事文化、教育、卫生、体育、新闻等公益事业的单位。这些法人组织不以营利为目的,一般不参与商品生产和经营活动,虽然有时也能取得一定收益,但该收益只能用于目的事业,且属于辅助性质。它们的独立经费主要来源于国家财政拨款,也可以通过集资入股或由集体出资等方式取得。事业单位以法人名义从事民事活动所产生的债务,应以它们的独立经费负清偿责任。依照法律规定或行政命令组建的事业单位,从成立之日起,即具有法人资格。

社会团体法人是指自然人或法人自愿组成,为实现会员共同意愿,按照其章程开展活动的非营利性法人。社会团体法人采取由成员出资或由国家资助的办法建立团体财产和活动基金,除法律规定的特别基金外,应以此对其债务负清偿责任。社会团体法人可分为:学术性社会团体法人、行业性社会团体法人、专业性社会团体法人及联合性社会团体法人等。

第二节 法人的民事行为

一、法人的民事权利能力

(一)法人民事权利能力的概念

法人的民事权利能力,是指法人依法享有民事权利和承担民事义务的资格。它是法人以自己的名义参与民事法律关系,取得民事权利,承担民事义务的法律依据,也是法人享用民事主体资格的标志。法人的民事权利能力从法人成立时产生,到法人终止时消灭。我国《民法通则》第 36 条规定:“法人是具有民事权利能力和民事行为能力,依法独立享有民事权利和承担民事义务的组织。法人的民事权利能力和民事行为能力,从法人成立时产生,到法人终止时消灭。”

(二)法人的民事权利能力与自然人的民事权利能力的区别

法人是一种组织,而非生命体,法人和自然人存在着性质上的不同,两者的民事权利能力也存在差别,表现在:第一,享有的时间不同。自然人的民事权利能力始于出生,终于死亡。自然人的死亡是自然现象,不依人的意志所转移。法人的成立与终止不是自然现象而是行为的结果。例如企业法人以登记行为为成立要件,终止是撤销、解散、宣告破产等行为的结果。第二,享有的范围不同。自然人是生命体,享有的民事权利的范围很广,包括财产权、与自然人生命密切相关的人身权等。法人是组织体,不可能享有生命权、健康权、身体权、肖像权、继承权、婚姻自由权、贞操权、抚养赡养请求权等特定的民事权利。第三,法人的民事权利能力具有差异性。自然人的民事权利能力一律平等,不因性别、年龄、智力、健康状况等的不同而不同。法人的民事权利能力则具有差异性,通常依据其设立的宗旨而定。由于各个法人设立的宗旨不同,因此不同法人之间的民事权利能力存在着明显的差别,不同的法人具有不同的民事权利能力,例如,企业法人可以从事核准的营业活动,非企业法人则不得从事营业活动。又如,从事药品生产经营的法人可以经营药品,享有相应的民事权利,而从事房地产经营的法人则不得经营药品,不得享有相应的民事权利。

二、法人的民事行为能力

(一)法人民事行为能力的概念与特征

法人的民事行为能力,是指法人能以自己的行为享有民事权利和承担民事义务的资格。法人作为民事主体,需实际参加民事活动,取得权利和承担义务,均应具有相应的民事行为能力。法律在赋予法人以民事权利能力的同时,也赋予法人以民事行为能力。

与自然人的民事行为能力相比,法人的民事行为能力具有如下特点:其一,法人的民事行为能力与民事权利能力同时产生,同时消灭。《民法通则》第36条规定,法人的民事权利能力和民事行为能力,从法人成立时产生,到法人终止时消灭。自然人的民事行为能力受其年龄和精神健康状况的制约,并非与其民事权利能力同时产生,也不一定是与其民事权利能力同时消灭,两者在时间上并非始终处于并存状态。其二,法人的民事行为能力与民事权利能力的内容和范围相同。虽然每个法人的民事权利能力和范围有所不同,但就具体法人而言,其民事权利能力范围确定后,其民事行为能力也随之确定,且两者的范围一致。而自然人的民事行为能力则有完全民事行为能力、限制民事行为能力和无民事行为能力之分。其三,法人的民事行为能力由法人机关或代表实现。法人机关或者代表是以自己的意思形式,代表着法人的团体意志,他们根据法律、章程实施的民事行为,认为是法人的行为,由法人承担民事责任。

(二)法人民事行为能力的限制与范围

法人是一种社会组织,其民事行为能力不受年龄、精神健康状况的限制,但要受经营范围的限制。我国《民法通则》第42条规定:“企业法人应当在核准登记的经营范围内从事经营。"《社会团体登记管理条例》第4条也规定:"社会团体不得从事以营利为目的的经营性活动。"对法人的民事行为能力进行限制的理由在于:(1)维护正常的社会、经济秩序。法人设立的目的往往不同,他们所承担的社会职能也会因设立目的的不同而有所差别。限制法人的行为能力范围,有利于发挥其应有的社会职能。(2)保护发起人和投资人的利益。法人的特定目的是由法人发起人在发起阶段所确立并为投资人所接受,它体现了发起人的意志和利益。限制法人在其特定范围内进行活动,有利于保护发起人和投资者的利益。(3)确保交易安全。法人是独立承担民事责任的组织,因而其独立财产一定要与其民事行为能力相适应,才能确保责任能力的实现。这样有利于保护与法人进行民事活动的相对人的利益,维护交易安全。

这里需要注意企业法人经营范围的效力问题。我国《合同法》第50条规定:"法人或者其他组织的法定代表人、负责人超越权限订立的合同,除相对人知道或者应知道其超越权限的以外,该代表行为有效。"由此可见,企业法人目的的事业范围,只是对法人机关的对外代表权的限制,不应对第三人发生拘束力。可以说,目的事业范围限制的是法人机关的代表权,从本质上讲仅为一种内部关系,所以各国均规定,除非法人或法人成员行使停止请求权并为第三人所应知或明知,对法人代表权的限制不得对抗第三人。所以,法人目的的限制说明法人的目的以外的行为并不是绝对有效,而是在通常情况下有效。①

三、法人的民事责任能力

法人的民事责任能力,是指法人对其实施的侵权行为给他人造成损害承担民事责任的能力或资格。

目前,大多数国家的民法皆规定法人的损害赔偿责任,肯定法人具有民事责任能力,特别是法人的侵权行为能力。例如,《德国民法典》第31条规定,社团对于董事会、董事或依章程任命的其他代理人执行属于其权限以内的事务,发生应负损害赔偿责任的行为,致使他人受到损害时,应负赔偿责任。《日本民法典》第44条也规定,法人对于其理事会或其他代理人在执行职务时加于他人的损害,负赔偿责任。我国《民法通则》第37条规定,能够独立承担民事责任为法人应当具备的条件之一。第43条则特别规定,企业法人对于它的法

① 肖燕:《民法总论》,浙江大学出版社2005年版,第101页。

定代表人和其他工作人员的经营活动,承担民事责任。第121条也规定,国家机关及其工作人员在执行职务中侵犯他人合法权益的,也应承担民事责任。由此可见,我国民法也肯定了法人的民事责任能力。

虽然法人具有民事责任能力,但并非对法人的法定代表人或其他工作人员的任何侵害他人的行为均承担民事责任。法人承担民事责任须具备以下要件:(1)须有侵权行为;(2)侵权行为由法人的法定代表人或其他工作人员所为;(3)这种侵害行为须因执行职务的行为而发生。关于法人侵权行为的后果,在我国,首先由法人对外承担民事责任,若直接行为人本身有过错,法人在对受害人承担民事责任后,可追究直接从事侵权行为的法人的代表人或其他工作人员的责任。

四、公司法人人格的否认

公司法人人格否认,是指当公司控制股东滥用公司独立人格和股东有限责任时,将忽视其与公司各自独立的法律人格,视公司与其背后的股东为一体,对外承担连带责任的一种法律措施。这种理论是对公司法人责任独立和股东有限责任制度的有益补充。它是美国法院在审理公司纠纷案件中首创的一个判例法原则,在英美法中称为"揭开公司的面纱"或"刺破公司面纱"(Piercing the Corporate Veil),在大陆法中称为"直索责任"或"透视理论"。

根据先进国家的立法例,公司法人人格否认的适用条件主要包括:(1)公司股东实施了滥用公司法人人格的行为,如虚设股东、虚假出资、抽逃资本、股东个人财产与公司财产混合、母公司对子公司形成不当控制等;(2)公司法人人格滥用给他人或社会造成损害;(3)要有受损害的公司债权人或其他利害关系人提起诉讼。①

我国1994年实施的《公司法》以及其后两次对《公司法》的修正均未规定公司法人人格否认制度,在最高人民法院的相关司法解释中,虽然有与公司法人人格否认制度相近似的规定,但由于所作规定简单、分散,缺少明确、系统和详细的规范,从而导致各地人民法院裁判标准和裁判结果不一。2005年10月第十届全国人大常委会第十八次会议修订并自2006年1月1日起施行的新《公司法》增设了公司法人人格否认制度。该法第20条规定:"公司股东滥用股东权利给公司或者其他股东造成损失的,应当依法承担赔偿责任。公司股东滥用公司法人独立地位和股东有限责任,逃避债务,严重损害公司债权人利益的,应当对

① 龙卫球:《民法总论》,中国法制出版社2001年版,第399页。

公司债务承担连带责任。”第 64 条规定：“一人有限责任公司的股东不能证明公司财产独立于股东自己的财产的，应当对公司债务承担连带责任。”

第三节 法人的设立与成立

一、法人的设立

（一）法人设立的概念

法人的设立，是指依照法定的条件或程序使法人获得民事权利主体资格而进行的一系列行为的总和，是法人成立的前置阶段。

法人的设立与法人的成立是两个既有联系又有区别的概念。法人的成立，是指法人取得法律人格的事实状态。法人的设立则是一个行为的过程，法人的设立不能等同于法人的成立。然而，法人须经设立的过程才能获得法律人格，未经设立不能获得资格。因此，法人的设立又是法人成立的前提，而法人成立则是法人设立的结果。

（二）法人设立的原则

法人设立的原则，又称设立主义，是指国家对法人设立所奉行的原则。不同历史时期、不同的国家，奉行的设立原则存在区别。即使是同一时期、同一国家，对于不同类型的法人，所奉行的设立原则也有不同。概括而言，法人的设立原则主要有以下几种：

1. 自由主义，又称放任主义，即国家对法人的设立不予干预和限制，听凭当事人的自由。此种主义易生滥设法人的弊端，且不利于对法人的管理，因此除瑞士民法仍对非营利法人采此主义之外，现代各国民法已少有采用。

2. 特许主义，即法人的设立必须经特别立法或国家元首的许可。此种设立主义对法人的设立采取禁止、遏制的态度，干涉、限制甚严，现代各国仅对一些特殊的法人尤其是公法人采此种主义。

3. 许可主义，又称批准主义，即法人的设立除了具备法律所规定的条件外，还须经行政主管机关的审核批准。这种设立主义相对来说也比较严格，目前，各国对于财团法人的设立多采取此种主义，以便于对此类法人的管理。

4. 准则主义，又称登记主义，即对于法人的设立，法律预先规定一定的条件，设立人在设立法人时，只要具备了此项条件，即可向登记机关的登记成立法人，而无须经过行政主管机关的审核批准。许多国家仅对营利法人采取此种主义。

5.强制主义，即国家以法律法规规定某种行业或某种情况下必须设立一定的法人组织，以便于对其实施管理。此种主义仅适用于特殊的产业或特殊团体，如我国台湾地区对商业同业公会的设立即采此种主义，我国律师协会的设立亦是如此。

我国现行法律所规定的法人的设立原则主要有：(1)对于企业法人的设立原则。在我国，企业法人分为公司企业法人与非公司企业法人。公司企业法人依《公司法》规定，采准则设立主义，非公司企业法人中的国有企业采许可主义。(2)对于机关法人的设立原则。机关法人的设立取决于宪法和相关国家机构设置法的特别规定，在设立原则上采强制主义。机关法人自成立之日起即具有法人资格，不需登记。对于事业单位法人的设立原则。事业单位法人的设立，需要依照国家法律和行政命令的规定，在设立原则上采特许主义。但也有的事业单位法人是依行政许可原则设立的，如集体所有制组织通过集资入股举办的学校。所以，事业单位法人的设立原则是以特许设立为主，以行政许可为辅。(3)对于社会团体法人的设立原则。社会团体法人的设立，一般需要经过业务主管部门审查同意，然后向登记机关申请登记才可成立，如各种协会、学会。所以，社会团体法人的设立原则应属许可主义。

(三)法人设立的方式

在我国，法人设立的方式主要有以下几种：

1.命令设立，即政府以命令的方式设立法人，法人是依照法律、法令或者行政命令方式设立，自设立之日起取得法人资格。这种方式主要适用于国家机关和全民所有制事业单位。

2.发起设立即由发起人一次性认足法人成立所需资金而设立法人，这种方式主要适用于集体所有制企业法人、私营企业法人、股份合作企业法人、有限责任公司和一些股份公司。

3.募集设立即法人组织所需的资金，在发起人未认足时，向社会公开募集的一种法人设立方式，主要适用于股份有限公司。

4.捐助设立即由法人或自然人募足法人所需资金的一种设立方式，主要适用于基金会法人。

二、法人的成立

法人的成立是指社会组织依法获得民事主体资格。法人的设立是以法人的成立为目标的动态过程，而法人的成立是其最终追求的结果。法人的成立，须具备一定的条件。根据我国《民法通则》第 37 条的规定，法人的成立应具备以下条件：

（一）依法成立

法人依法成立包括两层含义：其一，法人成立须有法律依据，也就是说它是法律所允许设立的，或者是法律所不禁止设立的。法人的主体资格来自于法律的赋予，因此无论何种类型的法人，其成立均须以法律为依据，为法律所允许。如果是法律所禁止的，任何人既不得自己从事法律禁止的事务，亦不得设立法人组织从事该事务。例如，在我国，从事商品或服务的经营为法律所允许，投资者可以按照公司法的规定设立公司法人，从事商品或服务的经营活动；赌博为现行法律所禁止，任何人不得自己从事或设立公司从事该营业。

其二，法人须依照法定程序设立。法人的成立均须依一定的程序，但是不同类型法人的设立程序不同。在我国，公司法人的设立须依据国务院 1994 年发布的《公司登记管理条例》规定的程序，经公司登记机关核准登记，方可取得法人资格。社会团体法人须依据《社会团体登记管理条例》规定的程序，在获得业务主管部门批准后，经登记机关核准登记，方可取得法人资格。事业单位法人须依据《事业单位登记管理暂行条例》、《民办非企业单位登记管理暂行条例》的规定，经县级以上各级人民政府及其他有关主管部门批准成立后，经登记机关登记，取得法人资格。

（二）有必要的财产或经费

法人有必要的财产或者经费，是法人能够独立地享有民事权利和承担民事义务的物质条件，也是法人独立承担民事责任的财产基础。所谓“有必要的财产或经费”，就企业法人而言，是指属于企业法人独立的财产。企业法人以营利为宗旨，有独立的财产是其从事经营活动必要的物质基础。就机关法人、事业单位法人和社会团体法人而言，法人的“必要的财产或经费”主要是指国家或设立人拨付的与其业务活动相适应的经费。这些经费由法人独立支配，属于法人的独立财产。

（三）有自己的名称、组织机构和场所

法人的名称，是法人区别于其他民事主体的标志。名称是法人作为民事主体不可缺少的人格要素之一,法人应当具有自己的名称。有了名称,法人方可以其名称参与民事活动,取得权利和承担义务。法人可选择自己的名称,但必须遵守相关的名称管理规定,不得违反法律的禁止性规定。

法人的组织机构,是根据法律或章程的规定,法人实现其民事权利能力和民事行为能力的组织系统。法人不同于自然人,法人权利能力和行为能力的实现必须通过其组织系统。如无组织系统,法人就无法实现其权利能力和行为能力。因此,法人的组织机构是法人的必备条件之一。不同类型的法人,其组织机构的设置亦有区别。如公司法人的组织机构应包括股东会、董事会(或执行董事)、经理、监事会(监事)、由董事会决议设置的公司内部管理机构以及从业人员;事业单位法人的组织机构则简单得多,一般只设负责人、业务实施机构和内部事务管理机构。即使是同一类法人,法人的组织机构也会因业务、规模的不同而有区别。

法人的场所,是指法人从事其业务活动的场所,包括主要办事机构场所及其他业务活动场所。法人须有场所,这不仅是法人从事业务活动的需要,也是国家对法人进行管理和监督的需要。例如,工厂须有厂房,公司须有营业场所,学校须有校舍等。法人可以有多个活动场所,并可处于不同的区域。例如,法人设立分支机构,其分支机构开展业务活动的场所也属于法人的场所。

(四)能够独立承担民事责任

独立承担民事责任是法人之所以为法人的标志,也是区分法人组织与非法人组织的基本标准。法人的独立责任有两层含义:一是法人以其全部资产对外承担责任,法人不对其设立者或成员或其他法人或自然人的债务负责,其设立者、成员或者其他法人或自然人也不对该法人的债务负责。当法人的财产不足以承担责任时,法人或其债权人可依法申请法人破产。二是法人对它的法定代表人及工作人员以法人名义从事的民事活动承担责任。我国《民法通则》第43条规定:“法人对它的法定代表人和其他工作人员的经营活动,承担民事责任。”前一种意义上的法人责任称为法人的外部责任,后一种意义上的法人责任称为法人的内部责任。[①] 法人的独立责任以独立财产为基础,是法人独立财产的最终体现。在法人的条件中,独立财产和独立责任被认为是法人独立人格的两根支柱。

---

① 江平:《法人制度》,中国政法大学出版社1994年版,第33页。

第四节　法人的机关与住所

一、法人机关

(一)法人机关的概念

法人机关是指根据法律或者法人章程在法人内部设立的,对内管理法人事务,对外代表法人从事民事活动的组织机构。

法人作为民事主体,具有民事权利能力和民事行为能力,可以通过其自身的行为取得权利和承担义务。然而,法人是一种社会组织,必须具备自己的机关,以形成自己的意志,完成自己的各种对外对内活动。由此可见,法人依其机关而存在,因其机关的各种有系统的活动而有自己的活动。可以说,法人的机关是法人据以存在并维持其法律人格的必不可少的要件,因而也是法人设立的必要条件。

(二)法人机关的构成

法人机关一般由权力机关、执行机关和监督机关三部分构成。

权力机关又称决策机关或者意思机构,是法人自身意思的形成机关,有权决定法人的生产经营或业务管理的重大问题。在社团法人中,权力机关是社员代表大会,例如股份有限公司法人的股东大会。财团法人没有权力机关,主要因为财团法人的意思为捐助人的意思,他人不得随意改变。例如,“希望工程”基金只能用于救助失学儿童即捐助人的意思,而不能另设意思机关,将该基金用于盖房、买轿车等其他事务上。

执行机关是执行权力机关所形成的意思、法人章程或设立命令所规定的事项的机关。任何法人都要有执行机关,否则法人的目的事业就无法实现。社团法人的执行机关由单个人担任时,称之为执行董事或者理事,由自然人团体担任时,称之为董事会或者理事会,例如股份有限公司法人的董事会与董事长。财团法人的执行机关常为自然人团体,如理事会等。

监督机关是指对法人执行机关的行为进行监督检查的机关。监督机关不是法人必须设立的机关,它可以由单个人担任,也可由自然人团体担任,如股份有限公司法人的监事会。

(三)法定代表人

法定代表人制是关于法人对外代表权的一种制度安排,属于法人的代表机关。法定代表人是指依照法律或法人组织章程的规定,经登记主管机关核准登记注册,以法人名义代表法人行使职权的负责人。

法定代表人的特征在于:(1)法人的法定代表人是由法律或法人的组织章程规定的;(2)是代表法人行使职权的负责人;(3)法人的代表人是执行机构的主要负责人;(4)必须经过法律或法人组织章程规定的程序产生,并依法经过登记注册。

法定代表人与法人机关的区别在于:(1)法人机关可以是单一机关,也可以是集体机关,而法定代表人只能是单一的个人;(2)法人机关有权力机关、执行机关和监督机关之分,而法定代表人并无多种形式,其与法人的权力机关、执行机关和监督机关并无直接的关联。一般来说,法定代表人只是在行使对外代表权时才与法人机关有某种联系。当法人执行机关为单一机关时,法人执行机关与法定代表人身份发生重叠。例如,有限责任公司不设董事会而只设执行董事时,执行董事既是法人机关又是法定代表人。当法人执行机关为集体机关时,如公司的董事会,法定代表人只是法人执行机关的成员之一,法人机关与法定代表人不存在身份重叠,而是有明显的区别。

二、法人的住所

法人的住所是指法人从事活动的场所。法人的住所决定了其债务履行地、登记管辖地和诉讼管辖地、法律文书送达地等。法人以其主要办事机构所在地为住所。

法人的分支机构是法人的组成部分,是法人在某一区域设置的完成法人部分职能的业务活动机构。法人的分支机构经法人授权并办理登记,可以成为具有相对独立性的组织,可在银行开立结算账户,对外进行各项民事活动,还可以在法人的授权范围内以自己的名义参与民事诉讼,但进行民事活动所发生的债务和所负担的责任最终由法人负责。

第五节　法人的变更与终止

一、法人的变更

法人的变更，是指法人在存续期间内所发生的合并、分立或者组织形式、宗旨等其他登记事项的变化。

（一）法人的合并

法人的合并，是指两个以上的法人根据法律规定或合同约定变为一个法人的法律行为。法人的合并是法人集中资金、扩大实力、增强竞争能力的重要手段。

法人合并的形式有两种：(1)新设合并。又称创设合并，是指两个以上的法人合并成为一个新法人，原来的法人消灭，产生新的法人，原法人的权利义务由新法人承担。例如，A 公司与 B 公司合并创设 C 公司，A、B 两公司都归于消灭，C 公司则为新设公司。(2)吸收合并。也称兼并，指两个以上的法人合并后，其中一个法人（吸收方）存续，而其余的法人（被吸收方）均归于消灭的合并。例如，A、B 两个公司合并后，A 公司存续，B 公司则归于消灭，B 公司的财产、债权债务归于 A 公司。

法人合并通常按照以下程序进行：(1)由法人的意思机关作出与其他法人合并的决议，然后订立合并协议；(2)合并协议须经法人主管机关批准的报审批；(3)通知债权人，清偿债务或提供担保；(4)办理转移财产手续；(5)办理变更或注销登记。

法人合并将产生以下的效力：(1)一些法人人格消灭。例如在新设合并方式下，参与合并的法人均归于消灭；在吸收合并方式下，被吸收的法人消灭。(2)新的法人产生。例如在新设合并方式下，参与合并的法人消灭后产生了一个新的法人。(3)存续的法人发生变更。例如在吸收合并方式下，存续法人的财产、机关、章程、股东都将发生变化。(4)权利义务的概括承受。依《民法通则》第 44 条和《公司法》第 184 条的规定，法人合并时，合并各方的债权、债务由合并后的法人享有和承担。

（二）法人的分立

法人分立，是指一个法人分成两个或两个以上的法人。法人的分立是调整经营规模、分散风险的重要手段。法人分立也有两种形式:(1)新设分立。又称创设分立,是指原法人解散,分立为两个或两个以上的新法人。例如,A公司将其全部资产一分为二,分别设立B公司和C公司,同时A公司消灭。(2)派生分立。又称存续分立,是指原法人存续,将原法人的一部分或若干部分从原法人分出,另行设立一个或一个以上的新法人。例如,A公司将其一部分财产分离出去成立一个新的公司B,B公司就是派生分立的新法人。

法人分立的程序与法人合并的程序基本相同,即首先由法人的意思机关作出分立的决定;其次,向债权人发出通知或公告通知;再次,取得有关主管机关的批准;最后,办理机关的登记手续,例如存续法人的变更登记、法人消灭的注销登记、新法人的设立登记等。

法人分立将产生以下效力:(1)在新设分立方式下,原法人消灭,产生新法人;在派生分立方式下,原法人变更,产生新法人。(2)权利义务的概括承受。公司法规定,公司发生分立后,分立前公司的财产作相应的分割,分立前公司的债务按所达成的协议由分立后的公司承担。

(三)法人组织形式的变更

法人组织形式的变更,是指在不消灭法人人格的前提下使得法人由一种组织形式变更为另一种组织形式。法人组织形式的变更,往往引起法人的责任形式发生变化,并影响到社会公共利益,因此,各国法律通常都对法人组织形式的变更加以一定的限制。就公司而言,各国公司法通常规定,只有责任形式相近的公司之间才能进行变更。例如,无限公司和两合公司之间可以互相变更,有限责任公司和股份有限公司之间可以相互变更。

(四)法人其他重要事项的变更

根据《企业法人登记管理条例》的有关规定,企业法人改变名称、住所、经营场所、法定代表人、经营性质、经营范围、经营方式、注册资本、经营期限以及增设或撤销分支机构,均属重要事项变更。因为这些事项的变更会涉及债权人的利益,影响民事活动的效力,所以应当及时向登记机关办理变更手续并予以公告,无须登记的要进行公告。

二、法人的终止

法人的终止,又称法人的消灭,是指法人丧失民事主体资格,不再具有民事权利能力和民事行为能力的事实状态。

(一)法人终止的原因

根据我国《民法通则》第54条的规定,法人终止的原因有:依法被撤销,即法人依照法律的直接规定或因违反法律的规定而被解散的情况，属于强行解散。自行解散，也称任意解散，其事由主要包括：(1)法人章程中规定，法人存续期间届满或其他解散事由出现。(2)法人机关作出解散决议。(3)法人的设立目的已经达到或者已经被证明无法达到。(4)社团法人的成员不足法定最低限额。(5)法人的合并和分立。依法被解散即企业法人不能清偿到期债务，人民法院可根据债权人或债务人的申请，依法宣告其破产。其他原因。例如，因有限责任公司或者股份有限责任公司的股东不足法定人数、国家经济政策的调整和战争等而终止。

(二)法人的清算

1.法人清算的概念

法人的清算，是指法人解散时，为了清理其财产、结束其已经存在的法律关系，从而使被解散法人归于消灭的程序。法人终止的法律效果与自然人死亡相当，但自然人死亡后的财产及其未了结的事务，可以由其继承人来解决，而法人却没有。因此，法人必须设立清算组，来了结法人未了结的事务，这一程序即为清算程序。无论哪种类型的法人，也无论其因何种原因而终止，都须经过清算。

清算分为破产清算和非破产清算，两种清算的目的基本相同，只是程序上有所区别。破产清算是指依破产法的清算程序所进行的清算；非破产清算则是指不依破产法规定所进行的清算。但应注意，在非破产清算过程中，如果发现已解散的法人具有破产原因时，即转入破产清算，按破产程序处理。

2.清算组织

清算组织是指负责进行清算的组织或个人，又称清算人。企业法人解散应当成立清算组织进行清算。清算组织成员的选任方法，因法人终止的原因不同而不同。法人在依法被撤销时，清算组成员由作出撤销决定的机关选任；在自行解散时，清算组成员由法人的权力机关充任或者选任；企业法人被宣告破产的，清算组成员由人民法院从企业上级主管部门、政府财政部门等有关部门和专业人员中指定，清算组可以聘任必要的工作人员。

清算组织的职责主要包括：(1)了结现存事务。具体包括：清理财产、整理账目编制资产负债表和财产清单；对法人未了结的业务进行处理和清算；负责调查法人机关或者成员对法人债务的责任问题。(2)收取债权。(3)清偿债务。(4)移交剩余财产。(5)代表法人进行民事诉讼。

3.清算中法人的地位

法人自解散后至清算终结前这一时期，其法律地位如何，理论界存在不同的认识。主要有三种学说:(1)清算法人说。此说认为,清算期间原法人的人格已消灭,而清算时的法人是为清算目的而设立的另一新的法人。(2)同一法人说。该说认为,清算期间的法人与原法人是同一法人,只是其权利能力受到限制,即只能在清算范围内活动。(3)拟制存续说。该说认为,法人于解散后即丧失民事主体资格,但为了清算的目的,法律拟制其在清算期间内享有民事权利能力。

以上学说中,同一法人说为现今之通说。也就是说,清算是法人的终止程序,清算中的法人与清算前的法人具有同一人格,只是对其民事权利能力与民事行为能力进行了限制。这实际上意味着,法人解散并不等于法人消灭,只有清算结束时,法人资格才归于消灭。结算组织在清算期间虽然不能进行积极的民事活动,但仍然以原法人的名义对外享有债权和承担债务。根据我国《民法通则》第40条的规定解释,我国民法也是采同一法人说。①

4.清算程序

法人清算通常应遵循以下程序:(1)依法任命清算人。法律应当规定清算人的资格、任命方式、程序及期限。(2)公告和通知债权人,催报债权,以维护债权人的利益。(3)清理法人财产,并编制资产负债表和财产清单,并在此基础上编制清算方案。(4)收取债权,清偿债务。通常清偿债务按照以下顺序:支付清算费用、支付职工工资和劳动保险费用、缴纳所欠的税款、清偿法人的其他债务。(5)分配剩余财产。法人的财产在清偿其债务后如果有剩余,则为剩余财产,应当返还给法人的设立人或者成员,如果设立人或者成员为数人时,按照其出资的比例或者持股比例分配。(6)办理注销登记。清算人完成有关清算事务后,应当向登记机关办理注销登记并作出公告,终结清算。法人于注销登记公告完成时,人格消灭。

本章思考题:

1.法人的民事权利能力与自然人的民事权利能力有何差异?

2.什么是法人的人格否认?

3.法人有什么特征?法人成立应符合哪些条件?

4.试述法人的机关。

5.清算中法人的法律地位是什么?

---

① 江平:《法人制度论》,中国政法大学出版社1994年版,第159页。

第六章

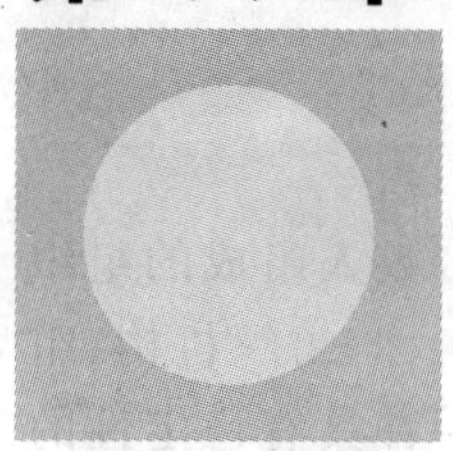

非法人组织

第一节 非法人组织概述

一、非法人组织的概念

非法人组织，是指虽不具有法人资格但可以自己的名义进行民事活动的组织，或称为非法人团体。在社会生活中，除了法人以外，还有许多其他组织。在这些组织中，有的不能独立进行民事活动，如工厂的车间、班组等。有的则能够独立进行民事活动，如合伙、家庭、法人分支机构、筹建中的法人等。非法人组织是一个相对稳定的组织体，并且有相对独立的财产或经费，一般还有代表人对外进行民事活动，如合伙的代表人等。

在民法理论和立法上，民事主体经历了从一元主体到多元主体的发展过程。1804 年的《法国民法典》只承认自然人为唯一的民事主体，到 1896 年的《德国民法典》，除自然人外，法人也具有民事主体的地位。二战以来，非法人组织的民事主体属性首先在理论上得以肯定，随后在立法和判例中予以认可。在我国，作为民事基本法的《民法通则》只承认自然人和法人两类民事主体，但后来制定的其他单行法都肯定了非法人组织的民事主体资格。例如，《合同法》第 2 条规定："合同是平等主体的自然人、法人、其他组织之间设立、变更、终止民事权利义务的协议。"在这里，既非自然人又非法人的"其他组织"，显然可以成为民事关系的主体。此外，《著作权法》、《国家赔偿法》、《企业登记管理条例》等也有类似的规定。除实体法外，程序法也承认"其他组织"的诉讼主体地位，例如我国《民事诉讼法》第 49 条第 1 款就规定，公民、法人和其他组织可以作为民事诉讼的当事人。

二、非法人组织的特征

（一）非法人组织是人合组织体

非法人组织是人合组织体，主要体现在：第一，它是由多数人组成的组织体。第二，这种组织体不是临时的、松散的，而是有自己的名称、组织机构、组织规则、进行业务活动的场所、设有代表人或管理人等，是一种具有稳定性的组织体。这就使得非法人组织区别于自然人，又与法人组织体存在一定的差异。法人必须具备法律规定的条件才能成立，其设立的程序、机构的设置、财产数额以及议事规则等均由法律规定，法人的章程也必须在法律规定的范围内进行具体规定。非法人组织虽然也有一定的设立程序、机构设置等事项，但法律一般不对之加以规定，而是由非法人组织体的成员决定。

（二）非法人组织具有一定的民事能力

所谓一定的民事能力，是指非法人组织在法律限定的范围内，可以以自己的名义享受权利和承担义务，即具有相应的民事权利能力；同时，也可以以自己的名义实施法律行为，即具有相应的民事行为能力。此外，非法人组织还具有一定的诉讼能力，即按照民事诉讼法的规定，非法人组织具有民事诉讼当事人的资格。

（三）非法人组织是不完全独立承担民事责任的组织体

这是非法人组织与法人的重要区别。非法人组织虽然拥有可以独立支配的财产，但对该财产不具有所有权，与其成员的财产没有截然分开。而且，非法人组织的民事权利能力和民事行为能力受到一定限制，其民事责任能力是不完全的。正因如此，当非法人组织不能清偿到期债务或者应对他人负有民事责任时，首先应由非法人组织以其可以支配的财产承担责任，不足部分由其出资者或开办者承担连带责任。与之相反，法人则享有完全的民事责任能力，其与法人成员和出资人的责任是截然分开的，法人出资人只承担有限责任，即以其出资为限承担责任。

三、非法人组织的类型

在我国现实社会中，存在着大量的非法人组织。主要包括三大类：一是非法人企业。依我国现行法，国有企业无论是否采取公司形式，均具有法人资格。因此，所谓非法人企业，只存在于其他所有制性质的企业，包括乡村集体企业、个人独资企业、非法人外资企业(即不具备法人条件的中外合作企业和外商独资企业)、合伙企业等。二是非法人经营体。主要包括个体工商户、农村承包经营户、领取营业执照的企业法人分支机构(包括外国公司的分支机构)、行政单位或事业单位开办的不具有法人资格的经营实体、筹建中的公司、企业集团等。三是非法人公益团体。主要包括不具备法人资格的机关、事业单位和社会团体,以及业主委员会等。以上三类非法人组织中,在实践中最为重要的是合伙企业和个人独资企业,以下将对其进行重点介绍。

第二节　合　伙

一、合伙概述

(一)合伙的概念与特征

合伙有广义与狭义之分,广义上的合伙包括营利性企业、非营利性企业及临时性企业,本节中的合伙仅指营利性企业。合伙是指两个或两个以上的合伙人基于合伙协议,依法设立的共同出资、共同经营、共享收益、共担风险,并对合伙企业债务承担无限连带责任的营利性组织。依此定义,合伙的法律特征体现在以下几个方面:

第一,合伙合同是合伙成立的基础。这一特征与享有法人资格的公司不同,公司是以章程作为共同行为的标准,凡是同意者均可加入。而合伙则是合伙合同的产物,法律对合伙成立的要求并不像法人成立那样严格,只要当事人在平等自愿的基础上就合伙协议的内容达成一致,合伙即告成立。第二,合伙是一种独立的联合组织,具有团体的属性。这表现在合伙的人格、财产、利益和民事责任都具有相对的独立性,当然,这种独立性没有法人那么强,这也说明合伙只是一种低级的组织形态。第三,合伙是一种共同出资、共同经营的关系。合伙人在共同出资的基础上,为了共同的经济目的,共同从事合伙事业,并与第三人发生法律关系。在合伙业务范围内,各个合伙人互为代理人。每个合伙人既可作为经营者对合伙事务进行干预,也可作为业务执行者参加日常的经营活动。合伙可以推举负责人,对负责人和其他人员的经营活动产生的法律后果,由全体合伙人承担。第四,合伙是一种共同分享收益、共担风险的关系。合伙以从事经营活动,获得利润为目的。对合伙经营的收益,合伙人应按协议的约定或出资的比例分享。对合伙经营的亏损，合伙人应按协议的约定或出资的比例分担。当合伙财产不足以清偿合伙债务时，合伙人对合伙债务承担无限连带责任。

(二)合伙的法律地位

1.合伙法律地位的独立性

对于合伙的法律地位，理论界存在着不同的观点。第一种观点认为合伙不能成为民事主体，民事主体只能是自然人和法人。第二种观点认为合伙既不同于自然人，也不同于法人，应当成为第三民事主体。第三种观点认为要区别对待不同的合伙。没有组织和字号的简易合伙不能成为民事主体，有字号和组织的合伙则可以成为民事主体。[①] 我们认为，合伙是具有民事主体地位的非法人组织，其独立性主要表现在：(1)合伙人格的相对独立性。合伙具有自己的字号，并以其参加民事活动和诉讼活动，个别合伙人的死亡、丧失行为能力或退伙并不必然引起合伙的解散。同时，合伙的经营活动是由全体合伙人决定的，合伙的重大事务的决策权也属于全体合伙人，单个合伙人的意志不能决定合伙事务，只有全体合伙人的共同意志才能发生效力。(2)合伙财产的相对独立性。现代大多数国家的民法均规定，合伙财产为共同共有，从而排斥合伙人对其个人的出资财产行使所有权。(3)合伙利益的相对独立性。合伙的产生是为实现合伙人的共同利益，其与合伙人的个人利益相分离，特别是合伙积累的财产尤为凸显其独立性。(4)合伙民事责任的相对独立性。根据我国《合伙企业法》第 39 条的规定，合伙企业对其债务，应先以合伙的全部财产清偿，不足部分由合伙人承担连带的无限责任。第 41 条和第 42 条则将合伙人个人的债务与合伙企业债务分开，即合伙人个人债务的债权人不得以该债权抵销其对合伙企业的债务，也不得代位行使合伙债务人在合伙企业中的权利。

2.合伙与法人的区别

(1)财产性质不同。合伙财产或归合伙人共同共有或归合伙人共同管理和使用，只具有相对独立性；法人财产则是有完全的独立性，与法人成员的财产截然分开。

(2)财产责任不同。这是两者区别的关键所在，合伙由合伙人对外承担无限连带责任；法人的成员则对法人不承担财产责任，只以其出资为限承担责任。

---

① 肖燕：《民法总论》，浙江大学出版社 2005 年版，第 123 页。

(3)经营方式不同。合伙一般是由合伙人共同决定,共同经营;法人一般由法人机关决定和经营,法人成员一般不参与法人的经营活动。

(4)成立条件不同。合伙的成立基础是合伙协议,合伙协议对合伙人的出资额、盈利分配、债务承担等均有规定;法人只依照有关法律、法规和章程而成立,法律对其成立给予严格的条件和程序限制。

(三)合伙的分类

1.民事合伙与商事合伙

这是大陆法系一些国家的分类,二者的主要区别有:(1)成员身份不同。商事合伙中的合伙人是商人,在有商法典的国家,商事合伙受商法调整;民事合伙中的合伙人是民事主体。(2)登记制度不同。一般民事合伙的成立无须登记,而商事合伙在开业前须向主管机关申请登记。(3)经营目的、范围不同。商事登记是以营利为目的,以公益为目的的合伙如宗教、慈善、学术等合伙,只能采取民事合伙的形式。从事自由职业的人如医生、律师等,也只能采取民事合伙的形式。(4)对外进行活动的名义不同。商事合伙须有自己的商号,并在商号名义下进行业务活动。如果每一个成员都是以自己的名义与第三人发生关系,该组织只能是民事合伙。

2.普通合伙与隐名合伙

大陆法系国家以合伙人对合伙债务承担责任形式的不同,把合伙分为普通合伙和隐名合伙。前者是指具有合伙一般特征的合伙。后者则指一方(隐名合伙人)对他方(出名合伙人)进行投资,分享利益,但不参加执行业务,并仅以出资为限承担亏损责任的合伙。

二者的区别在于:(1)出资财产的归属不同。普通合伙中各合伙人各自出资,财产属于合伙人共有。而在隐名合伙中,隐名合伙人对他方出资,财产属于出名营业人所有。(2)主体资格不同。普通合伙的各合伙人对第三人都是权利主体,而隐名合伙中只有出名营业人是权利主体,隐名合伙人不出名,不是权利主体。所以,隐名合伙人死亡,不会影响合伙人营业的继续进行。(3)权利义务不同。普通合伙中各合伙人的权利义务相同,原则上都有执行合伙事务的权利义务。而在隐名合伙中,隐名合伙人一般不得执行合伙事务,没有表决权,不能作为合伙人的当然代理人,无权干涉合伙的终止等。(4)承担责任不同。普通合伙各合伙人对合伙债务承担无限连带责任。而在隐名合伙中,出名营业人对合伙债务承担无限责任,隐名合伙人仅以自己的出资对其负有限责任。

我国《民法通则》和《合伙企业法》均未规定隐名合伙,但在司法实践中,隐名合伙是客观存在的，而且是予以承认的。

3. 一般合伙与有限合伙

在英美法系国家，通常将合伙分为一般合伙和有限合伙。一般合伙是指作为所有人的两人或多人为经营某一营利性商事企业而组成的一种联合体。有限合伙是指由至少一名普通合伙人和至少一名有限合伙人组成的企业。在有限合伙中，普通合伙人负责合伙事务的经营，并对合伙债务负无限责任；有限合伙人则不参与合伙事务的经营，也不能以其行为控制商号或撤回其出资，对合伙债务仅负有限责任。

此外，按合伙人的身份可把合伙分为个人合伙、法人合伙与混合合伙；按合伙是否以营利为目的可把合伙分为营利合伙与公益合伙；按合伙存续时间的长短可把合伙分为临时合伙与长期合伙；按合伙的外在形式可把合伙分为简易合伙与合伙组织，等等。

二、合伙的成立要件

（一）合伙成立的实质要件

合伙是以合伙协议的存在为基础，因此，签订合伙协议是合伙得以成立的实质要件。

合伙协议是指两个或两个以上的当事人为实现共同的经济目的而达成的按约定出资、共同经营、共担风险的协议。与其他合同相比，它具有以下特征：(1)合伙协议是一种共同的民事法律行为。合伙协议是合伙人为了共同的经济目的意思表示一致而成立的法律行为，合伙人因合伙协议而产生的权利义务是一致的，而不是对应的。(2)合伙协议是一种诺成性合同，一经当事人意思表示一致即告成立，不以出资的实际交付为要件。(3)合伙协议是要式合同。《民法通则》第 31 条规定："合伙人应当对出资数额、盈余分配、债务承担、入伙、退伙、合伙终止等事项，订立书面协议。"《合伙企业法》第 8 条、第 13 条对此也作了详细的规定。不过，最高人民法院《关于贯彻执行〈中华人民共和国民法通则〉若干问题的意见》第 50 条规定："当事人之间没有书面合伙协议，又未经工商行政管理部门核准登记，但具备合伙的其他条件，又有两个以上无利害关系人证明有口头合伙协议的，人民法院可以认定为合伙关系。"

合伙协议只有在符合下述法定条件的情况下才是有效协议：合伙协议的当事人具有相应的订立合伙协议的民事权利能力和行为能力；合伙协议当事人的意思表示必须真实；合伙协议不得违反法律、行政法规的强制性规定；合伙协议不得违反社会公共利益；合伙协议必须载明法律规定的重要事项。根据《合伙企业法》第 13 条的规定，合伙协议中应当载明的重要事项有：(1)合伙企业的名称和主要经营场所的地点；(2)合伙目的和合伙企业的经营范围；(3)合伙人的姓名及其住所；(4)合伙人出资的方式、数额和缴付出资的期限；(5)利润分配和亏损分担办法；(6)合伙企业事务的执行；(7)入伙与退伙；(8)合伙企业的解散与清算；(9)违约责任。此外，合伙协议可以载明合伙企业的经营期限和合伙人争议的解决方式。

(二)合伙成立的形式要件

根据《民法通则》的规定，合伙必须经工商行政管理机关依法核准登记才能成立。《合伙企业法》第 15 条规定："申请合伙企业设立登记，应当向企业登记机关提交登记申请书、合伙协议书、合伙人身份证明等文件。"须报经有关部门审批的，合伙企业在登记时须提交批准文件。企业登记机关予以登记的，即发给营业执照。合伙企业的营业执照签发日期，为合伙企业的成立日期。

三、合伙人的出资与合伙财产

(一)合伙人的出资

出资是指合伙人为凑集合伙事业所需资本而实施的给付。合伙人的出资是合伙进行业务活动的物质基础，也是自然人或法人成为合伙的先决条件。

1. 合伙人出资的种类。根据《民法通则》、《合伙企业法》等法律的规定，合伙人可以用现金、实物、技术、劳务、信用及土地使用权等出资。实物、技术出资的标的既可以是所有权，也可以是使用权，这是由合伙协议约定的。出资的标的是所有权的，应及时将实物过户于合伙，而成为合伙人的共同财产，出资人要为其标的物负担保责任；出资的标的是使用权的，该物的所有权仍归原所有人，但要明确该物在使用过程中的正常损耗由何方承担，且出资人同样要为其标的物负担保责任。以技术出资的出资人对出资的技术应承担瑕疵担保责任。

2. 合伙人出资的数额。合伙人出资的数额，原则上应视所营事业需要，自由约定。合伙人的出资数额，也无须均等。对于非现金出资的，必须折合为现金，以使各合伙人的出资数额确定化，便于作为合伙人享有权利和承担义务，特别是损益分配的计算依据。

3. 合伙人出资的时间。合伙人交付其出资，其时间应依约定。如无约定或约定不明的，则应在合伙合同成立时交付。如未按时缴纳出资，该合伙人应承担违约责任，因此而造成合伙损失的，应予赔偿，其他合伙人也有权解除与违约合伙人的合伙合同。

(二)合伙财产

合伙财产有两部分构成:合伙人作为出资投入的财产和合伙经营积累的财产。关于合伙财产的性质,我国学者认识不一。我们认为,确定合伙财产的性质,不仅应考虑合伙人之间的约定,而且还要考虑合伙人投入财产的种类,以及法律对合伙人权利义务的规定等。(1)现金出资的,应归合伙人共有,而不论合伙人之间的约定。(2)实物出资的,如果合伙人约定以实物的所有权出资,则构成合伙人的共同财产;如果是以实物的他物权出资,则不构成合伙人的共有财产,仍归出资人个人所有;如果出资的财产权利性质没有约定或约定不明的,出资的实物是种类物或可消耗物,则应推定是以所有权出资,构成合伙人的共有财产,出资的实物是特定物或不可消耗物,按估价出资,而估价非单纯为分配利益确定时,可构成合伙人的共有财产。(3)技术出资的,如果合伙人约定以技术的专有权出资,则该项技术为合伙人共有;如果出资的是技术的使用权,则不构成合伙人的共有财产,而由出资方保留专有权。(4)信用、劳务出资的,不可能构成合伙人的共有财产。(5)国有土地使用权出资的,由于国家土地所有权具有不可流通性,因而也不可能构成合伙人的共有财产。

在出资构成合伙人共有财产的情况下,根据我国《民法通则》第 31 条的规定,每一合伙人对于其出资的分割与转让,必须遵守合伙协议,在合伙人与其他合伙人就转让其出资或退出合伙达成一致之前,其无权单方面要求分割转让其出资财产,否则其行为无效。因此,合伙人共有的财产属于共同共有的性质。此外,我国《民法通则》第 32 条第 1 款规定:“合伙人投入的财产,由合伙人统一管理和使用。”对于合伙经营积累的财产,由于这类财产是合伙人共同经营行为的结果,在分割以前,全体合伙人对其享有平等的权利,且每一个合伙人在按合伙协议分配合伙财产以前无权单方面要求分割或转让财产,所以,合伙经营积累的财产是合伙人的共同共有财产。

为保证合伙人共同经济目的的实现,同时也为了保护第三人的合法权益,各国民法大多设专门规定来保全合伙财产。其保全措施主要有:(1)合伙财产分割之禁止。我国《合伙企业法》第 20 条规定:“合伙企业进行清算前,合伙人不得请求分割合伙企业的财产,但本法另有规定的除外。合伙人在合伙清算前私自转移或者处分合伙企业财产的,合伙企业不得以此对抗不知情的善意第三人。”(2)占有、使用权的限制。合伙人对其出资的财产无权为合伙目的以外的其他目的占有和使用。(3)份额转让的限制。我国《合伙企业法》第 21 条规定:“合伙企业存续期间,合伙人向合伙人以外的人转让其在合伙企业中的全部或者部分财产份额的,须经其他合伙人一致同意。合伙人之间转让在合伙企业中的全部或者部分财产份额的,应当通知其他合伙人。"第22条规定:"合伙人依法转让其财产份额的,在同等条件下,其他合伙人有优先受让的权利。"(4)债权人抵销权行使的限制。《合伙企业法》第41条规定:"合伙企业中某一合伙人的债权人,不得以该债权抵销其对合伙企业的债务。"(5)债权人代位权行使的限制。《合伙企业法》第42条规定:"合伙人个人负有债务,其债权人不得代位行使该合伙人在合伙企业中的权利。"(6)债权人扣押权行使的限制。某一合伙人的债权人,得对该合伙人的份额申请扣押,但须在若干时期前通知合伙人。(7)份额出质的限制。《合伙企业法》第24条规定:"合伙人以其在合伙企业中的财产份额出质的,须经其他合伙人一致同意。未经其他合伙人一致同意,合伙人以其在合伙企业中的财产份额出质的,其行为无效,或者作退伙处理;由此给其他合伙人造成损失的,依法承担赔偿责任。"

四、合伙的债务承担

合伙债务是指在合伙关系存续期间,合伙以其字号或全体合伙人的名义,与第三人发生民事法律关系中所须承担的债务。承担合伙债务的主体是合伙,履行债务的担保或承担债务的财产应以合伙人的共有财产和各合伙人的个人财产为限。根据相关法律的规定,合伙人对合伙债务的责任为:

1. 合伙人对合伙债务承担无限责任

由于法律对合伙人的出资标的和出资数额限制较少,为保护债权人的利益以及约束合伙人的行为,合伙人应承担无限责任。我国《民法通则》第35条规定:"合伙的债务,由合伙人按照出资比例或者协议的约定,以各自的财产承担清偿责任。"《合伙企业法》第39条规定:"合伙企业对其债务,应先以其全部财产进行清偿。合伙企业财产不足清偿到期债务的,各合伙人应当承担无限连带清偿责任。"对于个人合伙来说,合伙人"各自的财产"应包括他个人所有的财产以及在合伙财产中享有的份额。合伙人以个人财产出资的,以合伙人的个人财产承担;合伙人以家庭财产出资的,以其家庭共有财产承担。合伙人以其个人所有的财产出资,合伙的盈余分配所得用于家庭成员生活的,应先以合伙人的个人财产承担,不足部分以合伙人的家庭共有财产承担。对于法人合伙来说,法人合伙人"各自所有的或者经营管理的财产"应包括它作为法人所占有财产以及在合伙财产中所享有的份额。

合伙人对合伙债务承担的无限责任,是一种法定责任,它不能因合伙人或合伙人与第三人协议的变更而改变;同时,它也是一种加重责任,合伙人不仅要以其出资的财产承担合伙债务,当出资的财产不足以清偿时,还要用其尚未出资的个人所有财产或者经营管理的全部财产承担清偿责任。

2.合伙人对合伙债务承担连带责任

所谓合伙人的连带责任,是指每一个合伙人均负有清偿全部合伙债务的义务,合伙的债权人有权向任何一个、几个或全体合伙人提出履行债务的请求,当某个合伙人履行了此项义务后,该合伙人有权要求其他负有连带责任的合伙人偿付其应当承担的份额。合伙人之所以承担连带责任,是基于合伙财产的共有性质以及全体合伙人对第三人的共同行为产生的。

我国《民法通则》第 35 条第 2 款规定:“合伙人对合伙的债务承担连带责任,法律另有规定的除外。偿还合伙债务超过自己应当承担数额的合伙人,有权向其他合伙人追偿。”第 52 条规定合伙型联营企业应“依照法律的规定或者协议的约定负连带责任的,承担连带责任”。

五、合伙的内部关系

(一)合伙经营事务的决策、执行与监督

1.合伙经营事务的决策

合伙经营事务的决策必须兼顾两个方面:一是要充分保障合伙人的个人权利,二是能积极促进合伙事务的顺利开展。

首先,基于合伙的组织性质,我国《民法通则》第 34 条第 1 款规定:“个人合伙的经营活动,由合伙人共同决定,合伙人有执行和监督的权利。”《合伙企业法》第 31 条规定:“合伙企业的下列事务必须经全体合伙人同意:(1)处分合伙企业的不动产;(2)改变合伙企业名称;(3)转让或者处分合伙企业的知识产权和其他财产权利;(4)向企业登记机关申请办理变更登记手续;(5)以合伙企业名义为他人提供担保;(6)聘任合伙人以外的人担任企业的经营管理人员;(7)依照合伙协议约定的有关事项。”另外,《合伙企业法》还规定,推选合伙负责人以及决定入伙和退伙,也须全体合伙人同意。对于合伙经营范围的改变、合伙人的变动、合伙人出资份额的对外转让、盈亏分配办法的改变、合伙的延长和终止等重大事务,必须经全体合伙人通过协商一致形成决议。其次,每一个合伙人在合伙内部又始终保持着独立的主体地位。《合伙企业法》第 28 条规定:“合伙人依法或者按照合伙协议对合伙企业有关事项作出决议时,除本法另有规定或者合伙协议另有约定外,经全体合伙人决定可以实行一人一票的表决办法。”因此,除法律或者合伙协议另有规定或约定外,合伙人不论出资多少或以何物出资,对合伙事务均有同等的表决权。再次,合伙是一种相对独立的联合体,必须在经营活动中体现合伙人的集体意志,合伙人的个人意志因此而受到制约。在日常业务活动中,如对合伙财产的正常使用、与第三人签订合同等,应坚持少数服从多数的原则。但是,这一原则并不意味着多数合伙人可以作出以损害少数或个别合伙人利益为代价的决议。相反,少数合伙人与多数合伙人一样有充分陈述自己意见的权利和要求全体合伙人就争议进行表决的权利。任何合伙人于执行合伙事务完成前,都有声明异议即请求停止执行的权利。

2.合伙事务的执行

我国《合伙企业法》第 25 条规定:“各合伙人对执行合伙企业事务有同等的权利,可以由全体合伙人共同执行合伙企业事务,也可以由合伙协议约定或者全体合伙人决定,委托一名或者数名合伙人执行合伙企业事务。”由此可见,合伙事务的执行,原则上应由全体合伙人共同为之,各业务的执行须经全体合伙人同意。当然,为了合伙经营活动的方便,合伙人可以指定一个或数个合伙人执行合伙业务。这时,只有业务执行人有权对外代表合伙或其他合伙人。但这种做法必须在合伙协议中明确规定或由全体合伙人作出决定。否则,对于同合伙进行民事活动的第三人来说,任何一个合伙人都是合伙或其他合伙人的代理人,除非该第三人知道合伙人无此项权利,或不知道或不认为该人是合伙人。

基于合伙的性质,每个合伙人都有权代理合伙事务或其他合伙人,这种代理与一般的委托代理十分相似,可准用一般委托代理的有关规定。但合伙代理与一般委托代理并非完全相同,它是直接根据合伙合同关系产生的,故合伙的代理人没有正当理由不得辞却或卸任。当然,对于合伙人执行合伙事务的代理权限,应在合伙协议中明确加以规定。否则,每一个合伙人均有权参与合伙事务的全部执行活动。我国《合伙企业法》第 29 条规定:“合伙协议约定或者经全体合伙人决定,合伙人分别执行合伙事务时,合伙人可以对其他合伙人执行的事务提出异议。提出异议时,应暂停该事务的执行。如果发生争议,可由全体合伙人共同决定。被委托执行合伙企业事务的合伙人不按照合伙协议或全体合伙人的决议执行事务的,其他合伙人可以决定撤销该委托。”

合伙作为一种社会组织,要正常开展业务活动,不可能由每个合伙人分别执行合伙事务。因此,《民法通则》第 34 条第 2 款规定:“合伙人可以推举负责人。合伙负责人和其他人员的经营活动,由全体合伙人承担民事责任。”

执行合伙事务的合伙人应承担以下义务:(1)注意义务。合伙人执行合伙事务时,应与处理自己事务为同一注意。否则,给合伙的共同利益造成损失,应承担损害赔偿的责任。(2)忠实处理合伙事务的义务。合伙人对于合伙事务应亲自执行，及时向合伙组织汇报合伙事务的执行情况，对在执行合伙事务中取得的利益应及时交付或移转于合伙组织。合伙事务执行人如怠于履行其合伙事务造成合伙损失的，应承担损害赔偿责任。(3)竞业义务。任何合伙人均不得从事与合伙业务相竞争的事业，否则，因此而取得的利益应归合伙组织享有。(4)任何合伙人都不得为个人谋取私利，合伙人不能与合伙企业签订合同，从中取得其他合伙人不能取得的利益应归于合伙。合伙人也不得为了个人利益而与第三人恶意串通损害其他合伙人的共同利益，否则要承担损害赔偿责任。

执行合伙事务的合伙人负有义务的同时，也享有以下权利：因执行合伙事务所支出的必要费用，有请求合伙组织偿还的权利；因执行合伙事务而负担的必要债务，有请求合伙组织代为清偿的权利；因执行合伙事务而受有不可归责于自己的损害，有请求合伙组织赔偿的权利；执行合伙事务，如果约定给付报酬的，还有报酬请求权。

此外，合伙企业还可以聘请非合伙人担任经营管理人员。《合伙企业法》第 35 条规定："被聘任的合伙企业的经营管理人员应当在合伙企业授权范围内履行职务。被聘任的合伙企业的经营管理人员，超越合伙企业授权范围从事经营活动，或者因故意或者重大过失，给合伙企业造成损失的，依法承担赔偿责任。"

3. 合伙经营事务的监督

根据我国《民法通则》第 34 条和《合伙企业法》第 26 条的规定，不参加执行合伙事务的合伙人有权监督执行事务的合伙人。监督的方式主要有随时检查执行情况、了解财产使用和管理状况、查阅账簿等。

(二)合伙内部的损益分配

合伙财产多于合伙人的出资总额，其超出部分为合伙利益；反之，合伙财产少于合伙人的出资总额，其差额即为合伙亏损。

合伙人的损益分配，在合伙人有约定时，从其约定；合伙人仅就利益或仅就损失约定分配比例的，视为损益共用的分配比例；合伙人没有约定损益分配比例的，我国《合伙企业法》第 32 条规定："合伙企业的利润和亏损，由合伙人依照合伙协议约定的比例分配和负担；合伙协议未约定利润分配和亏损分担比例的，由各合伙人平均分配和负担。"

关于以劳务、技术等出资的合伙人损益分配的问题，最高人民法院《关于贯彻执行〈中华人民共和国民法通则〉若干问题的意见》第 45 条和第 62 条规定，只提供技术性劳务，不提供资金、实物的合伙人，对于合伙经营的亏损额，对外也应承担连带责任；对内则应当按照协议约定的债务承担比例或者技术性劳务折抵的出资比例承担；协议没有约定债务承担比例的，可以按照约定的或合伙人实际盈余的分配比例承担；没有盈余分配比例的，按照其余合伙人的平均投资比例承担。以提供土地使用权作为合伙型联营的一方，对联营企业的债务，应当按照书面协议的约定承担；书面协议未约定的，可以按照出资比例或盈余分配比例承担。

六、退伙和入伙

(一)退伙

退伙，是指合伙人脱离合伙组织，丧失合伙人资格的行为。根据退伙的原因不同，可将退伙分为声明退伙、法定退伙和除名三种。

声明退伙也称任意退伙，是指出于合伙人自己的意思而退伙。根据我国《合伙企业法》第 46 条、第 47 条和第 48 条的规定，合伙协议约定合伙企业的经营期限的，有下列情形之一时，合伙人可以退伙：(1)合伙协议约定的退伙事由出现；(2)经全体合伙人同意退伙；(3)发生合伙人难以继续参加合伙企业的事由；(4)其他合伙人严重违反合伙协议约定的义务。合伙协议未约定合伙企业经营期限的，合伙人在不给合伙事务执行造成不利影响的情况下，也可以退伙，但应当提前 30 日通知其他合伙人。合伙人违反上述规定，擅自退伙的，应当赔偿因此而给其他合伙人造成的损失。

法定退伙也称非任意退伙，是指非基于合伙人的意思，而是根据法律规定的条件退伙。我国《合伙企业法》第 49 条第 1 款规定："合伙人有下列情形之一的，当然退伙：(1)死亡或者被依法宣告死亡；(2)被依法宣告为无民事行为能力人；(3)个人丧失偿债能力；(4)被人民法院强制执行在合伙企业中的全部财产份额。"此种退伙以实际发生之日为退伙生效日。

除名，是指基于法定原因或合伙合同约定原因开除某一或某些合伙人的情形。依我国《合伙企业法》第 50 条的规定，合伙人有下列情形之一的，经其他合伙人一致同意，可以决定将其除名：(1)未履行出资义务；(2)因故意或重大过失给合伙企业造成损失；(3)执行合伙企业事务时有不正当行为；(4)合伙协议约定的其他事由。对合伙人的除名决议应当书面通知被除名人。被除名人自接到除名通知之日起，除名生效，被除名人退伙。被除名人对除名决议有异议的，可以在接到除名通知之日起 30 日内，向人民法院起诉。

根据我国有关立法和司法解释，退伙可产生以下效力：(1)退伙人终止与其他合伙人之间的关系，并丧失合伙人资格。(2)退伙并非绝对导致合伙关系的终止。个别合伙人退伙，并不影响合伙的继续经营，除非合伙人退伙后仅剩一个合伙人时，合伙关系才予终止。(3)财产结算和损益分配。退伙时，应对合伙财产进行结算，结算的标准是退伙时的财产状况。如果合伙事务尚未了结，应在以后了结时清算。如果合伙人退伙时未按约定分担或者未合理分担合伙债务的，在退伙后仍应与其他合伙人一起承担连带责任。(4)因退伙给其他合伙人造成损失的，应考虑退伙的原因、理由以及双方当事人的过错等情况，确定退伙人应当承担的赔偿责任。

(二)入伙

入伙，是指合伙成立后，第三人加入合伙并取得合伙人资格的行为。第三人如果必须以接受原合伙合同的基本内容为前提。在合伙经营过程中增加合伙人，书面合伙协议有约定的，从其约定；书面协议未约定的，须经全体合伙人同意。新合伙人入伙时，应依法订立书面入伙协议，并依法办理变更登记手续。此外，根据我国《合伙企业法》第 51 条的规定，合伙人死亡或者被宣告死亡的，对该合伙人在合伙企业中的财产份额享有合法继承权的继承人，依照合伙协议的约定或者经全体合伙人同意，从继承开始之日起，即取得合伙企业的合伙人资格。合伙继承人为未成年人的，经其他合伙人一致同意，可以在其未成年时由监护人代其行使权利。

入伙可产生以下效力：(1)取得合伙人的资格，新合伙人与原合伙人享有同等的权利，承担同等责任，按约定或出资比例获取盈余和分担亏损。(2)新合伙人应与其他合伙人一起对合伙原有的债务承担连带责任。

七、合伙的解散与清算

(一)合伙的解散

根据我国《合伙企业法》第 57 条的规定，合伙企业有下列情形之一时，应当解散：(1)合伙协议约定的经营期限届满，合伙人不愿继续经营的；(2)合伙协议约定的解散事由出现；(3)全体合伙人决定解散；(4)合伙人已不具备法定人数；(5)合伙协议约定的合伙目的已经实现或者无法实现；(6)被依法吊销营业执照；(7)出现法律、行政法规规定的合伙企业解散的其他原因。

(二)合伙的清算

合伙解散后，应当进行清算，并通知和公告债权人。合伙的清算由清算人进行，清算人由全体合伙人担任。未能由全体合伙人担任清算人的，经全体合伙人过半数同意，可以自合伙企业解散后 15 日内指定一名或者数名合伙人，或者委托第三人担任清算人。15 日内未确定清算人的，合伙人或者其他利害关系人可以申请人民法院指定清算人。清算方式应在合伙协议中约定,如无约定,也可以在解散时另行约定。如果合伙人不能就此达成一致,根据最高人民法院《关于贯彻执行〈中华人民共和国民法通则〉若干问题的意见》第 52 条的规定,如合伙人出资相等,应当考虑到多数人的意见酌情处理;合伙人出资不等时,按出资额占全部合伙财产多的那一方合伙人的意见处理,但要保护其他合伙人的利益。

在清算期间,清算人在清算目的范围内可执行下列事务:(1)清理合伙企业财产,分别编制资产负债表和财产清单;(2)处理与清算有关的合伙企业未了结的事务;(3)清缴所欠税款;(4)清理债权、债务;(5)处理合伙企业清偿债务后的剩余财产;(6)代表合伙企业参与民事诉讼活动。

合伙企业财产在支付清算费用后,按下列顺序清偿:(1)合伙企业所欠招用的职工工资和劳动保险费用;(2)合伙企业所欠税款;(3)合伙企业的债务;(4)返还合伙人的出资。如按上述顺序清偿后仍有剩余的,由合伙人按协议约定的比例分配或平均分配。如其全部财产不足以清偿其债务的,应由合伙人承担无限连带责任。

清算结束后,应当编制清算报告,经全体合伙人签名、盖章后,在 15 日内向企业登记机关报送清算报告,办理合伙企业注销登记。此外,合伙企业解散后,原合伙人对合伙企业存续期间的债务仍应承担连带责任,但债权人在 5 年内未向债务人提出偿债请求的,该责任消灭。

第三节　个人独资企业

一、个人独资企业的概念及法律地位

个人独资企业,是指依照法律规定在中国境内设立,由一个自然人投资,财产为投资人个人所有,投资人以其个人财产对企业债务承担无限责任的经营实体。

为了规范个人独资企业的行为,保护个人独资企业投资人和债权人的合法权益,维护社会经济秩序,促进社会主义市场经济的发展,1999 年 8 月 30 日第九届全国人大常委会第十一次会议通过了《中华人民共和国个人独资企业法》,并于 2000 年 1 月 1 日起施行。根据该法的规定,个人独资企业不具有

法人资格，依法由其投资人以个人财产对企业债务承担无限责任。但是，个人独资企业却是一个独立的经营实体，在办理工商登记，领取营业执照后，能够以自己的名义独立进行民事活动，享有权利和承担义务，参加民事诉讼活动，但不能独立承担责任，因此，个人独资企业具有相对独立的民事主体资格，属于非法人组织的范畴。

二、个人独资企业的设立

根据《个人独资企业法》第 8 条的规定，设立个人独资企业应当具备下列条件：(1)投资人为一个自然人；(2)有合法的企业名称，其名称应当与其责任形式及从事的营业相符合；(3)有投资人申报的出资；(4)有固定的生产经营场所和必要的生产经营条件；(5)有必要的从业人员。

申请设立个人独资企业，应当由投资人或者其委托的代理人向个人独资企业所在地的登记机关提交设立申请书、投资人身份证明、生产经营场所使用证明等文件。设立申请书应当载明企业的名称和住所、投资人的姓名和居所、投资人的出资额和出资方式、经营范围。委托代理人申请设立登记时，应当出具投资人的委托书和代理人的合法证明。登记机关应当在收到设立申请文件之日起 15 日内，对符合法律规定条件的，予以登记，发给营业执照；对不符合法律规定条件的，不予登记，并应当给予书面答复，说明理由。个人独资企业的营业执照的签发日期，为个人独资企业的成立日期。

三、个人独资企业的投资人及事务管理

根据《个人独资企业法》第 16 条的规定，法律、行政法规禁止从事营利性活动的人，不得作为投资人申请设立个人独资企业。个人独资企业的投资人对本企业的财产依法享有所有权，其有关权利可以依法进行转让或继承，但个人独资企业的投资人在申请设立登记时明确以其家庭共有财产作为个人出资的，应当依法以家庭共有财产对企业债务承担无限责任。

个人独资企业的投资人可以自行管理企业事务，也可以委托或者聘用其他具有民事行为能力的人负责企业的事务管理，但应与受托人或者被聘用的人签订书面合同，明确委托的具体内容和授予的权利范围。受托人或被聘用的人员应当履行诚信、勤勉义务，按照与投资人签订的合同负责个人独资企业的事务管理。不过，投资人对受托人或者被聘用的人员职权的限制，不得对抗善意第三人。

四、个人独资企业的解散与清算

个人独资企业有下列情形之一时，应当解散：(1)投资人决定解散；(2)投资人死亡或者被宣告死亡，无继承人或者继承人决定放弃继承；(3)被依法吊销营业执照；(4)法律、行政法规规定的其他情形。

个人独资企业解散时，应由投资人自行清算或者由债权人申请人民法院指定清算人进行清算。投资人自行清算的，应当在清算前15日内书面通知债权人，无法通知的，应当予以公告。债权人应当在接到通知之日起30日内，未接到通知的应当在公告之日起60日内，向投资人申报债权。清算期间，个人独资企业不得开展与清算目的无关的经营活动，在未按规定清偿债务前，投资人不得转移、隐匿财产。个人独资企业财产不足以清偿债务的，投资人应当以其个人的其他财产予以清偿。个人独资企业解散后，原投资人对个人独资企业存续期间的债务仍应承担偿还责任，但债权人在5年内未向债务人提出偿债请求的，该责任消灭。个人独资企业清算结束后，投资人或者人民法院指定的清算人应当编制清算报告，并于15日内到登记机关办理注销登记。

第四节　其他非法人组织

一、个体工商户与农村承包经营户

(一)个体工商户

1.个体工商户的概念和特征

个体工商户是指在法律允许的范围内，依法经核准登记，从事工商经营活动的自然人或家庭。《民法通则》第26条规定："公民在法律允许的范围内，依法经核准登记，从事工商业经营的，为个体工商户。个体工商户可以起字号。"

个体工商户具有以下法律特征：(1)从事工商个体经营的主体是单个自然人或家庭。(2)个体工商户必须依法进行核准登记。自然人或家庭必须依法向工商行政管理部门提出申请，并由工商行政管理部门核准登记，颁发个体经营的营业执照后，才能取得个体工商户的资格，并依法在核准登记的范围内从事经营活动。(3)个体工商户应在法律允许的范围内从事工商业经营活动，主要为非农业性的工商活动。个体工商户并不是可以在所有各种行业进行经营活动的,例如,保险、金融等行业,个体工商户就不能经营。一般来说,法律允许个体工商户经营的行业有手工业、加工业、零售业、修理业、运输业、服务业以及国家允许个体经营的其他行业。

2.个体工商户的法律地位

个体工商户既不是自然人,也不是法人,而是属于非法人组织,且属于营利性非法人组织。其理由为:(1)个体工商户是准组织体。依照我国现行法律,个体工商户可以雇工经营,可以起字号,可以刻公章,可以设立银行账号,还依法享有只有组织体才能享有的商标权等,这些都说明个体工商户具有组织体的属性。这便与自然人有了区别。(2)个体工商户具有明确的目的即经营范围,并在其经营范围内享用相应的有别于自然人的民事权利能力和民事行为能力,个体工商户享有经营权、起字号权、商标注册申请权等自然人不享有的权利。(3)个体工商户具有相对独立的财产。虽然其财产与个人财产、家庭财产并不是严格区分的,但该部分财产主要用于经营活动。(4)个体工商户可以是个人,也可以是家庭,以登记的"户"的名义对外从事经营活动,享受民事权利,承担民事义务,与一般的自然人以个人的名义从事活动有所区别。

3.个体工商户的民事责任

个体工商户的民事责任是指其不履行约定或法定义务所应承担的民事责任。个体工商户对所负的债务承担无限清偿责任。依据《民法通则》的规定:(1)个人进行个体工商经营的,由经营者个人承担财产责任;(2)家庭进行个体工商经营的,以家庭财产承担财产责任;(3)虽以个人名义经营,但以家庭财产进行投资或者其收益主要归家庭成员享有的,以家庭财产承担财产责任。

(二)农村承包经营户

1.农村承包经营户的概念和特征

农村承包经营户是指在法律允许的范围内,按照承包合同的规定从事商品生产经营的农村经营组织的成员。《民法通则》第 27 条规定:"农村集体经济组织的成员,在法律允许的范围内,按照承包合同规定从事商品经营的,为农村承包经营户。"

农村承包经营户具有以下法律特征:(1)农村承包经营户是农村集体经济组织的成员。农村集体经济组织的成员与农村集体经济签订承包合同,承包经营集体经济组织所有的农、副业,从而成为农村承包经营户。(2)农村承包经营户是基于各种承包合同发生的。承包合同是农村承包经营户成立的基础,其主要规定发包人与承包经营户之间的权利义务关系。农村承包经营户在承包合同规定的范围内,可以自主地安排生产。如果承包经营户违反承包合同,应当承担责任。(3)农村承包经营户是在法律允许的范围内从事商业生产、经营活动。农村承包经营户在承包合同规定的范围内,以独立的身份从事生产经营,其生产不仅仅供自己消费,大多还要参与商品交换。

2. 农村承包经营户的法律地位

农村承包经营户属于经营性非法人组织。依照《民法通则》的规定,农村承包经营户已不是一个单纯的家庭消费单位,而是一个相对独立的商品生产者和经营者,享有承包权和商品生产经营权,从而参与相应的民事活动。农村承包经营户应该受集体经济组织的指导和管理,集体经济组织应当尊重农村承包经营户的自主权,不得非法干预其正常活动。

3. 农村承包经营户的民事责任

农村承包经营户以个人财产经营的,以个人财产承担财产责任;以家庭财产经营的,以家庭财产承担责任;虽然以个人名义经营,但以家庭财产进行投资经营或其收益主要供家庭成员享有的,也应以家庭财产承担财产责任。

二、企业法人的分支机构

(一)企业法人分支机构的概念与特征

企业法人的分支机构,是企业法人的组成部分,是指由企业法人单独出资在某一区域设置的完成法人部分职能的业务活动机构。其特征主要包括:在外部形式上具有与企业法人相似的特点。即它要经核准登记才能开展业务活动,也拥有自己的名称和组织机构,有可以使用和支配的财产和经费。实质内容上具有从属于企业法人的特点。这主要表现在:(1)它是企业法人依法设立的不具有法人资格的组织,是其所属法人的组成部分;(2)它只能为实现所属法人宗旨,并在所属法人业务范围内经核准登记进行活动;(3)它可以有自己的名称,但必须标明与所属法人的隶属关系;(4)它占有、使用的财产不属于自己所有,而是其所属法人财产的组成部分;(5)它从事业务活动的法律后果由所属法人承担;(6)它的管理人员不是由内部产生,而是由其所属法人指派。

(二)企业法人分支机构的成立条件

根据我国《企业法人登记管理条例》等的规定,企业法人的分支机构应当具备下列成立条件:企业法人分支机构应依法成立。企业法人的分支机构必须依照我国现行法律规定成立。首先,企业法人的分支机构应是允许设立的经济组织;其次,企业法人的分支机构应履行法定的核准登记程序。企业法人分支机构应拥有一定的财产或经费。企业法人的分支机构必须拥有与其经营范围相适应的必要的财产或经费,这是其进行经营活动的物质基础。企业法人分支机构应有自己的名称、组织机构和场所。企业法人分支机构的名称与所属企业法人的名称必须不同，其中标明了两者之间的从属关系。企业法人的分支机构以其名称进行业务活动。

(三)企业法人分支机构的法律地位

关于企业法人分支机构的法律地位，各国立法规定不同，理论认识也不一致。大陆法系各国认为，企业法人的分支机构属于“无权利能力社团”或“非法人团体”，无民事主体资格，但可以为民事诉讼主体。英美法系国家承认非法人组织的民事主体资格。我国民事立法及民法理论也否认企业法人的分支机构具有民事主体资格，但可以作为民事诉讼和行政诉讼的主体。我们认为，企业法人的分支机构包括一般企业法人的分支机构和某些垄断企业，如商业银行、保险公司、铁路、民航等企业法人的分支机构。它们虽然不能进行独立核算，不具有法人资格，但经法人授权并办理登记、领取相关营业执照，可以开立结算账户，独立对外进行民事活动，从而可以成为相对独立的民事主体。

三、筹建中的法人

(一)筹建中法人的概念和特征

筹建中的法人又称设立中的法人，它是指为设立法人组织而进行筹建活动的非法人组织，其特征为：筹建中的法人是一种组织，而非筹建人或设立人个人。筹建中的法人有自己的名称、财产、组织机构和场所，它的名称和财产是与筹建人或设立人的名称和财产相分离的。筹建中的法人是为设立法人而存在的组织体。筹建中的法人的存在目的是为设立法人，是为筹建法人而进行各项准备工作。筹建中的法人是非法人组织，而不是法人。

(二)筹建中法人的权利能力

筹建中的法人具有相应的民事权利能力，并以此开展筹建活动，但这种权利能力应受到以下限制：筹建中法人的权利能力应以筹建或设立所必要的事项为限享有权利能力。所谓必要事项，就是依法律的规定，依设立章程或设立人之间的约定，或依行为的性质进行认定。筹建中的法人不能享有与筹建或设立活动无关的权利能力。筹建中法人的权利能力，应以将来法人成立为条件享有权利能力。也就是说，将来法人不能登记成立时，其权利能力溯及消灭，而由筹建人或设立人承担法律后果。我国《公司法》就规定，公司发起人对于公司不能成立时承担对设立行为产生的债务或费用进行清偿的连带责任，对认股人缴纳的股款负返还股款并加算同期银行利息的连带责任。

除上述非法人组织外，不具备法人条件的中外合作企业和外商单独投资企业(中外合作企业和外商单独投资企业既有法人的形式,也有非法人的形式,具备法人条件的属于法人),行政单位或企事业单位开办的不具备法人资格的经营实体,不具备法人资格的公益团体等都属于非法人组织。

本章思考题:

1. 简述非法人组织的特征与法律地位。
2. 合伙的成立条件有哪些?合伙财产的性质如何?
3. 试述合伙盈余的分配和债务承担的规则。
4. 简述个人独资企业的法律地位及其成立条件。
5. 为什么说个体工商户、农村承包经营户属于非法人组织?

第七章 民事法律行为

第一节 民事法律行为概述

一、民事法律行为的概念与特征

民事法律行为，是一种重要的法律事实。根据我国《民法通则》第 54 条的规定，它是指公民或法人设立、变更、终止民事权利和民事义务的合法行为。在民法学中，通常也采用“法律行为”的概念来指称民事法律行为。从上述定义可以看出，民事法律行为具有下列特征：

（一）民事法律行为是人为的法律事实

民事法律事实是指引起民事法律关系产生、变化或消亡的行为和客观现象。作为民事法律关系的发生原因，它包括行为和自然事实两大类。民事法律行为属于行为的范畴，因为其包含有人的意志因素，因而是人为的法律事实。

（二）民事法律行为是民事主体实施的以发生民事法律后果为目的的行为

如前所述，民事主体包括自然人、法人和非法人组织，只有民事主体实施的，能够引起民事法律后果的行为才是民事法律行为。其他主体所为的行为，虽然有时也能发生法律后果，但不是民事法律行为，如人民法院所作的裁判，能够发生法律后果，但不是民事法律行为。

（三）民事法律行为是以意思表示为构成要素的行为

意思表示是指表意人将其期望发生某种法律效果的内心意图以一定的方

式表现于外部的行为。民事主体要实现其设立、变更或终止民事权利和民事义务的意图，就必须把这种意思通过某种方式表现出来，民事主体的行为必须包含有意思表示的要素，才构成民事法律行为。民事法律行为的成立，一般包含有一个意思表示，但有时也包括多个意思表示。可以说，意思表示是民事法律行为最基本的构成要素。由于民事法律行为以意思表示为要素，因此，民事法律行为是一种表示行为。是否以意思表示为要素，是民事法律行为与事实行为的根本区别，也是民事法律行为的重要特征。

（四）民事法律行为是一种合法行为

民法通过对平等主体之间财产关系和人身关系的调整形成良好的社会秩序，合法行为在民事中占有重要的地位。“民法对法律行为的合法性评价表现为效力性评价”，[①]有效的民事法律行为不仅意味着当事人的意思表示得到了法律的确认，也意味着当事人的意思表示受到法律的保障，当事人可以借助国家强制力实现其所预期的法律效果。民事法律行为的合法性，不仅指行为的内容合法，也指行为的方式符合法律的要求。民事法律行为的合法性特征使它区别于非法行为，如侵权行为、违约行为、无效的民事行为、可变更可撤销的民事行为等。

二、民事法律行为与相关概念的区别

（一）民事法律行为与民事行为

民事行为是我国理论界在民事法律行为这一概念之外确立的一个定义，《民法通则》也使用了这一术语。所谓民事行为，是指民事主体以意思表示为要素设立、变更、终止民事法律关系的行为。这种行为包括民事法律行为、无效民事行为、可变更或可撤销的民事行为、效力未定的民事行为。民事行为也是以意思表示为要素的行为，因此，民事行为不包括侵权行为、违约行为、无因管理行为等事实行为。

民事法律行为属于民事行为，是民事行为的一种，两者共同的本质就在于都以意思表示为要素，都是表示行为。民事主体实施的民事行为，如果符合法律的规定，则该民事行为就是民事法律行为；如果不符合法律的规定或者有瑕疵，则该民事行为就不是民事法律行为，可能构成无效民事行为、可变更或可撤销民事行为、效力未定的民事行为。可见，民事行为是民事法律行为的上位概念，其范围比民事法律行为的范围要大。

---

① 董安生：《民事法律行为》，中国人民大学出版社1994年版，第124页。

(二)民事法律行为与事实行为

所谓事实行为,是指行为人不具有设立、变更或消灭民事法律关系的意图,但依照法律规定能引起民事法律后果的行为。依照《民法通则》的规定,事实行为分别包括无因管理行为、正当防卫行为、紧急避险行为以及侵权行为、遗失物的拾得行为、埋藏物的发现行为等。事实行为不以意思表示为要素,属于非表意行为或者非表示行为。

民事法律行为与事实行为的主要区别在于:(1)民事法律行为以意思表示为其必备要素;而事实行为完全不以意思表示为其必备要素,当事人实施行为的目的并不在于追求民事法律后果。(2)民事法律行为以行为人意思表示的内容发生法律效力,而事实行为则依法律规定直接产生法律后果。(3)民事法律行为的本质在于意思表示,而不在于事实构成;而事实行为只有在行为人的行为符合法律规定的构成要件时,才发生法律规定的后果。(4)民事法律行为以行为人具有民事行为能力为生效条件;而事实行为的构成要件不要求行为人具有相应的民事行为能力,无民事行为能力人和限制民事行为能力人都能为事实行为。

三、民事法律行为制度的法律意义

法律行为制度自1896年为《德国民法典》确立以来,100多年间已为世界各国所普遍接受,成为民法上的重要法律制度和民法学上的重要理论。这并非各国的盲目跟从,而是根源于法律行为制度本身不可磨灭的法律意义。

第一,民法法律行为制度充分反映了当事人意思自治的民法基本原则。意思自治是民法的基本原则,依意思自治原则,在民事领域中,民事主体可以依据自己的意思,为自己设立民事权利和民事义务。民事法律行为以当事人的意思表示为要素,其意义在于依据当事人的意思表示而赋予一定的法律效果,或直接发生民事权利的变动(包括民事权利的设立、变更或消灭),或补充其他法律要件之效果,间接影响权利之变动,体现了法律对当事人意思的充分尊重,体现了民事主体自己创设权利的私法自治本质。意思自治原则正是通过法律行为制度得以实现的,法律行为制度是实现私法领域中当事人意思自治的工具和手段。当然,当事人的意思表示不是无限制的,民法对法律行为有效要件的规定,贯彻了民法自愿、公平、等价有偿、遵守法律和国家政策的原则,使得当事人在进行意思表示时不至于偏离法律轨道,破坏民法保护的良好社会秩序。

第二,民事法律行为制度给人们提供了进行民事活动的行为模式,解决了法律的一般性调整与民事活动多样性的矛盾。法律行为是从各种各样的民事活动中抽象出来的高度概括的概念,它揭示了现实生活中形式多样的具体的民事活动的共性,并将其上升为人们依法从事民事活动的最一般的行为模式。法律规范具有指导、评价和预测人们行为的作用,民事法律行为制度的建立能为人们如何行为提供客观标准和法律依据,并且通过法律对有效的法律行为的肯定性评价和无效的法律行为的否定性评价,引导和鼓励人们从事有利于国家和社会公共利益的行为,形成良好的社会秩序。同时,这也解决了现实生活中民事活动具体多样,而民法规定无法一一穷尽具体民事活动形式,只能进行一般性规范调整的矛盾,使民法能通过高度概括的法律规范涵盖各种具体的民事行为,避免了民法分则对具体法律行为的无益重复和立法上穷尽各种民事行为的困难,简化了法律条文又提高了民法的调整技巧。

第三,民事法律行为制度解决了法律相对稳定性和前瞻性的矛盾,有利于保护民事主体的合法权益,推动我国法治的进程。法治国家的前提条件是有法可依,这是保护公民权益的首要条件。由于时代和人为的局限,法律不可能对现实生活中层出不穷的新生事物都作出规定,从而存在一定的滞后性。因法律保持稳定性的要求也制约了法律的朝令夕改以适应现实需要,因而对于新生事物的调整只能借助概括性很强的法律规范。民事法律行为这一高度抽象、概括的制度的建立,使人们能运用这一制度去评价和规范现实生活中不断出现的新的现象、新的问题,以适应社会经济发展的需要。

第四,民事法律行为制度为司法工作中评判民事行为的合法性提供了法律的依据。这一方面解决了法官不得因无规定不为判决而民法上又无对某一民事问题作出规定的司法困境,另一方面又要求法官在进行自由裁量时,依民事法律行为的有效要件评价民事行为,依法保护当事人的合法权益,防止滥用自由裁量权。

第二节　民事法律行为的分类

在学理上,可以从不同的角度,按照不同的标准,对民事法律行为作出不同的分类。从而,我们可以认识到不同民事法律行为在内容、成立和生效上的不同特点。

一、单方民事法律行为、双方民事法律行为与多方民事法律行为

以成立民事法律行为的意思表示的要求不同，可以将民事法律行为分为单方民事法律行为、双方民事法律行为和多方民事法律行为。单方民事法律行为，又称单独行为，是指根据当事人一方的意思表示就能成立的民事法律行为。其特点是只要一方当事人作出意思表示，而无须他人的同意就能发生法律效力，如委托授权、设立遗嘱、债务的免除、放弃继承权的行为等。双方民事法律行为，又称契约行为、对待行为，是指由当事人双方相对应的意思表示达成一致才能成立的民事法律行为，如买卖合同、赠与合同、租赁合同等。合同是最典型的双方民事法律行为。多方民事法律行为，又称集合行为、共同行为，是指由三方或三方以上当事人并行的意思表示达成一致而成立的民事法律行为，如签订合伙协议、公司股东的决议等。

需要注意的是，区分单方、双方或多方民事法律行为的标准并不在人数的多少，而在于成立民事法律行为时，对意思表示的要求不同。只要一方当事人作出意思表示，民事法律行为就成立的就是单方民事法律行为，至于“一方当事人”是一个人，还是两个或两个人以上，并不是单方民事法律行为的区分标准。例如，甲、乙两人与丙签订一合同，后丙无力偿还债务，甲、乙商量后，向丙表示，决定免除丙的债务。这里，甲、乙所为的债务免除行为就是单方民事法律行为，不需要经过丙的同意就能成立，虽然作出该债务免除行为的是甲、乙两个人。这种分类的意义在于：法律对三者成立的要求有所不同。单方民事法律行为，只要当事人一方作出意思表示，民事法律行为就成立；双方民事法律行为、多方民事法律行为一般则需要各方当事人的意思表示达成一致，民事法律行为才能成立，只有当事人一方的意思表示，民事法律行为不能成立。

二、诺成性民事法律行为与实践性民事法律行为

以民事法律行为的成立于意思表示之外是否还必须交付实物为标准，可将民事法律行为划分为诺成性民事法律行为和实践性民事法律行为。诺成性民事法律行为是指无须交付标的物，仅以当事人意思表示一致即可成立的民事法律行为，故又称非要物行为。只要行为人的意思表示一致，就能成立民事法律行为，行为人约定的民事权利和民事义务就可以设立，典型的如买卖、租赁、承揽等。大多数双方行为都属于诺成性民事法律行为。实践性民事法律行为又称要物行为，是指除当事人意思表示一致外，还须交付标的物才能成立的民事法律行为。如借用合同、保管合同、设立质权的行为等即属于实践性民

事法律行为。

这种分类的意义在于:两种行为成立的条件不同,诺成性民事法律行为仅以行为人意思表示一致即可成立;而实践性民事法律行为则除意思表示外,还需交付实物才能成立。

三、财产民事法律行为与身份民事法律行为

以民事法律行为发生的效果性质不同,可以将民事法律行为分为财产民事法律行为和身份民事法律行为。财产民事法律行为是指以发生财产上法律效果为目的的行为,财产民事法律行为的后果是在当事人之间发生有关财产权利义务的变动,如买卖、赠与等。民事法律行为多数为财产行为。身份民事法律行为是指以发生身份上法律效果为目的的行为,身份民事法律行为的法律后果是在当事人之间发生身份关系的变动。身份民事法律行为有广义和狭义之分。广义的身份民事法律行为包括亲属行为和继承行为。狭义的身份民事法律行为仅指直接以变更身份关系为目的的行为,例如结婚、离婚、收养和解除收养等行为。至于以财产利益为目的的身份民事法律行为,如订立夫妻分别财产制的契约、抛弃继承权等,与一般的财产民事法律行为并无不同。

区分财产民事法律行为与身份民事法律行为的意义在于:(1)适用法律规范不同。财产民事法律行为主要适用财产法的规范;身份民事法律行为主要适用身份法规范。(2)法律效果的性质不同。财产民事法律行为的目的是取得财产;而身份民事法律行为的目的在于取得身份或丧失身份,维持伦理秩序,应特别尊重当事人的意思,通常不能由代理人代理。

四、有偿民事法律行为与无偿民事法律行为

以民事法律行为当事人取得利益是否需要支付对待利益(即对价)为标准,可以将民事法律行为分为有偿民事法律行为和无偿民事法律行为。有偿民事法律行为是指一方当事人从对方当事人取得某种利益必须支付相应对价的民事法律行为。所谓对价,是指一方为换取对方提供利益而付出的代价。如在买卖合同中,买方为获得对方的货物而支付价金,即为对价;而出卖方为获得价金,交付货物,也为对价。买卖行为、互易行为、租赁行为为典型的有偿民事法律行为。无偿民事法律行为是指一方当事人从对方当事人取得某种利益而无须支付相应对价的民事法律行为。其特点是,一方当事人无须给付对方当事人任何代价就可以取得某项权利,如赠与合同、无偿保管等。

有偿民事法律行为与无偿民事法律行为的划分只发生在财产关系中,身

份关系一般不涉及有偿无偿的问题。有些民事法律行为的性质决定了其只能是有偿民事法律行为，如果要变有偿为无偿，就会改变该法律行为的性质，如买卖行为从性质上讲是有偿民事法律行为，如果改为无偿，就变成了赠与行为。有些民事法律行为既可以是有偿的，也可以是无偿的，如保管行为、委托行为、借贷行为，当事人可以约定有偿也可以约定无偿，在当事人没有明确约定的情况下，一般视为是无偿的。有偿民事法律行为中的对价并不要求当事人之间的对待利益在经济利益上完全等同，一般只需双方当事人都认可，并且没有违反法律的强制性规定即可。而无偿民事法律行为一方当事人不必支付对价，也不意味着其不用承担任何义务。

这种分类的意义在于：(1)对行为效力的认定。当有偿民事法律行为显失公平时，受损害人有权要求变更或撤销，而无偿民事法律行为则不存在显失公平的认定问题。(2)对行为责任的认定。对于行为人责任的轻重，因其行为属于有偿或者无偿，法律作了不同的规定。总的来说，无偿民事法律行为，行为人承担的义务较轻，相应的，其承担的法律责任也较轻。

五、要式民事法律行为与不要式民事法律行为

以民事法律行为的成立和有效是否必须依照某种特定的形式为标准，可以将民事法律行为分为要式民事法律行为和不要式民事法律行为。要式民事法律行为是指依法律规定或者约定，必须采取特定的形式或履行特定的程序才能成立的民事法律行为，如不动产买卖行为、票据行为等。要式民事法律行为的特定形式或特定程序常见的有审批、登记、公证、书面形式及特殊的书面形式(如票据)。之所以作如此要求，或因为该行为所涉利益重大(如房屋产权的变动)；或为了明确权利范围，以便公示和权利流通(如票据行为)；或便于对该行为进行法律监督和补救(如法人设立及采用书面形式的合同在调查取证上较口头合同快捷便利)。不要式民事法律行为是指法律不要求，当事人也没有约定，而由当事人自由选择一种形式即能成立的行为。现代民法贯彻当事人意思自治原则，除法律特别规定或者当事人特别约定外，均为不要式民事法律行为。因此，在民事法律行为的形式上，以不要式民事法律行为为主，而以要式民事法律行为为例外。

区分要式民事法律行为与不要式民事法律行为的法律意义在于：成立和有效的判断标准不同，不要式民事法律行为由当事人自由选择行为方式，无须特定的形式或程序；而要式民事法律行为，当事人则须采用法定的或特别约定的形式或程序，民事法律行为才能成立和有效。

六、主民事法律行为与从民事法律行为

以相互关联的民事法律行为内容上的主从关系为标准，可以将民事法律行为分为主民事法律行为和从民事法律行为。主民事法律行为是指在相互关联的民事法律行为中，不需要其他行为的存在就可以独立成立的行为。例如，对于保证合同来说，主债务合同就是主民事法律行为。从民事法律行为是指在相互关联的民事法律行为中，不能独立存在，必须以其他行为的存在为前提的行为。例如，保证合同相对于主债务合同来说，就是从民事法律行为。

这种划分的意义在于：从民事法律行为具有附随性，从民事法律行为的成立或效力取决于主民事法律行为。主民事法律行为不成立，从民事法律行为也不能成立；而主民事法律行为无效或消灭，从民事法律行为也随之无效或消灭。

七、有因民事法律行为与无因民事法律行为

以民事法律行为的成立和有效与给付原因的关系为标准，可以将民事法律行为分为有因民事法律行为和无因民事法律行为。这是对财产民事法律行为的进一步分类，身份民事法律行为无此区分。有因民事法律行为是指给付原因是该行为成立和有效要件的民事法律行为。所谓原因，就是指能引起民事法律行为发生的行为。一般来说，多数财产行为都是有因民事法律行为，如保证合同、货物买卖合同等。无因民事法律行为是指该行为的成立和有效不以给付原因为要件的民事法律行为，如票据行为。设立无因民事法律行为，主要在于交易安全的考虑。区分有因民事法律行为与无因民事法律行为的意义在于：有因民事法律行为如原因不存在或不成立，则行为无效；而无因民事法律行为，原因不存在或原因有瑕疵时，行为仍然有效，仅发生不当得利问题。

八、生前民事法律行为与死因民事法律行为

根据民事法律行为是否以行为人死亡为其生效要件，可以将民事法律行为分为生前民事法律行为和死因民事法律行为。生前民事法律行为是指在行为人生前发生法律效力的民事法律行为。绝大部分民事法律行为属于生前民事法律行为。死因民事法律行为是指以行为人的死亡为其生效要件的民事法律行为。也就是说，该民事法律行为在行为人生前虽已成立但不生效，当行为人死亡时，才发生法律效力。遗嘱行为是典型的死因民事法律行为。

第三节 民事法律行为的成立与生效

一、民事法律行为的成立

民事法律行为的成立，是指民事法律行为已经具备其全部构成要素的情形。民事法律行为的成立要件，是指依照法律的规定成立民事法律行为所必不可少的事实要素。民事法律行为的成立要件通常可分为一般成立要件和特别成立要件。

（一）一般成立要件

民事法律行为的一般成立要件，是指一切民事法律行为成立所必不可少的共同要件。关于民事法律行为的一般成立要件，民法学界有不同的主张，存在有三元说（当事人、意思表示、标的）、二元说（意思表示、标的）和一元说（意思表示）等不同的观点，但通说持第一种观点（当事人、意思表示、标的）即三元说。任何民事法律行为都不能没有当事人，没有当事人就无法作出意思表示，就不可能成立民事法律行为。在我国，民事主体主要包括自然人、法人和其他非法人组织。意思表示是指行为人将其旨在设立、变更和终止某种民事法律关系的内心意思通过一定的方式表现于外部的过程。没有意思表示就不构成民事法律行为，意思表示是民事法律行为成立的核心要件。该意思表示必须包含追求一定法律效果的意图，必须足以明确所要设立、变更或终止的民事法律关系的内容，并且必须是客观地表现于外部，让他人和社会所知晓、了解。缺少其中之一的条件，民事法律行为将不能成立。民事法律行为的标的，即民事法律行为的内容。民事法律行为的成立，需要民事法律行为具备一定的内容，也即具备民事主体实施民事法律行为所要达到的目的，才能成立。

（二）特别成立要件

民事法律行为的特别成立要件，是指某一具体民事法律行为的成立除具备一般成立要件外，还须具备的其他特殊事实要素。这些特殊事实要素主要包括：双方或多方民事法律行为的成立，除具备一般成立要件外，还须具备双方或多方当事人意思表示达成一致的特别成立要件。实践性民事法律行为的成立，须具备交付标的物的特别成立要件。如借用合同中，除意思表示外，还必须交付借用的标的物。在要式民事法律行为的成立中，必须采用的特别表意形式或履行的特别手续就是其特别成立要件。如车辆办理过户时，必须进行的登记程序。

二、民事法律行为的生效概述

(一)民事法律行为生效的含义

民事法律行为的生效，是指已经成立的民事法律行为因符合法定有效要件而取得法律认可的效力。民事行为是民事法律行为的上位概念，因而生效的民事行为肯定是符合法律规定的，其与生效的民事法律行为具有同一含义。

(二)民事法律行为的成立与生效的关系

长期以来，我国民法理论一直将民事法律行为的成立与生效等同，认为合法成立的民事法律行为就发生法律效力，也不将民事法律行为的成立要件与生效要件加以区分。我国《民法通则》也只规定了民事法律行为的有效要件，而没有规定成立要件。实际上，民事法律行为的成立与民事法律行为的生效是两个既有联系又有区别的法律概念。

民事法律行为的成立与生效的联系主要在于：民事法律行为的成立是民事法律行为生效的逻辑前提。一项民事法律行为只有在成立后，才谈得上其是否有效的问题。如果没有成立，就根本不值得来探讨是否有效。在大多数情况下，民事法律行为的成立与生效在时间上是一致的，即民事法律行为成立时就具有法律效力。如我国《合同法》规定，依法成立的合同，自成立之日起生效。只有在少数情况下，民事法律行为的成立与生效不具有时间上的一致性，即一项民事法律行为已经成立，但未产生法律效力。民事法律行为的成立与生效的区分主要在于：

第一，所处阶段不同。民事法律行为的成立是第一步，是确定民事法律行为是否生效的逻辑前提；民事法律行为的生效是第二步，是民事法律行为作为法律事实作用的具体落实。第二，构成要件不同。民事法律行为成立的构成要件包括：(1)主体方面，要求主体具有民事权利能力；(2)具有意思表示；(3)具有标的。而民事法律行为生效的构成要件则包括：(1)主体方面，要求主体具有民事行为能力；(2)意思表示真实；(3)标的确定、可能、合法。由此可见，民事法律行为有效的构成要件要高于其成立的构成要件。第三，性质不同。民事法律行为的成立属事实判断，仅涉及行为是否存在的问题，故在判断时仅以客观事实为依据，结果只有行为成立与不成立两种情况；民事法律行为的生效属价值判断，关系到行为是否符合法律精神的问题，故在判断时得以法律或法律精神对具体行为的评价或解释为依据，结果可能存在有效、无效、可撤销和效力待定等多元状态，而非无效一种情形。第四，救济措施不同。民事法律行为欠缺成立要件，只能归于不成立，无法补正；民事法律行为若欠缺有效要件，在特定情况下法律允许予以补正，使之有效。第五，在民法中的规范设计不同。对民事法律行为成立规则的规范设计为任意性规范，即当事人可以选择适用或不予适用的规范。对民事法律行为生效规则的规范设计主要表现为强行性规范，当事人不得通过约定排除法律关于行为效力的规定，如合同效力的规定。

三、民事法律行为的生效要件

民事法律行为符合法律规定的要件就能发生法律上的效力，民事法律行为生效后就具有法律效力。因而，民事法律行为的生效要件其实就是民事法律行为的有效要件。民事法律行为的生效要件，是指已经成立的民事法律行为能够按照意思表示的内容而引起民事法律关系的发生、变更或终止所应当具备的法定条件。只有具备民事法律行为的生效要件，民事法律行为才能产生法律上的效力。民事法律行为的生效要件分为实质要件和形式要件。

（一）实质要件

依《民法通则》第 55 条的规定，民事法律行为应当具备下列条件：行为人具有相应的民事行为能力；意思表示真实；不违反法律或者社会公共利益。结合我国立法和有关的民法理论，一般认为，民事法律行为生效的实质要件包括：

1. 行为人具有相应的民事行为能力

民事行为能力是民事主体以自己的行为取得民事权利，承担民事义务的资格。行为人进行民事法律行为，是希望依自己的意思表示的内容发生、变更或终止民事法律关系。为保障各民事主体的利益以及交易的案件，行为人实施民事法律行为就必须具备独立表达自己意思的能力，具备认识自己行为性质和后果的能力。而具备相应的民事行为能力，正是民事主体具备相应程度的独立表达自己意思能力的标志。因此民事法律行为要合法有效，行为人必须具有相应的民事行为能力。行为人不具有相应的民事行为能力而实施的民事行为，又未经法定代理人追认的，原则上无效。

就自然人而言，完全民事行为能力人可以以自己的行为取得民事权利，履行民事义务；限制民事行为能力人只能从事与其年龄和智力发育程度相当的民事法律行为，其他行为由其法定代理人代理，或者征得其法定代理人的同意；无民事行为能力人不能独立实施民事法律行为，他们的民事法律行为必须由其法定代理人代理。但在司法实践中，无民事行为能力的未成年人所进行的某些习惯所允许的，或与日常生活密切相关的细小民事行为，如购买文具、购买电影票看电影等，一般认为是有效的。另外，无民事行为能力人和限制民事行为能力人实施接受奖励、赠与、报酬等对本人有利而又不损害他人利益的"纯获法律上利益"的行为是民事法律行为，合法有效，他人不得以行为人无民事行为能力或限制民事行为能力为由，主张以上行为无效。

法人的民事行为能力是由法人的核准登记的经营范围决定的，原则上法人只应在核准登记的经营范围内活动。但是，从维护相对人的利益和维护市场交易安全以及市场关系的稳定性出发，最高人民法院《关于适用〈中华人民共和国合同法〉若干问题的解释》第10条规定："当事人超越经营范围订立合同，人民法院不因此认定合同无效。但违反国家限制、特许经营以及法律、行政法规规定禁止经营的除外。"法人或其他经济组织的法定代表人、负责人超越权限订立合同的，除相对人知道或者应当知道其超越权限的以外，该代表行为有效。

2.意思表示真实

意思表示真实是指行为人在自愿的基础上，在能认识自己意思表示的法律效果的前提下，内心意思与外部表达相一致的状态。意思表示是民事法律行为的核心构成要素，民事法律行为有效，必然要求行为人的意思表示真实，这也是民法意思自治原则的必然要求。意思表示真实包括两个方面：(1)行为人的意思表示必须是自愿的，任何人和组织都不得强迫行为人实施或不实施某一行为。(2)行为人的意思表示必须是真实的，即行为人的主观意思和外在的意思表示是一致的。

3.不违反法律或者社会公共利益

民事法律行为是合法行为。民事行为要生效，成为民事法律行为，就必须符合法律的规定。民事行为只有符合法律的规定，不违反法律，才能受到法律的保护，才能够依行为人意思表示的内容发生法律效果。这是法治社会的必然要求。

法律规范可以分为强制性规范或禁止性规范以及任意性规范。应当注意，这里的"不违反法律"具体是指不违反法律中的强制性规范、禁止性规范，而对于任意性规范，当事人可以排除适用。民事行为如违反法律的强制性规范或者禁止性规范，则不具备法定的生效要件，从而导致民事行为无效。此外，这里所讲的法律并不仅仅局限于民法规定，而是指一国法律体系内的所有法律、法规。

《民法通则》规定民事法律行为不得违反法律外，还规定了民事法律行为不得违反社会公共利益，不得损害社会公共利益。我国法律并没有对社会公共利益规定一个明确的定义和范围。一般来讲，法律所体现的利益与社会公共利益是一致的，但法律并不能包含社会公共利益的所有内容。因此，立法规定民事法律行为不得违反社会公共利益，其实是对不得违反法律的补充，以求尽可能涵盖法律所需要保护的利益。

4.标的可能和确定

标的可能和确定是《民法通则》第55条规定之外的我国民法理论界的观点。民事法律行为的标的是指民事法律行为的内容，也即民事主体实施的民事法律行为所要达到的目的。标的可能是指民事法律行为的标的可能实现，民事法律行为的标的不可能实现的称为标的不能。民事主体参与民事法律关系，实施民事法律行为是为了获得民事利益，因此，标的不能的，对民事主体的利益获得将没有意义，民事法律行为自然不生效力。

标的不能又可分为：(1)事实不能与法律不能。事实不能是指民事行为的标的在事实上不可能实现，如制造永动机。法律不能是指因法律理由而不能，多因违反法律强行规定，如自然人开展金融业务、买卖土地所有权等。事实不能和法律不能都导致民事法律行为无效。(2)自始不能与嗣后不能。民事行为成立之时标的已确定为不能，属于自始不能，如汽车买卖合同中，汽车在合同签订前已经毁损，既是如此。不能的原因发生于民事行为成立之后，亦即民事行为成立时尚属可能，只是民事行为成立以后才变为不可能，属于嗣后不能。如上述合同中汽车在合同签订后被毁损就属于嗣后不能。自始不能，民事行为无效；而嗣后不能，不影响民事行为的生效。(3)客观不能与主观不能。不能的原因与当事人无关，属于客观不能，例如台风吹倒建筑。不能的原因在于当事人，属于主观不能。客观不能使民事行为无效或解除。主观不能，只有相对人知道其不能时，仍与其进行民事行为，才使民事行为无效，否则不影响民事行为的生效。(4)全部不能与部分不能。民事法律行为的标的全部不能实现，属于全部不能。民事法律行为的标的仅一部分不能实现，属于部分不能。全部不能使民事行为无效，部分不能可使民事行为部分无效。(5)永远不能与一时不能。标的不能的状态永远存续，不可改变，为永远不能。标的不能的状态仅仅存在一段时间，时间经过后，将转变为标的可能，为一时不能。永远不能，民事行为无效；而一时不能，一般对民事行为的效力没有影响。

所谓标的确定，是指民事法律行为的标的能够明确肯定，分为自始确定和能够确定。自始确定是指在民事法律行为成立的时候，标的就能够明确肯定；

而所谓能够确定,是指行为已经包含了将来确定内容的方法,或能够以任意性法律规定补充当事人意思的不足,予以确定,或可由人民法院或仲裁机关依职权对民事行为的内容进行解释,最终确定其内容。标的不确定的民事行为,属于无效的民事行为,而不是民事法律行为。

(二)形式要件

民事法律行为除实质要件外,还须具备形式要件。在绝大多数情况下,民事法律行为只要具备实质要件就能发生法律效力,但在某些特殊情况下,民事法律行为还须具备形式要件才发生效力。如我国《合同法》第 10 条规定,对于合同形式,法律、行政法规规定采用书面形式的,应当采用书面形式。当事人约定采用书面形式的,应当采用书面形式。因此,在法律或当事人约定采用特定的形式时,必须采用该特定的形式,民事法律行为才能生效。

第四节　民事法律行为的效力类型

一般来说,民事法律行为符合法定的生效要件,就发生法律效力。但有时,民事法律行为虽然已经成立,但缺少全部或部分生效要件,因而其效力也呈现出不同程度的缺陷。通常认为,民事法律行为缺少生效要件时,该民事法律行为有可能构成无效民事法律行为、可变更可撤销民事法律行为和效力待定的民事法律行为。

一、无效民事法律行为

(一)无效民事法律行为的概念

无效民事法律行为,是指客观上已经成立,但欠缺民事法律行为的有效要件,因而不能产生当事人预期的法律效果的民事行为。无效民事法律行为是已经成立的法律行为不具有法律效力,即当事人已经实施了法律行为,该行为已经具备了成立要件,只是由于欠缺生效要件,使法律行为归于无效。这里的无效在法律上是自始的无效、当然的无效、确定的无效和绝对的无效。

无效的民事法律行为,因不具备生效要件,自该行为成立之时即为无效,即自始不曾发生法律效力。根据《民法通则》第 58 条的规定,无效的民事法律行为,从行为开始就没有法律的约束力,即自始不生效力。当然无效指法律行为当然的完全不发生法律效力。如果民事法律行为无效,不论当事人是否提出主张,是否知道无效的情况,也不论是否经过人民法院或仲裁机构的确认,该民事法律行为都是无效的。确定无效指无效的民事法律行为,从开始时就没有效力,以后任何事实都不能使之有效,也即无效民事法律行为的效力状态是不能弥补或改变的。如买卖土地的合同,我国法律规定土地不能买卖,因而,不论任何原因,如双方自愿、有关国家机关认可等,也不能使合同有效。绝对无效指无效的民事法律行为绝对不发生法律效力,即意思表示的内容绝对不被法律所承认。

无效的民事法律行为可分为全部无效的民事法律行为和部分无效的民事法律行为。部分无效的民事法律行为是指民事法律行为的一部分内容不具备民事法律行为的有效要件时,该部分民事法律行为不具有效力,但不影响其他部分的效力,即其他部分仍然具有法律效力。例如,票据背书转让中,行为人对背书附加条件的,背书仍然有效,只是附加于背书上的条件无效,法律上视为不存在。

(二)无效民事法律行为的种类

根据我国《民法通则》和《合同法》的规定,无效民事法律行为包括以下几种情形:

1.行为人不适格的法律行为

行为人不适格,是指行为人不具有相应的行为能力。行为人不适格的法律行为包括:(1)无民事行为能力人实施的法律行为。无民事行为能力人的行为应由其法定代理人代理,其本人实施的民事法律行为原则上无效,但根据最高人民法院的司法解释以及司法实践中的情形,也有例外。无民事行为能力的未成年人所进行的某些习惯所允许的,或与日常生活密切相关的细小民事行为,如购买零食、坐公交车等,一般认为是有效的。另外,无民事行为能力人和限制行为能力人实施接受奖励、赠与、报酬等对本人有利而又不损害他人利益的“纯获法律上利益”的行为是民事法律行为,合法有效,他人不得以行为人无民事行为能力或限制民事行为能力为由,主张以上行为无效。(2)被拒绝追认的限制行为能力人实施的依法不能独立实施的行为。对于限制行为能力人,各国立法都要求其实施或接受意思表示,一般应得到法定代理人的允许或同意。限制行为能力人独立实施了法定代理人拒绝追认的与其年龄、智力或精神状况不相适应的民事行为,属于无效的民事法律行为。

2.意思表示不真实且损害国家利益的法律行为

意思表示不真实是指行为人的内心意思与外部表示不一致的情形。这里主要指的是客观原因的不真实,即行为人受到他人违法的干涉,在非自愿、不自由的基础上所进行的内心意思与外部表达不一致。根据我国法律的规定，导致意思表示不真实的原因主要有欺诈和胁迫。

欺诈是指民事行为当事人一方故意捏造虚假情况，或者故意欺瞒、掩盖事情的真相情况，使对方陷于错误而作出违背其真实意思的表示。例如，甲的一位朋友将其房屋托甲看管一段时间，后甲因赌博欠钱，就想把其朋友的房屋卖掉。为了能够出卖，甲特地向制假人员买了一个假的房屋产权证，最后与乙签订了房屋买卖合同。甲的行为便构成欺诈。构成欺诈行为，应具备以下条件：第一，须当事人一方有欺诈的行为，即提供虚假情况或隐瞒真实情况；第二，欺诈方主观上属于故意；第三，受欺诈人因对方的欺诈而发生错误的认识；第四，须受欺诈人基于错误的认识而作出意思表示。欺诈只有在损害国家利益时，才导致行为无效。在一般情况下，欺诈只构成受欺诈方变更、撤销其意思表示的事由，而不会导致行为无效。

胁迫是指以给公民及其亲友的生命健康、荣誉、名誉、财产等造成损害或者以给法人的荣誉、名誉、财产等造成损害为要挟，迫使对方作出违背真实意思的表示。构成胁迫行为，应具备以下条件：第一，须有胁迫的行为；第二，胁迫人须有主观故意；第三，须是胁迫行为存在违法或不当，包括目的与手段的违法或不当；第四，须相对人因胁迫而陷入恐怖境地；第五，须相对人基于恐怖而作出违背其真实意思的表示。与欺诈一样，胁迫也只有在损害国家利益时才无效。如果损害的是集团或者第三人的利益，则属于可变更、可撤销的行为。

3. 内容不合法的民事行为

民法要求民事行为要符合民法规范，如果民事行为不符合民法规范，在内容上不合法，被民法所禁止，则为无效民事法律行为。内容不合法的民事行为主要包括：(1)恶意串通，损害国家、集体或者第三人利益的民事行为。这种行为又称通谋的意思表示，是指行为人双方为谋取不正当利益，互相勾结串通而实施的有损于国家、集体或第三人利益的民事行为。在这类行为中，行为人获得了不正当的利益，而国家、集体或者第三人的利益则受到了损害，而且行为人获得不正当利益是以损害国家、集体或者第三人的利益为手段的，法律自然予以禁止。例如，在招标投标中，招标人把其所掌握的信息告知投标人之一，以利于其中标，该投标人则给予招标人相应的回报。这样，招标人与该投标人通过相互串通都获得了利益，但这种利益是不正当的，其获取的手段是违法的，而且致使其他投标人的利益遭受巨大的损失，因而其中标是无效的。(2)以合法形式掩盖非法目的的民事行为。这种行为又称规避法律的民事行为或伪装的民事行为,是指行为人为规避法律达到违法目的而实施的以合法形式出现的民事行为。为逃避国家法律限制而达到某种非法目的,行为人实施一种行为合法的伪装行为,并以此掩盖另一内容违法的真实法律行为,该伪装的行为应当无效。例如,为逃避追赃或者人民法院强制执行其财产,以伪装的赠与合同转移财产的行为,这类行为当然无效。(3)违反法律和行政法规的强制性规定的民事行为。这类行为因不具有合法性,也是当然无效的。但是需要注意的是,行为违反法律和行政法规的强制性规定才无效,而对于法律和行政法规的任意性规定,当事人可以排除适用。因此,违反法律和行政法规的任意性规定的,并不是无效,而是属于有效的民事法律行为。例如,我国《合同法》第133条规定,买卖合同标的物的所有权自标的物交付时转移,但这只是《合同法》的任意性条款。如果当事人之间有特别约定,则适用当事人的约定,而排除《合同法》该条款的适用,当事人的约定便不属于违反法律。(4)损害社会公共利益的民事行为。社会公共利益是全社会共同的价值取向,受国家法律的保护,法律行为应当符合社会公共利益而不能与之抵触。如果行为人实施的行为结果对社会公共利益造成损害,自然应当确认其无效。

(三)民事行为被确认为无效的法律后果

无效法律行为不发生当事人预期的法律后果。我国《民法通则》第58条规定:"无效的民事行为,从行为开始起就没有法律约束力。"第61条规定:"民事行为被确认为无效或被撤销后,当事人因该行为取得的财产,应当返还给受损失的一方。有过错的一方应当赔偿对方因此所受的损失,双方都有过错的,应当各自承担相应的责任。双方恶意串通、实施民事行为损害国家、集体或者第三人利益的,应当追缴双方取得财产,收归国家、集体所有或者返还第三人。"根据上述规定,民事行为被确认无效的法律后果大致包括:

1.返还财产、恢复原状

民事行为被确认为无效,当事人因民事行为取得的财产,应当返还给对方。如果是一方取得,取得方应返还给对方;如果是双方取得,则双方返还。

返还财产的,原则上应当全部返还。如原物存在,则返还原物;如原物有损坏,能够修复的,则应修复后返还,或者给予相当的补偿,不能修复的,给予相当的补偿;如原物全部损坏或者已经不存在的,则给予相当的补偿。返还财产的,还应当返还该财产所产生的孳息。如对于金钱返还的,除返还本金外,还应按照银行利率支付利息。

对于当事人的人身关系受到影响的,则谈不上返还财产,而应恢复原状,即恢复民事行为成立之时的法律地位或法律关系。例如,当事人双方的结婚行为被确认无效的，则应当恢复当事人未婚人的地位，在户籍档案中也应当注销其已婚的记载。

2. 赔偿损失

民事行为被确认无效后，有过错的当事人应当赔偿对方的损失；双方有过错的，则应当各自承担与其过错程度相应的责任。赔偿损失的前提必须是当事人有过错，因此，虽然有损失，但是对方没有过错，就不能请求赔偿。

3. 收归国家、集体所有或者返还给第三人

双方恶意串通，实施民事行为损害国家、集体或者第三人利益的，应当追缴双方取得的财产，收归国有、集体所有或者返还给第三人。这里双方取得财产，应包括双方当事人已经取得或约定取得的财产。

二、可变更、可撤销民事法律行为

（一）可变更、可撤销民事法律行为的概念

可变更、可撤销的民事法律行为，是指已经成立的民事法律行为，由于当事人的意思表示存在瑕疵，法律并不使之绝对无效，而是赋予当事人以变更权或撤销权，允许其向法院或仲裁机构请求变更或撤销以决定其效力的行为。法律设定可变更、可撤销民事法律行为的目的，在于尊重当事人的自由意志，为意思表示受到不正当影响的行为提供有效的法律保护。

对于可变更、可撤销的民事法律行为，在变更和撤销之前，应认定为有效；如当事人仅要求变更，也不导致行为无效；如当事人主张撤销，经法院或仲裁机构撤销后，该行为自始无效。

（二）可变更、可撤销民事法律行为的种类

根据我国《民法通则》和《合同法》的规定，可变更、可撤销的民事法律行为主要包括以下几种：

1. 重大误解的行为

重大误解的行为，是指行为人对所要进行的民事行为内容的重大事项存在严重的认识缺陷，在此基础上所实施的民事行为。我国最高人民法院《关于贯彻执行〈中华人民共和国民法通则〉若干问题的意见》第 71 条规定：“行为人因对行为的性质、对方当事人、标的物的品种、质量、规格和数量等的错误认识，使行为的后果与自己的意思相悖，并造成较大损失的，可以认定为重大误解。”例如，甲想买小麦，结果把玉米当成小麦买回来了。

民法上重大误解行为的构成要件大致包括：(1)行为人对民事行为内容的主要方面有重大误解。所谓重大误解，是指行为人对民事行为内容的主要方

面发生了根本性的错误认识。民事行为内容的主要方面包括行为的性质、对方当事人、标的物的品种、数量、质量和规格等。例如,把买卖行为当作是赠与行为、把张三误认为李四、把铅笔当作是钢笔等等。需要注意的是,只有在对民事行为内容的主要方面、重大事项发生认识上的错误,才构成重大误解。对于民事行为内容的次要方面、非重大事项发生认识上的错误,不能构成重大误解。一般来说,对于标的物的产地、性能、商标的错误认识不能构成重大误解。例如,把甲地产的手机当作是乙地产的,把丙厂生产的电脑误认为是乙厂的。在实际生活中,对于重大误解的认定应结合具体的案情,从法律、交易习惯、社会生活常识等多方面来考察。(2)行为人因为重大误解而作出了意思表示。正是由于存在重大误解,行为人才基于该重大误解作出相应的意思表示。如果没有重大误解,行为人就不会作出这样的意思表示。也就是说,重大误解与行为人的意思表示之间存在因果关系。(3)行为人的内心真实意图与其意思表示相违背。行为人的意思表示是在重大误解的基础上作出的,因而与其原来的内心意图必然是相矛盾的。(4)行为人因重大误解作出的民事行为而遭受了较大的损失。如果行为人虽然基于重大误解作出了意思表示,但并没有遭受什么损失或者损失很少,则不影响民事行为的效力。赋予行为人撤销权是为了防止行为人遭受重大损失,让行为人自己判断,采取弥补措施。当没有损失或者损失很少时,赋予行为人撤销权就没有意义。对于较大损失的认定,也应当结合具体的案情,具体情况具体分析。

2.显失公平的行为

显失公平的行为,是指一方当事人利用自己的优势或者利用对方没有经验,明显违反公平等价有偿的原则,而给对方造成重大不利的法律行为。例如,甲把原价 1000 元的某电子产品作价 1 万元卖给乙,就是显失公平。成立显失公平的民事行为,必须符合下列条件:(1)显失公平的民事行为必须是有偿性的民事行为,无偿民事行为的当事人取得利益不需要支付对价,不发生显失公平的问题。(2)双方当事人的权利义务严重违反公平原则,一方当事人获得超出常规的巨大利益,而另一方则遭受严重损失。如果当事人双方的权利义务虽然有些不对等,但并没有达到严重程度,则不构成显失公平。(3)一方当事人获得巨大利益是利用自己的优势或者利用对方当事人的劣势而得到的,比如利用自己在某一方面深厚的知识和经验等。(4)遭受严重损失的一方当事人在表面上看是自愿的,但实质上并非真正自愿,这一般是因为其不知情而引起的。如果当事人明知自己会遭受严重损失,对方因此而获利,则不构成显失公平。(5)必须是在民事行为成立时就显失公平。我国《合同法》第 54 条规定,显失公平必须是在合同订立之时就显现出来的。

3. 受欺诈、胁迫而实施的损害集体或第三人利益的行为

受欺诈、胁迫而事实的损害国家利益的民事行为无效,这在无效民事行为部分已经提出。只有当受欺诈、胁迫而实施的民事行为损害的是非国家利益也就是损害集体或第三人利益时,才是可变更、可撤销的民事行为。

4. 乘人之危的行为

乘人之危的行为,是指利用他人的危难处境或紧迫需要,强迫对方接受某种明显不公平的条件而使其作出违背本意的民事行为。乘人之危的受害人一方因处于危难处境或者因紧迫需要,其实质上意志自由已经受到限制,因而作出的意思表示是非真实的意思表示,因此,这类行为也是可变更、可撤销的。例如,张三的妻子得了白血病,治疗急需大量费用,不得不出卖自己的房屋。经评估机构评估,房屋大概价值30万元,但一时无人购买。后李四欲购买,但出价15万元,张三在不得已的情形下签订了房屋买卖合同。这里,李四便是利用张三急需用钱的“危”,迫使张三违背本意,低价出卖了自己的房屋,因而属于乘人之危的民事行为。成立乘人之危的民事行为,需要符合以下条件:(1)行为人在客观上处于紧急危难或急迫需要的境地。行为人处于这种境地必须是客观的,而不是主观想象的或臆测的。(2)相对人利用行为人所处的境地,实施了强迫行为人接受某种明显不公平条件的行为。需要强调的是,相对人实施的强迫行为,必须是针对行为人的危难境地或紧迫需要作出的。如果不是针对行为人的危难境地或紧迫需要而作出的强迫行为,不构成乘人之危的行为,而可能构成胁迫行为。是否针对行为人的危难境地或紧迫需要,是乘人之危的民事行为与胁迫的民事行为的原则性区别所在。(3)相对人实施乘人之危行为时有故意。故意是指相对人明知行为人正处于急迫需要或紧急危难的境地,却刻意加以利用,使行为人因此而被迫作出不符合自己本意但有利于相对人的意思表示。若相对人没有利用行为人的危难迫使行为人作出意思表示,则不构成乘人之危的民事行为。(4)行为人作出的意思表示与相对人的强迫行为之间有因果关系。正是由于相对人利用行为人的危难境地,才迫使行为人作出意思表示,行为人是在相对人的强迫下作出意思表示的。如果行为人作出的意思表示虽然不符合其本意,但并不是在相对人利用其危难境地而实施的强迫行为下才作出的,则不是乘人之危的行为。(5)行为人因此遭受重大损失,而相对人则因此而获得超越常规的巨大利益。

(三)可变更、可撤销民事法律行为的后果

根据《民法通则》和《合同法》的有关规定,可变更、可撤销的民事法律行为

将发生以下法律后果:可变更、可撤销民事法律行为发生变更权或撤销权。可变更、可撤销的民事法律行为发生后,重大误解方和显失公平、欺诈、胁迫、乘人之危的受害方取得变更权和撤销权。权利人有权在法律规定的期间内,对已经发生的法律行为行使变更权或撤销权。

当事人一旦行使变更权或撤销权,即发生以下法律后果:(1)撤销后的法律行为自始无效。撤销权行使前,民事法律行为有效;法律行为被撤销,其效力溯及行为成立之时。变更后的法律行为,以变更后的内容发生效力。(2)返还财产、赔偿损失。法律行为被撤销后,在返还财产和赔偿损失方面发生与法律行为被确认为无效相同的法律后果。

三、效力待定的民事法律行为

(一)效力待定民事法律行为的概念

效力待定的民事法律行为,是指法律行为虽已成立,但因不完全符合法律行为生效的要件,其效力能否发生尚未确定,一般需经有权人表示承认才能生效。

效力待定的民事法律行为不同于无效的民事行为。无效的民事行为,其不发生行为人预期的法律效果,不因任何情况的变化而改变;而效力待定的民事行为是否产生当事人预期的法律效果,处在未确定的状态,如存在法律规定的其他情形,则可以有效。

效力待定的民事行为也不同于可变更、可撤销的民事行为。可变更、可撤销的民事行为在被撤销前是有效的,经当事人请求法院或仲裁机构撤销后,才自始无效。效力待定的民事行为,在具备法律规定的情形下才有效,否则无效。如果从行为效力变化的角度看,可变更、可撤销的行为被撤销,其效力状态是从有效转变为无效;而效力待定的行为存在法律规定的其他情形时,其效力状态是从无效转变为有效。

(二)效力待定民事法律行为的类型

依照我国《合同法》的规定,效力待定的民事法律行为主要有:

1.限制民事行为能力人订立的与其年龄、智力不相适应的合同

限制民事行为能力人只能进行与他的年龄、智力和精神健康状况相适应的法律行为,其他法律行为由其法定代理人代理。如果行为人实施了与其能力不相适应的法律行为,经其法定代理人的同意,可以认定其行为有效。若法定代理人拒绝追认,则其行为无效。所以,行为有效还是无效,决定于法定代理人是否追认。

我国《合同法》第 47 条第 1 款规定："限制民事行为能力人订立的合同，经法定代理人追认后，该合同有效，但纯获利益的合同或者与其年龄、智力、精神健康状况相适应而订立的合同，不必经法定代理人追认。"同时，为了尽早确定该类行为的效力，避免法定代理人迟迟不予明确而导致法律关系处于不确定状态，该条第 2 款规定了相对人的催告权和撤销权。相对人可以催告法定代理人在一个月内予以追认。法定代理人未作表示的，视为拒绝追认。合同被追认前，善意相对人有权撤销该行为，撤销应当以通知的方式作出。

2. 无权代理行为

《合同法》第 48 条规定："行为人没有代理权、超越代理权或者代理权终止后以被代理人的名义订立的合同，未经被代理人追认，对被代理人不发生效力，由行为人承担责任。"由此可见，无权代理的民事行为包括行为人没有代理权、超越代理权或者代理权终止后所为的代理行为三种情形，都为效力待定的民事行为。行为人没有相应的代理权，却以被代理人的名义行事，其实质上是对被代理人的侵害。因而，无权代理的民事行为的效力之有无必须由被代理人来决定。

3. 无权处分行为

无权处分法律行为，是指无处分权人处分他人财产而实施的法律行为。我国《合同法》第 51 条规定："无处分权的人处分他人财产，经权利人追认或者无处分权的人订立合同后取得处分权的，该合同有效。"无处分权人处分他人的财产，是对他人权利的侵犯，因而，无处分权人的处分行为的效力必须取决于有处分权的当事人的意思。这既兼顾了对交易安全的考虑，也保护了有处分权的当事人的合法利益。

第五节　附条件与附期限的民事法律行为

一般而言，民事法律行为在当事人意思表示成立时就发生法律效力，但由于现实生活的复杂性，当事人出于某些特殊考虑，有时不希望法律行为在意思表示成立时就生效。例如，甲与乙订立房屋租赁合同，但约定只有甲到时分不到房子时才承租乙的房屋。如此一来，既有利于避免多交出房租，又能在分不到房子时找到居住的场所，充分适应了现实生活的需要。法律行为以意思表示为核心和基础，基于当事人意思自治而对法律行为的效力作出限制的意思表示，一般称为“附款”，它包括条件和期限两种。法律行为一般只能反映人们从事该行为的目的（如买房子），却往往不能反映人们的内心动机（即为什么买房子），而法律行为附款的设定则赋予人们的行为动机以法律意义，使民事主体既能根据自身需要灵活安排民事活动，减少可能行为的风险与损失，又能充分利用物质资源，发挥物的效用，促进社会的安定团结和生产力的发展。

一、附条件的民事法律行为

（一）附条件民事法律行为的概念

条件，是当事人以将来客观上不确定事实的成就或不成就，决定民事法律行为的效力发生或消灭的附款。附条件的民事法律行为，是指在民事法律行为中规定一定的条件，并且把该条件的成就或者不成就作为确定其效力的起始或终止根据的民事法律行为。例如，甲与乙签订一个房屋租赁合同，同时约定自甲买到新房后租赁合同正式生效，甲买到新房这一事实就是房屋租赁合同所附的条件，自甲买到新房后，房屋租赁合同才生效。在甲买到新房前，该房屋租赁合同虽然已经成立，但还没有生效。

我国《民法通则》第 62 条规定：“民事法律行为可以附条件，附条件的民事法律行为在符合所附条件时生效。”法律规定附条件法律行为的意义，在于充分尊重当事人的意思，使法律行为的实施更好地满足当事人的需要。一般说来，法律行为在当事人意思表示成立时就发生效力。但是有时候，行为人由于某些特殊的原因，并不希望让法律行为一经成立就产生效力。例如，当事人估计到其经济状况、生产经营条件、生活和工作情况等经过一段时间后可能会发生急剧的变化，而使原来急需从事的法律行为因为情况的变化失去意义。这样，当事人通过实施附条件的法律行为，在行为开始时并不使法律行为立即生效，而等到一定的条件成就后，才使其生效，就能够尽量减少当事人可能形成的风险和损失，使法律行为更好地达到当事人所预期的效果。

（二）民事法律行为所附条件的特点

民事法律行为所附的条件，是指其成就与否决定着民事法律行为的效力发生或终止的特定事实，它既可以是自然现象、事件，也可以是人的行为，但是它必须具备以下特点：

1. 所附的条件必须是将来发生的事实。能够作为附条件的法律行为的条件的，必须是当事人从事法律行为时尚未发生的事实。过去的、已经发生的事实不能作为条件。

2. 所附的必须是不确定的事实。也就是说，条件在将来是否必然发生，行为人不能准确预料。如果能够肯定将来必然会发生或者必然不会发生的事实,是不能作为民事法律行为所附的条件的。比如,甲对乙说:“如果你能把天上的星星摘下来,我就把汽车卖给你。”因为人不可能把天上的星星摘下来,所以该项民事行为是无效的。

3.所附的条件是由当事人约定的,而不是法定的。民事法律行为中所附的条件,只能是行为人双方协商议定的事实,是行为人意思表示一致的结果,而不能是法律规定或者合同性质决定的事实。例如,签订房屋抵押合同,将办理抵押登记作为合同生效的条件,而我国《担保法》明确规定房屋抵押合同自登记之日起生效,因而该房屋抵押合同所附的条件是明显多余的。因此,凡是在民事法律行为中附有法定条件的,应视为未附条件,民事法律行为当然有效。

4.所附的条件应是合法的事实。民事法律行为是合法行为,附条件的民事法律行为仍然是民事法律行为,因此,民事法律行为所附的条件必须是合法的,违反法律和社会公共利益的违法条件不能作为民事法律行为所附的条件。例如,甲对乙说:“你要是给我买把枪来,我就把房子送给你。”此行为所附的条件是买枪,是违法的,因而该行为当然无效。

5.所附的条件不得与法律行为的主要内容相矛盾。当事人关于法律行为所附条件的约定,属于法律行为内容的一部分,若与当事人的效果意思相矛盾,则表明当事人的意思表示是不真实的。因此,与当事人的效果意思相矛盾的事实不能作为条件。

(三)附条件民事法律行为的分类

1.附延缓条件的民事法律行为与附解除条件的民事法律行为

按照条件对民事法律行为效力所起的作用不同,可以将附条件民事法律行为分为附延缓条件的民事法律行为和附解除条件的民事法律行为。

附延缓条件的民事法律行为,是指民事法律行为中所确定的民事权利和民事义务要在所附条件成就时才能发生法律效力的民事法律行为。例如,甲对乙说:“如果你考上了大学,我赠与你一万元。”“乙考上大学”就是该行为所附的延缓条件,赠与行为已经成立,但只有在乙考上了大学后,乙才能要求甲履行赠与,在此之前,双方的权利义务关系不生效,处于停止状态。由此可见,延缓条件的作用,是推迟民事法律行为所确定的民事权利和民事义务发生法律效力。

附解除条件的民事法律行为,是指民事法律行为中所确定的民事权利和民事义务的法律效力在所附条件成就时消灭的民事法律行为。附解除条件的民事法律行为，在所附条件成就之前，已经发生法律效力，行为人已经开始行使权利和承担义务，当条件成就时，权利和义务则失去法律效力，这也是解除条件的作用所在。例如，甲与乙签订了一份电脑借用合同，约定在甲的丈夫外出回来后，乙把电脑返还给甲。在此，“甲的丈夫外出回来”就是所附的解除条件，在甲的丈夫回来之前，借用合同是生效的；当甲的丈夫回来后，该借用合同就失去了效力。

2.附肯定条件的民事法律行为与附否定条件的民事法律行为

按照是以某种客观事实的发生为条件成就的标准还是以某种客观事实的不发生为条件成就的标准来区分，附条件的民事法律行为可分为附肯定条件的民事法律行为和附否定条件的民事法律行为。

附肯定条件的民事法律行为，是指以某种客观事实的发生作为条件成就的标准，来决定已经成立的民事法律行为效力的开始或消灭的民事法律行为。当一定客观事实发生时，条件就成就，民事法律行为的效力则发生相应的变动；而当一定客观事实不发生时，条件就不成就，民事法律行为的效力不变。例如，丙对丁许诺：“明天你上课提前来，我给你买早餐。”其中的“明天你上课提前来”就是一个肯定的条件，只有当丁真的上课提前来，丙的“我给你买早餐”的许诺才生效，该行为也是一个附肯定条件的民事法律行为。

附否定条件的民事法律行为，是指以某种客观事实的不发生作为条件成就的标准，来决定已经成立的民事法律行为的效力的开始或终止的民事法律行为。当事实不发生时，条件成就，民事法律行为的效力则发生相应的变动；而当事实发生时，条件不成就，民事法律行为的效力不变。如公司经理甲对乙说：“年底前不发生工伤事故，就给你发年终奖金。”“年底前不发生工伤事故”就是一个否定的条件，该行为是一个附否定条件的民事法律行为。再如，父亲对儿子说：“你今天在家不出去，晚上我就带你去看电影。”“你今天在家不出去”就是一个否定的条件，该行为也是一个附否定条件的民事法律行为。

（四）附条件民事法律行为的效力

因条件成就，当事人所享有的期待权进入兑现状态，变成现实的权利。条件成就后，如果所附条件是延缓条件，则民事法律行为开始生效，行为人可以实际享受民事权利、履行民事义务；如果所附条件是解除条件，则民事法律行为的效力终止，行为人之间的民事权利和民事义务解除。

因条件不成就，当事人所享有的期待权归于消灭。一般认为，对于附延缓条件的民事法律行为，所附条件不成就时，则该民事法律行为视为不存在；对于附解除条件的民事法律行为，条件不成就时，视为该民事法律行为不再附有条件，维护该民事法律行为的原有效力。

对于条件成就与否未确定前，民事法律行为已经成立，当事人虽然不能实际享有权利、承担义务，但有因条件成就而取得权利或利益的希望，这种希望在学理上称为期待权。当条件成就时，当事人的这种期待权就转化为实际能够享受到的民事权利；当条件不成就时，其期待权才归于消灭。因此，对于这种权利，法律也应当予以保护。

二、附期限的民事法律行为

（一）附期限民事法律行为的概念

附期限的民事法律行为，是指在民事法律行为中约定一定期限，并把该期限的到来作为行为人的民事权利和民事义务发生、变更和消灭的前提的民事法律行为。例如，甲与乙订立一个赠与合同，约定在甲生日的时候，乙送给甲一部手机，这便是一个附期限（甲生日那天）的民事法律行为。又如，甲乙双方约定，自 2005 年 10 月 1 日起，甲将租赁乙的房屋，租期两年，这也是一个附期限的民事法律行为。

我国最高人民法院《关于贯彻执行〈中华人民共和国民法通则〉若干问题的意见》第 76 条规定："附期限的民事法律行为，在所附期限到来时生效或者解除。"《合同法》第 46 条弥补了《民法通则》的不足，该条规定："当事人对合同的效力可以约定附期限。附生效期限的合同，自期限届满时生效。附终止期限的合同，自期限届满时失效。"

附期限民事法律行为中所附的期限与附条件民事法律行为中所附的条件，都是决定民事法律行为效力的某种限制，都是期待中的事实。二者既有相同之处，也有本质上的不同。相同之处在于二者都是对民事法律行为效力的某种限制，都是期待中的未来事实，二者还可以组合在一起对共同的民事法律行为的效力进行限制。二者的本质区别在于：作为期限的客观事实是确定会出现的；而作为条件的客观事实出现与否是不能肯定的。未来事实的发生是必然的还是或然的，是区分条件与期限的标准。

（二）附期限民事法律行为所附期限的特点

期限是指其届至后，导致民事法律行为的效力开始或终止的特定时间，它可以是期间，也可以是期日。一般认为，期限的特点包括：期限必须是还没有到来的时间。如果已经到来，则不属于这里所讲的期限。期限的到来必须是发生在将来。期限必须是将来必定届至的时间。期限必定会届至，如其届至不能确定，则不属于期限，而可能构成条件。期限必须是合法的。民事法律行为是合法行为，因此，民事法律行为所附的期限也必须合法。如期限违法，则视为民事法律行为未附期限。

(三)附期限民事法律行为的分类

1.附延缓期限的民事法律行为和附解除期限的民事法律行为

根据所附的期限对民事法律行为的效力所起的作用不同，附期限的民事法律行为可以分为附延缓期限的民事法律行为和附解除条件的民事法律行为。

附延缓条件的民事法律行为，又称附始期的民事法律行为，是指民事法律行为虽然已经成立，但在所附期限到来之前不发生效力，待到期限届至时，行为人双方的权利义务才开始发生法律效力的民事法律行为。例如，甲和乙签订一份借款协议，约定甲在协议签字后一个月方能取款，这里的“在签字后一个月取款”即属于附始期的民事法律行为。

附解除期限的民事法律行为，又称附终期的民事法律行为，是指在约定的期限到来时，该民事法律行为所确定的民事权利和民事义务的法律效力消灭的民事法律行为。在所附期限到来之前，民事法律行为已经生效，行为人已经行使权利和履行义务，这种法律效力一直延续到所附的期限届满时终止。例如，甲与乙签订一个长期供货合同，合同的期限为生效时起 6 个月，则该合同自生效时起一直有效，直到生效满 6 个月后，也就是说所附期限届至时，合同的效力才终止。这里的“合同的期限为生效时起 6 个月”即属于附终期的民事法律行为。

2.附确定期限的民事法律行为与附不确定期限的民事法律行为

根据民事法律行为所附期限的确定性程度，附期限的民事法律行为可以分为附确定期限的民事法律行为和附不确定期限的民事法律行为。

附确定期限的民事法律行为，是指民事法律行为所附的期限不但其发生已经确定，而且其发生的时期也已确定。如甲、乙约定，2004 年 5 月 1 日办理房屋过户手续，这里的“2004 年 5 月 1 日”即是一个确定的期限。

附不确定期限的民事法律行为，是指民事法律行为所附期限的发生虽已确定，但其发生的具体时期不确定。如甲与乙之间有房屋租赁关系，现甲的妻子已经怀孕，甲、乙约定，在甲的妻子生产时，甲向乙收回房屋的出租权，把房屋留作自已用。这里，甲的妻子生产的时间就是一个不确定的期限。

需要明确的是，确定期限与不确定期限都是将来必定会到来的，二者只是在确定程度上有所差异。

（四）附期限民事法律行为的效力

同附条件的民事法律行为一样，期限到来之前，附期限的民事法律行为已经成立，当事人虽然不能实际享有民事权利，但当事人也享有期限届至时实际享有民事权利的期待权，也应受到法律的保护。依照我国最高人民法院《关于贯彻执行〈中华人民共和国民法通则〉若干问题的意见》第 76 条的规定，附期限的民事法律行为在所附期限到来时生效或解除。附延缓期限的民事法律行为，在期限到来时，已经有效成立的民事法律行为发生法律效力；附解除期限的民事法律行为，在期限到来时，民事法律行为的效力归于消灭。

本章思考题：

1. 试述民事法律行为与民事行为的相互关系。
2. 民事法律行为的特征有哪些？
3. 民事法律行为的成立和生效有什么不同？
4. 无效民事行为有哪些种类？
5. 可变更或可撤销的民事行为有哪些种类？
6. 效力未定的民事行为有哪些种类？
7. 附条件民事法律行为所附的条件具有什么特点？
8. 案例分析

（1）李某的女儿（14 周岁）用自己的压岁钱买了一台价值 5000 元的电脑。李某知道后极力反对，立刻找到出售这台电脑的商店，要求退货，而商店却以其店堂告示“所售商品，概不退货”为由，拒绝退货。李某遂诉至法院，要求退货。请问：法院应否支持李某的请求？

（2）甲是乙的祖父，乙聪明可爱，很讨人喜欢。甲虽有几个孙子，但他却对乙宠爱有加。一天，当着全体家人的面，甲对乙说：“如果你能考上大学，爷爷就给你两万块钱。”乙当即说：“好，那爷爷就等着拿钱吧。”按照民事法律行为的不同分类，甲、乙的行为属于何种民事法律行为？

第八章

代 理

第一节 代理概述

一、代理的概念

代理，是指代理人根据代理权并在其权限内，以被代理人的名义与第三人(即相对人)实施法律行为，由此产生的法律效果直接由被代理人获得和承担的民事活动以及在此基础上的民事关系的总称。

在代理中，主要涉及三方之间的权利义务关系，这三方当事人是：代理人、被代理人和第三人即相对人。其中，代理他人进行法律行为并为他人谋取利益的人被称为代理人；由他人代替自己进行法律行为的人称被代理人，或者称为本人；与代理人之间进行法律行为的人被称为第三人。

我国《民法通则》第 63 条第 2 款规定："代理人在代理权限内，以被代理人的名义实施民事法律行为。被代理人对代理人的代理行为，承担民事责任"。这是在法律制度的层次上对于民事活动中代理的确认和规范，即对于代理制度的基本规定，使得代理活动过程中各方的权益得到界定和保护。

需要说明的是，我国民法通则的上述规定是对于直接代理的明确，而不涉及间接代理。广义的代理既包括直接代理，也包括间接代理。间接代理，又称为隐名代理，是指代理人在代理权限内以自己的名义与第三人实施民事法律行为，其行为后果为本人承受。我国《合同法》中规定有间接代理。我们这里所说的代理仅指《民法通则》中规定的直接代理。

代理制度的规定，确认了民事主体通过和他人之间的授权并借助于他人开展民、商事活动、取得利益的可能，同时也是对于无行为能力人、限制行为能力人得以形成和参与更加广阔的民事活动领域、实现合法权益追求和支配的法律保护和补充。

代理法律关系是指在被代理人、代理人和第三方之间明确各自法律地位、促使相互之间协调开展民事活动的权利义务内容及其对应关系。代理法律关系由于建立在三方相互联系之上，因此需要逐一在双方之间进行分解，以便于在代理关系存续过程的不同阶段上具体认定每一方主体的权利义务及其界限。因此，代理法律关系由三种关系组成：一是在代理人与被代理人之间，基于授权、委托、合伙、职务等形成代理的事实，这是整个代理活动及其开展的基础关系，称为代理权关系；二是代理人据此与相对人之间就被代理人的利益实现而相互进行民事活动并因此形成一定民事法律关系，这就是代理行为的实际实施，与一般民事主体直接以自己的名义实现一定的权益的主要区别就在于代理权限的取得和行使是这种民事活动展开的前提和实质，称为代理活动关系；三是在相对人与被代理人之间的关系，这种关系的核心是代理人和相对人之间民事活动的法律效果或后果归结于被代理人的问题，称为代理后果归属关系。

上述代理活动之中包含的三阶段或者说三个方面的法律关系之间既具有实践顺序上的连续性，又具有法律关系上的依存性，这种依存性表现为不同法律关系一次的因果关系性质及其背后的权利义务的转换性质。

二、代理的特征

在发达的市场流转和复杂的市民活动中，预期通过代理活动实现目的，就必须严格掌握代理活动的性质和特点，以准确把握代理的构成要件和基本表现，将代理和其他民事行为特别是通过一定中间环节实现自身权益的一些活动类型相区别。和多数国家近代特别是现代民法规定相一致，我国《民法通则》第 63 条规定“公民、法人可以通过代理人实施民事法律行为”，“代理人在代理权限内，以被代理人的名义实施民事法律行为。被代理人对代理人的行为承担民事责任”。据此，可以归纳代理具有以下主要法律特征：

（一）代理人以被代理人的名义实施代理行为

代理人以被代理人的名义为民事法律行为，直接为被代理人设定权利义务，使被代理人与相对人之间设立、变更或终止民事权利义务关系。这个民事法律关系的权利主体和义务主体是被代理人和相对人。如果代理人以自己的名义进行，就是在为自己设立、变更、终止民事法律关系，其就直接承受相应权利义务了。非以被代理人的名义而以自己的名义代替他人实施法律行为，不属代理行为，如行纪、寄售等受托处分财产的行为。

(二)代理人在代理权限内进行代理活动

代理人进行代理活动须有代理权，反映被代理人的意志和利益。代理权来自法律规定或被代理人的授权。因此，代理人只能在代理权限范围内实施代理行为。代理人超越代理权限所实施的行为，不属于代理行为，而属于无权代理行为，不对被代理人产生推定的法律效力。

(三)代理人的活动是代替被代理人独立、直接地实施和接受意思表示

正因为代理人独立为代理行为，因此，代理人应为完全民事行为能力人，无民事行为能力人不能作代理人。代理人在代理活动中，向相对人为意思表示，或者接受相对人的意思表示，不是消极被动地传达被代理人的意思，而是独立积极和直接地进行的。非独立进行意思表示的行为，不属于代理行为，如传递信息、居间行为等均不属代理行为。

(四)代理人实施代理的法律后果直接由被代理人承受

《民法通则》规定，被代理人对代理人的代理行为，承担民事责任。如同被代理人自己的行为，代理人所为的代理行为的后果直接归属于被代理人，虽代理人与相对人之间实际发生或开展民事法律行为，却是在法律上是在被代理人与相对人间发生权利义务关系。当然这就要求代理人在代理中所为的意思表示应与被代理人的真实意思或利益相一致。也要求不仅代理民事行为的积极效果由被代理人享有，而且当代理人在代理活动之中由于过失行为造成损害的民事责任，亦应由被代理人承担。当然，在代理人所实施的行为属于可撤销、可变更民事行为的时候，被代理人就有请求变更或撤销的权利。

除了上述特征之外，在对代理的理解和运用中，还需要注意以下几组概念的区别：

第一，代理与法人代表的区别。代公司为一定行为的自然人称为法人代表。法人代表的一定行为就是被代表人(法人)的行为，代理人的行为就不同于被代理人的其他主体的行为。法人代表范围除了法律行为以外，还包括事实行为及侵权行为，而代理人在性质上仅限于法律行为。

第二，代理与使者的区别。使者是指传达他人的意思表示，帮助民事主体实施民事行为的辅助人。二者的区别有：(1)使者为代委托人传达意思表示，本身没有意思表示，其功能单一。(2)代理人则必须具备完全民事行为能力，而作为使者，则无此限制。(3)身份行为不可为代理，但可借助使者传达意思

表示。

第三,代理与行纪的区别。行纪是指行纪人以自己的名义为委托人从事贸易行为,委托人支付报酬的行为。代理和行纪之间的区别主要有:(1)行纪是以自己的名义为法律职业,行纪的法律效果直接归属于行纪人,如寄卖商店行纪人,也是接受委托为他人进行买卖法律行为,但行纪人是以自己的名义与第三人进行买卖民事法律关系的,行纪行为获得的法律效果归行纪人自己。之后,行纪人再根据信托民事法律关系将行纪行为取得的法律后果转移于委托人;委托人和第三人之间没有直接的民事法律关系。(2)行纪人从事的行为多为贸易行为,而代理人的行为则不限于贸易行为。(3)行纪多为有偿行为,而代理则包括无偿行为。

第四,代理与居间的区别。居间是指居间人向委托人报告订立合同的机会或者提供订立合同的媒介服务,由委托人支付报酬的行为。二者的区别是:(1)居间人不得代委托人为法律行为,而代理人则代表被代理人为法律行为。(2)居间通常为有偿行为性质的行为,而代理则包括无偿代理。

第五,代理与信托的区别。信托是指委托人基于对受托人的信任,将其财产权委托给受托人,受托人按照委托书人的意愿,以自己的名义为受益人的利益或特定目的进行管理或处分的行为。二者的区别:(1)信托受托人以自己的名义代委托书人管理或处分信托财产,而代理则是代理人以被代理人的名义为代理行为。(2)信托行为不限于法律行为,事实行为也可以为信托行为。(3)代理涉及的主体有代理人、被代理人和相对人,而信托关系涉及委托人、受托人和受益人。(4)设立信托,必须有确定的信托财产,且形成信托利益,而代理中无须以特定财产的存在作为代理前提。

第六,代理与委托的区别。委托是指委托人和受托人约定,由受托人处理委托人事务的合同。二者的区别:(1)代理行为不包括事实行为,而委托关系中受托人的行为则包括法律行为和事实行为。(2)代理的法律效果存在于本人和第三人之间,而委托合同关系则存在于委托人和受托人之间。(3)代理权基于被代理人的授权单方行为,而委托则基于委托合同。

再者,代理和中证人也是有区别的。中证人,是为证明该民事法律关系的存在、变更和消灭而作证的人,仅起证明作用,不需要为当事人间的法律行为作参与意义的意思表示。

三、代理的范围

民事主体通过代理进一步延展了民事活动的范围,促进了社会利益资源在更广泛的范围内的配置，但是还需要注意到代理并非在任何民事行为领域均得到适用，而是有其范围问题。

(一)代理适用的范围

民商法上的代理。在与民事行为性质和要求相一致的领域中，代理均可适用。民商事法律行为是代理适用的基本范围。

民事诉讼法上的代理。诉讼当事人可以由其法定代理人、委托代理人、指定代理人依法代理进行民事诉讼。

其他代理。这主要包括：代理履行某些财政或行政管理上的义务。如代理纳税、代理法人登记、代理申请专利、代理商标注册，代理办理房产过户登记手续等活动。

(二)不适用代理的范围

依照国家法律规定或行为性质必须由本人亲自进行的行为，比如，具有人身性质的法律行为、基于身份关系之中的行为不适用代理。如立遗嘱、放弃继承、放弃接受遗赠、收养子女，不能代理。

依照法律规定或者双方依法约定应由本人实施的法律行为不适用代理。一些法律行为的进行，往往基于对当事人的特别信任，因此，双方有明确约定的，则不适用代理。如演出、撰稿、绘画和承揽合同，约定必须由承揽人亲自完成工作义务的，特别是交付特定物的，不能借助代理。《民法通则》第 63 条 3 款作了禁止性规定。

违法行为、侵权行为不适用代理。代理行为仅适用法律允许的范围。《民法通则》第 67 条规定："代理人知道被委托代理的事项违法仍然进行代理活动的，或者被代理人知道代理人的代理行为违法不表示反对的，由被代理人和代理人负连带责任。"

事实行为。事实行为，不以发生民事法律后果为目的，无须向他人为意思表示，不适用代理的规定。

四、代理的意义

代理是商品经济比较成熟时期产生的一种民事法律制度。尽管古罗马的简单商品交换比较繁盛，但是由于商品生产尚是简单手工业作坊生产，商品交换集中在商人活动的环节，在合同关系上遵循严格的形式主义，须由当事人亲自到场作意思表示，因此，在古罗马法中并无代理制度。加之于在家长制下，家子无民事权利能力，也无须由他人代理进行民事活动。随着商品经济发展的需要，后期罗马法出现了类似的代理制度，允许他人代为取得财产所有权和占有权,允许委托他人办理事务,但远不是完整的代理制度。中世纪,在商人活动中商事规则渐渐有代理的雏形。近代,《法国民法典》以委任契约的方式对代理作了规定。《德国民法典》才建立了系统的代理制度。

由此可见,代理制度的形成和确立适应和推动了商品经济的发展和成熟,是商品交换日益繁复和广泛的必然结果和制度要求,也表现出通过法律制度肯定和推广行之有效的间接民事活动组织形式并进而满足市场经济中必须通过与他人的分工协作来处理日益复杂的经济事务的普遍需要——这一民事商事法律制度发展的一般规律。现代各国法上无不规定代理制度。我国《民法通则》第 4 章对代理制度作了规定。在当前,世界经济技术交流日益密切、频繁和迅速的情形下,代理制度得到了更加广泛的应用和进一步的发展。

作为现代社会中开展有效民商事活动的重要手段之一,代理制度的意义可以由以下几个方面来认识:

其一,代理制度可以弥补某些民事主体在特定行为所要求的主体资格上的缺憾,是保证自然人进行民事活动的法律上的必要补充手段。对于自然人而言,在很多领域由于自身经验与知识方面的不足,不仅难以亲历亲为地取得成效,而且在有些情况下,因年幼、疾病、生理缺陷等,处于无民事行为能力或者限制民事行为能力的情形下,不能或不便亲自进行民事活动时,甚至就在"分身乏术"的时候,就需要通过代理人的代理活动来完成。建立代理制度,解决人们上述困难与不足,就能保证自然人克服相应的障碍,得以建立民事法律关系,取得民事权利,履行民事义务,实现各种民商事需求。

其二,代理可以增进市场经济的活力和效率。通过代理,使其可不受其自身的能力、知识、时间以及地域等方面的限制,扩大了民事主体的活动范围,不断突破时空的阻隔实现在更大范围上的主体要素和物质要素通过代理行为的连接和交换,表现和保障了市场经济所具有的扩张与吸纳的能力和趋势。因此,代理制度的确立有利于资源配置在更广阔的范围内更加有效地实现。不仅发挥了扩大范围、配置资源的作用,而且代理的出现本身也在客观上不仅表现出社会分工日益专业化的趋势,而且进一步刺激了一些市场交易和资源流转的中间环节的相对分化。

其三,代理活动是国际贸易和科学技术交流中不可或缺的法律制度之一。当前世界范围的资本技术等生产要素的流动已经日益一体化了,而由于专业知识、语言、地域以及对他国法律制度了解和应用相对生疏等原因,就需要适当的代理人去对此加以克服,所以,通过专门的代理机构代理——打理,不仅可以弥补自身的不足,还可以进一步提高效率,加强沟通。可见,代理在国际经济技术贸易以及文化社会交往中已经不可缺少了。

综上所述,代理制度确认和规范了被代理人通过代理人实现直接建构民事关系的活动过程;在合适的范围中,遵循相应的制度规则,代理将发挥促进经济的重要作用。

第二节 代理的分类

一、代理的基本分类

《民法通则》第 64 条中规定,代理包括委托代理、法定代理和指定代理。这是在民事基本法的层面上对代理及其制度进行的划分,其中的分类标准是代理权限的取得途径或来源。

(一)委托代理

委托代理,又称为意定代理、授权代理,是指根据被代理人的委托授权而产生并随之进行的代理。委托代理是基于被代理人的意思而发生的,其中的代理权来自于被代理人的授权,因此,意定以及授权是指被代理人的意思表示,即以委托授权为核心内容的意思表示。这样,按照《民法通则》第 64 条规定,被代理人一经委托授权,委托代理人就获得代理权,得"按照被代理人的委托行使代理权"。授权委托的意思表示不明确、特别是授权委托书授权不明的,被代理人应对第三人承担民事责任,代理人负连带责任。

因委托事务范围的不同而产生委托代理的若干种类,一般分为:(1)一次委托代理。指仅委托代理人实施一次民事法律行为的代理。(2)特别委托代理。指委托代理人在某一时期内连续实施同一民事法律行为的代理。(3)总委托代理。指就某项标的物、某项事务委托代理人实施一系列民事法律行为和有关行为的代理。如就房屋买卖事宜,委托代理人实施房屋买卖的行为就包括订立合同、产权登记、维修、纳税等等事务的代理,即为总委托代理。

在委托代理的成立、生效和实行上,委托授权是委托代理产生的根据。委托授权是委托人向受托人授予代理权的意思表示。委托授权是委托人即被代理人的一种单方法律行为,只要有被代理人一方的意思表示,代理人就获得代理权。同时,进行委托授权的意思表示,委托授权人有使第三人知晓的义务,这也是授权委托代理得以有效开展的必要条件之一。

在委托授权的形式上，委托授权的形式是灵活的，有书面形式、口头形式两种。法律规定必须采用书面形式的，应当用书面形式。委托授权的书面形式，是授权委托书，也称代理书证，它是证明代理人享有代理权的法律文件。书面形式相对口头形式而言，相对严格、明确一些，在纠纷发生时便于厘清责任和法院裁判，在全民文化知识水平以及权利主张意识均得以逐步提高观念的情形下，书面授权的采用日益广泛，尤其是法律有特别规定的，比如要求鉴证、公证或者涉及仲裁、涉外民商事活动的，应按规定办理，采用书面形式。

在委托授权的内容上，应当包括授权代理的事项、时限、条件等，以确立授权人和受托人之间的代理关系。在书面授权中，按照《民法通则》的规定，委托授权的内容，由授权委托书的内容载明，其应载明的事项包括：代理人的姓名或者名称、代理事项、代理权限和期限，并由委托人签名或盖章。

这样，授权委托书就是当事人之间授权委托代理关系的书面凭证，具有民事法律行为的性质和效力。同时，其效力具有特定性，被代理人撤销委托或代理人辞去委托时，应交回委托书或者公告声明委托书无效，否则，由此给相对人造成损失的应由被代理人和代理人承担连带责任。

在确立代理关系的过程中，往往在授权委托书之后，在委托人和受托人之间，即被代理人和代理人之间订立关于代理事项进行的具体合同，这就是委托合同，亦称委任合同，是委托人与受托人之间达成的委托、受托办理事务的协议。这是一种双方法律行为，只有双方当事人意思表示一致，合同才得以成立。

在委托授权与委托合同的关系上：一方面，委托授权是代理权产生的根据，通过口头或者书面的授权委托书，就有了委托授权，代理人才能获得代理权。而委托合同关系则在其前提下进一步协商确定委托授权、规范代理行为的具体关系。前者明确权限，后者侧重事项。如果委托授权书没有明确的具体的授权内容，则代理权不能产生。另一方面，委托合同终止后，授权委托书未被宣告撤销，或者宣告撤销的通知尚未送达给相对人的，则代理权仍然有效，因此，代理人与相对人实施法律行为所产生的法律后果，仍旧由被代理人承担。除委托合同之外，劳动合同、合伙合同等，也可作为委托代理的基础法律关系得以成立的证明文件。

（二）法定代理

法定代理，简而言之，指根据法律的规定而进行的代理。是指由法律针对一定的社会关系直接规定而发生的代理关系。法定代理主要适用于被代理人为无行为能力人或限制行为能力人的情况。法定代理人依照法律的规定行使代理权。《民法通则》第 14 条规定:“无民事行为能力人、限制民事行为能力人的监护人是他的法定代理人。”

法定代理这种法律规定的代理,在事实前提上,是被代理人与代理人之间存在着血缘、婚姻、职务等人身或身份性质的基础法律关系。在代理事项和权限范围上,由法律直接规定,而不取决于被代理人的意志和愿望。我国《民法通则》第 64 条规定:“法定代理人依照法律的规定行使代理权。”我国劳动法规规定:工会可以代理会员订立集体劳务合同,参加有关劳动争议的诉讼。

(三)指定代理

指定代理是指由人民法院或者其他指定单位的裁定或者决定而确定的代理。指定代理人按照人民法院或者指定单位的指定行使代理权。根据《民法通则》第 16 条、第 17 条的规定,有权指定代理人的是未成年人的父母所在单位、精神病人所在单位,以及未成年人或精神病人住所地的居民委员会、村民委员会。对指定不服提起诉讼的,由法院裁决。

二、代理的其他分类

在现实生活中,由于代理适用范围广泛,因而也有多种类别和表现,除上述基本分类之外,还有其他分类,如单独代理和共同代理、全权代理和部分代理、本代理和复代理等。

(一)单独代理和共同代理

根据代理人的人数,代理可分为单独代理和共同代理。单独代理,是指授权于一人,由其独立进行的代理。代理人仅为一人的,都是单独代理。而共同代理,是指授权两个或两个以上的人行使代理权的代理。共同代理人享有同一项代理权,共同进行意思表示实施代理行为,对被代理人承担连带责任。共同行使代理权的数个代理人,如果其中一人或者数人未与其他代理人协商,所实施的行为侵害被代理人权益的,由实施行为的代理人承担民事责任。需要说明的是,被代理人为数人时,其中一人或者数人未经其他被代理人同意而提出解除代理关系,因此造成损害的,由提出解除代理关系的被代理人承担。

(二)全权代理与部分代理

根据代理人代理权限的范围,代理可分为全权代理和部分代理。全权代理,又称为总括代理、全权代理,是指可以完成一切法律允许完成的事务的代理。代理权限及于一般事项的全部,其范围并无特别限定。法定代理人、指定代理人一般是全权代理人。在委托代理中,如果是全权委托代理,必须在委托授权书上载明。部分代理,又称特别代理,是指特别限定代理某一事项,代理权限限定于特定事项的代理。如职务代理。部分代理的权限范围,由授权人规定。对委托代理,被代理人应当在代理书证上明示代理人的权限范围。对于法律规定的某些须特别授权的事项,只有在特别授权的情况下,代理人才有代理权。因此,部分代理中代理权限的内容与范围的确定就非常必要。

(三)本代理和再代理

根据代理权是否是由本人直接授予的,代理可分为本代理和再代理。本代理是指直接由本人授权的代理。本代理的代理人是由被代理人直接确认的,没有通过他人等间接的环节。而《民法通则》第68条规定:"委托代理人为被代理人的利益需要转托他人代理的,应当事先取得被代理人的同意。事先没有取得被代理人同意的,应当在事后及时告诉被代理人,如果被代理人不同意,由代理人对自己所转托的人的行为负民事责任,但在紧急情况下,为了保护被代理人的利益而转托他人代理的除外。"

依此规定,就有和本代理相对应的再代理。再代理,又称转委托或复代理,也称为转托代理,是指代理人在必要的情形下,为了实施代理权限内的全部或者部分行为,以自己的名义选定他人、转托他人而由他人即再代理人(即复代理人)担任被代理人的代理人所为的代理。该代理人称为复代理人或再代理人,其代理行为产生的法律效果直接归属于被代理人。其中和本代理相区别的地方是再代理人是由原代理人选任的,而不是由本人选定的。再代理的构成要件有:再代理人的权限须有原代理人享有代理权限的前提;再代理基于代理的转委托而成立;再代理人为被代理人的代理人,再代理人在授权范围内活动所发生的后果,直接归属于被代理人。

由于代理关系有着严格的人身性质,是建立在被代理人与代理人相互之间对对方的品格与能力、知识等的综合社会信任度较高的基础之上的。因此,从保护和实现本人即被代理人的权益出发,代理人应亲自完成代理行为,不得把被代理人授予的代理权转委托给他人。可见,转委托是默示或推定禁止的。如果在被代理人不知情的情形下再代理,将可能带来不可预知的后果,同时也将是代理人没有遵守诚实信用原则的表现。因此,再代理的成立须具备特别的条件。

再代理的特别适用条件有:(1)委托代理人基于被代理人的利益需要转委托他人代理,若不是为了被代理人的利益,代理人不得转托他人代理;(2)应当事先取得被代理人的同意或者事后及时报告被代理人并取得其同意。须经原代理人授权。再代理人是由原代理人选任的,须由原代理人授权。原代理人对再代理人的授权,不能超越其代理权限。若不是由原代理人授权,而是由本人直接授权的，不成立再代理，而发生本代理。

如果事后被代理人不同意，由代理人对自己的转委托行为负民事责任。若被代理人同意，则成立再代理；若被代理人不同意，则不成立再代理。再代理成立的，再代理人所为的代理行为的后果直接归属于被代理人；否则原代理人应对其转托的第三人的行为后果承担民事责任。如果被代理人不同意代理人对复代理人的选任，可以行使形成权解除委托，终止代理关系。在紧急情况下，为了保护被代理人的利益而转委托他人代理的除外。在紧急情况下，代理人为了保护被代理人的利益而转托他人代理的，即使事后被代理人不同意，也发生再代理的效力。这里所谓的“紧急情况”，是指由于急病、通讯联络中断等特殊原因，委托代理人自己不能办理代理事项，又不能与被代理人及时取得联系，如不及时转托他人代理，会给被代理人的利益造成损失或者扩大损失的情况等。

第三节　代理权

一、代理权的概念

代理权，是指代理人以被代理人的名义得以代理本人进行意思表示或者接受意思表示，进行民事活动，并由被代理人承担其法律后果的一种法律资格。也有学者认为，代理权，指代理人的行为直接对本人发生效力的权限。代理人并不因为获有代理权这一点，而对本人享有任何的权利。然而，代理人获得代理权而行使，即依之进行代理活动，则即发生代理上的法律关系。

在代理的法律关系之中，代理权处于关键的连接点的位置，在实质上反映着代理人在代理关系中的地位。关于代理权的性质，学界观点有分歧，有否认说、权力说、权利说及资格说等不同的观点。否认说认为，代理不过是基础关系的外部效力，应受规律这一基础关系的规定的支配。权力说即法律上力说，认为，代理权为权力，是一种法律上之力。权利说认为，代理权为一种权利，是实施代理行为之权。资格说认为，由于代理人享有代理权，却并不享有任何利益，而民事权利都是以利益为内容的，因此，代理权也不应为一种民事权利。再者，因为代理人与被代理人、与相对人之间的关系是平等的民事主体之间的关系，所以，他们相互之间的关系不能是权利义务关系，而是一种资格或地位。

因此一般通说倾向于资格说的观点。我国《民法通则》第 63 条规定:“代理人在代理权限内,以被代理人的名义实施民事法律行为。”

在代理权的资格之下,代理人为被代理人取得利益而实施代理活动,因此,代理人的义务是非常突出的。这些义务是确定相应责任的前提。代理人的代理义务主要有:第一,须尽勤勉工作之义务。须以本人(被代理人)的权利和利益为出发点和归宿,须遵照本人委托内容完成代理事务,须尽相当的注意义务。第二,须代理人亲自处理代理事务。如前关于再代理的分析中指出的,非经被代理人同意,或因不得已事由,不得由他人代替,代为履行代理义务。为本人利益而须要转委托他人代理的,应当事先征得本人之同意。事先未取得本人同意的,应事后及时告知本人。如本人不同意,代理人对受转托人的行为负民事责任,但紧急情况下为本人的利益而转托他人代理的除外。第三,及时向本人报告的义务。须将所委托之事务的重要事项、市场行情、相关因素、办理结果等情况,及时报告给本人。按照《民法通则》第 66 条第 2 款规定,还需要对代理过程中应保管好的财产的情况适时报告,商询处理意见。第四,不滥用代理权或者超越代理权,否则应承担相应责任。

二、代理权的发生

代理权的发生,又称代理权的授予,是指本人授予代理人以代理权,使得代理权据此发生的民事活动。没有代理权的授予,代理人也就不享有代理权。代理人证明自己被授予代理权的法律文书通常称为代理证书或者授权委托书。在性质上,一般认为,授权行为是一种单方法律行为,只要有本人一方授予代理权的意思表示,就可以发生授权的效力。本人授权的意思表示,应向代理人表示,也可以向与代理人为民事行为的第三人明示。

在代理权的发生情形上,有依法律规定而发生的,依法院或有关指定机关的指定而发生的,依被代理人授权而发生的,还有依表见原因(表见授权)发生的。表见授权现象,指具有授权行为的假象而无授权的实际,但能使人相信确有授权的情态。法律认可表见原因发生的表见代理,在于维护交易安全和善意第三人的利益。委托代理、法定代理和指定代理的区别根据就在于代理权产生的根据不同。法定代理中代理权是由法律直接赋予的,指定代理中代理权是由指定单位通过其指定授予的。只有委托代理的代理权是由被代理人即本人授予的。我们这里所说的代理权的授予主要是对委托代理而言的。

如前所述,在形式上,授权行为属于不要式行为。《民法通则》第 65 条规定:“民事法律行为的委托代理,可以用书面形式,也可以用口头形式。法律规定用书面形式的，应当用书面形式。”本人以书面形式授权的，该授予代理权的文书称为授权委托书。授权委托书也是证明代理人有代理权的代理证书。因此，为维护代理关系中各方当事人的利益，授权委托书的内容应当具体明确。依《民法通则》第 65 条规定，书面委托代理的授权委托书应当载明代理人的姓名或者名称、代理事项、权限和期间，并由委托人签名或者盖章。委托书授权不明的，被代理人应当向第三人承担民事责任，代理人负连带责任。

三、代理权的行使

代理权的行使，是指代理人在代理权限内实施代理行为。代理行为是指代理人在代理权限范围内，为了被代理人的利益，依法为被代理人设定民事权利或代为行使权利和履行义务的活动。代理人仅仅拥有代理权，一旦不进行代理活动，就不能够实现代理。而代理行为一旦进行，代理权关系，代理活动关系和代理后果关系这三方面关系即转化为现实。因此，代理行为是代理权的行使的表现和落实，通过代理行为，发生了代理三方面的法律关系，发挥了代理的作用。

在代理权之下的民事活动，除具有法律行为应具备的成立要件外，还具有了自身作为代理行为的特别要件，包括：(1)有被代理人存在和授权或者法定资格。(2)以被代理人本人的名义，替代被代理人实施法律行为和其他有法律意义的行为。(3)代理人有代理权，或因被代理人追认而有代理权。

代理权的行使是一个运用代理权的法律资格、履行代理人的义务、实现被代理人的愿望和利益的过程，应当遵循以下原则：

在代理权限内积极行使代理权。行使代理权，是代理人的权利和义务，是代理人的职责。代理人应在代理权限内积极行使代理权，而不得消极不行使。这是代理人履行代理职责的基本要求。代理人怠于行使代理权的，构成其义务的违反。依《民法通则》第 66 条第 2 款规定，代理人不履行职责而给被代理人造成损害的，应当承担民事责任。

维护被代理人的利益。代理权的行使是以为被代理人取得利益为目的的，因此，代理人行使代理权时应当维护被代理人的利益，而不得为自己的利益计算。委托代理人不得擅自变更被代理人的指示，不得擅自转托他人代理。代理人应及时向被代理人报告代理的情况，并将在代理中受有的利益及时转交给被代理人。因代理人未尽注意义务，擅自变更被代理人的指示等而使被代理人受到损失的，代理人应负赔偿责任。不得滥用代理权损害被代理人的利益。

合法行使代理权。代理人行使代理权，不得逾越代理权限，也不得滥用代理权。超越代理权的代理行为，构成无权代理。滥用代理权则为禁止行为。有权代理有效；无权、越权代理，属于效力待定，经有权的人追认就有效，不追认就无效。比如，双重名义、双重身份的代理属于滥用代理权，无效。

四、滥用代理权及其法律后果

代理人应当在授权范围内，认真负责地完成代理事项。如代理人不履行职责而给被代理人造成损害的，应当承担民事责任。代理权的不当行使主要有滥用代理权和无权代理两种情况。

滥用代理权，是指代理人行使代理权时，无视被代理人的利益，违背代理制度，违背代理的宗旨而实施损害被代理人利益的行为。滥用代理权的构成须具备以下条件：(1)代理人有代理权；(2)代理人实施行使代理权的代理行为；(3)代理人所实施的代理行为损害或会损害被代理人的利益。各国立法上普遍禁止滥用代理权行为，滥用代理权的代理被视为无效代理，并且代理人滥用代理权给被代理人及他人造成损害的，必须承担相应的赔偿责任。

滥用代理权主要有对己代理、双方代理、代理人和第三人恶意串通、损害被代理人的利益的和利用代理权从事违法活动几种情形。

对己代理指代理人以被代理人的名义与自己实施民事行为，如代理他人与自己签合同。这样，显然给代理人损害被代理人权益，为自己牟利提供了方便。如乙接受甲委托授权代理销售货物，乙以甲的名义与自己订立该货物的购销合同。该代理行为因只有代理人一人的意思表示，会损害被代理人的利益，因此除使本人纯获利益的行为外，对己代理一般应无效。我国《经济合同法》第 7 条第 3 款曾经规定，以这种行为所签订的合同无效。

双方代理指一个代理人同时代理双方当事人为同一法律行为的情况。双方代理，显然为同项同时代理双方的代理人提供了不法损害被代理人利益，或者不法为自己牟取利益的可能，原则上为法律所不允许。因为其中一方面因实际上只有代理人一人的意思表示，另一方面代理人"一手托两家"，会损害某一方被代理人的利益，因此除双方特别许可的，比如履行债务等之外，双方代理为法律禁止的无效行为。

代理人和第三人恶意串通、损害被代理人的利益指代理人虽有代理权，但其行使是以损害被代理人利益为目的的，因此，该行为是滥用代理权的无效行为。《民法通则》第 66 条第 3 款规定："代理人和第三人串通，损害被代理人的利益的，由代理人和第三人负连带责任。"

利用代理权从事违法活动包括代理人明知被委托的事项违法而进行的代理和代理人自作主张进行的违法代理。我国《民法通则》第 67 条规定，如代理人知道被委托代理的事项违法仍然进行代理活动的，或者被代理人知道代理人的代理行为违法不表示反对的，由被代理人和代理人负连带责任。对代理人自作主张进行的违法代理活动，给被代理人造成财产损失的，代理人应向被代理人负赔偿责任。

五、代理权的终止

代理权的终止，又称为代理权的消灭，也就是代理关系的终止。具体是指因法律规定的一定事实的出现，使代理人与被代理人的代理关系终止，代理人不再享有代理权。代理权终止后，原代理一方不法地以被代理人的名义所实施的代理行为，即为无权代理。

(一)委托代理的终止

依《民法通则》第 69 条规定，有下列情形之一的，委托代理终止：(1)代理期间届满或者代理事务完成；(2)被代理人取消委托或者代理人辞去委托；(3)代理人死亡；(4)代理人丧失民事行为能力；(5)作为被代理人或者代理人的法人终止。另外按照最高人民法院的有关司法解释，被代理人死亡的，代理也应终止，但“被代理人死亡后有下列情况之一的，委托代理人实施的代理行为有效：(1)代理人不知道被代理人死亡的；(2)被代理人的继承人均予承认的；(3)被代理人与代理人约定到代理事项完成时代理权终止的；(4)在被代理人死亡前已经进行、而在被代理人死亡后为了被代理人的继承人的利益继续完成的”。

(二)法定代理和指定代理的终止

依《民法通则》第 70 条规定，有下列情形之一的，法定代理或者指定代理终止：(1)被代理人取得或者恢复民事行为能力；(2)被代理人或者代理人死亡；(3)代理人丧失民事行为能力；(4)指定代理的人民法院或者指定单位取消指定；(5)由其他原因引起的被代理人和代理人之间的监护关系消灭。

代理权终止的法律效果有：第一，代理人就不再有代理权，不得以本人的名义进行民事活动，否则其所为的行为即属于无权代理。第二，代理权终止后，代理证书也就失去效力，为维护当事人和第三人的利益，代理人应缴回代理证书，而不得留置，本人有权要求代理人缴回代理证书。第三，代理权终止对第三人的效力上，代理权终止时，被代理人应及时通知第三人。被代理人应通知而未通知的，代理权终止后的(原)代理人的代理活动后果，仍由被代理人承担。由于应通知而未通知，给第三人造成损害的，按照责任归于谁由谁承担责任的原则，根据实际情况，由代理权终止后的（原）代理人或被代理人承担或分担民事责任。

第四节　无权代理与表见代理

一、无权代理

（一）无权代理的含义

广义上的无权代理包括狭义的无权代理和表见代理。这里所说的无权代理仅指狭义无权代理。无权代理，是指行为人没有代理权、也没有使他人足以相信其有代理权的客观事实，而以他人的名义所进行的“代理”活动。

凡没有法定代理人、指定代理人或委托代理人法律地位的人实施的代理行为，都属于无权代理。具体包括没有代理权、超越代理权或者代理权终止后所实施的代理行为。无权代理行为只有经过被代理人的追认，被代理人才承担民事责任。未经追认的行为，由行为人承担民事责任。本人知道他人以本人名义实施民事行为而不作否认表示的，视为同意。第三人知道行为人无权代理还与之实施民事行为给他人造成损害的，由第三人和行为人负连带责任。代理本以代理人有代理权为条件，若无代理权却以他人的名义进行民事活动，则不属于具备法律要件的、真正的“代理”。但由于无权代理的行为人是以本人的名义实施行为的，该行为具有代理行为的表面特征，并在实际结果上，行为人实施行为的目的和后果对本人也并非就一定无利，所以，一般在各国的立法上将无权代理规定在代理章节中。

无权代理和滥用代理权不同。滥用代理权是代理人在享有的代理权的基础上，违背代理宗旨，实施有损于被代理人利益或他人权益的行为。而无权代理是“代理人”根本就没有代理权所实施的行为。二者在法律效果上也不完全相同，应予以明确区分。

（二）无权代理的情形

无权代理包括以下四种情况：其一，没有代理权的“代理”。例如，行为人从未被授予代理权，却以代理人的资格自居而为“代理行为”。行为人曾被授予代理权，但授权行为无效或被撤销的，行为人也属于自始没有代理权；如伪称是某人的代理人，以某人名义实施的民事法律行为。其二，超越代理权的代理。代理人所为的代理行为若超越代理权限，则属于无权代理而不为有权代理。其三，在条件尚未成就或者期限未到来前，实施附延缓条件或附延缓期限代理权的代理行为。如委托授权虽然成立，但尚未生效时，代理人所为的代理活动。其四，代理权终止后而为的代理。行为人原有代理权，但代理权已经消灭，此时行为人仍以代理人身份而为代理行为的，也构成无权代理。

（三）无权代理的后果

就本人方面说，无权代理行为属于效力未定的行为。在无权代理的情况下，如果经过本人追认或者本人知道他人以本人名义实施民事行为而不作否认表示的，无权代理人所为代理行为的法律效果归属于被代理人，视为有效代理。若本人不追认，则对本人不发生法律效力。《民法通则》第 66 条第 1 款中规定，“没有代理权、超越代理权或者代理权终止后的行为，只有经过被代理人追认，被代理人才承担民事责任。未经追认的行为，由行为人承担民事责任。本人知道他人以本人名义实施民事行为而不作否认表示的，视为同意。”

对于第三人来说，无权代理人实施的“代理”行为，使第三人对被代理的人享有催告权和撤销权。催告权，是第三人对被代理的本人行使的，告知本人是否承认无权代理人的代理行为，并限期让其答复，期满不作答复的，视为本人拒绝。撤销权是指第三人享有的，在本人追认无权代理行为前，可以撤销无权代理人所为的民事法律行为的权利。但是，在第三人实施法律行为时，已知或应知对方为无权代理人的，则丧失撤销权。

对无权代理人（行为人）来说，在与本人之间，若无权代理行为经本人追认，则行为人属于本人的代理人。若无权代理行为未经本人追认，则依不同情况处理：行为人实施的行为是为避免本人利益受损失的，可成立无因管理，按无因管理关系处理；行为人的行为损害本人利益的，行为人应向本人承担民事责任，相对人为恶意的，与行为人负连带责任。《民法通则》第 66 条第 4 款明确规定：“第三人知道行为人没有代理权、超越代理权或者代理权已终止还与行为人实施民事行为给他人造成损害的，由第三人与行为人负连带责任。”无论是给被“代理”的本人造成损失，或者给第三人造成损害，都应负赔偿责任。

二、表见代理

（一）表见代理的概念

表见代理，又称表现代理，是指没有代理权，而以本人的名义和第三人为民事行为，但有足以使第三人相信其有代理权的事实和理由，而进行的代理。

善意相对人即第三人与行为人实施民事法律行为的，该民事法律行为的后果由本人承担。《民法通则》中规定的“本人知道他人以本人名义实施民事行为而不作否认的，视为同意”的代理，就属于这种表见代理。

表见代理和无权代理之间的相同之处是：二者代理人都无代理权。不同之处是：无权代理，其效力对于被代理的本人来说有权利——既可以追认，也可以拒绝；而表见代理虽然也是无权代理，但是，由于代理人的行为足以使善意第三人发生误解，为了保护交易安全，被代理的本人却必须承担表见代理人的行为后果，然后再由表见代理的代理人，向被代理的本人承担责任。可见，表见代理是一种能使被代理人直接依法承担法律后果的、特殊的无权代理。这是二者相区别的关键。

（二）表见代理的构成要件

构成表见代理应当具备以下四个条件：第一，代理人无代理权，但确有使人相信其有代理权的客观事实。比如亲属关系和职务关系等存在并广泛知晓的事实。行为人虽无代理权，但从行为人与本人关系的外表上看，行为人有代理权，行为人的无权代理行为表现为有权代理。正由于在行为人方面存在足以使相对人相信其有代理权的事实和理由，为了保护相对人的利益，才在法律上规定表见代理发生有权代理的效力和后果。第二，代理人有代理的意思表示。第三，第三人属善意不知情，并且没有过错。第三人（相对人）属于善意，无过错是指相对人不知道或不应知道行为人无代理权。若相对人主观上有过错，知道或者应当知道行为人无代理权而仍与之为民事行为，则无加以保护的必要。第四，行为人与相对人所为的民事行为具备生效要件，是合法有效的民事行为。只有在行为人与相对人间所为的民事行为有效时，才可构成表见代理。若行为人与相对人所为的行为本身就无效，则不能成立表见代理，不能由本人承担该无效民事行为的后果。

（三）表见代理的情形与后果

常见的构成表见代理的情形主要有：(1)本人对第三人表示授权给行为人而实际上并未向行为人授予代理权或者在授权后又撤回其授权。(2)本人交付证明文件给行为人，行为人以此证明文件与相对人实施民事行为。例如本人将空白介绍信或者盖有合同专用章的合同书交给行为人，行为人用此文件与他人订立合同。(3)代理关系终止后，本人未收回代理证书，行为人以原委托授权书等代理证书与相对人实施行为。(4)本人知道行为人为无权代理行为而不表示反对。例如，无代理权的行为人以本人的名义与相对人订立合同，本人知道后做履行合同的准备。

《合同法》第 49 条规定:"行为人没有代理权、超越代理权或者代理权终止后以被代理人名义订立合同,相对人有理由相信行为人有代理权的,该代理行为有效。"同时相对人也可在本人未承认该表见代理行为前主张该行为为无权代理而撤销该行为,从而可直接向实施无权代理行为的行为人追究民事责任。

本章思考题:

1. 说明代理的概念和特征。
2. 滥用代理权的情形及法律后果是什么?
3. 试分析表见代理的构成要件。

第九章

诉讼时效与期限

第一节　时效概述

一、时效概念

时效制度将一定的事实状态经过一定的时间与一定法律后果联系在一起，实质上是规定时间对于法律事实发生、变动权利和义务，乃至法律责任等必然产生的影响。我国《民法通则》对时效作了专章的规定。时效，是指一定的事实状态持续存在一定时间后即发生一定法律后果的法律制度。时效期间就是一定的事实状态持续存在的一定期间。可见，时效期间的构成条件有两个：一是一定事实状态的存在，二是一定事实状态持续存在一定期间。缺少其中任何一个条件，就不构成时效期间这一法律事实。时效期间的出现引起一定的法律后果，该后果也就是时效的法律效力。时效的构成和效力是由法律直接规定的，当事人不得排除其适用。时效期间是由法律规定的，不得由当事人约定。因此，时效期间为法定期间，具有强行性。

二、时效的种类

一般依据时效的构成条件和法律后果，将时效分为取得时效和消灭时效两大类。

(一)取得时效

取得时效，又称占有时效，是指非所有人作为占有人，以归自己所有的意思，占有他人的财物的事实状态符合条件的持续一定期间后，即取得该财产的所有权、发生依法取得该项财产权法律效果的时效制度。取得时效的目的，是使财产所有权关系确定。取得时效是物权取得的一种根据，其法律后果则是占有人取得所占有的物的所有权。

取得时效是对于非所有权人占有的事实状态的法律肯定，因此在其条件上必须严格，否则就有可能在重视和实现动的交易安全的同时忽视和破坏了静的交易安全，即合法所有权人的权利。所以，公开、和平、善意、持续地占有他人财产的事实状态持续到法定期间届满是取得时效的关键所在。具体来看取得时效的成立要件有自主占有、公开占有、和平占有、善意占有和占有持续届满。在效力上，依法同时具备上述要件，取得时效才能成，并因此占有人即能取得其占有的财产的所有权；否则法律不予确认，占有人不能取得财产所有权。作为一种所有权的取得方式，取得时效在物权法部分还要详细介绍。

（二）消灭时效

消灭时效，是指权利人因不行使权利的事实状态持续存在一定期间后即发生丧失权利的法律后果的时效制度。例如，债权人不请求债务人履行债务达到一定期间，债权人即丧失请求债务人履行的权利。我国现行法上规定的诉讼时效就属于消灭时效。一般认为在适用消灭时效中实体上的权利自身不消灭；消灭时效的客体，仅以实体权利派生的请求权为限。

和上述取得时效需要慎重一样，消灭时效也必须慎重、严格、合法。一般认为消灭时效的成立要件有：其一，存在不行使权利的事实状态。这里的权利，是指请求权；不行使权利，是指不行使请求权。其二，不行使权利的事实状态继续到法定期间届满。上述条件必须同时具备，才能发生消灭时效的法律效果。

第二节 诉讼时效

一、诉讼时效的概念与特征

诉讼时效，是指因权利人不行使权利的事实状态持续经过法定期间，即依法发生权利不再受法律保护的后果的法律制度。权利人的民事权利受法律的保护。权利人在其权利受到侵害时，有权请求法院予以保护。但人民法院保护权利也不是无限制的。权利人应于法律规定的期间内请求保护，超过该期间后，法院将不再予以保护。法律规定的权利人请求人民法院保护其民事权利的法定期间就是诉讼时效期间。诉讼时效制度的意义在于：有利于稳定社会秩序，确保交易安全；有利于促使权利人及时有效地行使权利，加速民事流转，提高经济效益；有利于法院迅速查清事实依法判处，提高纠纷解决的效率。

与其他时效制度相比较，诉讼时效具有以下特征：

(一)诉讼时效完成仅消灭实体请求权，即当事人的胜诉权

这就是诉讼时效的效力问题。诉讼时效的效力是指诉讼时效完成即诉讼时效期间届满后发生的法律后果。我国法律上采胜诉权消灭说，即诉讼时效完成后权利人仅丧失请求法院依强制程序保护其权利的权利。诉讼时效是以权利人不行使请求法院保护其民事权利的事实状态为前提的，这与消灭时效以权利人不行使权利的事实状态的前提相一致。诉讼时效完成后权利人的实体请求权消灭，而不是程序上的请求权消灭。因实体上的请求权，是权利人取得胜诉的根据，所以又称为胜诉权。胜诉权是权利人在实体法上拥有的能经过诉讼保护，经一审、二审(甚至三审)、申诉等程序，最终实现权利内容的一种请求权。它能因诉讼时效的届满而消灭。需要注意的是，诉讼时效完成后，权利人丧失的并不是向法院起诉的权利，权利人仍有权向法院起诉，只不过权利人丧失了通过诉讼获得救济的权利，法院不再保护其权利。再者，《民法通则》第138条规定："超过诉讼时效期间，当事人自愿履行的，不受诉讼时效限制。"胜诉权消灭，不等于权利人丧失要求权利实现的领受权。因此，仍有权领受对方的履行。

(二)诉讼时效具有强行性和普遍性

法律关于诉讼时效的规定属于强行性规定，当事人既不能协议排除对诉讼时效的适用，也不得以协议变更诉讼时效期间。也正因为此，诉讼时效规范为普遍性规范，除法律另有规定外，诉讼时效适用于各种民事法律关系。根据民法通则的规定，向人民法院请求保护民事权利的诉讼时效期间一般为两年，但下列案件的诉讼时效期间为一年：(1)身体受到伤害要求赔偿的；(2)出售质量不合格的商品未声明的；(3)延付或者拒付租金的；(4)寄存财物被丢失或者损毁的。诉讼时效期间从知道或者应当知道权利被侵害时起计算。但是，从权利被侵害之日起超过20年的，人民法院不予保护。有特殊情况的，人民法院可以延长诉讼时效期间。

二、诉讼时效的种类

按照我国《民法通则》的规定，以诉讼时效适用范围和诉讼时效期间长短的不同来进行划分，诉讼时效可分为一般诉讼时效、特殊诉讼时效和最长诉讼时效：

(一)一般诉讼时效

一般诉讼时效，又称普通诉讼时效，是指民法上统一规定的适用于法律没有另外特别规定的各种民事法律关系的诉讼时效。《民法通则》第 135 条规定："向人民法院请求保护民事权利的诉讼时效期间为 2 年，法律另有规定的除外。"依此规定，除法律另有规定外，都应适用 2 年期间的诉讼时效。因此，普通诉讼时效的时效期间为 2 年。可见，普通诉讼时效的特点是一般性和强行性，它是由一般法规定的，普遍适用的，只要法律上没有另外的规定，均适用普通诉讼时效。

(二)特殊诉讼时效

特别诉讼时效，又称特殊诉讼时效，指特殊或专门为某些民事权利规定的诉讼时效期间，由民法或者单行法特别规定的仅适用于法律特殊规定的民事法律关系的诉讼时效。特别诉讼时效包括《民法通则》中规定的特别时效和其他单行法中规定的特别时效。《民法通则》关于特别诉讼时效的规定依《民法通则》第 136 条规定，下列的诉讼时效期间为 1 年：(1)受到伤害要求赔偿的；(2)出售质量不合格的商品未声明的；(3)延付或者拒付租金的；(4)寄存财物被丢失或者损毁的。除《民法通则》外，其他法律中规定的期间不为 2 年的诉讼时效，也为特别诉讼时效。例如，《合同法》第 129 条中规定，因国际货物买卖和技术进出口合同争议提起诉讼或者申请仲裁的期限为 4 年，自当事人知道或者应当知道其权利受到侵害之日起计算。

我国的普通诉讼时效与特别诉讼时效的区分并不以时效期间的长短为根据，而是以这种时效的适用对象的特定性。特别诉讼时效的时效期间既可能短于普通诉讼时效期间，也可长于普通诉讼时效期间。特别诉讼时效不具有适用上的一般意义，在适用上，特别诉讼时效优于普通诉讼时效：对于某一具体的民事法律关系，在法律有特别的时效规定时，应适用法律的特别规定；只有在法律没有特别规定时，才可适用普通诉讼时效。

(三)最长诉讼时效

最长诉讼时效，是指对被侵害的民事权利给予诉讼保护最长的诉讼时效期间，亦称终极诉讼时效。我国《民法通则》第 137 条"诉讼时效期间从知道或应当知道权利被侵害时起计算。但是,从权利被侵害之日起超过20年的,人民法院不予保护。有特殊情况的,人民法院可以延长诉讼时效期间”的规定,就属于最长诉讼时效,是为了尽力保护权利人的权利。

三、诉讼时效与除斥期间

除斥期间,也称预定期间,是指法律规定的固定的权利存续期,即法律规定民事主体享有某项民事权利的不能变动的期间。权利人在除斥期间(预定期间)之内不行使其权利的,期间届满后即发生该项权利消灭的法律效果。权利消灭,当事人自然无权再主张该项权利。

因为除斥期间届满后也会发生某种权利消灭的后果,所以它与诉讼时效极为相似。但诉讼时效与除斥期间毕竟是两种不同的权利制度,除斥期间与诉讼时效有以下不同:

1.性质和后果不同

除斥期间与诉讼时效,虽同为及早确定法律关系以维持和稳定社会秩序的措施,但二者所维持的具体秩序的性质则恰恰相反。诉讼时效期间是权利受到侵害时权利人请求法律保护的法定期间,诉讼时效完成后权利人丧失的仅是请求法律保护的权利;而除斥期间是权利存续的期间,除斥期间届满后所消灭的权利一般为形成权,而非请求权。除斥期间所要维持的是原有具体秩序,而排除变动的请求,期间内未行使异议权的,使原有秩序继续存在。诉讼时效对具体请求权未予行使的,不再维持原有的具体秩序,而着眼于维持相反于原有具体秩序的新的具体秩序。

2.实际适用不同

除斥期间届满后,权利绝对消灭。因此,对于除斥期间,不论当事人是否主张,法院可依职权主动适用关于除斥期间的规定,否则,即为适用法律不当。而消灭时效,非由当事人援用,法院则不得利用职权主张援用而进行裁判。因为,诉讼时效届满后权利尚不消灭,仅仅是权利人丧失了请求权,对方当事人获得了永久抗辩权。如果对方当事人自愿向权利人履行义务,法律仍予以确认和保护,义务人事后还不得以不知诉讼时效届满为理由请求返还。

3.时效运作不同

除斥期间是固定的,不存在期间中止、中断和延长问题,而诉讼时效期间为可变期间,在诉讼时效期间开始计算后,可发生中止、中断或延长。诉讼时效期间一般自权利人能够行使请求权之日起计算,若权利人不能行使请求法律保护的权利,则一般不开始计算时效期间;而除斥期间则一般自权利成立之日时起算，至于权利人能否行使其权利，一般并不影响期间的计算。

四、诉讼时效的中止、中断与延长

(一)诉讼时效的中止

诉讼时效的中止，是指在诉讼时效期间的最后6个月内，因发生法定事由使权利人不能行使请求权的，暂停计算时效期间，待中止事由消除后，再继续计算诉讼时效期间。可见，诉讼时效的中止，只是在诉讼时效进行中因一定的法定事由的发生而停止计算时效期间，而在阻碍诉讼时效进行的法定事由消除后，诉讼时效将继续进行。诉讼时效中止，只是发生诉讼时效期间的停止计算，原进行的诉讼时效仍然有效，中止事由消除后，诉讼时效继续进行。因此，诉讼时效中止，只是将中止的时间不计入诉讼时效期间，中止前后进行的诉讼时效时间合并计算期间届满时，诉讼时效完成。

诉讼时效中止的事由是由法律规定即法定的而不能是约定的。《民法通则》第139条规定："在诉讼时效期间的最后六个月内，因不可抗力或者其他障碍不能行使请求权的，诉讼时效中止。从中止时效的原因消除之日起，诉讼时效期继续计算。"依此规定，发生诉讼时效中止的事由包括：(1)不可抗力；(2)其他障碍。其他障碍，是指除不可抗力以外、阻碍权利人行使请求权的客观事实，主要有：权利人为无民事行为能力人或限制民事行为能力人而无法定代理人、继承开始后没有确定继承人或遗产管理人、义务人逃避民事责任下落不明等。只有阻碍权利人行使请求权的客观事实发生在诉讼时效期间的最后6个月内，才发生诉讼时效的中止。如果中止的事由发生在诉讼时效期间的最后6个月前而于最后6个月时消除的，诉讼时效不中止；若该事由延续到最后6个月内，则自时效期间的最后6个月时起中止。

(二)诉讼时效的中断

诉讼时效中断，是指在诉讼时效进行中，因发生法定事由致使已经经过的诉讼时效期间全归无效，待中断事由消除后，重新开始计算诉讼时效期间。

诉讼时效的中断事由是由法律直接规定的。《民法通则》第140条规定："诉讼时效因提起诉讼、当事人一方提出要求或者同意履行义务而中断。从中断时起，诉讼时效期间重新计算。"依此规定，诉讼时效中断的事由有以下三种：(1)提起诉讼。权利人提起诉讼，说明其已积极行使请求权保护其权利，因此诉讼时效不应再进行。权利人依其约定向仲裁机构申请仲裁的，与起诉有相同的效力。但是当事人起诉或者提出仲裁申请因不符合条件而被驳回或者自己撤回起诉或仲裁申请的，则因权利人并未真正行使请求保护其权利的权利，诉讼时效不中断。(2)权利人提出要求。权利人提出要求，说明其未放弃权利，改变了权利人不行使权利的事实状态，因此发生诉讼时效的中断。(3)义务人同意履行义务。义务人同意履行义务，当事人双方间的权利义务关系处于确定状态，已进行的诉讼时效也就无维持的必要，因此发生诉讼时效的中断。

诉讼时效中断时，已经经过的诉讼时效全归无效，重新开始计算诉讼时效期间。一般说来，因起诉或者申请仲裁而中断诉讼时效的，应自诉讼终结或者法院或仲裁机构作出裁决之日起重新开始计算时效期间；权利人申请强制执行的，应自执行程序完毕之日起重新开始计算时效期间；权利人向人民调解委员会或者有关单位提出权利保护请求，经调处达不成协议的，自调处失败之日起重新开始计算时效期间，调处达成协议，义务人未按协议所定期限履行义务的，诉讼时效期间自该期限届满之日起重新开始计算。因权利人提出要求或义务人同意履行义务而中断诉讼时效的，自要求或者同意的意思表示到达对方之日起重新开始计算诉讼时效期间。

诉讼时效中断与中止，都有使诉讼时效不能按期完成的阻却作用，但二者有着以下重要的区别：(1)发生的事由不同。诉讼时效中断和中止的事由，尽管都是法律规定的法定事由，但其性质不同：诉讼时效中断的事由属于可由当事人主观意志决定的情况；而诉讼时效中止的事由属于不由当事人主观意志决定的客观情况。(2)发生的时间不同。诉讼时效中断可发生在诉讼时效开始后的任何时间内；而诉讼时效的中止只能发生在诉讼时效期间的最后 6 个月内。(3)发生的后果不同。诉讼时效中断是使已经过的时效期间全归无效，重新开始计算诉讼时效期间；而诉讼时效中止是使已经过的时效期间仍然有效，只是使时效期间暂停计算，于中止事由消除后继续计算时效期间。

(三)诉讼时效的延长

诉讼时效的延长，是指在诉讼时效届满后，权利人向人民法院提出请求时，经法院查明权利人确有正当理由未能及时行使权利的，由法院确定可延长时效期间，使诉讼时效不完成。所谓有正当理由，是指权利人由于客观的障碍在法定诉讼时效期间不能行使请求权的特殊情况。按照最高人民法院的解释，《民法通则》第 137 条规定的“20 年”期间，可以适用延长的规定，而不适用中止、中断的规定。

五、诉讼时效的起算

诉讼时效的起算，是指诉讼时效期间的开始计算。《民法通则》第 137 条中规定:“诉讼时效期间从知道或者应当知道权利被侵害时起计算。但是,从权利被侵害之日起超过二十年的,人民法院不予保护。”因为诉讼时效期间,是权利人请求人民法院保护其民事权利的法定期间,因此只能从权利人知道或者应当知道权利被侵害时起算。知道,是指权利人明确权利被何人侵害的事实;应当知道,是指根据客观事实推定权利人能知道权利被侵害和被何人侵害。但是,自权利被侵害之日起超过 20 年的,即使权利人不知道或不应当知道权利被侵害,人民法院也不再予以保护。

诉讼时效期间的开始时间一般应依下列情形确定:(1)附条件的债,应自条件成就之日起算。(2)定有履行期限的债,应自约定的履行期限届满之日起算。(3)未定有履行期限的债,应自债权人给予的宽限期限届满之日起算。所谓宽限期间,是指债权人要求对方履行时给予对方的必要的准备时间。(4)以不作为为标的的请求权,应自义务人违反不作为义务之日起算。(5)违约损害赔偿请求权,应自违约行为发生之日起算。(6)要求返还被非法占有的财物的,应自权利人知道物被非法占有和侵占人之日起算。(7)侵害身体健康的,伤害明显的,从受伤害之日起算;伤害当时未曾发现,后经确诊并能证明是由伤害引起的,从伤势确诊之日起算。

第三节 期 限

一、期限概述

期限,是指民事法律关系发生、变更和终止的时间。民事法律关系都有一个产生、变更和终止的过程,与时间有着密切的关系。期限的意义有:(1)期限可决定民事主体的民事能力的取得及丧失,如,出生之时为自然人民事权利能力发生的时间,成年之日为自然人取得完全民事行为能力的时间,法人的成立时间决定着法人民事能力的产生。(2)期限可决定某些事实的推定,如自然人下落不明满一定期间可推定其失踪或死亡。(3)期限决定着权利的行使和义务的履行,如债务履行期限、保证期限、撤销权的行使期间。(4)期限可以决定民事权利义务的取得及丧失,如所有权的转移时间、除斥期间、时效期间。(5)期限可决定民事法律关系的效力,如附期限民事法律行为中的期限。

期限包括期日和期间。期日，是指不可分的一定时间，如某年、某月、某日、某时。期间，则是指从某一时刻到另一时刻所经过的一段时间，如一个月、一年，从2007年1月1日到2008年1月1日。

在民事诉讼中，期日与期间的区别：第一，期日是人民法院与诉讼参与人会合进行某种诉讼活动的时间；期间则是某一诉讼主体单独进行某种诉讼活动的期限。第二，期日只规定开始的时间，不规定终止时间；期间则既有始期又有终期。第三，期日无法定期日与指定期日之分，都是由人民法院指定；期间则存在法定期间与指定期间。第四，期日因特殊情况的发生，可以变更；期间有的可以变更，有的则不能变更。我国民事诉讼法只对期限作了专门的规定，而期日则是由人民法院在司法实践中具体确定。在民事诉讼中，当事人和其他诉讼参与人行使诉讼权利，履行诉讼义务，或者人民法院进行审判活动，除不可抗拒的事由或其他正当理由之外，都必须在规定的时间内完成，否则将产生一定的法律后果。

二、期间的分类

（一）法定期间、指定期间和意定期间

根据其确定根据，期间可分为法定期间、指定期间和意定期间。法定期间，是指由法律直接规定的期间，如诉讼时效期间。指定期间，是指由法院或仲裁机构等确定的期间，如裁决中规定的偿还债务的期间。意定期间，是指由当事人自行约定的期间，所以又称约定期间，如合同中约定的履行期间。

根据《民事诉讼法》第75条规定，期间包括法定期间和人民法院指定的期间。法定期间，是指由法律明确规定的诉讼期间。法定期间原则上为不变期间，除法律另有规定外，人民法院不得依当事人的申请或者依职权予以变更。诉讼法律关系主体必须在法定期间内进行或者完成某种诉讼活动，才具有法律效力，否则就会引起相应的法律后果。如民事诉讼法规定，当事人不服地方人民法院第一审判决的，有权在判决书送达之日起15日内向上一级人民法院提起上诉。指定期间，是指法律没有规定，人民法院根据案件的具体情况和审理案件的需要，依职权决定当事人和其他诉讼参与人在一定期限内进行某种诉讼活动的期间。指定期间是法定期间的一种补充。指定期间也称可变期间。尽管指定期间可以变更，但是，期间一经人民法院指定，不得随意变动。轻易变更指定期间，有损于人民法院执法的严肃性，也可能损害当事人及其他诉讼参与人的合法权益。如果确因情况发生变化，

需要变更指定期间的，人民法院应当将变更的情况及时通知有关诉讼参与人。

(二)任意性期间和强行性期间

根据其是否具有强制性，期间可分为任意性期间和强行性期间，任意性期间，是指法律允许当事人自行约定的期间。民法上的期间多为任意性期间，可由当事人自行约定。强行性期间，是指由法律直接规定的并且当事人不得排除其适用的期间。

除上述分类以外，还可以对于期间按照其是否连续计算，划分为连续期间和不连续期间；根据其确定性，划分为确定期间、相对确定期间和不确定期间；根据其适用范围，则可以分为普通期间和特殊期间。这些期间的划分和上述两种主要划分一样都有利于对有关法定和约定期间的识别和信守。

三、期限的确定与计算

期日与期间，有法律规定的，也有法院指定的，还有民事法律行为订立定的。期日与期间一经确定，即对当事人发生法律上的拘束力，不得不法、擅自变更。期限可以以下方式确定：(1)规定日历上的某一时间，如 2007 年 4 月 1 日；(2)规定一定期间，如 1 个月、1 年；(3)规定某一必然到来或必然发生的特定时刻，如死亡之日；(4)规定以当事人提出的时间为准，如规定债权人提出偿还债务时即应偿还。

期间的计算方法，除特别订定的外，一般都应依据民法规范规定的方法计算。依《民法通则》第 154 条、第 155 条的规定，期间的计算方法为：(1)期间的起点。“规定按照小时计算期间的，从规定时开始计算。规定按照公历日、月、年计算期间的，开始的当天不算入，从下一天开始计算。”也有以时为计算单位的，如人民法院接受诉讼当事人财产保全的申请后，对情况紧急的，必须在 48 小时内作出裁定。(2)期间的终点。当事人约定的期间不是以月、年第一天起算的，1 个月为 30 日，1 年为 365 日；期间的最后一日是星期日或者其他法定休假日的，以休假日的次日为期间的最后一天，星期日或其他法定休假日有变通的，以实际休假日的次日为期间的最后一天；期间的最后一天的截止时间为 24 点，有业务时间的，到停止业务活动的时间截止。节假日是指法定节假日，包括双休日、元旦、春节、五一节、国庆节等，但不包括部分公民放假的节日、某些民间节日或纪念日，如妇女节、教师节、植树节等等。(3)依《民法通则》，民法所称的“以上”、“以下”、“以内”、“届满”，包括本数；所称的“不满”、“以外”，不包括本数。(4)期间不包括在途中的时间，诉讼文书在期满前交邮的，不算过期。在途中的时间是指诉讼文书邮寄途中所花费的时间。在计算诉讼期间时，应把诉讼文书的在途时间予以扣除。

本章思考题：

1. 除斥期间与诉讼时效的区别是什么？
2. 诉讼时效的中止与中断的区别是什么？
3. 简述期间的计算方法。

第二编
人身权

第十章

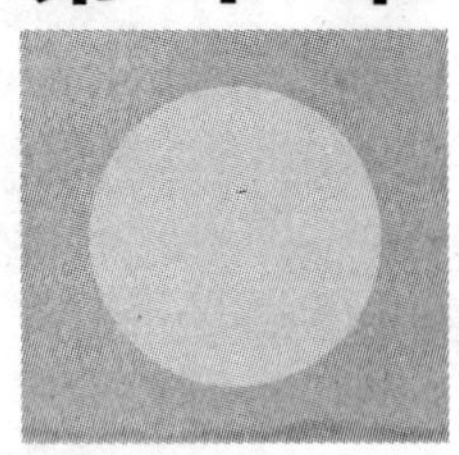

人身权概述

第一节 人身权的概念、特征与分类

一、人身权的概念及特征

人身权是指民事主体依法享有的，与其自身不可分离且没有直接财产内容的民事权利。要正确理解人身权，就不能不对人身有较明确的认识。根据《现代汉语词典》的解释，人身是指："个人的生命、健康、行动、名誉等（着眼于保护或损害）。"[①]从语义上分析，人身这种词语目前在日常生活中使用的含义有两个方面，即人体和人格利益。这两种含义，后者包括前者，前者只是后者的一部分。[②] 不过，从法律角度观察，人身不仅是指自然人的人身，还包括法人和其他组织的人身；人身所体现的利益不仅限于人格利益，还包括身份利益；人身所体现的利益可以由权利人所支配。所以，人身利益应当是民事主体依法享有，与其自身不可分离并且受法律保护的利益。人身权立法的重要目的就在于确定、保护民事主体的人身利益，以实现人权保障和人类幸福。我国民法调整的内容是平等主体之间的人身关系和财产关系，人身关系作为这两大基本内容之一，决定了人身权在民法中占有极为重要的地位。人身权具有以下法律特征：

① 《现代汉语词典》，商务印书馆 2005 年版，第 1147 页。

② 杨立新：《人身权法论》，人民法院出版社 2002 年版，第 60～61 页。

(一)人身权与民事主体的自身不可分离

人身权是民事主体的固有权利,公民自出生至死亡,依法享有人身权;法人或者其他组织自成立至消灭,也享有相应的人身权。民事主体是人身权的载体,如果民事主体的自身不存在了,那么其人身权也就丧失了存在的基础。由于人身权与民事主体的不可分离性,民事主体不管是否意识到,人身权都是客观存在的。尤其对自然人而言,人身权是其与生俱来的,不论民族、年龄、智力、经济条件有何差异,都依法享有平等的人身权,并受到平等的法律保护。一般情况下,人身权不得以任何形式转让或者放弃。但是,法人或者其他组织则属例外,其可以在一定条件下处分部分人身权,例如法人或者其他组织转让自己的名称权等。

(二)人身权是没有直接财产内容的民事权利

人身权与财产权有着根本的区别,人身权的客体是人身,也即人身所体现的利益,而财产权的客体是财产。所以,人身就不可能直接表现为财产,也无法以金钱、物等手段来计算和衡量。"人身无价"的传统观念充分反映了人身权不能直接体现为财产内容的特性。但是,人身权没有直接财产内容,并不是说人身权不能在任何形式下以财产来衡量。相反,在现代市场经济中,许多人身权与财产往往存在密切的关系。虽然隐私权、名誉权、普通自然人的姓名权等权利大多表现为精神利益,很少有财产内容,但肖像权、名称权、社会知名人士的姓名权、信用权等人身权则往往蕴含了巨大的商业价值,极易形成财产内容。不过,这种财产内容的形成不是直接形成的,而是需要一定经济方式予以转化,进而形成一种财产性利益。可见,这种财产性利益只是经过特定形式由人身权派生而来的,无法否认人身权没有直接财产内容的特征。

(三)人身权具有绝对性和支配性

一方面,人身权具有绝对性。人身权的权利人是特定的,而义务人则是不特定的。人身权的行使不以义务人实施一定的行为为前提条件,任何不特定的人都有不侵犯、不妨害他人人身权的义务。当然,人身权的绝对性也有例外,如亲属权中的抚养请求权。另一方面,人身权具有支配性。民事主体可以直接支配人身权的权利客体,管领自己的人身利益和人格利益,排除他人对自己人身利益的干涉和妨害。例如自然人对自己姓名的决定、使用、变更等。

二、人身权的分类

人身权的具体权利非常复杂多样,随着人类社会经济文化的发展和生活方式的改变,不断会常生新的需要保护的各种人身权利,为了认识人身权的规律，便于法学研究和司法运用，应当对人身权进行必要的分类。

根据人身权依存的社会关系，可将人身权分为人格权和身份权。人格权依附于人格关系，其具体权利主要有生命权、健康权、身体权、姓名权、名称权、肖像权、自由权、隐私权、名誉权、信用权、贞操权等等；身份权依附于身份关系，其具体权利主要有配偶权、亲权、亲属权、著作权中的人身权等。

除了目前已经统一认识的人格权和身份权的分类外，一些学者还根据理论研究和司法实践的需要，尝试对人格权进行更具体的分类。这些分类主要有：①

（一）一般人格权和具体人格权

一般人格权是指有关人格尊严、人格平等、人格自由的抽象的、一般的、概括的权利。具体人格权是指有关生命、健康、身体、姓名、名称、名誉等各种具体的人格权。在法律有明确规定时，适用具体人格权的规定。在没有具体的人格权规定时，可以适用一般人格权的规定。

（二）物质性人格权和精神性人格权

物质性人格权是指自然人对于其生命、身体、健康等物质性人格要素的不可转让的支配权，包括生命权、健康权、身体权三种。精神性人格权是指没有物质性实体标的，而以抽象的精神价值为标的人格权，如名誉权、肖像权、隐私权等。物质性人格权的主体只能是自然人，具有强烈的专属性，不能转让。精神性人格权主体可以是自然人，也可以是法人，在一些特定条件下可以转让。

（三）自然人人格权和法人人格权

这是根据民事权利的主体不同而划分的。自然人人格权是指自然人依法享有的人身自由、人格尊严、人格平等以及生命、健康、身体、姓名、肖像、名誉等方面的人格权利。法人人格权是指法人对于名称、名誉、信用等享有的人格权利。自然人人格权和法人人格权在内容上是不同的，法人的某些人格权（如名称权）是可以转让的，而自然人的人格权一般不能转让。

至于身份权的更具体分类，目前主要有亲属法上的身份权和非亲属法上的身份权；基本身份权和派生身份权、自然人身份权和法人身份权等。

---

① 王利明：《人格权法研究》，中国人民大学出版社 2005 年版，第 44～47 页。

第二节　人身权制度的历史发展

一、国外人身权制度的历史发展

人身权作为一个法律概念，最终形成于近代社会，但作为具有人身权内容的法律制度，则有悠久的历史。可以说，法律从产生之初，就不可能回避对生命、健康、亲属等这些人身利益的确定与保护方面的内容，人身权应当与法律同步产生与发展，并且随着社会文明的进步不断完善。

在原始社会末期，对于人身利益的保护主要依赖于原始习惯法，大多远古社会的习惯法禁止在氏族内部剥夺他人生命或者伤害他人健康的行为。如同其他运用于解决社会纠纷的法律一样，同态复仇、血亲复仇是维护人身利益的主要手段。当一个氏族成员被氏族外的成员杀死或者伤害，整个氏族成员就有复仇的义务；当一个氏族成员被氏族内部其他成员杀死或者伤害时，那么实施侵害行为的氏族成员就要受到严厉的惩处。这种私力救济与当时的社会经济文化发展相一致，是特定历史阶段保护人身利益的有效方法。

在西方成文法时期，早期的奴隶制国家不约而同地继承了原始习惯法中保护生命、健康、等人身利益的传统，并且随着家庭、阶级的形成，开始注重在立法中保护奴隶主及家长的身份利益。东罗马帝国法学家盖尤斯声称："奴隶是处于主人权力之下，这种对奴隶的权力是万民法的制度……在各民族中，主人都对奴隶拥有生存权、处死权，以及主人所获得的一切也就是主人获取的。"这反映了当时人身权所具有的阶级属性。在亲属法律方面，其人身权的规定也表现出不平等的特征，家长的权威得到强化。《苏美尔亲属法》规定，儿子若不承认父母，应被当作奴隶出卖，女儿若不承认父母，应被逐出家庭，妻子若不承认丈夫，则是十恶不赦，应投入河中淹死。《汉穆拉比法典》规定，父亲无力还债时。可以出卖子女为奴，子女犯有罪过，可以剥夺其继承权。《摩奴法典》规定，在亲权关系中，儿子属于夫主，受夫主支配，女子则处于其父亲、夫主、儿子的从属地位；在夫妻关系中，夫权高于一切，夫主对嫌恶他的妻子可以没收其财产，对有不良习惯、不孕、生病的妻子，可以进行更换。[①] 值得注意的是，

① 郭明瑞：《民法》，高等教育出版社 2003 年版，第 150 页。

成文法时期的人格权已经不局限在生命权、健康权等方面,还包括了名誉权、姓名权等精神性人格权的内容。罗马法时期的人身权有了进一步发展,适用了人格的概念,人身权的范围更加广泛,扩大到自由权、贞操权等领域,对罗马公民的人身权(奴隶当然没有人格权)实行严格的保护。在人身权保护的手段上,逐步摆脱了以往只采用刑罚手段的阶段,还以民事责任的方式保护公民的人身权。在中世纪,欧洲大陆纳入神权的统治之下,原来罗马私法兴盛的局面被封建专制所取代,人身权法律制度出现严重倒退,许多在罗马法时期形成的人身权被神权所湮没。不过,经过古希腊和罗马帝国时代沉淀下来的深厚的法律文明至少在思想领域得以延续,从而留下复兴的火种。

资产阶级革命时代,人权运动勃兴,并在法律领域取得丰硕的成果。英国分别于1679年和1689年颁布《人身保护法》、《英国民权法》,美国于1776年发布《独立宣言》,法国于1789年发布《人权宣言》,这些法律文件旗帜鲜明地宣扬了"天赋人权"、"人人生而平等"等人权保护思想。虽然这一时期的法律文件多以公民的政治权利为出发点,但其中也隐含了许多人身权的法律思想,并为人身权法律制度发展提供了坚实的基础。近现代的《法国民法典》和《德国民法典》是人身权制度发展史上重要的里程碑。1804年的《法国民法典》是法国资产阶级大革命的重要成果,它适应了早期资本主义的发展,提出财产所有权的绝对性和契约自由的原则,尤其是将"人法"放在突出的位置,确立人的民事主体资格,体现出对人的权利保护的重视,这些直接影响着此后民法的发展。由于早期民法立法上的疏漏,《法国民法典》没有明确规定有关人格权保护的内容,但在随后的民事司法实践很快意识到对人格权保护的重要性,法官对《法国民法典》第1382条侵权行为的过错原则作了扩张性解释,创立了人格权保护的判例。1896年制定的《德国民法典》是继《法国民法典》之后又一部重要的民法典,《德国民法典》体系完整、概念科学、字义准确,对20世纪各国制定的民法典有重大影响。瑞士、奥地利、日本、东欧各国和中华民国时期的民法典的制定在不同程度上都参照了《德国民法典》。《德国民法典》也表现出对"人"的重视,将"人法"放在卷首,规定了姓名权等人身权,并且在债法中规定侵害人身权的民事责任。1907年制定的《瑞士民法典》又对人身权的保护作了进一步的发展,不仅专列了"人格权"篇,对人格权保护作了明确规定,而且首次把人格权的主体范围从自然人扩大到法人,并且初步确立了精神损害赔偿制度。[①] 从以上可以看出,西方人身权的立法到20世纪初期,基本完成

① 李开国、张玉敏:《中国民法学》,法律出版社2002年版,第282页。

了由分散立法到系统立法的过程,人身权保护的范围逐步扩大,人身权的主体从自然人发展到法人,其规定越来越完备。当然,人身权法律制度的发展并没有停止,随着社会结构的转变和新的社会观念的形成,不断会形成新的民事权利,人身权的范围也在不断调整。

二、我国人身权制度的历史发展

中国古代社会诸法合体,刑事法律高度发达,存在悠久的刑治传统,没有独立的人身权法律制度,有关人身权的规范包含在刑法等法律体系中,或者表现为复杂的伦理规范。[①] 我国古代人身权制度主要是身份权方面的内容,由于宗法家族制度成为社会统治的基础,身份制度在有关法律制度中取得主导地位,君权、族权、父权、夫权占有很高的社会地位,身份的等级性非常突出。由于身份的不平等,就决定了人格上不平等,人身权的等级性,就成为我国古代社会的基本特征之一。在人身权保护方面,历代统治者偏重利用刑罚手段进行保护,造成民事权利的刑法化。

清末修律,中华法系最终解体。1911 年 8 月完成的《大清民律草案》借鉴了当时世界主要强国德国的民事立法成果,认为人格权是人自身的基本权利,规定了较为具体的人身权内容。草案总则中专门设立了"人格保护"一节,规定:"人格关系受侵害者,得请求摒出其侵害。"确立了人格权保护的一般原则,明确了自由权、姓名权等人格权。不过,由于根深蒂固的封建文化影响,《大清民律草案》在人身权方面仍然保留了许多传统的专制等级内容。例如,它承认男子在家庭中的支配地位,家庭成员的地位以亲等和长幼为序,未达到一定年龄的子女结婚或者离婚必须经父母同意等等。《大清民律草案》虽然有维护封建宗法伦常的内容,但毕竟开创了我国近代人身权立法的先河,为现代人身权制度的发展打下了基础,对中华民国时期的人身权立法有直接影响。北洋政府时期,进行又一次民事立法,1926 年完成《民国民律草案》,人身权的规定基本沿用《大清民律草案》的内容,只是将"人格关系"改为"人格权",人格权的范围有所扩大。南京国民政府于 1930 年完成《中华民国民法》,仍然受前述草案的较大影响,其人格权的规定进一步扩大,明确了自由权、姓名权、生命权、身体权、健康权、名誉权等人格权,并且规定了侵害人格权的救济方法。

新中国成立后,人民的政治地位发生了根本变化,人身权得到前所未有的尊重,公民的人身权利在宪法中有明确的规定,成为一项重要的宪法权利。但

① 张中秋:《中西法律文化比较研究》,中国政法大学出版社 2006 年版,第 96 页。

是，由于民事立法涉及多个方面，受各种因素的制约，我国一直没有颁布自己的民法典。1986年颁布的《民法通则》是人身权立法的一大进步，具有鲜明的特色。一方面，人身权的地位有很大提高。单独设立“民事权利”一章，将人身权与财产权并列为民事主体的基本权利，摆脱了传统民法中人身权的附属地位，使其具有相对独立性，并且对具体人格权的规定较为全面，包含了生命权、身体权、健康权、姓名权、名称权、名誉权、肖像权等。另一方面，人身权的保护较为系统科学。对人格权进行平等的保护，规定公民、法人享有的人格权一律平等，公民的人格权不因民族、种族、性别、职业、家庭出生、宗教信仰、教育程度、财产状况等方面的差异而有任何区别，任何人都不得享有超越法律的特权。强调对妇女、老人、儿童及残疾人的人格权给予特殊保护，体现了法律的人道主义精神和公平正义的社会观念。同时，还从正反两个方面对人身权作出规定，即强调民事主体享有的人身权，又从反面规定禁止侵害人身权的行为。例如，《民法通则》明确规定不得以侮辱、毁谤的方式损害公民、法人的名誉等。

不容否认，我国目前人身权立法还存在一些局限性，需要在制定民法典时尽力予以解决。首先，人身权立法不集中，分散在多个法律之中，影响了人身权法律制度的系统性和严谨性，并给法律适用带来一定的困难。目前有关人身权的法律规定分散在《民法通则》、《妇女权益保护法》、《未成年人保护法》、《残疾人保护法》、《消费者权益保护法》、《反不正当竞争法》等多部法律以及大量司法解释之中，将人身权制度尽可能纳入统一的民法典中，改变立法零乱现象，已经迫在眉睫。其次，对人格权的规定不甚完备。我国民法中关于身份权的规定较为明确、系统，只是在派生身份权方面尚需进一步完善，而在人格权方面还有许多要完善的地方。一般人格权只是在宪法中有所体现，而民法中还没有一般人格权的规定，这就限制了相关法条的保容量，不适应人格关系不断调整变化的社会现状。具体人格权方面明显落后于社会转型的发展步伐，有关自由权、贞操权、信用权等具体人格权都没有规定，不利于新型人格关系的保护。这些问题既是目前法学理论研究的热点，也是民法典立法中应当明确的问题。另外，在人身权的民法保护方法上，也有进一步完善的空间。①

① 杨立新：《人身权法论》，人民法院出版社2002年修订版，第49～50页。

三、人身权制度的意义

人身权与财产权一起构成我国民法的两大支柱，对保障人的尊严与安全，维护人的价值具有重要的作用，人身权制度的产生与发展，反映了人类社会不断向更高级形态迈进的必然规律，人身权制度的意义主要表现在以下几个方面。

（一）人身权制度是人类生存和发展的重要保障

人作为社会的主体，在目前日益发展变化的社会结构中，始终存在着各种对人身安全、生命健康的威胁。人身安全能否得到保障，直接决定人这种社会主体的物质载体能否存在，决定着人类的繁衍能否延续。因此，人身权自形成之初，人类社会就首先意识到物质性人格权对人类生存的重要意义，对生命健康权利的保护给予高度重视。可以说，人身权是人类对自身生命价值的基本认识，人类的生存和繁衍离不开对人身权的承认和保护。同时，人类社会的发展也离不开人身权法律制度，人类不仅要保护维系生存的物质载体，更重要的是实现更高的生命价值，人身自由、人格平等、人格尊严等精神领域就成为人类发展必然追求的目标，当人身权法律制度承认并保护名誉权、肖像权、人身自由权、隐私权、信用权等精神性人身权时，就为人类的解放、为人类向更高级的生存状态进步提供了强大的法律基础。

（二）人身权制度是保障人权的需要

人权与人身权存在很多交叉的内容，人权思想的发展直接影响着人身权法制度的完善。1776 年 7 月 4 日美国大陆会议通过的《独立宣言》中宣称："我们认为这些权利是不言而喻的：人人生而平等，他们都从他们的'造物主'那边被赋予了某些不可转让的权利，其中包括生命权、自由权和追求幸福的权利。"1789 年法国资产阶级大革命中问世的《人权宣言》也强调所有的人应当享有人的权利。1948 年的《世界人权宣言》也明确规定："对人类家庭所有成员的固有尊严及其平等的和不移的权利的承认，乃是世界自由、正义与和平的基础。"这些人权思想作为人类共同的文化成果被继承和发扬，并在立法中使之具体化。我国《宪法》明确规定了公民的平等权、人身自由权、人格尊严权、婚姻自由权等各项基本权利，《民法通则》及其他民事法律中的人身权很多都是宪法权利的具体化。可见，人身权实际是许多人权思想和宪法权利的具体化，人权思想和制度为部分人身权法律制度提供了基础，人身权法律制度是保障人权的一个重要方面。

(三)人身权制度是建立和维护稳定有序的社会关系的需要

人类社会是由一个庞大复杂的系统构筑而成,社会关系在经济文化的发展中不断随之调整,如何平衡各种不同的利益关系,使社会系统的运行处于稳定有序的状态。人身权制度规定每个民事主体所享有的生命权、健康权、身体权、姓名权、名称权、名誉权、自由权、亲权、亲属权等各项权利,其他人都不得侵犯这些权利,包括国家机关和社会组织也不得侵犯之。这样,民事主体的人身权利得到保障和尊重,各种社会主体的行为被依法予以约束,有利于个人之间和睦关系的形成,构建解决社会利益纠纷的有效机制,增进社会和谐。不过,人身权法律制度虽然有利于权利意识和人权意识的培植,但不能对人身权进行片面化和极端化的理解。尊重人身权,是指尊重所有人的人身权,而不是重视一部分人而忽视另一部分人的人身权,人身权的保护也是平等的。另外,人身权也不得滥用,民事主体在行使自己的人身权时,同时也要尽到相应的社会责任,维护社会所共同承认的价值观,遵守法律所维护的社会秩序,不得侵害国家和社会公共利益。

本章思考题:

1. 试述人身权的概念和特征。
2. 分析人身权制度的意义。

第十一章

人格权

第一节 人格权概述

一、人格权的概念

现代汉语中的人格有不同的含义，既指人作为权利义务主体的资格，也指人的性格、气质、能力等方面的总和以及道德品质等。法律意义上的人格最早来源于拉丁语，现代英语中人格用“personality”一词，是指作为一个法律上人的法律资格，即维持和行使法律权利，服从法律义务和责任能力的集合体。中国法律中的人格概念，是清末修律时直接从日本法中引入的。人格在法律上有三层含义：一是指具有独立法律地位的民事主体；二是指作为民事主体的必备条件的民事权利能力；三是指民事主体在人格关系上所体现的与其自身不可分离，受法律保护的利益。①

人格权是指民事主体享有的，由法律确认的，以人格利益为客体，为维护民事主体具有独立人格所必备的固有权利。人格权具有以下法律特征：

(一)人格权是民事主体的固有权利

人格权是做人的基本权利，是进入社会的资格。对于自然人而言，人格权与生俱来，与人的生命并存；对于法人而言，人格权自法人成立时就存在，法人终止时才消失。因此，人格权是民事主体的固有权利，与民事主体相伴而生。

① 杨立新：《人身权法论》，人民法院出版社2002年修订版，第80、81页。

不论民事主体的性别、年龄、民族和社会地位有何区别，都平等地享有人格权。民事主体不能对人格权进行转让、放弃或者继承，任何人所享有的人格权也不受他人非法剥夺。

（二）人格权是法定权利

人格权虽然具有强烈的自然属性，与民事主体的权利能力不能分离，但是作为民事法律关系要素的一部分，人格权仍然需要由法律确定。人格权实际是将民事主体的自然权利法定化，通过赋予这种自然权利的法律上之力，使人格权得到有效的保护。所以，只有法定人格权才有可能受到法律保护，在权利受到侵害时进行法律救济。没有经过法律确认的权利，尽管也可能是民事主体的自然权利，但其只能通过法律之外的其他途径进行保护。

（三）人格权是维护民事主体独立人格的必备权利

人格权是民事主体独立存在的必备条件，没有人格权就没有独立的人格，就不能保障其法律上的独立地位。人格权对于培养民事主体的独立人格观念具有不可或缺的作用，人格权中的生命权、健康权、身体权、姓名权、名称权、名誉权、自由权等等权利，对于强化民事主体的自主意识、独立意识极为重要。只有确立了民事主体的这些权利，才有可能为实现人的尊严和价值提供必要的保障，营造一个有利于人的全面发展和公正有序的社会运行机制。

（四）人格权是一种开放性权利

人格权是不断发展和形成中的权利。随着人类社会文明的进步和科学技术的快速发展，一些新的问题不断出现，人们的社会观念也在改变之中，出现了很多形成中的权利。一些原来本不被视为人格权的，因为解决新问题的需要和新观念的推动而逐步被接受，成为新的人格权。例如，隐私权、信用权就是在近现代传媒业和市场经济高度发展的背景下应运而生的。因此，在现代科学技术推动下的人类文明持续发展，必然引起人类社会道德伦理等观念的不断变化，就使人格权具有了开放性的特征，处于动态的、丰富的发展变化之中。

二、一般人格权

人格权主要区分为一般人格权和具体人格权。一般人格权是抽象的、概括性的权利，它与具体人格权一起构成了民事主体人格利益保障的依据。

（一）一般人格权的特征

1. 概括性

一般人格权具有高度概括性和抽象性。一般人格权的客体是关于人格独立、人格平等、人格尊严等概括性和抽象性的人格利益，将这些人格利益作为一般人格权的客体，反映了人格本质认识的深化和社会需要的提高，一般人格权是人格权理论发展的标志。具体人格权的客体是具体的人格利益，例如生命、健康、身体、名誉、隐私、自由、信用等方面的利益，一般人格权不是具体人格权的简单相加，它是对具体人格权的抽象和概括，是更高层次的人格权。因此，一般人格权可以决定并解释各项具体人格权的基本性质、具体内容。对具体人格权进行解释，必须以一般人格权的基本原理和基本特征为标准。对于不符合一般人格权基本原理的对具体人格权的解释，应属无效。

2. 基础性

一般人格权是具体人格权的渊源和基础，决定和派生出各种具体人格权。纵观现代具体人格权，无一不是以一般人格权为基础而创造出来的。其实，任何一个人都有一般人格权和具体的人格权，相对于具体人格权而言，一般人格权是更加基础的人格权。新生的具体人格权需要一般人格权的确认，依靠一般人格权创造出新的具体人格权。一种具体人格权是否具有正当性，首先看其是否与一般人格权的精神实质相一致，如果与一般人格权的精神实质脱离，甚至相冲突，就失去作为人格权的正当性。

3. 补充性

一般人格权是一种广泛性的权利，具有高度的包容性，可以对尚未被具体人格权确认保护的其他人格利益，发挥其补充的功能，将其概括在一般人格利益之中，以一般人格权进行法律保护。具体人格权虽然可以为具体人格利益的保护提供明确的依据，但具体人格权不可能穷尽所有人格利益，尤其是现代社会催生了大量的新型人格利益，具体人格权的立法往往滞后于这种情况的变化，在新型人格利益的保护方面存在缺失。例如，在社会生活中存在的短信骚扰、电话骚扰、语言骚扰，以及非法门缝广告等等行为，究竟侵害的是何种具体人格权，很难确定。一般人格权就可以发挥补充功能，对损害他人人格独立、人格尊严等行为，追究行为人的民事责任，保护民事主体的一般人格权。

4. 指导性

一般人格权对具体人格权的立法完善和相关司法实践有指导作用。具体人格权的创设，要符合人格权的基本原理和价值取向，而不是任意设定具体人格权，人格独立、人格平等、人格尊严等一般人格权对具体人格权的创设起到指导作用。在司法实践中，一般人格权可以指导具体人格权法律规定的适用，克服具体人格权立法上的局限性。例如，最高人民法院《关于贯彻执行〈中华人民共和国民法通则〉若干问题的意见》第 139 条规定："以营利为目的，未经公民同意利用其肖像做广告、商标、装饰橱窗等,应当认定为侵犯公民肖像权的行为。”该规定将“以营利为目的”作为认定侵权的条件,而根据一般人格权人格独立等精神的理解,司法实践中则无须将“以营利为目的”作为条件,只要未经公民同意擅自利用其肖像,即可构成侵权。

(二)一般人格权的内容

一般人格权的内容非常广泛,概括起来主要包括人格独立、人格平等、人格尊严等方面的内容。

1. 人格独立

人格独立是自然人、法人或者其他组织成为民事主体的必要条件,只有人格独立,才可能进行各种社会活动。人格独立是指民事主体依法享有独立的人格,不受他人非法干涉和限制。人格独立包含了民事主体独立支配自己人格的权利,任何人都可以依法对自己的人格利益进行支配,任何人不得对他人的人格利益进行非法的控制和干涉,否则就构成对他人权利的侵犯。人格独立与人格自由密不可分,如果民事主体丧失了自由的人格地位和权利,那么就不可能实现其真正的人格独立。也有观点认为,人格自由是与人格独立并列的一般人格权的内容。

2. 人格平等

人格平等与民法平等原则是一脉相承的。不论民事主体的性别、年龄、民族、经济收入、智力状况等方面有何种差异,其人格都是平等的,都平等地享有各种民事权利,法律对所有人的民事权利给予平等的保护。实现人格平等,防止一些人的人格凌驾于另一些人之上,是构建和谐公正的社会秩序的必要条件。我国《民法通则》也明确规定,当事人在民事活动中的地位平等,公民的民事权利能力一律平等,就是人格平等的立法体现。

3. 人格尊严

人格尊严反映了对人的尊重,也是人类社会文明进步与野蛮落后的区别。不论民事主体的能力大小、贫富差异、评价高低,都应对其生命的价值、社会地位、享有的权利给予应有的尊重,以营造“尊重人,爱护人”的社会观念和氛围。各国法律无不体现了对这种权利的保护与观念的引导,《法国民法典》第 16 条规定“法律确保人的首要地位,禁止任何侵犯人之尊严的行为,并且保证一个人自生命开始即受到尊重”。我国《民法通则》也在人身权一节中规定“公民的人格尊严受法律保护”。

三、死者人格利益的保护

死者人格利益的保护，实际是人格权保护的延伸。自然人死亡后，其姓名、名誉、肖像、隐私、信用等人格利益是否与保护，理论界曾有较大的认识分歧。最高人民法院《关于确定民事侵权精神损害赔偿责任若干问题的解释》对死者人格利益的保护作了明确规定，对侵害死者姓名、肖像、名誉、荣誉的，非法披露、利用死者隐私的，非法利用、损害遗体、遗骨的，死者的近亲属可以向人民法院起诉。死者的人格利益与其近亲属有着密切的情感联系，保护死者的人格利益，有利于满足其近亲属的精神需求。同时，死者人格利益的保护，还关系到公共利益的维护，尊重死者的人格利益，也是对人们追求良好道德风尚的尊重，有利于善良风俗的维护。有些死者的人格利益还关系到国家利益，例如英雄人物、领袖的肖像、名誉如果被损害，就会造成国家利益的损害。因此，死者的人格利益应当得到充分保护。对于死者人格利益保护的理论依据，有死者权利保护说、近亲属权利保护说、人格利益继承说、公共利益保护说等多种不同观点，目前尚未形成统一的认识。但不管其依据如何，主张保护死者人格利益，是目前理论界和实务部门的主导认识。

死者人格利益受到侵害的，应当由其近亲属行使请求权。对于关系到公共利益的死者人格利益，请求权的主体则不应限于死者的近亲属，可以提起公益诉讼。例如，对于英雄人物、领袖等死者的人格利益造成损害的，请求权的主体应当不限于近亲属。国外法律也有相关规定，《匈牙利民法典》第 86 条规定："如果损害死者（或者已撤销的法人）声誉的行为同时也损害社会利益，则检察长也有权提起诉讼。"侵害死者人格利益的，行为人应当承担停止侵害、恢复名誉、精神损害赔偿等民事责任。

第二节　生命权

一、生命权的概念和特征

生命权是自然人以性命维持和安全利益为内容的人格权。

自然人的生命是人类社会存在的物质基础，自然人生命的维系，是人的权利得以确认和保护的基本前提，人的生命承载着伦理道德、社会关系等诸多方面的价值取向，法学研究自然要将人的生命作为重要的内容。

生命权是否作为人格权，目前还有不同的看法。第一种是否定说。主张生命不是一项独立的人格权。权利与救济存在相互依存的关系，无救济则无权利，当人的生命消亡后，被害人无法自行行使损害赔偿等救济的权利，因此生命不是一项独立的人格权。第二种是肯定说。主张人的生命权是独立的人格权，认为人的生命与民事权利不可分割，保障生命安全是人类生存最重要的追求，生命是人类普遍伦理最重视的内容，生命也是人格利益中的最高贵者，只有将生命权作为独立的人格权才可以将生命置于有力的保护之下。第三种是身体说。日本有些学者主张身体权已经包含了生命权，认为生命是身体存在的基本要素，对于身体的保护，当然包括对生命的保护，伤害人的生命，实际是对人身体的伤害，因而不主张生命权具有独立的人格权。我国法学界普遍承认生命权为独立的人格权，并且在立法中有明确的表现。《民法通则》第98条规定："公民享有生命健康权。"该条款实际确立了公民的生命权、健康权、身体权，承认生命权是一项独立的人格权。

确立生命权的目的，在于维护自然人的生命安全利益，该权利在人格权中的地位极为重要，生命权具有以下法律特征。

(一)生命权是一种基础性的人格权

生命权是至高无上的，是其他人身权存在的基础。对自然人而言，不论是一般人格权，还是具体人格权；不论是物质性人格权，还是精神性人格权，莫不以生命权的存在为前提。只有人的生命得到延续，才可能构成人类社会，各种法律关系的调整就有了物质载体。因此，生命使世界充满了活力，生命是人类永恒的目的。对于人的生命，人类社会从蒙昧时代就意识到它的重要性，在进入阶级社会后，这种延续生命本能的意识就转化为对生命权的高度重视，将生命权的保护放在特殊地位，"人命关天"的观念就反映了生命权具有深厚的历史文化传统。现代社会构建了保护生命权的严密法律体系，确认了生命权的基础地位，如果与其他权利发生冲突，生命权就优先得到保障。

(二)生命权是自然生成并且不可转让

生命权是与生俱来的，不管自然人是否自己意识到，从出生之时，生命权就随之产生，人的生命与生命权相伴而生，不可分离。生命权是生命发展规律所决定的，不论是自然人自己，还是他人，都无法剥夺、放弃、转让、继承生命权，法律也保护任何非法侵犯生命权的行为。所以，生命权具有固有性，并且专属于权利人。目前，随着社会经济的发展，人们的观念也在剧烈的变化，在经济活动中出现某些人格权商品化的现象，并有逐步扩大的趋势。但是，生命权却不存在商品化的可能,生命权不得转让,这既因为伦理范畴中对生命权崇高性的认识,也因为生命权的自然生成性原则上排斥权利人对该权利的处分。

(三)生命权的保护手段具有特殊性

生命权是绝对权,是不可克减的权利,法律规定任何人或者单位都不得非法剥夺他人的生命,不得侵害或者妨碍权利人行使生命权。由于生命权在人身权中的特殊地位,各国法律都对其进行特殊的保护,其中刑罚是最主要的保护手段。我国刑法明确规定故意杀人罪、过失致人死亡罪等犯罪的构成及制裁手段,对故意杀人等犯罪行为,最高可处以死刑,以这种严厉的制裁手段预防侵害他人生命权犯罪行为的发生。在民法保护手段上,也具有特殊性。如果权利人的生命权受到侵害,造成权利人死亡,生命权则无法恢复,对受害人不可能进行补救,那么行为人所承担的民事责任与其他侵权行为所承担的责任就有很大的不同。因为享有生命权的权利人已经死亡,行为人主要承担的民事责任不是一般的停止侵害、恢复原状等形式,而主要是赔偿损失,并且行为人的赔偿对象不可能是权利人,而主要是权利人的继承人,即间接受害人。当然,因为侵害权利人的生命权而构成犯罪的,除了承担刑事责任外,往往还要承担民事责任。

二、生命权的内容

生命权的内容包括生命利益维护权和生命利益有限支配权。

(一)生命利益维护权

生命是至高无上的,权利人的生命利益首先是生命的延续,只有当生命安全得到保障,权利人才有可能享受生活,实现生命的价值。人的生命权受到严密的法律保护,有获得生命安全保障的权利,任何人都有义务不去侵害他人的生命安全。如果权利人受到外来侵害或者遇有危及生命安全的情形,则有权请求停止侵害、消除危险、排除妨害等,有权请求有关机关给予生命安全的保障。为维护自己的生命利益,法律还赋予权利人实施正当防卫和紧急避险的权利,权利实施正当防卫或者紧急避险只要不出现过当,符合法定条件,即使给他人造成一定的损害,也不需要承担法律责任。

(二)生命利益有限支配权

由于生命权自然生成,专属于自然人,与权利人不可分离,权利人原则上不能处分生命权。至于权利人能否支配生命利益,目前学术界已经较为普遍的承认权利人有限支配其生命利益的权利。这里所指的支配生命利益,不是说权利人可以根据自己的自主意志任意处分生命利益,而是限定在严格的范围。至于权利在何种情况下可以支配其生命利益，我们认为，对生命伦理的认识和社会公共利益是基本的判断依据。目前能够为社会观念所接受的支配生命利益的情况主要有献身特殊社会活动、安乐死等。

1. 献身问题。它是指权利人为了追求更高的社会价值而献出自己的生命。生命利益是最高的人格利益，这是从一般意义上讲的，但在特殊情况下，为了社会公共利益和崇高的道德准则，应当允许、鼓励、赞同权利人献出自己的生命利益。军人在保家卫国的战场上英勇杀敌，不惜牺牲生命；普通公民面对严重犯罪行为，与犯罪分子进行奋不顾身的搏斗。这些行为一直是讴歌的对象。不过，献身所依据的主要是道德准则，而不应当作为一种强制性的义务，法律不能强制要求每个人在特殊情况下必须献身。对于负有特殊职责的人是否应当以生命履行职责，我们认为应当慎重区分，不能一概而论。警察在执行职务、消防队员在抢险救灾等等情形下，虽然负有特殊职责，也不是将准备献身作为一般准则，当警察、消防队员的生命安全受到威胁时，仍然要尽可能维护其生命利益，对于危急情况下采取的避让措施，不能简单认为属于违反职责的行为。另外，除了负有特殊职责的人员在特定情况下以外，献身应当出于权利人的自愿，由权利人基于对更高社会价值追求的判断而自行决定是否献身。可以这样认为，只有充分尊重生命利益的价值，不轻易献身，才能使献身变得更有意义。

2. 安乐死问题。安乐死在世界很多国家都是长期争论不休的问题。当身患绝症、极度痛苦、濒临死亡，没有治愈希望的情况下，是否允许病人决定提前结束生命？目前绝大部分国家持否定的态度，但同时也认识到该问题的现实性。有的国家则经过长期的讨论，终于决定承认安乐死合法化，如荷兰。持赞成观点的人认为，生命权既然由权利人所有，权利人就应当有支配权。当身患绝症的病人确实无治愈的希望，并且身心遭受极端痛苦时，自然可以选择是否存活下去。当然，赞成安乐死合法化的人都认为要实行严格的限制，必须具备相应的条件。例如，病人必须是身患绝症、濒临死亡、身心极度痛苦；必须由病人在意识清醒的情况下亲自请求实施安乐死；由具有特殊资格的专家或者部门进行审查鉴定；由专门的医疗机构实施等等。持反对观点的人认为，生命利益不完全属于个人，也关系到社会公共利益，允许病人自行决定继续生存或者死亡，不可避免地造成社会对生命价值的轻视。生命是神圣的，延续生命是人类社会的终极目标，作为对生命的伦理关怀，法律不应允许自然人因病痛选择结束生命。人对生命的认识也是在不断发展过程中，医学正是在不断与绝症的抗争中得到发展，今天是不治之症，到明天就可能治愈。如果允许安乐死，将不利于医学发展。另外，如果承认安乐死合法化，实施安乐死的程序极难把握，将为“借刀杀人”留下可乘之机。所以，安乐死问题仍然会长期争论，各国根据自己的文化传统和生命伦理的发展状况作出判断。

第三节　健康权

一、健康权的概念和特征

健康权是公民享有的以其身体的生理机能的完整性和保持持续、稳定、良好的心理状态为内容的权利。[①]

对于健康权的概念，目前仍然存在认识上的分歧。其中最主要的不同认识，即心理健康是否也属于健康之内。有的学者反对将心理健康包括在健康的范围之内，主张健康权是指公民以其机体生理机能正常运作和功能完善发挥，以其维持人体生命活动的利益为内容的人格权。该观点认为，生理是指人的机体的生命活动和体内各器官的机能。民法上所说的健康是物质性人格权的客体，只能是生理健康。对于心理这种精神上的活动，依法通过精神损害赔偿的办法进行保护，而不是通过健康权的保护方法予以保护。如果将心理健康置于健康的概念之中，将会混淆健康权损害赔偿和精神损害赔偿之间的区别，造成法律概念的界限不明，给适用法律造成困难。[②] 而坚持将心理健康纳入健康范围的观点认为，如果不承认健康权的内容包括心理健康，则将使精神损害赔偿制度失去保护的对象，权利人将无法以健康权受到损害为由提出精神损害赔偿。生理健康和心理健康两者很难截然分开，生理健康受到侵害，往往伴随着心理健康的破坏。由于人类社会的发展，科技对健康的危险日益加剧，对健康的标准提出了新的要求。如果不将心理健康作为健康权的客体予以保护，将导致某些心理健康的损害无法得到有效补救。心理健康损害赔偿制度和精神损害赔偿制度的功能是有区别的，不能以精神损害赔偿制度代替对心理健康的规定。因为心理健康是一种持续性的损害，对心理健康损害赔偿主要采取支付医疗费用的方式，如果治疗时间长，可以分期支付医疗费用。

① 王利明：《人格权法新论》，吉林人民出版社1994年版，第288页。

② 杨立新：《人身权法论》，人民法院出版社2002年第2版，第425～427页。

而精神损害只是一种消极性的情绪，不一定构成持续性的病态，大多是一次性支付赔偿费。不过，在承认心理健康属于健康范围之内的同时，也要对心理健康的法律范畴作出严格的限制。只有造成严重的心理不健康状态，构成心理疾病时，才有法律救济的必要。只是轻微的心理健康损害，还无法达到法律保护的程度。①

我们认为，将心理健康纳入健康的范围之内，成为健康权的保护客体，更有利于解决经济文化快速发展而带来的社会问题，符合当前社会健康观念的变化，为新型人格利益提供更加严密的法律保护。另外，精神损害赔偿很难解决因侵权造成的生理疾病问题，而确立心理健康损害赔偿制度则可以弥补该漏洞。因此，健康权的客体包括心理健康更具有合理性。

健康权与生命权有着密切的联系，生命权是健康权的前提，没有生命权，就没有健康权。同时，健康权的维护情况，往往影响着生命的存在，当健康权受到侵害时，有可能会侵害生命权。所以，在我国《民法通则》中，将两者进行合一的表述，即生命健康权。不过，不能因为生命权与健康权有密切的联系就可以混淆不同的概念，生命和健康毕竟是两种不同的客体，在现实生活中，侵害健康权并不必然导致侵害生命权的结果，侵害生命权也不必然以侵害健康权为前提，两者有不同的内涵。

二、健康权的内容

(一)健康维护权

健康是指人的各项人体器官发育正常、功能良好、心理健全的状态。追求健康，享有健康，是人们所追求的生存目标。健康是人类适应生存竞争的重要保证，也是享受生活的一个重要理想，如果没有健康，生活的幸福感将会大打折扣，甚至会影响一些人对生命价值的判断。健康权与生命权一样，也是与生俱来，具有固有性。人们在享有健康权的同时，还利用各种手段维护自己的健康权益，防止侵害健康权行为的发生，或者排除侵害自己健康权的行为和危险。如果存在侵害公民健康权的行为或者危险，公民可以行使请求权，要求停止侵害、排除妨害、消除危险。如果侵权行为对公民的健康权造成损害，公民可以要求加害人承担赔偿责任。除了对健康给予民法保护外，还有刑事和行政方面的保护手段。例如，侵害他人健康权构成犯罪的，要承担刑事责任；对于一般的侵害健康权行为，如果没有构成犯罪，还有可能进行治安处罚。同生

① 王利明：《人格权法研究》，中国人民大学出版社 2005 年版，第 371～372 页。

命权一样，我国存在维护公民健康权的系统法律规定，公民可以据此行使自己的健康维护权。

（二）健康利益有限支配权

健康权是否为支配权，公民能否处分自己的健康利益？有些学者持反对的态度，认为健康权是自然人固有的，与人身不可分离，不能放弃自己的健康利益。更何况人的健康还关系到一个民族的生存与繁衍，关系到社会的进步与发展。因此，健康权不具有支配性。这种观点存在一定的片面性，过于绝对化。健康权原则上不能支配，但并不排除在特殊情况下可以支配。因为人类社会活动非常复杂而多样，人类在竞争中促进自身的发展，面临着各种可能对健康不利的风险，从人类发展的局限性和现实意义上讲，存在很多不得不支配自身健康权的情况。首先，为维护国家利益和社会公共利益，公民可以在一定限度内支配自己的健康权。例如，在不严重损害健康的情况下，自然人自愿参与科学研究中的药物人体试验，而这种试验可能对健康造成一定的损害，但是这种代价又是医药科技发展必须付出的。其次，还有一些公民基于自己对特殊活动的兴趣支配自己的健康权，如探险、极限运动等等。这其中的很多活动虽然不值得提倡，但法律也尊重个人意愿而不予禁止。再次，公民为了谋生的需要而支配自身的健康权。有一些特殊的工作岗位对人的健康是不利的。例如强噪音、高辐射、工作时间违背人体生物规律的工作岗位，会对人的健康造成一定损害，但这些工作岗位必须有人承担，以保证社会生活秩序的正常运转，在这些岗位上工作的人实质是在支配自己的健康权。不过，对健康权的支配不得超过一定的限度，这个限度主要是社会公共利益，对健康权的支配如危害到社会公共利益时，就逾越了底线，会被法律所禁止。例如，在危险岗位上工作的人得不到应有的劳动保护，实际是剥夺了劳动者的健康权，是对危害劳动者健康行为的放任，即使劳动者对此不持异议，负有责任的单位和个人也要受到查处。

在健康权中，还有两个需要明确的问题，即劳动能力问题和胎儿的健康利益问题。

其一，劳动能力问题。曾有学者认为劳动能力是一项独立的人格权。[①]但目前大多数专家倾向于否定该观点。因为各国法律鲜有将劳动能力作为独立人格权的规定。从现实生活看，劳动能力与健康有密不可分的关系，劳动能力是以健康为基础的，劳动能力往往是健康的外在反映，侵害健康权，就可能

① 张俊浩：《民法学原理》，中国政法大学出版社1991年版，第145页。

导致劳动能力的下降。所以,劳动能力实际是健康权客体的组成部分,不是一项独立的人格权。劳动能力是否下降,可以起到检验健康权损害结果的作用,并且可以作为侵害健康权损害赔偿的重要标准。

其二,胎儿的健康利益问题。目前很多国家都承认胎儿的健康利益,反映了人格权的保护在不断延伸。日本和我国台湾地区的民法都明确规定胎儿的人格利益应当得到保护,当胎儿的人格利益受到侵害时,其损害赔偿请求权就视同已经出生。保护胎儿的健康利益,是自然公平理念的必然要求。胎儿虽然没有民事主体资格,但在怀孕期间受到伤害的,可能会影响到出生后的健康,如果不将此纳入救济的范围,就等于否认了胎儿的健康利益,容易造成对生命价值的轻视,与人类社会生命观念的发展相悖。胎儿的健康利益是否受到损害,是否应当获得救济,必须在胎儿出生,获得民事主体资格之后才能认定。因为胎儿在母体内是否受到伤害一般很难认定,难以确定损害赔偿请求的事实基础。因此,胎儿出生后,如果确认健康受到损害,可以由本人行使请求权,没有民事行为能力或者是限制民事行为能力的,由其法定代理人代为行使有关权利。怀孕的妇女受到伤害,导致流产的,也只能以妇女本人作为权利主体行使请求权。

第四节 身体权

一、身体权的概念

所谓身体权,是指自然人维护其身体完全、完整并支配其肢体、器官和其他组织的具体人格权。

从语义上讲,身体是指“一个人或者一个动物的生理组织的整体”[①]。法学意义上的身体,仅指自然人的身体。自然人的躯体包括头颅、躯干、肢体、器官和毛发等其他组织,呈现完整性的特征。随着现代科技的发展,人们对身体完整性的理解也在深化。例如,人的基因、细胞虽然不能为肉眼所见,但也是身体的基本组成部分;通过器官移植手术,将他人器官移植到病人身上,那么移植成活的器官就成为病人身体的组成部分;安装于人身体上

① 《现代汉语词典》,商务印书馆 2005 年版,第 1028 页。

的人造器官或者肢体，如果与人的身体结合为一体，普通人无法自由装卸，该人造器官也成为身体组织的组成部分。所以，维护自然人身体的完整性，是自然人保有生命和健康，进行社会活动的基本条件。

身体权作为一种独立的人格权，经历了一个由否定到肯定的发展过程。我国《民法通则》只规定了对公民的生命健康权的保护，并没有单独规定身体权。最初，认为没有必要确立独立的身体权，对身体保护包括在生命权和健康权之中。但从社会现实生活中发现，对身体的伤害有时并不构成对健康的伤害，例如强行剪取别人的指甲、头发，以强迫或者诱骗的手段抽取别人的血液，冲撞别人的身体而没有伤害到健康等等。这些行为对权利人确是一种侵害，但因为没有伤及被害人的生命或者健康，就无法以生命权或者健康权为依据寻求救济。可见，身体的完整性是一种特定的人身利益，应当以独立的身体权作为保护的依据。国外有关法律普遍承认身体权的独立人格权地位。例如，《德国民法典》第 823 条规定："故意或者因过失不法侵害他人的生命、身体、健康、自由、所有权或者其他权利的人，对他人负有赔偿由此而发生的损害义务。"德国法律在事实上已经承认了身体权的独立人格权地位。《法国民法典》专门有"尊重人之身体"一章，规定："任何人均享有身体受到尊重的权利；人之身体不得侵犯；人体、人体各组成部分及人体所生之物，不得作为财产权利之标的。"为防止对人体的侵害，还规定："法官得规定适于阻止或制止对人体非法侵害的任何措施，或规定任何相应措施，以阻止或制止涉及人体之组成部分或其所生之物的非法行为。"①所以，身体权作为自然人的一项独立的民事权利，应当成为共识。

身体权与健康权都属于物质性人格权利，侵害身体权的，同时也可能侵害到健康权，两者存在密切的联系。不过，它们之间的区别也是明显的。首先，两者的权利客体不同。身体权的客体是身体利益，即身体的完整性和安全性。而健康权的客体是健康利益，包括权利人的生理健康和心理健康。其次，两者的可处分程度不同。身体权在一定范围内可以处分，例如权利人对自己的毛发、指甲等附属部分可以处分，也可以捐献自己的血液和器官。而健康权原则上不能处分，只能在特定情况下进行有限的处分。所以，身体权的可处分程度要大于健康权。

① 罗结珍译：《法国民法典》，中国法制出版社 1999 年版，第 4～5 页。

二、身体权的内容

(一)维护身体完整与安全权

身体权是绝对权,权利人的身体完整与安全应当依法受到保护,任何人不得侵害他人的身体。如果权利人的身体完整与安全受到侵害或者威胁,就有权利采取各种措施排除这种侵害或者威胁。在规避侵害行为方面,权利人可以采取的措施有紧急避险、正当防卫等。但是,采用紧急避险的,所保护的利益要大于给第三人带来的危害;采用正当防卫的,不能超过必要的限度。否则,要承担相应的责任。行使请求权也是保护权利人身体权的重要手段,对于侵害身体权或者对身体权构成威胁的,权利人可以提出停止侵害、排除妨害、消除危险、赔偿损失等权利请求。

(二)身体利益有限支配权

权利人可以依法对自己的身体利益进行处分,不过要限定一定的范围。在下列范围之内,权利人可以支配自己的身体利益:第一,因为治疗需要而支配自己的身体利益。例如,为抢救在危险事故中受伤的人员的需要,权利人同意进行截肢手术。为矫正身体的某些畸形器官,权利人自愿切除部分人体组织或者器官。在这些情况下,权利人的生命权和健康权就成为优先保护的对象。第二,因为公益需要而支配自己的身体利益。其中最典型的是献血和器官捐献。救死扶伤是一种美德,也是公民社会责任感的重要表现,各国都鼓励公民积极参与献血和器官捐助等公益活动,在这些活动中,权利人支配自己的身体利益不但为法律所允许,还会得到高度的道德评价。但是,献血和器官捐献等活动,也有一定的前提,一般情况下不能对捐献者的健康造成损害,更不能危及其生命。第三,基于个人审美追求或者日常生活需要而支配自己的身体利益。例如,权利人自愿做整容、抽脂等手术,在日常生活中剪指甲、理发等活动,甚至权利人转让自己的头发、指甲等行为,都属于权利人可以自由支配的范围。但这些支配行为不能危害权利人的生命健康,也不能违背公序良俗,否则要受到禁止。可以看出,身体利益和健康利益都可以由权利人进行有限的支配,但身体利益的支配程度要明显大于健康利益的支配程度。

在权利人对自己身体利益的支配中,器官捐献中的诸多问题需要明确。这里所说的器官,要从广义上理解,除了指一些人体的重要功能器官外,还包括血液、骨髓、眼角膜、皮肤等人体组织。捐献器官是权利人支配自己身体利益的一种方式,由于这种行为弘扬了高尚的道德理想,是值得提倡的。但器官捐献往往涉及捐献人和受捐献人的重大身体利益、生命健康利益以及社会公

共利益,因此必须符合相应的条件和规范,主要包括:

(1)必须出于捐献者的自愿。捐献者应当对自己的行为有清楚的认识,能够正确判断捐献的后果,只有年满 18 周岁并且智力正常的人才具有捐献器官的资格。禁止强迫、引诱他人捐献自己的器官,如果非出于自愿而作出捐献表示是无效的。鉴于人体器官涉及权利人的重大利益,应当允许权利人在实际捐献之前反悔。(2)捐献器官必须是无偿的。我国严禁人体器官买卖,禁止变相的器官交易行为。如果实行器官有偿交易,就会严重损害人格尊严,忽视生命健康权的保护,很难避免各种强取、盗卖器官等非法的逐利行为。坚持器官捐献的无偿原则,并不禁止对捐献者给予适当的奖励和补偿。例如对献血者给予适当经济补偿,目的在于弥补增加营养、维持健康的必要费用,这不同于市场活动中的对价交易行为,与无偿捐献原则并不相悖。(3)器官捐献不能造成捐献者身体的重大损害。器官捐献是为了救死扶伤,目的在于维持受捐献者身体的完整性,维护其生命健康。如果器官捐献造成捐献者身体的重大损害,严重损害其健康,就失去了捐献活动的本意。因此,在进行器官捐献之前,必须对捐献者可能造成的损害进行审查,如果该行为危及捐献者的健康,则不应捐献器官。(4)捐献行为不得违反公序良俗。器官捐献涉及生命伦理问题,对当事人的人格尊严、名誉权、隐私权甚至荣誉权等人格利益都有一定的影响,违反公序良俗的,违背维护社会公共利益的器官捐献行为应当禁止,如前面所述的器官交易等行为。①

在器官移植活动中,脱离了人体的器官或组织的处理也是不容忽视的法律问题。在现实生活中,有些器官或者组织因为多种原因脱离了人体,例如危险事故造成人的肢体分离等。脱离了人体的器官或者组织在移植给其他人之前,如何确定其属性,如何进行管理,这些问题亟待解决。有些专家认为,人体器官一旦脱离了人格的物质载体,那么也就与民事主体的人格脱离了关系,也就不具有人格的因素了,不再是人格的载体,而是具有了物的属性。所以在这个意义上,可以把能够与人体分离的器官组织定位为物。② 但是这种物不同于普通动产,不能自由支配、自由流通。为了发挥这些器官或者组织的作用,应当允许器官的管理者或者所有人对其进行支配,用于器官移植,而医疗等单位的器官管理者要履行认真管理的义务,在医疗技术允许的范围内确保这类

① 王利明:《人格权法研究》,中国人民大学出版社 2005 年版,第 352～354 页。

② 杨立新、曹艳春:《脱离人体的器官或组织的法律属性及其支配规则》,载《中国法学》2006 年第 1 期。

器官或者人体组织的安全。总之,脱离了人体的器官或者组织不完全是捐献而形成的,应当在符合社会伦理道德要求和满足患者需求、文明社会秩序的基础上,制定脱离人体器官或者组织的法律规则。

另外,与身体权有关的遗体问题在现实生活中越来越得到重视。自然人死亡后,其民事主体资格丧失,其遗体不应当具有人身利益,遗体的法律属性应当是物。不过,遗体由于承载了其他人的精神利益,实际是一种特殊的物。对遗体进行妥善管理,不但是对有关人员精神利益的保护,也同样符合善良风俗,维护社会公共利益。因此,不能任意处置遗体,更不能侮辱、践踏遗体。在对遗体器官的利用上,也要尊重死者的遗愿,或者经死者的亲属等有遗体处置权的人员同意,擅自摘取遗体器官,亦属非法行为。

第五节　姓名权和名称权

一、姓名权

自然人的姓名权,就是自然人决定、使用和依照法律规定改变自己姓名的权利。姓名是特定自然人的标记和区别于他人的符号。姓名在社会生活中具有重大意义,如果自然人没有姓名,人与人之间的交往将产生诸多困难,我国传统意义上的姓名由“姓”和“名”组成,“姓”反映了一个人的家庭血缘从属,“名”则是本人与其他人区别的标记和符号。在姓名组成上,“姓”在自然人的姓名中排在前面,反映我国传统文化中对祖先和家族血缘的尊崇。不过,随着现代社会观念的不断变化,一些忽略姓氏而突出个人名字的姓名不断出现,我国有关姓名方面的传统也不时被突破。由于姓名在社会生活中起到不可或缺的作用,具有明显的人格利益,各国都在立法中对姓名权的保护有明确的规定。德国是世界上最早确认姓名权的国家。《德国民法典》第12条规定:“他人对权利人使用姓名的权利有争议的,或权利人的利益因他人无权使用同一姓名而受到侵害的,权利人可以请求他人除去侵害。”我国《民法通则》第99条规定:“公民享有姓名权,有权决定、使用和依照法律规定改变自己的姓名,禁止他人干涉、盗用、假冒。”

(一)姓名权的内容

姓名权的内容表现在三个方面:

1. 命名权

自然人有权决定自己的姓名。出生之后的婴幼儿，一般由自己的父母决定姓名，但这仅仅是因为婴幼儿的行为能力不足造成的，并不意味着自然人的姓名的决定权由其父母享有，父母为未成年子女起名，实际是一种代理行为。自然人成年之后，完全可以决定是否继续是否使用自己的原有姓名，而不受父母非法干涉。我国法律还在男女平等的原则下规定命名行为。《婚姻法》第 12 条规定："夫妻双方都有各自使用自己姓名的权利。"第 22 条规定："子女可以随父姓，也可以随母姓。"所以，法律否定了命名行为中父系血缘主导的传统。不过，命名行为深受传统文化的影响，其观念转变的过程较为缓慢，我国民间仍然习惯从父姓。另外，自然人除了确定自己户籍登记中所使用的姓名外，还可以决定自己的笔名、别名、艺名、化名以及字、号等。

2. 姓名使用权

自然人有使用或者不使用自己姓名的权利，姓名使用权专属于权利人，具有排他性。例如自然人在自己的作品中可以署名，也可以不署名；可以在作品上署自己的正式姓名，也可以署笔名或者别名等。但是，是否决定使用姓名也要受到一定的限制，当权利人参与正式的社会活动时，如果法律规定要使用姓名的，权利人应当使用自己的正式姓名。例如，权利人进行户籍登记、办理房产证、申领结婚证、办理存款等等，都应依法使用自己的正式姓名。

另外，姓名与权利人的人身有密不可分的联系，是特定自然人的标记和符号，反映了特定自然人的人格利益，因而姓名权不能转让，也不能继承。在现代市场经济中，姓名往往孕育着巨大的商业利益，利用姓名实现一定的商业利益，是符合市场经济规律的。因此，权利人可以许可他人使用自己的姓名，例如利用名人的姓名做商业广告，或者从事其他商务活动等。姓名权一定程度的商业化，有其合理性。但是利用姓名进行商业活动则要遵守公序良俗，不得有伤风化，不得侵害社会公共利益。

3. 姓名变更权

自然人有变更自己姓名的专有权利。自然人的姓名不论是其父母决定的，还是自行决定的，都不要求必须终生使用而不得变更。姓名在很多情况下都反映了一定的社会观念和权利人的喜好，随着时间的推移，权利人可能会对自己原有的姓名不满意，如果其要求变更姓名，则是法律所允许的，其他人对权利人的变更姓名的行为不得干涉。对于正式姓名的变更，要到户籍登记机关进行登记，未经登记的，其正式姓名的变更无效。18 周岁以下的未成年人变更姓名，由其本人或者父母、收养人到户籍登记机关申请登记；年满 18 周岁的成年人变更姓名，由其本人到户籍登记关申请登记。对于笔名、别名、艺名等非正式姓名的变更，无须到户籍登记机关申请登记。

(二)侵害姓名权的行为

我国法律保护公民的姓名权，禁止他人干涉、盗用、假冒。认定侵害姓名权的行为，也包括以下三种。

1.干涉他人决定、使用、变更姓名的行为

干涉行为表现为强迫或者阻止权利人决定、使用、变更自己的姓名，是主动的、积极的作为。子女成年后，如果对原来的姓名不满意，决定变更自己的姓名，其父母或者其他亲属如果进行干涉，就侵犯了子女的姓名权。还有干涉他人使用与自己相同姓名的情况。由于汉字字符的有限性和近似的姓名传统，我国存在很多重名的现象。如果自然人决定姓名时不是出于恶意而造成重名的，则属于正当行使自己姓名权的行为，他人不得干涉。

2.盗用他人姓名的行为

这是指未经他人同意或者授权，擅自使用他人姓名并给他人或者社会公共利益造成损害的行为。例如，擅自利用权利人的姓名制作、发布商业广告；以某人的名义向另一人写求爱信，以愚弄对方等。盗用他人姓名一般要给权利人或者社会公共利益造成损害，例如诈取别人钱财，损害权利人的社会评价、违反公序良俗等。如果出于善意，擅自以权利人的名义作一些有利于他人或者社会的事，则不应认定为盗用他人姓名。盗用他人姓名，除了侵害权利人的姓名权外，往往还同时侵害权利人的名誉权。

3.假冒他人姓名的行为

即冒名顶替，冒充别人进行社会活动。例如在自己的作品上署上他人的姓名，冒充名人名家；顶替别人考试、入学、入伍、参加工作等等。假冒他人姓名不一定要求必须给权利人造成损害，主要是侵害人利用假冒他人姓名的行为谋取不正当利益。假冒他人姓名的行为，既有作为，也有不作为的。

除了上述侵害姓名权的行为外，还有可能存在其他侵害行为，例如姓名的故意混同行为。所谓故意混同姓名，是指自然人故意使用与他人姓名相同的姓名。这里所说的混同，不一定与他人的姓名完全相同，音同字不同，也属于姓名混同。姓名混同确实为自然人的社会生活带来诸多不便，但故意混同是否构成侵犯姓名权，则应当慎重。因为故意混同姓名在实践中很难认定，由于相同的文化传统和审美观念，在同一地区经常有大量重名的现象，极难确定自然人是否出于故意使用与他人相同的姓名。更何况我国传统中对没有恶意姓名的混同较易于接受，仅仅以故意造成姓名混同作为侵害姓名权的要件，缺乏实践上的可操作性和现实意义。因此，在故意造成姓名混同的情形下，最好加上具有恶意或者损害社会公共利益为要件。恶意造成姓名混同，损害社会公共利益，才是姓名使用中应当避免的问题。当然，在姓名的混同中，故意将自己饲养的动物与他人姓名混同，一般也具有恶意，损害社会公共利益，当属侵害姓名权的行为。

二、名称权

名称权是指法人及个人合伙、个体工商户等依法享有的决定、使用、改变自己的名称，依照法律规定转让名称，并排除他人非法干涉、盗用或冒用的人格权。

名称是法人或者其他组织相互区别的重要标志，名称往往反映了法人或者其他组织的业务职责范围、活动特点等。根据我国法律规定，法人必须有名称。作为法人成立的法定条件，没有自己的名称，也就没有成立法人的资格。因为不同法人的民事权利区分，要依赖名称予以标记。个体工商户、个人合伙也享有名称权。根据《民法通则》第 99 条第 2 款的规定："法人、个体工商户、个人合伙享有名称权。法人、个体工商户、个人合伙有权使用、转让自己的名称。"个体工商户、个人合伙开展经营活动，往往需要起自己的字号，以作为商业信誉、商品特色的标志。个体工商户、个人合伙的名称不同于自然人的姓名，前者具有突出的商品生产经营目的，具有一定的财产性。

关于名称权的性质，我国目前存在多种不同的学说。第一种观点是姓名权说。认为法人、个人合伙、个体工商户的名称实际就是姓名，与自然人一样都享有姓名权。第二种观点是财产权说。认为名称权具有财产的一般特征，是一项可以占有、使用、收益、处分、继承的财产，名称权不属于人格权的范畴，而是财产权。第三种观点是工业产权说。有关国际工业产权条约已经将名称权列入工业产权的范围加以保护，且认为名称权即具有专有性，也具有地域性，表明其属于工业产权的性质。第四种观点是双重性质说。认为名称权同时具有人身权和财产权的性质。在人身权方面，名称权是法人取得民事主体资格的必备条件，只有享有名称权，才使法人的人格权得以充分实现。在财产权方面，对名称权可以占有、使用、收益、处分、继承等，具有财产的属性，可以作为财产使用。第五种观点是身份权说。认为名称权不同于姓名权，名称权可以转让和继承，决定了其具有身份权的属性。第六种观点是人格权说。认为名称权是法人或者其他组织的人格权。因为法人必须有自己的名称，有了名称才可以与其他法人相区别。名称权具有人格权的全部特征，具有固有性和专属性，其客体是人格利益。在上述各种观点中，我国目前的通说是人格权说。与姓名权的内容相近，名称权的内容主要包括以下几个方面。

1. 名称设定权

名称设定权是指法人、个体工商户、个人合伙等决定其名称的权利。关于企业名称的设定，国外主要采用两种不同的做法：即真实主义和自由主义。一是真实主义。企业名称的设定必须与经营者的名称、经营内容等相一致，否则禁止使用。法国、瑞典、德国等国采用此种做法。二是自由主义。企业名称的设定完全取决于当事人的自由意志，法律原则上不加限制。主要是英美法系国家采用此种做法。这两种做法各有优点，前者有利于维护交易秩序，后者有利于维护企业的利益。我国采用真实主义和自由主义相结合。根据《企业名称登记管理实施办法》的规定，企业名称中的行业表述应当反映企业经济活动性质所属国民经济行业或者企业经营特点的用语。同时，在特定情况下，企业名称中可以不使用国民经济行业类别用语来表述企业所从事的行业。企业名称应由以下部分依次组成：字号、行业或经营特点、组织形式。企业不能使用下列名称：有损于国家、社会公共利益的；可能对公众造成误解的；外国国家国际组织的名称；政党名称、党政军机关名称、群众组织名称、社会团体名称及部门番号；汉语拼音字母（外文名称使用的除外）；其他法律、行政法规规定禁止的。另外，个体工商户、个人合伙依法登记的字号，就是其名称。

2. 名称使用权

名称使用权是指法人、个体工商户、个人合伙等依法对其名称进行使用的权利。权利人既可以独占使用名称，也可以许可他人使用名称。权利人对依法登记的名称享有专用权。未经权利人许可，他人不得以不正当竞争目的而使用与权利人已登记的名称相同或相类似的名称。我国对名称权的使用也有一定的限制，名称只能在登记核准的地域内使用，并且只能在同一行业使用，不得排除不同的行业使用。不过，随着我国市场经济的不断发展，市场一体化逐步加强，企业经营空间日益扩大，一些专家主张企业名称使用的地域限制应当逐渐淡化。

3. 名称变更权

名称变更权是指法人、个体工商户、个人合伙等依法变更其名称的权利。名称的变更可以是全部，也可以是部分。如果正在使用的名称是经过依法登记核准的，名称的变更也就应当依法进行变更登记。名称一经变更登记后，原登记设立的名称就不再受法律保护。

4. 名称转让权

名称转让权是指法人、个体工商户、个人合伙依法转让其名称的权利。名称的转让分为两种情况，即整体转让和部分转让。所谓整体转让，是指权利人将名称全部转让给某一受让人，受让人取得全部该名称权，而出让人则丧失相应的名称权，不能继续使用该名称。所谓部分转让，是指根据约定权利人允许受让人使用该名称。可见，部分转让实际是名称的许可使用，出让人仍然享有该名称权，并且部分转让的受让人也不止一人。不过，在部分转让的情况下，由于出让人和受让人都可以使用该名称，有可能对第三人的信赖利益造成损害，从而危害到交易安全。是否应当对部分转让予以一定限制，是目前理论研究的一个重要方面。

关于名称继承权问题，目前还存在较大争议。对于企业法人的名称能否继承。第一种观点认为：法人的名称同时表现为法人的人格，法人终止后，其名称不复存在，名称权也就失去了存在的意义，因此没有继承的必要。[①] 第二种观点认为：具有可转让性且符合继承的要素的名称可以继承，对于非公有制的企业法人，当经营实体中的自然人死亡后，其财产应当由其继承人继承。当继承人经营该实体时，自然就发生名称权的继承问题。[②] 本书认为，法人与自然人的民事主体不能混淆，各自具有独立性，第二种观点中的经营实体中的自然人死亡并没有改变名称权仍然归属于企业法人的事实，实际不存在继承的前提，第一种观点更具有合理性。至于个体工商户、个人合伙的名称，一般认为可以作为继承的客体。该名称实际在一定程度上体现了自然人的声誉和信誉，与人身利益有密不可分的关系，如果因自然人死亡导致个体工商户、个人合伙的终止，应当允许继承人继承该名称。

由此可见，公民的姓名权和法人等的名称权虽有许多相似之处，但亦有区别，主要体现为：第一，有无严格法律限制的不同。对公民的姓名法律一般不加限制，而法人等的名称，特别是企业法人名称有严格的限制。第二，是否享有专用权不同。尽管公民的姓名权受法律保护，禁止他人干涉、盗用、假冒，但公民姓名完全相同的，法律未予禁止。而法人等的名称在核准登记后，在登记机关所辖范围内不得重名。第三，能否转让不同。公民的姓名权不得转让，而法人等的名称权则可以依法转让。

---

① 王利明：《人格权法研究》，中国人民大学出版社 2005 年版，第 440 页。

② 魏振瀛：《民法》，北京大学出版社、高等教育出版社 2000 年版，第 650 页。

第六节 肖像权

一、肖像

人们对于肖像的理解有很大区别，现代汉语词典中所揭示的肖像是指“以某一个人为主体的画像或者相片”。[①] 这里显然是从美学意义上理解的。从法律意义上理解，肖像不同于肖像的载体，肖像是以一定物质载体所再现的人的形象。

肖像具有再现性和可辨认性。人的肖像可以通过绘画、照相、摄影、雕刻、录像等各种技术手段予以再现，并且使形象脱离自然人通过物质载体固定和表现。肖像主要是对人的面部特征进行再现，而面部特征是区分不同自然人的主要标志，因为肖像具有可辨认性。不过，除了面部特征之外，自然人的其他部位也有可能具备区分特定自然人的作用，例如身体的四肢、躯干等，这些身体部位是否属于肖像？目前还存在不同认识。另外，人的肖像往往涉及个人隐私，与人身利益有密不可分的关系，所以是法律保护的重要对象。

二、肖像权

肖像权，是指自然人享有的对自己肖像所体现的人格利益为内容的权利。肖像权体现的人格利益包括精神利益和财产利益。这种利益具有专属性和排他性。我国《民法通则》规定：“公民享有肖像权，未经本人同意，不得以营利为目的使用公民的肖像。”肖像权的内容包括：

（一）肖像制作权

肖像制作是通过物质载体将自然人形象再现和固定化的活动。肖像制作权则是自然人通过造型艺术或其他形式再现自己形象的专有权利。自然人有权决定是否制作肖像。可以自己制作肖像，也可以委托他人制作肖像。公民的肖像制作权不受他人干涉，未经许可不得擅自制作他人肖像。

---

① 《现代汉语词典》，商务印书馆 2005 年版，第 1503 页。

(二)肖像使用权

自然人有权决定是否使用自己的肖像,以及如何使用肖像。其他人员未经肖像权人的同意不得使用其肖像。不过,肖像权人使用其肖像应当遵守法律规定和社会公德,肖像权人使用或者许可他人使用自己肖像应有一定的限制。随着肖像的商品化特征日趋明显,保证肖像的善意使用,是维护社会公共利益和他人利益的重要前提。另外,对于《民法通则》中规定"未经本人同意,不得以营利为目的使用公民的肖像",应当作扩张理解,只要违背当事人的意愿,擅自使用其肖像,均视为对其肖像使用权的侵害。

(三)维护肖像完整权

肖像权是自然人的专有权利,与人格尊严有密不可分的关系,其他任何人都有不得侵害自然人肖像权的义务,不得毁坏、玷污、丑化、修改自然人的肖像,否则肖像权人可以要求加害人承担停止侵害、赔礼道歉、赔偿损失等民事责任。

三、肖像权的限制

肖像权是自然人的一项专属权利,具有排他性,但也受到一定的限制。基于国家利益和社会公共利益的需要合理制作、使用自然人肖像的,无须征得本人或法定代理人同意,行为人不构成侵权。这些行为主要有:使用具有新闻价值的人物的肖像。政治家、影视和体育明星以及其他著名人士,进行公开活动时,可以对其拍照、摄影并合法使用该影视资料;国家机关为执行公务而强制使用公民的肖像,如通缉在逃犯罪嫌疑人等;为了自然人本人的利益而使用其肖像,如在寻人启事上刊登权利人的照片;为了科学研究和文化教育的目的而在一定范围内使用他人肖像,等等。

非法使用、制作、改变他人的肖像,即构成侵犯肖像权。但是,如何辨认权利人客观存在的形象与侵权人非法使用、制作、改变的肖像,是认定侵犯肖像权行为的关键。一般认为,主要根据两个方面来确定辨认的标准。一是普通人能否辨认为标准,不应根据某个熟人或者专业人士能否辨认为标准。二是面部特征是辨认的依据,面部的正面或者侧面均可以用来辨认肖像,人的四肢不应作为辨认的根据。

第七节 名誉权

一、名誉权的概念

在汉语中，名誉是指个人或者团体的名声。法律意义上的名誉，是指社会公众对民事主体的道德品质、才能、思想、作风、作用、信用、经济实力或其他品质所作的评价。这里所指的名誉包括自然人、法人等民事主体的名誉。自然人的名誉包括对自然人的道德品质、才能、作风、思想等方面品质的评价；法人的名誉包括对法人的信用、管理水平、资产状况、社会贡献等方面的评价。名誉反映了民事主体的社会美誉度，但这种美誉度的反应具有一定的时代性，由于不同时代的社会观念有较大差异，同一行为在不同的时代评价也是不同的。民事主体的名誉与其人格尊严有着密不可分的关系，直接关系到民事主体的社会待遇，这种人格利益应当受到法律的严格保护。

与名誉密切相关的一个概念是名誉感。名誉感是指民事主体对自己的能力、品德、作风、社会贡献等方面的自我认识和自我评价。也有人认为，名誉感本身就是名誉的一部分，名誉可以分为外部名誉和内部名誉。外部名誉是指社会公众对民事主体的评价，内部名誉是指民事主体的自我认识和自我评价，名誉感就是内部名誉。[①] 名誉感不是名誉权的客体，因为名誉感与社会公众的评价往往不一致，名誉感的降低并不一定导致对民事主体名誉的损害。况且，名誉感是权利人的心理活动，要认定名誉感是否受到损害，也极为困难。

名誉权是指民事主体就其自身属性和价值所获得的社会评价所享有的保有和维护的人格权。名誉权具有以下特征：

（一）名誉权的主体包括自然人、法人等

自然人、法人是名誉权的主体，个体工商户、个人合伙等同样是名誉权的主体。目前对自然人、法人之外民事主体的名誉权问题，虽然还存在一定争论，但是其他民事主体在民事活动中同样有可能被损害名誉，同样存在名誉利益需要保护的情况。因此，名誉权的主体不应局限在自然人、法人的范围，应当作扩张理解。

---

① 龙显铭：《私法上人格权之保护》，中华书局 1949 年版，第 70 页。

（二）名誉权的客体是名誉利益

名誉权的客体就是名誉权保护的对象，是一种人格利益。名誉利益就是民事主体根据自身属性和价值所获得的社会评价，即自然人的品德、思想、才能、作风等方面的社会评价，法人的管理水平、经济效益、社会贡献、信誉等方面的评价。这种名誉利益是与其他人格权客体的基本区别。

（三）名誉权具有非财产性

由于名誉利益表现为社会公众对民事主体的社会评价，不具有直接的财产属性，而是一种精神利益，因此名誉利益不能直接产生经济利益。但是，名誉权虽然不具有直接经济利益，并不排除其与经济利益的关联性。例如企业法人如果拥有良好的名誉，必然有利于其拓展市场，建立稳定的消费群体，实现经济效益的提高。

二、名誉权的内容

（一）名誉保有权

权利人对自己的名誉享有保有权。因为名誉是社会公众对民事主体的评价，民事主体很难凭借自己的主观意志左右这种评价。对于已经形成的名誉，权利人可以通过自己的行为保持名誉不降低，通过展现自己良好的作风、品德、才能、责任感等方面的素质改进社会评价，使社会公众对自己的价值有公正的评价。①

（二）名誉维护权

名誉权人有权获得公正的社会评价，排斥他人对自己名誉权的侵害。作为绝对权，社会上任何不特定的人都有义务尊重别人的名誉权。对于侵害自己名誉权的行为，权利人有权寻求司法救济，请求侵害人承担停止侵害、赔礼道歉、赔偿损失等民事责任。采用侮辱、毁谤等手段侵害他人名誉权，构成犯罪的，还要承担刑事责任。

（三）名誉利益有限支配权

名誉权人可以利用自己的名誉进行社会活动，获取一定的经济利益。例如专业人士利用自己的专业资格、执业水平、信誉、成果等方面的良好名誉争揽业务，增加收入；企业法人利用自己的服务水平、经济实力、社会贡献等方面的名誉开拓市场，提高经济效益。但是，民事主体对名誉利益的支配是有限

① 郭卫华、常鹏翱：《人身权法典型判例研究》，人民法院出版社 2002 年版，第 152 页。

的，主要体现在使用方面，即不能转让或者放弃名誉。

三、侵害名誉权的行为

我国《民法通则》第 101 条规定："公民、法人享有名誉权，公民的人格尊严受法律保护，禁止用侮辱、诽谤等方式损害公民、法人的名誉"。可见，侵害名誉权的行为主要为侮辱、毁谤等。

（一）侮辱行为

采用暴力、威胁、辱骂、嘲弄等手段，使民事主体的名誉受到损害，即属侮辱行为。侮辱行为主要通过暴力、威胁、语言文字等几种方式。例如，当众剥光他人衣服、强令他人下跪、谩骂嘲弄等。

（二）毁谤行为

行为人陈述虚假事实使民事主体的名誉受到损害，即属毁谤行为。毁谤通常以语言、文字、图画等形式使用。例如行为人捏造事实，散布对权利人不利的谣言，败坏权利人的名声。行为人主观上的故意或者过失，是构成毁谤侵害权利人名誉权的要件。

（三）其他行为

侵害权利人名誉权的行为还可以通过较为特殊的态度侮辱而实现，即依周围之情事，而可推知否定价值之意思而言。[①] 例如公然焚毁他人的照片，当众砸毁、涂抹法人的照片或者标志等等，都构成对民事主体的侮辱。

不过，对民事主体名誉的侵害必须达到一定的程度，造成一定的影响，使权利人的社会评价降低，才能够构成侵害权利人的名誉权。一般轻微的侮辱、毁谤行为，没有造成一定的后果，不宜认定侵害名誉权。

新闻报道和文学作品引发的名誉权纠纷问题，是目前社会生活中的热点问题，也是司法实践和理论研究领域值得高度关注的。准确界定新闻报道和文学作品中的行为是否侵害权利人的名誉权，对正确行使舆论监督权、繁荣文学艺术并且保护公民的合法权益，具有重要的意义。新闻报道是舆论监督的基本手段，新闻工作者有权揭露社会中的一些违反道德法律的不健康现象，鞭笞丑恶，弘扬正气。但是新闻的生命在于真实，如果新闻报道的基本内容是虚假的，给权利人的名誉造成损害，不管新闻单位和新闻工作者是否为故意，均应承担相应的民事责任。对于基本内容真实的新闻报道，如果仅有一些细节不真实，且对权利人名誉的不利影响主要是由真实的基本内容造成的，则不应

① 龙显铭：《私法上人格权之保护》，中华书局 1949 年版，第 71 页。

认定该新闻报道侵害权利人的名誉权。文学作品要根据具体情况处理。凡采用真名真事的报告文学、通讯等纪实文学，其基本内容应当真实，如果基本内容不真实，造成权利人的名誉权损害，就可以认定其行为侵害名誉权。有的纪实文学作品，虽未写明真实姓名，但根据其指向的对象所处的环境、地点、条件及主要事迹，读者完全可以认定是某人，并产生了名誉损害后果的，也应认定为侵权。小说、电影、电视等虚构文学作品的内容虽是现实生活的反映，但纯属虚构，亦无真名实姓，即使与现实生活中的某些人相似，也不应轻易认定为侵权。

权利人的名誉权受到侵害的，可以要求加害人承担停止侵害、恢复名誉、消除影响、赔偿损失的民事责任。其中精神损害赔偿是自然人对名誉权进行民事救济的最基本的方式，因为侵害名誉权的行为一般都会导致自然人精神上的痛苦。

第八节 荣誉权

一、荣誉权的概念和性质

荣誉权是指民事主体对其获得的荣誉及其利益所享有的保持、支配的基本身份权。

荣誉是指特定公民或法人从特定组织获得的专门性和定型性的积极评价，如“战斗英雄”、“劳动模范”、“全国十大杰出青年”等。荣誉权是公民、法人对自己的荣誉称号所享有的不受他人非法侵害的权利。荣誉权究竟属于人格权还是身份权，在理论上存在较大的分歧，目前存在三种不同观点。

第一种观点是人格权说。主张荣誉权的属性是人格权而非身份权。不少学者认为我国《民法通则》中只规定了人格权，而没有身份权的规定，《民法通则》的规定体现了荣誉权为人格权这一观点。第二种观点是身份权说。主张荣誉权是身份权而非人格权。一些学者认为荣誉不是每个明示主体可以当然享有的，它是国家机关、社会组织给作出特殊贡献的民事主体的称号，荣誉权因而属于身份权。第三种观点是双重属性说。主张荣誉权兼有人格权和身份权的属性。认为荣誉既是国家机关和社会组织根据一定的程序授予某些民事主体的，也是社会对某一特定民事主体的评价，荣誉权因而兼有人格权和身份权的属性。但在双重属性中,还存在以身份权为主,还是以人格权为主的认识分歧。

我们认为,荣誉权兼有人格权和身份权的双重属性,但以人格权为主。荣誉虽不是民事主体保持其人格所必需的,但也反映了民事主体的社会综合评价,是法律对民事主体人格利益关注的结果,并非侧重体现身份利益,所以人格权的特性表现更为突出。

荣誉权和名誉权有着密切的联系,获得荣誉称号,会提高主体的名誉,对荣誉权的侵害将会直接导致主体名誉的侵害,但名誉权和荣誉权仍有明显的区别,主要表现在:名誉权是每个民事主体依法取得的权利,不需经过任何行政机关或社会组织的确认;而荣誉权以取得荣誉称号为前提,需经有关国家机关或社会组织的授予。每个公民、法人都享有名誉权,而只有特定的公民、法人才会享有荣誉权。名誉权的客体是名誉利益,名誉是社会公众对民事主体的品德、才干、思想、信誉、经营活动等方面的评价;而荣誉权的客体为荣誉利益,荣誉是国家机关或社会组织对某一特定的民事主体所作的积极评价。名誉权是民事主体终生享有的权利,无法剥夺和限制;而荣誉权并非民事主体终生享有,对民事主体取得的荣誉称号可依法予以剥夺。对荣誉权的侵害,主要表现为不法剥夺荣誉称号,侵夺、毁损或灭失荣誉证书等方式,权利人可要求侵害人承担民事责任。

二、荣誉权的内容

(一)荣誉保持权

民事主体对获得荣誉有保持自己享有的权利,其他任何单位和个人不得非法剥夺,荣誉也不得被转让或者继承。荣誉的撤销,须严格遵守法定程序。非法剥夺民事主体的荣誉,或者转让、继承荣誉的行为,都是无效的。荣誉权是绝对权,荣誉权以外的人都负有不得侵犯他人荣誉权的义务,包括授予荣誉的机关或者组织都同样负有该项义务。授予荣誉的机关或者组织如果没有按照法定程序剥夺权利人的荣誉权,即构成对权利人荣誉权的侵犯,应承相应的法律责任。

(二)荣誉利用权

荣誉权人可以利用自己的荣誉进行社会活动,从而获得相应的利益。荣誉反映了民事主体在社会贡献等方面的评价,良好的评价自然有利于其参与各种社会活动,促进权利人主观意愿的实现,获得一定的物质利益和精神利益。例如,在依法经营、科技创新等方面获得荣誉称号的企业,通常会在经营活动中宣传自己所获得的荣誉，提高企业的知名度和产品的影响力，从而提高企业的经济利益。

（三）物质利益获得权

授予荣誉称号，只是作出特殊贡献的民事主体所获得的精神利益。为鼓励更多的民事主体积极为社会做贡献，增强社会责任感，解决这些民事主体的实际困难，国家机关或者组织往往还要给予获得荣誉称号的民事主体一定的物质利益。这些物质利益包括为两方面，一方面是授予民事主体荣誉称号时的一次性的物质奖励，另一方面是给予民事主体长期的物质待遇，如生活补助、津贴等。荣誉权人都有权根据规定获得相应的物质利益。

《民法通则》第 102 条规定："公民、法人享有荣誉权，禁止非法剥夺公民、法人的荣誉称号。"对于侵害荣誉权的行为，除了主观上要有过错以外，传统观点认为还需要具备两个构成要件。一是侵权行为的主体是国家机关和社会组织。二是必须为非法剥夺权利人的荣誉称号，这种观点显然忠实反映了《民法通则》的相关规定。目前，不少学者反对这样的观点。认为侵害荣誉权的主体不仅有国家机关和社会组织，还包括个人或者其他单位，侵害荣誉权的行为也不限于非法剥夺权利人的荣誉权，例如，李某以个人名义参加某市服装设计大赛，获得市服装设计百花奖二等奖，但是被告的单位却以厂部设计小组的名义领取了获奖证书和奖金，并拒绝将获奖证书和全部奖金发还给李某。事实上，李某的所在单位并不存在什么设计小组，该行为非法侵占了他人荣誉，应当承担民事责任。①

第九节　隐私权

一、隐私权的概念

现代汉语中的隐私，意指不愿告人的或者不愿公开的个人的事。由此可知，隐私由"隐"和"私"两方面组成的。前者是指不为或者不愿意为他人所知道的秘密，后者为与公共利益和公共事务无关的个人事务。所以，隐私应当是自然人个人生活中不愿意公开或者不为他人所知的秘密，例如个人的私生活

① 杨立新：《人身权法论》，人民法院出版社 2002 年修订版，第 891～892 页。

状况、生活经历、生理缺陷、财产状况等等。隐私意识是一种普遍存在的社会公众心理，人们普遍希望在纷繁复杂的社会生活中保留一块独处的、宁静的而且无害于他人的环境，隐私是人类生活的基本需要，因此要用法律加以规范和保护。

隐私权的概念最早于1890年由美国法学家提出，认为隐私权是自然人享受生活权利的重要方面，是免受外界干涉的独处的权利。隐私权的概念一经提出，产生很大反响，美国各个州相继颁布有关保护隐私权的法律，隐私权的研究也逐步深入，对隐私权范围的理解逐渐扩大。隐私权目前已经发展成为一项基本人权，对隐私权的保护出现国际统一化的趋势，越来越多的国家通过立法确认自然人所享有的隐私权。我国《民法通则》没有将隐私权作为一项具体的人格权加以规定。最高人民法院曾在《关于审理名誉权案件若干问题的解答》中规定："对未经他人同意，擅自公布他人的隐私材料或以书面、口头形式宣扬他人隐私，致他人名誉受到损害的，按照侵害他人名誉权处理。"可见，我国在《侵权责任法》颁布实施之前就已经对隐私的法律保护形成明确的认识，为克服立法的局限，司法实践中通过对名誉权的保护以保护隐私不受侵害，这并不意味着将隐私权与名誉权等同。近年来，隐私权问题备受社会关注，对其认识有了较大突破，大多数学者主张隐私权是一项独立的人格权。我国《侵权责任法》的颁布实施，正式确立了隐私权作为一项独立的具体人格权的地位，成为我国人格权体系中的一项重要权利。

所谓隐私权，是自然人就自己的个人秘密和个人私生活等领域内的事情不为他人知悉、禁止他人干涉的权利。隐私权主要有以下几方面的特征：

（一）隐私权的主体只能是自然人

隐私权的主体是特定的，只能是自然人，而不包括法人或者其他组织。隐私民事主体保有独处与安宁的精神利益，是民事主体的心理活动和需求，也反映了对个人的尊重和人格尊严的维护。法人或者其他组织显然不可能有这样的精神利益和心理意识，因此隐私权的特定主体只能是自然人。

（二）隐私权的内容具有广泛性

涉及自然人的隐私包含很多方面，有个人的私生活独处与安宁、私生活的信息秘密、对个人生活的处理等等。随着现代社会的发展，人们生活节奏的加快和生活方式的改变，不断有新的内容纳入隐私的范围，隐私内容处在一个动态的发展过程之中。总之，只要与公共利益无关的不愿意为公众所知的个人秘密，都属于隐私的范围，都应当给予充分的重视并依法予以保护。

(三)隐私权的保护具有限制性

在现代社会,隐私权的内容在逐步扩张,但在一定情况下隐私权也受到限制。这种表现源于私权利与公共利益的冲突、平衡,在社会公共利益受到高度重视的今天,隐私权有时表现出可克减性。例如,社会公众基于知情权而了解国家工作人员的一些个人信息,国家机关为了打击犯罪等公共利益的需要而了解公民的个人情况,在紧急情况下为了公民的本人或者他人的生命健康而不顾及其隐私。

二、隐私权的内容

隐私权的基本内容包括以下四项权利:

(一)隐私隐瞒权

权利人有权隐瞒自己的隐私,使自己的隐私处于秘密状态,以维护个人的人格尊严和满足独处、安宁的心理需求。任何单位和个人非依国家法律规定和公共利益的需要,不得强行了解、披露他人的隐私,不得干扰他人自主决定私生活的权利。因此,自然人的私生活有不受非法干扰和窥视的权利,自然人的私密空间有禁止别人进入的权利。

(二)隐私利用权

自然人可以利益自己的隐私满足物质生活或者精神生活上的需求。一方面隐私权具有一定的财产属性。自然人的个人信息有时也是商业资源,例如自然人的住址、经济实力、生活习惯和兴趣爱好,都是商业营销中的重要信息。个人的经历也可以成为传记、小说写作的素材,可以进行加工,产生巨大的商业利润。另一方面,隐私权更主要表现为精神属性,让摄影师拍摄写真照片或者让画家作人体画,可以满足自然人的精神需求。不过,对隐私权的利用必须遵守社会公德,如果利用隐私进行不法表演或者进行其他违背社会公德的行为,则应当予以禁止,行为人因此可能承担一定的法律后果。

(三)隐私维护权

自然人的隐私权具有不可侵犯性,对于侵犯隐私权的行为,权利人可以寻求司法救济。隐私权的不可侵犯性表现在:首先,禁止干涉、监视私人活动,破坏他人生活安宁。如监视、跟踪、骚扰他人。其次,禁止非法调查、窃取个人信息资料。如私闯或搜查他人住所或其他活动场所、私拆他人信件、窃听他人谈话、偷看他人日记、非法检查他人账户及其他文件等。再次,禁止揭露或公开他人隐私。如果权利人的隐私权遭受侵犯,就因此产生相应的请求权,可以要求行为人承担停止侵害、赔礼道歉等民事责任。

（四）隐私支配权

权利人可以决定是否公开自己的隐私，以及决定以何种形式、向何种对象公开自己的隐私，这就是权利人的隐私公开权。权利人可以自己公开本人的隐私，也可以由他人公开；权利人可以向特定人公开自己的隐私，也可以向社会公众公开。不过，权利人在公开本人隐私的同时，也要防止侵犯别人的隐私权。例如，权利人公开自己以前已经谈过女朋友，并且与该女友发生过性关系，如果其披露了其原女友的身份，那么就侵犯其原女友的隐私权。同时，公开个人隐私也要遵守社会公德。

侵害隐私权的行为必须具有违法性。该行为主要有以下几种：(1)非法收集、披露个人信息。包括非法收集和披露个人的身体隐私、身份资料、家庭生活等不愿意公开的个人信息。(2)非法侵入个人的私生活空间。例如非法侵入、搜查他人住宅，非法监视、探测他人的活动空间等等。(3)其他非法干预私生活的行为。例如非法干预他人的婚姻家庭生活等。对于侵害自然人的隐私权的，权利人可以主张加害人停止侵害、赔礼道歉、消除影响、赔偿损失等。其中损害赔偿包括财产损害赔偿和精神损害赔偿。

第十节　自由权

一、自由权的概念

此处所指的自由可以分为政治上的自由和民事上的自由。政治上的自由包括言论、出版、结社、集会、游行、示威等，这些权利由我国宪法明确规定，属于公法意义上的权利；民事上的自由包括人身自由、婚姻自由、契约自由等，这些权利主要由各种民事法律规定，属于私法意义上的权利。

自由权有悠久的历史，在各国的民事法律中都有明确的规定。早在古罗马时期，自由权就与市民权等权利构成人格权利的基本内容。《德国民法典》第 823 条规定："因故意或者过失不法侵害他人生命、身体、健康、自由所有权或者其他权利者，对他人因此而产生的损害负赔偿义务；违反以保护他人为目的的法律者，负相同的义务，如果根据法律的内容并无过失也可能违反此种法律的，仅在有过失的情况下，始负赔偿义务。"《瑞士民法典》第 27 条第 2 款规定："任何人不得让与其自由，或在限制行使自由时损害法律及道德。"《日本民法典》第 710 条规定:"不论是侵害他人身体、自由或名誉情形,还是侵害他人财产情形,依该条规定负赔偿责任者,对财产以外的损害,亦应赔偿。"我国《宪法》虽然规定了"中华人民共和国公民的人身自由不受侵犯。任何公民,非经人民检察院或者人民法院的决定,并由公安机关执行,不受逮捕。禁止非法拘禁和以其他方法非法剥夺或者限制公民的人身自由,禁止非法检查公民的身体",但是在民事法律中却没有对公民的自由权进行明确的规定。不过,自由权作为一项具体的人格权,已经逐渐得到理论界和司法部门的重视和认同,有关司法解释的规定也隐含承认了自由权的具体人格权地位。例如,《最高人民法院关于贯彻执行〈中华人民共和国民法通则〉若干问题的意见》中规定:"盗用、假冒他人名义,以函电等方式进行欺骗或者愚弄他人,并使其财产、名誉受到损害的,侵权人应当承担民事责任",这条规定实际涉及自然人精神自由权的保护。[①]

所谓自由权,是指自然人在法律规定的范围内,根据自身的意志和利益而不受约束、控制、妨碍进行行动和思维的权利。关于自由权的性质,目前存在三种不同的认识:第一种,政治权利说。认为自由权实际是公法上的概念,是公民的政治权利之一,不是民法上的权利,不能用民法的规定来调整。我国宪法明确规定了公民的这项政治权利,而民法通则等民事法律中没有明确规定,因此自由权是政治权利。第二种,一般人格权说。认为自由权是一种集合性的权利,它包含了诸多民事权利,与人格尊严、人格平等一样属于一般人格权。第三种,具体人格权说。认为自由权所保护的是特定人格利益,并非由多种权利组合而成,是与肖像权、名誉权、隐私权等权利一样的具体人格权。目前,具体人格权说是理论界的通说。这既是世界其他国家的立法通例,也是学者的普遍观点。

二、自由权的内容

(一)行为自由权

行为自由权也称身体自由权,是指权利人不受非法约束和妨碍的作为和不作为的权利。自然人的行为自由,是其生存和发展的基本前提,是实现生活目的和体现人身价值的基本保障。因此,自然人在衣食住行、学习、娱乐等方面都应当享有充分的自由,不受非法干预和剥夺。自然人行使自由权也应当

---

① 朱晓娟、戴志强:《人身权法原理 · 规则 · 案例》,清华大学出版社 2006 年版,第 126 页。

遵守法律规定和社会公德，更不能以行使自己自由权的名义干扰、妨碍别人自由权的行使。侵害自然人行为自由权的方式有多种，例如非法拘禁、限制自然人的行动自由、妨碍通行、妨碍通信等。另外，利用自然人的害羞、恐怖等心理妨碍其行为，也属于侵害行为自由权的行为，例如抱走裸泳者放在岸上的衣服，致使其羞于上岸。

（二）精神自由权

精神自由权也称为意志自由权，是指权利人自主支配其内在的精神活动并不受他人非法干预的权利。精神自由是自然人人格尊严的重要保障，与行为自由有着密切关系。自然人只有享有充分的精神自由，才可以真正体现民事主体的地位，进行各种必要的民事活动，并使其民事行为产生相应的效力。因此，自然人完全可以对任何问题进行思考并作出判断，其他人员不得左右权利人的这种思维活动。对于精神自由是否可以作为自由权的组成部分，目前还有一些不同看法。有人认为，精神自由关系到自然人的思维，法律只能调整人的行为，而不可能调整思维，因而主张精神自由不属于自由权的内容。我们认为该观点忽略了精神自由也是与人身不可分离的一项重要人格利益，根据现有法律之规定，其他人格权中并不能完全涵盖精神自由的内容，精神自由有其特定的范围。而现实生活中存在大量侵害精神自由这种人格利益的情况，需要依法予以保护。台湾学者何孝元认为，欺诈胁迫均系侵害自由权，盖其所侵害者，乃被害人之精神的自由故也。[①] 因此，精神自由权应当属于自由人的重要内容。侵害精神自由权的行为主要有欺诈、胁迫、骚扰等。例如，加害人诈称被害人的儿子在参加夏令营的活动中遭遇严重伤害，生命垂危。被害人信以为真，连夜坐飞机赶往夏令营举办地，到后才发现是假消息，精神上遭受巨大伤害。加害人的这种行为，即属于侵害权利人的精神自由权。

与自由权有关的一个问题就是婚姻自主权的性质。所谓婚姻自主权是指自然人依法自主决定婚姻缔结与解除的权利。婚姻自主权是否为一项独立的人格权，目前还有不同认识。我们认为，基于自由权作为一项独立人格权的通说，自由权又包含了行为自由权和精神自由权，婚姻自主权实际是自由权的派生权利，不宜将婚姻自主权界定为一项独立的人格权。婚姻自主权的性质是自由权，应当将婚姻自主权概括在自由权的范围之内，因而婚姻自主权就是婚姻自由权。[②]

---

① 何孝元：《损害赔偿之研究》，台湾商务印书馆 1982 年版，第 141 页。

② 孟玉：《人身权的民法保护》，北京出版社 1988 年版，第 8～12 页。

第十一节 信用权

一、信用权的概念和特征

在我国的传统文化中，信用主要指诚实守信，古人强调的一诺千金就是这种观念的反应，信用在儒家伦理中占有极为重要的地位。现代汉语中的信用，除了指诚信、信任外，还包含有经济上的意义，表现为一定的经济形态。对于法律意义上的信用，目前大多倾向于对民事主体的经济活动能力和水平的评价，而不是主要评价民事主体的伦理道德水平。因此，信用主要反映了民事主体的经济活动能力和水平，也在一定程度上反映了民事主体的诚实守信、社会责任感和理想追求等思想道德水准。信用水平的高低，直接影响着民事主体的经济活动结果，又具有典型的财产的特性。

所谓信用权，是指民事主体对其经济活动能力和水平的良好评价所享有的一项人格权。我国目前尚未有信用权的民事立法，而是将信用利益纳入名誉权的保护范围，认为侵害权利人的信用，可以导致对民事主体名誉权的损害。实际上，信用利益与名誉利益是不同，有其特定的范围，信用权应当是一项独立的人格权，这一点在其他国家和地区的立法中已经有明确表现。信用权的特征表现为以下几个方面：

(一)信用权主体的广泛性

所有民事主体都是信用权的主体，信用权的主体与隐私权、自由权的主体相比更加广泛。因为，自然人、法人或者其他组织等民事主体都可以参加各种经济活动，而信用又是进行经济活动的一个基本要素，都可以因为自身的经济能力等方面获得相应的社会评价，从而影响社会公众在此基础上对民事主体的信赖程度。

(二)信用权的客体较为单一

与名誉权等人格权相比，信用权的客体更加单一。比如，名誉权的客体包含了对民事主体的道德、思想、能力、社会贡献等多方面的综合评价，而信用权的客体则是单一的，它只是对民事主体经济活动能力和水平的评价。尽管信用含有民事主体道德表现的内容，但这些因素也是通过民事主体的经济活动能力和水平反映出来。由于信用权客体的单一性，对信用利益的保护就更加集中，指向性更加明确。

（三）信用权具有突出的财产性

与名誉权等人格权相比，信用权包含明显的财产因素，而名誉权不具有直接的财产因素。因为信用是对民事主体的经济活动能力和水平的评价，对民事主体的信用程度高，就更加有利于其开展相应的经济活动，有利于其经济利益的维护的增加；对民事主体的信用程度低，则很难对其产生较强的信赖感，不利于其经济活动的参与。

二、信用权的内容

（一）信用保有权

信用直接影响到民事主体在社会中的地位和进行经济活动的环境，权利人有权保有对其信用客观、完整的评价。民事主体尽管不能左右社会公众对自己信用的评价，但可以通过自己的行为塑造良好的社会形象，从而改善自己的信用。

（二）信用维护权

权利人有权维护自己的信用，排除他人对自己信用权的侵害。对于侵害自己信用权的行为，权利人可以寻求司法救济，请求其承担停止侵害、赔礼道歉、恢复名誉、赔偿损失等民事责任。

（三）信用利益有限支配权

权利人可以利用自己的信用从事各种经济活动，以获取相应的经济利益。例如，民事主体向银行借款，为他人提供担保，与商业伙伴进行联营等业务合作，都属于利用其信用获取一定利益的行为。不过，民事主体对信用利益的支配是有限的，权利人可以利用其信用，但不可能转让其信用。

信用利益属于无形财产，具有突出的经济特性，一旦权利人的信用遭到侵害，可以给权利人带来严重的经济损失。侵害信用权的行为主要有：捏造、传播不利于有关权利人信用的虚假信息；以劣质商品假冒他人的产品出售；伪造、篡改权利人的信用记录；负有特定义务的机构或者人员拒绝修改对权利人的不实信用记录等等。侵害信用权，导致权利人的信誉利益遭受损害，侵权人一般要负责消除影响，恢复受害人的信誉。由于侵害信用权的行为往往给权利人造成一定的经济损失，加害人要负责赔偿受害人的财产损失，造成权利人的精神损害的，还要给予精神损害赔偿。

第十二节　贞操权

一、贞操权的概念和特征

从语义上分析，“贞”即指坚贞不移，“操”即指品德操守。贞操就是指保持性纯洁的品德操守。人们对贞操的认识，随着社会观念的发展而不断改变。台湾学者史尚宽先生认为，不为婚姻外之性交，为良好之操行，遵守此操行，谓之贞操。广义言之，不独女子有贞操，男子也有贞操。[①] 这里对贞操的范围理解显然较为狭隘，认为贞操只表现为不能进行婚外之性交。该定义将婚姻关系作为贞操有无的先决条件，无疑将未婚男女和未成年男女排斥于外，一旦未婚男女或未成年男女遭受不法性侵害，将无法借助贞操权受侵害而获得民法上的救济。其实，贞操不仅表现在婚姻家庭生活中，未婚者亦存在贞操的情况。在现代生活中，贞操的内涵主要表现为性生活的纯洁状态和自主意志。性生活的纯洁状态，反映了自然人性生活方面的道德品行；性生活的自主意志，反映了自然人自主选择性行为对象，而有权拒绝违背其自主意志的性行为。当然，自然人的性生活自主意志，应当在法律和道德的范围之内行使，而不是违反社会公德的性生活的放纵。现代贞操观是重视人权保障和男女平等、人身自由等思想观念发展的必然结果，本质上是对两性关系的规范。

所谓贞操权，是指自然人根据性生活的纯洁品行和自主意志产生的人格利益而享有的人格权。贞操权与人的基本生活不可分离，为了满足生活品质的需要，自然人可以在道德和法律允许的范围内依自己意志支配性行为，并因此获得身心愉悦。

目前，存在否定贞操权为一项独立人格权的观点。有的认为贞操属于名誉权的范畴，当贞操被侵害时，造成被害人名誉的损害，实则为侵害当事人的名誉权；有的认为贞操属于自由权的范畴，对于侵害别人贞操的行为，实际是侵害了当事人的人身自由，违背了权利人的自主意志；有的认为区分不同的情况，贞操分别属于身体权、自由权、名誉权的范畴，因为侵害贞操的行为，有可能造成当事人名誉、自由、身体的损害。这些不同认识，都否认贞操权是一项

---

① 史尚宽：《债法总论》，中国政法大学出版社2000年版，第144页。

独立的人格权。要确定贞操权是否为一项独立的人格权,关键在于明确贞操是否为一项特定的人格利益,是否能为其他人格权所涵盖。其实,前述观点难以成为否定贞操权作为一项独立人格权的理由。首先,贞操权不同于名誉权。贞操权是以性的纯洁和性自主为内容的权利,是自然人追求心情愉悦和幸福生活的基本保障。贞操权受到侵害,虽然有可能导致自然人名誉的损害,但贞操权以自然人因性的品行和性的自主意志产生的利益为保护对象,与自然人的幸福感有密切关系。而荣誉所遭受损害,表现为社会公众对权利人的综合评价降低,与权利人内在的荣誉感不一定产生直接的联系。其次,贞操权区别于自由权。自由权,是指自然人不受拘束或妨碍的自由行动和自主思考的权利。它包括行为自由和精神自由。贞操权与自由权确实存在一定的联系,客体中都含有自由的内容。但是两者又有区别。自由权以行为自由和精神自由为客体,而贞操权则以性的自主意志和性的纯洁状态为客体,两者的客体并不是重叠的,不可混淆。其中,性的纯洁状态包含了自然人的自我道德评价和认识,表现为基于良好情操的精神愉悦状态,已经超出自由的范畴。再次,贞操权不同于身体权、健康权。身体权的客体体现为身体组织的完整性,健康权的客体则是人体器官和组织机能的健全状态。侵害贞操权的,有时也会同时侵害权利人身体权和健康权。但这不是否定贞操权的理由,因为贞操权利益与身体利益和健康利益显然不相同。所以,仅仅从客体上分析,就可以看出贞操权与名誉权、自由权、身体权、健康权等人格权皆不相同,贞操权应当是一项独立的人格权。

作为一项独立的人格权,贞操权有下列特征:

(一)贞操权的主体既有女性,也有男性

贞操权的主体是自然人,法人或者其他组织不存在贞操权。我国传统观念认为贞操是专门对女子的要求,男子不存在贞操的问题。传统贞操观念实际是对女子的歧视,表现出典型的不平等思想。在现代社会,人权保障观念逐渐深入人心,男女作为平等的民事主体,都具有独立、完整的人格。贞操权的主体既包括男子,也包括女子。所有自然人都享有贞操权,也都负有相应的义务。

(二)贞操权的客体是自然人的性纯洁和性自主方面的利益

贞操权是一种精神性人格权,其客体是自然人的性纯洁和性自主方面的利益。自然人在法律和道德允许的范围之内,保持自身性生活的纯洁性和自主性,从而达到身心的愉悦,实现个人的人格尊严和人格自由。侵害别人的贞操权,则会破坏良好的社会关系和公共利益,使自然人的相关情感无

法满足。

(三)自然人的贞操权利与贞操义务具有一体性

在很多情况下,贞操权利与贞操义务具有不可分割的特征,自然人的贞操权,往往也表现为其应当承担的义务。例如,夫妻之间有保持性生活纯洁的权利,但同时也是其义务,应当互相忠实,不为婚外之性生活,以保持婚姻关系的和谐、幸福。

二、贞操权的内容

(一)贞操保持权

即权利人享有保持自己性的纯洁、性的自主方面的权利,防止他人对自己的贞操利益进行侵害。自然人可以基于自己的自主意志,在法律规定和道德规范之内保持自己的性纯洁和性的自由,有权拒绝他人与自己进行性行为和性接触的请求。贞操保持权为绝对权,为权利人专有,其他任何人都是贞操权的义务主体,负有不得侵害他人贞操权的义务。

(二)反抗权

权利人的贞操权受到侵害时,有权实施正当防卫和紧急避险的措施阻止不法性侵害的行为。贞操涉及自然人的精神利益,是精神性人格权,一旦遭到损害,很难恢复到原来状态。同时,侵害贞操权的行为有强奸等暴力行为,该行为不但对权利人的精神造成巨大损害,还有可能对受害人的身体、健康造成巨大危害。因此,权利人完全有权在合理的限度内反抗侵害贞操权的行为。对严重的侵害贞操权的违法犯罪行为,还拥有刑法上的无限防卫权。

(三)支配权

贞操权对于实现权利人的身心愉悦,维护其人格尊严和人格自由,具有重要的作用。要达到这个目的,有赖于权利人在对自己的性方面上的意志支配。任何人不得通过强迫、引诱、欺骗等手段干预权利人对自己性方面的自主支配,不得违背权利人的真实意思与之进行性接触。不过,这种支配也受一定的限制。一方面,对自己性方面的支配不得违背法律规定、社会公共利益和善良风俗。卖淫嫖娼、“包二奶”等行为就为我国法律和道德所不允许。另一方面,对自己性方面的支配应当以达到一定年龄为条件。对于未达到一定年龄者,无权支配其若干性方面的利益。例如,根据我国刑法的规定,与14周岁以下的幼女发生性关系,不论其是否同意,构成奸淫幼女罪。这就说明14周岁以下的幼女不能对自己的性方面作出这样的支配。另外,已婚男女的贞操义务的约束,也是对权利人性方面的支配的限制。例如,夫妻之间不得为婚外之性交。

构成侵害贞操权的行为,具体说来有下列几种:强奸行为,这是最典型的侵害贞操权的行为;奸淫幼女行为,由于幼女并非是完全民事行为能力人,不论其是否同意,与之发生性关系即构成侵权;以欺骗手段诱使对方与其发生性关系,例如,隐瞒自己已婚的事实,向对方谎称将与之结婚,致对方信以为真与之发生性关系;利用优势地位奸淫或猥亵,对于因亲属、监护、教养、救济、公务或业务关系服从自己监督之人,利用权势而奸淫、猥亵的,构成侵害贞操权;强迫卖淫,须注意的是,明知他人为人所强迫卖淫而与之发生性关系,也构成侵害贞操权。

性骚扰是与侵害贞操权行为有密切关系的一个问题。性骚扰是在现代社会中对人格权保障日益重视的背景下产生的,很多国家重视工作场合的性骚扰防范,美国在最早的性骚扰立法中规定,向对方作出的不受欢迎的与性有关的行为或者提出性要求,及其他语言举动,就构成性骚扰。在我国,一般认为性骚扰是某人采取文字、语言、图像、电子信息、肢体动作等方式实施的有辱他人人格尊严的与性有关的行为。性骚扰的行为不仅工作场合存在,同样也可能存在于其他场合。性骚扰行为多种多样,有的采用口头方式,例如讲下流话、挑逗性语言等;有的采用肢体行动方式,例如暴露性器官等。不管采用何种方式,这些与性有关的行为可以引起他人的不安、反感、恐惧等心理,就构成对他人的性骚扰。性骚扰损害了自然人的人格尊严,造成人与人之间关系的紧张,危害了社会公共利益,因而应当禁止。性骚扰可以侵害多种人格权,例如用语言侮辱他人人格则侵害了他人的名誉权,但是大部分性骚扰行为侵害的是他人的贞操权,因为构成性骚扰行为的一个关键要件是与性有关的行为,该行为实际侵害了权利人的性自主等方面的权益。

侵害贞操权的,主要造成权利人精神上的痛苦,同时也有可能造成权利人财产方面的损失。例如强迫与妇女性交,可能导致感染疾病、怀孕以及身体、健康上的其他损害,有关的医疗费用、营养费用等应当由加害人赔偿。由于侵害贞操权的行为对权利人造成精神损害,一般要承担精神损害赔偿。侵害贞操权的行为损害权利人的名誉,受害人还可以提出恢复名誉的请求。

本章思考题：

1. 试分析一般人格权的内容。
2. 健康权和身体权的区别是什么？
3. 试述侵害姓名权的行为。
4. 说明隐私权和名誉权的关系。
5. 自由权的内容有哪些？
6. 论述现代社会转型与人格权的发展。

第十二章

身份权

第一节　身份权概述

一、身份权的概念与特征

现代汉语中的身份主要指一个人的社会地位,而法律意义上的身份更为复杂,包含了多层意思。一方面,身份是一种社会地位,反映了民事主体在某种社会关系中的地位,离开了特定的社会关系,也就无所谓身份问题;另一方面,身份与亲属存在密切关系,但又不限于亲属关系。传统意义上的身份以亲属关系为基础,但现代社会生活中也存在一些非亲属的身份关系,例如著作权中就包含了身份权。

身份权是指民事主体因特定身份关系而产生的民事权利。身份权是人身权的重要组成部分,有悠久的演变历史。最早的身份权只表现为亲属法上的身份权,主要内容有家父权、夫权等,具有突出的专制性和支配性。随着"从身份到契约"运动的深入发展,人格权得到很大扩张,身份权逐渐式微。在现代社会,人们对身份权的认识进入到一个新的境界,身份作为民事主体在社会关系中地位的作用仍然得以重视,但身份权中的专制性、不平等性逐渐被抛弃,平等性是现代身份权的重要特质,身份权是保护民事主体人身利益的不可或缺的基本权利。身份权具有以下法律特征:

(一)身份权的主体既包括自然人,也包括法人

身份权的主体并不限于自然人,自然人固然因为亲属等社会关系可以享

有身份权利，但是法人参与社会活动也必然有明确社会地位的需要，法人进行民事行为可以形成一定的身份利益，需要身份权加以保障。因此，法人也享有身份权，是身份权的主体。

（二）身份权存在的前提不限于亲属关系

很多身份权属于亲属法的范畴，这也是传统身份权的基本表现。随着现代商品经济的高度发达，民事主体在社会中的活动领域日益扩张，身份利益的表现更加复杂，既有亲属领域的身份利益，也有很多非亲属领域的身份利益，例如对自己的作品发表、修改以及在作品上署名的权益，自然需要相应的身份权利进行保护。

（三）身份权不是民事主体的固有权利

身份权不是与生俱来的，不是民事主体的必备权利。身份权需要依靠一定的行为或者事实而产生或者消灭。例如，如果没有结婚的民事行为，就不可能形成夫妻关系，就不可能形成夫妻之间的各项身份权利。因为缺乏产生身份权的法律事实而不具有某种身份权的民事主体不会影响其进行其他社会活动，也不影响其享有其他民事权益。

二、身份权与人格权的区别

人格权是以民事主体的人格利益为客体的民事权利，包括生命权、健康权、身体权、名誉权、隐私权等；身份权是民事主体基于特定的身份而享有的民事权利。两者虽然同属于人身权，具有人身权的一般特点，但也有明显的区别。

（一）人格权与身份权的固有性不同

人格权是民事主体的固有权利，是与生俱来的，是权利人之所以成为民事主体的必备要件，表现出突出的自然属性。由于人格权与民事主体不可分离，人格权不得转让、抛弃或者继承。身份权是民事主体的非固有性权利，并不是所有民事主体都具有一定的身份权，身份权不是民事主体必备的权利，它只基于一定的行为或者事实才有可能产生，表现出突出的社会属性，目的在于维护民事主体因为特定社会关系而享有的身份利益。

（二）人格权与身份权的取得、消灭的方式不同

人格权是法律赋予民事主体不可侵犯的权利，具有民事权利能力的民事主体都具有人格权。自然人自出生时起，就享有生命、健康、身体等各项人格权利，法人或者其他组织自成立时，也享有名称、信用、名誉等人格权利，自然人死亡、法人或者其他组织撤销，则丧失人格权。身份权虽然是每个民事主体

根据一定的条件都可以得到的权利,但它却不具有固有性,不是每个民事主体必备的权利。民事主体只有通过自己的行为或者已定的事实,取得一定的身份以后,才可享有相应的身份权。例如,养父母与养子女建立了合法的收养关系后,才可以享有亲权,而一旦收养关系解除,该亲权也就丧失。

(三)人格权与身份权的内容不同

人格权和身份权都有丰富的内容,但两者在内容的划分方式和权利义务关系方面均表现出各自的特性。在内容的划分方式上,人格权分为一般人格权和具体人格权,一般人格权主要是指人格独立、人格平等、人格尊严,具体人格权包含生命权、健康权、身体权、姓名权、名称权、名誉权等等。一般人格权是具体人格权的基础和概括,对具体人格权有补充作用;身份权则都是具体身份权。在权利与义务的关系上,人格权主要单指民事主体享有的人格权利,而身份权的内容中权利义务往往具有统一性,不可分割,例如夫妻相互扶养既是权利,也是义务。

从目前人身权法理论的研究状况来看,一般认为身份权主要包括配偶权、亲权、亲属权、监护权几种。荣誉权虽然有身份权的特性,但其人格权的特性更加突出,应当在人格权中介绍;著作人身权虽然也有不少身份权的内容,如表明作者身份的署名权等,但其属于实际知识产权的范畴,应当纳入知识产权法的体系中。

第二节 配偶权

一、配偶权的概念和特征

配偶是基于合法婚姻关系而形成的亲属关系,夫与妻之间互为配偶。配偶权的概念产生于西方,夫妻之间的权利经历了从夫权到配偶权的发展历程。在西方罗马法时期,夫权在夫妻关系中占有核心地位,妻子依附于丈夫,是丈夫的家庭成员,实际被视为物,丈夫对妻子有支配权和统治权。到了中世纪,丈夫对妻子的人身支配权力有所减弱,并失去对妻子的统治权,但夫权在夫妻关系中的主导地位依然没有改变。资产阶级大革命后,自由、平等、博爱等人权思想逐渐主导了民事立法,夫妻平等、夫妻拥有相同的民事权利义务等观念成为基本认识,夫权被体现夫妻平等观念的配偶权所取代。《法国民法典》的“夫妻相互权利与义务”一章中规定：夫妻各方均有完全的权利能力；夫妻双方应相互忠诚、相互帮助与救助；夫妻双方应共同负责保证家庭道德与物质方面的事务管理，负责子女的教育并安排子女的未来。《德国民法典》的“亲属法”一编中规定：夫妻双方均有权从业；夫妻双方在处理家务时应取得相互一致；夫妻双方相互负有以其劳动和以其财产适当抚养家庭的义务。我国传统上也存在夫妻不平等的制度，妻子在家庭中从属于夫权，夫为妻纲，父权成为封建专制在家庭生活中的缩影。新中国成立后的《婚姻法》确立了一夫一妻、男女平等基本原则和制度，夫妻关系在立法上进入一个新的阶段。针对改革开放和建设社会主义市场经济以来的新情况，2001 年修订的《婚姻法》更加完善了夫妻之间的权利和义务。配偶权是指夫妻依法所享有的配偶利益的身份权利。配偶权具有以下法律特征：

(一)配偶权是基于夫妻身份而产生的身份权

夫妻是配偶权的主体，只有存在合法的夫妻关系，才能产生配偶权，配偶权是基于夫妻关系而产生的身份权利。配偶权只能由互为配偶的大妻享有，不得转让或者继承。夫妻在配偶权中的地位是平等的，双方的权利和义务完全一致，不存在夫妻哪一方配偶权利的大小问题。

(二)配偶权的客体是夫妻身份利益

配偶权存在于合法有效的婚姻期间，其客体为夫妻身份利益，表现为夫妻共同生活、互相扶助、互相依靠，以及共同维护婚姻生活的幸福、和谐、美满所表现出的利益，主要是因婚姻而产生的精神上的利益。配偶权的客体不包括法律明确规定的财产权利。在夫妻关系中，还有财产共有、继承等情况，但财产共有权、继承权分别属于物权法、继承法调整的范畴，而不是由人身权法调整。

(三)配偶权的宗旨是维护夫妻关系的健康与和谐发展

配偶权的内容既涉及夫妻的住所决定、就业选择、相互扶养等生活所必需的物质条件，也涉及夫妻之间生活圆满幸福、安全和谐的精神条件，这些内容的宗旨就是为了稳定夫妻关系，促进夫妻关系的健康和谐。如果夫妻生活的这些物质条件和精神条件得不到保障，就会影响夫妻关系的稳定与和谐。所以，配偶权的行使也应当体现出这一宗旨，在很多情况下，夫妻之间的权利和义务具有同一性，夫妻双方都应积极主动地行使权利，履行义务。配偶权实际是人类悠久的追求美满婚姻生活的愿望在法律上的体现，也是为实现这种愿望而提供的法律保障。

（四）配偶权是绝对权

配偶权具有排他性，是对世权，任何人都有不得侵犯他人配偶权的义务。配偶权不是夫妻之间的相对权利，是夫妻二人共同享有的绝对权，其他人负有不作为的义务，不得侵犯该权利。

二、配偶权的内容

（一）夫妻姓名权

夫妻姓名权是指夫妻婚后是否还有独立的姓氏权利。其他国家对此有不同的规定，例如《瑞士民法典》规定夫妻缔结婚姻关系后，妻从夫姓并取得夫的身份权；《德国民法典》则规定夫妻在结婚时可以确定以夫或者妻的出生姓氏作为婚姻姓氏，如果没有确定的，以夫的出生姓氏为夫妻的婚姻姓氏。我国《婚姻法》的规定充分体现了对夫妻独立人格权的尊重与保障，规定"夫妻双方都有各自使用自己姓名的权利"。该规定并不排斥夫妻双方对姓名进行约定，可以妻从夫姓，也可以夫从妻姓。

（二）住所决定权

住所决定权是指夫妻缔结婚姻关系后商定住所的权利。这里所说的住所，是指夫妻双方的婚后家庭住所。住所是夫妻生活的基本保障，决定住所，在一定程度上反映了夫妻的地位是否平等。因此，应当赋予夫妻双方同等的住所决定权，夫妻选定住所应当协商一致。我国法律没有明确规定夫妻的住所决定权，但在《婚姻法》中有涉及此方面的规定，例如夫妻结婚后，根据双方约定，女方可以成为男方的家庭成员，男方也可以成为女方的家庭成员，这实际反映夫妻双方有平等的住所决定权，在决定住所时应当坚持协商一致的原则。

（三）就业选择权

就业选择权是指夫妻双方是否决定就业以及选择何种职业的权利。平等的就业选择权是夫妻双方地位平等的标志，也是行使权利、履行义务的保障。从世界大多数国家立法来看，不论对夫妻就业选择权是否作出规定，都承认夫妻双方具有平等的就业选择权。我国《婚姻法》规定，夫妻双方都有参加生产、工作、学习和社会生活的自由，一方不得对他方加以限制或者干涉。

（四）相互扶养权

互相抚养权是指夫妻双方在物质和生活上互相帮助、互相扶持的权利。这既是配偶之间的权利，也是义务。我国《婚姻法》规定，夫妻有相互扶养的义务,一方不履行抚养义务时,需要扶养的一方又要求对方付给抚养费的权利。不过,此处所致的夫妻相互扶养义务,以有扶养能力为前提,如果丧失扶养能力的,则免除该义务。

(五)贞操请求权

夫妻之间有互相忠实的义务,应坚持婚姻感情的专一、纯洁,不得为婚外性行为,保持夫妻性生活的专属性和排他性。如果夫妻一方违反该义务,达到一定程度,则应承担相应责任。我国《婚姻法》规定,重婚或者有配偶与他人同居的,经调解无效,应准予离婚。可见,存在婚外性行为的,是有过错的一方。对这种过错行为导致离婚的,无过错的一方有权请求损害赔偿。

(六)家事代理权

家事代理权也称为日常事务代理权,是指夫妻一方在处理日常家庭事务时,有权代理另一方与第三人为一定民事行为,其后果由夫妻双方共同承担。该权利应当为法定权利,它既符合我国悠久的亲属传统文化,也是现代家庭生活中处理日常事务的需要。夫妻一方行使家事代理权时,不论是一个人的名义,还是以夫妻双方的名义,都产生有权代理的后果。夫妻一方如果滥用代理权,损害了配偶的利益,无过错的善意第三人也不应承担责任,而是由滥用代理权的一方承担责任。

除了上述具体配偶权外,目前还存在同居权问题。所谓同居,是指男女双方以夫妻的身份共同生活。有人主张将同居权纳入配偶权的范围,认为同居是夫妻关系稳定的基础,是夫妻生活的特质,同居既是夫妻双方的权利,也是其义务。但学界对同居权具体内涵的理解存在较大分歧,同居权与其他配偶权的区分、同居权的实现、不履行同居义务的法律后果等问题,都还没有很好地解决。因此,有关同居权的理论目前还不成熟。

侵害配偶权在主观上必须是故意,并且要达到一定的严重程度,对轻微的侵害配偶权的行为不需要进行民事制裁。侵害配偶权的行为主要有:重婚、有配偶与他人为婚外性行为;不履行扶养义务,遗弃配偶的;虐待配偶,造成其身体或者精神上的损害等等。侵害配偶权所应承担的民事责任主要是:继续履行义务、停止侵害、赔偿损失等。

第三节 亲权

一、亲权的概念和特征

亲权是指父母对未成年子女的抚养、监管保护以及财产管理的权利。在现代家庭关系，亲权占有极为重要的地位，亲权制度的作用在于保护未成年子女的利益，以利于未成年人的成长。父母有权对自己的未成年子女进行监管保护，因此亲权专属于父母。

英美法系国家没有亲权制度，这些国家对亲权与监护不加区分，以监护制度代替亲权制度。现代亲权制度起源于罗马法和日耳曼法，罗马法中存在家父权制度，日耳曼法中存在父权制度。我国古代的宗法家族制度也包含了亲权的内容。罗马法的家父权制度确立了家父的崇高而又专制的地位，强调对子女的支配和占有。日耳曼法的侵权则以子女的利益为出发点，突出对子女的保护，这与现代亲权制度较为接近。我国宗法家族中的“父权”既强调父亲对子女的支配，又注重父亲对子女的抚养和保护，古代所谓“父为子纲”就在一定程度上反映了这种观念。总之，古代亲权制度大多含有不平等和专制的成分。

随着近现代以来的思想解放和人权观念的发展，亲权制度也产生了蜕变，逐步以人人平等的思想为基础形成了现代亲权制度。主要表现在：(1)亲权是父母对未成年子女共同拥有的权利，而不再是父亲的专属权利。(2)父母子女的人格关系平等，父母与未成年子女的关系不再是占有与被占有、支配与被支配的关系。(3)保护未成年子女的利益是亲权制度的出发点，亲权制度的主要内容是对未成年子女的抚养、教育、保护。(4)父母对未成年子女的监督保护既是其权利，也是其义务，父母未尽监督保护之责，要承担相应的法律责任。目前确立亲权制度的主要国家都在立法上体现这些特点。例如《法国民法典》第九编专门规定了亲权的内容，第 371 条、第 372 条规定，“保护子女之安全、健康与道德品行之权力属于父与母；父与母对其子女有照管、监督、教育的权利与义务；父母双方在婚姻期间，共同行使亲权”。《德国民法典》第 1626 条规定，“父母有照顾未成年子女的义务和权利(亲权)。亲权包括对子女人身的照顾(人身亲权)和对子女财产的照顾(财产亲权)”。我国虽然没有在法律中使用亲权一词，但明确规定了父母对未成子女的照管和保护的权利义务，因而存在亲权制度，但与亲权制度成熟的国家相比，我国的亲权制度还有诸多不足，需要进一步完善。

作为一项极为重要的身份权，亲权除了具有其他身份权的一些特征以外，还有以下独有的特征：

（一）亲权是基于父母的身份而取得的一项身份权

亲权是对其未成年子女监管照护的权利，不存在父母子女关系，就不存在亲权。因此，亲权的取得，必须首先确定相应的父母子女关系。一般情况下，父母的身份基于生育子女而取得，父母对婚生子女和非婚生子女都有同样的亲权。亲权还可以基于收养、婚姻而取得，养父母对未成年的养子女、继父母对有抚养关系的未成年的继子女，也享有亲权。

（二）亲权的出发点是为了保护未成年子女的利益

设立亲权是为了照护未成年子女的人身和财产，为未成年子女的成长提供有利的条件。为体现这一宗旨，现代亲权制度已经抛弃了历史上对子女专制、严酷的内容，突出对未成年子女的保护。父母对子女人身和财产的照护，不是为了单纯对未成年子女的人身利益和财产利益进行支配，而是将促进子女成长作为核心，从而使亲权与现代的家庭伦理观念相一致。

（三）亲权的权利和义务具有密不可分的关系

亲权人的权利和义务都体现了对未成年子女利益的保护，都以照护未成年子女的人身利益和财产利益为内容，这就决定了亲权的权利和义务具有密不可分的关系。照护未成年子女的利益，营造有利于未成年子女的成长的环境，既是父母的权利，也是父母的义务。因此，由法律所规定的诸多父母对未成年子女人身、财产的照护，表现出权利义务的统一性。

二、亲权的内容

随着现代社会生活的变化，人类的生活形态和生活观念日益丰富，亲权的内容也非常广泛，但归纳起来不外乎对未成年子女的人身照护权和财产照护权两大方面。

（一）人身照护权

1. 教养保护权

对未成年子女的教育、抚养和保护，既是父母的权利，也是其义务。父母对未成年子女有抚养教育的权利，应当为子女身心健全的成长进行力所能及的努力，解决子女成长中所必需的各种物质条件。父母还是未成年子女的第一任教师，对子女的成长有着深远的影响，应当对子女的知识、能力、性格等方面进行正面的引导。父母还有权利保护自己未成年子女的人身安全，防止、排除对子女人身安全造成威胁的各种事实。法律还禁止父母虐待、遗弃未成年子女，构成犯罪的，要承担刑事责任。教养保护权是父母的共同权利，并且不因父母离异而失去。

2. 管束权

为促进子女的健康成长和人身安全的保护，父母可以对未成年子女进行必要的管束。如果子女存在不良的行为，父母可以约束其行为，并对其进行批评教育，使未成年子女对自己的行为进行正确的认识，养成良好的行为习惯。父母对子女的管束不得超出法律允许的范围，不能采取对子女打骂、侮辱、虐待等侵犯人身权利的方法，应以教育子女为出发点，根据子女的不良行为的轻重采取恰当的管束措施。父母可以自行管束未成年子女，也可以根据需要请求有关单位管束其未成年子女，例如将子女依法交由专门机构进行管束教育，例如我国新修订的《未成年人保护法》第 25 条规定："对于在学校接受教育的有严重不良行为的未成年学生，学校和父母或者其他监护人应当互相配合加以管教；无力管教或者管教无效的，可以按照有关规定将其送专门学校继续接受教育。"

3. 子女交还请求权

当未成年子女在被扣押、拐卖、诱骗、隐匿时，享有亲权的父母有权要求交还子女。这是父母对未成子女人身照护权的重要体现，也是父母对子女进行抚养教育所必须具备的权利。国外有关子女交还请求权的规定较为明确，例如《德国民法典》第 1632 条规定："人身照顾权包括要求对子女的父母或父母的一方非法藏匿子女的人交还子女的权利。"我国法律对子女交还请求权没有明确的规定，但司法实践中实际已经承认父母的此项权利。

4. 人身方面的法定代理权和同意权

父母是未成年人的法定代理人。根据我国法律规定，10 周岁以上的未成年人是限制民事行为能力的人，可以进行与他智力、年龄相适应的民事活动，其他民事活动则由法定代理人代理；10 周岁以下的未成年人是无民事行为能力人，只能由法定代理人代理进行民事活动。由于身份行为不仅关系到当事人身份上的重大利益，而且会涉及相应的财产利益，身份代理只能在法律明确规定的情况下才能进行。亲权人对未成年子女人身上的同意权表现在很多方面，例如同意限制民事行为能力的人可以实施有关身份变更的行为，同意对生病的子女进行手术治疗，同意子女因病休学等。

随着社会的发展变化，人身照护权的内容也在不断充实，有些学者主张未成年子女的住所指定权、姓氏决定权、离婚后对未成年子女的探视权等权利也属于人身照护权的范围。对于上述人身照护权的关系，一般认为教养保护权是一种概括性的权利，而其他权利是教养保护权的具体化。[①]

(二)财产照护权

未成年子女可以有自己的财产，其财产根据来源不同分为两种。一种是特有财产，是未成年子女因继承、赠与或者其他无偿方式取得的财产；另一种是一般财产，是未成年人因劳务或者其他有偿方式取得的财产。由于未成年人不具备完全民事行为能力，为了保护其财产权益，应由其亲权人代理进行有关财产的民事行为，或者在亲权人的同意下才能进行有关财产的民事行为。亲权人对未成年子女的财产照护权主要有以下几个方面：

1. 财产管理权

我国《民法通则》第18条规定，父母有权利管理未成年子女持有的财产，保护其合法权益。可见，不论是未成年子女的特有财产，还是一般财产，作为亲权人的父母都有财产管理权，以防止未成年子女的财产权益遭受侵害，保护其财产的价值。

2. 代理权

父母是未成年子女的法定代理人，未成年子女财产的使用、收益、处分等民事活动，应当由其父母代为进行，以使财产的利用更好地符合子女的利益。对于有关未成年子女财产的民事活动，由作为被代理人的未成年子女承担相应的后果，父母的代理行为就不得损害未成年子女的利益，否则应承担相应的民事责任。

3. 同意权

如果未成年子女是限制民事行为能力的人，就只能进行与其智力和年龄相当的民事行为。属于此范围的有关其财产的民事行为，无须得到父母的同意或者直接由父母代理进行。在此范围之外的有关其财产的民事行为，除了纯获得利益的行为之外，应当经父母的同意才能产生民事效力。父母同意权的行使直接关系到具有限制民事行为能力的未成年子女的有关行为是否生效。

侵犯权利人亲权的行为，既可以造成权利人的财产损失，也可以造成权利

① 朱晓娟、戴志强：《人身权法原理·规则·案例》，清华大学出版社2006年版，第232页。

人的精神损害。例如,加害人盗走他人的婴儿,造成婴儿父母极度的精神痛苦,并为寻找婴儿支付了大笔费用,加害人既要承担财产损害的赔偿责任,也要承担精神损害赔偿责任。

第四节 亲属权

一、亲属权的概念和特征

亲属是基于血缘、婚姻和法律拟制而产生的特殊的社会关系。对亲属的理解,有广义和狭义的区分。广义上的亲属包括血亲、配偶和姻亲。例如《日本民法典》第725条规定:"下列人为亲属:六亲等内的血亲、配偶、三亲等内的姻亲。"《韩国民法典》也规定配偶、血亲和姻亲为亲属的范围。狭义上的亲属只包括血亲和姻亲。血亲是指基于血缘关系而形成的亲属关系,包括自然血亲和拟制血亲。姻亲是指基于婚姻关系而形成的亲属关系。我国法律中规定的亲属包括夫妻、父母子女、兄弟姐妹、祖父母和外祖父母、孙子女和外孙子女、儿媳与公婆、女婿和岳父母等。

亲属权是指特定亲属之间的身份权利。此处所言的亲属并非指广义或者狭义上的所有亲属之间的身份权利,在父母与未成年子女之间的身份权存在亲权,在夫妻之间的身份权存在配偶权,这两种身份权利均不包含在亲属权的范围之内。所以,亲属权实际是指父母与成年子女之间、夫妻之间之外的亲属间的身份权利。

亲属权是否为独立的身份权,学术界还存在争论。主要有三种不同的观点。第一种观点是肯定说。主张亲属权是独立的身份权,认为亲属权是父母与成年子女、祖父母与孙子女、外祖父母与外孙子女,以及兄弟姐妹之间的身份权。[①] 第二种观点是上属概念说。主张亲属权是一种民事权利,但不是独立的身份权,而是亲权和配偶权的上属概念。认为亲属权是特定身份关系者之间的以身份利益为内容的权利,该观点实际上将亲属权与身份权等同。第三种观点是否定说。主张亲属权不是独立的身份权,德国、瑞士和我国台湾地区的民事立法均反映了这种观点,认为传统的亲属法只承认抚养的权利义务

---

① 张俊浩:《民法学原理》,中国政法大学出版社1991年版,第162页。

关系作为亲属之间的权利义务关系，特定的亲属之间不一定产生相应的民事权利。目前，我国的多数专家主张亲属权是独立的身份权，认为亲属权不能等同于身份权，亲属权是身份权的下属概念。亲属权还不同于亲权和配偶权，在近亲属中，除了配偶和亲子关系之外的其他亲属关系也是一种身份关系，它与配偶、亲子关系之间的权利义务关系是不同的，亲属权实为与亲权、配偶权相并列的、独立的身份权。

二、亲属权的内容

世界各国对亲属权的内容未作系统的规定，我国的相关内容也散布于其他民事法律之中，亲属权内容的认识目前非常不一致。我国婚姻法中规定了父母对子女的抚养义务，这种抚养义务是否限定在对未成年子女抚养的范围，就有明显的观点分歧。有的专家认为应当根据不同近亲属关系来确定亲属权的内容，可以分为三种，一种是父母与成年子女之间的权利和义务；第二种是祖父母、外祖父母和孙子女、外孙子女之间的权利和义务；第二种兄弟姐妹之间的权利和义务。[①] 上述观点均有不足，我国婚姻法的规定没有涵盖不同主体的抚养权、扶养权、赡养权，使亲属权的内容界定过于狭窄。按照不同近亲属关系确定亲属权的内容，又有可能将一些其他民事权利包含在亲属权中，例如监护权、继承权等，使亲属权的内容界定又过于宽泛。根据我国的亲属传统和立法现状，亲属权的内容应当包括以下几个方面：

(一)抚养权

扶养是长辈亲属与晚辈亲属的身份权利。这里的扶养权不包括父母对未成年子女的抚养，因为它属于亲权的范畴。抚养权是指祖父母、外祖父母对未成年孙子女、外孙子女的抚养权利。我国《婚姻法》第 28 条规定："有负担能力的祖父母、外祖父母，对于父母已经死亡或父母无力抚养的未成年的孙子女、外孙子女，有抚养的义务。"该规定表明抚养未成年的孙子女、外孙子女既是祖父母、外祖父母的义务，也是其权利。

(二)扶养权

扶养是平辈亲属之间的身份权利。这里的扶养权不包括夫妻之间的相互扶养，因为它属于配偶权的范畴。扶养权是指兄弟姐妹之间的扶养权利。我国《婚姻法》第 29 条规定："有负担能力的兄、姐，对于父母已经死亡或父母无力抚养的未成年的弟、妹，有扶养的义务。由兄、姐扶养长大的有负担能力的

---

① 张俊浩：《民法学原理》，中国政法大学出版社 1991 年版，第 162～163 页。

弟、妹，对于缺乏劳动能力又缺乏生活来源的兄、姐，有扶养的义务。”根据该规定，扶养权既是有关民事主体的义务，也是其权利。

（三）赡养权

赡养是晚辈亲属与长辈亲属的身份权利。赡养权是指晚辈亲属赡养长辈亲属的权利。根据我国法律规定，子女有赡养其父母的义务。《婚姻法》还规定：“有负担能力的孙子女、外孙子女，对于子女已经死亡或子女无力赡养的祖父母、外祖父母，有赡养的义务。”子女赡养其父母或者祖父母、外祖父母时，应当满足这些长辈亲属安度晚年的物质需求或者精神需求，孝敬、关心长辈亲属。长辈亲属也要体谅晚辈亲属的困难，对其进行力所能及的帮助，建立和睦友爱的家庭关系。

（四）代理权

亲属之间存在代理权。根据我国《民法通则》的规定，有监护权的亲属对作为被监护人的未成年子女或者作为无民事行为能力、限制民事行为能力的精神病人有代理权，代理进行民事行为。另外，作为家庭成员的亲属在一起共同生活时，存在家事代理权，对一般的民事行为可以互相代理。

侵害亲属权的行为大多出现在亲属之间，表现形式较为复杂，认定这种侵权行为较为困难。侵害亲属权的行为主要有：断绝亲属的经济来源，使其生活陷入困境；遗弃、虐待亲属，侮辱亲属的人格，破坏亲情；非法处理亲属的财产，损害其财产利益等等。侵害亲属权的民事责任主要有：继续履行义务、停止侵害、赔礼道歉、赔偿损失、返还原物等。

本章思考题：

1. 人格权与身份权的区别是什么？
2. 说明配偶权的内容。
3. 亲属权是否为独立的身份权？

第三编 物权

第十三章 物权概述

第十四章 所有权

第十五章 用益物权

第十六章 担保物权

第十七章 占有

第十三章

物权概述

第一节　物权与物权法

一、物权的概念

物权，是近代民法上一个重要的概念，与债权共同构成民法财产权体系。物权的概念源自于罗马法，在罗马法中虽然并未出现完整的物权概念，但确认了所有权、永佃权、地上权、役权、质权、抵押权等具体的物权形式。中世纪注释法学家在解释罗马法时，从为诉讼程序便利角度考虑区分的"对物之诉"和"对人之诉"中引申出"物权"与"债权"的概念。

物权一词在立法中明确使用，当属 1811 年《奥地利民法典》，该法第 307 条规定："物权是属于个人财产上的权利，可以对抗任何人。"1896 年颁布的《德国民法典》则将物权法设为独立一编（第三编），将所有权、用益物权及其他物权按照一定逻辑顺序规定为一个完整的体系，对后来各国制定民法典物权编或者物权法的国家产生了直接的影响，日本、瑞士、意大利和我国台湾地区的民法典均效仿该法，使物权法成为现今各大陆法系国家民法的重要组成部分。

尽管各国现代民法典上均有关于物权制度系统的规定，但除《奥地利民法典》外，对物权的定义一般并不作直接规定。因此，关于物权含义的阐述遂产生了各种学说。

从物权的内涵外延的角度对物权进行界定的可归纳为四类学说，包括：强调对物的直接支配性的定义，如“物权，乃以对物直接支配为内容之权利”；强调对物的直接支配与享受利益的定义，如“物权者，直接支配特定物，而享受其利益之权利”；强调对物的直接支配与排他性的定义，如“物权者，直接支配其物，而具有排他性之权利”；强调对物的直接支配、享受利益与排他性的定义，如“物权，乃直接支配其标的物，而享受其利益之具有排他性的权利”。[①]

从物权的本质特征的角度对物权进行界定的有对物关系说、对人关系说和折中说等三种学说。对物关系说认为物权是人与物的关系，物权被定义为“人们直接就物享受其利益的财产权”，即人对物的直接支配权。对人关系说认为，无论债权还是物权关系均是人与人之间的关系，是“得对抗一般人的财产权”，二者的区别仅在于债权只可以对抗特定人，而物权则可以对抗一般人，因而物权被定义为“物权为具有禁止任何人侵害的消极作用的财产权”。折中说则认为前两种观点都存在偏颇，物权有对人、对物两方面的关系，物权被定义为“对物直接支配，且得对抗一般人之权利”。[②]

上述对物权定义虽然角度有所不同，但物权具有直接支配性显然是学界的共识。从事实关系的角度而言，物权是权利人直接支配物的权利，即物权人无须他人意志或者行为的介入就能实现对标的物的管领与处分；从法律关系的角度而言，任何一种法律关系必然也表现为人与人之间的关系，物权的直接支配性决定了物权具有绝对性和排他性，可以对抗任何非权利人。因而，学界通说认为物权是权利主体直接支配特定财产的权利，既具有人对物直接支配的内容，又具有对抗权利主体以外第三人的效力。简而言之，物权是对物的直接支配的排他性权利。我国《民法通则》第五章第一节中以“财产所有权和与财产所有权有关的财产权”表述物权的内容，《物权法》中明确了物权的概念为“权利人依法对特定的物享有直接支配和排他的权利，包括所有权、用益物权和担保物权”。

二、物权的特征

（一）物权的主体具有对世性

物权的权利主体是特定的权利人，义务主体则是权利人以外的一切不特定人。从法律关系的角度看，物权是特定权利人与不特定义务人之间的权利义务关系，正是基于该法律关系的特殊性，我们说物权是对世权、绝对权。而

① 梁慧星、陈华彬：《物权法》，法律出版社 1997 年版，第 15～16 页。

② 谢在全：《民法物权论》，中国政法大学出版社 1999 年版，第 1～15 页。

债权作为请求权,无论是权利主体还是义务主体都是特定的,我们往往将其称为对人权。

(二)物权的客体具有特定性

物权是对物的直接支配权,其客体是物。物权的支配效力决定了其客体必须具有确定性,是确定的、既存的独立物。尚未形成的物、不具有独立性的物的一部分不但无从支配,而且也难以公示权利状态,均不能成为物权的客体。而债权是请求权,其客体是给付行为,包括作为和不作为。

(三)物权的内容具有支配性

物权的基本内容为物权人直接支配标的物。任何种类的物权都以权利人对于物的直接支配为特征,是直接支配物并享受其利益的权利。物权人得依自己的意思,无须他人的意思或行为介入,直接对标的物进行支配(管领处分),实现其利益。

这里的支配既可以是事实上的处分,也可以是法律上的处分;既可以是实体上的支配,也可以是无形的价值支配,支配的范围还因物权的类型不同而有不同。如所有权是所有人对于自己所有之物的一种总括的、全面的支配,而他物权则总是在某一个方面对他人所有的物进行的支配;他物权中用益物权是对物的使用价值的支配,往往是有形的,如土地承包经营权人对其承包经营的耕地的占有、使用和收益;而担保物权是对物的交换价值的支配,往往是无形的,如不动产抵押权人对于抵押物无占有的事实,自然不可对于抵押物的实体进行有形的支配。

物权作为财产权,是一种具有物质内容的、直接体现为财产利益的权利。自然,物权的目的就在于享受物的利益。这里的利益,可以分为三种:物的归属利益、物的用益利益、物的担保利益。物的归属,明确着物在法律上的所有人,它规定着所有人对于物进行总括的、全面的支配的范围和方法;物的利用,是取得物上的使用利益,以满足权利人生产或者生活的需要;物的担保利益则主要是体现了物的融资功能。

债权则是典型的请求权,债权人不能直接支配标的物或债务人人身,只能请求义务人协助。如买卖合同的双方当事人,如出卖人逾期未履行交付货物的义务,买受人并不能直接支配买卖的标的物,即使买受人很清楚标的物所在地点,而只能请求出卖人交付该标的物。

(四)物权的效力具有排他性

物权为直接支配标的物的权利,具有排除他人干涉而由权利人独占地享有其利益的性质与效力。物权的排他性源于物上支配性,当特定的物上依法成立某人的某项物权后，他人即不得再于该物上成立与之性质相抵触或内容不相容的另一物权；当物权的客体与债权的给付标的物为同一物时，物权优于债权；当物权人行使及实现其权利时遇到他人不法妨碍时，物权人得主张物上请求权，排除妨碍。[①]

相比较而言，债权具有相容性，同一物上可以设立数个债权而相互之间效力不受影响，如“一物数卖”中，该物所有权只能由其中的一个买受人享有，但是存在于该物上的数个买卖合同之债却可以同时存在并均为有效。

三、物权与债权

物权与债权是相对应的民事权利，它们共同组成了民法中最基本的财产权形式。物权是直接支配物并享受其利益的权利，物权人无须借助于他人行为就能够行使其权利；债权是有权请求他人为一定行为或不为一定行为的权利，债权人既不能直接支配债务人人身以强制其为给付，也不能直接支配所应给付的标的物，即债权人只能通过债务人的行为才能享受其债权利益。简而言之，物权为对标的物的支配权，债权为对特定人的请求权，两者既有联系又有区别，共同构成了民事财产权体系。

（一）物权与债权的联系

其一，物权往往是债权发生的前提。如甲以 2 元钱买了乙的一瓶矿泉水，一般而言，双方买卖合同之债设立的前提就是甲对 2 元钱、乙对那瓶矿泉水拥有所有权，否则可能构成侵权。其二，债权运动的结果是物权的取得或移转，在传统民法领域，人们还往往将债权设立的目的定位于物权的取得或移转。如前所述，甲是为了取得矿泉水的所有权而设立的买卖合同之债，而乙设立买卖合同之债的目的则在于取得 2 元钱的所有权。该买卖合同之债运动的结果是对矿泉水与钱的所有权关系发生了移转。

（二）物权与债权的主要区别

物权为支配权，是权利人支配特定物的权利，债权是请求权，是债权人请求债务人为一定行为或不为一定行为的权利。物权无须借助他人行为的协助即可享有物上的利益，而债权刚好相反。如甲乙双方就矿泉水买卖合同达成一致协议后，买受人在出卖人交付矿泉水之前，只能享有请求出卖人交付矿泉水的权利，即使已经足额支付了价款。

物权客体主要是有体物，债权的客体主要是行为。依照《物权法》的规定，

---

① 郭明瑞：《民法》，高等教育出版社 2003 年版，第 214 页。

物权以“特定的物”为客体，物权客体特定主义是物权法的一项规则；债权以给付行为为客体，虽然给付行为也会涉及一定的标的物，但并不要求给付标的物的特定化。

物权的设定实行物权法定主义，其种类和内容由法律直接加以规定，当事人不得任意创设物权种类或随意确定物权内容；债权发生实行的是任意主义，当事人只要不违反法律强行性规定和公序良俗，就可以通过合意任意创设债权，包括债权的种类、内容和债权的具体形式等。当然，这里的创设债权不包括侵权之债、无因管理、不当得利等法定之债。

物权为绝对权，具有排他效力、追及效力，其效力可以向一切人主张，如向任何侵权人主张排除妨害，返还原物等；债权为相对权，效力只及于特定的债务人，一般只能请求特定的债务人为给付。即使是因第三人的行为致使债权不能实现，债权人也不得依据债权的效力向第三人直接请求排除妨碍。

当然，由于现代民法在判例中确立的第三人侵害债权制度存在，权利的不可侵性被理解为权利的共同特性，而不是物权所特有，该区别不是绝对的。①

物权具有优先性，债权具有平等性。同一标的物上物权与债权并存时，物权优先；同一标的物上有多项物权并存时，应当根据法律规定确立实现上的先后顺序。如同一房产上设有两个抵押权，则先设立的优先于后设立的实现。债权是平等性权利，同一种债权无论发生先后、数额多少，在实现时都有平等受偿的权利。如破产程序中，破产债权即为按比例清偿。

物权是公开化的权利，而债权具有非公开性。由于物权是对世权，具有排他性，直接关系到第三人的利益，因此物权的变动必须要对外公开，由此决定了物权公示原则——动产物权以占有为权利表征，不动产物权以登记为公示方法；而债权只在特定当事人之间存在，设立与变更无须公示。

物权采有期限与无期限相结合的方式，其中所有权为无期限的权利，除非所有物本身消灭，否则所有权一直存在；而他物权是对所有权的限制，除了永佃权之外均是有期限的。债权为有期限的权利，法律不允许无期限债权存在，法定之债与任意之债均如此，如我国《合同法》规定租赁最长年限不得超过20年。

为保障物权人对物的支配权，保护方法上除了与债权一致的损害赔偿请求权外，法律还赋予物权人享有请求他人返还原物、排除妨碍等权利，这些权利被称为物权请求权，是与物权不能分离的权利，是物权特有的效力。

---

① 梁慧星、陈华彬：《物权法》，法律出版社 1997 年版，第 24 页。

总之，物权制度规范了物的静态归属与利用关系，债权制度规范的是物的动态流通关系，两者的结合共同建构了交易的基础与保障。

随着社会的发展，物权与债权的差异表现已经不那么强烈。在人类发展的很长一段时期，物权制度确定的物的归属与利用关系，其社会功能在于排除外界对物的使用的干扰，所有权的取得是债权设立的目的所在。即：物权是目的，债权是手段，物权具有优越于债权的地位。但是近现代市场经济的发展，债权已经不仅仅是物权取得的手段，不再是暂时存在的权利，某些时候甚至已经成为交易的目的所在，如购买房子的目的不在于自住而在于升值之后卖出。人们看重的财产更重要的不再是“使用价值”，而是“交换价值”，权利核心也从“所有”转为“交换”，所有权的“处分”权能也相应膨胀，交易（“债权”）随之大量发生。随着财产的资本化，人们更多的放弃所有权以取得债权，有鉴于此，日本学者我妻荣在《债权在近代法中的优越地位》中甚至提出了“债权优位”的观点。

四、物权法的概述

（一）物权法的概念

物权法是大陆法系国家民法典的重要组成部分，通常在民法典物权编中加以规定。英美法系不存在物权法的概念，相应的内容规范被称为财产法，是与合同法、侵权行为法对应的法律。财产法内容的范围比物权法更广，基本包括了大陆法系物权法的内容和合同法中的部分内容，如租赁、赠与等。

物权制度产生于罗马法，规定的所有权、抵押权、永佃权、用益权、人役权、地役权、居住权和使用权制度，为现代的物权制度建立奠定了基础。1804 年《法国民法典》在第二篇“关于财产及对于所有权的各种限制”中主要规定了物权制度，在第三篇“取得财产的各种方式”中规定了担保物权和继承债等。1900 年的《德国民法典》第一次将物权与债权相区别，单列“物权篇”加以规定，其内容包括占有、关于土地权利的一般规定、所有权、地上权、役权、先买权、抵押权与质权等内容。其后，将物权法单列一篇规定在民法典中的做法为日本、瑞士等仿效。①

我国《物权法》第 2 条第 1 款规定：“因物的归属和利用关系而产生的民事关系，适用本法。”可见，物权法是调整民事主体对物的归属与利用关系而产生的法律关系的法律规范的总称，包括物的归属关系、利用关系和占有关系。这

① 张礼洪：《物权法教程》，北京大学出版社 2005 年版，第 8 页。

里的“利用”是狭义的利用关系，仅指排他性的、能产生物权效力的方式的利用，而不包括各种债权性的利用。

一般认为，物权法调整静态的财产归属与利用关系，即因直接占有、使用、收益、处分财产而发生的法律关系；而债权法调整动态的财产流转关系，即因财产移转、交换而发生的法律关系。物权法与债权法共同构成了民法调整财产关系的两大基本法律制度。事实上，物权法的内容同时涉及两大财产关系，也有调整动态的财产关系的内容，如物权变动就是物权法的核心内容之一，不过就整体而言，调整的重心在于静态的财产关系。

物权法可作狭义和广义的理解：狭义的物权法一般仅指形式意义的物权法，指一国的物权法或民法典的物权编；而广义的物权法则从实质意义角度考察，还包括其他法律文件中有关物权的规定。我国《民法通则》第五章中规定的“财产所有权与财产所有权有关的财产权”、《担保法》、《土地管理法》、《城市房地产管理法》、《矿产资源法》、《海商法》等法律、行政法规中均有许多关于物权的规范，2007 年 3 月 16 日又审议通过了《中华人民共和国物权法》，因此，我国既存在实质意义的物权法，也存在形式意义的物权法。

(二)物权法的特征

物权法规范适用具有强行性。物权为绝对权，具有排他性，关系到不特定第三人的利益和交易安全，因而物权法实行“物权法定原则”，由法律对物权的种类和内容作出强行性规定，不允许当事人依其合意自由创设或变更其内容。这与债权法实行意思自治原则恰好相反，在债法领域，契约从订立到最后纠纷的解决，其内容原则上均可由当事人自由约定，相关法律规范多为任意性规范。当然，物权法是私法而非公法，属于民事普通法，作为民法基本原则的“意思自治”原则在物权法上仍有适用空间，如根据我国《物权法》第 195 条、第 219 条等相关规定，当事人设定担保物权时，可以约定担保物权实现的条件。

物权法规范内容具有固有法性。物权法调整物的归属和利用关系，最直接地确认和体现了一定社会的所有制关系，与一国的经济制度和经济基础紧密相关。而由于各国的基本经济制度，尤其是土地制度有着明显的差异，加上受各国历史、文化、民族传统等方面的影响，物权法具有鲜明的本土性，即固有法性。即使所有制相同的国家，在物权法具体制度上也各有特色。如清末修律，虽然参照德国民法制定民法典，但物权法部分就保留了较多传统的制度；1929 年颁布施行的民法典物权编中又规定有“典权”这一极具我国特色的物权制度；如今我国土地实行的是国家所有和集体所有制度，较之私有制国家，我国的物权法自然有更多的特殊性。相反，债权法则具有普遍性，各国相关规则逐渐融合，促进了各国间交易的顺畅。

物权法维护的利益具有公共性。财产的归属与利用关系到社会资源的分配和全体社会成员的生活保障，与国家、社会利益密切相关。因而，民法关于所有权绝对保护的原则受到修正：物权法一方面要维护物权人对其财产的正当支配权的实现，另一方面也要对该权利的行使进行适当的限制，以保障社会和公共利益的实现，如以公法上国家征收和适当的行政管理措施限制其不可侵性。而债权法原则上仅仅涉及当事人之间的利益关系，具有明显的私人性特色。

（三）物权法的发展趋势

所有权绝对原则与契约自由、过失责任共同构成了近代民法三大基本原则，其强调的是所有权是一种天赋人权，应予以绝对保护，而国家仅仅是为保护所有权而存在的，所有权的行使不受任何限制。近代物权法就是以此为根本基础，同时以一物一权、物权法定、公示公信原则为支柱构建了物权法的整个体系。随着资本主义经济的发展，日耳曼法的“团体本位”、“所有权的相对性”、“利用为中心”等观念日益被重视，并渗透到物权法中，物权法的发展呈现了不同的发展趋势。

物权法编制的体系化趋势：如前所述，罗马法尚未抽象出物权的概念，法国民法典中物权法也未与债权法相区分，直至德国民法典中，抽象的物权概念得到确认，物权类型得以系统化。德国民法典物权编中物权类型包括对物的价值的全面支配的所有权、对物的使用价值的支配的用益物权、对物的交换价值的支配的担保物权，以及对物的事实支配状态的占有。另外，在立法技术上还将物权法作为民法典的独立一编。这些对大陆法系国家（地区）物权制度的制定产生了重要的影响，包括瑞士、日本，以及我国台湾地区，还有我国物权法的制定均有体现。

物权的社会化趋势：所有权绝对原则在物权领域的影响是“个人本位”观念的确立，这一观念适合了资本主义初期的发展需要，自近代资本主义社会开始到 19 世纪末，被多数国家接受。但随着资本主义经济的进一步发展，所有权绝对原则产生的负面影响也日渐突出，如经济上的强者对弱者的欺凌、任意抛荒或闲置财物而使社会资源产生极大浪费等。于是，从社会公共利益等需要出发，对所有权予以一定限制的所有权社会化思想应运而生。该社会化思想强调的是所有权行使的目的不仅仅是个人利益所在，同时也包含有社会利益，并进而认为所有权本身即包含有义务成分，“所有权的社会化”为各国接受，其主要表现为对所有权行使的限制制度的确立，如国家征收征用措施的采取，诚实信用、禁止权力滥用和公序良俗等原则的确立。

当然，物权的社会化仅仅是对“个人本位”绝对化、所有权绝对原则的矫正，并非否定私有财产权利或弱化对个人权利的保护，社会化的实质在于谋求个人利益与社会利益的共同发展，强调的是权利的行使不得妨害他人权利的实现，并未脱离权利保护范畴。

物权的价值化趋势：最初的物权，尤其是所有权设立的目的只是在于所有人对自己财产的现实支配，属于实体权，与此相应的是“所有为中心”的观念，其源自罗马法，也适合资本主义初期的经济发展需要，因而被广为接受。不过，随着现代经济的发展，为充分发挥财产的价值，常常需要对所有权内容予以分化，在所有人保留所有权的前提下，将物的使用价值交由他人支配，设定用益物权以收取对价利益；将物的交换价值交由他人支配，设定担保物权以获得融资利益。物权也随之由本来注重对标的物的现实支配的实体权，演变为注重收取代价获得融资的价值权，所有权因而获得了一种观念的存在，在实现物尽其用的同时，所有人利益得到最大化。物权价值化趋势表现的是从“归属”到“利用”、从“所有为中心”到“利用为中心”的转变。

物权种类的现代化趋势：随着社会生产力的提高，人们对客观世界的控制能力不断加强，对物质财富的利用逐渐加深，物权的种类也随之发生重要变化，动产抵押、最高额担保、一些新型权利质权等的创设得到普遍承认，同时物权客体不断扩张，不仅声光电热等成为物权客体，股票、基金股权、知识产权等特定权利及特定空间等也均可成为物权客体。

物权的国际化趋势：由于物权法的固有法特征，决定了早期的物权制度百般杂陈。资本主义经济发展后，为确保物权效力及交易安全，物权法定主义应运而生，经过整理的物权类型逐渐简化，内容趋于统一。随着国际贸易的发展与各国信息沟通的便利与法制的相互借鉴与融合，物权法的固有法色彩逐渐减弱，国际化程度增强，如英美法系的浮动担保制度已经相继为各大陆法系国家所采纳。

五、我国物权法的制定

我国《物权法》制定始于 1998 年 3 月初的民法典的制定，前后历时 13 年，经八次审议，2007 年 3 月 16 日通过，于 2007 年 10 月 1 日起施行。

《物权法》共五编十九章 247 条，体系排列为总则、所有权、用益物权、担保物权、占有，用益物权的类型包括土地承包经营权、建设用地使用权、宅基地使用权和地役权，担保物权包括抵押权、质权和留置权。

《物权法》的通过在我国法治进程中具有里程碑的意义：

《物权法》奠定了依法治国、保障人权的基础。《物权法》第一次以民事基本法的形式对物权法律制度作出了安排，从而全面确认了公民的各项基本财产权利，为保障人权奠定了基础；同时通过对物权各项制度和保护规则的确定，奠定了法治社会的基础。

《物权法》的颁行适应了社会主义市场经济体制的基本要求。物权制度的建立和完善是市场经济正常运行的基本条件，《物权法》建构了产权制度的基本框架，确定了对各类财产所有权的平等保护原则，在物权移转的规则设置上着重维护市场秩序和交易安全，这些制度的确立适应了社会主义市场经济体制的基本要求。

《物权法》的制定有利于鼓励人们创造财富，实现民富国强。“有恒产者有恒心”，物权法的制定为人们对财产利益的享有提供了合理预期的法律依据。同时《物权法》规定财产平等保护原则、完善了征收征用、预告登记等制度、明确了农村土地承包经营权、宅基地使用权的物权性质等，体现了维护广大人民群众根本利益的立法目的。

《物权法》的制定是完善社会主义市场经济法律体系的重要步骤。我国要建成具有中国特色的社会主义法律体系，需要尽快制定和颁行民法典，而物权法就是民法典的核心部分。因而《物权法》的颁行标志着我国民法典制定工作迈出了实质性的、关键的一步。

当然，由于事关国家基本经济制度，政治性强，同时涉及各种利益关系的冲突与平衡，加之一些原则性问题学术界仍存在争议，《物权法》也必然留有一定的遗憾以待日后完善。

第二节　物权的客体

物权所要确定的是特定人与特定物之间的归属与利用关系，其法律关系权利义务指向的对象就是特定的物。作为物权客体的物，不同于日常生活中所称的物理意义上的物。从物理意义上理解，星球、空气、灰尘等，包括人类自身，均是自然界中存在的物，但是物权法上的物有自己独特的内涵，其范围要小得多，它仅指与人身相分离，能为人力所支配，并满足人类社会生活需要的物。

一、一物一权原则

(一)一物一权的含义

一物一权原则是近代物权法上的一项基本原则,一般认为这一原则源自于罗马法的"所有权遍及全部,不得属于二人"的规则,后来被大陆法系各国所采用。罗马法以所有权为中心,相应的,"一物一权"中的"一物"原则上指的是物理上或客观上独立、特定的有体物,即物权客体具有特定性;"一权"指的是一个所有权,即物权效力上具有排他性。因而,一物一权原则的含义是"一物上仅能成立一所有权,一所有权之客体以一物为限",[①]这就排斥了物的一部分上设立所有权和数个物上设立一个所有权的可能。

近代物权法的一物一权原则并非纯粹学说理论逻辑演绎推理的结果,也不单纯是罗马法以来各国物权法历史沿革的产物,它适应了商品经济条件下交易的特点和要求,是近代所有权具有商品性的当然归结,自有其自身存在的价值所在:"作为商品的所有权以对客体交换价值的占有、排他支配为内容,所以必然要求其客体范围是客观的、明确的,并且通常是唯一的"[②],"一物一权"确定了物权支配客体的范围,确保了物权支配内容的实现,与物权法定原则相互呼应,前者确定支配客体的范围,后者确定支配的内容,使物权具备交易的条件。同时"一物一权"还使物权易于公示,有利于交易安全的保障。

通说还认为,一般社会观念认为在物的一部分或者数物上设定独立的物权既无必要也无实益是一物一权原则存在的另一个理由:物的一部分上设立物权难以公示,数物上设定一个物权则无必要。

需要说明的是,一物的含义与物理意义上的一物同样不能混同。如一双鞋由两只鞋组成,一副扑克牌由 52 张扑克牌组成,但"一双"、"一副"都是一物,同样适用一物一权原则。

一物一权原则既然以确保物权支配内容的实现和相应的社会观念为其存在基础,则社会观念的变化和支配内容实现方式的发展必然对一物一权理论的内涵产生影响。就"一物"而言,更注重"法律观念上"的特定性与独立性,而不限于客观的独立一物。如对土地的分割一向是纵向性的,"上达天庭,下至地心",但是随着人口的增加和科学的发达,土地利用趋于立体化,1996 年日本在其民法中就新增了以空中或地下为标的的地上权,并规定其权利范围,以解决高架

① 谢在全:《民法物权论》(上),中国政法大学出版社 1999 年版,第 19 页。

② 王利明:《物权法论》,中国政法大学出版社 1998 年版,第 112~113 页。

道路、地下铁路、地下停车场等带来的土地用益问题。这里就土地设定的物权中对土地的划分就结合了横向空间的分割，有别于传统的地上权“一物”的确定方式。就“一权”而言，有学者主张不应局限于所有权，而应包括所有权与其他物权在内的各种物权，认为“一权”的意义应强调一物之上不得并存两个以上内容、性质相抵触的物权。① 不过这一解释将一物一权原则扩张适用到他物权缺乏逻辑性，因他物权始终与所有权并存，一物对应一权将无从存在。

（二）一物一权原则修正问题的讨论

根据一物一权原则要求，一个所有权仅能设定在一个物上，而不能设定在数个独立物上。而以日本为代表的一些国家立法对于集合物的法律地位的确定，被认为是对传统意义一物一权原则的根本挑战，由此，学者们提出了一物一权原则的修正问题。这里的集合物通说认为是指数个独立物为了同一目的而相互结合并发挥效用时的整体，如企业的全部财产或部分财产。

提出修正观点的学者认为，日耳曼法从很早时起就承认对单个物的分别支配，也承认对各个物的集合而形成的、对各个物的共同支配，集合物可形成共同的交换价值，成为交换客体，从而在观念上形成一个特定的独立物，成为单个所有权的客体。另外，从 20 世纪 60 年代开始，日本等国家立法承认企业浮动担保和财团抵押制度，表明集合物在担保物权法上的独立地位已经被确立。②

反对者则认为以上述理由论述一物一权应予修正理由并不充分：集合物整体被作为一个交易对象与一物一权原则并无矛盾之处，集合物的意义在于其对因整体性进入交换领域从而获得较之分散存在时不能获得（或者不能更多获得）的交换价值的财产权地位的描述，以集合物作为一个交易对象实质是指整体性进入交换领域且其整体性成为交易发生条件的不同种类的数个独立物的总和。且一物一权原则中的“权”仅指所有权，浮动担保等的确立也不能否定该原则，况且担保物权本来就不排斥在数个物上设定一个担保物权或在一物上设定数个担保物权。③

本书认为，一物一权原则是从权利归属与设定上来阐述物与权的关系的，而集合物的意义仅体现于交换之中，两者并不必然产生矛盾。就交易与所有权的关系而言，交易的前提是所有权确定，并非交易产生所有权；交易对所有权有影响，但并非交易决定所有权；而且显然一个交易标的可以是数个独立

① 王卫国：《中国土地权利研究》，中国政法大学出版社 1997 年版，第 8 页。

② 王利明：《物权法论》，中国政法大学出版社 1998 年版，第 124 页。

③ 尹田：《物权法理论评析与思考》，中国人民大学出版社 2004 年版，第 88～91 页。

物，当数个独立物一起交易时并不意味着这个“集合体”就是独立物、就只有一个所有权。何况集合物在交易之前或交易之后均以数个物权出现，变更产权时也独立进行登记和交付，因而将这一交易标的视为一个独立物或视为一个物权并无意义，以此否定一物一权主义自然也难以成立。

二、物权的客体

（一）必须是可以作为权利客体的物

权利客体是权利义务所指向的对象，作为权利主体的人是权利义务的享有者和承担者，不属于物，不能作为权利客体，所以不能就活人身体或其一部分设立物权。但与身体分离的毛发、牙齿，以及死亡之后的遗骸属于物。

不过随着现代科学技术的发展，器官移植、活体器官捐赠、血液捐赠、代孕等日渐普遍化，上述“不能就活人身体或其一部分设定物权”的理念也相应发生了一定的变化，主要表现为：在身体机能坏死被替换的部分或被植入的器官，可以设立物权，如心脏起搏器；在不至于严重伤害身体机能的限度内，经本人或监护人同意，从活人身上分离的部分可以成为物，相应的肾脏捐献、角膜捐献等法律行为有效。但是为了维护人格尊严，该类法律行为应以不违背公序良俗原则为前提，且不得被要求强制执行。

（二）原则上必须是有体物或自然力

有体物指的是占有一定空间，具有实体存在并能为人们感官所感知的物，包括固体、气体和液体，包括能为人所控制并加以利用的光、热、电、气等。某些权利也能成为某些物权的客体，如在建设用地使用权上设定抵押权、股票上设定质权等，这些权利我们称之为“准物权”，类推适用物权相关规定。

（三）必须是人力所能控制的物

人力所不能支配的物就不可能实现物权的支配内容，因而日月星辰虽为有体，但是非人力所能支配，不能成为物权法上的物。

（四）必须具有特定性

物权的本质是支配物并享有其上利益，因此只有特定化了的物才可能被支配。同时物权的排他效力决定了物权必须公示，为明确法律关系、公示权利状态，保证支配权利的实现及保护交易安全，各国民法大多采物权客体特定性原则，要求物必须是既存的、特定的。

有学者将特定性原则阐述为“债权的客体可以是特定物也可以是种类物，

而物权的客体只能为特定物”,[①]这个论断值得商榷。例如货币是典型的种类物,但它同时显然也是物权的客体。虽然当一定货币归属于一人时,这些货币可以视为特定物,但事实上并不存在没有所有人的货币——这样,是否货币均表现为“特定物”?但是如果连货币都不再属于种类物,还有什么物能属于种类物呢?其实特定物与种类物的划分与物权无关。只要存在物,便肯定有物权的存在。种类物与特定物的划分完全是针对债权关系作出的,是交易方法上的区别,而非物本身的区别。[②]

(五)必须是独立物

物的独立性指的是物的单独、个别的存在。物权的客体必须是独立物,物的组成部分不能独立成为物权客体。是否独立成一物应以是否能独立满足人们的生活需要为判断标准,从人们的生活利益、交易的可能性等方面考察,强调的是经济上、法律上具有的独立意义,而非仅仅是从客观形态上考察。

物的独立性是实现权利人支配利益的前提,同时也只有独立物才能用占有或者登记的方式公示物上的权利状态。

(六)必须是能满足人们社会生活需要的物

物必须对人们有价值,可以满足人们社会生活需要,包括物质生活和精神生活。能否满足人们生活需要需结合权利主体的个人意愿来进行个案分析判断,如一滴水、一粒米一般认为仅属于物理上的物,非法律上的物,但是,如果一粒米、一滴水上凝聚有特别含义,具有情感价值,则仍可以成为法律上的物。

第三节 物权的类型

一、物权法定原则

(一)物权法定原则的概述

通说认为,物权法定原则指的是物权的类型、内容均由法律作出强行性规定,不允许当事人自由创设或变更。物权种类法定即“类型强制”,指除了法律明文规定的物权种类外,当事人不得以协议方式随意创设法律所未认可的新

① 谢在全:《民法物权论》(上册),中国政法大学出版社 1999 年版,第 17 页。

② 尹田:《物权法理论评析与思考》,中国人民大学出版社 2004 年版,第 76～79 页。

类型的“物权”。如当事人协议设定不动产质权即违反了该原则。物权内容法定即“类型固定”，指物权的内容（权能）和性质只能由法律规定，当事人不得以协议方式改变。如当事人约定所转让的所有权不具有处分权能则该约定无效。

关于物权的创设，历史上有两种立法例：放任主义和法定主义。放任主义立法例下，物权的创设依当事人的意思，法律上不予限制。由于放任主义之下物权无从公示，大多数国家民法立法和理论学说认为其将严重损及交易安全，既不利于保护当事人的利益，也不利于保护一国经济秩序，因而大陆法系各国民法大都采法定主义。我国《物权法》也采物权法定主义原则，第5条规定：“物权的种类和内容，由法律规定。”

物权法定原则可以追溯至罗马法时代，在罗马法，具有物权属性的权利类型及取得方式都由法律作了明确规定，非以法定方式取得这些权利的，法律不予保护。近代物权法定原则由资本主义民法首先完全确立，一般认为，近代各国采物权法定原则的原因主要是：一是为了整理旧物权类型的需要，即整理当时封建土地上存在的复杂的物权关系，使土地权利关系简单化；二是出于物尽其用的考虑，一般认为，以法律明确物权的种类和内容，建立权利种类简明、效力明确的物权体系，有助于发挥物的效用。当然，从另一个角度来看，物权法定直接限制了物的利用方式，是否完全有利于“物尽其用”也不无疑问；保护交易安全、降低交易成本的要求：物权具有排他性，通常会涉及第三人的利益，所以物权的存在及其变动应力求透明。只有将物权种类和内容法定化，才方便物权的公示，使第三人对财产权利状态一目了然，并进而起到确保交易的安全和快捷的作用。[①]

物权法定原则限制的是物权创设的类型和内容，当事人如果违反该原则的要求，其行为不发生物权效力，但并不必然无效。通常认为，当物权创设不符合法定程序或物权法定原则时，产生如下不同的法律效果：违反法律规定设立物权的，一般视为违反强行性规定，原则上无效或不发生物权法上的效力；如法律有特别规定时，依照其规定成立物权。如台湾地区“民法典”第912条规定，典权约定期限不得超过30年，逾30年者缩短为30年。依此规定，典权的设立如约定超过法律规定的期限的，并非典权无效，而只是缩短期限而已；如属于部分违反物权法定原则，但不影响其他部分效力的，则认定部分无效。如约定设定移转占有的抵押权的，只是该移转占有的约定无效，抵押权的设立

① 梁慧星、陈华彬：《物权法》，法律出版社1997年版，第48～50页。

仍然有效;物权虽无效,但其行为如具备其他法律行为的生效要件的,当事人之间仍然产生该法律行为的效力。如当事人约定双方之间的租赁权为物权的,则该物权效力的约定无效,但双方之间的租赁法律关系依据合同法的生效要件发生效力。

(二)物权法定原则与私法自治

物权法定原则体现了物权法的强行法性质,不过物权法既然是民事法律制度的重要组成部分,当属于私法范畴,物权法定原则并不排斥私法自治原则的适用。

首先,物权法定原则限制物权种类和内容的目的在于权利的保护而非限制,是权利人享有和行使物权的必要保障。如果物权种类和内容混乱,物权无从公示让第三人所了解,必将极大地增加交易成本,并极易损害第三人的利益,从而权利人的权利也无从实现。其次,物权法定原则限制物权创设的自由,但不限制权利人对物权的选择自由。在法定物权范围内,是否设定物权关系、设定何种物权关系、是否变动物权、以何种条件变动物权等均由当事人以自己意思自由选择。再次,物权法限制物权的权限,但并不限制权利人的行为自由。即物权法仅仅限制人们超越规定权限范围实施行为,但并不要求当事人必须实施某种行为,只规定不符合物权法规定不生物权效力,但并没有规定违反该规定须承担不利后果的民事责任问题。[①] 总之,物权法的强制性质不同于行政法规的强制意义,并不妨碍物权法的绝大部分规定的自治法的定性,私法自治在财产支配领域与财产交换领域有不同的表现,不能简单地以“债权法是任意法,物权法是强行法”而将物权法定与私法自治对立对待。

(三)物权法定原则的缓和

显然,物权法定原则意味着一项权利属于债权性质还是物权性质,并不是取决于权利本身属性,而是立法者的判断和选择。同时,物权法定原则在使物权种类简明、效力明确、财产归属关系稳定的同时,也使物权法成为一个相对封闭的体系。一方面,立法者不可能穷尽所有物权种类加以规定,社会经济的发展必将带来已有的物权法难以满足现实社会需要的情形;另一方面,已经规定的物权种类也可能出现不再适应社会需要而应予抛弃的情形。为力图解决物权法定主义带来的弊端,很多学者提出物权法定原则的内涵应随着社会经

① 尹田:《物权法理论评析与思考》,中国人民大学出版社 2004 年版,第 137～140 页。

济的演变和需求而发展,为此,近代以来出现了很多物权法定主义否定说或改良说,主要包括物权法定无视说、习惯法包含说、习惯法的物权有限承认说、物权法定缓和说等。其中,物权法定缓和说被接受的程度最高,该说否认物权可直接由习惯创制,认为,新生的依社会习惯发生的物权,如不违反物权法定的立法宗旨,又有一定公示方法时,可以通过对物权法有关物权种类和内容的规定作"从宽"解释为不是新的物权种类的方法克服物权法定主义产生的弊端。有学者评价该学说"在一定程度上认可了反映社会经济需要的习惯,不仅能满足社会经济的发展需要,而且维护了法律的权威,殊值推崇"。因而在上述学说中被认为是通说。[①]

在我国《物权法》立法草案征求意见过程中,也有学者主张采纳物权法定主义否定说或缓和说,甚至在第六次审议稿第 5 条就规定了"物权的种类和内容,由法律规定,法律未作规定的,符合物权性质的权利,视为物权",欲为物权的类型留下一定的空间以适应实践的发展,可见物权法定主义原则受到的质疑。不过,物权是绝对权,为了避免第三人"防免侵权"或进行"物权交易"时过高的信息成本而必须公示,而有效的公示则以物权类型和内容法定为前提。所以,无论是物权法定主义否定说还是缓和说,现阶段均因难以解决自创物权在公示上的技术难题而缺乏实证上的支持。当然,从另外的角度来分析,这也意味着随着信息化数字化社会的发展,物权公示手段的不断增多,将为物权类型和内容的自由创设提供了一种可能。

二、物权的种类

(一)物权的立法分类

大陆法系各国基于物权法定主义原则都对物权种类和内容作出明确的规定,同时因社会经济制度和历史文化传统的不同,各国规定的物权种类参差不齐,但大都可以归纳为以下四类:

1.所有权

指所有人在法律规定的范围内独占性地支配其所有的财产的权利。所有权是最完整、最充分的物权。为充分发挥物的效用,可以在所有权上设定各种其他的物权。

2.用益物权

指对他人所有的物在一定范围内使用、收益的权利,我国《物权法》规定的

① 梁慧星、陈华彬:《物权法》,法律出版社 1997 年版,第 52 页。

用益物权包括土地承包经营权、建设用地使用权、宅基地使用权、地役权。

3. 担保物权

指为了担保债的履行，在债务人或第三人的特定财产上设定的物权，担保物权人有权就该特定物优先受偿。我国《物权法》规定了抵押权、质权、留置权。

4. 占有

指对物的控制、占领，是一种准物权。占有究竟是一种单纯的事实，还是一种权利，各国的立法例并不一致。我国《物权法》没有对占有进行定义，从条文理解是将其定性为一种事实状态。

（二）物权的学理分类

1. 自物权与他物权

这是根据标的物是自有还是他有所作的区分。自物权是权利人对自己的物所享有的权利，以所有权最为典型。有学者认为自物权就是所有权，有失偏颇，如德国的所有人抵押权，也属自物权。他物权是在他人所有的物上设定或成立的物权。他物权派生于所有权，是依据当事人约定或法律规定使所有权中的部分权能与所有权相分离而产生的。如在他人所有的物上设定的抵押权、地役权等即为他物权。

2. 完全物权与定限物权

这是根据对标的物的支配范围不同所作的区分。完全物权即所有权，是全面支配标的物使用价值和交换价值的物权。定限物权又称限制物权，是所有权以外的、仅能在特定方面对物进行支配的物权，不享有完全的支配权。定限物权是依所有权人的意志设定的所有权上的负担，起着限制所有权的作用，其效力强于所有权。

3. 用益物权与担保物权

这是对定限物权的再分类，根据权利人对标的物的支配内容不同所作的区分。用益物权是以支配物的使用价值为内容的物权，往往以对标的物的实体加以支配为基础，如地役权、建设用地使用权。担保物权是以支配物的交换价值为内容，以保障债权的实现为目的的物权，如抵押权、质权。用益物权与担保物权设立的目的不同，因而适用的规则不同。

4. 不动产物权、动产物权和权利物权

这是根据物权的客体种类不同所作的区分。以不动产为标的物的物权是不动产物权，如不动产所有权、不动产抵押权、地役权等。以动产为标的物的物权是动产物权，如动产质权、留置权等。以可流通的财产性权利为标的的物权是权利物权，包括权利抵押权与权利质权。

三者的成立与变动要件、公示方法及法律上的限制程度各有不同，一般来说动产物权的公示方法为交付，而不动产物权的公示方法为登记，权利物权的公示方式则包括交付或登记。

5. 主物权和从物权

这是根据物权是否具有独立性所作的区分。主物权指不以主体享有的其他民事权利为前提，能够独立存在的物权，如所有权、建设用地使用权。从物权指必须依附于其他权利而存在的物权，如担保物权为所担保的债权而设定，为从物权。在物权的取得、变更、丧失问题上，从物权应与其所依附的权利共命运。

6. 有期限物权与无期限物权

这是根据物权的存续是否有期限所作的区分。有期限物权指有一定存续期间的物权，如地役权、抵押权、质权、留置权。无期限物权则是指没有预定存续期间，而永久存续的物权，如所有权。有期限物权在期限届满时即当然归于消灭，而无期限物权除了转让、抛弃、标的物灭失等特定情形外，永久存续。

7. 意定物权与法定物权

这是根据物权的发生是否基于当事人的意思所作的区分。意定物权指依当事人意思发生的物权，如抵押权、建设用地使用权。法定物权指基于法律直接规定发生的物权，如留置权。意定物权与法定物权成立要件与适用法律均有不同。

8. 本权与占有

这是根据是否有物权的实质内容所作的区分。现代大陆法系国家，除了《日本民法典》明确规定占有是一种基于实际支配的物权外，其他国家多认为占有是一种对物的实际控制的法律事实。本权是相对于占有而言的，指对物进行占有所依据的基础权利。占有事实以外的所有权、地上权、地役权、典权、抵押权、质权、留置权等，都是本权；另外，依其内容应为占有的债权，也是本权，如当事人基于租赁合同占有一房产，则租赁权就是本权。本权与占有区分了当事人对标的物的占有是否有权利基础，相应的法律给予不同的保护方式。

第四节　物权的效力

一、概述

物权的效力是指法律为确保物权人直接支配标的物、享受物权利益的圆满状态不受侵害而赋予物权的各种具体的保障力。物权的效力反映了物权的权能和特性，界定了法律保障物权人对标的物进行支配并排除他人干涉的程度和范围。从作用范围上看，物权效力有一般物权所具有的共同效力和各种物权所独有的特有效力，本节内容指的是物权的共同效力。

由于各国物权法上并无对物权效力的系统规定，学者们对物权的效力进行观察、分析的角度又不尽一致，以致对物权效力的认识与归纳产生了较大的分歧，形成诸多不同的学说。主要有："二效力说"，认为物权具有优先效力和物权请求权效力。同时认为排他效力是物权优先权的内容，追及效力则是物上请求权的一个内容。"三效力说"，认为物权具有三种效力，又分为三种归纳，第一种看法认为物权具有排他效力、优先效力与物上请求权效力三种；第二种看法认为物权的效力有对物的支配力、对债权的优先力、对妨害的排除力（即物上请求权）三个方面；第三种看法认为各种物权共通之效力为排他的效力、优先的效力与追及的效力。"四效力说"，认为物权效力包括优先效力、物权请求权效力、排他效力和追及效力。或认为物权效力包括对物的支配效力、对其他物权的排他效力、对债权的优先效力和对妨碍的排除效力。①

仔细分析前述各种学说可知，各学说所列举的物权的效力方面共涉及五个方面，即支配效力、排他效力、优先效力、追及效力、物上请求权效力，学者们仅仅是对物权的各种效力的归纳组合或者说对物权各种效力之间的关系的认识有一定的分歧。我们认为，支配效力为物权效力的核心，排他效力、优先效力、追及效力和物上请求权效力均是在支配效力的基础上派生所得。即支配效力是物权的当然属性，其他四个效力虽然也有一定的重合之处，却是从不同的角度对支配效力提供的法律保障力。鉴于此，本书将支配效力作为物权的当然属性，采"四效力说"。

---

① 史尚宽：《物权法论》，中国政法大学出版社 2000 年版，第 10 页。

二、物权的效力内容

(一)物权的排他效力

通说认为,物权的排他效力是属于物权相互之间对抗效力的表现,指同一标的物上不得成立两个以上所有权或两个以上不相容的物权。物权的排他效力由来已久,一物一权主义就是其典型表现。

基于物权是对物的全部价值或不同价值部分的支配权性质,各种物权当然都具有排他效力。然而现代物权公示制度的发展与法技术之完善,使得物权人对物的支配不必都以直接占有标的物实体为必备要件,因而,物权的排他效力,不限于对内容与性质相斥的另一物权在成立上的排他效力,也包括对内容与性质相容之物权在实现上的排他效力。[①] 即物权排他性的内容包含两个方面,一是设立上的排他性,即一项物权排斥内容和性质与其抵触的另一物权并存于同一标的物上。如一物上只能设立一个所有权,以直接占有为成立要件的物权相互之间排斥等。二是实现上的排他性,即物权有压制同一标的物上的其他物权而先行实现的效力。如先设定的登记的抵押权比之于后设立的抵押权优先实现,留置权优先于标的物上其他物权实现,限制物权优先于所有权实现。当然,对物的占有与支配状态不同,所产生的排他效力也会有所差别。

(二)物权的优先效力

对于物权的优先效力,理论上有两种不同观点:一种认为优先效力仅指同一标的物上物权与债权并存时,物权优先于债权;[②]另一种认为,优先效力不仅指物权优于债权,而且还包括在同一标的物上两项以上物权并存时,先设定的物权优于后设定的物权。[③] 由于物权的效力是指物权所具有共同效力,其优先与否应是指相比较物权以外的其他性质的权利而言的,何况物权与债权之间的效力比较与物权与物权之间的效力比较显然不属于同一位阶的问题。因此,我们认为,物权的优先效力,应当仅指物权优先于债权。

物权优先于债权也有例外,包括:“买卖不破租赁”、纳入预告登记的债权和法律赋予优先效力的债权。“买卖不破租赁”指先设立的承租人的租赁权优先于租赁物受让人的所有权,这是租赁权被法律赋予了物权效力的结果。如

---

① 谢在全:《民法物权论》(上册),中国政法大学出版社 1999 年版,第 32～34 页。

② 郭明瑞:《民法》,高等教育出版社 2003 年版,第 228～229 页。

③ 王利明:《物权法论》,中国政法大学出版社 1998 年版,第 27～28 页。

我国《合同法》第229条明文规定:“租赁物在租赁期间发生所有权变动的,不影响租赁合同的效力。”预告登记是指为保全一项请求权而进行的不动产登记,其本质特征是使被登记的请求权具有物权的效力。如我国《物权法》第20条规定:“当事人签订买卖房屋或者其他不动产物权的协议,为保障将来实现物权,按照约定可以向登记机构申请预告登记。预告登记后,未经预告登记权利人同意,处分该不动产的,不发生物权效力。”法律赋予优先效力的债权主要是基于公益或社会政策的理由,物权不能优先于法律赋予优先权效力的债权。如《海商法》中规定的海难救助费用请求权。

(三)物权的追及效力

物权的追及效力指物权成立后,其标的物无论辗转何人之手,物权的权利人均有权追及物之所在地,而直接支配物的效力。

现代物权制度的设置,遵循物尽其用的原则,尽可能使物的效用最大化,因而在同一物上往往设有多个可以并存的物权。如在允许抵押人转让抵押物,并对抵押权不产生影响的立法例下,甲将房屋抵押给乙后又将该房屋出售给丙,基于物权的追及效力,乙的抵押权不受影响。若甲到期不履行债务,则乙有权对该房主张实现其抵押权,尽管该房屋所有权已经移转给了丙。再如所有权人就被他人侵夺且转售给第三人的物,所有权人有直接向第三人主张返还的权利。

物权的追及效力是物权为绝对权的表现,也有学者将其视为物权请求权的一个方面的表现。不过物权的追及效力不是绝对的,为了保障交易安全,法律对物权的追及效力作了一定的限制,在善意取得或时效取得的情形下,物的追及效力中断,由第三人取得该物的所有权,原所有权只能向侵权人请求赔偿。

(四)物权请求权效力

物权请求权,是指物权的圆满状态受到妨害或有被妨害之虞时,享有请求回复物权圆满状态或防止侵害的权利。物权请求权有狭义与广义之分,狭义仅指基于物权而产生的请求权,广义的则还包括占有人基于占有而享有的请求权。

物权请求权的基础,一般认为可从物权的排他性和支配性上寻求解释:一方面,物权既然具有排他性,则一物上只能有一个所有权主体,因此所有权标的物如被他人非法侵占时,法律当然应该赋予所有人请求返还标的物的权利;另一方面,物权既然具有直接支配性,则物权内容的实现就不需他人介入,也不允许他人介入,因此他人对于物权有所妨碍时,法律当然不能不赋予物权人请求排除妨碍的权利。物权请求权赋予了物权人各种请求权，以排除对物权的享有与行使造成的各种妨害，从而恢复物权人对其标的物原有的支配状态。

1.物权请求权的内容

物权请求权以排除妨害及回复物权的圆满状态为目的，因此，根据妨害形态之不同，物权请求权也有多种。一般认为，物上请求权分为三类：无权占有人占有他人物权标的物而使物权受到妨碍时，发生物的返还请求权；以其他方法致使物权发生损害或者物权的行使受到妨碍时，发生妨害除去请求权；可能妨害物权的，发生妨害预防请求权。[①]

依我国《民法通则》、《物权法》等法律的有关规定，物权请求权包括停止侵害请求权、返还原物请求权、排除妨碍请求权、消除危险请求权。其中返还原物请求权，即属物的返还请求权；停止侵害、排除妨碍、恢复原状请求权，均可归为妨害除去请求权；消除危险请求权，则属妨害预防请求权。

我国法律还规定了恢复原状请求权，就其性质学者有不同观点，有认为属于物权请求权的，也有认为恢复原状是赔偿的特殊方式，属于损害赔偿请求权之列。

2.物权请求权的性质

关于物权请求权的性质，向来有不同的观点，包括："物权作用说"，认为物权请求权是物的作用，而非独立的权利；"债权说"，认为物权请求权是请求特定人为特定行为(排除妨碍)的独立行为，是行为请求权，为纯粹债权；"准债权说"，认为物权请求权是一种从属于物权而存在的请求特定人为特定行为的权利，是准债权；"物权派生请求权说"，认为物权请求权是由物权所派生而经常依存于物权而存在的权利。我国学者大多认为，物权请求权是以物权为基础的一种独立请求权，是物权的效力之一。[②]

(1)物权请求权是请求权。物权请求权在物权受到妨害时发生，它是物权人请求特定的人(妨害物权的人)为特定行为(除去妨害)的权利，属于请求权的一种。它不以对物权标的物的支配为内容，所以不是物权的本体或物权内容的一部分，而是与物权相区别的独立于物权的一种请求权。

(2)物上请求权是物权的权能(效用)，附属于物权，与物权同命运。物权请求权是物权的一种救济权，它以物权及其物权的客体存在为前提，以恢复物权的支配状态为目的，在物权存续期间不断地发生，随物权的移转或消灭而移

① 梁慧星、陈华彬：《物权法》，法律出版社1997年版，第64页。

② 魏振瀛：《民法》，北京大学出版社、高等教育出版社2000年版，第209页。

转或消灭，并不得与物权相分离而单独存在。

(3)物权请求权不同于一般债权请求权。在物权救济权中还有债权请求权方式，如修理更换重作请求权、损害赔偿请求权等。这些债权请求权以物权标的物受到侵害后，价值的减少或灭失产生的物权人与侵权人间的债权关系为前提，而物权请求权不以此为要件。

物权请求权性质的争议一方面关涉到对该权利本身的认识，另一方面也关涉到立法模式的选择：如将其作为债权或准债权，则应纳入债权体系，适用债法的一般规则；如为独立权利或者为物权内容的一部分，则可纳入物权法体系，不适用或者不完全适用债法一般规则。物权请求权就其本质而言属于请求权的一种，而请求权就其性质而言属于债权应是无疑。但如前所述，物权请求权以物权存续为前提，且在一定条件下具有优先性，与一般债权请求权，如损害赔偿请求权、违约责任请求权等不同，是一种独立的请求权。因而我国《物权法》将其作为物权保护的方式规定其中自有其合理之处。

3. 物权请求权与一般债权请求权

这里的一般债权请求权是指物权请求权之外的请求权，如基于合同、无因管理、不当得利、侵权行为、损害赔偿等产生的请求权。作为请求权的一种，物权请求权与一般债权请求权一样，本质上均属债权性质，因而在不与物权请求权性质相抵触的范围内，可以适用债权的有关规定，例如过失相抵、给付迟延、债的履行及转让等。同时，在物权因他人的违法行为受到妨害时，如果有标的物的实际损害，可以同时发生物权请求权与损害赔偿请求权，两种请求权可以并存。但物权请求权与一般债权请求权也存在区别，主要有：(1)二者发生的基础不同。物权请求权以物权为基础，以物权支配力受到妨害或有妨害之虞为发生根据；而一般债权请求权以债的存在，如合同、无因管理等的存在为发生依据。(2)目的与作用不同。物权请求权旨在保护物权、排除妨害、回复物权的圆满支配状态；而一般债权请求权目的是为了实现债权，作用是消灭债权。(3)内容不同。物权请求权包括返还原物、妨害除去、妨害预防三种请求权，而一般债权请求权包括履行、修理更换重作、赔偿损失等。(4)对过错和损害的要求不同。物权请求权行使原则上不要求实际损害和对方过错；一般债权请求权，除了不当得利、无因管理之外，其行使通常需要证明对方的过错和损害的存在，尤其是损害赔偿请求权的行使。(5)时效的适用不同。通说认为，物权请求权不适用消灭时效，而一般债权请求权则适用。(6)优先性不同。债权请求权与物权请求权并存时，物权请求权优先于债权请求权。

第五节 物权的变动

一、概述

物权的变动，就是物权的发生、变更和消灭的总称。物权的变动，就物权本身而言，是物权运动状态；就权利主体而言，是物权的取得、变更和丧失；就法律关系而言，则是人与人之间对物的支配关系和归属关系的变更。

（一）物权的发生

物权的发生指物权与特定主体相结合，从物权人的角度而言，亦即物权的取得，包括物权的取得和物权的设定。物权的取得可分为原始取得和继受取得。

原始取得又称为固有取得，指不以他人的权利及意思为依据，而依法律直接取得物权。一般基于事实行为取得的物权均为原始取得。物权的原始取得又可分为三种情况，其一，一物上原来不存在所有权，主体第一次或最初取得该物的所有权，如因耕种而取得耕种的作物所有权，以所有的意思先占而取得所有权等；其二，物上原存他人的所有权但法律上不予承认，而依法律或国家权力而取得，如没收，善意取得、时效取得等；其三，法律上承认原物上的权利，但新物权人不依据原物权人意思而依法取得新物权，如添附、国家征收财产等。由于原始取得是基于法律的直接规定而非继受他人既有的权利取得，原始取得一旦完成，则此前标的物上的一切负担均归于消灭，原来物权人不得就标的物再行主张权利。不过，添附有所例外，添附上的担保物权并不因添附而消灭，而是及于补偿金或者共有的份额部分。

继受取得又称为传来取得，指基于他人既有的权利及意思取得物权。因法律行为而取得物权多为继受取得。如因买卖、赠与取得物的所有权。继受取得依继受方法可分为创设的继受取得与移转的继受取得两种方式，创设的继受取得，指所有人在自己的所有物上为他人设定他物权。如土地所有权人在其土地上为他人设定建设用地使用权，则该他人享有的建设用地使用权即属创设的继受取得。移转的继受取得，即物权人将自己享有的物权依其原状以一定法律行为移转给他人，由他人取得该物权。如基于买卖、赠与取得房屋所有权即属移转的继受取得。

继受取得还可依继受的权利范围分为概括的继受取得和特定的继受取得。对特定标的物上权利义务的继受取得为特定的继受取得，如特定的房屋所有权、土地使用权等的取得；而对就他人的权利义务不限于特定物而全部的予以继受为概括的继受取得，典型的如继承，利益与负担共同承继。

(二)物权的变更

物权的变更，有广义和狭义之分。广义的物权的变更，指物权的主体、内容、客体中的一项或数项的变更。但是严格来讲，物权主体的变更是权利人的更迭，应属物权的取得与丧失的问题。狭义的物权的变更，仅指物权的内容或者客体的变更。

物权内容的变更，是指在不影响物权整体属性的情况下发生的物权的范围、方式等方面的变化，如建设用地使用期限的延长、抵押权所担保的主债权金额的减少等。物权客体的变更则是指物权标的物所发生的变化，如所有权的客体因附合而有所增加，抵押权的客体因一部灭失而有所减少。

(三)物权的消火

物权的消灭即物权的丧失，可以分为绝对消灭和相对消灭。绝对的消灭是指物权本身不复存在，即物权的标的物不仅与其主体相分离，而且他人也未取得其权利，如因标的物灭失而发生所有权的消灭，因期限届满而发生地役权的消灭。相对的消灭则是指物权原主体权利的丧失和新主体权利的取得，如因买卖而发生所有权的转移，从出卖人的角度观察，是所有权的消灭，但从买受人来看，则是物权的继受取得。严格地说，物权的相对消灭并非物权消灭的问题，而应当属于物权的继受取得或主体变更的问题。

二、物权变动的原则

物权是对于物进行直接支配的权利，具有排他效力、优先效力，基于物权的这一特性，物权的存在与变动，必须有一定的可从外部查知的方式表现物权的产生、变更、消灭，以保证交易的安全需要。各国民法上也因此对于物权的变动确立有物权的公示原则和公信原则。

(一)公示原则

1. 物权公示的含义

物权的公示，指物权享有与变动的可取信于社会公众的外部表现方式。公示原则指当事人必须以法定公开方式展现物权的产生、变更、消灭的事实，否则不能发生物权变动的效力。物权的公示可以使物权法律关系透明化，便于当事人和第三人直接查询和了解物权状态，是保证交易安全的重要制度。

否则，基于物权的排他效力、追及效力等，因交易取得的物权将处于不稳定状态，随时有可能被原权利人主张物权返还请求权，给交易相对方（第三人）带来不测的损害。例如，在房屋上设定抵押权，如果不以一定的方式表现出该抵押权的存在，那么，不知该抵押权存在的购买该房屋的第三人就可能蒙受损害。

在近代立法例上，各国物权立法均采公示原则，一般均有专章或专条规定物权的公示方法，并辅之以有关的法律法规，从而建立起完整的公示制度。我国《物权法》第二章也对此作了专章规定。

2.物权公示的方法

依现代各国物权法的规定，物权公示的方法因不动产物权或动产物权的不同而有所区别：在物权的享有上，不动产以"登记"为其公示方式，动产则以"占有"为公示方式；在物权的变更上，则不动产以变更登记进行公示，动产以移转占有，即"交付"为公示方式。法律赋予"登记"和"占有"以公信力，社会公众可以直接通过对不动产物权登记的查询和对动产占有状态的认知得悉物权的享有和变动情况。

通说认为，不动产登记制度可追溯至12世纪前后德国北部城市关于土地物权变动须记载于市政会所掌管的都市公簿上的制度，而法国抵押权登记制度则为现代不动产登记制度的直接渊源。[①] 虽然随着交易范围的扩大，登记也未必能完全反映不动产物权的享有与变更情况，但人们毕竟可以通过登记机关查询不动产物权权属状况，登记制度在很大程度上起着保障交易安全的作用。

动产物权的公示方式自古以来就是占有及交付，罗马法、日耳曼法均如此。由于动产量大、变动频繁，难以用登记的方式公示。且在现代社会经济发展的条件下，时间和效率已成为经济发展的一个重要因素，为保证交易的便捷，各国采占有和交付作为动产物权享有和变动的公示方式实属必然。故而一般占有的事实即可推定物权所属。当然，占有并不能完全公示权利的状态和内容，所以在动产证券化场合，也以发行证券表彰其权利，如运输途中的货物以提单为其权利凭证，物权的移转须交付该凭证；同时对一些具有重要价值的动产，其物权的归属与移转，则结合登记方式进行，如动产抵押登记、交通工具的登记制度等，不过这种登记一般仅具有对抗效力。

3.物权公示的效力

物权公示的效力指的是物权公示的形成力或对抗力。由于物权公示对于

① 梁慧星、陈华彬：《物权法》，法律出版社1997年版，第72页。

交易安全的保护主要发生在物权变动时，所以公示的效力主要指物权公示与物权变动的关系，即物权公示对于物权的得丧变更的影响力。另外，物权公示效力还包括权利正确性推定效力、善意保护效力，这属于公信原则的内容。

各国对物权公示效力大致有三种立法例：(1)公示成立要件主义。认为物权的变动以完成公示为其成立和生效的要件，仅有当事人的意思而未依法公示的，不能发生物权变动的法律效果。主要为德国法系所采。(2)公示对抗要件主义。认为物权的公示仅仅是发生物权对抗力的要件，但并不是物权变动生效的要件。当事人就物权变动达成一致的意思表示，就发生物权变动的法律效果，只是在公示之前，不能对抗善意第三人。善意第三人可以以当事人未公示为由否认物权变动的效果。主要为法国法系所采。(3)折中主义。兼采公示成立要件主义和公示对抗要件主义，一般会有所侧重，或以公示成立要件主义为原则，以公示对抗要件主义为例外，或者相反。

我国物权法采取的是以公示成立要件主义为原则、公示对抗要件主义为例外的折中主义，根据我国《物权法》第 9 条、第 23 条的规定，不动产物权的设立、变更、转让和消灭，经依法登记，发生效力；动产物权的设立和转让，自交付时发生效力。但法律另有规定的除外。这里的另有规定，就是指未经公示不得对抗善意第三人的情形，如动产抵押、地役权、土地承包经营权等，均采登记对抗要件主义；而动产的交付中有指示交付、占有改定等作为简易交付方式，无须实际交付，而以当事人合意时作为物权移转变更生效时间。

应该指出的是，公示原则中影响到的仅仅是物权变动的法律效果，并不涉及相应当事人之间就物权变动达成合意的债权的效力，相反，有效的债权契约是完成公示的依据。

(二)公信原则

1. 公信原则的含义

公信原则是指依法定方式进行公示的物权，具有使社会一般人信赖其正确的效力。即使公示所表现的物权状态与真实的物权状态不相符合，也不能影响信赖公示的善意第三人与公示的物权人之间所为的物权变动的效力。如，A 房产登记为甲所有，乙信赖该登记状况而与甲订立房屋买卖合同，并进行了变更登记，后来发现该房产实际为丙所有，则法律仍然保护乙的利益，该房产所有权由乙取得，丙不得主张对该房产的所有权。

2. 公信原则的内容

公信原则就是赋予公示以公信力，其内容包括两个方面：其一，权利正确性推定效力，即记载于不动产登记簿的人推定为该不动产的权利人，动产的占有人推定为该动产的权利人，除非有相反的证据证明。其二，善意保护效力，即凡善意信赖公示的表象而为一定的行为，在法律上应当受到保护，保护的方式就是承认发生物权变动的效力。

3.第三人受公信力保护的条件

第三人受公示公信力保护须具备的条件包括：第一，第三人须为善意，不知且不应知公示错误；第二，基于法律行为有偿取得物权，且该法律行为（基础的原因关系）有效；第三，已进行物权变更的公示。一般认为，第三人利益保护在不动产物权取得上适用公示公信原则，而动产则适用善意取得制度，在善意取得制度中强调当事人的主观善意，而且要求处分人是标的物的有权占有者；而公示公信原则的适用中则强调登记外观上没有发现错误的可能。不过我国《物权法》规定的善意取得制度适用的领域包括动产与不动产，不再作上述区分。符合上述条件的，由第三人取得物权，不受原权利人的追及。

（三）公示与公信

物权的公示原则要求物权的得丧变更需要公示，以便于他人的了解和尊重，而物权的公信原则进一步对公示的物权赋予了公信力，在公示与实际不相符合的物权的变动中，选择保护善意第三人的利益，承认其基于法律行为取得的物权，而牺牲了真正权利人的利益，这是法律从促进社会经济发展以及在权利人的个人利益与社会利益之间进行均衡、选择的结果。

公示与公信是两个独立但互有关联的制度，公示并不必然有公信力，如罗马法有“任何人不得以大于其自己所有的权利让与他人”的原则，严格贯彻该原则就不可能有公信原则适用的余地。而日耳曼法则采“所有人任意让他人占有其物者，则只能对该他人请求返还”的原则，基于该“以手护手”的观念，除对于被盗窃之物及遗失物仍享有追及的权利不适用此原则外，如果因信赖对方将物交其占有（如借用、保管），则只能向该对方请求返还，换而言之，如果该物已被对方让与第三人时，所有权人也不能直接向第三人请求返还，这就是赋予了公示以公信力的表现。

物权是否采取公信原则，在法律效力上会有显著的差异。例如，甲将房屋出卖给乙并且经过产权登记，而乙又将房屋转卖给丙，且也经过产权登记，以后因甲主张其与乙之间的买卖有错误而归于无效时，乙不能取得房屋的所有权，但对于丙来讲，他可否取得房屋的所有权，就要看法律是否赋予不动产物权登记以公信力，如果予以公信力——因登记的所有权人是乙，丙也相信房屋是乙的所有物——则丙取得其所有权；如果不予以公信力——即使登记的所有人是乙，丙也相信房屋是乙的所有物，即使其相信并无过失——丙仍然不能取得房屋的所有权。

由于公示所表现的物权状态与真实的物权状态不相符合的情况在现实生活中常有，而交易的频繁，尤其是动产交易的大量发生，使得交易中要求参与交易的第三人一一查明物权的真实状态十分不便，也几乎不可能。为保障交易的安全与便捷，稳定社会经济秩序，在物权变动中贯彻公信原则，使行为人可以信赖登记与占有所公示的物权状态进行交易，而不必担心被实际权利人追及十分必要。故而近代各国民法多舍弃罗马法的做法而采取了日耳曼法的原则，赋予公示以一定的公信力。

公信原则在近代各国的立法例上，最先是适用于动产物权，对于不动产物权的登记赋予公信力则是从抵押权开始的，以后逐渐扩展到不动产所有权及其他不动产物权。由于公信原则是以牺牲真正权利人的利益而换取交易动的安全的保障，公示的准确性应是赋予其强有力公信力的基础。就动产而言，交易的大量发生，采公信原则自有其不得不为的理由。在不动产公示中，如果不动产登记制度非常完备，采公信原则自然不会有害于真正权利人的利益，但如果登记制度不完备，错误概率高，则采公信原则对真正权利人而言未免过于不公平，且只会加剧市场交易的混乱，将严重挫伤公众的交易的积极性。因而，是否赋予不动产公示以公信力与一国的不动产登记制度相关，一般而言，登记制度采实质审查原则的，则该公示有公信力，而采形式审查原则的，一般并不赋予公信力。

综上所述，公示原则在于使人“知”，公信原则在于使人“信”。这两个原则适用的结果可能出现：第一，即使事实上已经变动（例如当事人已经将房屋进行了买卖），但形式上没有采取公示方法（没有进行产权转让登记），仍然不发生物权变动的效力的情形；第二，如果形式上已经履行变动手续（如已登记），但事实上并未变动（如当事人之间并无真正让与的意思），仍然发生变动的效力。这种情形是法律根据物权本身的特点，为保护交易的安全和快捷，稳定社会经济秩序采取的必要措施，体现了鼓励交易和保护交易安全的立法宗旨，兼顾了财产的动的安全与静的安全。

三、物权的变动

（一）基于法律行为的物权变动规范模式

在引起物权变动的法律事实中，最重要的是法律行为。因此，基于法律行为而产生的物权变动，历来是大陆法系各国物权立法政策与立法技术的重要课题。以买卖合同为例，当事人就标的物、价金等交易条件达成一致意见时，买卖合同即成立。这里的买卖合同就是债权行为，出卖人负有交付该物并移转其所有权的义务，买受人负有交付价金的义务。在这里就出现了一个理论上和实务上需要解决的重大问题：出卖人的标的物所有权如何移转给买受人。从比较法的角度考察，主要解决途径有四种立法模式：

第一，买卖标的物的所有权在买卖合同有效成立时即移转给买受人；第二，买卖标的物的所有权在买卖合同有效成立时发生移转，买受人取得该物的所有权，但未经登记（不动产）或交付（动产），不得对抗第三人；第三，买卖标的物所有权移转以登记或交付为要件；第四，买卖标的物所有权的移转，除了登记或交付外，还须当事人就该标的物所有权的移转有一个独立于买卖合同的合意，该合意以物权变动为内容，称为物权合意。采第一种、第二种立法模式称为债权意思主义，第三种立法模式为债权形式主义，第四种为物权形式主义。

1.债权意思主义

又称意思主义，以《法国民法典》、《日本民法典》为代表。依意思主义，物权的变动是债权合同的效果，当事人仅需订立债权合同即可发生物权的变更，无须交付或登记。例如依《法国民法典》第711条之规定，财产所有权因继承、生前赠与、遗赠以及债的效果而取得；第1583条规定，当事人双方就标的物及其价金相互同意时，即使标的物尚未交付、价金尚未支付，买卖即告成立，标的物的所有权即依法由出卖人移转于买受人。由于意思主义之下当事人以外的第三人无从知悉物权变动，有害交易的安全。因此，《法国民法典》为保护第三人的利益，对于不动产以登记、动产以交付为对第三人发生效力的要件。然而登记与交付，也仅仅是变动的物权对抗第三人的要件而已，对于当事人之间的效力没有任何影响。再如，《日本民法典》第176条至第178条规定，物权的设定及移转只因当事人的意思表示而发生效力，非经登记或者交付，不得对抗第三人。

因而，意思主义内容包括：(1)物权变动是债权行为的当然结果；(2)物权变动的结果受其原因关系，即债权行为效力的影响，原因行为无效或被撤销的，物权变动的结果也随之失效；(3)物权公示仅发生对抗效力，不是物权变动成立的生效要件。

2.物权形式主义

又称为形式主义，以《德国民法典》为代表。依此主义，物权因法律行为而发生变动时，除了有债权合同，还须另有就物权变动的意思表示一致（物权合意），以及登记或交付的法定形式，才能成立或生效，即认为债权合同（债权行为)仅发生以物权产生、变更、消灭为目的的债权和债务关系,在债权合同之外还须有以直接发生物权变动为目的的物权合同(物权行为),并以登记或交付为条件。如《德国民法典》第 929 条规定,动产所有权的出让,必须由所有人将物交付于取得人,而且双方就所有权的移转,必须成立合意。有学者认为,物权变动的合意与登记或交付相结合才构成物权契约;也有学者认为,物权变动的合意本身即是物权契约,登记或交付是契约以外的法律事实。但无论何种解释,均一致将债权行为与物权行为进行了区分,并将无因的物权行为作为物权变动的依据。

物权形式主义的内容主要是:(1)物权行为与债权行为相分离而独立存在,具有独立性;(2)物权行为的效果不受债权行为效力的当然影响,具有无因性;(3)物权公示原则所要求的登记或交付为物权行为的法定形式,是物权变动的成立或生效要件。

3. 债权形式主义

又称为折中主义,以《瑞士民法典》和《奥地利民法典》为代表。依此主义,物权基于法律行为发生变动时,除当事人之间须有债权合意外,还需要进行登记或交付。如《瑞士民法典》第 714 条规定,动产所有权的让与,应将其占有移转于受让人;第 656 条第 1 项规定,为取得不动产所有权,须于土地登记簿册加以登记。《奥地利民法典》也规定,除债权契约以外,还须交付或者登记等形式要件才发生物权变动的效力。

债权形式主义的做法介于上述意思主义与形式主义之间,是意思主义与交付主义的结合,其内容包括:(1)发生债权的意思表示就是物权变动的意思表示;二者合一,并无区别。这一点与意思主义同而与物权形式主义不同。(2)公示为物权变动的成立或生效要件,仅有债权合意不能发生物权变动的效力。这一点与物权形式主义同。(3)物权变动不需要物权合意,无独立的物权行为存在;(4)物权变动的效力受其原因行为——债权行为的影响,无物权无因性的适用余地。

一般认为,意思主义的立法模式有使交易便捷的优点。但物权变动仅有债权合意即可发生,将导致第三人不能从外部认识其物权的变动和变动的时间,交易安全不能保障,况且物权已经成立而不发生对抗一般人的效力,与物权直接支配的性质也不相符合。而所采取的“登记”、“交付”的对抗效力又导致了物权法律关系在当事人内部和对第三人外部效力之间发生不一致,增加了法律关系的复杂程度,在实践中会产生很多困难。如物权转让时,受让人与转让人之间仅凭意思表示即生效力,受让人取得物权。但在与第三人的关系上，没有进行登记或者交付，让与人仍然保有其权利，第三人仍然能有效地受让其权利。因而学者对此颇有非议。形式主义立法模式有保障交易安全的优点：物权变动以“登记”、“交付”作为生效要件，使当事人间就物权关系的存在与变动明确化，也使当事人内部关系与对第三人的外部关系一致。但承认物权行为的独立性与无因性被很多学者认为与社会的实际生活状况不尽符合，而物权无因性的适用对物权静态安全保护不周。况且法律关系的明确化严格来说是物权公示的结果，与物权行为独立性与无因性无必然联系，而物的静态安全完全可以依公示公信原则解决，不必借助于物权行为的无因性。相比较而言，债权形式主义被认为结合了两种制度的优点，为二战后各国民事立法广泛采用，并代表着物权变动立法规制模式的基本潮流和趋势。

(二)物权行为理论及其评价

在我国物权法制定过程中，就立法例的选择上学者们进行了深入的探讨和研究，其中争论最大的问题就是物权形式主义中的物权行为理论。

1.物权行为理论的产生

所谓物权行为是指以发生物权得丧变更为目的的法律行为。物权行为理论为德国历史法学派创始人、著名罗马法学家萨维尼提出，19 世纪初，他在柏林大学的早期法律学讲授中即已提出：“为履行买卖契约或其他以转换所有权为目的的契约而践行之交付”，其本身就构成一“物权契约”，它符合法律行为的一切基本特征。在 1840 年出版的《当代罗马法体系》一书中，他对物权行为理论进行了更为系统的阐述。按照萨维尼的学说，一定的债权债务关系，并不能发生物权的变动。要发生物权的变动，除债权契约之外，还需要有以直接使物权发生变动的法律行为，即物权契约。萨维尼的物权行为理论被《德国民法典》所采纳，对后世大陆法系国家物权法制定产生了巨大的影响。

2.物权行为理论的内容

通说认为，萨维尼提出的物权行为理论的的内容可以归纳为三个要点，并认为从这三个要点出发，德国物权法体系具有决定意义的一些基本原则得以发展和形成。①

第一，物权行为“独立性”原则——与原因行为（主要是债权行为）相“分离”。物权行为与债权行为相互分离，各自有独立的意思表示和成立方式。如在动产交易中，动产交付经常是买受人交易目的实现的标志。依据法国的债权意思主义，交付只是债务履行的一种方式，包含于债的关系中，是债权发生

① 孙宪忠：《德国当代物权法》，法律出版社 1997 年版，第 58～64 页。

的结果。再次，交付行为所表达的“移转所有权”、“移转占有”的意思，已经被包含于债权关系中。因此，依据债权意思主义，交付只是一个事实行为，不是法律行为。而依据物权行为理论，债权契约仅仅是交付的原因，而交付则是物权变动合意的记载和表达，表现了双方关于所有权让与和接受的意思表示的一致。交付不以债权关系为存在条件，是一个真正的契约，完全独立于作为交付原因的债权契约。物权行为的独立性原则使德国民法实现了物权与债权在法学理论上彻底而明确的划分。

第二，物权行为“无因性”原则——交付效力不受原因行为效力的影响。由于物权行为具有独立性，独立于债权行为之外，这样就产生了一个问题：同一交易中债权行为的效力是否能决定物权行为的效力。如能决定的，则为有因性行为，如不能影响，则具有无因性。因而，物权行为无因性指物权行为原则上不依赖于原因行为(主要是债权行为)而独立，其效力不受原因行为效力的影响。萨维尼认为，债权行为虽是物权行为的原因，但两者的意思表示具有不同的内容和性质：前者设定债权债务关系，后者使物权发生变更，这两者之间效力上没有牵连，债权行为的无效或者撤销不能必然导致物权行为的无效或撤销。

一般认为，无因性是独立性逻辑推理的必然结果，其创设的目的在于交易安全的保障。以动产交易为例，无论依据债权意思主义还是债权形式主义，当事人之间的债权关系均是所有权转移发生的直接原因，债权关系的效力直接决定了所有权转移的效力，如果债权关系无效或者被撤销，则相应的交付也无效，不发生物权变动的法律效果。出卖人有权依据物权请求权规则请求买受人返还原物。而根据物权行为无因性理论，买卖契约因意思表示等瑕疵而无效或者被撤销的，并不影响物权变动的效力，买受人仍然取得标的物的所有权，只要交付本身没有瑕疵。当然，在此情形，买受人取得标的物所有权丧失了法律上的根据(买卖合同无效或被撤销)，其所得即为不当得利，丧失所有权的出卖人有权、同时也只能依不当得利的规则请求买受人返还标的物。

第三，物权变动的“形式主义”原则——必须具备外在的交付或登记形式。根据物权行为理论，物权变动的发生不仅需要有一个独立于债权的关于物权变动的意思表示，还必须加上物的实际占有取得作为其外在的行为，这一外在的行为就是标的物的交付或登记，同时，物权变动的意思表示也是通过“交付”这一行为本身体现出来的。换而言之，物权合意就是对物的交付本身所存在的意思表示的抽象，物权变动的合意必须通过物的实际占有的移转才能加以表现。所以交付不仅是一个真正的契约，而且是物权发生变动的根据，而交付必然具有外部形式，由此，在德国民法上，物权的公示便当然具有决定物权变动的成立与否的效力，即在物权变动上，当然采“公示成立要件主义”。

3. 物权行为理论的争议

物权行为理论经过温德夏特、耶林等著名法学家的发展和丰富形成极大的影响力，以致成为通说，并最终被德国民法典所采纳。其立法理由主要是基于体系上的理由和出于保护交易安全的考虑。[①] 不过物权行为理论从其提出到现在一直争议不断，而其中争议最大的就是物权行为无因性理论，被认为严重损害出卖人的利益，有违民法中的公平原则。

反对者中影响最大的两位学者是《德国民法典》制定时期的自由派法官基尔克和 20 世纪 30 年代中期德国著名学者赫刻。基尔克在《民法典的起草和德国法》一文中指出，强行将一桩简单的物品买卖在法律上分解为相互完全独立之三个现象，简直是学说对实际生活的凌辱。赫刻则运用利益衡量方法，针对无因性理论支持者认为这一理论“有助于保护交易安全、有助于法律关系明晰以及减轻当事人的举证责任”的说法，对上述理由一一剖析与反驳。总结两位学者及之后的主要批评意见，主要观点为：

第一，物权行为是一个不顾国民生活情感而由法学家拟制出来的“技术概念”，其目的不过在于追求法律理论体系的完备，并未考虑实际生活的需要和司法操作上的简便；第二，在物权公示与公信原则已经确定的情况下，物权行为理论所可能具有的保护交易安全的作用已经丧失殆尽；第三，物权行为理论下，在买卖契约无效或者撤销的情形，因标的物已经交付，所有权已经转移，故出让人不能请求返还原物，而只能请求返还不当得利，在与受让人的债权人的关系上，出让人的利益不能获得应有的保护；第四，物权行为理论下，在无权处分的情形，从物权处分人处受让标的物的恶意第三人也确定的获得所有权，不符合公平正义观念。

支持者的论证也同样没有停止过，主要观点包括：第一，现今各国均采不动产物权变动的登记制度，表明不动产立法已经普遍接受物权行为理论。物权行为的无因性可以解决很多动产善意取得制度无法解决的疑难问题。第二，如果没有物权行为理论，在保护物权秩序上，法律将不得不把债权法的原理运用于明显不属债权法上的法律行为(如抵押权、地上权的设立行为)，导致物权制度和债权制度的同时遭损。第三，所有权保留和担保让与等现代化担保方式必须根据物权行为理论才能更容易、更适宜地建立；第四，抽象的不动

① 梁慧星、陈华彬：《物权法》，法律出版社 1997 年版，第 87 页。

产物权担保(如德国法上的土地债务,是为融资目的而设置的抵押,先于债务而设立,具有独立性和流通性)比附随性担保(如一般的为保全债的履行而设立的担保,具有从属性和不可分性)对债权人具有更大的优越性,更适合实务需要和欧洲的未来计划;第五,物权行为理论具有区分物权原因与债权原因的作用,更适合复杂的生活需要和经济需要。破坏物权行为理论,也会损害原因行为的效力范围。[①]

4.物权行为无因性的相对化

由于依据物权行为无因性理论,债权行为被撤销或无效后物权行为效力不受影响,原物权人的地位变为普通债权人,不能享受法律对物权的特殊保护,其地位十分不利:如在买卖合同中,买受人已将标的物转让,即使第三人是恶意的,也能取得物的所有权,出卖人不能对第三人主张权利,只能请求买受人返还转让所得的利益;如果买受人已将标的物提供担保,即在标的物上设定担保物权,该担保物权优先于出卖人对买受人的不当得利返还请求权;如果买受人的其他债权人将该标的物作为强制执行的标的,出卖人无权提出异议;如果买受人破产,出卖人对于该标的物亦无取回权,而只能与其他债权人一道按债权额比例受偿;如果非因买受人的过错致使标的物毁损、灭失,买受人可以免责。物权行为无因性理论因而被认为严重损害出卖人的利益,有违民法中的公平原则,受到广泛的批评和质疑。德国判例学说于是通过解释方法对物权行为的无因性理论适用予以限制,使物权行为的效力受债权行为的影响,即出现了所谓的物权行为无因性的相对化。限制物权行为无因性原则的情形包括:

(1)瑕疵同一论。作为物权行为基础的原因行为(债权行为)因存在瑕疵,如行为人能力欠缺、双方通谋为虚伪意思表示、胁迫等情形而无效或被撤销,物权行为也会基于同样的瑕疵一并无效或被撤销。例如,甲因重大误解将乙的一幅名画仿真品作为真迹高价购买,则甲有权撤销该买卖合同;同时由于该画的交付也是基于重大误解而为,所以物权行为同样可以被撤销。如果甲仅仅表示撤销买卖合同,在解释上应认为物权行为也同时撤销。(2)条件关联论。当事人可依其意思,使物权行为的效力系于原因行为的效力,这样,物权行为效力之发生以债权行为有效成立为前提,债权行为无效则物权行为亦归于无效。当事人的这种意思可以明示也可以默示,例如在买卖契约与物权行为同时完成时,即可认为当事人默示作出了该意思表示。(3)法律行为一体

---

① 孙宪忠:《论物权法》,法律出版社2001年版,第145~146页。

论。将债权行为和物权行为合为一个不可分割的整体法律行为,债权行为无效,则物权行为也无效。

(三)我国的立法模式

根据我国《物权法》第 9 条和第 23 条的规定,物权变动原则上采"公示成立要件主义",同时,第 15 条规定:当事人之间订立有关设立、变更、转让和消灭不动产物权的合同,除法律另有规定或者合同另有约定外,自合同成立时生效;未办理物权登记的,不影响合同效力。这是关于不动产物权变动的原因与结果进行区分的规定,即我国物权法采物权变动与其基础原因关系的区分原则,区分债权效力和物权效力。不过我国物权法制定中并没有采物权行为理论,仅仅将物权变动的公示行为作为事实行为对待,因而,在物权基于法律行为发生变动的时候,采债权形式主义:债权合意加上物权变动的公示(登记或交付)构成物权变动。

(四)物权变动的原因

1. 基于法律行为的物权变动

前已述及,在引起物权变动的法律事实中,最重要的是法律行为。基于法律行为引起物权变动的原因主要有合同、抛弃和撤销权行使。

合同指当事人约定关于物权变动的一致的意思表示。如买卖、赠与、借款、抵押等合同均是物权设立、变更、消灭的原因,这是物权变动的主要原因。抛弃指以消灭物权为目的的单方民事行为。抛弃只要权利人一方作出意思表示即生效力,故抛弃是一种单方民事行为。抛弃的意思表示不一定向特定人为之,只要权利人抛弃其占有、表示其抛弃的意思,即生抛弃的效力。但他物权的抛弃,须向因抛弃而受利益的人为意思表示;不动产物权的抛弃,还需办理注销登记才发生效力。原则上物权一经权利人抛弃即归消灭,但是如果因为物权的抛弃会妨害他人的权利时,则物权人不得任意抛弃其权利。例如农村承包经营户的承包经营权,因有对农村集体组织的义务,所以不能随意抛弃,以免损害农村集体组织的权利。法律或合同规定有撤销权的,因撤销权的行使会导致物权消灭。例如,承包经营权人没有按承包合同的规定向集体组织交付承包收益时,集体组织可以撤销其承包经营权。

2. 非基于法律行为的物权变动

非基于法律行为的物权变动是指因为法律规定的原因导致物权的产生、变更和消灭。这种物权变动不以公示为生效要件,但必须以法律规定的特定的事实或事实行为发生为条件。该类型物权变动原因主要有:(1)依法律、法规的直接规定而发生的物权变动,自该法律实施之日起发生效力。如我国

1982 年《宪法》第 10 条关于土地所有的规定引起的土地所有权的变动、《物权法》第 50 条规定设立了国家对无线电频谱资源的所有权。(2)因法院、仲裁机构生效法律文书而发生物权变动的，自法律文书生效时发生效力。如共有财产分割的诉讼判决引起的财产所有权的变动。(3)因公用征收而发生的物权变动，自人民政府征收决定生效时发生效力。如国家因公益需要而征收企业和个人的动产或者不动产而发生所有权变动。(4)因继承或受遗赠取得物权的，自继承或受遗赠开始时发生效力。需要说明的是，遗嘱和遗赠都属于法律行为，因遗嘱和遗赠发生的物权变动虽然仍然属于基于当事人意思表示而发生，不过并不适用基于法律行为发生物权变动的一般规则，这是各国的通例，我国《物权法》第 29 条也作了相应的规定。(5)因合法建造、拆除房屋等事实行为设立或消灭物权的，自事实行为成就时发生效力。因事实行为发生物权变动的还包括因先占取得物权(我国《物权法》虽未规定先占为物权取得方式，但实践中承认先占为动产物权的取得方式，如拾荒者对他人抛弃的无主财产的先占、猎户对猎物的先占等)；因拾得遗失物、漂流物、发现埋藏物、隐藏物而发生的所有权取得或变更(如我国《物权法》规定，遗失物自发布招领公告之日起 6 个月内无人认领的，归国家所有)；因附合、混合、加工发生所有权的变更等。(6)因标的物灭失、混同等事实发生导致物权消灭的，自事实发生时物权消灭。标的物灭失的，如物权的标的物在生产中被消耗、在生活中被消费，因地震、大火导致房屋倒塌、烧毁等，该物的物权当然不存在。不过由于担保物权的物上代位性，在担保标的物灭失或毁损时，担保物权继续存在于保险金、赔偿金等该标的物的替代物之上。混同指法律上的两个主体资格归属于一人，无并存的必要，一方为另一方所吸收的关系。这里的混同指物权的混同，包括：同一物的所有权与他物权归属于一人时，他物权因混同而消灭的情形；所有权以外的他物权与以该他物权为标的物之权利归属于一人时，其权利因混同而消灭的情形。前者如甲在其房屋上为乙设定抵押权，后来乙购买了该栋房屋取得其所有权，则所有权与抵押权同归于乙一人，抵押权消灭。后者如甲对乙的土地享有使用权，甲在其土地使用权上为丙设定了抵押权，后来丙因某种原因取得了甲的土地使用权，这时土地使用权与以该土地使用权为标的的抵押权归属于丙一人，抵押权消灭。作为一般原则的例外，以他物权为标的的权利，其存续对于权利人或第三人有利益时，不因混同而消灭。如，甲将其所有的房屋先抵押给乙，然后又抵押给丙，乙为第一顺序的抵押权人，丙为第二顺序的抵押权人，以后如果甲取得乙的抵押权或者乙取得甲的所有权时，依混同消灭的原则，乙的抵押权消灭，则甲就可能因丙升为第一次序的抵押权人受到损害,所以从甲的利益出发,乙的抵押权就不能因混同而消灭。

非基于法律行为而发生的物权变动,不经公示即可直接生效,但未经公示不得处分。如未经公示即予处分的,不发生物权变动的效力。

四、物权的公示

基于物权的绝对性,要求物权的得丧变更必须以一定的可以为外部所察觉的方式表现出来,这就是物权的公示原则。对于物权公示的方式,一般认为:不动产物权变动以登记为公示方式,动产物权以占有作为权利享有的公示方法,以占有之移转——交付为动产物权变动公示方式。

(一)不动产物权登记

不动产物权登记是指经权利人申请,国家登记机关依照法定的程序,将有关申请人的不动产物权的事项记载于不动产登记簿的事实。登记的事项包括:物权的设立、变更、转让、消灭以及对不动产物权进行限制的情形。相比于动产而言,不动产具有价值大、稀缺性较高的特点,因而围绕特定不动产发生的交易关系相对较多,单凭占有不足以表征不动产上的权利归属关系,因而需要通过不动产登记,对不动产上的权利及其变动进行登记,向社会公开并提供查阅,便利不动产交易的进行,保护交易安全。

现代意义上的不动产登记制度源自欧洲。近代法上,由于担保物权,尤其是抵押权的发达,采用公示原则,协调债权人之间的利益,同时充分利用不动产的担保价值,显得尤为重要,登记制度就是在这个背景下产生的。[①] 不动产登记作为对不动产财产权的记载,不仅是国家对不动产进行行政管理和课征税负的依据,也是不动产物权获得法律承认和保护的基本依据。

1. 各国不动产物权登记立法例

由于对物权变动的要件规定不同,登记表现的法律效力也有不同,各国民法立法例主要有以下几种:(1)登记对抗主义。以法国为代表,意大利、日本等也采这一登记制度。登记官吏对于登记申请一般只进行形式审查,不审查申请文件内容的真实与否和有无瑕疵;登记无公信力,如有人主张权利,则依实体法确定权利归属,并得以对抗已受让物权的第三人;登记与否不予强制,由当事人自由斟酌;登记簿的编制采人的编成主义,以权利人登记次序的先后作成,登记完毕仅在契约上注记经过,不发权利书状;对登记不动产物权的变动比较偏重,是一种以课税为主的登记制度。(2)登记要件主义。以德国为代

---

① 王轶:《物权变动论》,中国人民大学出版社 2001 年版,第 153 页。

表，瑞士、荷兰等国也采该登记制度。登记官吏对于登记申请一般要进行实质审查，即对不动产物权变动的原因与事实是否相符、缴付文件瑕疵等均须详加审核，证明无误后方能进行登记；登记具有公信力，纵使实体权利与登记权利不符，也不得对抗善意第三人；登记采强制主义，非经登记物权不生变动；登记簿采物的编成主义，以不动产为中心依次编造而成，不发权利证书；登记以不动产静态为主，先办理现在权利状态的登记，再及于权利变动的情形。(3)权利交付主义。又称为托仑斯主义，爱尔兰、加拿大、美国一些州等采该登记制度。依据该登记制度，登记与否不强制，但一经申请第一次登记后，日后如有变动，非经登记不生效力；登记采实质审查主义；登记具有公信力；登记机关依权利状态制成权利状书；如设有权利负担，应为负担登记；设置赔偿基金，登记机关因登记遗漏或错误致真正权利人损害的，负有赔偿责任。①

我国民法学界普遍认为，基于物权的排他性，不经登记的物权不能获得排他效力，就不能认定其为物权；况且从实践意义上看，不经登记的不动产物权变动对权利人和相对人均具有极大的风险，对交易安全非常不利，所以我国《物权法》原则上将登记作为不动产物权的法定公示手段，是不动产物权设立、变更、转让和消灭的生效要件，也是不动产物权依法获得承认和保护的依据。同时又规定“法律另有规定的除外”，这里的“另有规定”的情形包括：第一，依法属于国家所有的自然资源，所有权可以不登记。第二，非依法律行为而发生的不动产物权变动的情形无须登记即可发生效力，但未经登记不得处分。第三，考虑到我国的实际情况，尤其是农村的实际情况，物权法并没有对不动产物权变动一律要求登记公示。如土地承包经营权的设立与变更、地役权的设立，未经登记不得对抗善意第三人；同时物权法还规定，宅基地使用权的转让或消灭的，应当及时办理变更登记或者注销登记，即宅基地使用权取得不以登记为生效要件。

2. 不动产物权登记机构

登记应该在登记机构办理。关于不动产登记机构，各国(地区)规定有所不同，但通常规定统一的登记机构，即实行“统一登记制”：如日本登记机构为法务局、地方法务局、支局及其派出所；瑞士为各州的地方法院；英国由政府土地登记局统一行使动产所有权的审查确认、登记、发证及办理过户、换证；德国的登记机构为地方法院中设立的土地登记局，相应的，德国的登记行为性质是司法行为，行为结果与法院判决同等效力；我国台湾地区则由市县地政机关

---

① 肖厚国：《物权变动研究》，法律出版社2002年版，第212～217页。

办理。

我国现行的不动产登记主要由不动产所在地的县级以上人民政府的相关不动产管理部门负责，分别由土地、房产、林业、工商的管理机关行使，这种分别登记制度与长期以来我国将登记作为一种行政管理职权，而非公示手段有关，在实践中也导致了重复登记、增加当事人负担、登记资料分散、资源的浪费等问题，为此，《物权法》对此作了相应改变，规定：不动产登记，由不动产所在地登记机构办理，国家对不动产实行统一登记制度。统一登记的范围、机构和登记办法将由法律、行政法规具体落实。

登记机构的审查义务是指登记机构在审查有关的登记申请中，承担何种审查职责。登记审查制度是整个不动产登记制度的核心内容之一，采用不同的审查标准，对登记的公信力、登记的效率和质量以及登记错误的责任承担有重要的影响。各国关于登记机构审查义务的立法例主要有两种：形式审查和实质审查。

所谓形式审查是指登记机构仅仅对当事人提交的申请材料进行形式要件审查(齐备与否、格式是否符合要求等)，提交材料符合形式要件即认为是合法；实质审查指对当事人提交的材料除了形式要件的审查外，还需对材料内容的真伪，特殊情况下甚至是法律关系的真实性也要进行审查。二者的区别是，是否应当对登记申请人的真实身份、不动产的实际状况、作为物权变动的依据的真实性和合法性进行审查。[①] 一般而言，实质审查有利于减少登记错误，提高登记的公信力，强化登记机构的责任感，但是在交易日趋发达的现代，要求对每项登记作详细的审查，势必会影响到登记的效率；而形式审查登记的效率高，但登记错误多，公信力低。

从各国立法来看，无论采实质审查还是形式审查，无不考虑兼顾审查的效率和登记的公信力维护。如法国基于其登记对抗主义采形式审查模式，但仍要求由公证人负责不动产有关契约的审查和登记，以提高登记的公信力；瑞士采实质审查模式，将强制公证程序作为实质审查程序的前置程序，以减少登记审查工作，提高登记效率。[②]

我国《物权法》规定登记机构应该查验申请人提供的权属证明和其他必要材料；就有关登记事项询问申请人；认为需要时有权要求申请人补充材料，必

---

① 王利明、尹飞、程啸：《中国物权法教程》，人民法院出版社 2007 年版，第 103 页。

② 黄松有：《〈中华人民共和国物权法〉条文理解与适用》，人民法院出版社 2007 年版，第 79～80 页。

要时可以实地查看。同时《物权法》还规定了登记机构因登记错误给他人造成损害的赔偿责任。上述规定目的在于尽可能保证如实、准确、及时地登记不动产物权有关事项,避免错误登记。就物权法上述规定确定的登记审查性质学者们有不同的认识,有学者认为属形式审查为主,实质审查为辅;也有认为属于实质审查。从调查职权的赋予、损害赔偿责任的确立等内容看,我们认为我国登记审查应属实质审查。

3. 不动产物权登记的效力

登记的效力指的是登记之后产生何种法律上的效果。不动产物权登记效力包括:第一,公示物权状态的效力:登记为公示方式,首先发挥着向社会展示当事人享有的物权及其状态的作用。第二,确认物权变动的效力:登记要件主义下,登记是物权变动的成立要件,物权自记载于不动产登记簿之日起,发生变动的效力;登记对抗主义下,则登记之日起权利人的物权取得对抗第三人的效力。第三,权利正确性推定的效力:登记记载的权利人推定为法律上的权利人,除非有足够的证据证明登记错误。登记确有错误的,权利人可申请更正登记或者通过诉讼方式解决。第四,善意保护效力,即登记的公信力:对于信赖登记并与登记的物权人进行了交易的人,受善意取得制度的保护。登记的公信力的赋予,对于鼓励交易、提高交易的迅捷并维护交易安全具有重要意义。

就因法律行为而发生的物权变动而言,其基础关系(原因关系)往往是当事人双方以发生物权变动为目的的合同关系,属于债权法律关系,其成立与生效与否应依合同法判断。而根据登记要件主义,不动产物权变动必须待登记完成才发生。合同的效力与登记的效力的区分改变了我国长期以来将登记效力与合同本身效力混同的观点,有利于分清物权法和债权法的不同作用范围,区分当事人的不同法律责任,保障原因合同当事人的合法利益。有鉴于此,《物权法》第 15 条规定了物权变动与其基础关系的区分原则,规定:当事人之间订立有关设立、变更、转让和消灭不动产物权的合同,除法律另有规定或当事人另有约定外,自合同成立时生效;未办理物权登记的,不影响合同效力。

4. 不动产登记的类型

(1)实体权利登记与程序权利登记。实体权利登记是指对当事人所享有的实体权利的登记。依据物权法定原则,对于应当纳入登记的物权,法律应该作出明文规定。程序权利登记是指特定不动产上各物权之间顺位登记。程序权利登记包括全部应该登记的不动产物权的顺位,不限于抵押权的顺位登记,这些权利人能否全部实现权利,完全取决于他们权利所处的登记顺位。

(2)权利登记与表彰登记。权利登记指就所有权及其他物权的发生、移转、消灭、保存、处分限制等所进行的登记,公示着不动产物权的现状及其变动,同时也是物权变动的成立要件或对抗要件。表彰登记指对土地、建筑物及其他附着物的物理现状进行公示的制度,如土地面积、用途、建筑物种类、用途、构造、面积。权利登记建立在表彰登记的基础上。

(3)终局登记与预备登记。终局登记又称本登记,是指直接使当事人所期待的不动产物权变动发生效力的登记,具有确定的终局的效力。主要包括如下几种类型:第一,初始登记。又称总登记,指对原无权属证书的不动产首次办理不动产登记。如房屋建成后办理房屋产权登记手续。第二,变更登记。指登记机构就不动产物权变动所进行的记载。如在不动产上设立他物权的他项权利登记、不动产转让的过户登记等。第三,更正登记。指为了消除因登记错误或遗漏导致的已经登记的权利与实际权利不一致的状态,对既存登记部分内容进行订正补充而发生的登记。如不动产面积的更正、权利人的更正等。更正登记必须查明属实才能进行,是对原登记权利的涂销登记和对真正权利的初始登记。第四,回复登记。指当与实体权利关系一致的登记,因不当原因从登记簿上消灭,对消灭的登记予以回复,以保持原有登记的效力的登记。第五,涂销登记。指对错误的、不真实的和已经消灭的不动产物权予以消除的登记。涂销登记以登记的事项全部不适法为必要,其原因可以是原始的,如登记原因行为的无效、不存在,也可以是后发的,如登记原因行为的被撤销。

预备登记是指为了保障登记请求权而为的一种临时登记,包括为保全物权的异议登记和保全债权的预告登记。第一,异议登记。指对现实登记的权利正确性提出异议而进行的登记。异议登记的法律效力是使登记簿上记载的权利失去正确性推定的效力,其目的在于避免存在产权争议的不动产为第三人善意取得,从而为其通过诉讼确权或直接办理更正登记提供一种临时保障。异议登记以利害关系人认为登记簿记载存在错误且不能办理更正登记为前提,但不要求提出登记时提供充分证据证明自己权利受到损害。异议登记是临时保障措施,为了使不动产物权的不稳定状态早日恢复正常,法律必须对登记的有效期作出规定。我国《物权法》规定,申请人在异议登记之日起15天内不起诉的,异议登记失效。异议登记不当给权利人造成损害的,权利人有权请求赔偿。第二,预告登记。又称为“预登记”,日本称为“假登记”,指为保全一项将来发生不动产物权变动为目的的债权请求权而进行的登记。预告登记的本质特征是使被登记的债权请求权具有了物权效力,以阻止债务人的重复处分行为。未经预告登记的权利人同意,处分该不动产的,不发生物权效力。如在商品房预售关系中,买受人基于预售合同取得的请求出卖方在房屋建成之后交付房屋并办理房屋所有权登记的权利为债权请求权，不具有对抗第三人的效力。为了保障将来取得房屋所有权，买受人可以依据合同约定办理预告登记，使其发生对抗第三人的效力，以限制出卖人再行处分房屋。这里预告登记的效力主要表现为：房屋建成前，买方享有的是一种具有一定物权效力的债权请求权；房屋建成后，买受人有权依据预告登记直接请求办理所有权登记；办理预告登记后如果出卖人（开发商）将整个建筑物进行抵押的，抵押权不能对抗买受人享有的权利；出卖人资不抵债陷于破产的，买受人仍有权受到优先保护，允许其将预告登记转为现实登记。[①]

预告登记的办理以当事人约定为前提，不限于商品房预售，是尚未成为物权的一切不动产物权协议的保全措施，具有广泛的保障债权的意义。根据我国《物权法》规定，债权消灭或自能够进行不动产登记之日起三个月内未申请登记的，预告登记失效。

（二）动产物权的占有和交付

动产的公示方式自古以来就是占有和交付。近代以来，登记制度被较为普遍的采用，但由于动产数量巨大、种类繁多且交易频繁，况且动产的价值很大程度上体现在流通上，这就要求其公示方式简便易行，因而大多数国家在法律上都确认交付为动产物权变动的公示方法，将动产的占有人推定为权利人，形成了所谓的“占有之所在即为动产物权之所在”的观念。

交付对于基于法律行为发生的动产物权变动的法律效力与登记对于不动产物权变动的一致，也有交付生效要件主义和交付对抗主义，我国《物权法》规定，动产物权的设立和转让，自交付时发生效力，法律另有规定的除外。可见我国立法采交付生效要件主义。这里的法律另有规定指的是观念交付的情形、非基于法律行为而发生的动产物权变动的情形以及动产抵押、留置权设立的情形。

交付通常是指现实交付，随着交易日趋频繁，为适应节省交易费用、促进交易便捷的需要，各国立法上还承认观念交付，作为对现实交付的补充。因而交付方式包括现实交付和观念交付。

现实交付指动产物权的让与人将其对于动产的直接占有现实地移转给受让人的行为，一般自动产移转给受让人占有时完成。现实交付可以由让与人自己完成，也可以由占有辅助人（如公司出纳等）基于权利人的授权而完成。

---

① 王利明、尹飞、程啸：《中国物权法教程》，人民法院出版社 2007 年版，第 118～120 页。

观念交付指在特殊情况下法律允许当事人通过特别约定，采用变通的方法代替实际交付，移转标的物权利的交付方式，包括：(1)简易交付。动产物权设立和转让前，受让人已经依法占有该动产的，则于动产物权变动法律行为发生效力时视为交付。如受让人因借用关系在与转让人订立买卖合同前已经占有标的物的，受让人于买卖合同生效时即取得该标的物的所有权。(2)指示交付。动产物权设立和转让前，第三人依法占有该动产的，出让人将其对于第三人的返还请求权让与受让人，以代替现实交付。如，甲将其出租的电脑卖给乙，但是由于租赁期限未满，暂时无法收回，甲可以把其电脑的返还请求权转让给乙，以代替现实交付。(3)占有改定。动产物权转让时，双方又约定由出让人继续占有该动产的，在物权让与的合意生效时，视为交付，受让人取得间接占有。如甲将其所有的电脑卖给乙，但甲还需要留用一段时间，这时甲可以再与乙订立一个租赁或借用协议，使乙取得间接占有，以代替现实交付。应该说明的是，占有改定仅适用于动产物权的转让，不适用于动产物权的设立，如质权就不得以占有改定方式设立。(4)拟制交付，即出让人将标的物的权利凭证(如仓单、提单)交给受让人，以代替物的现实交付。这时如果标的物仍由出让人或第三人占有时，受让人则取得对于物的间接占有。

由于占有的公示效力较弱，加上有观念交付的存在，公信力也较低，所以各国法律对于船舶、飞行器和机动车等特殊动产的物权变动兼采登记公示方式，以登记作为物权变动的对抗要件，即非经登记，关于这些特别动产的物权变动不能对抗善意第三人。当然，就当事人双方间就上述动产物权变动仍以交付为准。另外，动产抵押权的设立也采登记对抗效力。

本章思考题：

1.物权与债权。

2.物权法定原则含义及其发展。

3.物权的效力。

4.物权行为理论的内容及其评价。

5.物权公示公信原则的内涵。

6.不动产物权公示制度的建构。

第十四章

所有权

第一节　所有权概述

一、所有权的概念

学说上通常认为，所有权是指所有权人在法律限制的范围内对自己的物进行全面支配的权利。首先，全面支配包括两重含义，一是对所有物进行占有、使用、收益、处分，二是排除他人对所有权的干涉。其次，法律对所有权的限制是否要包含在所有权的概念中是有争议的问题，一说强调所有权的不可侵犯，认为所有权虽然要受一定的限制，但此限制"系来自外部，并非存在于所有权本质自身"；另一说强调所有权的社会性，认为所有权本身即包含权利和义务两个方面的内容，其所受的限制来源于所有权的"最深处的本质"。[①]

在物权法立法史上，对于所有权的立法有具体列举主义与抽象概括主义的区分。抽象概括主义肇始于罗马法。在罗马法上虽然没有所有权的定义，仅有所谓的"对所有物的物权支配权"，后世注释学家对所有权作如下的定义："所有权是以所有人的资格支配自己的物的权利"或"所有权是所有人除了受自身实力和法律的限制外，就其标的物可以为他所想为的任何行为的能力。"[②]抽象概括主义的立法模式为《德国民法典》所采，具体表现为该法典第

① 王泽鉴：《民法物权·通则·所有权》，中国政法大学出版社 2001 年版，第 162 页。

② 周枏：《罗马法原论》(上册)，商务印书馆 1994 年版，第 323 页。

903 条“在不与法律或第三人的权利相抵触的限度内，物的所有人可以随意处置该物，并排除他人的一切干涉”。具体列举主义的立法模式为大陆法系的法国法系国家所采。《法国民法典》第 544 条规定：“所有权是对于所有物有绝对无限地使用、收益和处分的权利”。该种立法模式亦为《日本民法典》及我国台湾地区“民法”所采纳。

我国物权法采取具体列举主义的立法模式，《物权法》第 39 条规定，所有权是“所有权人对自己的不动产或者动产，依法享有的占有、使用、收益、处分的权利”。与学说上的所有权定义相比，这一条文仅规定了全面支配的第一重含义，但根据《物权法》第 2 条第 3 款的规定，可以认为排除他人干涉亦被《物权法》规定在所有权的概念中。

二、所有权的性质

（一）整体性

所有权不是占有、使用、收益、处分等各种权能在量上的总合，而是一个整体，所有人对其物可以进行全面的支配。所有权作为一种最完整的物权，是他物权的源泉，君临于全部他物权之上，他物权则仅仅是就占有、使用、收益等某一特定方面对物进行支配，其只能以所有权的部分权能为其内容。在现代经济生活中，基于物尽其用的原则，物的占有、使用、收益、处分可能会尽归于他人而发生所有权的“虚有化”，成为纯粹观念上的所有权，但其作为所有权的性质亦不受任何影响。

（二）弹力性

所有权的弹力性是与整体性有所关联的一个概念。所有人在其所有物上为他人设定权利，即使所有权的表征已被剥夺，而使所有权成为纯观念上的权利，所有权也仍然保持其潜在的完整性，当所有物上的权利负担消灭时，所有权则当然回复到其圆满状态。另外有观点认为，二战以来，由于强化利用权，提升利用权人的法律地位，所有权的弹力性有徒具其名之势，以至某些国家如日本等发生了物之利用人压迫物之所有人的社会问题。[①]

（三）永久性

所有权的永久性，指所有权随标的物之存在而永远延续，也不得预定其存续期间。这是所有权与用益物权和担保物权的区别之一，对于后者，当事人可以通过合同约定权利的存续期间。有学者指出，传统民法所称的“永久性”实

① 梁慧星：《中国物权法研究》，法律出版社 1998 年版，第 231～232 页。

际上只是一个相对的概念，其含义应当是所有权的存在不能预定存续期间，如果不发生转让、抛弃或者标的物灭失，就会无期限地存在，因此称为“无期性”更为妥当。[①]

三、所有权的权能

所有权的权能，又称“所有权的内容”，是所有人为利用所有物以实现其对所有物的独占利益，而于法律规定的范围内可以采取的各种措施与手段。关于它与所有权的关系有两种主张，一是权利集合说，该说认为所有权是由各项权能组成的集合体，各项权能都是独立的权利，结合起来就构成一个所有权，因此权能是构成所有权的权利；一是权利作用说，该说认为权能不是独立的权利，而是权利的作用。现在学说上通常接受后一种主张，认为权利集合说不能说明权能与所有权分离的情况，因为所有权既然是各项权能的集合，那么缺乏某一权能就不成其为所有权。实际上，所有权是对物的支配权，物上的其他权利，无论是债权还是他物权，都源于所有权，是所有权不同作用的体现，是所有权行使的结果。

关于所有权有几项权能的问题，学说上的观点不尽一致，但所有权的占有、使用、收益、使用四项权能为学者一致认可。《物权法》第 39 条将所有权的权能规定为占有、使用、收益、处分四项。另外，理论上还认为，所有权的权能可以分为积极权能和消极权能，前述的四项权能都是积极权能，消极权能则是指排除他人对所有权实施的违背所有人意思的干涉。消极权能在我国《物权法》中虽无明确的规定，但根据《物权法》第 2 条第 3 款对物权的定义，应认为我国《物权法》中规定的所有权亦具有排除他人对物所为非法干涉的消极权能。

（一）所有权的积极权能

占有即对财产的实际管领或者控制，是全面支配所有物的前提条件。但作为所有权的一项独立权能，占有在一定条件下又可以与所有权相分离而受法律保护，所有人不能随意请求占有人返还所有物。

使用即依物的用途，不改变物的性质或毁损其物，对物加以利用，以供生产和生活上的需要。行使使用权能是实现物的使用价值的手段。占有权能和使用权能有着密切的关系，行使使用权能要以占有为前提，但享有占有权能并不必然同时享有使用权能，如基于保管合同、仓储合同等法律关系取得对标的

① 钱明星：《物权法原理》，北京大学出版社 1994 年版，第 144 页。

物的占有时，占有人不得对标的物予以使用。同样，作为所有权的一项独立的权能，使用权能也可以与所有权相分离，例如所有人可以与他人订立合同，允许他人使用自己之物。

收益即收取由物产生的经济效益，包括由原物产生的天然孳息和法定孳息。从所有权制度诞生以来，收益就是所有权中最重要的内容之一。随着社会的发展，人们对所有物的利用，已不仅停留在简单的使用之上，而要更加积极地以所有物创造经济利益，甚至可以将占有、使用甚至处分权能交由他人行使，自己仅享有收益权能，实现财产的增值。因此，收益权能通常由所有人行使，所有人允许他人使用所有物时，所有物上的收益一般仍由所有人取得。但是，作为所有权的一项独立权能，收益权也有与所有权相分离的余地，用益物权就是所有人允许他人在自己的所有物上占有、使用、收益的权利。但是，永久地将收益权交由他人行使而自己保留所有权的做法比较少见。

处分即所有人对其财产的最终处置，包括事实上的处分和法律上的处分。事实上的处分指对所有物有形的变更或毁损物之本体，例如撕下书页、加固围墙。法律上的处分指对标的物的所有权进行移转、限制或消灭，从而使所有权发生变动的法律行为，例如让与、抛弃和设定负担。由于处分是决定所有物命运的权能，因此通常认为它是所有权最基本的权能，是所有权内容的核心，通常只能由所有人自己享有或者行使，非所有人处分他人之物的，原则上构成无权处分。但法律上也规定了一些允许非所有人处分他人之物的情形，例如根据《合同法》第 390 条的规定，保管人对入库仓储物发现有变质或者其他损坏，危及其他仓储物的安全和正常保管的，在紧急情况下，保管人可以作出必要的处置，但事后应当将该情况及时通知存货人或者仓单持有人。

（二）所有权的消极权能

所有权的消极权能是指所有权人排除第三人针对所有物的无权占有、干扰或妨害。所有权是绝对权，任何人均负有不得干涉的义务，当他人对所有权构成干涉时，所有权人可对其行使所有权的物上请求权，根据所受干涉的不同，要求其返还所有物、排除妨害或消除危险。由于这种权能不是所有人对于物可以施加的积极行为，只有在他人的干涉发生时，这种权能才体现出来，因此被称为消极权能。

四、所有权的限制

所有权的限制，指禁止或限制作为所有权积极权能或消极权能的一面或数面，从而使所有权因此受一定的拘束，并负一定的义务，包括私法上的限制和公法上的限制。罗马法上,所有权具有物权的绝对性、排他性和永续性的特点,但是所有权的绝对性不是所有人可以不受任何限制地行使权利。对所有权的限制早期的《十二表法》即有明文规定,到帝政以后又有改进。其后各国的所有权立法均受罗马法立法的影响。如《意大利民法典》第 833 条规定,"所有权人不得从事旨在损害或者骚扰他人的活动"。

(一) 私法上的限制

所有权的私法上的限制主要有权利滥用之禁止原则和诚实信用原则的限制、相邻关系的限制以及用益物权、担保物权等权利负担的设定:

权利滥用之禁止原则,指一切民事权利之行使,不得超过其正当界限,行使权利超过其正当界限,则构成权利滥用,应承担侵权责任。权利虽意味着在法律允许范围内的意志自由,但权利人行使权利不得逾越法律规定的界线,超越界线行使权利的行为构成权利滥用。依据现代民法理论,权利滥用系指行使权利以损害他人为目的或行使权利所得利益微小而使他人受损甚巨的行为。具体到物权法领域,所有权人行使所有权的行为不得损害公共利益和他人的合法权益,如以对他人土地造成难以消除的污染为目的行使权利的行为即为法律所不许。因此我国《物权法》在第 7 条中规定:"物权的取得和行使,应当遵守法律,尊重社会公德,不得损害公共利益和他人合法权益。"

诚实信用原则系民法的帝王原则,是市场经济道德准则的法律化。诚实信用原则,简称诚信原则,这一原则要求民事活动的当事人在行使权利和履行义务时,应当遵循诚实信用的道德准则。诚信原则的目标在于平衡当事人之间和当事人与社会之间的利益关系。具体到物权法领域,诚信原则要求所有权人在行使所有权时,应以不损害他人利益和社会公益为前提,以符合社会经济目的的方式行使自己的权利。

对所有权私法上之限制除了民法基本原则外,尚有相邻关系的限制以及用益物权、担保物权等权利负担的设定。相邻关系是指相邻各方在对各自所有或使用的不动产行使所有权或使用权时,因相互间依法应当给予对方方便或接受限制而发生的权利义务关系。相邻关系制度的设立目的旨在解决相邻近的不动产所有权人或使用权人就不动产的利用产生的矛盾冲突关系,限制一方的所有权或使用权,便利他方当事人利用不动产的行为。此外,所有权人有权在自己的不动产或者动产上设立用益物权和担保物权。所有权人不得干涉他物权人根据法律规定行使权利的行为,如对于建设用地使用权人在土地上建造建筑物、构筑物及其附属设施的行为,土地所有权人不得干涉。

(二)公法上的限制

所有权的公法上的限制一般表现为征收征用。

1.征收

征收是国家以行政权力取得他人财产的行为。征收的主体是国家,通常是政府以行政命令的方式从集体和个人取得土地、房屋等财产,该集体和个人必须服从。征收是物权变动中极为特殊的一种情形。我国公共任务繁重,征收较多,在城市主要是因城市规划拆迁而征收房屋,在农村主要是因为公共建设而征收集体土地。[①] 在《物权法》制定过程中,社会普遍要求对征收作出明确的规定。实际上,征收是行政法律关系,但是,由于征收构成了对所有权的限制,《物权法》也将关于征收的规定纳入其中,同时,征收的条件和补偿标准等问题只能根据具体的社会情况来确定,而社会情况又处于不断的变化之中,因此,《物权法》仅对征收进行了比较原则的规定。

物权法对征收的限制进行了规定,主要体现为:第一,目的限制。征收的目的只能是为了公共利益的需要,不允许地方政府为了局部利益甚至个别人的利益,滥用行政权力进行征收。当然,公共利益是很难界定的概念,难以在立法中划定统一的标准,只能在个案中具体问题具体分析。第二,权限和程序限制。征收应当按照法律规定的权限和程序进行。

补偿是征收中矛盾极为突出的问题。《物权法》第 42 条第 2 款、第 3 款规定:“征收集体的土地,应当依法足额支付土地补偿费、安置补助费、地上附着物和青苗的补偿费等费用和安排被征地农民的社会保障费用。征收单位、个人的房屋及其他不动产,应当依法给予拆迁补偿。征收个人住宅的,还应当保障被征收人的居住条件。”对于补偿标准,《物权法》没有作出具体的规定,应由单行法根据不同的情况作出进一步的明确,以适应各地发展不平衡的社会现状。

2.征用

征用是国家在有紧急需要的情况下,动用行政权力,强制使用单位、个人的财产,而不必征得所有人的同意。与征收一样,征用也是对所有权的限制,但由于征用是行政法律关系而非民事法律关系,《物权法》也仅从原则上进行了规定。

征用是以满足抢险、救灾等紧急需要为目的的。在此情况下,国家需要动

① 全国人大常委会法制工作委员会民法室编:《中华人民共和国物权法条文说明、立法理由及相关规定》,北京大学出版社 2007 年版,第 61～62 页。

用一切人力、物力进行紧急救助，因此法律对所有权的限制作出了许可。征用同样要依照法律规定的权限和程序进行。与征收不同的是，被征用的财产使用后，应当返还给被征用人，并且给予补偿。如《防震减灾法》第 38 条规定："因救灾需要，临时征用的房屋、运输工具、通信设备等，事后应当及时归还；造成损坏或者无法归还的，按照国务院有关规定给予适当补偿或者作其他处理。"

第二节　国家所有权、集体所有权和私人所有权

一、国家所有权

（一）国家所有权的主体

国家是国家所有权的主体。需要明确的是，我国国家所有的性质是全民所有。关于代表国家行使国有财产所有权的主体，《物权法》第 45 条第 2 款规定为国务院。在《物权法》立法征求意见的过程中，有人认为国务院代表国家行使所有权可操作性不强，而实际上，国有自然资源的所有权往往是由地方人民政府具体行使的，因此应当规定地方人民政府在部分事项上也可以代表国家行使国有财产的所有权。但是立法机关认为，既然国家所有的性质是全民所有，而全国人民代表大会又是最高国家权力机关，则国务院作为最高国家权力机关的执行机关，代表国家行使国有财产所有权是合适的。[①]

（二）国家所有权的客体

国有财产的范围，《物权法》第 45 条第 1 款作出了概括性的规定，即"法律规定属于国家所有的财产，属于国家所有"。在现阶段，已有一些现行法对国家所有的财产作出了规定；对于现行法没有规定的事项，根据本条，可以在将来制定或者修改有关法律时作出规定。

根据《宪法》第 9 条第 1 款的规定和《土地管理法》、《草原法》、《森林法》、《水法》、《矿产资源法》等法律中的相关规定，《物权法》第 46 条至第 52 条规定以下财产属于国家所有：矿藏、水流、海域；城市的土地和法律规定属于国家所

① 全国人大常委会法制工作委员会民法室编：《中华人民共和国物权法条文说明、立法理由及相关规定》，北京大学出版社 2007 年版，第 67～68 页。

有的农村和城市郊区的土地;森林、山岭、草原、荒地、滩涂等自然资源,但法律规定属于集体所有的除外;法律规定属于国家所有的野生动植物资源;无线电频谱资源;法律规定属于国家所有的文物;国防资产;依照法律规定为国家所有的铁路、公路、电力设施和油气管道等基础设施。

(三)国家所有权的行使

国家所有权的主体和客体虽已通过《物权法》作出了明确,但是国家所有权的行使和保护有一定的特殊性,单纯依赖《物权法》的保护是不够的,还需要制定相应的国有财产管理法,建立一套有针对性的管理制度。《物权法》本身仅对国有财产权的行使作出了原则性的规定。

1. 国家机关

根据《民法通则》第 37 条规定,法人应当“有必要的财产或者经费”。国家机关在民法理论上称为“机关法人”,其直接支配一定的动产或者不动产。国家机关支配的财产是国有财产的一部分,所有权由国家享有,国家机关对这些财产可以占有和使用,但是在处分时,要按照法律和国务院的有关规定。我国目前对国家机关如何行使国家所有权进行了相应的规定,如《森林法》第 27 条第 1 款规定:“国有企业事业单位、机关、团体、部队营造的林木,由营造单位经营并按照国家规定支配林木收益”;《国防法》第 38 条第 2 款规定:“国防资产的管理机构和占有、使用单位,应当依法管理国防资产,充分发挥国防资产的效能”。

2. 事业单位

事业单位在民法理论上称为“事业单位法人”,是指国家为了实现社会公益目的,由国家机关举办或者其他组织利用国有资产举办的,从事教育、科技、文化、卫生等活动的社会服务组织。与国家机关的财产一样,国家举办的事业单位的财产也是国有财产的一部分,所有权由国家享有,国家举办的事业单位对这些财产可以占有和使用,但是在处分时,要按照法律和国务院的有关规定。我国目前对国家举办的事业单位如何行使国家所有权进行了相应的规定,如《教育法》第 31 条规定:“学校及其他教育机构中的国有资产属于国家所有”;《高等教育法》第 38 条规定:“高等学校对举办者提供的财产、国家财政性资助、受捐赠财产依法自主管理和使用。”

3. 国家出资的企业

国家出资的企业,不仅包括国有独资公司和国家控股或者参股的有限责任公司、股份有限公司,也包括尚未进行公司制改造的其他企业。国家作为公司股东时可以根据《公司法》第 4 条的规定享有资产收益、参与重大决策和选择管理者等权利。对于为数众多的国有企业，由谁代表国家来履行出资人职责，享有出资人权益，是关系重大的问题。现行的《企业国有资产监督管理条例》规定，由中央政府和地方政府分别代表国家履行出资人职责、享有出资人权益，并在中央政府和地方政府之间作出了分工，对关系国民经济命脉和国家安全的大型国有及国有控股、国有参股企业、重要基础设施和重要自然资源等领域的国有及国有控股、国有参股企业，由国务院代表国家履行出资人职责；此外的国有及国有控股、国有参股企业，由省、自治区、直辖市的人民政府和设区的市、自治州级人民政府分别代表国家履行出资人职责。根据十六届三中全会的决定，中央政府和地方政府通过设置国有资产管理监督机构，代表国家履行出资人职责。

（四）国有财产的法律保护

《物权法》第56条对国有财产的法律保护作出原则性的规定，即国家所有的财产受法律保护，禁止任何单位和个人侵占、哄抢、私分、截流、破坏。

物权法颁布之前对于国有财产的保护散见于各种法律法规之中。如《宪法》第12条第1款规定："社会主义的公共财产神圣不可侵犯。"《民法通则》第73条第2款前段规定："国有财产神圣不可侵犯。"在以上法律中，对于国有财产的不可侵犯之前均添加了"神圣"二字。在物权法的立法过程中，对于是否保留"神圣"二字，法学界存有争论。在最终公布的《物权法》条文中取消了类似的表述，充分表达了民法平等保护不同民事主体合法民事权利的思想，体现了立法观念的转变。我国实行社会主义市场经济，在社会主义市场经济条件下，各种所有制经济形成的市场主体都在统一的市场上运作并发生相互关系，各种市场主体都处于平等地位，享有相同权利，遵守相同规则，承担相同责任。如果对各种市场主体不给予平等保护，解决纠纷的方法、承担的法律责任不同，就不可能发展社会主义市场经济。因此，对于进入民事生活领域的国有财产、集体财产、私人财产应给予同等的保护，保护以上财产的所有权人利用各自所有的财产参与市场竞争的权利。但是平等保护并不是说不同所有制经济在国民经济中的地位和作用是相同的。根据宪法规定，公有制经济是主体，国有经济是主导力量，非公有制经济是社会主义市场经济的重要组成部分。不同所有制经济在国民经济中的作用主要由经济法、行政法予以规定。

（五）国有财产的管理、监督

加大对国有资产的保护力度，切实防止国有资产流失，是巩固和发展公有制的重要内容。《物权法》在坚持财产平等保护的同时，对于国有财产的监督、管理以及造成国有资产损失应承担的法律责任进行了规定。

根据我国现行法律和行政法规的规定，目前由国有资产监督管理机构负责国有资产的监督、管理。国有资产监督管理机构根据法律规定通过统计、稽核等方式对企业国有资产的保值增值情况进行监管。《物权法》结合现行规定，在第 57 条第 1 款中规定，履行国有财产管理、监督职责的机构及其工作人员，应当依法加强对国有财产的管理、监督，促进国有财产保值增值，防止国有财产损失。同时规定了违反法律规定滥用职权、玩忽职守，造成国有财产损失的情况下，行为人应依法承担法律责任。《物权法》除了规定负有国有财产管理、监督职责的机构和工作人员的职责和法律责任之外，对违反国有财产管理规定造成国有财产损失的法律责任也进行了专门规定。《物权法》第 57 条第 2 款规定在企业改制、合并分立、关联交易等过程中，违反国有财产管理规定，以低价转让、合谋私分、擅自担保或其他方式造成国有财产损失的应依法承担法律责任。

二、集体所有权

物权法颁布之前，我国涉及集体所有权的法律和行政法规主要有《宪法》、《民法通则》、《土地管理法》、《森林法》、《草原法》、《农业法》、《农村土地承包法》、《村民委员会组织法》、《乡镇企业法》、《乡村集体所有制企业条例》以及《城镇集体所有制企业条例》等。其中《宪法》第 6 条规定："社会主义公有制即全民所有制和劳动群众集体所有制。集体所有权是集体所有制的法律表现形式。"《民法通则》第 74 条规定："劳动群众集体组织的财产属于劳动群众集体所有。集体所有的土地依照法律规定属于村农民集体所有，由村农业生产合作社等农业集体经济组织或者村民委员会经营、管理。已经属于乡（镇）农民集体经济组织所有的，可以属于乡（镇）农民集体所有。集体所有的财产受法律保护，禁止任何组织和个人侵占、哄抢、私分、破坏或者非法查封、扣押、冻结、没收。"《物权法》借鉴以上立法，在第 58 条至第 63 条中规定了集体所有权。

（一）集体所有权的主体

集体是集体财产的所有权主体。集体财产是广大人民劳动积累的成果，是发展集体经济和实现共同富裕的重要物质基础。集体所有根据所有人身份不同，可以分为农村集体所有和城镇集体所有。

农民集体所有指的是农村集体成员的集体所有。农民集体所有的特征就是集体财产成员集体所有、集体事务集体管理和集体利益集体分享。[①]《物权法》第60条规定,在农村集体中,由一定的主体代表集体行使集体所有权。第一,属于村农民集体所有的财产,由村集体经济组织代表集体行使所有权,如果没有集体经济组织,就由村民委员会代表集体行使所有权;第二,分别属于村内两个以上农民集体所有的财产,由村内各该集体经济组织或者村民小组代表集体行使所有权;第三,属于乡镇农民集体所有的财产,由乡镇集体经济组织代表集体行使所有权。城镇集体所有是指城镇集体对所有的不动产和动产,依照法律、行政法规的规定享有占有、使用、收益和处分的权利。

(二)集体所有权的客体

《物权法》第58条规定,集体所有权的客体包括:法律规定属于集体所有的土地、森林、山岭、草原、荒地、滩涂;集体所有的建筑物、生产设施、农田水利设施,如集体企业的厂房、仓库等建筑物、机器设备、交通运输工具等生产设施、水库、农田灌溉渠道等农田水利设施;集体所有的教育、科学、文化、卫生、体育等设施;集体所有的其他不动产和动产。

(三)集体所有权的行使

1.农村集体所有权的行使

与国家所有权的行使一样,《物权法》对于集体所有权的行使作出了原则规定,其第59条第2款规定,在农民集体中,重大事项需依法定程序,经本集体成员决定,这些事项包括:(1)土地承包方案以及将土地发包给本集体以外的单位或者个人承包;(2)个别土地承包经营权人之间承包地的调整;(3)土地补偿费等费用的使用、分配办法;(4)集体出资的企业的所有权变动等事项;(5)法律规定的其他事项。

2.城镇集体所有权的行使

城镇集体所有权的行使主体,就是作为所有权主体的城镇集体本身。《物权法》第61条规定,城镇集体所有的不动产和动产,依照法律、行政法规的规定由本集体享有占有、使用、收益和处分的权利。

(四)集体财产的管理、监督

与国有财产要设立专门的机构进行管理、监督不同,集体财产的管理、监督是依靠集体成员进行的。集体财产关系到每个集体成员的切身利益,因此,每一个集体成员都有权参与对集体财产的民主管理和民主监督,而行使集体

---

① 全国人大常委会法制工作委员会民法室编:《中华人民共和国物权法条文说明、立法理由及相关规定》,北京大学出版社2007年版,第92页。

所有权的主体向本集体成员公布集体财产的状况，是完善集体事务民主管理、民主监督的基础。《物权法》第 62 条规定，集体经济组织和村民委员会、村民小组应当依照法律、行政法规以及章程、村规民约向本集体成员公布集体财产的状况。

在现实中，有些集体经济组织和村民委员会的负责人违反法律、行政法规、章程和村规民约，擅自决定低价、私分、侵占集体财产，侵害集体成员的财产权益，针对这种情况，《物权法》第 63 条第 2 款规定，集体经济组织、村民委员会或者其负责人作出的决定侵害集体成员合法权益的，受侵害的集体成员可以自知道或者应当知道其权益受侵害之日起 2 年内可以请求人民法院予以撤销。

三、私人所有权

除了国家和集体以外，有大量的私人作为民事主体对各种财产享有所有权。这里的“私人”是指自然人，不仅包括我国的公民，也包括外国人和无国籍人。《物权法》第 64 条和第 65 条规定了私有财产的范围，包括合法的收入、房屋、生活用品、生产工具、原材料等不动产和动产；合法的储蓄、投资及其收益；继承权和其他合法权益，如私人享有的专利权、著作权、商标权。

第三节　业主的建筑物区分所有权

一、建筑物区分所有权的产生与发展

建筑物区分所有权的概念是在现代民法上逐渐成熟起来的。在很长的一段历史时期里，人类并没有建筑物区分所有权的观念，即使到了区分所有的建筑物出现以后，建筑物区分所有权制度也没有当然地得到立法的承认。罗马法认为，“不动产所有权就像是一块小领地，一切附合和进入土地的物都必然地作为添附物归土地人所有，建筑物之所有权非地皮所有人莫属”。受这一观念影响，罗马法当然否认建筑物区分所有权。与罗马法不同的是，日耳曼法出于更为实际的考虑，认为建筑物、土地乃至建筑物内各个房间或地窖、地下室等，均可为独立的所有权客体。工业革命以后，城市和工业中心的形成造成了城市的人口激增、地价飞涨、住宅缺乏的严峻局面，各国不得不开始建立建筑

物区分所有权制度。建筑物区分所有权民法模式之形成，标志着建筑物区分所有权制度已正式成为一项重要的民法制度。二战以后，不少国家发生了严重的住宅危机。为解决市民的居住问题，各国政府纷纷兴建高层建筑物，通过土地利用的立体化，以使有限的城市土地得以充分利用。这一趋势产生了一栋建筑物存在多个所有权人的情形。区分所有建筑物的发展，促使各国发生了一场规模宏大的关于建筑物区分所有权的修法和立法运动，已经进行区分所有权立法的国家纷纷检讨既有立法，以求周延，未立法的国家，则积极创造新的理论体系，并加以立法化，以调整不同所有权人的关系，适应社会需要。①

我国在改革开放以前，一直实行住房公有化，较少涉及建筑物区分所有的问题，现行法中亦未出现建筑物区分所有权的观念。随着住房商品化和房地产市场的发展，高层建筑日益增加，原有的相邻关系和共有制度在解决同一建筑物内不同所有者之间的关系上表现出种种不足之处，因此，建立一套成熟的建筑物区分所有制度成为必然。

二、建筑物区分所有权的概念

建筑物区分所有权制度在各国民事立法上虽已基本形成，但是对于这一权利的概念，却一直存在争议，形成了一元论、二元论和三元论这三种主要的观点：

持一元论见解的学说中，一种观点认为建筑物区分所有权即对专有部分的单独所有权，理论上亦称为“专有权说”，在立法上为 1804 年《法国民法典》及 1962 年《日本建筑物区分所有法》所采纳；另一种观点则认为是对整个建筑物的共有所有权，理论上称为“共有权说”。持二元论见解的学说认为，建筑物区分所有权是由区分所有建筑物专有部分所有权与共用部分持分权构成的一项权利。② 二元论说在立法上为法国 1965 年《住宅分层所有权法》所肯定；持三元论见解的学说认为，建筑物区分所有权是专有所有权、共有所有权和成员权的总称。三元论最为全面地反映了建筑物区分所有权所应当包含的法律关系，因此成为关于建筑物区分所有权概念的通说。我国民法理论采纳三元论说的观点。《物权法》采纳了学界的观点，在第 70 条中规定：“业主对建筑物内的住宅、经营性用房等专有部分享有所有权，对专有部分以外的共有部分享有共有和共同管理的权利。”

---

① 梁慧星：《中国物权法研究》，法律出版社 1998 年版，第 368～374 页。

② 陈华彬：《物权法原理》，国家行政学院出版社 1998 年版，第 318 页。

三、专有所有权

专有所有权，是业主对专有部分享有的占有、使用、收益、处分的权利，它与一般的单独所有权并无本质差异。在建筑物区分所有权中，专有所有权是占据主导性的权利，共有所有权和共同管理权都由专有所有权产生，并随专有所有权移转。

理论上认为专有部分的构成要件包括构造上的独立性和使用上的独立性。构造上的独立性，是指构造上有明确区分的建筑物部分。多人共用的楼梯没有构造上的独立性，不能成为专有部分。使用上的独立性，是指能与独立的建筑物一样满足生活的需要。一间居室或者阳台，虽然有构造上的独立性，但是没有使用上的独立性，也不能成为专有部分。但是，不在法律中明确规定专有部分的构成要件是各国立法的通例。我国《物权法》亦未规定专有部分的构成要件，只列举了住宅和经营性用房作为例示。这两种专有部分通常称为单元。

关于专有部分的范围，学说上形成四种不同的观点：第一，采空间说者认为专有部分是由墙壁、地板和天花板围合而成的空间，墙壁、地板和天花板本身是共有部分；第二，采壁心说者（亦称为中心说）认为专有部分不仅指围合而成的空间，而且要达到墙壁、地板和天花板的中心线；第三，采最后粉刷表层说者认为专有部分不仅指围合而成的空间，而且包括墙壁、地板和天花板的表层；第四，采壁心和最后粉刷表层说者认为专有部分的范围依区分所有权人的内部关系和外部关系决定：在区分所有权人的内部关系上应采最后粉刷表层说，区分所有权人对墙壁、地板和天花板围合而成的空间以及墙面进行自由支配，但从墙面到墙面的部分属于共有部分；在区分所有权人的外部关系上应则采壁心说，即在买卖、保险、税金等关系上，专有部分要达到墙壁、地板和天花板的中心线。有观点指出，空间说在我国是通说。[①]

作为建筑物区分所有权内容的一部分，专有所有权的行使要受到一定的限制。根据《物权法》第 71 条，这种限制主要包括两个方面：一是不得危及建筑物的安全，例如不从事对建筑物的毁损行为，不擅自改变建筑物的结构，不在其专有部分中存放危险物品等；二是不得损害其他业主的合法权益，例如不排放污染物或者噪声，不违反规定饲养动物等。另外，《物权法》第 77 条规定，

---

① 黄松有：《中华人民共和国物权法条文理解与适用》，人民法院出版社 2007 年版，第 226 页。

业主将住宅变为经营性用房的，除应遵守法律、法规及管理规约以外，还应当经有利害关系的业主同意。

四、共有所有权

1. 共有部分

在各国立法例上，对共有部分范围的确定，通常采用排除法，即明确了专有部分的范围之后，将专有部分以外的部分，规定为共有部分。

除了建筑物内部的共有部分以外，《物权法》第 73 条对建筑区划里的道路、绿地和物业管理用房作出了专门的规定。根据该条，建筑区划内的道路，属于业主共有，但属于城镇公共道路的除外；建筑区划内的绿地，属于业主共有，但属于城镇公共绿地或者明示属于个人的除外；建筑区划内的其他公共场所、公用设施和物业服务用房，属于业主共有。在车位、车库的归属上也一直存在很大的争议。《物权法》第 74 条对于车位、车库的归属亦作出了规定，即建筑区划内，规划用于停放汽车的车位、车库应当首先满足业主的需要；建筑区划内，规划用于厅房汽车的车位、车库的归属，由当事人通过出售、附赠或者出租等方式约定；占有业主共有的道路或者其他场地用于汽车的车位，属于业主共有。

2. 共有所有权

共有所有权，是业主按照法律或者管理规约的约定，对建筑物的共有部分享有的所有权。作为建筑物区分所有权的一部分，它与一般的共有存在以下的区别：首先，在与专有所有权的关系上，它具有从属性和不可分割性。从属性是指它由专有所有权产生，并依附于专有所有权而存在；不可分割性是指业主不可保留专有所有权而转让共有所有权，不可保留共有所有权而转让专有所有权，也不可将专有所有权和共有所有权分别转让给两个不同的受让人。其次，共有所有权本身也是不可分割的，业主不能像一般的共有人一样，主张对共有部分进行分割。

与一般的共有人一样，业主对共有部分享有以下的权利：首先，业主可以对共有部分进行使用和收益，如共同使用建筑物内的楼梯，将屋顶出租给他人设立广告牌，按照约定或者按照份额收取租金等。但各业主应当按照约定或者根据共有部分的性质对共有部分进行使用和收益，例如不得任意侵占楼道，不得违背其他共有人的意愿将建筑物的墙面出租给他人作商业广告之用。其次，业主可以按照约定对共有部分进行管理，例如约定轮流打扫楼梯。没有约定或者约定不明确的，每个业主都有管理的权利和义务。根据《物权法》第 81

条和第 82 条，业主除了可以自行管理共有部分以外，也可以委托物业管理企业或者其他管理人管理。再次，业主可以对建筑物及其附属设施进行维修、改建与重建。

五、共同管理权

如前所述，我国物权法对于建筑物区分所有权采取的是三元论的观点。如果说专有所有权和共有所有权是建筑物区分所有权中基于财产关系形成的权利，体现的是建筑物区分所有权中物法性的因素，则共同管理权是基于管理关系形成的权利，体现的是人法性的因素。共同管理权是指业主基于对同一建筑物的使用，作为管理团队的成员享有的权利。《物权法》中采用共同管理权取代了传统学说上的成员权。

共同管理权主要体现在为业主可以设立业主大会，并通过业主大会来决定有关建筑物管理的事项上。业主大会是业主的自治组织，只要是建筑区划内的业主，就有权参加业主大会。各建筑区划内要由业主大会共同决定的事项有：制定和修改业主大会议事规则、制定和修改建筑物及其附属设施的管理规约、选举业主委员会或者更换业主委员会成员、选聘和解聘物业服务企业或者其他管理人、筹集和使用建筑物及其附属设施的维修资金、改建、重建建筑物及其附属设施等。其中，决定筹集和使用建筑物及其附属设施的维修资金、决定改建、重建建筑物及其附属设施应当经专有部分占建筑物总面积三分之二以上的业主且占总人数三分之二以上的业主同意；决定其他事项应当经专有部分占建筑物总面积过半数的业主且占总人数过半数的业主同意。业主大会的决定对业主具有约束力。业主大会作出的决定侵害业主合法权益的，受侵害的业主可以请求人民法院予以撤销。

业主大会可以选举产生业主委员会，作为业主大会的执行机构，履行一定的职责。根据《物业管理条例》第 15 条的规定，业主委员会履行的职责包括：第一，召集业主大会会议，报告物业管理的实施情况；第二，代表业主与业主大会选聘的物业管理企业签订物业服务合同；第三，及时了解业主、物业使用人的意见和建议，监督和协助物业管理企业履行物业服务合同；第四，监督业主公约的实施；第五，业主大会赋予的其他职责。业主委员会的决定对业主具有约束力。业主委员会作出的决定侵害业主合法权益的，受侵害的业主可以请求人民法院予以撤销。

共同管理权可以由业主行使，也可以委托他人进行管理。在法律规定的范围内，业主可以自行选择共同管理权的行使方式。根据《物权法》第 81 条的规定,业主可以自行管理建筑物及其附属设施,也可以委托物业服务企业或者其他管理人管理。对建设单位聘请的物业服务企业或者其他管理人,业主有权依法更换。同时对于物业服务企业或者其他管理人所实施的管理行为,根据《物权法》第 82 条的规定,业主有权进行监督。

六、业主不当行为的救济

业主应当遵守法律、法规以及管理规约。根据《物权法》第 83 条的规定,业主大会或业主委员会对任意侵占垃圾、排放污染物或者噪声、违反规定饲养动物、违章搭建、侵占通道、拒付物业费等损害他人合法权益的行为,有权依照法律、法规以及管理规约,要求行为人停止侵害、消除危险、排除妨害、赔偿损失。业主对侵害自己合法权益的行为,可以依法向人民法院提起诉讼。

第四节 相邻关系

一、相邻关系概述

(一)相邻关系的概念和性质

相邻关系是指相邻各方在对各自所有或使用的不动产行使所有权或使用权时,因相互间依法应当给予对方方便或接受限制而发生的权利义务关系。[①]

所有权是一种支配权,所有人行使权利,可以自由地占有、使用、收益、处分,并排除他人干涉。传统观念中,所有权是一种上至穹苍、下达地心的权利,但不受限制的权利是没有的。从罗马法开始就有了相邻关系制度,至近代所有权社会化以后更加成熟,成为不动产物权行使中的一项重要制度。相邻关系的当事人行使权利应当受到一定的限制,以保障他人的权利不受妨碍,在一些情况下,还应当为他人的权利行使提供方便。根据我国《物权法》第 84 条,不动产的相邻权利人应当按照有利生产、方便生活、团结互助、公平合理的原则,正确处理相邻关系。

(二)相邻关系的当事人

相邻关系最初是以不动产所有人之间的关系为模型设计的,各国立法也

① 彭万林:《民法学》,中国政法大学出版社 1994 年版,第 323 页。

通常将其规定在所有权制度之中。就承租人、用益物权人等不动产利用人之间是否要适用相邻关系规定的问题，近代判例和学说曾采否定态度。但相邻关系是用于解决相邻不动产之间的利用关系的，尤其是二战后物尽其用的社会思潮兴起以来，所有人允许他人利用其不动产的现象受到了越来越多的重视，各国的学说和判例也逐渐转变了立场，在处理不动产利用人之间的关系时，多有准用不动产所有人之间相邻关系的规定。我国学术界一直认为在不动产利用人之间也应该准用相邻关系的规定。[①]《物权法》虽然将相邻关系规定在所有权一编中，但是将相邻关系的主体规定为“不动产的相邻权利人”，这意味着所有人以外的权利人也可以适用相邻关系的规定。

（三）相邻关系与地役权的区别

相邻关系与地役权一样都旨在限制不动产所有权，以协调相邻不动产所有人之间的关系，促进地尽其利、物尽其用，维护社会生活的秩序。其二者的关系在各国立法和学说中有不同的答案。罗马法中既有相邻关系制度，也有地役权制度。《法国民法典》中将相邻关系作为“法定地役权”规定，认为相邻关系是地役权的一种。《德国民法典》则区分了相邻关系和地役权，将相邻关系规定在所有权部分，将地役权规定在用益物权部分。后来的《瑞士民法典》、《日本民法典》和台湾地区“民法”都继受了这一模式。

《德国民法典》的立法例意味着人们已经厘清了相邻关系和地役权的区别：首先，相邻关系本质上是对不动产所有权的限制，并非一种独立的权利，是不动产所有权或使用权的当然扩张；而地役权是用益物权的一种。其次，相邻关系是基于法律规定产生的，无须进行登记；而地役权是基于当事人之间的约定产生的，需要登记才能设立。不过我国《物权法》规定的地役权采登记对抗主义，不以登记为权利设立的生效要件。

（四）相邻关系与习惯的关系

需要用法律调整的相邻关系的种类很多，随着社会经济的发展，其范围还在不断扩大，因此，物权法不可能对需要调整的相邻关系一一列举，只能择其主要进行原则性的规定。为了解决实践中可能出现的相邻关系问题，《物权法》第 85 条规定：“法律、法规对处理相邻关系有规定的，依照其规定；法律、法规没有规定的，可以按照当地习惯。”

---

① 王利明：《物权法论》，中国政法大学出版社 1998 年版，第 423 页。

二、相邻关系的种类

(一)用水、排水关系

对用水、排水关系,《物权法》第 86 条规定:“不动产权利人应当为相邻权利人用水、排水提供必要的便利。对自然流水的利用,应当在不动产的相邻权利人之间合理分配。对自然流水的排放,应当尊重自然流向。”实际生活中的用水、排水关系相当复杂,可以依照习惯对当事人之间的权利义务作出更加具体的界定。

对水流进行利用是生产、生活正常进行的重要条件。用水关系也是相邻关系中的重要内容之一。根据相邻关系的处理原则,取水权人不能损害相邻权利人的权利,如不能擅自截水或者改变水流的宽度和流向,给下游的取水权人的取水造成障碍。

排水关系包括人工排水和自然排水。在相邻关系中,土地权利人排除他人干涉要受到一定的限制。如果人工排水确有必要,则相邻土地的权利人要承担一定的容忍义务。例如某块土地被水淹没,该土地的承包经营权人为了将水排干,可以使水通过相邻的地势较低的土地。同时,人工排水的一方也须负有一定的义务,在可以采取其他合理的措施排水而未采取的情况下,向他方土地排水或者可能毁损他方财产,他方可以要求致害人停止侵害、消除危险、恢复原状、赔偿损失。《物权法》对自然排水的原则性规定是“尊重自然流向”。一般来说,水是从地势高的土地流向地势低的土地的,地势较低的土地的利用人不得以权利受到干涉为由,向地势较高的土地的权利人主张排除妨害或要求赔偿。

(二)通行关系

《物权法》第 87 条规定:“不动产权利人对相邻权利人因通行等必须利用其土地的,应当提供必要的便利。”这主要是指袋地利用中的通行关系。袋地是指被其他权利人的土地所包围,与公路没有适宜的联络,致使不能正常使用的土地。从其他国家和地区的立法例来看,周围土地的权利人应对袋地权利人的通行提供便利,使其能够通过周围的土地到达公路。一些立法还规定,袋地权利人还可以在周围的土地上开设道路,但应选择对周围土地损害最小的方式,并且对周围土地受到的损害给予赔偿。

除了袋地利用以外,实际生活中还有一些因通行必须利用他人土地的情况。参照其他国家和地区的立法,这些情形大致有两种,一是依当地习惯,许可他人进入未设围障的土地刈取杂草,采集枯枝、枯干,采集野生植物或放牧牲畜;二是当他人物品偶然落入权利人的土地或他人动物偶然进入权利人的土地时,应允许他人进入土地将其取回。

(三)邻地利用关系

《物权法》第 88 条规定:“不动产权利人因建造、修缮建筑物以及铺设电线、电缆、水管、暖气和燃气管等必须利用相邻土地、建筑物的,该土地、建筑物的权利人应当提供必要的便利。”如某人在自己有建设用地使用权的土地上建造房屋时,如需在相邻的土地上搭脚手架,则相邻土地的利用人应当允许,并为其提供必要的便利。又如安装电线、管道为某一土地利用之必需,但该管线非经过相邻的土地不能安设时,相邻土地的权利人,应当允许该管线的安设,并为其提供必要的便利。

(四)通风、采光、日照关系

通风、采光、日照是衡量居住质量的重要标准。随着城市化的发展,现代都市建筑物的通风、采光和日照问题日益成为社会关注的问题之一。由于城市土地价值的提升,建筑物之间的距离比过去更小,高层建筑进一步普及,这些变化使得建筑物之间因通风、采光和日照而导致的矛盾越来越多。因此,《物权法》第 89 条规定:“建造建筑物,不得违反国家有关工程建设标准,妨碍相邻建筑物的通风、采光和日照。”但由于我国地域辽阔,各地经济发展不平衡,在《物权法》中很难规定具体的标准。

(五)不可称量物质侵入

随着生活水平的提高,环境的质量日益受到重视,环境保护领域的立法不断发展,同时,与环境有关的相邻关系也越来越受到民事立法的关注。大陆法系的民事立法将煤气、热气、臭气、蒸汽等气体、煤烟、碎屑等固体、噪音和其他类似物质的侵入称为不可称量物质侵入或者气响侵入,对此适用相邻关系进行调整。而对于沙石、污水等可称量物质的侵入则不适用相邻关系,所有人可以主张所有权排除妨害请求权或者侵权损害赔偿请求权。

我国《物权法》第 90 条规定:“不动产权利人不得违反国家规定弃置固体废物,排放大气污染物、水污染物、噪声、光、电磁波辐射等有害物质。”这一条文是对不可称量物质侵入的原则性规定。在其他国家和地区的立法中,通常强调不动产权利人对一定限度内的不可称量物质侵入要承担容忍义务,超出该限度时,才可以根据相邻关系主张权利。例如在白昼弹奏乐器,对相邻权利人只有轻微的影响,因此相邻权利人应当容忍,不能禁止。但如在夜晚弹奏乐器,且因为声音过大,妨碍了相邻权利人的正常休息,则相邻权利人可以禁止之。我国《物权法》未规定相邻权利人的容忍义务,但《物权法》第 84 条“有利生产、方便生活、团结互助、公平合理”的原则已包含了容忍义务的要求。[①]

（六）邻地损害避免

邻地损害避免的规定，是为了维护相邻不动产的安全。不动产权利人固然有权在自己的土地上进行施工建设，但应防止给相邻的土地和房屋造成损害。《物权法》第 91 条规定：“不动产权利人挖掘土地、建造建筑物、铺设管线以及安装设备等，不得危及相邻不动产的安全。”

三、相邻关系中的损害赔偿

在相邻关系中，不动产权利人对于相邻权利人固然负有一定限度内的容忍义务，并且应当提供必要的便利，但相邻权利人在行使权利时，也应当尽量选择损害最小的方式，在无法避免损害的情况下，应对受损害的不动产权利人给予一定的赔偿。这是民法公平原则的体现，也是“有利生活、方便生活、团结互助、公平合理”的相邻关系处理原则的体现。《物权法》第 92 条规定：“不动产权利人因用水、排水、通行、铺设管线等利用相邻不动产的，应当尽量避免对相邻的不动产权利人造成损害；造成损害的，应当给予赔偿。”

第五节　共　有

一、概念与分类

近代以来，在个人主义的法律思想下，物权法规定的所有权形式系以单独所有权为主，但也规定了共有制度以满足一些特殊的需要。共有，指两个以上的民事主体对同一标的物享有所有权。但这并不意味着该标的物上有数个所有权存在，因为这显然违反一物一权这一物权法的基本原则。实际上，共有是数个权利人对同一标的物仅有一个所有权，各个共有人均可行使所有权人的权利，但不得影响其他共有人的权利。另外，《物权法》第 105 条规定，两个以上民事主体共同享有用益物权、担保物权的参照共有的规定，这在学说上称为准共有。

① 全国人大常委会法制工作委员会民法室编：《中华人民共和国物权法条文说明、立法理由及相关规定》，北京大学出版社 2007 年版，第 154 页。

共有分为按份共有和共同共有。按份共有是指两个以上民事主体对共有的不动产或者动产按照其份额享有所有权的共有形式,它是共有的主要形式。除由当事人共同出资购买标的物并按各自的份额共有标的物外,《物权法》第103条规定了按份共有的推定,即共有人对共有的不动产或者动产没有约定为按份共有或者共同共有,或者约定不明确的,除共有人具有家庭关系等外,视为按份共有。共同共有是两个以上民事主体对共有物共同享有所有权的共有形式。与按份共有相比,只有少数情况能导致共同共有的发生。

二、按份共有

按份共有通常是基于法律行为产生的,例如数人共同出资购买某标的物之后,在买受人之间形成按份共有关系。按份共有也可以基于法律规定产生,例如在添附制度中,当两个所有人的动产发生了附合时,附合前的两个所有权消灭,原先的两个所有人在合成物上形成按份共有关系,按其各自原有动产附合时的价值对合成物享有所有权。

(一)按份共有的内部关系

1.份额

份额是按份共有人就共有物享有的所有权的比例,学说上继受台湾地区"民法"的用语,称其为应有部分。按份共有的份额根据共有关系的发生原因确定。如按份共有基于法律行为而发生,则按份共有人对共有的不动产或者动产享有的份额可以依据共有人之间的约定进行确定,没有约定或者约定不明确的,按照出资额确定;不能确定出资额的,视为等额享有。如按份共有基于法律规定而发生,则共有人的份额由法律直接规定。

份额是一个抽象的概念,按份共有人对其份额,自然无从占有、使用、收益、管理和修缮。按份共有人对其份额的权利,主要指的是对份额的处分,包括份额的转让、设定负担和抛弃。

在份额的转让上,物权法原则上允许各按份共有人自由为之,无须经其他共有人同意。这体现了所有权人的意思自治。按份共有人可以依据约定限制份额的转让,但这种约定仅具有债权的效力,不得对抗第三人。各国立法例都规定份额可以自由转让,只是在是否允许其他共有人主张优先购买权的问题上立场不同。允许其他共有人主张优先购买权是出于简化共有关系的需要。共有有许多不便之处:共有人对共有物行使权利要经共有人同意,不能达成一致意见的情况时有发生,不利于协调共有人之间的关系,也不利于共有物的利用和改良。有一些国家和地区允许其他共有人享有优先购买权,但往往又规定只有符合一定的条件才能享有优先购买权，以保护共有人以外的第三人的利益。《民法通则》第 78 条第 3 款规定，按份共有财产的每个共有人出售自己的份额时，其他共有人在同等条件下，有优先购买的权利。《物权法》第 101 条规定，按份共有人转让其份额时，其他共有人在同等条件下享有优先购买的权利。这样，无论共有物是动产还是不动产，都要适用优先购买权的规定。

份额的设定负担指按份共有人在自己的份额上设定抵押权或者质权。在份额上设定质权时，除已根据共有物分管契约占有共有物特定部分的情况外，质权人无从交付该作为质物的份额。但实务上即使罕见，学说上仍不妨承认有此种可能。① 另外，债务人不履行到期债务或者发生了当事人约定的实现抵押权或者质权的情形，要对该份额进行折价、拍卖或变卖时，其他共有人仍然可以行使优先购买权。用益物权是对标的物占有、使用和收益的权利，而份额只是抽象的所有权比例，性质上不可能成为用益物权的标的物，因此份额的设定负担不包括设定用益物权。

按份共有人对份额的抛弃也不为法律所禁止。有疑问的是，抛弃份额的法律效果如何？学说上有两种观点，一种观点认为，其他共有人无须通过对无主物的先占来取得被抛弃的份额，因为按份共有中，份额是对按份共有人享有的所有权比例的限制，抛弃份额后，其他共有人的份额即根据所有权的弹力性之原理，回复到圆满状态；另一种观点认为，所有权的弹力性原理中，所有权上的权利负担应当指他物权，按份共有人所持的份额不应纳入其中，但是其他共有人可根据先占取得该被抛弃的份额。有观点认为，共有人抛弃的份额能否由其他共有人取得，我国的民法理论与实务系采否定立场，认为按份共有人抛弃的份额，宜收归国家所有。②

2. 共有物的管理

所谓共有物的管理，指为维持共有物的物理机能，进而使其充分发挥社会的、经济的功能而对之所为的一切经营活动。一般而言，共有物的管理包括共有物之利用、保存、改良。兹分述如下：

共有物的利用。是指共有人对共有物的使用收益。各共有人对共有物均享有所有权，已如前述。使用和收益是所有权基本的权能。至于具体的使用收益方式，在按份共有中，可以由共有人约定，不能达成一致时，学说上通常认

---

① 王泽鉴：《民法物权 · 通则 · 所有权》，中国政法大学出版社 2001 年版，第 329 页；梁慧星：《中国物权法研究》，法律出版社 1998 年版，第 567 页。

② 梁慧星：《中国物权法研究》，法律出版社 1998 年版，第 568 页。

为不允许由法院以判决的方式做出安排，因为这是私法自治的范畴，其客观标准难以由法院掌握；如果达成一致确有困难，按份共有人也可以通过转让其份额或者请求分割共有物来退出共有关系。没有约定或者约定不明确时，各共有人应当按照其份额就整个共有物享有所有权，进行使用和收益。

共有物的保存是指以防止共有物之灭失、毁损或其权利丧失、限制等为目的，而维持其现状的行为。共有人可以约定管理共有财产的方式，没有约定或者约定不明确时，各共有人都有管理的权利。例如两人共有一辆汽车时，可以对如何对其进行维护和保养作出约定，如果没有约定或约定不明确，则双方不仅都有对其进行维护和保养的权利，而且都要尽到妥善保存的义务。另外，理论上通常认为下列行为亦属于共有物的保存行为：第一，对共有物的简易修缮行为，如对即将倒塌的房屋围墙进行加固的行为，即属简易修缮；第二，共有物如为易腐败之物，共有人为保存其价值而予以变卖；第三，中断诉讼时效或取得时效的行为。[①]

共有物的改良在我国《物权法》上称为“重大修缮”，即不改变共有物的性质，而增加其效用或者价值的行为。与保存行为相比，改良行为不是必须的，共有人应根据约定进行；在没有约定或者约定不明确时，虽然为了促进共有物的改良，不要求全体共有人同意，但亦要求一定比例的共有人同意，各共有人不得单独对共有物进行改良。《物权法》第 97 条规定，在没有约定或者约定不明确时，对共有物作重大修缮，应当经占份额三分之二以上的按份共有人同意。

3.共有物的处分

共有物的处分，包括转让、设定负担和抛弃。在各国立法例上，对共有物的处分，通常采用全体同意原则。但是全体共有人常常难以达成一致，为落实物权法“物尽其用”的基本价值，各国通常都在物权法或者特别法中对此原则作出缓和。例如，根据台湾“土地法”第 34 条第 1 项，对土地和建筑改良物的分割可以采用多数决的方式，但对动产的处分，仍然要求全体共有人同意原则。《物权法》第 97 条对全体一致原则作出了更大的缓和，规定除当事人之间有约定的除外，共有物的处分应当经占份额三分之二以上的按份共有人同意。

4.共有物费用的负担

共有物管理费用以及其他负担，依照《物权法》第 98 条之规定，共有人有约定的，按照约定；没有约定或者约定不明确的，按份共有人按照份额负担。

---

① 陈华彬：《物权法原理》，国家行政学院出版社 1998 年版，第 490 页。

之所以作出如上的规定,原因在于按份共有人按照份额对于共有物共同享有所有权,则不仅应按份额享有共有物的利益,而且对于共有物的负担,也应按照份额进行分担。

(二)按份共有的外部关系

共有人作为共有物的所有人,在第三人侵害共有物时,可以根据《物权法》第 34 条和第 35 条的规定对第三人行使物上请求权,而无须经其他共有人同意。在按份共有中,由于共有人的所有权是按照其份额享有的,对无权占有共有物的第三人请求返还原物时,不能请求仅向自己返还,而只能请求向全体共有人返还。

《物权法》第 102 条规定,因共有的债权债务,在对外关系上,共有人享有连带债权,承担连带债务,但法律另有规定或者第三人知道共有人不具有连带债权债务关系的除外;在共有人内部关系上,除共有人另有约定外,按份共有人按照份额享有债权、承担债务。偿还债务超过自己应当承担份额的按份共有人,有权向其他共有人追偿。

三、共同共有

共同共有是指两个以上民事主体对共有物共同享有所有权的共有模式。在我国的民事立法上,共同共有主要有以下几种:第一,夫妻共有财产;第二,家庭财产的共有;第三,继承人对未分割的遗产的共有。在学说中存有争论的是个人合伙的财产是否是共同共有。德国《民法典》和我国台湾地区"民法"均规定合伙属于共同共有,如我国台湾地区"民法"第 668 条规定:"各合伙人之出资,及其他合伙财产,为合伙人全体之公同共有。"我国大陆有些学者继受了这一理论,认为合伙财产符合共同共有的特征:首先是共同管理,个人不得处分;其次是在共有关系解除前,不得分割共有财产。但也有很多学者认为合伙财产为按份共有,认为合伙财产是按投资比例划分份额的,这与不分份额的共同共有不同。现在这个问题在立法上没有规定,判例和学说上也没有一致答案。①

共同共有系基于共同关系而发生,共同共有人对共有的不动产或者动产共同享有所有权。因此各共有人的权利及于共有物的全部。各共有人对于共有物的全部享有平等的用益权。共同共有人可以按照约定管理共有的不动产

① 黄松有:《中华人民共和国物权法条文理解与适用》,人民法院出版社 2007 年版,第 298 页。

或者动产;没有约定或者约定不明确的,各共有人都有管理的权利和义务。除共有人之间另有约定外,共同共有人对共有物进行重大修缮的,应当经全体共同共有人同意。如前所述,《物权法》虽对按份共有物处分的“一致同意”原则作出缓和,但在对于共同共有物的处分上,仍然坚持该原则:《物权法》第 97 条规定,除共有人另有约定外,共有物的处分应经全体共同共有人同意。

在共同共有的情况下,共有物管理费用以及其他负担依照《物权法》的规定,可以由共有人约定负担的方式;没有约定或者约定不明确的,由共同共有人共同承担。对于因共有物发生的债权债务,除法律另有规定或者第三人知道共有人不具有连带债权债务关系,在对外关系上,共有人享有连带债权,承担连带债务。

四、共有物的分割

(一)分割的原则

按份共有中采自由分割原则,体现了共有制度设计上的一项基本价值,即鼓励共有关系的简化和消灭,因为共有物的使用、收益、改良和处分通常要求取得其他共有人的同意,影响了利用共有物的效率。根据《物权法》第 99 条,按份共有人原则上可以随时请求分割。但这一原则有其例外:首先,在有不得分割共有物的约定存在时,共有人不得请求分割,但共有人有重大理由需要分割的,可以请求分割;其次,共有物的性质不允许对其进行分割者,亦属常见的情况,例如区分所有的建筑物的共有部分通常认为是不允许分割的,但《物权法》的共有和业主的建筑物区分所有权这两章对这一问题均未规定。

自由分割原则不适用于共同共有:在共有关系存续的期间内,共同共有人不得请求分割共有物。《物权法》第 99 条规定,共同共有人只有在共有基础丧失或者有重大理由时方可请求分割。

(二)分割的方法

共有人可依意思自治达成共有物分割协议,法律对此不加干涉。分割共有物之后要经过交付(动产)或者登记(不动产)才能发生物权变动的效力。各共有人可基于共有物分割协议请求其他共有人履行交付或者登记的义务。

根据《物权法》第 100 条第 1 款,实物分割和变价分割都是在共有人达不成协议时可以直接适用的分割形式:共有物可以分割并且不会因分割减损价值的,应当对实物予以分割;难以分割或者因分割会减损价值的,应当对折价或者拍卖、变卖取得的价款予以分割。根据这一规定,实物分割要优先于变价分割适用,只有难以分割或者因分割会减损价值时,才能适用变价分割。该条未明确规定分割给各共有人的比例，但原则上，在按份共有中，应按照份额分割。另外根据《物权法》第 99 条，因分割对其他共有人造成损失的，应当给予赔偿。

（三）共有人的瑕疵担保责任

《物权法》第 100 条第 2 款规定，共有人分割所得的共有物有瑕疵的，其他共有人应当分担损失。这一款规定了共有人的瑕疵担保责任，包括物的瑕疵担保责任和权利瑕疵担保责任，前者指共有人应担保其他共有人分割所得的共有物符合质量要求，后者指共有人应担保第三人不得向其他共有人主张任何权利。瑕疵担保责任的承担方式，《物权法》第 100 条第 2 款明确规定为分担损失。因此分割所得的共有物有瑕疵的共有人不得向其他共有人请求解除共有物分割协议、恢复共有关系，但可以行根据《物权法》的规定请求其他共有人承担瑕疵担保责任。

第六节　所有权取得的特别规定

一、善意取得

（一）善意取得概述

善意取得，学说上又称为即时取得，是指不动产或者动产的受让人以所有权移转为目的而善意受让该不动产或者动产的，纵然让与人无权处分，受让人仍然可以取得该不动产或者动产的所有权。

保护所有权是物权法当然的目的。基于这个原则，即使所有物被他人出卖给第三人，所有人的权利也不会因此而丧失，所有人可以对取得其所有物的人行使物上请求权，要求其将所有物返还给自己。然而，这就要求任何一个受让人在与他人订立合同的时候都要确保出卖人有处分该标的物的权利。但受让人将因此耗费大量的时间和精力，而即使如此，也不能保证万无一失，长此以往，交易活动将难以维持。如何在保护所有权和交易安全这两种相互冲突的价值中做出取舍，正体现了一定的政策考量，而由倾向保护所有权转而倾向保护交易安全，是在长期的交易实践中发展起来的。在这个问题上，罗马法采保护所有权的立场。有法谚云，“任何人不能将大于自己所有的权利让与他人”，如果标的物的让与人没有处分权，则受让人即使为善意，也不能取得所有权，所有人可以向受让人行使所有物返还请求权。这样的制度，体现了对私权的保护。日耳曼法则采“所有人任意让他人占有其物者，则只能对该他人请求返还”的原则，基于“以手护手”的观念，认为“汝将汝的信赖置于何处，应于该处寻之”。因此，当所有人之物被他人转让给第三人时，所有人不能向第三人，而只能向该他人主张所有物的返还。《德国民法典》舍弃罗马法的立场而接受日耳曼法的立场，于第932条规定：(1)即使物不属于让与人，取得人也因依照让与而成为所有人，但取得人在依照该条的规定本来会取得所有权时非为善意的除外；(2)取得人知道或因重大过失而不知道该物不属于让与人的，非为善意。这一规定确认了德国法上的善意取得制度，各国民法大多继受了这一制度。在这一制度下，受让人不需要再为取得标的物的所有权而在查明让与人是否有处分权的问题上尽其调查之能事，只要让与人对动产标的物的占有或对不动产标的物的登记使受让人产生了信赖，则受让人即可将其当作处分权人并与之交易。即使让与人实际上没有处分权，也不妨碍受让人取得所有权，不必对原所有人返还该标的物。

我国在制定物权法时，就是否要规定善意取得制度发生了争论，但最后定稿的《物权法》仍然规定了善意取得制度，包括第106条至第108条三个条文。同时，《物权法》第106条明确规定不动产也可以适用善意取得制度，从而使理论界长期争论的不动产能否善意取得的问题也得到了澄清。

(二)善意取得构成要件

1.标的物为不动产或动产

学说上一般认为善意取得制度仅适用于动产，但我国《物权法》借鉴《瑞士民法典》第973条的规定，将善意取得制度适用于不动产。近代各国民法对于动产的善意取得，均区分占有委托物和占有脱离物而规定不同的法律效力。占有委托物，是指基于所有人的意思而丧失占有的物，如基于保管、租赁合同保管人、承租人对他人所有物的占有；占有脱离物，是指非基于所有人的意思而丧失占有的物，如盗赃、遗失物。占有脱离物原则上不发生善意取得，而占有委托物原则上得发生善意取得。

2.让与人无处分权

让与人无处分权是善意取得制度存在的意义，如果让与人有处分权，那么就不需要善意取得制度了。根据《合同法》第51条，无权处分的情况下，所有人和受让人之间的法律行为效力未定。

3.受让人受让不动产或者动产时是善意的

理论上认为，受让人的善意可以弥补让与人处分权的不足，由此受让人可以取得标的物的所有权。善意在物权法上没有规定,传统民法上也有很大的争论,有认为指不知让与人无处分权,有无过失,在所不问者;有认为指不知让与人无处分权,是否出于过失,固非所问,但依客观情事,在交易经验上,一般人皆可认定让与人无处分权者,即应认为恶意者;有认为指不知或不得而知让与人无处分权者;有认为指非明知或因重大过失而不知让与人无处分权者。我国台湾地区"民法"物权编修正草案规定,善意指非明知或因重大过失而不知让与人无处分权。我国《物权法》对此没有规定,理论上亦尚未形成一致意见。有观点认为,判断受让人是否为善意时,应采用推定的方法,即由原权利人对受让人的恶意进行举证,如不能证明其为恶意,即推定为善意。[①]

4. 受让人基于法律行为而受让标的物的占有

只有在通过法律行为进行物权变动的情况下才能适用善意取得制度,单方法律行为和事实行为都没有该制度的适用。例如 A 将某物交给 B 保管,B 死亡后,其继承人 C 即使善意占有该物,也不能取得该物的所有权。如果让与人与受让人之间的法律行为是无偿的,受让人能不能取得标的物的所有权?《德国民法典》第 816 条(1)规定,处分系无偿地为之的,基于该项处分而直接取得法律上利益的人,有义务向权利人返还因该项处分而取得的利益。理论上认为,在许多情况下,无偿转让财产本身就表明财产的来源可能是不正当的,而受让人在受让财产时,如不经调查财产的来源,就无偿接受,则本身可能是非善意的,而且既然财产是无偿接受的,那么返还财产并不会蒙受多少损失。《物权法》第 106 条规定,以合理的价格转让时,才有善意取得的适用,也就是说,我国不仅继受德国法,规定无偿取得财产时不适用善意取得,而且将这一情形扩大到以不合理的低价取得财产的情况。根据这一规定,如果让与人以不合理的低价转让标的物,则受让人不能善意取得所有权。另外,转让的不动产或者动产须依照法律规定进行公示,即不动产权利变动应当进行登记,动产需要交付。

(三)法律效果

如前所述,在善意取得制度下,受让人善意取得所有权,原所有人的所有权基于一物一权主义消灭。受让人的所有权取得是直接基于法律规定的,而并非基于标的物上的既存权利,是所有权的原始取得。《物权法》第 108 条对此作出了明确,该条规定,善意受让人取得动产后,该动产上原有的权利消灭。

---

① 黄松有:《中华人民共和国物权法条文理解与适用》,人民法院出版社 2007 年版,第 328 页。

这主要是指质权、动产抵押权、留置权等权利负担。但是受让人在受让时知道或者应该知道该权利的除外,因为其知道物上有权利负担而仍然受让该物,即表示其对权利负担已经接受。

善意取得在原所有人和让与人之间产生如下关系:第一,由于受让人善意取得标的物所有权后,原所有人丧失了所有权,让与人的无权处分行为使其获得了受让人支付的价金(无偿的让与是否可以适用善意取得制度将在下文讨论),而使原所有人受到了丧失所有权的损害,对方的获得和受损害有因果关系且无法律上的原因,因此让与人对原所有人构成不当得利,原所有人可行使不当得利返还请求权。要求让与人返还自受让人受领的价金。第二,让与人在无处分权的情况下处分了他人之物,对他人的所有权构成了侵害,因此原所有人可以请求侵权损害赔偿。第三,如果原所有人将标的物的直接占有移转给让与人是基于租赁、承揽、借用等合同,则原所有人亦可向让与人主张违约责任。请求权竞合时,原所有人可择一主张。

(四)善意取得的例外

1. 占有脱离物的无偿回复

根据各国民法的规定,占有脱离物原则上得不发生善意取得,如《德国民法典》第 935 条规定,盗赃和遗失物的善意受让人不能取得所有权;台湾地区“民法”第 949 条则规定,占有物如系盗赃或遗失物,其被害人或遗失人自被盗或遗失时起 2 年以内,得向占有人请求回复其物。无论根据哪一种立法例,盗赃和遗失物都不适用善意取得的一般规则。之所以有这样的规定,是因为在所有人丧失占有的原因上,对基于所有人意思而丧失占有和非基于所有人意思而丧失占有这两种情况进行了理论区分,认为在所有人基于自己的意思让他人占有其所有物时,亦应当承担其所有物被该他人无权处分的风险,而这种风险是可以通过所有人的注意来避免的(例如在书上加盖图章)。[①] 但在所有物被盗或遗失的情况下,所有人丧失其物的占有并非基于自己的意思,所有物被他人无权处分的风险,不应该由所有人来承担,所有人可径向取得其被盗或遗失之物的人主张所有物的返还。

我国《物权法》继受了这一制度并有所发展,第 107 条仅规定了遗失物善意取得的例外,即所有人或者其他权利人有权追回遗失物,该遗失物通过转让被他人占有的,权利人有权向无处分权人请求损害赔偿,或者自知道或者应当

---

① 王泽鉴:《民法物权·用益物权·占有》,中国政法大学出版社 2001 年版,第 254 页。

知道受让人之日起向受让人请求返还原物。对于盗赃善意取得,我国《物权法》中并无明确的规定,立法考虑是:对被盗、被抢的财物,所有权人主要通过司法机关依照刑法、刑事诉讼法、治安管理处罚法等有关法律的规定追缴后退回;在追赃过程中,如何保护善意受让人的权益,维护交易安全和社会经济秩序,可以通过进一步完善有关法律规定解决,物权法对此可以不作规定。[①]

2. 占有脱离物的有偿回复

在占有人系从市场上善意买得脱离物的情况下,法律规定了占有脱离物的有偿回复制度,如台湾地区"民法典"第 950 条规定,盗赃或遗失物,如占有人由拍卖或公共市场,或由贩卖与其物同种之物之商人以善意买得者,非偿还其支出之价金,不得回复其物。在受让人通过拍卖和公共市场等途径取得的标的物为盗赃或者遗失物的情况下,要求所有人支付价金,方可主张所有物的回复,而且回复请求权只能在一定期间内行使,是出于对拍卖制度和公开市场的保护。由于这一规定是善意取得制度的"例外的例外",因此适用这一规定的前提是符合善意取得制度的构成要件,如果受让人是恶意的,则所有人可以直接行使物上请求权,要求其返还标的物,而无须支付价金,也不受回复请求权行使期间的限制。《物权法》继受了这一制度,第 107 条后段规定,受让人通过拍卖或者向具有经营资格的经营者购得该遗失物的,权利人请求返还原物时应当支付受让人所付的费用。权利人向受让人支付所付费用后,有权向无处分权人追偿。

原所有人能不能不向受让人主张回复请求权,而仅向让与人主张损害赔偿?《物权法》对此采肯定的态度,第 107 条规定,遗失物通过转让被他人占有的,权利人有权向无处分权人请求损害赔偿,或者向受让人请求返还原物,即允许原所有人在对受让人的回复请求权和对让与人的损害赔偿请求权中择一行使。

二、遗失物的拾得

(一)概述

遗失物是不为任何人占有的有主动产。认定遗失物时,有以下三个要点需要注意:首先,遗失物只能是动产。不动产有一定的位置,即使被风沙湮没,也不发生遗失的问题。其次,遗失物是有主物。所有人虽然丧失了对物的占有,但仍然未丧失所有权,该物仍然不是无主财产。再次,遗失物是不为任何

---

① 胡康生:《中华人民共和国物权法释义》,法律出版社 2007 年版,第 244 页。

人占有之物。是否不为任何人占有,应结合社会经济观念,针对具体个案决定。如果物的丢失发生在所有人自己的房屋里,则该物事实上仍在所有人的占有下,并未成为遗失物;如果发生在他人的房屋里,则其物之占有已移转于屋主,故而亦未成为遗失物;但如果发生在火车站、飞机场等公共场合,因众人出入,该物实际上已经不为任何人占有,因此成为遗失物。

(二)遗失物之拾得

遗失物之拾得,是指遗失物的发现和占有。由于法律规定了拾得人的权利和义务,因此确定拾得人是一个重要的问题,而在拾得人的确定上,理论上认为占有较发现更为重要。如甲发现遗失物而乙抢先占有之,则仍应以乙为拾得人。①

(三)拾得人的权利和义务

遗失物之拾得的制度设计在很大程度上是基于一定的社会伦理观念的。拾金不昧向为传统道德所倡,各国立法均不允许遗失物的拾得人径直取得遗失物的所有权,而且通过一系列制度设计,对拾得人课以一定义务、赋以一定权利,以鼓励和敦促其将遗失物交权利人,实现物归原主。我国立法亦不例外,《物权法》第 109 条至第 112 条规定了拾得人的权利和义务,分述如下:

1. 拾得人的义务

拾得人应当及时通知权利人领取,或者送交公安等有关部门。有关部门收到遗失物,知道权利人的,应当及时通知其领取;不知道的,应当及时发布招领公告。拾得人在遗失物送交有关部门前,有关部门在遗失物被领取前,应当妥善保管遗失物。拾得人应当将遗失物返还给权利人。

遗失物的拾得人在履行上述义务时应尽怎样的注意义务?这个问题在现行法上也没有明确的规定。传统理论认为,拾得人应尽善良管理人的注意义务。例如拾得人在履行返还义务时,应以善良管理人的注意义务查询认领人是否是权利人,若已尽到该项注意义务,则即使对非权利人为返还,对于实际的权利人,亦得免其返还义务。但在保管义务的履行上,《物权法》第 111 条对注意义务作出了较低的要求,根据该条的规定,拾得人在遗失物送交有关部门前,有关部门在遗失物被领取前,对遗失物的毁损、灭失,只在具有故意或重大过失时,才需承担民事责任。

2. 拾得人的权利

为平衡权利人和受让人的利益,各国立法均规定拾得人有费用偿还请求

① 王泽鉴:《民法物权・通则・所有权》,中国政法大学出版社 2001 年版,第 283 页。

权。《物权法》第 112 条第 1 款规定:“权利人领取遗失物时,应当向拾得人或者有关部门支付保管遗失物等支出的必要费用。”例如拾得他人遗失的动物时,拾得人可以就饲养动物的费用,向动物的所有人或者其他权利人主张返还。在费用未受清偿之前,拾得人或者有关部门能否留置该遗失物,现行法没有明确的规定,但应当可以适用《物权法》第 230 条的规定,允许拾得人或者有关部门在权利人不清偿其所支出的必要费用的时候留置该物,并就其优先受偿。

拾得人原则上均可以向权利人主张费用偿还请求权,但为敦促拾得人返还遗失物,《物权法》第 112 条第 3 款规定,拾得人侵占遗失物的,无权请求保管遗失物等支出的费用。

有疑问的是:拾得人得否向权利人请求支付报酬?在其他国家的立法例上,拾得人对遗失物的权利人是有报酬请求权的,这种立法例旨在鼓励拾得人向权利人返还遗失物,但与我国的传统道德观念似有不符。在《物权法》制定过程中,曾经就此问题发生激烈争论,但报酬请求权最终仍然没有得到《物权法》的承认。但是该法第 112 条规定,权利人悬赏寻找遗失物的,领取遗失物时应当按照承诺履行义务。这是现行法上拾得人主张报酬的唯一途径。另据同条第 3 款,拾得人侵占遗失物的,将丧失根据权利人的悬赏主张报酬的权利。

(四)遗失物的所有权变动

在遗失物之拾得的制度设计上,其他国家立法多有由拾得人在一定条件下取得遗失物之所有权的规定,拾得人履行了通知、招领等一系列义务后,经过一定期间,如仍然无人认领或权利人拒绝认领,则由拾得人取得遗失物的所有权。该所有权的变动是基于事实行为发生的,故不以拾得人有行为能力为必要。该所有权的取得是原始取得,拾得人取得所有权后,该物上的权利负担归于消灭。在《物权法》的制定过程中,能不能允许遗失物的拾得人在一定条件下取得所有权,也是一个引起了广泛争议的话题。同样,由于与我国拾金不昧的传统道德观念不尽相符,拾得人取得所有权的观点没有得到《物权法》的承认。该法第 132 条规定,遗失物自发布招领公告之日起 6 个月内无人认领的,归国家所有。

(五)漂流物的拾得

漂流物是漂流于水面而不为任何人占有的动产。在性质上,漂流物也是不为任何人占有的有主动产,因此各国立法通常认为漂流物之拾得得适用关于遗失物拾得的规定,我国立法亦然。《物权法》第 114 条规定,拾得漂流物

“参照拾得遗失物的有关规定”。

三、埋藏物和隐藏物的发现

埋藏物是埋藏于地下的、所有人不明的动产。房屋和土地作为不动产，虽然也可能因风沙湮没、地质变化而被“埋藏”，但这不是物权法意义上的埋藏物。隐藏物是隐藏于他物之中的物品，如隐藏于夹墙中之物。

埋藏物、隐藏物与遗失物的主要区别是，埋藏物和隐藏物藏于土地或他物之中，而且所有人不明；而遗失物非以藏于土地或他物中为必要，而且常常知其所有人，只是所有人所在不明。例如某人丢失其物于公共场所，则该物成为遗失物。后来即使该物被埋藏，若知其所有人，则仍然为遗失物，但被埋藏且成为所有人不明的物时，即成为埋藏物。[①]

传统上，法律允许埋藏物和隐藏物的发现人取得埋藏物和隐藏物的所有权。但是这种立法例未被《物权法》所承认。《物权法》第 114 条规定，发现埋藏物或者隐藏物的，参照拾得遗失物的有关规定。另外，文物保护法等法律另有规定的，依照其规定。

四、理论上可发生所有权变动的其他法律事实

在传统民法上，除了前述的善意取得、遗失物拾得、埋藏物发现以外，尚有因先占、添附、时效取得而发生所有权变动的情形，但是我国《物权法》上没有承认。下面将这三种传统民法上的制度介绍如下：

（一）先占

先占，是依所有的意思，占有无主之动产，从而取得所有权的法律事实，例如猎人打猎、渔夫捕鱼，均可依先占而取得被捕获的动物的所有权。某物被抛弃后成为无主物，则他人可以先占该物，从而取得该物的所有权。由此可见，先占中所有权的取得是基于法律规定，而非基于他人既存的权利，因此是所有权的原始取得。先占是最古老的所有权取得方式。在原始社会，人们从事渔猎和采摘，通过先占积累起自己的财产，并逐渐由此产生了所有权观念。虽然在现代社会中，先占作为一种适用越来越少的所有权取得方式逐渐失去了重要性，但它由于与所有权起源的理论密切相关而仍受重视。我国民事立法一直没有规定先占制度，但理论界都承认该制度，实践中也常有先占发生。《物权法》起草时，学术界建议对其作出明确规定，但最后未被采纳。

---

① 王泽鉴：《民法物权 · 通则 · 所有权》，中国政法大学出版社 2001 年版，第 293 页。

先占的构成要件包括：首先要求以所有的意思占有。以所有的意思占有，是指占有人事实上欲与所有人立于同一支配地位。具备所有的意思，才能因先占而取得所有权。因此，关于先占的法律性质向有疑问，一种观点认为是法律行为，另一种观点认为是事实行为。通说采事实行为说，认为先占虽然要求行为人有意思能力，但是不以行为能力为必要，无行为能力人和限制行为能力人以所有的意思而占有某物，只要符合先占的其他构成要件，就可以取得该物的所有权。其次要求被占有的物为无主的动产。只有无主物才能成为先占的标的物。无主物有两种，一为自始无主，如飞禽、走兽、海产等，但是法律规定属于国家所有的野生动植物资源除外。对于自始无主的物，法律允许先占人取得所有权，但他人有先占权除外。另一种无主物为被抛弃的物。抛弃在我国《物权法》中没有规定，但是传统民法一向承认抛弃是所有权消灭原因的一种，它与让与和设定负担一样，是对所有权进行的法律上的处分。它是一种单方法律行为，依行为人单方的意思表示，即可发生所有权消灭的效果。最后先占物为非禁止流通物。对于法律禁止流通的物，如麻醉药品、精神药品、枪支、弹药、管制刀具等，即使成为无主物，也不能因先占而取得所有权。

（二）添附

添附包括附合、混合和加工三种情形。在添附物所有权的归属上，若允许各所有人主张恢复原状，则即使有可能办到，也不符合经济的原则，对社会实属不利；若将添附物规定为各所有人共有，则可以避免恢复原状的麻烦，但是共有关系上有诸多不便。因此，传统的做法是尽量使所有权单一化，专归某人单独所有，其他人只能向取得添附物所有权的人主张不当得利的返还。添附包括附合、混合和加工等情形，分别介绍如下：

1.附合

不动产附合是指动产与不动产的附合，指动产与他人的不动产相结合，成为不动产的重要成分，因而发生动产所有权变动的法律事实。发生不动产附合时，合成物的所有权由不动产所有人取得，动产所有权消灭，原动产所有人只能依不当得利的规定，向不动产所有人主张价额的返还。动产所有权的消灭是终局的，此后，即使附合的动产再从不动产分离，原动产所有人也不能当然地取得该动产的所有权。不动产所有人因附合而取得合成物的所有权是直接基于法律规定，而非基于他人的权利，因此是原始取得。根据原始取得的原理，动产上的质权、留置权等权利负担归于消灭，权利人可依不当得利的规定，向原动产所有人主张价额的返还；不动产上的抵押权等权利负担则扩展到合成物的全部。

动产附合是指动产与动产的附合，即不同所有人的动产，互相结合，非毁损不能分离或分离需费过巨发生的动产所有权变动的法律事实。发生动产附合后，各原动产所有人按照其动产附合时的价值，对合成物享有所有权，其权利义务适用按份共有的规定；如果附合的动产有可以被视为主物的，则由该动产的所有人取得合成物的所有权，其他的动产所有人只能依不当得利的规定向该取得合成物所有权者主张价额的返还。合成物所有权归于一人时，其他人所有的动产上的权利负担归于消灭，权利人依不当得利的规定向原动产所有人主张价额返还，该被视为主物的动产上的权利负担则扩展到合成物的全部。

2.混合

混合，是指动产与他人动产结合后不能识别，或者识别成本过大的情形，例如溶质溶于溶剂之中，羔羊混入他人的羊群之中。混合只发生在动产上，构成要件和法律效果，都适用动产附合的规定，原则上由各原动产所有人，按照其动产混合时的价值，对混合物享有所有权，但如果混合的动产有可以被视为主物的，则由该动产的所有人取得混合物的所有权，其他的动产所有人只能依不当得利的规定，向该取得所有权者主张价额的返还。

3.加工

加工的构成要件包括：首先是加工的对象，应该是他人的动产；其次，加工的对象，应该是他人的动产；再次，加工应当产生新物。加工的规则核心在于决定加工所产生的新物的所有权归属，学说上有两种观点，一种是材料主义，即加工物的所有权则材料所有人取得，加工人向材料所有人主张不当得利返还；一是加工主义，即加工物的所有权则加工人取得，材料所有人向加工人主张不当得利返还。传统的做法是，以加工所增加的价值是否超过材料的价值为标准，将法律效果分成两种：加工所增加的价值超过材料的价值时，在加工物的所有权归属上，采加工主义；未超过时则采材料主义。我国《物权法》中对这一问题未作规定。

(三)取得时效

取得时效是以所有的意思占有他人之物，经过一定期间而取得所有权的法律事实。大陆法系各国立法上通常有取得时效的规定。《德国民法典》第937条规定，自主占有动产达10年的人，取得所有权。[①] 台湾地区“民法典”规定，以所有的意思和平、公然地占有他人动产者，经过五年可以取得所有权；以

① 陈卫佐:《德国民法典》，法律出版社2006年第2版，第340页。

所有的意思和平、继续地占有他人未登记之不动产者，经过20年可请求登记为所有人，从而取得所有权，如占有人于占有之始即为善意且无过失，则经过十年，即可请求登记为所有人，从而取得所有权。因时效经过而取得所有权是直接基于法律规定，而非基于他人既存的权利，因此是原始取得所有权的方式。根据原始取得的原理，占有人取得所有权时，该物上的质权、留置权等权利负担归于消灭。

取得时效制度，因涉及社会伦理，在立法上备受争议。将他人之物据为己有，固然不符合我国社会传统的道德标准，但取得时效制度考虑的不仅是道德问题。《物权法》制定过程中有意见认为："法律创设取得时效制度的根本目的就在于维持社会生活的稳定性……无权利人以一定的状态占有某物，或者以一定的状态行使某种权利，存在了相当期间之后，社会上与该无权利人从事交往的人必然对其产生了信赖，并以此为基础建立了复杂的法律关系。如果仅仅为了保护真实的法律关系，而全部推翻该存在多时的虚假权利关系及其上建立的各种法律关系，必然不利于社会的稳定，对交易的安全产生巨大的损害。况且，真实权利人长期漠视自己的权利，对无权利人占有其物或者行使其权利泰然处之，法律就没有再给予保护的必要。"①但是这一意见最后没有被立法机关采纳。

学说上认为，取得时效的构成要件为：其一，自主占有。学说上所称的自主占有，指的是以所有的意思占有，即占有人事实上欲与所有人立于同一支配地位。时效取得是事实行为而非法律行为，不以占有人有行为能力为必要，无行为能力人和限制行为能力人以所有的意思而占有某物，只要符合时效取得的其他构成要件，即可取得该物的所有权。占有时没有所有的意思，但其后变为以所有的意思而占有的，亦可认定为自主占有，其持续的期间从变为以所有的意思占有时起计算。其二，和平占有。和平占有指的是占有在取得上和维持上是和平的。通过暴力、胁迫而取得或者维持的占有不是和平占有。以和平方式取得，但以暴力、胁迫方式维持的占有不是和平占有；以暴力、胁迫方式取得，但以和平的方式维持的占有，可以认定为和平占有，其持续期间，自暴力、胁迫终止之时开始计算。其三，公然占有。公然占有指的是占有人并非以秘密隐蔽的方法占有，例如将他人之物藏在暗室中，则即使时效经过，也不能取得所有权。至于何为"公然"，则应依一般社会观念判断。其四，占有的是他人之物。自己之物无须用取得时效来取得所有权，无主物应该适用先占的规

① 王利明：《物权法论》，中国政法大学出版社1998年版，第101页。

定;占有人在以所有的意思占有该物时即可取得所有权,不需要经过一定的期间。最后,占有经过一定的期间。符合上述条件占有某物,经过一定的期间,即可取得该物的所有权。在各国的立法例上,通常对动产的取得设置较短的期间,对不动产的取得设置较长的期间。此外,在一些国家和地区,期间的长短与占有人是善意还是恶意有关。

取得时效涉及公共利益,不能延长或者缩短,但是可以中断。一般认为,当发生与取得时效构成要件相反的事由的时候,已经经过的期间效力消灭,这就是取得时效的中断。具体的情形包括以下几种:第一,占有人自行中止占有,例如将标的物的占有移转给他人,或者任凭占有的动物走失而不追寻。第二,占有人放弃所有的意思,例如前述承租人于租赁期满之后,仍然不将租赁物返还给出租人,而是以所有的意思占有该物一例,如其后承租人又承认了出租人的所有权,则可认定为承租人放弃以所有的意思占有该物。第三,占有物被侵夺,致使占有人丧失其占有。时效中断后,已经经过的期间失其效力,占有人需要重新以所有的意思,和平、公然地占有他人之物,达到一定的期间,才能依取得时效取得所有权。

本章思考题:

1.试论述所有权的限制。

2.我国《物权法》对国家、集体、私人财产所有权实行同等保护的原因。

3.试述《物权法》中规定征收征用的原因。

4.什么是业主的建筑物区分所有权?

5.什么是相邻关系?我国法律中规定了哪些类型的相邻关系?

6.什么是共有?我国法律规定了哪些类型的共有?

7.论善意取得制度。

第十五章

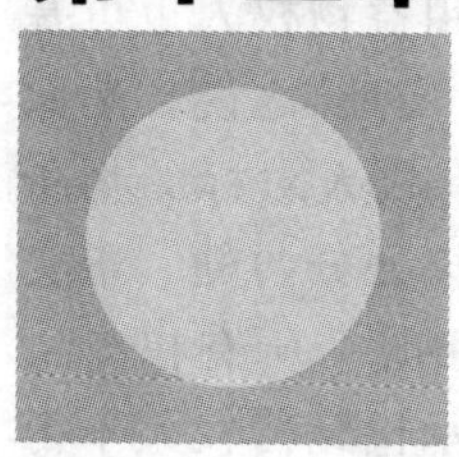

用益物权

第一节　用益物权概述

一、用益物权的概念与特征

依我国《物权法》第 117 条的规定，所谓用益物权，是指用益物权人对他人所有的不动产或者动产，依法享有的占有、使用和收益的权利。该定义包含如下内容：(1)用益物权所针对的对象是他人的物，而非自己的物，这一点把用益物权与所有权区分开来。(2)用益物权的客体既可以是不动产，也可以是动产，但从用益物权的历史发展过程和各国规定来看，以不动产为主，以动产为辅。(3)用益物权的权能包括占有、使用、收益，但不包括对标的物的处分。与所有权和担保物权相比较，用益物权具有如下特征：

(一)用益物权属于他物权

物权可分为自物权与他物权。自物权专指所有权，除所有权之外的其他物权均为他物权。所谓他物权是指对非属自己所有的他人之物所享有的物权。由于用益物权所针对的标的物非属用益物权人自身所有，因此用益物权属于他物权。用益物权的他物权特性决定了用益物权的其他诸特征如用益物权的定限物权性、用益物权的期限性、用益物权的独立性、用益物权的优先性。

(二)用益物权属于定限物权

根据物权权能的完整与否，可把物权分为完全物权和定限物权。用益物权人对他人之物所享有的物权权能同所有权比较起来，并不完整。所有权人对物的所有权权能有占有、使用、收益、处分这四种，而用益物权人对他人之物所享有的用益物权的权能仅有占有、使用、收益，而无处分。有人可能会认为，即使是用益物权，如土地承包经营权或建设用地使用权等，用益物权人也可基于法定手段对标的物进行转让、抵押、互换等。因此民间有"卖地"之说。然而仔细分析会发现，此处的转让、抵押、互换等处分手段与所有权人对标的物所进行的处分权并不相同。民法上的处分包括事实处分和法律处分两种。事实处分包括抛弃、毁坏等，法律处分包括转让、抵押、质押、出租等。所有权人可对标的物进行事实上的处分，而用益物权人则不可，如土地承包经营权人不得改变土地用途，更谈不上对土地的抛弃了。所有权人可对标的物进行法律上的处分，以转让为例，所有权人经转让，标的物本身的归属即发生变化。而用益物权人虽也可"转让"，但他所"转让"的，是其用益物权，而非标的物本身的归属。因此用益物权人仅能处分"用益物权"，而不能处分"物"本身。

（三）用益物权属于有期限的物权

以物权的存续是否存在期限为标准，可把物权划分为有期限的物权和无期限的物权。无期限的物权主要是就所有权而言。用益物权一般均具有一定期限，该期限既可能由法律直接加以规定，也有可能由当事人自由约定。由法律直接加以规定的如土地承包经营权，根据《物权法》第126条规定，耕地的承包期为30年，草地的承包期为30年至50年，林地的承包期为30年至70年，特殊林木的林地承包期，经国务院林业行政主管部门批准可以延长。由当事人自由约定的如地役权，根据《物权法》第161条规定，地役权的期限由当事人约定，但不得超过土地承包经营权、建设用地使用权等用益物权的剩余期限。

（四）用益物权为独立物权

用益物权的独立性特征主要是通过对用益物权与担保物权相比较得出来的。用益物权与担保物权虽同属于他物权，但用益物权多由法律直接加以规定，多与国计民生直接相关，最大限度地体现了物的所有与物的利用相分离原则。用益物权并不从属于任何其他权利，因此属于主权利而非从权利。而担保物权多由当事人自由约定，并非与国计民生直接相关，它的存在要以主债权的存在为前提，因此担保物权属于从权利，而非主权利。在具体法律规范和实践生活中，用益物权的独立性可有如下体现：(1)用益物权人可在法定范围内独立自主的利用标的物，不受物的所有人的干涉。《物权法》第120条第2款规定：所有权人不得干涉用益物权人行使权利。如依《农村土地承包法》规定，土地承包经营权人有权自主组织生产经营和处置产品，发包方应尊重承包经营权人的自主经营权，不得干涉承包经营权人依法进行正常的生产经营活动。

(2)用益物权的标的物因被依法征用、占用的,用益物权人有权依法获得补偿。《物权法》第121条规定:因不动产或者动产被征收、征用致使用益物权消灭或者影响用益物权行使的,用益物权人有权获得相应补偿。(3)用益物权人多可对其用益物权进行处分。《物权法》第133条规定通过招标、拍卖、公开协商等方式承包荒地等农村土地,依照农村土地承包法等法律和国务院的有关规定,其土地承包经营权可以转让入股、抵押或者以其他方式流转。《物权法》第143条规定:建设用地使用权人有权将建设用地使用权转让、互换、出资、赠与或者抵押,但法律另有规定的除外。

二、用益物权的社会功能

对物的价值可划分为使用价值和交换价值。所有权人对物的这两种价值一体享有。当所有权人把物的使用价值分离出去,单独将其赋予他人,而他仍然享有其交换价值时,在该物之上便设定了一项用益物权。如果将该物的交换价值赋予他人,而所有权人仍保有该物的使用价值时,在该物之上便设定了一项担保物权。用益物权和担保物权的功能均在于增进物的效用,使物尽其用,最大限度地实现物的使用价值和交换价值。我国《物权法》第2条第1款明确规定了物权的功能既包括确定物的归属,又包括调整物的利用关系。用益物权制度便充分反映了物的利用关系。用益物权制度的理论基础在于所有与利用相分离。现代社会条件下,尽管确定物的归属仍然非常重要。但在确定物的归属的前提下,如何最大限度地发挥物的效用变得更为重要。在中国,农民可以通过农村土地承包经营制度取得对村集体所有的土地、林地、草地等的承包经营权,可以通过宅基地使用权制度取得在村集体所有的土地之上建设房屋的权利。国家虽然享有对城市的土地所有权,但可通过建设用地使用权制度使城市国有土地得到充分有效的开发和利用。地役权制度则实现了权利人为了提高自己不动产的效益而对他人不动产进行利用的愿望。所有这些,都表明在当代社会,尤其是在致力于构建社会主义和谐社会的中国,用益物权发挥着巨大的社会作用。

三、用益物权的种类和体系

在不同的历史时期和不同的国家,用益物权的具体表现形态均存在不同。古罗马法上先后出现过役权、地上权和永佃权等用益物权。法国民法上的用益物权则大体包括用益物权、地上权和地役权。德国民法上的用益物权包括用益权、有限制的人役权、实物负担、地上权和地役权。日本民法上的用益物权包括地上权、永佃权、地役权和入会权。[①] 我国台湾地区"民法"上的用益物权包括地上权、永佃权、地役权、典权。

在中国社会主义财产公有制度下，土地及其他自然资源均由国家所有或集体所有，在如何有效地利用土地及其他自然资源方面，我国走过一段艰难曲折的道路，最终创造出了独具中国特色的用益物权体系。我国《物权法》第三编主要规定了四种用益物权，分别是土地承包经营权、建设用地使用权、宅基地使用权、地役权。另外还规定了海域使用权、探矿权、采矿权、取水权和使用水域、滩涂从事养殖、捕捞的权利也受法律保护，在客观上承认了这几类权利的用益物权性质。

四、我国《物权法》关于用益物权制度的特征

(一)把"用益物权"作为物权法的单独一编

尽管用益物权制度非常重要，然而"用益物权"这一术语却一直属于学理用语。我国《物权法》第三编直接以"用益物权"一词命名，且在法律条文中多处使用该术语，将学理用语吸纳为立法用语。而且，各大陆法系国家民法典虽规定了各种具体的用益物权制度，但并未在立法上将它们统合为一个整体。我国《物权法》不仅将用益物权制度统合于独立的一编，而且还抽象总结出了用益物权的一些基本规则，将其规定于第 10 章。所有这些，都是我国《物权法》在立法技术上的创造。

(二)规定动产也可以成为用益物权的对象

根据我国《物权法》第 117 条的规定，用益物权的对象可以是不动产，也可以是动产。这与传统民法理论有所不同。传统民法理论认为，用益物权的对象只限于不动产。我国《物权法》规定了动产可成为用益物权的对象，属于一个突破。但需注意，虽然《物权法》第 117 条规定动产可以成为用益物权的对象，但《物权法》所规定的具体用益物权类型如土地承包经营权、建设用地使用权、宅基地使用权、地役权均为不动产用益物权，而且海域使用权、采矿权、探矿权等准物权所涉及的对象也是不动产。由于《物权法》采取了严格的物权法定原则，因此虽然其第 117 条明确规定了用益物权的对象可以是动产，但就目前而言，我国《物权法》框架下的用益物权均为不动产用益物权。

---

① [日]近江幸治:《民法讲义 · 物权法》，王茵译，北京大学出版社 2006 年版，第 193 页。

(三)用益物权的类型体现了中国特色

用益物权的具体表现形态与一国的政治经济制度和民族传统密不可分。我国《物权法》在总体上确立了典型用益物权和准用益物权两大类型。其中的典型用益物权包括土地承包经营权、建设用地使用权、宅基地使用权、地役权;准用益物权包括海域使用权、探矿权、采矿权、取水权和使用水域、滩涂从事养殖、捕捞的权利。在典型用益物权类型中,除了地役权之外,其他三类用益物权均属我国的创造。虽然可以用永佃权的理论来比照土地承包经营权,用地上权的理论来比照建设用地使用权和宅基地使用权,然而土地承包经营权、宅基地使用权、建设用地使用权这三类权利都是在我国社会主义公有制之下为解决土地公有和私人对公有土地存在利用的需求之间的矛盾而创造出来的,不管是在名称上还是在具体内容上,它们与传统民法中的永佃权和地上权均存在重大的差异,都体现了中国特色。

(四)对具有理论争议的典权、居住权等未作规定

在《物权法》立法过程中,对应否在用益物权编中规定典权和居住权,存在极大争议。所谓典权,是指典权人支付典价而占有出典人的不动产并对之使用和收益的权利。出典人在约定期限内有权回赎出典的不动产,逾期不回赎的,典权人有权取得对该不动产的所有权。所谓居住权,是指居住权人对他人所有的住房及其附属设施享有的占有、使用的权利,设立居住权可以根据遗嘱或者遗赠,也可以按照合同约定。

典权是我国历史传统上特有的制度,建国以后虽没有关于典权的法律规定,但最高人民法院的司法解释中曾将其作为习惯法来对待。我国台湾地区"民法典"到现在仍然保留着典权制度。《物权法》之所以未规定典权,有以下两方面原因。一是新中国成立前我国奉行财产私有。财产私有包括土地私有和房屋私有,而土地和房屋可为私人所有恰恰是典权制度存在的前提。新中国成立后,我国奉行财产公有,尤其是土地公有,并且长期以来房屋尤其是城市房屋也多属于公有。公有制的实行使典权的存在失去了基础。二是因为典权除具有用益功能之外,其担保功能更为明显,它是出典人得以融资的一条重要渠道。而在现代社会中,民事主体的融资渠道已非常广泛如抵押、质押、出租等等,没有必要再规定典权制度。而且在台湾地区,虽然法律对典权有明文规定,但是该制度在实践中的应用频率极低,以至于不少学者建议删除典权制度。

居住权可溯源至古罗马法中的人役权制度,后来被法国、意大利、瑞士、德

国等大陆法系国家的民法典所规定，英美法系国家也通过判例承认了居住权。[①] 我国立法者认为，从一些国家的法律规定居住权的社会背景看，主要是由于那些国家的妇女当时没有继承权，法律通过设定居住权，以解决妇女在丈夫去世后的居住问题。我国男女享有平等的继承权，《物权法》没有必要对居住权作规定。我国基于家庭关系的居住问题适用《婚姻法》有关抚养、赡养等规定，基于租赁关系的居住问题适用《合同法》等有关法律的规定。[②] 因此，尽管在《物权法草案》中曾有过关于居住权的规定，但最后仍然被删除了。

五、用益物权与担保物权的区别

用益物权与担保物权为他物权、定限物权的两种基本类型，在物权法上占有重要地位。二者具有定限物权的共同特征，且用益物权自身还可以成为担保物权的客体，因而有着密切的联系。但用益物权和担保物权在权利的内容方面、占有在权利成立和实现中的地位方面、标的物方面、实现时间上、是否具有物上代位性方面以及从属性等方面，均有明显不同。具体而言：

第一，用益物权以追求物的使用价值为内容，标的物必须有使用价值。而担保物权以标 的物的价值和优先受偿为内容，故标的物必须具有交换价值。

第二，用益物权是独立物权，担保物权属于从属物权。用益物权依照当事人之约定或法律直接规定而发生，不以用益物权用益物权对财产享有其他财产为前提。担保物权以担保物权人对担保物的所有人或其关系人享有债权为前提，债权一旦消灭，担保物权随之消灭。

第三，权利实现的时间不同。用以物权人取得用益物权用益物权同时也就实现了用益物权，用益物权的取得和实现二者之间没有时间间隔。而担保物权取得担保物权后，只有在所担保的债权已届清偿期而未清偿时，担保物权人才可以行使变价受偿权，担保物权的取得和实现有时间间隔。

第四，用益物权客体的价值形态如果发生变化，就会对用益物权人的使用收益权产生直接影响。而担保物权客体的价值形态发生变化，并不影响担保物权的存在。这一特点决定了担保物权具有物上代位性，即当担保物权的标的物转化为价值形态时，担保物权就以变形物为客体。

---

① 申卫星：《视野拓展与功能转换：我国设立居住权必要性的多重视角》，载《中国法学》2005 年第 5 期。

② 黄松有：《〈中华人民共和国物权法〉条文理解与适用》，人民法院出版社 2007 年版，第 351 页。

第五，占有在权利行使中的地位不同。用益物权的行使以占有标的物为前提，而担保物权的行使，除留置权和质权的行使必须占有标的物以外，其他担保物权不需要占有标的物。

第二节　土地承包经营权

土地承包制度是一项具有中国特色的物权制度，它的产生与发展均与中国的政治经济体制的变革相随。这项制度发端于民间，后得到中央肯定和推广，并经历了一个由政策调整到由法律调整的过程。目前我国调整土地承包经营权的法律主要是 2002 年颁布的《农村土地承包法》和 2007 年颁布的《物权法》。《物权法》在内容上基本上承袭了《农村土地承包法》的规定。虽然二者在内容上有叠床架屋之嫌，但通过《物权法》对土地承包经营权加以明确规定，仍然具有重要的意义。《物权法》肯定了土地承包经营权的用益物权性质，在立法上结束了关于土地承包经营权属于债权还是物权的争议，这对农民而言，将会起到极大的稳定和保护作用。另外，在部门法上，《物权法》属于民法的范畴，《物权法》将土地承包经营权纳入到用益物权领域，完成了对土地承包经营权的私法化过程。

一、土地承包经营权的概念、性质与特征

（一）土地承包经营权的概念

依我国《物权法》第 125 条的规定，所谓土地承包经营权是指土地承包经营权人为从事种植业、林业、畜牧业，对其承包的集体所有或者国家所有由农民集体使用的土地所享有的占有、使用、收益的权利。这个概念包括如下含义：(1)土地承包经营权是设定在集体所有或者国家所有由农民集体使用的土地上的权利。(2)土地承包经营权的目的是为了从事种植业、林业、畜牧业。(3)土地承包经营权的权能包括对公有土地的占有、使用、收益的权利。在《物权法》立法过程中，对应采用何种术语来表达农民在公有土地之上进行农业经营的权利存在着不同观点，有的学者主张采用“农地使用权”一词，有的学者主张采用“永佃权”一词，有的学者主张采用“土地承包经营权”一词。鉴于土地承包经营权一词已为我国广大农民所熟悉和认可，如果再改用其他术语可能不会为广大农民所接受，甚至可能会引起误解；同时土地承包经营权是一项在

我国特定的历史、经济、政治条件下产生的我国独有的制度，它与传统民法上的永佃权制度在主体、条件、权利期限、权利范围上均存在较大差异，我国《物权法》最终仍沿袭了“土地承包经营权”这一称谓。

（二）土地承包经营权的性质

关于土地承包经营权的性质，在《物权法》出台之前存在着较大争议，主要体现为债权说和物权说。债权说认为，依当时的有关法律规定和实践中对土地承包经营权的对待，土地承包经营权属于债权，而非物权。其理由主要包括：(1)从土地承包经营权的连带性上看，土地承包经营权连带于联产承包，不是一个独立的物权。“联产”意味着承包人必须根据承包经营合同或发包人的意思完成规定的生产经营任务，依据联产承包经营合同，发包人对土地承包经营权的标的物，即农民承包的土地，仍有相当大的支配力。(2)从承包人与土地所有者的关系上看，是联产承包合同关系。承包经营关系，从本质上说是一种发包人与承包人之间的内部关系，其目的是通过给予承包人一定的经营自主权和与经营成果相联系的预期报酬，来实现发包人的经营目标。从这一点上，土地承包经营权实质体现的是集体内部分工，分配的权利义务关系。(3)从土地承包经营权的转让条件来看，承包人不能自主转让。土地承包经营权的这种转让方式，完全是一种普通债权的转让方式。[①]

物权说认为，土地承包经营权“是一种与债权具有不同性质的物权”，[②]其主要理由包括如下几点：(1)它是《民法通则》第五章“民事权利”第一节“财产所有权和与财产所有权有关的财产权”所直接规定的权利，而学术界通常认为，该节是对物权制度所作的规定。(2)它表现为对公有土地的直接支配的权利，是对物的直接支配权，可以对抗任何人。并且承包人可以按照承包合同的约定自主使用土地和对土地进行收益，不受他人干涉。(3)它具有排他性，同一块土地上不能设定两个土地承包经营权。(4)它具有长期稳定性、优先性、追及性。

“物权说”与“债权说”的争论源自《物权法》出台之前的政策和法律对土地承包经营权规定的不明确。当时的争论观点均属从实然的角度对既有政策和法律的不同理解。但从应然的角度上，无论是立法者、司法者还是学者，均认为应确认土地承包经营权的物权属性。但就在承认土地承包经营权应属于物

---

① 梁慧星：《中国民法典草案建设稿附理由 · 物权法》，法律出版社 2004 年版，第 252 页。

② 杨立新、尹艳：《我国他物权制度的重新构造》，载《中国社会科学》1995 年第 3 期。

权的基础上又产生了争论,争论的焦点是:土地承包经营权属于何种物权,是所有权还是用益物权。所有权说认为土地承包经营权属于所有权而非用益物权,该说又可分为准所有权说和田面所有权说。用益物权说认为土地承包经营权属于用益物权而非所有权,该说又可分为永佃权说、用益权说、农地使用权说、土地承包经营权说等等。

《物权法》最终确认土地承包经营权为用益物权,将其规定在第三编"用益物权"中,这至少在立法上结束了关于土地承包经营权性质的争论。《物权法》把土地承包经营权规定为用益物权,具有重要的意义:土地承包经营权规定为用益物权有利于加强对农民土地承包经营权的保护;土地承包经营权规定为用益物权是我国法律对民法用益物权制度的一个贡献;土地承包经营权规定为用益物权会促进农民地位的提升,加速中国农村从"乡土社会"到"市民社会"的转化。

(三)土地承包经营权的特征

与其他用益物权如建设用地使用权、地役权等相比,土地承包经营权具有如下特征:第一,土地承包经营权标的的特殊性。土地承包经营权的标的有两部分,一是农民集体所有的耕地、林地、草地以及其他用于农业的土地,二是国家所有但由农民集体使用的耕地、林地、草地以及其他用于农业的土地。虽然这两部分土地所有权主体不同,但都属于农用地。这不同于建设用地使用权,建设用地使用权的标的只能是国家所有的土地,而且仅限于建设用地。第二,土地承包经营权目的的特殊性。土地承包经营权的设立目的在于赋予农民在公有土地上从事农业生产经营的权利,进而促进农业生产,提高农业用地的使用效率。这一点不同于建设用地使用权。建设用地使用权的目的在于使权利人得以在国有土地上建造建筑物、构筑物及其附属设施。也不同于地役权,地役权的目的在于通过利用他人土地以方便对自己土地的利用。第三,土地承包经营权主体的特殊性。土地承包经营权主要通过土地承包合同取得。土地承包合同中一方是发包方,一方是承包方。其发包方多为村委会,承包方多为农民。这一点不同于建设用地使用权。建设用地使用权的主体包括单位和个人,农民不是建设用地使用权获得者的主要构成部分。第四,土地承包经营权的取得过程中的国家意志性。根据《农村土地承包法》和《物权法》的规定,土地承包经营权的取得包括家庭承包和以协商、拍卖、招标等方式承包两种。其中又以家庭承包为主要形式。尽管土地承包经营权的取得以土地承包合同为途径,然而土地承包合同并不奉行合同自由原则,它更多的是通过国家法律和行政力量来强制订立。土地承包合同尤其是家庭承包中的土地承包合同,实质上是国家借以实现把农业用地在农民之间进行合理分配的手段。第五，土地承包经营权的期限性及期限延长的强制性。土地承包经营权的存续具有一定期限。根据《物权法》第126条第1款的规定，耕地的承包期为30年，草地的承包期为30年到50年，林地的承包期为30年到70年，特殊林木的林地承包期，经国务院林业行政主管部门批准可以延长。另外，根据《物权法》第126条第2款的规定，承包期届满，土地承包经营权的期限会自动延长。最后，土地承包经营权的社员权性。土地承包经营权具有“社员权”的内在含义。在多数情况下，拥有社员权是取得集体土地承包经营权的必要条件。土地承包经营权的成员权属性还体现在目前的法律框架之下，依家庭承包方式取得的土地承包经营权的流转受到一定条件的限制，而且土地承包经营权的流转过程中，本集体经济组织的成员享有优先承包权。

二、土地承包经营权的种类

依《农村土地承包法》和《物权法》的规定，我国的土地承包经营权依取得方式的不同，可分为两类，第一类是依家庭承包方式取得的土地承包经营权，第二类是依其他方式（拍卖、招标、公开协商等方式）取得的土地承包经营权。这两种土地承包经营权既有共同之处，又有所区别。其共同之处体现在：这二者都属于土地承包经营权，都具有用益物权的共同属性。其不同之处更为明显，主要体现在以下方面：

（一）二者主体不同

通过家庭承包方式获得土地承包经营权的，只能是本农村集体经济组织的成员。而通过其他方式获得土地承包经营权的，不限于本村集体经济组织的成员，可以是其他单位和个人。但是发包方将农村土地发包给本集体经济组织以外的单位或者个人承包，应当事先经本集体经济组织成员的村民会议三分之二以上成员或者三分之二以上村民代表的同意，并报乡（镇）人民政府批准。当然，通过其他方式获得土地承包经营权时，本村集体经济组织的成员在同等条件下享有优先承包权。

（二）二者客体不同

通过家庭承包方式所获得的土地承包经营权，其客体是适于家庭承包的本村集体经济组织所有或国家所有由本村集体经济组织使用的农业用地。而通过其他方式所获得的土地承包经营权，其客体是不宜采取家庭承包方式的农村土地，主要包括荒山、荒沟、荒丘、荒滩等。

(三)二者取得方式不同

通过家庭承包方式取得的土地承包经营权,奉行"平均主义",在土地承包合同签订之前,只要是本村集体经济组织的成员,就享有将来获得土地承包经营权的期待权,而土地承包合同所起到的作用更多的具有确认作用。基于此点,家庭承包合同多具有格式性、统一性。而通过其他方式取得的土地承包经营权,奉行"自由主义",是否应取得土地承包经营权,并非取决于国家的事先确定,而完全取决于发包方和承包方,发包方和承包方可相互选择,可自由约定承包合同中的承包费、承包期限等有关事项。其承包合同的订立方式可以是招标、拍卖、公开协商等。

(四)二者流转方式不同

通过家庭承包方式取得的土地承包经营权,其流转方式包括转包、出租、互换、转让或者其他方式。通过家庭承包方式取得的土地承包经营权,其流转方式包括转让、出租、入股、抵押、或者其他方式。二者的差别在于:对后者而言,法律明确规定可以抵押,而对于前者,是否可以抵押仍然存在着极大的争议,目前多数人认为不可以抵押。同时,对于其他流转方式,通过家庭承包方式取得的土地承包经营权,其物权变动模式采登记对抗主义,而对于通过其他方式取得的土地承包经营权,其物权变动模式采登记要件主义。

三、土地承包经营权的内容

作为一项用益物权,土地承包经营权的实现和保护均需要有充足的权利内容,这些权利内容实质上是为了实现土地承包经营权人的财产利益而所需要的一系列法律手段。《物权法》第 125 条规定,土地承包经营权人依法对其承包经营权的耕地、林地、草地等享有占有、使用和收益的权利,有权从事种植业、林业、畜牧业等农业生产。《农村土地承包法》第 16 条规定,承包方享有下列权利:依法享有承包地使用、收益和土地承包经营权流转的权利,有权自主组织生产经营和处置产品;承包地被依法征用、占用的,有权依法获得相应的补偿;法律、行政法规规定的其他权利。除此之外,《农村土承包法》和《物权法》以及其他相关法律还规定了土地承包经营权的其他内容。综合言之,土地承包经营权的内容主要包括如下方面:

土地承包经营权以占有相应的农用地为前提。承包经营权人有权使用其所承包的农业用地从事种植业、林业、畜牧业等农业生产经营活动。从事这些活动所取得的各种收益理所当然的由土地承包经营权人所有,其他组织和个人不得以任何借口侵占和剥夺。由于土地承包经营权属于以占有为前提的用益物权，因此当有他人侵害其占有和使用相关土地时，土地承包经营权人得通过物上请求权的行使要求侵害人停止侵害、排除妨碍等。

土地承包经营权人有权自主组织经营农业生产活动，不受其他组织和个人的干涉。实践中经常存在以乡镇或村委会指导的名义强行要求农户种植或不得种植某种农作物的情形发生，这些都是违反生产经营自主权的违法行为。由于土地承包经营权属于一种权利，权利人只可对该权利为法律上的处分，而不可为事实上的处分。土地承包经营权人可以从事的处分方式主要包括转让、出租、互换、入股、抵押（仅限于通过其他方式取得的土地承包经营权）等。承包人取得土地承包经营权后，仍有权按集体组织规定的制度使用集体组织所有的农林设施如农机具、灌溉设施等。根据《物权法》第 132 条规定，承包地被征收的，土地承包经营权人有权获得相应补偿。

四、土地承包经营权的取得

土地承包经营权既可基于法律行为取得，也可基于法律行为以外的原因取得。基于法律行为取得又分为两类情形：一类是基于土地承包合同的创设取得，一类是通过土地承包经营权的流转取得。基于自然事实取得则主要涉及土地承包经营权的继承问题。

（一）基于法律行为取得

1. 基于土地承包合同取得

土地承包经营权主要通过土地承包合同而创设。无论是家庭承包还是其他方式的承包，都需要签订承包合同。承包合同具有要式性、格式性、有偿性、双务性、诺成性。承包合同一般包括以下条款：(1)发包方、承包方的名称，发包方负责人和承包方代表的姓名、住所；(2)承包土地的名称、坐落、面积、质量等级；(3)承包期限和起止日期；(4)承包土地的用途；(5)发包方和承包方的权利和义务；(6)违约责任。

《农村土地承包法》第 22 条规定，承包合同自成立之日起生效。承包方自承包合同生效时取得土地承包经营权。《物权法》第 127 条规定，土地承包经营权自土地承包经营权合同生效时设立。县级以上地方人民政府应当向土地承包经营权人发放土地承包经营权证、林权证、草原使用权证，并登记造册，确认土地承包经营权。

值得注意的是，《农村土地承包法》和《物权法》在通过土地承包合同取得土地承包经营权的情形下均采纳了意思主义的物权变动模式，这属于《物权法》中关于不动产物权取得登记要件主义的例外。根据上述两个条文的规定，土地承包经营权自合同生效时即取得，而非自交付时起或登记时起取得。

《物权法》采纳了意思主义，其立法理由主要是：考虑到我国农村的实际，如果规定土地承包经营权不经登记不具有物权效力，不符合我国农村的特点，不利于维护农民的合法权益。如果不考虑国情，生搬硬套传统的物权法原理，必然会损害广大农民的利益。而且，土地承包经营权本身具有很强的公示性，不以登记为必要。①

尽管基于承包合同的生效即可产生土地承包经营权，《物权法》仍规定了对土地承包经营权应进行登记造册并发放土地承包经营权证书。土地承包经营权等证书应载明下列事项：(1)名称和编号；(2)发证机关及日期；(3)承包期限和起止日期；(4)承包土地名称、坐落、面积、用途；(5)土地承包经营权变动的情况；(6)其他应当注明的事项。《农村土地承包经营权证管理办法》(2003年颁布)，对发证机关和登记机关规定如下：实行家庭承包的承包方，由县级以上地方人民政府颁发农村土地承包经营权证；实行其他方式承包经营权的承包方，经依法登记，由县级以上地方人民政府颁发农村土地承包经营权证。县级以上地方人民政府农业行政主管部门负责农村土地承包经营权证的备案、登记、发放等具体工作。

之所以对土地承包经营权属证书作出规定，其目的在于进一步确认土地承包经营权的归属，作为享有土地承包经营权的有力证据，同时也有利于土地承包经营权的流转安全。

2. 基于流转取得

《物权法》和《农村土地承包法》均规定，土地承包经营权可以流转。无论是基于家庭承包还是其他方式承包取得的土地承包经营权，均可以转包、互换、转让等方式进行流转。通过流转，受让方在承包期的剩余期限内取得土地承包经营权。

(二)基于法律行为以外的原因取得

基于法律行为以外的事实取得土地承包经营权的，主要是继承。无论是基于家庭承包还是其他方式承包取得的土地承包经营权，均可以通过继承的方式取得。但是通过继承方式取得土地承包经营权，在实践中存在着很大争议，在立法上也受到很大的法律限制，这主要体现在：对通过家庭承包方式取得的土地承包经营权，《农村土地承包法》仅承认了林地承包经营权可以继承，

---

① 黄松有：《〈中华人民共和国物权法〉条文理解与适用》，人民法院出版社2007年版，第381页。

对其他类型的承包经营权，只规定承包人应得的承包收益，依照继承法的规定继承。土地承包经营权人死亡的，其继承人只能在其土地承包经营权的剩余承包期内继续承包。

五、土地承包经营权的流转

我国的有关政策和立法关于农村土地承包经营权的流转问题，经历了一个从严格禁止到逐步放宽的发展过程。允许土地承包经营权合理流转，有利于农业生产效率的提高，有利于农业资源的合理配置，有利于农业的市场化、产业化，有利于农业用地效用的最大限度地发挥。然而由于在我国土地承包经营权在很大程度上具有社会保障功能，如果对其流转完全不加限制，极有可能会导致土地集中以及由此而来的大量失地农民流离失所，引发严重社会问题。因此，我国《农村土地承包法》和《物权法》在原则上允许土地承包经营权可以流转的基础上对其设置了必要的限制。

我国《物权法》第 128 条规定：土地承包经营权人依照农村土地承包法的规定，有权将土地承包经营权采取转包、互换、转让等方式流转。流转的期限不得超过承包期的剩余期限。未经依法批准，不得将承包地用于非农建设。我国《农村土地承包法》在第二章第五节规定了依家庭承包取得的土地承包经营权的流转的相关内容，在第 49 条规定了依其他方式取得的土地承包经营权的流转。农业部《农村土地承包经营权流转办法》(2005 年颁布)则对流转的原则、流转的主体、流转的方式、流转合同以及流转的行政管理等方面在《土地承包法》的基础上作出了进一步的规定。

(一)土地承包经营权流转的原则和限制条件

依《农村土地承包法》第 33 条、第 37 条、第 41 条的规定，土地承包经营权流转应当遵循的原则和限制条件包括如下内容：

第一，平等协商、自愿、有偿，任何组织和个人不得强迫或者阻碍承包方进行土地承包经营权流转。对土地承包经营权进行流转也是土地承包经营权人行使其权利的表现形式，因此它应体现权利人的意志和自由。同时，土地承包经营权本质上属于财产权，权利人对该权利进行流转，一般是为了实现自己的财产目的，因此流转应为有偿。

第二，不得改变土地所有权的性质和土地的农业用途。我国实行土地公有制。所有农业用地，只能为村集体经济组织所有或国家所有由村集体经济组织使用。其所有权的公有性质不可改变。另外，土地承包经营权的流转的对象是土地承包经营权本身，而非土地，不管土地承包经营权流转至何人之手，土地的所有权人一直保持不变。我国农业人口占很大比重，人均占有农业用地的数量相对很少，农地资源严重不足。因此大力保护农业用地是我国土地立法的一贯立场。维护土地的农业用途既是承包方的义务，也是发包方的义务，任何一方违反，都将会受到相应处罚。

第三，流转的期限不得超过承包期的剩余期限。土地承包经营权的存续均具有一定期限，本着流转后的权利的效力不应更优于流转之前的原则，土地承包经营权的流转的期限仅限于承包期的剩余期限。值得思考的是，根据《物权法》第 126 条的规定，承包期满后，承包经营权会自动强制延期。这就会产生一个疑问：基于流转所取得的土地承包经营权或对土地承包经营权的抵押权、承租权、股权等是否也会自动强制延期。对此，法律并没有强制规定，

第四，受让方须有农业经营能力。其目的也在于维护农业用地实现其农业用途，防止工商企业长时间、大面积经营农户的承包地。

最后，在同等条件下，本集体经济组织成员享有优先权。这主要是为了保障本集体经济组织成员的成员权。

（二）土地承包经营权流转的方式

依我国《农村土地承包法》和《物权法》的规定，土地承包经营权的流转方式主要包括如下几种：转让、转包、出租、互换、入股、抵押等。

根据《农村土地承包法》第 41 条的规定，土地承包经营权的转让是指承包方有稳定的非农职业或者有稳定的收入来源的，经发包方同意，可以将全部或者部分土地承包经营权转让给其他从事农业生产经营的农户，由该农户同发包方确立新的承包关系，原承包方与发包方在该土地上的承包关系即行终止的流转方式。我国虽承认土地承包经营权可以流转，但对其流转的条件做出了较多限制，除了上述土地承包经营权各流转方式均应遵循的限制之外，对转让的限制还体现在：(1)承包方有稳定的非农职业或者有稳定的收入来源。这主要是为了保障承包人生存的最基本条件，以维持社会稳定。(2)应取得发包方同意。因为通过转让方式进行流转的，相当于合同权利义务的概括转移。而依《合同法》的规定，合同权利义务概括转移的，应当取得另外一方当事人的同意。若未取得发包方同意，则构成无权处分，其转让合同无效。(3)受让人应当是其他从事农业生产经营的农户，而非从事工商业经营者。这既是为了保障土地的农业用途，同时也从另一个侧面保护了整个农业生产经营者群体的利益。转让的后果是：(1)原承包方与发包方在转让所涉及的土地上的承包关系即行终止；(2)受让人与发包方确立新的承包关系，成为新的土地承包经营权人。

根据《农村土地承包法》和《农村土地承包经营权流转管理办法》的规定，转包是指承包方将部分或全部土地承包经营权以一定期限转给同一集体经济组织的其他农户从事农业生产经营。转包后，原土地承包关系不变，原承包方继续履行原土地承包合同规定的权利和义务。接包方按转包时约定的条件对转包方负责。承包方将土地交他人代耕不足一年的不属于转包。

出租是指承包方将部分或全部土地承包经营权以一定期限租赁给他人从事农业生产经营。出租后原土地承包关系不变。原承包方继续履行原土地承包合同规定的权利和义务，承租方按出租时约定的条件对承包方负责。

互换是指承包方之间为方便耕作或者各自需要，对属于同一集体经济组织的承包地块进行交换，同时交换相应的土地承包经营权。

入股是指实行家庭承包方式的承包方之间为发展农业经济将土地承包经营权作为股权自愿联合从事农业合作生产经营。其他承包方式的承包方将土地承包经营权量化为股权，入股组成股份公司或者合作社等，从事农业生产经营。

抵押是指其他承包方式的承包方为担保债权人债权的实现而将其土地承包经营权抵押给债权人，当债务人不履行债务时，债权人得就其变价款优先受偿。土地承包经营权的抵押仅限于以招标、拍卖、公开协商等其他方式取得的承包经营权，家庭承包取得的土地承包经营权不得抵押。

六、土地承包经营权的保护

对土地承包经营权的保护，可通过两个侧面来进行，一个侧面是向土地承包经营权人赋予救济权，使权利人可以在其权利受到侵害或有侵害之虞时，得采取措施除去侵害或侵害的危险，使自己的权利回复至如同侵害或侵害危险未发生时的状态。另一个侧面是向发包人及其他人施加义务。向发包人施加的义务既有积极的作为义务，又有消极的不作为义务。而对其他人施加的义务，基于土地承包经营权作为物权的绝对性和排他性，主要是消极的不作为义务。

(一)发包人的义务

发包人的义务主要有：按照合同约定交付土地以及森林、草地、滩涂等标的物给承包人；维护承包方的土地承包经营权，不得非法变更、解除承包合同；尊重承包方的生产经营自主权，不得干涉承包方依法进行正常的生产经营活动；依照承包合同约定为承包方提供生产、技术、信息等服务；承包期内，发包方不得收回承包地；承包期内，发包方不得调整承包地；承包期内，妇女结婚，在新居住地未取得承包地的，发包方不得收回其原承包地；妇女离婚或者丧偶，仍在原居住地生活或者不在原居住地生活但在新居住地未取得承包地的，发包方不得收回其原承包地。

发包方违反上述义务的，应当承担继承履行、停止侵害、返还原物、恢复原状、排除妨害、消除危险、赔偿损失等民事责任。

（二）土地承包经营权人的救济权

土地承包经营权人的救济权主要包括承包地被征收时的补偿请求权和承包经营权受到侵害时的损害赔偿请求权。土地征收，是指国家基于公共利益的需要，将集体所有的土地强制性地收归国家所有的行为。根据《物权法》第42条第2款、第132条的规定，承包地被依法征用、占用的，土地承包经营权有权依法获得相应的补偿。承包经营权受到侵害时的损害赔偿请求权主要包括违约损害赔偿请求权和侵权损害赔偿请求权两种。其违约损害赔偿请求权主要针对发包人。其侵权损害赔偿请求权是基于物权而产生，其针对对象既可以是发包人，也可以是发包人之外的第三人。

七、土地承包经营权的消灭

（一）承包期届满，土地承包经营权人不再续包

根据《物权法》第126条第2款的规定，承包期届满，由土地承包经营权人按照国家有关规定继续承包。这是关于土地承包经营权期限自动延长的规定。但是如果承包期届满，土地承包经营权人明确表示不愿意继续承包，则其土地承包经营权消灭。

（二）承包人自动交回土地

承包期内，承包方可以自愿将承包地交回发包方。承包方自愿交回承包地的，应当提前半年以书面形式通知发包方。承包方在承包期内交回承包地的，在承包期内不得再要求承包土地。

（三）发包人依法收回土地

为保护土地承包经营权人的权利，防止发包人滥用其所有权和其他权利，《农村土地承包法》和《物权法》都规定在承包期内，发包人不得随意收回承包地。但在特殊情况下，发包人可以收回土地，原承包人也因土地的被收回而丧失土地承包经营权。这些特殊情况主要包括：承包期内，承包方全家迁入设区的市，转为非农业户口的，应当将承包的耕地和草地交回发包方。承包方不交回的，发包方可以收回承包的耕地和草地。但应注意，在承包期内，承包方全家迁入小城镇落户的，应当按照承包方的意愿，保留其土地承包经营权或者允

许其依法进行土地承包经营权流转。承包经营耕地的单位或个人连续2年弃耕抛荒的,发包人应当终止承包合同,收回发包的耕地。土地承包经营权人擅自改变农地途径、恶意破坏的,或擅自出卖、转包或出租土地承包经营权的,则土地所有权人有权收回土地。

(四)所承包土地被依法征收

土地被依法征收的,农村土地承包经营权的标的物便不再由承包人占有、使用和收益。存于其上的土地承包经营权也随之消灭。当然,由于所承包的土地被征用,必然会使土地承包经营权人的利益受到损害,所以国家应对因土地被依法征收而丧失承包经营权的人进行补偿。

(五)所承包土地灭失

承包土地可能会因为自然灾害如山体滑坡、河流改道、洪水暴发、地震、海啸等原因而灭失,也可能会因为国家行为而灭失,如三峡工程,还可能会因为其他原因致使土地不再适合农业生产经营。承包土地灭失的,以该土地为标的物的土地承包经营权也当然消灭。

第三节 建设用地使用权

一、建设用地使用权的概念与特征

在《物权法》出台之前,我国法律对使用国有土地进行建设的权利称为国有土地使用权。规范国有土地使用权的法律主要是《土地管理法》、《城市房地产管理法》等。物权法立法过程中,对采取何种术语表达此项权利存在争议。有的主张用“基地使用权”,有的主张用“土地使用权”,有的主张用“地上权”,有的主张仍然用“国有土地使用权”,有的主张用“建设用地使用权”。《物权法》最终采用了“建设用地使用权”一语。

现代社会中,由于科学与建筑技术的发展,土地利用已不再限于地面,而是向空中和地下扩展,由平面趋向立体化发展。因此,有些国家在规定了地上权的同时,还规定了空间使用权或曰空间权。我国的《物权法》立法过程中,存在着是否单独规定空间权的争议。《物权法》最终未将空间权作为一项独立的用益物权来规定,而是将其规定在《物权法》第136条,作为建设用地使用权的一种具体表现形态。同时还规定了在地下也可以分别设立建设用地使用权。

根据我国《物权法》第 135 条的规定，建设用地使用权是建设用地使用权人依法对国家所有的土地享有的占有、使用和收益的权利。这些权利主要具体表现为利用国有土地建造建筑物、构筑物及其附属设施的权利。建设用地使用权具有如下特征：

（一）建设用地使用权的客体是国有土地

建设用地使用权的客体是国有土地。在《物权法》立法过程中，存在着建设用地使用权的标的物可否存在于集体所有的土地之上的争论。《物权法》虽然在其第 151 条规定，集体所有的土地作为建设用地的，应当依照土地管理法等法律规定办理，但一般认为，该条并未赋予在集体所有的土地上进行建设的权利的用益物权属性。

（二）建设用地使用权的目的主要是为了在国有土地上建造建筑物、构筑物及其附属设施

根据《土地管理法》的规定，对土地可基于其用途不同而划分为农用地、建设用地和未利用地。其中的建设用地是指为了建造建筑物、构筑物的土地。建设用地使用权的客体是国有土地，更具体而言，是国有建设用地。建设用地的使用目的即为在其上建造建筑物、构筑物及其附属设施。这一点与国有农用地不同，在国有农用地上不能设置建设用地使用权。

（三）建设用地使用权的取得具有有偿性、期限性

我国曾长期对国有土地使用权采取无偿使用的制度。后来随着改革开放的发展，国家逐步意识到土地的利用价值之大，并意识到有偿使用国有土地会促进国有土地的有效利用。于是在 20 世纪 90 年代通过《土地管理法》、《城市房地产管理法》等一系列法律法规创设了一套国有土地有偿使用制度。《城市房地产管理法》第 3 条规定："国家依法实行国有土地有偿、有期限使用制度。但是，国家在本法规定的范围内划拨国有土地使用权的除外。"《物权法》第 137 条重申了这个精神。当然，除了有偿取得之外，建设用地使用权还可以基于划拨无偿取得，但是通过划拨方式取得建设用地使用权受到极大的限制。并且，从权利的创设角度上看，通过出让方式取得建设用地使用权，属于民事方式取得，因此所发生的纠纷可通过民事诉讼解决。而划拨方式取得建设用地使用权属于基于政府行政行为产生的权利，对因该行为产生的建设用地使用权产生纠纷的，应诉诸行政诉讼而非民事诉讼方式加以解决。

二、建设用地使用权的产生与期限

(一)建设用地使用权的产生

根据《物权法》第137条的规定,建设用地使用权的产生方式主要有两大类:划拨方式和出让方式。其中的出让方式又可具体分为三种:协商出得、招标取得、拍卖取得。除了通过划拨方式和出让方式等方式创设建设用地使用权之外,据《物权法》第143条的规定,民事主体还可以在建设用地使用权的流转过程中继受取得。

《城市房地产管理法》第22条规定,土地使用权划拨,是指县级以上人民政府依法批准,在土地使用者缴纳补偿、安置等费用后将该幅土地交付其使用,或者将土地使用权无偿交付给土地使用者使用的行为。依照本法规定以划拨方式取得土地使用权的,除法律、行政法规另有规定外,没有使用期限的限制。《土地管理法》第54条规定,建设单位使用国有土地,应当以出让等有偿使用方式取得;但是,下列建设用地,经县级以上人民政府依法批准,可以以划拨方式取得:(1)国家机关用地和军事用地;(2)城市基础设施用地和公益事业用地;(3)国家重点扶持的能源、交通、水利等基础设施用地;(4)法律、行政法规规定的其他用地。《物权法》第137条第3款规定,严格限制以划拨方式设立建设用地使用权。采取划拨方式的,应当遵守法律、行政法规关于土地用途的规定。

通过出让方式取得是指民事主体通过向国家支付建设用地使用权出让金的方式,由国家以土地所有者的身份将土地使用权在一定期限内让与土地使用者,用以建造建筑物、构筑物及其附属设施。土地使用者通过这种出让建设用地使用权的行为即取得建设用地使用权。通过出让方式取得建设用地使用权又有三种具体表现方式:协议、招标和拍卖。协议是由市、县人民政府土地管理部门代表国家作为出让方,与土地使用人按照平等、自愿、有偿的原则协商一致后,签订建设用地使用权出让合同。招标和拍卖,应当先由市、县土地管理部门发出招标、拍卖公告,通过招标、拍卖程序,签订建设用地使用权出让合同。根据我国《物权法》的规定,工业、商业、旅游和商品住宅等经营性用地以及同一土地有两个以上意向用地者,应当采取拍卖、招标等公开竞价的方式出让。采取招标、拍卖、协议等出让方式设立建设用地使用权的,当事人应当采取书面形式订立建设用地使用权出让合同。建设用地使用权出让合同一般包括下列条款:(1)当事人的名称和住所;(2)土地界址、面积等;(3)建筑物、构筑物及其附属设施占用的空间;(4)土地用途;(5)使用期限;(6)出让金等费用及其支付方式;(7)解决争议的办法。

建设用地使用权流转是指土地使用人将建设用地使用权再转移的行为,如转让、互换、出资、赠与等。建设用地使用权转让、互换、出资或者赠与的,应当向登记机构申请变更登记。基于土地使用权流转的法律事实,新建设用地使用权人即取得原建设用地使用权人的建设用地使用权。除此之外,建设用地使用权还有可能基于抵押权的实现而取得。

须注意的是,我国《物权法》对建设用地使用权的设立采取了登记要件主义。设立建设用地使用权,应当向登记机构申请建设用地使用权登记。登记机构应当向建设用地使用权人发放建设用地使用权证书。建设用地使用权自登记之日起成立。

(二)建设用地使用权的期限

通过不同方式取得的建设用地使用权,其存续期间也有所不同。通过土地划拨及乡(镇)村建设用地程序取得的建设用地使用权,是无期限的。通过出让方式取得建设用地使用权的,根据《国有土地使用权出让和转让暂行条例》第 12 条的规定,按照土地的不同用途,土地使用权出让的最高年限为:(1)居住用地 70 年;(2)工业用地 50 年;(3)教育、科技、文化、卫生、体育用地 50 年;(4)商业、旅游、娱乐用地 40 年;(5)综合或者其他用地 50 年。每一块土地的实际使用年限,在最高年限内,由出让方和受让方双方商定。

通过流转方式取得建设用地使用权的,根据我国《物权法》第 144 条的规定,建设用地使用权转让、互换、出资、赠与的,当事人应当采取书面形式订立相应的合同。合同的期限由当事人约定,但不得超过建设用地使用权的剩余期限。

对建设用地使用权到期以后的续期问题,《物权法》采取了不同的立法对待。依《物权法》第 149 条的规定,住宅建设用地使用权期间届满的,自动续期。非住宅建设用地使用权期间届满后的续期,依照法律规定办理。非住宅建设用地上的房屋通读其他不动产的归属,有约定的按约定,没有约定或约定不明的,依照法律、行政法规的规定办理。

三、建设用地使用权人的权利和义务

(一)建设用地使用权人的权利

1. 占有和使用土地

建设用地使用权权能的发挥,以占有建设用地为前提,以使用建设用地为手段,以通过占有和使用该建设用地达到在其上建造和保存建筑物或构筑物及其附属设施为目的。建设用地使用权人对建设用地的使用权,应当在法定和约定的范围内进行。同时,建设用地使用权也可以准用不动产相邻关系的规定。建设用地使用权人建造的建筑物、构筑物及其附属设施的所有权属于建设用地使用权人,但有相反证据证明的除外。此处所谓"建筑物",是指人可以在其中进行生活或生产经营活动的,固定于土地上的人工修建的房屋或其他场所,如住宅、办公楼、厂房、仓库等。所谓"构筑物",是指人不能在其中进行生活或生产经营活动的、固定于土地上的人工修建的道路、桥梁、隧道、池塘、水坝、水塔、电线杆、纪念碑等物。所谓"附属设施"是指为使建筑物或构筑物效用最大限度地发挥而人工建造的设施如围墙、护栏、花坛等。

2. 对建设用地使用权进行处分

根据《物权法》第 143 条的规定,建设用地使用权人有权将建设用地使用权转让、互换、出资、赠与或者抵押。另据《物权法》第 144 条的规定,建设用地使用权转让、互换、出资、赠与或者抵押的,当事人应当采取书面形式订立相应的合同。使用期限由当事人约定,但不得超过建设用地使用权的剩余期限。建设用地使用权人有权收取处分建设用地使用权所得的收益。

建设用地使用权的处分遵循"房随地走、地随房走"的原则。建设用地使用权转让、互换、出资或者赠与的,附着于该土地上的建筑物、构筑物及其附属设施一并处分。在设定建设用地使用权时如果当事人对建设用地使用权的流转作了限制,则建设用地使用权不得超出该限制流转其建设用地使用权。建设用地使用权可以抵押,其地上的建筑物或者构筑物及其他附属设施也随之抵押。另外,当地上的建筑物或者构筑物及其他附属设施抵押时,其使用范围内的建设用地使用权也随之抵押。建设用地使用权人可以作为出租人将建设用地使用权连同地上的建筑物或者构筑物及其他附属设施租赁给他人使用并收取租金。在建设用地使用权出租后,建设用地使用权人仍须向土地所有人履行义务。

但并非所有的建设用地使用权均可自由处分,对通过划拨方式取得的建设用地使用权,只有在下列几种情况下,才可以转让、抵押、出租:(1)土地使用者为公司、企业、其他经济组织和个人;(2)领有国有土地使用证;(3)具有地上建筑物、其他附着物合法的产权证明;(4)签订土地使用权出让合同,向当地市、县人民政府补交土地使用权出让金或者以转让、出租、抵押所获收益抵交土地使用权出让金。在其他情况下,通过划拨土地取得的建设用地使用权不得转让、出租、抵押。

3. 为附属行为

建设用地使用权人可以在其占有和使用的建设用地范围内为各种附属行为，如修筑围墙、种植花木、修建临时工棚等。只要不违反法律的强制性规定，不违反合同约定，不损害他人利益，如何为附属行为，为何种附属行为，完全遵循权利人意思自治的原则。

4. 补偿请求权

根据《物权法》第 148 条的规定，建设用地使用权期间届满前，因公共利益需要提前收回该土地的，应当依法律规定对该土地上的房屋及其他不动产给予补偿，并退还相应的出让金。该条在规定国家负有在提前收回土地的情况下给予建设用地使用权人补偿和退还相应出让金的义务的同时，实际上也从反面赋予建设用地使用权人以请求权。该请求权的内容主要有二：其一是请求对存于该土地上的房屋及其他不动产的补偿。提前收回土地的，土地上所存的房屋及其他不动产的所有权也随之转移，即发生行政征用的效果，而据《物权法》第 42 条第 3 款的规定，征收单位、个人的房屋及其他不动产，应当依法给予拆迁补偿。其二是请求退还相应的出让金。出让金是建设用地使用权人为取得建设用地使用权而支付的对价，如建设用地被提前收回，建设用地使用权人便难以享受到基于支付全部出让金而应享受到的全部建设用地使用权。基于公平原则，有权请求国家退还相应的出让金。

（二）建设用地使用权人的义务

建设用地使用权人的义务主要有合理使用的义务、支付出让金及其他费用的义务和返还土地、恢复原状的义务。

根据《物权法》第 140 条的规定，建设用地使用权人应当合理利用土地，不得改变土地用途；需要改变土地用途的，应当依法经有关行政主管部门批准。根据《物权法》第 141 条的规定，建设用地使用权人应当依照法律规定以及合同约定支付出让金等费用。这里的“费用”包括建设用地使用权应支付的补偿费、安置费、土地使用税等。使用权人在建设用地使用权期限届满或国家基于公共利益而提前收回土地时，应当将土地返还给所有权人，并且原则上应恢复土地的原状。

四、建设用地使用权的消灭

建设用地使用权的消灭事由主要包括以下三种：其一，建设用地使用权期限届满而未续期。虽然住宅用地使用权在期限届满时可自动续期，但非住宅用地使用权届满时是否续期，需要由当事人自主决定。如果当事人放弃续期，那么建设用地使用权也因其期限届满而归于消灭。其二，因公共利益的需要或土地使用权人的违法行为而提前收回建设用地使用权。根据《土地管理法》第 58 条、《城市房地产管理法》第 25 条、《物权法》第 148 条的规定，在下列情形下，国家有权收回建设用地使用权：(1)为公共利益需要使用土地的；(2)为实施城市规划进行旧城区改建，需要调整使用土地的；(3)因单位撤销、拆迁等原因，停止使用原划拨的国有土地的；(4)公路、铁路、机场、矿场等经核准报废的；(5)因未按出让合同约定使用土地，情节严重的；(6)土地闲置超过两年的。其三，土地的灭失。建设用地使用权的存在以建设用地的存在为前提，当建设用地因地震、海啸、山体滑坡、河流改道、洪水淹没等原因灭失时，建设用地使用权的基础即不复存在，建设用地使用权当然消灭。

第四节　宅基地使用权

一、宅基地使用权的概念与特征

我国《物权法》第 152 条规定：宅基地使用权人依法对集体所有的土地享有占有和使用的权利，有权利用该土地建造住宅及其附属设施。根据该条规定，所谓宅基地使用权是指宅基地使用权人依法对集体所有的土地享有的占有和使用的权利。宅基地使用权具有如下特征：

(一)宅基地使用权是我国特有的制度

宅基地使用权制度是我国特有的土地制度。《物权法》规定宅基地使用权为用益物权的一种，属于我国物权立法的一个特色。《物权法》立法过程中，对如何规定宅基地使用权存在较大争议。有学者主张采用基地使用权的概念来概括国有土地使用权和农村宅基地使用权，有学者认为应把宅基地使用权纳入地上权的概念体系中。《物权法》最终采纳了宅基地使用权这一术语，体现了对历史传统的继承和对现实的尊重。

(二)宅基地使用权的主体只能是农村集体经济组织的成员

宅基地使用权人仅限于农村集体经济组织的成员，城镇居民不得取得宅基地使用权。其历史根源为中国长期以来所形成的城乡二元社会结构。目前虽然也有观点认为应当放宽宅基地使用权人的主体范围，但考虑到社会整体的稳定和农民利益的保护，我国法律目前仍然把宅基地使用权的主体限于农村集体组织的成员。这种限制体现在两方面：(1)在宅基地使用权的创设取得过程中，只有农村集体经济组织的成员有权通过分配方式取得宅基地使用权。(2)禁止城镇居民在宅基地使用权流转过程中取得宅基地使用权。

(三)宅基地使用权的客体为集体所有

宅基地使用权的客体即宅基地，必为农村集体经济组织所有，而非国有。在国有土地之上进行房屋建设的，应取得建设用地使用权。

(四)宅基地使用权的用途仅限于村民建造个人住宅

宅基地使用权的目的和用途主要在于解决农村集体经济组织成员的住宅建设问题。因此，宅基地使用权人只得因建造个人住宅的目的而取得该权利，不得为经营商品房目的或其他营利目的而取得宅基地使用权。此处的“个人住宅”包括住房以及与日常生活有关的附属设施。

(五)宅基地使用权实行严格的一户一宅制

宅基地使用权的设立并非以个人为单位，而是以户为单位。根据《土地管理法》的规定，农村村民一户只能拥有一处宅基地，其面积不得超过省、自治区、直辖市规定的标准。农村村民建住宅，应符合乡(镇)土地利用总体规划，并尽量使用原有的宅基地和村内空闲地。农村村民住宅用地，经乡(镇)人民政府审核，由县级人民政府批准，但如果涉及占有农用的，应依照土地管理法的有关规定办理审批手续。农村村民出卖、出租房屋后，再申请宅基的，不予批准。

(六)宅基地使用权具有福利性质和农村社会保障功能

宅基地使用权是我国农村社会保障体系中的重要一环。一般情况下，通过分配而取得宅基地使用权的，都属无偿取得。

(七)宅基地使用权的取得主要基于分配

宅基地使用权的取得与其他用益物权的取得不同，其他用益物权如土地承包经营权、建设用地使用权、地役权等的创设取得，均可为通过合同取得，而宅基地使用权的创设取得只能是通过分配的方式取得。并且其取得程序也较为严格。我国《土地管理法》第62条规定，农村村民一户只能拥有一处宅基地，其宅基地的面积不得超过省、自治区、直辖市规定的标准。农村村民建住宅，应当符合乡(镇)土地利用总体规划，并尽量使用原有的宅基地和村内空闲地。农村村民住宅用地，经乡(镇)人民政府审核，由县级人民政府批准；其中，涉及占用农用地的，依照本法(即土地管理法)第44条的规定办理审批手续。在我国，宅基地使用权的取得过程中，登记并非生效要件。因为在我国尚有众多地区并未对宅基地使用权进行登记，并且宅基地使用权的流转被严格限制，为维护交易安全的登记公示功能在此处并不必要。但如果有些省份和地区对宅基地使用权的取得已作登记的，那么当该宅基地使用权转让或消灭时，也应及时办理变更登记或者注销登记。

另据我国《物权法》第154条的规定，宅基地因自然灾害等原因灭失的，宅基地使用权消灭。对失去宅基地的村民，应当重新分配宅基地。

（八）宅基地使用权的流转被严格限制

由于宅基地使用权的福利性与社会保障功能，我国法律对宅基地使用权的流转作出了严格限制。这些限制主要体现在：(1)宅基地使用权不得单独转让。(2)宅基地使用权不得抵押。(3)宅基地使用权随房屋转让的，仅限于在本集体经济组织内部进行。

二、宅基地使用权的内容

宅基地使用权人对宅基地的权利主要体现在他可以占有和使用宅基地，在其上建造住宅及其附属设施。占有宅基地是宅基地使用权行使的前提条件。所以宅基地使用权人有权占有宅基地。宅基地使用权人有权在宅基地上建造个人住宅以及与居住生活相关的附属设施，这些附属设施如水井、地窖、临时房屋等，还可以在宅基地上种植树木、花草等。总之，只要是不违反法律的强制性规定，不违反社会公共利益，不侵害他人利益，宅基地使用权人可以在宅基地上按其自由意志为各种使用行为。对因宅基地的使用而产生的各种收益，宅基地使用权人有权收取。

宅基地使用权人应在合法范围内行使其权利，不得改变宅基地的用途，不得对宅基地造成不可逆转的损害。不得单独转让和抵押宅基地。同时，对宅基地上所建造的房屋，也不得转让给本村之外的其他人。宅基地使用权伴随权利人终生，并可以随房屋的继承而继承。

第五节 地役权

一、地役权的概念与特征

地役权源于罗马法上的役权制度。罗马法上的役权包含内容非常广泛，凡是利用他人之物的物权，都可称为役权。它总体上可分为不动产役权与人役权。这种划分方式为后来欧洲大陆法系各国所继受，但其内容多有改变，如有些国家并未规定人役权。我国在民国时期的民法典规定了地役权制度。新中国成立后,长期以来民法并不发达,立法上不存在地役权制度。《物权法》立法过程中,对是否规定地役权制度,存在较大争议。有观点认为,我国《民法通则》规定了相邻关系,这与传统民法上的地役权相类似,能够起到地役权的作用,所以没有必要再另设地役权制度。但地役权与相邻关系的社会功能并不相同。相邻关系的目的仅在于使不动产相邻各方的权利人能正常行使其权利,相邻各方相互间所承担的义务均属最低限度的容忍义务,为各方能够实现其不动产物权目的所必需的义务,且其存在具有法定性。而地役权则不同,地役权的目的在于使不动产用尽其用,发挥其最大的功效,当事人所负担的义务不是最低限度的容忍义务,地役权的并非基于法律直接规定而存在,必须由当事人约定产生,体现了当事人的自由意志。基于这些不同,我国《物权法》最终设立了地役权制度。

根据我国《物权法》第156条的规定,所谓地役权是指地役权人按照合同约定,为提高自己的不动产的效益而利用他人的不动产的权利。他人的不动产称供役地,自己的不动产称需役地。地役权具有如下特征:

(一)地役权是对他人所有或使用的土地加以利用的用益物权

地役权的客体是土地,并该土地属于他人所有或者使用为要素。此处所注意的要点有二。其一是地役权的客体是土地。尽管有的国家法律规定,在建筑物上也可以设定地役权。但我国自民国时期的立法至今,都未承认建筑物之上可设定地役权。其二是作为地役权客体的土地需为他人所有或使用。一般认为,由于权利人对自己所有或使用的土地享有占有、使用、收益的权利,因此没有另行设定地役权的必要。但由于在我国地役权不仅调整土地所有权人之间的关系,更多的是调整土地使用权人之间的关系,因此,只要存在两块同归一人所有的土地,而其中一块归他人使用的情形,所有权人就存在为自己使用的那块土地的便利而在自己所有的而为别人正使用的另一块土地上设定地役权的必要。所以我国《物权法》并未禁止在自己所有土地上设定地役权。

(二)地役权的目的是提高自己不动产的效益

地役权设定的目的,就是为了需役地的便利,提高地役权人自己不动产的效益。对这里所谓的"自己不动产",应作广义的理解。它既包括自己享有所有权的土地,也包括自己不享有所有权但享有使用权的土地。在我国,对他人土地享有使用权的人包括土地承包经营权人、建设用地使用权人、宅基地使用权人,这些人都可以成为地役权人。这里所谓的"提高不动产的效益",是指的通过对他人土地的利用而使自己的土地的使用价值得到最大限度的发挥。利用他人土地来提高自己不动产效益的方式很多，其内容只要不违反法律的强制性规定，均可由当事人根据实际情况约定。这些利用方式如通行、排水、放牧、眺望等等。基于这些用途上的不同，传统的地役权分类便有田野地役权与街市地役权、积极地役权与消极地役权、继续地役权与非继续地役权、表见地役权与非表见地役权之分。

（三）地役权的从属性

地役权虽然是一种独立的权利，但它仍应当与需役地的所有权或者使用权共命运，这就是地役权的从属性。地役权的从属性主要体现在以下两个方面：(1)地役权随需役地所有权或者使用权的转移而一并转移，不能与需役地分离而让与。需役地所有人或者使用人不得自己保留需役地所有权或者使用权，而将地役权单独让与他人，不得自己保留地役权而将需役地所有权或者使用权让与他人，也不得以需役地所有权或者使用权与地役权分别让两个人。我国《物权法》第 164 条规定，地役权不得单独转让。土地承包经营权、建设用地使用权、宅基地使用权等转让的，地役权一并转让，但合同另有约定的除外。(2)地役权不得与需役地分离而为其他权利的标的，如果在需役地上设定其他权利，则地役权亦包括在内，例如，在需役地上设定建设用地使用权，则建设用地使用权人也可以行使地役权，不能单独将地役权作为其他权利的标的，如单独以地役权抵押、出租等。根据我国《物权法》的规定，地役权不得单独抵押。土地承包经营权、建设用地使用权等抵押的，在实现抵押权时，地役权一并转让。

（四）地役权的不可分性

地役权的不可分性，是指地役权不得被分割为两个以上的权利，也不得使其一部分消灭。地役权的取得应为全部取得，其丧失应为全部丧失。在需役地分割时，地役权在分割后的地块的利益仍然存续。例如，甲地在乙地有取水地役权，后来甲地分割为丙、丁两地，则丙、丁两地的所有人或者使用人仍得各自从乙地取水。但如果需役地的地役权的行使，依其性质只关于需役地一部分的，则分割后地役权仅就需役地的该部分存续。《物权法》第 166 条规定，需役地以及需役地上的土地承包经营权、建设用地使用权部分转让时，转让部分涉及地役权的，受让人同时享有地役权。第 167 条规定，供役地以及供役地上的土地承包经营权、建设用地使用权部分转让时，转让部分涉及地役权的，地役权对受让人具有约束力。在供役地分割时，地役权仍就分割后的各地块存续。例如，甲地在乙地上设有地役权，后来乙地分为丙、丁两块地，甲地仍得对丙、丁两块地行使地役权。但依地役权的性质，其行使只关系供役地一部分的，则地役权仅对该部分存续。

二、地役权的取得

地役权的取得有基于民事行为的，也有基于民事行为以外的原因的。基于民事行为而取得地役权，主要包括通过地役权合同创设地役权和地役权转让两种情形。基于民事行为以外的原因取得地役权，主要是指继承。有国家规定地役权可基于取得时效取得，我国未规定取得时效制度，因此在我国，地役权不可通过取得时效而取得。

（一）基于民事行为取得地役权

1. 通过地役权合同取得

根据《物权法》第 158 条的规定，地役权自地役权合同生效时设立。当事人要求登记的，可以向登记机构申请地役权登记，未经登记，不得对抗善意第三人。

根据该条规定，可知我国物权法关于地役权的创设，采取了登记对抗主义，而非登记要件主义。即只要地役权合同生效，无须经过登记，地役权即产生。采用登记对抗主义，一是可以使地役权的取得更加方便快捷，同时也符合我国目前不动产登记尤其是农村不动产登记困难的现状；二是可以有效保护善意第三人的利益。此处所谓善意第三人，如甲地为供役地，乙地为需役地，其地役权未经登记。后甲地转让给不知在甲地上有地役权的 A，此时若乙地主人主张行使在甲地上的地役权时，A 即可以地役权未经登记为由加以抗辩。

对地役权合同，我国《物权法》第 157 条规定，设立地役权，当事人应当采取书面形式订立地役权合同。地役权合同一般包括下列条款：(1)当事人的姓名或者名称和住所；(2)供役地和需役地的位置；(3)利用目的和方法；(4)利用期限；(5)费用及其支付方式；(6)解决争议的方法。根据该条规定，地役权合同是双务合同、要式合同，可以是有偿合同，也可以是无偿合同。

另据《物权法》第 163 条的规定，土地上已设立土地承包经营权、建设用地使用权、宅基地使用权等权利的，未经用益物权人同意，土地所有权人不得设立地役权。

2. 通过转让而取得

地役权也可以基于转让而取得。但由于地役权具有从属性，不得单独转让，只能随需役地的所有权或使用权的转让而转让。据《物权法》第 164 条的规定，地役权不得单独转让。土地承包经营权、建设用地使用权等转让的，地役权一并转让，但合同另有约定的除外。

(二)通过继承取得地役权

需役地权利人,包括需役地所有权人或其他取得地役权的用益权人死亡时,需役地的所有权或用益权如果可以依法由其继承人继承的,则基于地役权的从属性,设于该土地上的地役权也随之转移。由于在我国土地不得私有,因此,在我国地役权通过继承取得主要是针对基于继承用益物权而取得。但又由于在我国并非所有的用益物权都可以继承,因此,只有法律允许继承的用益物权,当用益物权人死亡时,其继承人方得继承地役权。

三、地役权的效力

地役权的效力主要体现在地役权人和供役地的权利人基于地役权而各自所享有权利和所负担的义务上。

(一)地役权人的权利和义务

地役权人的权利和义务主要有:(1)使用供役地的权利。地役权是为自己土地的便利而使用他人土地的权利,在地役权的目的范围内使用供役地,自然是地役权人的最主要的权利。地役权的目的范围应当依地役权合同所限定的目的范围确定。地役权人在目的范围内对供役地的使用,不必是独占性的使用,除了可以与供役地人共同使用外,只要不是性质不相容,同一供役地上,还可设定数个地役权,依其情形同时使用。通行地役权和眺望地役权便可同时存在,依次使用。(2)在供役地上为必要的附属行为。地役权人为行使其权利,在供役地内可以为必要的附属行为,设置必要的工作物。如汲水地役权人可以在供役地上开通沟渠,通行地役权人可以在供役地上开辟道路等等。(3)尽量减少对供役地权利人物权的限制。地役权的具体范围如何,法律并无明确规定,这使得地役权在具体行使过程中可能会在当事人之间产生矛盾。根据权利不得滥用原则,地役权人行使权利不应以损害供役地权利人为目的,同时也不应过分限制供役地权利人的权利。我国《物权法》第 160 条规定,地役权人应当按照合同约定的利用目的和方法利用供役地,尽可能减少对供役地权利人物权的限制。另外,地役权人因其行使地役权的行为对供役地造成变动、损害的,应当在事后恢复原状并补偿损害。(4)必要设施的维修义务和允许供役地权利人使用的义务。地役权人对于为行使地役权而在供役地修建的设施,如电线、管道、道路,应当注意维修,以免供役地人因其设施损坏而受到损害。另外,地役权人对于上述设施,在不妨碍其地役权行使的限度内,应当允许供役地人使用这些设置。(5)物上请求权。有些国家和地区的立法中规定了地役权人的物上请求权。我国《物权法》对此未明确规定。但依目的解释规则，当地役权的行使受到他人阻碍时，地役权人有权请求排除妨害，恢复原状。地役权作为一种用益物权，当然也有受到损害的可能，这种损害可能来自供役地权利人，也可能来自第三人，但无论是何人，只要侵害了其地役权的行使，均可对侵害人主张物上请求权。如汲水地役权行使过程中，第三人或供役地权利人在引水渠内设置障碍，使得水流不畅，则地役权人有权请求排除该障碍。

(二)供役地权利人的权利和义务

供役地权利人的权利和义务主要有：(1)容忍义务。根据我国《物权法》第159 条的规定，供役地权利人应当按照合同约定，允许地役权人利用其土地，不得妨害地役权人行使权利。地役权对地役权人而言，属于一种权利，而对于供役地权利人而言，实属一种权利上的负担。既然供役地权利人已通过合同允许他人利用自己所有或使用的土地，那他当然应对该他人行使地役权的行为予以容忍，不得加以妨害。另外，依地役权的行使方式，可把地役权划分为积极地役权和消极地役权。在积极地役权中，地役权人可以在供役地上为积极的行为，如开沟引水、架桥铺路等。在消极地役权中，地役权人的权利表现为他有权要求供役地权利人不得在供役地上为某种行为，如眺望地役权人有权要求供役地权利人不得在供役地上建设高层建筑等。因此，容忍义务就有两种具体表现形式。在积极地役权中，表现为对地役权人行使正当的地役权的行为不得加以阻碍；在消极地役权中，表现为不得为地役权合同中所约定的特定行为。(2)报酬请求权。地役权合同既可为有偿合同，也可为无偿合同。如为有偿合同，则供役地权利人即可依合同约定向地役权人主张报酬。(3)在不妨害地役权行使的范围内，供役地权利人有权正常行使自己土地上的权利，同时也有权使用地役权人在自己土地上所设置的工作物。

四、地役权的消灭

地役权是一种不动产物权，则不动产物权的一般消灭原因，当然适用于地役权。同时，基于地役权的从属性，其消灭原因又有特殊之处。归纳起来，地役权的消灭原因主要包括土地灭失、目的不能实现、供役地权利人解除地役权关系、抛弃和存续期间届满或者附解除条件的地役权合同解除条件成就等。

土地灭失是任何以土地为标的物的物权消灭的原因，地役权也不例外。地役权的存在须建基于两块土地之上，一块土地是供役地，一块土地是需役地。无论哪一块土地灭失，地役权均随之消灭。设定地役权的目的事实上不能实现，即供役地事实上不能再供需役地便利时，地役权消灭。例如，汲水地役权因供役地水源枯竭而消灭。我国《物权法》第168条规定，地役权人有下列情形之一的，供役地权利人有权解除地役权合同，地役权消灭：(1)违反法律规定或者合同约定，滥用地役权；(2)有偿利用供役地，约定的付款期间届满后在合理期限内经两次催告未支付费用。财产权一般皆可抛弃，地役权也不例外。地役权人如抛弃其地役权，应采用明示方式。如地役权合同为有偿合同，地役权人抛弃地役权的，仍应支付地役权全部期间的费用而非仅支付抛弃之前地役权存续期间的费用。否则，无异于给地役权人设置了一个地役权合同的任意解除权。存续期间届满或者附解除条件的地役权合同解除条件成就。地役权如有存续期间，因期间的届满而消灭。如地役权合同为附解除条件的，因条件的成就，地役权消灭。

根据我国《物权法》第169条的规定，已经登记的地役权变更、转让或者消灭的，应当及时办理变更登记或者注销登记。

本章思考题：

1. 什么是用益物权，用益物权有哪些特征？
2. 农村土地承包经营权的取得方式有哪些？
3. 各类用途的建设用地使用权的年限是多少？
4. 宅基地使用权具有哪些特征？
5. 放宽对农村土地承包经营权流转的限制有哪些利弊？
6. 地役权制度将会对我国的社会生活带来哪些影响？

第十六章

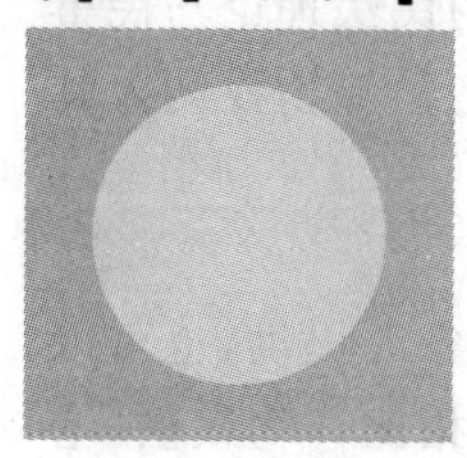

担保物权

第一节　担保物权概述

一、担保物权的概念与特征

所谓担保物权，是指担保物权人在债务人不履行到期债务或者发生当事人约定的实现担保物权的情形时，依法享有的就担保财产的变价款优先受偿的权利。在整个物权体系中，担保物权与用益物权相对应，二者同属于他物权、定限物权、不完全物权。不同的是，用益物权所要解决的是所有权与使用权相分离的问题，担保物权所要解决的是所有权和处分权相分离的问题。用益物权设定于他人之物的使用价值之上，担保物权设定于他人之物的交换价值之上。用益物权人通过用益物权对他人之物加以利用，以满足自己的各种利益。担保物权人通过担保物权对他人之物加以处分，以确保自己的债权得以实现。用益物权的客体主要是不动产；担保物权的客体可以是不动产，还可以是动产和权利。根据《物权法》的规定以及传统的物权理论，对担保物权的特征可以概括为如下几点：

（一）担保物权属于物权

在我国《物权法》制定过程中，对担保物权的性质，存在着较大的争议。主要有三种学说：债权说、物权说、折中说。债权说认为担保物权的功能在于保障债权的实现，本身即属于债权的范畴，因此，在物权法中不应规定担保物权，而应把抵押权、质权、留置权等担保权利规定在合同法中。物权说认为担保物权具有支配性、排他性、优先受偿性，故属于物权的范畴，应当规定在物权法中。折中说则认为，担保物权既不是纯粹的物权，也不是纯粹的债权，而是介于物权和债权之间的一种财产权利。在传统大陆法系国家的民法理论与民事立法中，多采物权说。我国《物权法》最终也采纳了物权说，把担保物权纳入其中，作为我国民事物权体系的一个重要组成部分。

（二）担保物权的标的物是特定财产

担保物权的标的物是特定财产，该特定财产既可以由债务人提供，也可以由第三人提供，担保物权人“认物不认人”。尽管和《担保法》相比，《物权法》增设了浮动抵押，但浮动抵押的财产也需要特定化才可以实现。从这个角度而言，作为物的担保方式，物的担保人在担保物权实现过程中所承担的是有限责任，他仅以其担保物为限对担保物权的实现承担责任。这一点与人的担保不同，作为人的担保的保证，是以保证人的全部财产担保保证债权人实现其保证债权，保证人实际上承担的是无限责任。

（三）担保物权具有从属性，属于从权利

担保物权总以主债权的存在为前提条件，一般随主债权的转移而转移，随主债权的消灭而消灭。这一点不同于用益物权，用益物权属于独立的权利，它并不从属于其他权利。须注意的是，担保物权的设立也可能基于当事人之间特殊的相互信任关系，基于当事人之间的信任关系而设立的担保物权具有一定的人身属性，其从属性有可能会受到相应的限制而表现出一定的相对独立性。如《物权法》第 175 条规定，第三人提供担保，未经其书面同意，债权人允许债务人转移全部或者部分债务的，担保人不再承担相应的担保责任。

（四）担保物权具有不可分性

担保物权的不可分性是指担保物权人得就担保物的全部行使其权利。这主要体现在：债权部分消灭的，债权人仍就未清偿债权部分对担保物全部行使权利；担保物部分灭失的，残存部分仍担保债权的全部；分期履行的债权，已届履行期的部分未履行时，债权人就全部担保物有优先受偿权；担保物权设定后，担保物价格上涨，债务人无权要求减少担保物，反之，担保物价格下跌，债务人也无提供补充担保物的义务。

（五）担保物权具有物上代位性

担保物权所支配的实质是担保物的交换价值，所以担保财产的外在表现形态的变化并不必然会影响担保物权的存在。担保期间，担保财产毁损、灭失或者被征收等，担保物权人可以就获得的保险金、赔偿金或者补偿金等优先受偿。被担保债权的履行期未届满的，也可以提存该保险金、赔偿金或者补偿金等。这充分体现了担保物权“认价值不认外形”的特点。

(六)担保物权的目的在于确保主债务的履行和主债权的实现

担保物权是对主债权效力的加强和补充。担保物权的这种目的主要是通过赋予担保物权人以优先受偿权来实现的。当主债务人不能如期履行债务或发生当事人约定的可以行使担保物权的情形时,担保物权人对担保物的变价款享有优先受偿的权利。这种优先受偿权既表现为有担保物权的债权人优先于没有担保物权的债权人优先受偿,还表现为即使同为有担保物权的债权人,其优先受偿的顺序也会因其所享有的担保物权的种类、是否登记、成立时间等的不同而有所不同。

二、担保物权的适用范围

根据担保物权的一般理论,担保物权所担保的是债务的履行和债权的实现。又根据债权法的一般理论,债的发生原因包括合同、侵权行为、无因管理、不当得利、缔约过失、单方允诺等等。那么是不是对基于所有这几类原因而产生的债权债务,都可用担保物权来担保呢？我国《物权法》第 171 条第 1 款规定:债权人在借贷、买卖等民事活动中,为保障实现其债权,需要担保的,可以依照本法和其他法律的规定设立担保物权。根据该条规定可知,并非对所有的债权都可以设立担保物权,担保物权只可设立在借贷、买卖等民事活动中所产生的债权之上。然须注意,该款所采取的是具体列举与抽象概括相结合的立法方式,它并非意味着只有基于借贷、买卖这两种原因产生的债权可以设定担保物权。基于其他合同如运输合同、保管合同、建设工程合同、承揽合同等产生的债权,也可以设立担保物权。之所以在该款中明确列举借贷、买卖这两类民事活动,是因为这两类民事活动是实践中最经常与担保物权发生联系的活动;同时,借贷、买卖体现了可以被担保物权担保的债权发生的意定属性。

我们认为,对基于侵权行为、无因管理、不当得利、缔约过失、单方允诺行为产生的债权,如果当事人之间达成了损害赔偿协议或还款协议,则基于前述原因所产生的法定之债便转化成了当事人之间的意定之债。如果当事人对该债权设定担保物权以增强其效力的话,会在客观上使上述利益受到损害的人的债权得到保障,有利于保护他们的利益得到实现。而且尽管担保物权的种类及其内容要受物权法定原则的约束,但其发生除留置权外均可通过意定方式产生。因此,允许对这几类债权设定担保物权并不违反物权法定原则。

三、担保物权的担保范围

担保物权的担保范围包括主债权及其利息、违约金、损害赔偿金、保管担保财产和实现担保物权的费用。其中的主债权就是使担保物权得以成立的原本债权,当然应当成为担保物权的担保范围。主债权的利息既包括当事人的约定利息也包括法定利息。如果当事人对违约金有所约定,违约金也应属担保物权的担保范围。损害赔偿金主要是针对合同债务人因不履行或不完全履行所给债权人带来的经济利益上的损害,该种损害在通过其他违约责任承担方式仍不能使债权人受到损害的利益得到补救,即通过违约损害赔偿的方式加以补救。保管担保财产和实现担保物权的费用不仅仅属于担保物权的担保范围,而且是其偿还比一般担保物权更具有优先性的费用。

《物权法》对担保物权的担保范围在第 173 条作了统一规定,如果当事人未另行约定担保物权的担保范围,则该范围适用于任何一种担保物权,如抵押权、质权、留置权。但当事人对担保物权担保的范围另行约定的,从其约定。

四、担保物权的成立

《物权法》规定了三种担保物权:抵押权、质权、留置权。其中抵押权和质权基于法律行为产生,是谓约定担保物权;留置权基于法律的直接规定产生,是谓法定担保物权。约定担保物权和法定担保物权,最大不同在于其各自的成立方式不同。

(一)约定担保物权的成立

约定担保物权的成立基于当事人的法律行为,既包括担保合同的签订,也包括交付和登记。法律规定不需要登记便可成立的担保物权,只要担保合同生效,担保物权即可产生,如以一般的动产为标的物设定的抵押权。法律规定必须经过登记才可成立的担保物权,担保物权经过登记方可成立,如以建设用地使用权为标的物的抵押权。法律规定必须经过交付才可成立的担保物权,担保物权自标的物交付时方可成立,如动产质权。

(二)法定担保物权的成立

法定担保物权的成立无须当事人对法定担保物权本身订立合同或交付与登记。只要符合法律规定的条件,当事人无须另行约定即可取得担保物权。如留置权的成立便无须当事人的另行约定。

五、担保物权与保证的关系

担保物权与保证均属于债的担保的方式，二者的不同在于担保物权是以特定的物上的价值为担保标的，也即以担保人的特定财产为担保标的；而保证则是以保证人的信用为担保标的，也即以保证人的全部财产为担保标的。一般把担保物权称为物的担保，把保证称为人的担保。

在同一债权之上既存在担保物权，又存在保证的，债权人应如何行使其担保权利，成为一大疑难问题。早在《担保法》立法过程中，对该问题即存在各种争论。各国法律对该问题的解决大致有保证人绝对优待主义、保证人相对优待主义、平等主义这三种模式。《物权法》第176条结合采取了保证人绝对优待主义和平等主义两种模式。具体而言：

(一)有约定的，约定优先

被担保的债权既有物的担保又有保证的，债务人不履行到期债务或者发生当事人约定的实现担保物权的情形，债权人应当按照约定实现债权。这充分尊重了当事人的意思自治。

(二)保证人绝对优待主义

保证人绝对优待主义是指当债权人可行使担保权时，应先主张担保物权，如仍不能完全受偿，方可主张保证债权。根据《物权法》第176条的规定，保证人绝对优待主义的适用须符合下列条件：(1)当事人对担保物权与保证的实现顺序没有约定或约定不明；(2)担保物权的标的物为债务人自己提供而非第三人提供。

(三)平等主义

平等主义是指债权人对担保物权和保证债权的行使享有选择权，可自由选择先行使担保物权还是保证债权。根据《物权法》第176条的规定，平等主义的适用须符合下列条件：(1)当事人对担保物权与保证的实现顺序没有约定或约定不明；(2)担保物权的标的物为第三人提供而非债务人自己提供。

无论是物的担保人还是保证人，在他们承担了担保责任之后，都可在其承担责任的范围之内对债务人追偿。

六、担保物权的消灭

担保物权的消灭是指担保物权人不再对担保财产享有支配权和处分权。担保物权的消灭原因既可以是法律行为，又可以是法律的直接规定，还可以是自然事实。《物权法》第177条规定了担保物权的消灭原因有如下四种：

(一)主债权消灭

担保物权属于从权利,主债权消灭的,担保物权基于其从属性,也当随之消灭。至于主债权是因清偿、抵销、提存、混同、免除、生效裁判等原因中的哪一种原因而消灭,在所不问。

(二)担保物权实现

担保物权的实现又称担保物权的实行,是指当债务人不履行债务或发生了其他可以行使担保物权的情形时,债权人得以拍卖、变卖、折价等方式实现担保物的交换价值,并对担保物的变价款享有优先受偿权。担保物权的实行即使不能够使债权人的全部债权得到清偿,也属于担保物权实现。

(三)债权人放弃担保物权

担保物权属于一种财产权利,财产权利一般皆可放弃。放弃担保物权,应以一定方式为之,一般要求权利人采书面明示的方式作出。而且债权人在放弃担保物权时应为完全民事行为能力人。

(四)法律规定的其他情形

如质权人丧失对质押财产的占有,留置权人丧失对留置物的占有,债务人向留置权人另行提供担保,质押财产灭失等,都会导致质权和留置权的消灭。

第二节 抵押权

一、抵押权概述

(一)抵押权的概念与特征

所谓抵押权,是债权人所享有的,当其债权得不到清偿时得对债务人或第三人提供的不转移占有而供担保的财产的变价款优先受偿的权利。抵押权的设立,涉及三方当事人,即债权、债务人、第三人。抵押权成立后,债权人同时兼具债权人与抵押权人这双重身份。抵押财产可以由债务人提供,也可以由第三人提供。由债务人提供的,则债务人兼具债务人和抵押人这双重身份。抵押财产由第三人提供的,则第三人即为抵押人。

抵押权的目的在于为债权人的债权实现提供有力保障。抵押权为担保物权的一种,并且在各类担保物权中处于最重要的地位。与其他两种担保物权即质权和留置权相比,抵押权的特征主要表现在如下几个方面:

第一，抵押权的标的物可以是不动产，也可以是动产和权利。而质权和留置权的标的物必须不是不动产。其中质权的标的物可以是动产和权利，而留置权的标的物则只能是动产；第二，抵押权的设定不必转移标的物的占有，而对质权和留置权，担保财产的转移占有是必备条件；第三，抵押权的设立过程中，可以在同一财产之上重复设置抵押，因此可能会发生在同一财产上存在数个抵押权的情形。但对质权和留置权来说，一般情况下，只可能在一个标的物上存在一个质权或留置权，不能重复设质或重复留置；第四，在抵押权设立时，其标的物既可以是特定的财产，也可以是不特定的财产，如浮动抵押。而对质权和留置权，在其设立时，其标的物即应为特定的财产。

(二)抵押权的分类

根据不同的标准，可对抵押权进行不同的划分。我们根据《物权法》的规定，把抵押权作如下分类：

1. 不动产抵押权、权利抵押权、动产抵押权

这种分类的根据是抵押权的标的物性质的不同。以不动产为标的物的抵押权即为不动产抵押权，抵押权制度最初兴盛时，仅以不动产为限。实践中的不动产抵押权的标的物主要是建筑物和其他土地附着物。

权利抵押权是以不动产上的权利为标的设定的抵押权。在我国，土地本身不可以成为抵押权的标的物，但是存在于土地之上的用益物权可以成为抵押权的标的物。根据《物权法》的规定，建设用地使用权和以招标、拍卖、公开协商等方式取得的土地承包经营权之上均可设定抵押权。

动产抵押权是以动产为标的物设定的抵押权。现代社会中，一些特殊的动产的价值可能会远远超过不动产的价值，而且对某些动产，法律往往采取不动产的管理方式和物权变动方式。因此抵押权只能存在于不动产之上的铁律便被这种情况所打破，各国均纷纷承认动产之上可以设定抵押权。我国《物权法》规定交通运输工具、正在建造的建筑物、船舶、航空器等等均可成为抵押权的标的物。

2. 一般抵押权和特殊抵押权

根据抵押权的特殊程度，可以把抵押权分为一般抵押权和特殊抵押权。与一般抵押权相比，特殊抵押权有其特殊的适用规则。我国《物权法》在立法上明确把抵押权划分为一般抵押权和最高额抵押权。传统担保物权理论所称的一些特殊抵押权如浮动抵押权、集合抵押权、共同抵押权在此次立法中被规定在一般抵押权中；特殊抵押权则仅就最高额抵押权而言。

值得注意的是，特殊抵押权仅仅是其部分规则与一般抵押权有所不同。

法律对特殊抵押权有特别规定的，优先适用这些特别规则。没有特别规定的，适用法律关于一般抵押权的规定。

除了我国《物权法》对抵押权所作的上述立法分类之外，学理和国外立法上还存在意定抵押权、法定抵押权、裁判抵押权以及保全抵押权、流通抵押权的分类。

二、一般抵押权

（一）抵押财产的范围

并非所有财产均可以抵押，能够成为抵押财产的只能是法律允许抵押的财产。我国《物权法》沿袭了《担保法》关于抵押财产范围的规定方式，既从正面规定了可以抵押的财产范围，也从反面规定了不可以抵押的财产范围。

1. 可以抵押的财产

《物权法》第 180 条即从正面规定了可以抵押的财产。根据该条规定，债务人或者第三人有权处分的下列财产可以抵押：

(1)建筑物和其他土地附着物。以建筑物抵押的，该建筑物占用范围内的建设用地使用权一并抵押。抵押人未将上述二者一并抵押的，未抵押的财产视为一并抵押。

(2)建设用地使用权。以建设用地使用权抵押的，该土地上的建筑物一并抵押，抵押人未将上述二者一并抵押的，未抵押的财产视为一并抵押。乡镇、村企业的建设用地使用权不得单独抵押。以乡镇、村企业的厂房等建筑物抵押的，其占用范围内的建设用地使用权一并抵押。

(3)以招标、拍卖、公开协商等方式取得的荒地等土地承包经营权。并非所有的土地承包经营权均可抵押，通过家庭承包方式取得的土地承包经营权不可以抵押。

(4)生产设备、原材料、半成品、产品。以这些财产抵押的，抵押权自抵押合同生效时成立。当事人也可以办理抵押登记手续，未办理登记手续的，不影响抵押权的成立，但抵押权人不得对抗善意第三人。

(5)正在建造的建筑物、船舶、航空器。正在建造的建筑物、船舶、航空器属于民法理论上所称的“未来物”或“在建物”，它们本身的价值较大，只要债权人愿意接受这些财产为抵押财产，法律自无必要加以禁止。但须注意，《物权法》对以正在建造的建筑物和正在建造的船舶、航空器设定的抵押分别采取了不同的立法模式。以正在建造的建筑物抵押的，抵押权自登记时成立；而以正在建造的船舶和航空器抵押的，不登记不影响抵押权的成立，但不得对抗善意第三人。

(6)交通运输工具。主要是指汽车、船舶、航空器等等。以交通运输工具为抵押财产的抵押,抵押权自抵押合同成立时起成立,但不登记不得对抗善意第三人。

(7)法律、行政法规未禁止抵押的其他财产。只要法律、行政法规未加以禁止,除以上六类财产之外,当事人可以在其他标的物上设定抵押权。

综观上述可见,《物权法》大大扩展了抵押财产的范围,这比起《担保法》来是个较大的进步。

2.不可以抵押的财产

根据《物权法》第 184 条的规定,下列财产不得抵押:

(1)土地所有权。我国对土地实行公有制,土地归国家所有或集体所有。如果允许以土地所有权进行抵押,就意味着可以对土地所有权进行流通,这极可能会使土地所有权流入到私人之手,必将会动摇我国的土地公有制度。因此我国法律禁止土地所有权的流通,禁止在土地所有权之上进行抵押。但土地所有权虽不可抵押,存在于土地之上的一些用益物权如果法律允许则可以进行抵押。

(2)耕地、宅基地、自留地、自留山等集体所有的土地使用权,但法律规定可以抵押的除外。对这些权利可以总结为两大类:宅基地使用权和农村土地承包经营权。宅基地使用权具有较强的身份属性,与村民的社员权密切相关,其流转受到严格的限制。土地承包经营权的抵押则须区分家庭承包和其他方式承包。对依家庭承包方式取得的土地承包经营权,不得设定抵押,但对以其他方式取得的土地承包经营权,则可以设定抵押。

(3)学校、幼儿园、医院等以公益为目的的事业单位、社会团体的教育设施、医疗卫生设施和其他社会公益设施。之所以禁止以这些财产设定抵押完全是为了社会公共利益。但根据《担保法解释》(2000 年)第 53 条的规定,学校、幼儿园、医院等以公益为目的的事业单位、社会团体,以其教育设施、医疗卫生设施和其他社会公益设施以外的财产为自身债务设定抵押的,人民法院可以认定抵押有效。

(4)所有权、使用权不明或者有争议的财产。对财产进行抵押属于一种处分行为,设定抵押,首先抵押人应保证对抵押财产有明确的所有权、使用权,他可以对抵押财产进行处分。否则便可能会因无权处分而引起纠纷。为避免这些纠纷的发生,《物权法》特别禁止以这些财产设定抵押。

(5)依法被查封、扣押、监管的财产。所谓查封是指法院或者行政机关将财产贴上封条,就地封存,不准任何人转让和处理的强制措施。扣押是指法院或者行政机关将财产运达另外场所加以扣留,在关权利主体在扣留期间不得占有、使用和处分被扣留的财产的强制措施。所谓监管是指海关对自进境起到办结海关手续的进口货物、保税货物和其他尚未办结海关手续的进出境货物进行监督、管理,对违反《海关法》和其他有关法律法规则规定进出境货物、物品等给予扣留的强制措施。依法被查封、扣押、监管的财产,权利人暂时丧失了对这些财产的处分权,既无处分权,当然不得在其上设定抵押了。

(6)法律、行政法规规定不得抵押的其他财产。比如禁止流通物便不可以抵押。

3.集合抵押

根据《物权法》第 180 条第 2 款的规定,抵押人可以将数项抵押财产一并抵押。将数项特定的财产一并抵押所成立的抵押即为集合抵押。集合抵押的特点在于抵押财产并非单个特定的财产,而是多个特定的财产。这多个特定的财产可以分别是不动产、动产或权利,以它们的共同价值来担保一个特定的债权的实现。因此集合抵押并非是在多个物上产生多个抵押权,而仅仅是把多个物视为一个整体而设立一个抵押权。抵押权人的抵押权及于这些物的全体。设定集合抵押时,当事人须将抵押财产制订抵押清单或财产目录清单。集合抵押可以实现为更大数额的债权提供担保的功能,同时在登记时只需要对财产目录清单上的全部财产作一个统一的登记即可,无须分别登记,这会大大提高登记的效率,减少抵押权的设立成本。

4.浮动抵押

根据《物权法》第 181 条的规定,经当事人书面协议,企业、个体工商户、农业生产经营者可以将现有的以及将有的生产设备、原材料、半成品、产品抵押,债务人不履行到期债务或者发生当事人约定的实现抵押权的情形,债权人有权就实现抵押权时的动产优先受偿。这是《物权法》对浮动抵押的明确肯定,是我国担保法律制度的一个新突破。之所以称浮动抵押,是因为抵押财产在设定抵押时并不确定,设定抵押之后抵押人仍然可以自由处分抵押财产,而且抵押财产中有的可以是将来可能产生的财产,所以到最终抵押财产确定之前,其总体价值一直处于上下浮动之中。

根据《物权法》的规定,可以设定浮动抵押的主体非常广泛,包括企业、个体工商户、农业生产经营者这几大类。可以设定浮动抵押的财产包括现有的以及将有的生产设备、原材料、半成品、产品。我国《物权法》规定浮动抵押的标的物仅限于动产,不包括不动产,也不包括用益物权、知识产权和其他权利。

所以严格说来，我国《物权法》所规定的浮动抵押应被称为“动产浮动抵押”。

动产浮动抵押权基于抵押合同的生效而生效，未经登记，不得对抗善意第三人。动产浮动抵押权成立后，抵押人仍然可以自由处分其抵押财产，即使经过登记，抵押权人也不得对抗正常经营活动中已支付合理价款并取得抵押财产的买受人。

尽管动产浮动抵押的抵押财产长期处于上下浮动之中，但如要实现抵押权，仍需对抵押财产加以确定，也即必须将浮动抵押转化为特定抵押，才可能会实现抵押权。浮动抵押转化为特定抵押的过程，在英国法上被称为“结晶”(crystallization)。根据《物权法》第 196 条的规定，动产浮动抵押的抵押财产在下列情形之一发生时确定：(1)债务履行期届满，债权未实现；(2)抵押人被宣告破产或者被撤销；(3)当事人约定的实现抵押权的情形；(4)严重影响债权实现的其他情形。

(二)抵押合同与抵押登记

我国《物权法》所规定的抵押权，均属意定抵押权。故而设立抵押权，当事人首先应当订立抵押合同。法律规定需要登记方可成立的抵押权，经过登记才可取得抵押权。

1.抵押合同

抵押合同是债权人和抵押人为抵押权的设立而订立的合同。抵押合同属于要式合同，当事人应当采取书面方式订立。抵押合同可以表现为在主债权合同中的一个或数个条款，也可以表现为在主债权合同之外独立订立的一个新合同。抵押合同一般包括下列条款：(1)被担保债权的种类和数额；(2)债务人履行债务的期限；(3)抵押财产的名称、数量、质量、状况、所在地、所有权归属或者使用权归属；(4)担保的范围。

以上条款为《物权法》所规定的倡导性的条款，而非强制性规定。实践生活中，当事人对抵押合同条款的约定远远要比这些条款丰富。既然是一种合同，当事人自然可以依意思自治原则对合同内容自由约定，对抵押合同效力的判断也准用于合同法的规定，《合同法》第 52 条的规定也同样适用于抵押合同。但除了《合同法》第 52 条所规定的合同无效的情形之外，《物权法》特规定了流押条款的禁止。根据《物权法》第 186 条的规定，抵押权人在债务履行期届满前，不得与抵押人约定债务人不履行到期债务时抵押财产归债权人所有，有此约定的，约定无效。之所以这样规定，其目的在于保护抵押人的利益，防止债权人利用债务人处于困境，急切需要抵押的状况，将价值远高于所担保债权的抵押财产通过流押条款而据为已有。

2. 抵押登记

由于我国物权法对基于法律行为设立的物权分别采取了不同的立法模式，有的采用了登记要件主义，有的采用了登记对抗主义。在抵押权的设定中，物权法主要采取了登记要件主义和登记对抗主义这两种立法模式。对采登记要件主义的抵押权，不经登记，抵押权便无从产生。对采登记对抗主义的抵押权，抵押权无须登记即可产生，但不经登记不得对抗第三人。无论是登记要件主义还是登记对抗主义，都与抵押财产的形态有关。一般而言，以不动产或在不动产上设定的用益物权作为抵押财产的，适用登记要件主义；以动产为抵押财产的，适用登记对抗主义。

具体而言，《物权法》对抵押权的设定采登记要件主义的情况主要包括：(1)以建筑物和其他土地附着物为抵押财产的；(2)以建设用地使用权为抵押财产的；(3)以招标、拍卖、公开协商等方式取得的荒地等土地承包经营权为抵押财产的；(4)以正在建造的建筑物为抵押财产的。在这四种情形下，抵押权自登记时设立，不登记抵押权不成立。

采登记对抗主义的情况主要包括：(1)以生产设备、原材料、半成品、产品为抵押财产的；(2)以正在建造的船舶、航空器为抵押财产的；(3)以交通运输工具为抵押财产的；(4)动产浮动抵押。在这四种情形下，抵押权自抵押合同生效时设立，当事人可以办理登记手续，不登记不得对抗善意第三人。

3. 抵押合同与抵押登记的关系

抵押合同与抵押登记是两种不同的法律行为，其法律效果也各不相同。在登记要件主义之下，抵押合同的生效，只在抵押人和债权人之间产生了一种债权关系。仅基于抵押合同，债权人尚不能取得抵押权人的身份，仅对抵押人享有请求权，而不对抵押财产享有支配权。而抵押人此时也只属于一般的债务人，其债务主要体现在应当依约提供抵押财产并办理抵押登记手续。抵押人不履行该义务，债权人虽不能取得抵押权，但可以要求抵押人按照合同法的规定承担继续履行即依约提供抵押财产并办理抵押登记手续、赔偿损失等违约责任。

《担保法》对不动产抵押曾有“不登记抵押合同不生效”的规定，这种规定未分清抵押合同与抵押登记之间的关系，在逻辑上以及在实践中造成重重矛盾。《物权法》则摒弃了这种规定方式，明晰了物权变动的合同与物权变动之间的关系。

在登记对抗主义之下，抵押合同生效则抵押权成立，抵押合同不生效，抵押权不成立。此时抵押登记仅仅起到增强抵押权效果的法律效力，而非抵押权成立的必要条件。

（三）抵押权的效力

1.抵押权对抵押权人的效力

(1)以不动产或用益物权抵押的，抵押权的成立会产生“地随房走”或“房随地走”的效力。具体而言，以建筑物抵押的，该建筑物占用范围内的建设用地使用权一并抵押。以建设用地使用权抵押的，该土地上的建筑物一并抵押。即使当事人未将上述财产一并抵押，未抵押的财产也视为一并抵押。这样就会避免因建筑物的所有权与建设用地使用权不一致而带来的各种矛盾和纠纷的发生。

(2)抵押权人不得单独转让抵押权。抵押权属于一种从权利，因此不能与主债权相分离而单独转让或者作为其他债权的担保。但抵押权会因为主债权的转让而一并转让，当然，法律另有规定或当事人另有约定的除外。

(3)抵押权人有权保全抵押权。当抵押人的行为足以使抵押财产价值减少的，抵押权人有权要求抵押人停止其行为。抵押财产价值减少的，抵押权人有权要求恢复抵押财产的价值，或者提供与减少的价值相应的担保。抵押人不恢复抵押财产的价值也不提供担保的，抵押权人有权要求债务人提前清偿债务。

(4)抵押权人对抵押权和抵押权顺位的处分权。抵押权人可以放弃抵押权或者抵押权的顺位。抵押权人与抵押人可以协议变更抵押权顺位以及被担保的债权数额等内容，但抵押权的变更，未经其他抵押权人书面同意，不得对其他抵押权人产生不利影响。债务人以自己的财产设定抵押，抵押权人放弃该抵押权、抵押权顺位或者变更抵押的，其他担保人在抵押权人丧失优先受偿权益的范围内免除担保责任，但其他担保人承诺仍然提供担保的除外。

(5)抵押权人的优先受偿权。当抵押权实现时，抵押权人对抵押财产的变价款享有优先受偿权。抵押权人的优先受偿权主要体现在如下几个方面：第一，抵押权人优先于普通债权人就抵押财产的变价款受偿；第二，在抵押财产被查封、被执行时，抵押权优先于执行权；第三，在抵押人宣告破产时，抵押权人享有别除权；第四，抵押权相互之间也存在优先顺序。

2.抵押权对抵押人的效力

(1)抵押人依然对抵押财产享有占有、使用的权利。不转移标的物的占有是抵押与质押和留置相区别的最重要的一个特征。抵押权成立后，抵押人仍然享有占有和使用抵押财产的权利。抵押人使用标的物的，不应以损害抵押权人的抵押权为目的，故意使抵押财产的价值降低。抵押人可以继续占有抵押财产也表明抵押人应当妥善保管抵押财产，不得侵害抵押财产，不得实施使抵押财产价值减少的行为，当第三人侵害抵押财产时，抵押人应及时行使物上请求权和损害赔偿请求权，以确保抵押财产的价值足以担保抵押权人的债权。

(2)抵押人对抵押财产的处分权。抵押权成立之后，抵押人对抵押财产仍然享有一定程度的处分权。这些处分权既包括事实上的处分权，也包括法律上的处分权。事实上的处分权如对抵押财产进行修缮、修理等。法律上的处分权如对抵押财产进行转让、出租、重复抵押、设定质押、设定用益物权等。但抵押人对抵押财产法律上的处分权的行使要受到诸多限制。

根据《物权法》第 191 条的规定，抵押期间，抵押人转让抵押财产的，应事先取得抵押权人的同意，其转让所得价款，应向抵押权人提前清偿债务或者提存。转让的价款超过债权数额的部分归抵押人所有，不足部分由债务人清偿。未经抵押权人同意，抵押人不得转让抵押财产，但受让人代为清偿债务消灭抵押权的除外。根据《物权法》第 190 条的规定，抵押权设立后，抵押人可以出租抵押财产。出租抵押财产不会从根本上使抵押财产的价值消灭或降低，因此物权法并未规定抵押人出租抵押财产时应取得抵押权人的同意。我国 1995 年的《担保法》已允许抵押人可以对抵押财产重复抵押。《物权法》沿袭了该制度，抵押人重复抵押的，无须取得抵押权人的同意。重复抵押之后，在同一抵押财产上便会产生数个优先顺序相异的抵押权人。根据《担保法》的规定，重复抵押应当在抵押财产大于所担保的债权的余额部分进行。但是现代各国理论和立法一般认为，只要债权人愿意接受，法律便没有必要对此加以禁止，否则，法律就没有必要对抵押权实现的顺位加以规定了。由于质押并不会降低抵押财产的价值，因此理论上一般认为抵押人可以对作为动产的抵押财产进行质押，由此便可能会在同一动产之上同时存在质权和抵押权两种担保物权。抵押人可以在抵押财产上再设定用益物权，这种情况主要发生在抵押财产为建设用地使用权或土地承包经营权的情况下。如甲在自己享有的建设用地使用权设定抵押权于乙之后又在其享有此权利的土地之上设定地役权于丙。

3.抵押权对第三人的效力

由于抵押权属于物权的一种，当然具有物权的绝对性和支配性。抵押权的绝对性体现在任何人不应侵害抵押权人的抵押权。但抵押权对第三人的效力又根据不同情况有所不同。总体来说，与抵押权人相对应的第三人包括侵权第三人、因法律行为而介入的第三人。

(1)抵押权对侵权第三人的效力。第三人不应以侵害抵押权人的抵押权为目的故意损害抵押财产和妨碍抵押权人行使抵押权。当第三人侵害抵押财产造成抵押财产价值降低或有造成抵押财产价值降低的可能时，如果抵押人不对第三人行使其权利，则抵押权人有权要求第三人停止侵害、消除危险、恢复原状。如果在抵押权实现过程中，第三人无正理由妨害抵押权人行使抵押权，抵押权人有权要求人民法院排除妨害。综合言之，抵押权的产生在一般第三人和抵押权人之间产生了一种绝对权关系，基于这种关系，一般第三人负有不得侵害抵押权的存在和行使的义务。

(2)抵押权对因法律行为介入的第三人的效力。在抵押权设立之前或设立之后，抵押人均有可能就抵押财产与第三人发生交易，这些交易如转让、出租、设定抵押、设定质押、设定用益物权等等。抵押权对交易第三人所产生的效力主要在于交易第三人是否可以以其基于交易所取得的权利对抗抵押权人，例如甲将其汽车抵押给乙之后又出卖给丙，则当乙对该汽车行使抵押权时，丙是否得以其所有权对抗乙的抵押权。

基于抵押财产转让而介入的第三人，须区分该第三人为买受人还是受赠人或继承人。如其为买受人，则根据《担保法解释》第67条的规定，抵押人转让抵押财产未通知抵押权人或者未告知受让人，如果抵押财产已经登记的，买受人不得对抗抵押权人，抵押权人仍可以行使抵押权。取得抵押财产所有权的受让人，可以代替债务人清偿其全部债务，使抵押权消灭。受让人清偿债务后可以向抵押人追偿。如果抵押财产未经登记的，则买受人可以对抗抵押权人，因此给抵押权人造成损失的，由抵押人承担赔偿责任。第三人依继承或者赠与而取得抵押财产的，该第三人不得以其所有权对抗抵押权人。

基于抵押财产出租而介入的第三人，即抵押财产的承租人，须区分抵押权成立前承租的承租人和抵押权成立后承租的承租人。如承租人在抵押权成立前即已取得租赁权，则其租赁权不受影响，承租人仍享受“买卖不破租赁”带来的优惠，即使抵押权人实现其抵押权，也不得终止租赁合同；承租人仍然享有优先购买权，即使抵押权人实现其抵押权，承租人仍然享有优先购买权。这是因为承租人承租在先，又由于其取得的承租权和优先购买权虽属债权但均具有物权的效力，因此会受到法律的有力保护；而后取得抵押权的人在取得抵押权时即已了解该标的物上所存在的租赁负担，他仍然接受该财产为抵押财产则表明他愿意承受这种负担并愿意承担因为这种负担可能给他带来的不利后果。如承租人在抵押权成立后取得租赁权，他便不得以其租赁权对抗抵押权人。具体而言，当抵押权人实现其抵押权时，承租人不再受“买卖不破租赁”规则的保护，不再享有优先购买权。但是需注意，如果抵押财产为动产且未设立抵押登记，由于《物权法》对动产抵押采取的是登记对抗主义，那么即使是抵押权设立在先，租赁在后，那么承租人也可以其善意第三人的身份对抗抵押权人。

基于重复抵押而介入的第三人，如果设定在先的抵押权已登记，后设定的抵押权也登记的，则设定在后的抵押权人无权对抗设定在先的抵押权人。如果设定在后的抵押权经过登记，而设定在先的抵押权未经过登记，则设定在后的抵押权人有权对抗设定在先的抵押权人，即先于设定在先的抵押权人对抵押财产的变价款受偿。

基于设定质押而介入的第三人，即质权人，如果抵押权未经登记，则质权人有权对抗抵押权人，如果抵押权已经登记，则质权人无权对抗抵押权人。

基于设定用益物权而介入的第三人，不得基于其用益物权对抗抵押权。根据《物权法》第 165 条的规定，土地承包经营权、建设用地使用权等抵押的，在实现抵押权时，地役权一并转让。

(3)抵押权对基于事实行为或自然事实而介入的第三人。根据《担保法解释》第 62 条的规定，抵押财产因附合、混合或者加工使抵押财产的所有权为第三人所有的，抵押权的效力及于补偿金。也就是说第三人可以以其基于添附而取得的对抵押财产的所有权对抗抵押权人的抵押权。

4.抵押权的效力所及抵押财产的范围

(1)抵押财产的孳息。根据《物权法》第 197 条的规定，债务人不履行到期债务或者发生当事人约定的实现抵押权的情形，致使抵押财产被人民法院依法扣押的，自扣押之日起抵押权人有权收取该抵押财产的天然孳息或者法定孳息，但抵押权人未通过应当清偿法定孳息的义务的除外。需要注意的是，并非抵押权的效力及于抵押财产在任何时候所产生的孳息。在抵押权成立之后到抵押权实现之前这一段时间所产生的孳息，由于与原物已经分离而成单独的物，故而抵押权的效力不能及于这些孳息。可见抵押权及于抵押财产的孳息并非常态，而需具备两个条件：第一，发生了实现抵押权的情形；第二，抵押财产被人民法院扣押。

(2)抵押财产的从物。根据《担保法解释》第 63 条的规定，抵押权设定前为抵押财产的从物的，抵押权的效力及于抵押财产的从物。但是，抵押财产与其从物为两个以上的人分别所有时，抵押权的效力不及于抵押财产的从物。可见抵押权的效力及于抵押财产的从物也需具备一定条件，包括：第一，抵押财产的从物在抵押权设定之前即已经成为抵押财产的从物，而非设定之后成为其从物；第二，抵押财产及其从物均为抵押人所有，而非由不同的人分别所有。

(3)抵押财产的添附物。根据《担保法解释》第 62 条的规定，抵押财产所有人为附合物、混合物或者加工物的所有人的，抵押权的效力及于附合物、混合物或者加工物；第三人与抵押财产所有人为附合物、混合物或者加工物的共有人的，抵押权的效力及于抵押人对共有物享有的份额。可见，抵押权的效力及于抵押财产的添附物需具备如下两个条件：第一，添附物为抵押人所有而非第三人所有；第二，当添附物为抵押人与第三人共有时，抵押权的效力仅及于抵押人对共有物所享有的份额而非共有物的全部。另需注意，建设用地使用权抵押后，该土地上新增的建筑物不属于抵押财产。该建设用地使用权实现抵押权时，应当将该土地上新增的建筑物与建设用地使用权一并处分，但新增建筑物所得的价款，抵押权人无权优先受偿。

(4)抵押财产的代位物。这主要基于抵押权的物上代位性。所谓抵押财产的代位物，又称抵押财产的代替物，指的是因抵押人对抵押财产的权利灭失，抵押财产转化成的其他价值形态。抵押权的效力及于抵押财产的代位物的制度表现是：根据《担保法解释》第 80 条的规定，在抵押财产灭失、毁损或者被征用的情况下，抵押权人可以就该抵押财产的保险金、赔偿金或者补偿金优先受偿。抵押财产灭失、毁损或者被征用的情况下，抵押权所担保的债权未届清偿期的，抵押权人可以请求人民法院对保险金、赔偿金或补偿金等采取保全措施。根据《物权法》第 191 条的规定，抵押期间，抵押人经抵押权人同意转让抵押财产的，应当将转让所得的价款向抵押权人提前清偿债务或者提存。转让的价款超过债权数额的部分归抵押人所有，不足部分由债务人清偿。

5. 抵押权所担保的债权的范围

抵押权所担保的债权的范围除当事人另有约定之外，包括主债权、利息、违约金、损害赔偿金以及实现抵押权的费用。这是《物权法》第 173 条所规定的担保物权的担保范围在抵押权中的具体表现。

(四)抵押权的实现

抵押权的设定，对其功能可进一步加以分析。对债务人而言，抵押权具有融资功能，通过抵押权的设定，可以使债务人的资金得以融通。对债权人而言，正如前文所述，抵押权具有担保功能，可以使债权人的债权实现得到保障。因此，从广义上来讲，抵押权自其设定之日起，其功能便得到了发挥，或者说，得到了一定程度的实现：债务人融通了资金，债权人的心理负担得到减轻，对其债权的实现有了一定的安全感。但从狭义上来讲，所谓抵押权的实现，仅指当发生了法定或约定的情况时，抵押权人得对抵押财产的变价款优先受偿。狭义上的抵押权的实现实质上是通过抵押权的行使使主债权得到实现。传统理论上所称的抵押权的实现,仅就其狭义而言。我国《物权法》第 195 条至第 202 条、《担保法》第 53 条至第 58 条对抵押权的行使作出了较为详细的规定。

1. 抵押权实现的条件

抵押权的基本功能在于担保债权的实现,"担保"意味着抵押权是一种债权效力的增强手段,也是债权依其常规不能得到实现时的一种补救措施,但非债的实现所必备的手段。只有依债权本身的效力尚不能使债权人的债权得到满足时,抵押权的实现才变得必要。因此并非所有抵押权都可能会最终得到实现,在抵押权实现之前如果债权人的债权得到清偿或因其他原因消灭,则抵押权本身基于其从属性,也会随之消灭。若抵押权无效或被抵押权人明示放弃,自然也谈不上实现。若债务尚未届履行期,则债权人的债权实现并未受到现实的威胁,还存在履行期届至债务人履行债务使债权人的债权得到实现的可能,所以此时也无理由实现抵押权。因此,抵押权的实现应具备相应的条件,概括而言,这些条件包括:(1)抵押权有效存在且不受限制。(2)债务人不履行到期债务或发生当事人约定的实现抵押权的其他情形。(3)债务人不履行债务并非由债权人的原因造成。

2. 抵押权实现的方式

根据《物权法》的规定,抵押权可通过抵押权人与抵押人协议实现,协议不成的,可以通过诉讼方式实现。通过协议方式实现抵押权的,其具体手段包括折价、拍卖、变卖;通过诉讼方式实现抵押权的,其具体手段包括拍卖、变卖,不包括折价。

(1)折价。债权人与抵押人通过协议商定抵押财产的价格,债权人以此价格取得抵押财产的所有权,此谓折价。抵押财产的价格低于未实现债权额的,未实现债权额与抵押财产的价格之间的差额转为债权人无担保的一般债权,债务人对此仍有义务偿还。抵押财产的价格高于未实现债权额的,对高于未实现债权额的部分,抵押权人应向抵押人予以补偿。折价只能通过当事人的协商进行,法院不得强行要求当事人对抵押财产进行折价。

(2)拍卖、变卖。拍卖抵押财产需要根据拍卖法的规定进行。由于拍卖是以公开竞价方式出卖抵押财产,这更容易使抵押财产的交换价值得到最大限度的体现,既有利于抵押权人,又有利于抵押人和债务人,唯其程序较为烦琐冗长,不如折价和变卖方式灵活便利。变卖是以公开拍卖以外的方式将抵押财产卖给第三人。对拍卖和变卖,均既可通过抵押权人与抵押人之间的协议进行,又可通过诉讼方式进行。

当事人通过协议方式实现抵押权的,其协议不得损害其他债权人的利益。

如有损害，其他债权人可以在知道或者应当知道撤销事由之日起一年内请求法院撤销该协议。

3. 抵押财产变价款的分配

抵押财产变价款的分配涉及两个问题，一个问题是这些变价款应先清偿哪些类型的债权，另一个问题是这些变价款应先清偿哪些类型的债权人。

第一个问题源于在抵押权实现过程中，会产生新类型的债权，而且不同类型的债权具有不同的优先效力。对这些债权的清偿顺序，如果当事人有约定，约定优先，如果没有约定，按下列顺序清偿：(1)实现抵押权的费用；(2)主债权的利息及迟延履行的利息；(3)主债权。对违约金、损害赔偿金、保管抵押财产的费用，《物权法》未明确规定其清偿顺序。我们认为，对保管抵押财产的费用应与实现抵押权的费用同列为第一顺序，对违约金和损害赔偿金，应列为第四顺序。

第二个问题源于同一财产可以向两个以上债权人抵押，并且抵押权的设定方式和时间会决定抵押权的顺位。根据《物权法》的规定，同一财产向两个以上债权人抵押的，拍卖、变卖抵押财产所得的价款依照下列顺序清偿：(1)抵押权已登记的，按照登记的先后顺序清偿；顺序相同的，按照债权比例清偿。当事人同一天在不同的法定登记部门办理抵押财产登记的，视为顺序相同。因登记部门的原因致使抵押财产进行连续登记的，抵押财产第一次登记的日期，视为抵押登记的日期，并依此确定抵押权的顺序。(2)抵押权已登记的先于未登记的受偿。(3)抵押权未登记的，按照债权比例清偿。抵押权人对其抵押权的顺位，既可以放弃，也可以协议变更，协议变更的，未经其他抵押权人书面同意，不得对其他抵押权人产生不利影响。

抵押财产的变价款在经历上述顺序的分配之后仍有剩余的，该余款归抵押人所有；如不足分配的，对未清偿的债务，由债务人偿还。

4. 抵押权实现的时间

作为物权的一种，抵押权是否也具有无期限性或长期性呢？我国《担保法》并未对抵押权实现的时间做出明确的规定。然而抵押权若一直效力如一，易使债权人怠于行使其权利，而使设于抵押财产上的负担永无解除之日，这对抵押人极不公平。故而，《物权法》在其第 202 条明确规定：抵押权人应当在主债权诉讼时效期间行使抵押权；未行使的，人民法院不予保护。

对诉讼时效的法律效果，历来有债权消灭说、诉权消灭说、胜诉权消灭说、抗辩权发生说等各种学说。我们同意抗辩权发生说，认为主债权经过诉讼时效，抵押权并不消灭，而仅仅是其法律效力降低，转化为一种自然权利。不仅抵押人享有了对抵押权人的抗辩权，在同一抵押财产上的其他利害关系人，如其他抵押权人、质权人、承租人等也都可以诉讼时效期间经过为由向该抵押权人主张抗辩。法院对抵押权人实现抵押权的诉讼请求不予支持。但如果债务人及其他利害关系人放弃抗辩权，抵押权人实现其抵押权的，仍然有效。

三、最高额抵押权

（一）最高额抵押权的概念与特征

最高额抵押是以抵押财产在最高额限度内，对将来一定期间内连续发生的不特定债权提供的抵押担保。最高额抵押中的抵押权人所享有的抵押权即为最高额抵押权。在连续性的买卖合同或贷款合同中，最高额抵押发挥着重要的担保作用，它大大简化了抵押程序，方便了当事人，促进了资金融通。例如甲在一年内要多次向乙购买同种类货物，由于资金不足，难以在每次交易中都能交足现款。甲便以自己一座楼房抵押给乙，约定该楼房在1000万元的范围内担保在这一年内所欠乙的货款。若该年度内甲共向乙购货12次，共欠货款1800万元，则该栋楼房只担保其中的1000万元，超出的800万元不在担保之列。若所欠货款共600万元，则该栋楼房仅担保这600万元货款，即使甲公司因为其他原因欠乙公司债务，如果没有约定，该栋楼房也不对其予以担保。并且，不论该年度内发生过多少次购货交易，甲只需要和乙签订一次抵押合同，设立一次抵押登记，而非对每笔交易分别签订抵押合同和分别登记。与一般抵押权相比较，最高额抵押权有如下特征：

1. 最高额抵押权所担保的债权并非事先确定，而是事后确定

一般抵押权所担保的债权，在抵押权产生时其数额即已确定，而最高额抵押权所担保的债权，在抵押权设定时债权并未确定，甚至并未实际发生。直到发生了法定或约定的抵押权实现的情形时，其数额才确定。

2. 最高额抵押权所担保的债权是未来一段时间内连续发生的数个债权

一般抵押权所担保的债权是一个特定的债权。而最高额抵押权所担保的是在一段时间内连续发生的多个债权。当然，根据《物权法》第203条第2款的规定，最高额抵押权设立前已经存在的债权，经当事人同意，可以转入最高额抵押担保的债权范围。

3. 最高额抵押权所担保的债权数额有一个最高限额，而且该限额在债权实际发生前即已确定

一般抵押权因其担保的债权数额在抵押权设定时就是确定的，因此谈不上最高限额的约束。而在最高额抵押权设定时，债权尚未发生或尚未全部发

生，到最终决算债权额时，该债权额既可能高于约定的最高限额，也可能低于该最高限额。如果实际发生的债权额高于最高限额，则高出部分并不在最高额抵押担保的范围之内；如果低于最高限额，则该抵押权仅担保实际发生的债权额。

4. 最高额抵押权所担保的债权种类具有局限性

对一般抵押权而言，其所担保的债权主要基于交易发生的债权，也可以是基于侵权行为、不当得利、无因管理等法定之债所转化而来的意定债权。但最高额抵押权所担保的债权仅限于借款合同和基于其他交易发生的债权。如我国《担保法》第 60 条规定：借款合同可以附最高额抵押合同。债权人与债务人就某项商品在一定期间内连续发生交易而签订的合同，可以附最高额抵押合同。

（二）最高额抵押权的变动

我国《担保法》曾规定最高额抵押权所担保的主合同债权不得转让，但这种规定限制了当事人的自由意志，并且与《合同法》关于合同债权转让的规定不相吻合。《物权法》则肯定了最高额抵押权所担保的主合同债权可以转让。如果主合同债权在抵押决算之后转让的，因此时的最高额抵押权已转化为一般抵押权，则其转让适用一般抵押权的转让规则，无论主债权全部转让或部分转让，相应的抵押权也随之转让。而主合同债权在抵押决算之前部分转让的，除当事人另有约定的之外，最高额抵押权不得转让。这是因为在主债权数额决算前最高额抵押权与被担保债权中的个别债权无一一对应的担保关系，在主债权额尚未确定的情况下，其从属性无法通过对每笔债权加以区分的方式得到体现。

另据《物权法》第 205 条的规定，最高额抵押担保的债权确定前，抵押权人与抵押人可以通过协议变更债权确定的期间、债权范围以及最高债权额，但变更的内容不得对其他抵押权人产生不利影响。

（三）最高额抵押权的实现

最高额抵押权的实现，需首先确定实际发生的债权额，如果该债权额高于约定的最高限额，约定的最高额即为抵押权所担保的债权数额；如果该债权额低于约定的最高额，则以该实际发生的债权额为抵押权所担保的债权数额。根据《物权法》第 206 条的规定，有下列情形之一的，抵押权人的债权确定：

1. 约定的债权确定期间届满

债权确定期间又被称为“决算期”，决算期是确定最高额抵押权实际所担保的债权额的时间。在决算期届至之后发生的债权，即使是决算期届至之前所发生的实际债权额未达到约定的最高限额,也将不被计入被决算的债权额之内。

2.没有约定债权确定期间或者约定不明确,抵押权人或者抵押人自最高额抵押权设立之日起满两年后请求确定债权

当事人对决算期未有约定或约定不明,则最高额抵押权所担保的债权额一直不能确定,抵押权也因此一直处于不确定状态;同时这对抵押人也非常不利,因为时间越长,发生的债权次数越多,抵押财产所担保的实际债权额可能就会越接近最高额。因此物权法特规定债权确定请求权以对此问题加以解决。须注意的是,债权确定请求权的行使应符合如下要点:(1)当事人未约定决算期或对决算期约定不明;(2)可以行使债权确定请求权的主体既可以是抵押权人,也可以是抵押人;(3)债权确定请求权应在最高额抵押权设立之日起满两年之后行使。

3.新的债权不可能发生

新的债权不可能发生时,即应对已发生的债权进行决算。新的债权不可能发生会基于多种原因。如甲与乙订立长期供货合同,卖方乙有严重违约行为,如其某批所供货物不符合约定的要求,则买方甲有可能依约行使解除权,使该合同不溯及既往地被解除,此时即应对合同被解除之前所发生的债权额进行决算,即使此时约定的决算期尚未到来。

4.抵押财产被查封、扣押

此种情况下,被查封、扣押的抵押财产通常会被拍卖,如果此时不对债权额进行决算,最高额抵押权也就不能特定化,从而会影响该抵押权的实现。因此,抵押财产被查封、扣押的,自被查封、扣押之日起,最高额抵押权所担保的债权即确定。

5.债务人、抵押人被宣告破产或者被撤销

债务人、抵押人被宣告破产或者被撤销的,将不能再从事新的业务,因此,于债务人或者抵押人被宣告破产或者被有关机关作出撤销决定之日起,抵押权人的债权即应确定。

6.法律规定债权确定的其他情形

当最高额抵押权所担保的债权额确定之后,最高额抵押权就转化成为一般抵押权,其实现也按照法律关于一般抵押权实现的规定进行。

第三节 质 权

一、质权概述

(一)质权的概念与特征

所谓质权,是指债权人所享有的,得占有债务人或第三人向其提供的财产,当债务人不履行债务或者发生当事人约定的情形时,得对该财产的变价款优先受偿的权利。在质权法律关系中,向债权人提供财产的债务人或第三人称为出质人,债权人称为质权人,所提供的财产称质押财产。

质权具有担保物权所共同具有的各种法律特征。除此之外,与抵押权和留置权相比较,可进一步总结质权的特征如下:质权为约定担保物权,而非法定担保物权。这使得质权有别于留置权;质权的标的物可为动产和权利,不可为不动产。这既不同于抵押权,又不同于留置权。抵押权的标的物可以是不动产、动产、权利,留置权的标的物则仅限于动产;质权的成立条件不同于抵押权和留置权。除要有质押合同之外,以动产设定质权的,自动产交付时起质权成立。以权利设定质权的,自权利凭证交付时起质权成立;没有权利凭证的,自有关部门办理出质登记时起成立。而抵押权的成立不以转移标的物的占有为要件,留置权的成立则不需要当事人事先达成一致协议;质权的内容不同于抵押权和留置权。质权除了变价处分、优先受偿等内容外,还具有对质押财产的占有、留置等内容。

(二)质权的分类

对质权,依学理和不同立法例,可作出各种分类。依质押财产的不同,可分为动产质权、不动产质权、权利质权;依质权所适用的法规的属性,可分为民事质权、商事质权、营业质权;依质权的内容不同,可分为占有质权、收益质权、归属质权。

我国立法把质权分为动产质权和权利质权。所谓动产质权是指以动产为标的物所设立的质权;所谓权利质权是指以财产权利为标的物所设立的质权。权利质权是从动产质权派生出来的,法律对权利质权有特别规定的,优先适用其规定,无特别规定的,准用法律关于动产质权的规定。

二、动产质权

(一)动产质权的特征

《物权法》明确规定物包括不动产和动产,另外还规定权利也可以成为物权的客体。这就表明动产与权利是两种不同的物权客体类型,可作为物权客体的权利本身并不属于动产的范畴。动产质权的标的物必须是动产,而不能是不动产和权利。在不动产之上不可以设定质权,在权利之上虽可设定质权,但其为权利质权而非动产质权。动产质权作为质权的一种,也需公示,其公示方式即转移占有。若当事人之间仅达成质押合同,而未转移质押动产的占有,则质权人仍然不享有质权。《物权法》第 209 条规定,法律、行政法规禁止转让的动产不得出质。法律、法规禁止转让的动产即为不可流通的动产,如军火、毒品、国有文物等等。

(二)动产质权的设立

《担保法》和《物权法》的规定,动产质权的设立需依法律行为为之。包括质权合同的订立和质押财产的交付。

1.质权合同

质权合同由出质人和债权人共同签订。出质人既可以是债务人,也可以是第三人。质权合同为要式合同,应采取书面形式订立。质权合同既可以表现为主债权债务合同中的一个或数个条款,也可以表现为在主债权债务合同之外另行订立的独立的合同。质权合同一般应包括下列条款:

(1)被担保债权的种类和数额。被担保债权的种类主要是基于交易发生。但如果基于侵权、无因管理、不当得利等原因产生债权,当事人之间达成具体赔偿协议或返还协议的,设定动产质权予以担保应属法律允许。被担保债权的数额不一定就是债权人对债务人所享有的全部债权额,如果债权人对债务人的债权额为 1 万元,当事人约定质权担保的债权额为 5000 元也无不可。质权所担保的债权,既可以是已发生的债权,也可以是将来可能发生的债权。对此,《物权法》规定,出质人与质权人可以协议设立最高额质权,对最高额质权,除适用法律关于质权的规定之外,准用《物权法》关于最高额抵押权的规定。

(2)债务人履行债务的期限。由于质权的实现多以债务人不履行到期债务为条件,因此明确债务人履行债务的期限对质权的行使至关重要。

(3)质押财产的名称、数量、质量、状况。质押财产应为特定的一件或数件动产,当事人对质押财产的有关情况予以明确,有利于避免将来在质权实现和返还质押财产时产生纠纷和矛盾。动产质押中,质押财产应为既存财产,不能为未来财产。如果一定种类和数量的金钱被包封或通过其他方式特定化,那么这些被特定化了的金钱也可以成为动产质押的标的物。

(4)担保的范围。当事人可以对质权担保的范围自行约定,如无约定,应适用《物权法》关于担保物权的担保范围的一般规定,其范围包括主债权、利息、违约金、损害赔偿金、保管质押财产和实现质权的费用。

(5)质押财产交付的时间。质押财产的交付为质权成立的必备要件,因此当事人应在质权合同中加以明确。对质押财产交付的时间进行约定,实际上是对出质人的交付义务的明确和强调。如期向债权人交付质押财产是出质人基于质押合同所负担的最重要的义务。

除上列条款之外,当事人完全可以自由约定其他法律所不禁止的事项。但无论是在质权合同订立时,还是订立后,根据《物权法》的规定,质权人在债务履行期届满前,不得与出质人约定债务人不履行到期债务时质押财产归债权人所有。这被称为"流质契约之禁止"。对质权合同,除《物权法》和《担保法》的相关规定之外,准用合同法的有关规定。

2. 质押财产的交付

动产质权的成立,以质押财产的交付为必要条件。质权自出质人交付质押财产时成立,而非自质权合同生效时成立。交付质押财产为出质人的一项义务,若出质人未交付或未按时交付,造成质权人损害的,出质人应承担相应责任。此处之"交付"可为现实交付,也可为简易交付和指示交付,但不可为占有改定,因占有改定未将质押财产实际转移控制于质权人。如果质权合同中对质押财产约定不明,或者实际交付的质押财产与质权合同约定的质权财产不完全一致,而质权人接受的,质权的标的物以实际交付的财产为准,而非以质权合同中约定的财产为准。动产质权的效力及于质押财产的从物。但是,从物未随同质押财产移交质权人占有的,质权的效力不及于从物。

(三)质权人的权利与义务

1. 占有质押财产的权利

占有质押财产,不仅是质权人取得质权的条件,也是其质权存续的条件。基于对质押财产的占有,质权人可以享有占有人的权利。因不可归责于质权人的事由而丧失对质押财产占有的,质权人可以向不当占有人请求停止侵害、恢复原状、返还质押财产。

2. 收取孳息的权利

如果当事人未就收取孳息有明确约定,收取孳息的权利归质权人。但需注意,质权人所享有的仅仅是收取孳息的权利,而非对孳息享有所有权。收取的孳息应先充抵收取孳息的费用。质权的效力及于此孳息。

3.保全质权的权利

因不能归责于质权人的事由可能使质押财产毁损或者价值明显减少,足以危害质权人权利的,质权人有权要求出质人提供相应的担保;出质人不提供的,质权人可以拍卖、变卖质押财产,并与出质人通过协议将拍卖、变卖所得的价款提前清偿债务或者提存。

4.转质的权利

所谓转质是指质权人将质押财产设定质押于第三人。根据《担保法》和《物权法》的规定,质权人对质押财产可以转质,但须同时具备如下条件:(1)转质应在质权存续期间为之。(2)转质应为质权人为担保自己的债务而设。(3)转质必须经出质人同意,未经出质人同意的,转质无效,但第三人善意取得质权的除外。转质未经出质人同意,对因转质造成质押财产的毁损、灭失,质权人应当向出质人承担赔偿责任。(4)转质应当在原质权所担保的债权范围之内进行,超过的部分不具有优先受偿的效力。

5.放弃质权的权利

质权人可以放弃质权。债务人以自己的财产出质,质权人放弃该质权的,其他担保人在质权人丧失优先受偿权益的范围内免除担保责任,但其他担保人承诺仍然提供担保的除外。

6.就质押财产的变价款优先受偿的权利

就质押财产的变价款优先受偿是质权的核心内容。债务人不履行债务或发生当事人约定的实现质权的情形,质权人可以与出质人协议以质押财产折价,也可以就拍卖、变卖质押财产所得的价款优先受偿。质押财产折价或者变卖的,应当参照市场价格。质押财产折价或拍卖、变卖后,其价款超过债权数额的部分归出质人所有,不足部分由债务人清偿。

在质押财产灭失、毁损或者被征用的情况下,质权人可以就该质押财产的保险金、赔偿金或者补偿金优先受偿。如果质押财产灭失、毁损或者被征用时,质权所担保的债权未届清偿期的,质权人可以请求法院对保险金、赔偿金或者补偿金等采取保全措施。

7.不得擅自使用、处分质押财产的义务

质押财产仅以其交换价值担保债权人债权的实现,其功能在于担保,而非向质权人提供使用收益的机会,因此质权人不得擅自使用、处分质押财产。但如果取得出质人的同意,质权人则可以在出质人同意的范围内进行使用、处分,典型的处分行为如转质、出租。

8.妥善保管质押财产的义务

由于质权成立后，质押财产处于质权人的实际控制之下，因此质权人应当对质押财产进行保管。质权人应尽到善良管理人的义务，这相当于有偿保管合同中保管人的义务，而非一般的保管义务。未尽到该义务造成质押财产毁损、灭失的，出质人可以要求质权人将质押财产提存，或者要求提前清偿债务并返还质押财产。

9.返还质押财产的义务

如果质权消灭而质押财产仍然存在，则质权人继续占有质押财产便无法律依据，故应将其返还给出质人。质权人返还质押财产的义务一般发生于以下几种具体情形：(1)债务人履行债务，而且所履行的债务数额等于或超过质押财产所担保的债务数额；(2)出质人提前清偿所担保的债权；(3)质权合同被解除、被撤销或被确认为无效。

(四)出质人的权利与义务

1.对质押财产的处分权

在将质押财产交付质权人占有之后，出质人仍然对质押财产享有所有权。基于这种所有权，他仍然可以对该质押财产行使处分权。出质人对质押财产的处分权仅体现为法律上的处分，不能为事实上的处分。出质人对质押财产的处分可以表现为将质押财产的所有权转让给第三人，将质押财产抵押给第三人等。

2.质押财产受损害时的救济权

出质人基于对质押财产享有的所有权，当质押财产受到损害或有受到损害的危险时，他可以采取各种方式予以救济。对质押财产的损害既可能来自质权人，也可能来自第三人。来自质权人的损害主要表现为以下几种情形：(1)质权人未经出质人同意，擅自使用、处分质押财产(如转质)，此时，出质人有权要求质权人停止使用和处分行为、恢复原状、赔偿损失等。(2)质权人未尽到妥善保管义务，致质押财产受到损害。此时，出质人有权要求质权人赔偿损失。(3)质权人故意损害质押财产。无论是哪种情形，只要质权人的行为可能使质押财产毁损、灭失，出质人均可要求质权人将质押财产提存，或者要求提前清偿债务并返还质押财产。但出质人应负质权人侵害质押财产的举证责任。

如果对质押财产的侵害来自第三人，则尽管质权人基于占有可以向第三人主张返还原物、排除妨害、消除危险、赔偿损失等请求权，出质人基于其所有权也不丧失这几种请求权。换句话说，如果质权人不行使上述几种请求权，出质人仍然可以以所有权人的名义行使这些权利。

3.请求实现质权的权利

当债务人为出质人时,其债务履行期限届满,债务人可能宁愿以丧失质押财产为代价而不愿履行债务。若出质人为第三人,当债务人不履行到期债务时,由于质押财产的价值可能远远超过所担保债权的价值,如果债权人迟迟不行使质权,第三人便一直不能得到该部分价值,这对第三人颇为不利。又由于质押财产在质权人的控制之中,是否实现质权,采取何种方式实现质权多有赖于质权人的行动。当其怠于行使质权时,如不赋予出质人相应的权利,则质押财产将无期限的处于质权人的控制之下,这不利于相关法律关系的稳定,不利于质押财产价值的实现,更不利于出质人的利益要求。因此,《物权法》在赋予质权人实现质权的权利的同时,也赋予出质人请求质权人实现质权的权利。根据《物权法》第220条的规定:出质人有权请求质权人在债务履行期届满后及时行使质权;质权人不行使的,出质人可以请求法院拍卖、变卖质押财产。出质人请求质权人及时行使质权,因质权人怠于行使权利造成损害的,由质权人承担赔偿责任。

出质人享有请求实现质权的权利,这一点与抵押关系颇为不同。抵押关系中,由于抵押财产为抵押人所占有,尽管抵押权为对世权,但如果没有抵押人的配合与支持,抵押权仍然难以实现,因此抵押关系中,并没有必要赋予抵押人请求实现抵押权的权利。

4.对债务人的追偿权和报酬请求权

这两种权利仅发生于出质人为非债务人的情形。根据《物权法》第176条第2句的规定,提供担保的第三人承担担保责任后,有权向债务人追偿。当质权人实现其质权时,相当于出质人在质权担保的范围内代债务人向债权人为清偿,而所清偿债务本非出质人所负。基于利益平衡的要求,此时出质人便成为债务人新的债权人,得要求债务人向其清偿因质权实现而给他带来的实际损失。不仅如此,由于出质人向债权人提供质押,是为了债务人的利益,债务人理应予以回报,因此实践中出质人多会要求债务人向其支付一定报酬。如果债务人与出质人对报酬有约定的,则不管质权是否最终被实现,出质人都有权要求出质人按照约定向其支付报酬。

5.对质权人的抗辩权

如果质权所担保的债权被撤销、宣告无效、延期或者因提存、清偿、混同等原因而消灭,则质权的存在或实现条件均受其影响。在上列情形下,不论出质人是债务人本身还是第三人,均可以此对质权人实现质权提出抗辩。如果出质人为第三人,则即使债务人放弃了上述抗辩权,第三人仍可以行使该权利。

6. 质押财产返还请求权

质押财产返还请求权主要体现在两方面。一方面,如果质权因主债权消灭而消灭,则对质权人而言,有义务向出质人返还质押财产;对出质人而言,有权利要求质权人返还质押财产。另一方面,如果质权人实现质权时,质押财产的价值大于担保的债权额,则对超出部分,出质人有权要求质权人返还。

(五)动产质权的实现

对动产质权的实现,可以比照抵押权的实现来理解。但动产质权与抵押权毕竟为两种不同类型的担保物权,二者之间也存在若干差异。

动产质权的实现应符合一定的条件,包括:(1)主债务履行期限已届满债务人未履行债务。债务人未履行债务,既包括完全未履行,也包括部分未履行。至于债务人未履行债务是否有过错,在所不问。[①] (2)须债权人非因自己的原因未受清偿。如债权人无正当理由拒绝受领债务人的履行,此时,他便不能实现质权。(3)须质权人仍然享有质权。如果质权人放弃质权,则此时即使他仍然占有质押财产,由于其质权消灭,也不能实现质权。另外,质权人将质押财产交由出质人保管的,其质权也因丧失对质押财产的占有而消灭,质权不存,便谈不上质权的实现了。上述三个条件齐备,质权人方可实现质权。

当质权实现的条件齐备时,质权未必就当然实现。质权可以由出质人与质权人协议折价实现,也可以由质权人自行拍卖或变卖实现。当质权人怠于行使其质权时,还可以基于出质人的诉讼请求,通过诉讼方式实现。对质押财产折价或者变卖的,应当参照市场价格。由于质押财产处于质权人的控制之中,因此《物权法》未赋予质权人通过诉讼方式实现其质权的权利。相反,前文已述,为保护出质人的利益,《物权法》赋予出质人在质权人怠于行使其质权时的质权实现请求权。基于该权利,出质人既可以请求质权人及时实现质权,当质权人仍怠于行使其质权时,还有权通过诉讼方式请求法院拍卖、变卖质押财产。尽管如此,当质权人通过拍卖、变卖方式实现其质权时,仍应向出质人为通知义务。

对质权应在何期限内实现,《担保法》和《物权法》均未作明确规定。《担保法解释》第 12 条则规定:当事人约定的或者登记部门要求登记的担保期间,对担保物权的存续不具有法律约束力。担保物权所担保的债权的诉讼时效结束后,担保权人在诉讼时效结束后的两年内行使担保物权的,人民法院应当予以

---

① 郭明瑞:《担保法》,法律出版社 2004 年版,第 185 页。

支持。《物权法》关于抵押权的实现期间的规定对《担保法解释》第12条作了修正,而对质权的实现期间则仍未规定。由此可知《担保法解释》第12条对确定质权实现的期限仍然有效。对该条作反对解释可以推出:在质权所担保的债权的诉讼时效结束后2年内未行使质权的,质权应消灭,质权人再行使的,不能得到法院的支持。①

动产质权实现后,债务人的债务在质权实现的范围内消灭,质权人不再享有质权。质权实现,质押财产的变价款不足以完全使债权得到清偿的,不足部分由债务人偿还;其变价款超出债权的部分,应返还给出质人。出质人非为债务人的,质权实现后,出质人有权就其因质权实现所造成的损失向债务人追偿。

三、权利质权

(一)权利质权标的物的范围

所谓权利质权是指以财产权利为标的物所设立的质权。与动产质权相比,权利质权的最大特征在其标的物非为动产,而是权利。但并非所有的权利均可成为权利质权的标的物。若成为权利质权的标的物,应符合如下条件:(1)该权利为财产权而非人身权;(2)该权利为可以让与的权利;(3)该权利应有权利凭证或有特定机构管理。具体而言,根据《物权法》第123条的规定,债务人或者第三人有权处分的下列权利可以出质:汇票、支票、本票;债券、存款单;仓单、提单;可以转让的基金份额、股权;可以转让的注册商标专用权、专利权、著作权等知识产权中的财产权;应收账款;法律、行政法规规定可以出质的其他财产权利。

(二)各类权利质权的设立及其实现

1. 证券质权

以汇票、支票、本票、债券、存款单、仓单、提单出质的,当事人应当订立书面合同。质权自权利凭证交付质权人时设立;没有权利凭证的,质权自有关部门办理出质登记时设立。

汇票、支票、本票、债券、存款单、仓单、提单的兑现日期或者提货日期先于主债权到期的,质权人可以兑现或者提货,并与出质人协议将兑现的价款或者提取的货物提前清偿债务或者提存。

以汇票、支票、本票等票据出质或者公司债券出质的,出质人与质权人应

① 郭明瑞:《担保法》,法律出版社2004年版,第190页。

当为质押背书，没有背书记载“质押”字样，以票据或公司债券出质对抗善意第三人的，法院不予支持。

2.基金份额质权与股权质权

以基金份额、股权出质的，当事人应当订立书面合同。以基金份额、证券登记结算机构登记的股权出质的，质权自证券登记结算机构办理出质登记时设立；以其他股权出质的，质权自工商行政管理部门办理出质登记时设立。

基金份额、股权出质后，不得转让，但经出质人与质权人协商同意的除外。出质人转让基金份额、股权所得的价款，应当向质权人提前清偿债务或者提存。

3.知识产权质权

以依法可以转让的注册商标专用权、专利权、著作权等知识产权中的财产权出质的，当事人应当订立书面合同。质权自有关主管部门办理出质登记时设立。

知识产权中的财产权出质后，出质人不得转让或者许可他人使用，但经出质人与质权人协商同意的除外。出质人转让或者许可他人使用出质的知识产权中的财产权所得的价款，应当向质权人提前清偿债务或者提存。

4.应收账款质权

以应收账款出质的，当事人应当订立书面合同。质权自信贷征信机构办理出质登记时设立。应收账款出质后，不得转让，但经出质人与质权人协商同意的除外。出质人转让应收账款所得的价款，应当向质权人提前清偿债务或者提存。

5.不动产收益质权

根据《担保法解释》第97条的规定，可以以公路桥梁、公路隧道或者公路渡口等不动产收益权出质。以不动产收益权设定质权的，出质人与质权人应当签订书面质押合同，并向批准收费的主管部门办理出质登记。质权自登记之日起生效。

第四节　留置权

一、留置权的概念与特征

所谓留置权是指债务人不履行到期债务，债权人可以留置已经合法占有的债务人的动产，并有权就该动产优先受偿的权利。其中，债权人即为留置权人，占有的动产为留置财产。例如甲将其机器一台交由乙修理，修好以后，共计修理费2万元。甲想取回机器，但拒绝交付修理费。乙担心甲取回机器以后再向其索要修理费可能会变得更加困难，便可以扣留该机器，并要求甲在一定期限内付费。如果甲在此期限内仍拒绝支付修理费，则乙便可以处置该机器，在该机器的变价款中扣除2万元钱修理费、相关利息等归自己所有，将剩余款项返还给甲。在这一过程中，乙之所以可以先扣留甲的机器，当甲不偿还债务(修理费)时，又可以处置该机器，其原因就在于乙此时对该机器享有留置权。可见，所谓留置权，即权利人可对他人之物先“扣留”，后“处置”的权利。

留置权作为担保物权的一种，除具有担保物权共同具有的特征如从属性、不可分性、物上代位性等，与抵押权、质权相比，还具有如下特征：

1. 留置权具有法定性

留置权为法定担保物权，其发生事由直接基于法律的规定，而非基于当事人的约定。这一点与抵押权和质权均不相同。基于留置权的法定性，当事人之间并不需要像抵押权和质权的产生需订立“抵押合同”、“质权合同”那样，订立“留置权合同”。

2. 留置权的标的物只能是动产

这既不同于抵押权，也不同于质权。抵押权的标的物可以是不动产、不动产物权、动产；质权的标的物可以是动产、权利。而留置权的标的物只是动产，不可以是不动产和权利。

3. 留置权的标的物须与主债权债务具有牵连关系

留置权的标的物必须与主债权债务关系相关联，留置权人只能留置依主债权债务关系合法占有的债务人的动产。而抵押权和质权的标的物无须和主债权债务关系相关联，用何种财产作为标的物，完全由当事人在法定范围内自主约定。

二、留置权成立的条件

留置权的成立，须具备一定条件。对这些条件，大体上可分为积极条件和消极条件。

(一)积极条件

1. 须债权人合法占有债务人的动产

留置权的成立以占有标的物为前提，失去占有，留置权便无从产生。债权人占有债务人的动产往往基于合法的合同关系，如保管、运输、承揽等。债权人根据主合同占有的动产一般情况下应为债务人的动产，但是如果债权人合法占有债务人交付的动产时，不知债务人无权处分该动产的权利，他仍然可以取得留置权，此可称为“留置权的善意取得”。

2. 须债权已届清偿期债务人不履行债务

债权未届清偿期之前，尽管债权人已经取得了对标的物的占有，但此时的占有并非留置权中的“留置”，因为此时的占有是基于合同的性质应当占有，不占有，则债权人无法履行合同。此时的占有并不具有担保功能。当债权人完成其合同义务之后，通常情况下应当返还所占有的标的物，但由于债务人未向其履行到期债务，如果将标的物返还，他可能会为实现其债权而承担更大的风险，花费更多的成本。此时他便可以基于法律的规定而继续占有该标的物，即使债务人要求其返还，他也可以不返还，此即“留置”。可见，“留置”意味着“应当返还而依法可以扣留不予返还”。须注意的是，根据《担保法》解释第 112 条的规定“债权人的债权未届清偿期，其交付占有标的物的义务已届履行期的，不能行使留置权。但是，债权人能够证明债务人无支付能力的除外”。对此，可比照期前违约制度加以理解。

3. 须债权的发生与该动产有牵连关系

所谓牵连关系，是指债权的发生与债权人取得对该动产的占有是基于同一法律关系。如甲因保管合同取得对保管物的占有，当乙不履行支付保管费的义务时，甲便可留置保管物。此案中，甲取得要求乙支付保管费的权利和取得对乙的动产的占有均基于该保管合同，此时便可认定债权的发生与所留置的动产之间存在牵连关系。但也存在例外，根据《物权法》第 231 条的规定，债权人留置的动产，应当与债权属于同一法律关系，但企业之间留置的除外。企业之间的留置权被称为商事留置权，这里的企业包括公司、合伙企业、未公司化的国有企业、个人独资企业等等。商事留置权的成立条件比一般留置权的成立条件相对宽松，只要所留置的标的物与被担保的债权有一般的关联性即可，不要求二者均据同一法律关系发生。

4. 留置财产的价值应相当于债务的金额

一般情况下，留置财产的价值可以高于债务金额，也可以低于债务金额。但根据公平原则和效率原则，债权人所留置的财产不应过分高于其债权额。这一点突出地表现在标的物为可分物的情形。根据《物权法》第 233 条的规定：留置财产为可分物的，留置财产的价值应当相当于债务的金额。

（二）消极条件

1. 所留置动产非为法律规定或当事人约定不得留置的动产

并非在所有的情形下都可以成立留置权，如果某动产为法律规定或者当事人约定不得留置的，则债权人不得留置相关动产，而只能寻求其他的担保方式。基于法律规定不得留置的动产如海关监管的货物、禁止流通物如武器、弹药等。基于约定不得留置的情形，由当事人在留置权发生之前自由约定。根据《担保法解释》第197条的规定：当事人在合同中约定排除留置权，债务履行期届满，债权人行使留置权的，人民法院不予支持。

2. 对动产的留置不得与债权人的义务相抵触

《担保法解释》第111条规定：债权人行使留置权与其承担的义务或者合同的特殊约定相抵触的，法院不予支持。对此处"债权人所承担的义务"有不同的理解。我们认为，这里的所谓债权人的义务是指债权人依合同约定或法律的规定应承担的他种义务，而不包括其给付标的物的义务。因为若是指债权人的给付义务，则与留置权制度的本旨不符。由于债权人若留置财产与其承担的义务相抵触，而仍许债权人留置财产，则无异于许可债权人不履行其承担的义务，这有违诚实信用原则。因此，在留置财产与债权人承担的义务相抵触时，不成立留置权。如承运人负有将承运的物品运送到约定地点的义务，其不得以债务人未支付运费，而留置货物不予运送，因为这与其承担的运送义务相抵触。但承运人将货物运送到目的地后，尽管其负有应给付货物的义务，却得为运费等债权的受偿而留置货物。[①]

三、留置权的效力

（一）留置权人的权利

1. 占有留置物

占有留置物既是留置权成立的前提，也是留置权存续的必要条件。一旦丧失对留置物的占有，留置权也将随之消灭。这一点与质权人对质押财产的占有相同。基于占有，留置权人将享有占有人的各项权利，当其占有受到他人侵害时，有权要求他人停止侵害、恢复原状、返还原物等。留置权的效力及于从物，但是从物未随同留置物交付于债权人占有的，留置权的效力不及于从物。

2. 收取留置物的孳息

根据《物权法》第235条的规定，留置权人有权收取留置财产的孳息，但在留置权实现之前，该孳息的所有权仍归留置物的所有权人所有。留置权的效

① 郭明瑞：《担保法》，法律出版社2004年版，第228～229页。

力及于该孳息。此处的孳息既包括天然孳息,也包括法定孳息。所收取的孳息应先充抵收取孳息的费用,这一点尤其体现在法定孳息的收取过程中。

3. 请求偿还费用

留置权人有义务保管留置物,但是在留置期间所产生的各种必要费用,如保管费、修理费、维护费、饲养费等,他有权要求债务人承担。如果留置权最终得到实现,债权人的这些费用自然可以依《物权法》第 173 条的规定优先受偿;如果最终未通过实现留置权的方式使债权人的主债权得到满足,则对留置期间的各种费用,无法通过留置权的行使而优先受偿,债权人只能请求债务人偿还。但无论如何,留置期间对留置物的各种必要费用,最终都将由债务人承担。

4. 就留置物优先受偿

这是留置权的核心权利。当债务人在合理期限内仍不履行债务时,留置权人便可以通过折价、拍卖、变卖等方式对留置物的变价款优先受偿。

(二)留置权人的义务

留置权人主要有保管留置物、未经同意不得擅自使用、处分留置物和返还留置物的义务。对以上这三种义务,可参照前述质权人的相关义务加以理解。

四、留置权的实现

债务人不履行其到期债务,该情形仅可能促成留置权的成立而非实现,只有当债务人在宽限期内仍未履行债务时,留置权人才有权实现其留置权。因此,可把留置权实现的核心条件概括为:债务人在宽限期内仍未履行债务。根据《物权法》的规定,宽限期可以基于以下两种方式确定:第一,由留置权人与债务人约定;第二,当事人未约定或约定不明的,该宽限期由留置权人确定,但不得少于两个月,鲜活易腐等不易保管的动产除外。如果宽限期由留置权人确定,那么他应将该宽限期通知债务人。

在宽限期内债务人仍未履行债务,则可实现留置权。留置权的实现可以基于三种方式。一是留置权人与债务人协议折价,留置权人以协议价格取得留置物的所有权;二是留置权人将留置财产拍卖、变卖,就其变价款优先受偿;三是当留置权人怠于行使其留置权时,债务人可以请求其行使,仍不行使的,债务人可以请求法院拍卖、变卖留置财产。

留置财产折价或者变卖的,应当参照市场价格。留置财产折价或者拍卖、变卖后,其价款超过债权数额的部分归债务人所有,不足部分由债务人清偿。

五、留置权的消灭

留置权的消灭,除《物权法》第 177 条的规定的前三种具体原因之外,还有其独特的原因,包括:留置权人对留置财产丧失占有;留置权人接受债务人另行提供的担保。

第五节 担保物权的并存[①]

担保物权作为物权,也具有物权的优先性。前文已述,物权的优先性既体现为物权优先于债权,也体现为同为物权,其相互间也会因种类、设定方式、设定时间等的不同而有所不同。当同一物上同时存在数个担保物权时,也会存在相互间优先顺序的差异。这些差异将直接影响各担保物权人的利益。

一、数个抵押权并存

根据《物权法》第 199 条的规定,同一财产向两个以上债权人抵押的,拍卖、变卖抵押财产所得的价款依照下列顺序清偿:对于抵押权已登记的,按照登记的先后顺序清偿;顺序相同的,按照债权比例清偿。当事人同一天在不同的法定登记部门办理抵押物登记的,视为顺序相同。因登记部门的原因致使抵押物进行连续登记的,抵押物第一次登记的日期,视为抵押登记的日期,并依此确定抵押权的顺序。

对于抵押权已登记的先于未登记的受偿。这是因为已登记的抵押权具有更强的公示效力,其绝对性和排他效力、优先效力均更为明显。而未登记的抵押权由于不具有公示性,故其效力也会因此受到影响。

对于抵押权未登记的,按照债权比例清偿。这些多体现在抵押权的成立采取登记对抗主义的情形。此时,虽未经登记,但抵押权仍然存在,尽管其效力不如已登记的抵押权,但可以优先于一般债权人受偿。

---

① 对同一担保财产上同时存在数个担保物权的情形,多称其为“担保物权的竞合”。鉴于用“竞合”一语来概括数个担保物权并存于同一担保物上的情形是否妥当有进一步探讨的必要,在此我们不采用“担保物权的竞合”这一术语,而采用“担保物权的并存”这一表达方式。

二、抵押权与质权并存

对同一动产，可能会既存在抵押权，也存在质权。如甲将其汽车抵押于乙之后又质押于丙。抵押权与质权并存，可分为两种情形，一种情形是先抵押后质押，另一种情况是先质押后抵押。在先抵押后质押的情形中，如果该抵押权未经登记，则质权优先于抵押权；如果该抵押权已经登记，则抵押权优先于质权。在先质押后抵押的情形中，无论抵押权是否经过登记，质权均优先于抵押权。

三、抵押权与留置权并存

抵押权与留置权的并存只可能存在于动产之上。抵押权与留置权并存，也可分为两种情形：一种情形是抵押权与留置权均为担保财产的所有权人履行债务而成立，如甲将其汽车抵押于乙，后因欠丙汽车修理费不还，丙依法对该车取得留置权，则此时抵押权与留置权均为担保甲履行其债务而成立。此种情形下，不论是先留置后抵押，还是先抵押后留置；也不论抵押权是否经过登记，留置权均优先于抵押权。另一种情形是抵押权为留置权人经债务人同意而设。如甲依法对乙的汽车取得留置权，后甲经乙同意，将该车抵押于丙。此种情形下，不管抵押权是否经过登记，也不管抵押权所担保的债务为何人的债务，抵押权均优先于留置权。

四、质权与留置权并存

质权与留置权并存，也只可能存在于动产之上。虽然二者均以占有为前提，但是占有又有直接占有和间接占有之分，基于间接占有，质权人和留置权人仍不丧失其质权和留置权。如甲对乙的某件动产享有质权，后被丙抢夺，尽管此时甲暂时失去对该动产的直接占有，但由于他此时是间接占有该动产，所以他对该动产的质权仍不消灭。这对留置权也同样适用。

质权与留置权的并存也可分为两种情形：一种情形是第三人自留置权人处取得质权。例如甲对某动产享有留置权，该动产为乙所有，后甲经过乙的同意，将该动产出质给丙，以担保自己或他人债务的履行。此种情形下，质权优先于留置权。质权人通过善意取得方式取得质权的，亦同。另一种情形是第三人自质权人处依法取得留置权。例如甲对乙的某动产享有质权，后为更好的保管该动产，便将其交由丙有偿保管。后由于甲届期不履行支付保管费的义务，则丙可依法对该动产取得留置权。此种情形下，留置权优先于质权。

如果质权人或留置权人同意动产的所有权人将该动产质押给第三人，由于此时质权人或留置权人已丧失对该动产的占有，从而失去了其质权或留置权。因为该过程实际上可分解为两个步骤：其一，质权人或留置权人向动产的所有权人返还该动产；其二，动产的所有权人将该动产质押给第三人。此时在该动产上便只余下第三人所享有的质权，谈不上担保物权的并存，更谈不上哪一个担保物权更优先。如甲依法对乙的某动产享有留置权，后乙向甲表示欲将该动产质押于丙，甲同意并将该动产返还给乙或直接交付于丙，则此时甲丧失了对该动产的占有，其留置权也随之消灭，而丙则可因取得占有而享有质权。

五、数个质权并存

此种情形存在于质权人将质押财产转质于第三人的情形。例如甲依法对乙的某动产享有质权，后将该动产转质于丙，则该动产上，便存在两个质权和两个质权人，两个质权人分别是甲、丙。质权人转质的，其本身的质权并不消灭，这是因为转质是基于质权人的意思表示而发生的，质押财产仍处于质权人的实际控制之中。这大大不同于前面所提到的动产所有权人经留置权人或质权人同意将动产质押于他人的情形，因为后者是基于动产所有人的意思表示而发生的。前者质权人不丧失占有，后者留置权人和质权人则丧失了占有，二者法律后果当然不同。通过转质而取得的质权优先于原质权。

本章思考题：

1. 担保物权和用益物权有哪些区别？
2. 可以成为抵押标的的财产范围是什么？
3. 质权人和出质人的权利与义务各有哪些？
4. 留置权的取得应符合哪些条件？
5. 请思考担保物权属于债权、物权，还是其他性质的权利？
6. 案例分析

冯系养鸡专业户，为改建鸡舍和引进良种鸡需资金20万元。冯向陈借款10万元，以自己的一套价值10万元的音响设备抵押，双方立有抵押字据，但未办理登记。冯又向朱借款10万元，又以该设备质押，双方立有质押字据，并将设备交付朱占有。后因发生不可抗力事件，冯预计的收入落空，因此不能偿还借款而与陈、朱发生纠纷。诉至法院后，法院查证上述事实后又查明：朱在占有该设备期间，不慎将该设备损坏，送蒋修理。朱无力交付蒋的修理费 1 万元，该设备现已被蒋留置。请问：(1)冯与陈之间的抵押关系是否有效？为什么？(2)冯与朱之间的质押关系是否有效？为什么？(3)对该音响设备陈要求行使抵押权，朱要求行使质押权，蒋要求行使留置权，应由谁优先行使其权利？为什么？

第十七章

占 有

第一节 占有概述

一、占有的历史沿革与社会作用

占有制度为现代物权法一项重要制度,几乎所有的大陆法系国家都在民法中规定有占有制度,英美法系国家虽然没有成文规定,但同样给占有以保护。从法制史的角度看,近现代民法的占有制度实际上是罗马法上的占有与日耳曼法中的占有交互影响的产物。①

罗马法上的占有是对物的实际支配给予保护的制度,有无所有权或者其他本权在所不问。在罗马法,对物为事实支配的占有与对物为法律支配的所有权完全分离,法律对二者给予一体保护:占有人的占有受到侵害时,国家机关无须审查占有的应然状态,而只需以现有的占有状态为基础,通过"占有诉权"方式予以保护,其目的不在于保护权利,而在于通过保护占有的事实,达到维护社会和平与法律秩序的目的。

日耳曼法中占有为物权法的核心概念,占有虽然也是对物的事实支配状态,但这种支配状态通常是法律上对物的支配权的一种表现,被作为"权利外观",换而言之,在日耳曼法,占有与所有权并未严格区分,占有不是一种单纯的事实,而是一种权利。在这一意义之下,占有便具有了三种重要效力:权利

① 史尚宽:《物权法论》,中国政法大学出版社 2000 年版,第 525~527 页。

推定效力、权利移转效力及权利防御效力。

因而，占有制度在罗马法与日耳曼法有很大的不同：罗马法的占有制度就占有本身承认其效力，占有诉讼不涉及真实权利；日耳曼法的占有制度则与真实的支配权相结合，占有诉讼不仅须解决占有本身问题，而且也须解决占有物实际权利的归属问题。近现代各国民法确立的占有制度正是罗马法与日耳曼法两种不同占有制度的糅合：占有人的物上请求权、占有物的孳息收取权和费用偿还请求权主要来自于罗马法的占有制度；而权利推定效力、权利移转效力及善意取得，则主要来源于日耳曼法占有制度。与此相应，占有制度的社会作用也糅合了两种占有制度的作用，表现为：

1.保护占有的功能

“不公正胜于无秩序”，占有是对物的事实上的支配状态，不论其来源合法与否，一旦存在，占有人对物的支配关系具有一定程度上的稳定性，为了防止私人执法与暴力行为，任何人不得以私力改变占有的状态。占有制度正是通过对占有事实的保护来维护既存的社会秩序，从而达到维护法律秩序的目的。

2.表彰本权的功能

确立占有规则对判断是否发生交易和所有权是否发生移转具有重要作用。占有是最古老的权利公示方式，具有彰显既存权利的功能，并由此产生权利推定效力和权利移转效力，善意取得制度也得以在此基础上设立。

二、占有的含义及其构成

（一）占有的概念与特征

占有指的是对物事实上的控制与支配。在现代民法上，占有是独立于所有权及他物权的一项制度，其特征表现为：

1.占有以物为客体

作为一种事实状态的占有，表现为人对物的控制支配关系，这里的“物”指的是能够为人力所控制并具有价值的有体物，包括动产和不动产。与物权法客体有所不同的是，占有的客体不限于独立物，物的一部分或组成部分亦可成为占有的客体。如可占有一面墙壁作广告用。

2.占有人须对物有事实上的控制与支配力

“控制”指的是物处于占有人的管理或影响下；“支配”指的是占有人能够对物加以一定的利用，通常对动产的占有表现为控制，对不动产的占有表现为利用。

某人的控制与支配力是否及于某物，应依社会一般观念并结合空间关系、时间关系和法律关系决定，而非单纯依照物理上的接触与控制关系判断。“空间关系”指人与物在空间上有一定的、足以使他人认识的结合关系，如某人对堆放在自家院墙内的器具的占有。占有不以对物有物理上直接控制和支配为必要，依一般社会观念，只要某物并未脱离某人的控制与支配力，就认为该人与该物之间有事实上的结合关系，如土地房屋因使用而成立的占有。“时间关系”指人与物的关系在时间上须有相当的继续性，使他人能足以认为该物为该人事实上所控制与支配，短暂的控制不能成立占有。如客人使用主人家的餐具就餐只是暂时控制，只能成立持有。“法律关系”是指人与物有某种法律关系存在时，即使没有空间或时间上的结合关系，仍可有占有的成立。如借用关系中，所有人基于法律关系成立间接占有，借用人基于空间上和时间上的关系成立直接占有；在雇佣关系中雇主可以通过雇员实现对物的占有，雇员为辅助占有人。

3. 占有是一种法律所保护的事实

关于占有的性质，立法与理论上历来有事实说、权利说等不同观点。但无论是事实说还是权利说，均赋予占有一定的法律保护效力，因而多数国家将其规定为一种能发生一定法律效果的事实。我国民法学界通说认为占有是一种事实而非权利：占有仅体现人对物的支配控制关系，只要某人的控制与支配力在事实上及于该物，即成为占有人。占有合法与否、为谁占有均在所不问。我国《物权法》虽然没有对占有的概念作出界定，但从规定的内容看，采纳的是事实说。

（二）占有的构成

占有的成立除了须具备上述外部可以认识的对物的控制与支配力外，是否还需要占有的意思，这是民法学界最有争论的问题，有主观说、客观说和纯客观说等观点。[①] 我国民法采通说，认为占有人应当具备一种占有的意思，是一种有意识的占有，但并不需要是所有的意思，也不需要是为了自己的利益而占有。

与单纯对物的支配的持有不同，占有可以是观念上的占有，如间接占有，而持有为纯粹的空间关系，必须是对物的现实支配；占有可以移转、继承，并能以观念交付进行占有移转，持有较之于占有易于消灭，不能移转与继承；占有权利推定的效力，法律推定占有人对其占有物有合法的权利；而持有没有相类

① 张民安：《民法物权》，中山大学出版社 2002 年版，第 311～312 页。

似的推定；占有的客体以流通物为限，而持有的客体包括禁止流通物。[1]

三、占有的分类

依占有的不同状态，从学理上可以将占有分为不同的种类。

（一）有权占有与无权占有

这是依据占有人是否是基于本权而对物进行的占有所作的分类。所谓本权就是基于法律上的原因，而享有的包含占有物在内的权利，如所有权、租赁权、建设用地使用权、质权等。如果是基于本权而对物的占有则为有权占有，否则就是无权占有。如基于租赁权占有租赁物就是有权占有，但如果租赁合同被认定无效后对租赁物的占有即为无权占有。

无权占有人在权利人请求返还原物时负有返还的义务，而有权占有人则可以拒绝包括所有权人在内的他人的返还请求权。同时作为留置权的成立要件的占有必须是有权占有。

（二）善意占有与恶意占有

这是对无权占有的进一步分类，依据无权占有人是否误信有占有的权源所作的分类。占有人不知道或不应该知道自己没有合法权源的占有为善意占有；占有人知道或应该知道自己没有合法权源的占有为恶意占有。

一般认为，区分善意占有与恶意占有的意义在于：第一，不动产的时效取得期间不同：如依我国台湾“民法典”，不动产时效取得期间为 20 年，但占有之始为善意且无过失的，期间为 10 年；第二，动产的善意取得适用不同，只有善意受让占有才能依据善意取得制度取得动产的所有权或他物权，恶意占有的，不适用。第三，善意占有与恶意占有的效力有显著的不同，如占有人的收益取得权、损害赔偿责任、占有人的费用偿还请求权等均有不同规定。

善意与恶意为主观心理状态，难以从外部察知，所以法律推定占有为善意，除非有相反的证据证明为恶意。

（三）直接占有与间接占有

这是依据占有人是否直接控制和支配其物所作的分类。凡是直接对物有事实上的控制与支配力（管理力）的占有为直接占有；占有人不直接占有其物，而是依据一定的法律关系而享有返还请求权，因而具有对物的间接控制与支配的占有为间接占有。如借用关系中，借用人直接占有借用物，为直接占有人，出借人即为间接占有人。

---

① 谢在全：《民法物权论》（下），中国政法大学出版社 1999 年版，第 934 页。

间接占有与直接占有同时对立存在，相互之间的连接就是一定的法律关系，以及间接占有人对直接占有人所具有的占有物的返还请求权。间接占有的成立须具备一定的条件：

第一，间接占有为一种观念上的占有，在间接占有与直接占有之间须存在占有媒介关系。占有媒介关系包括租赁、保管、质押等合同关系，在这些媒介关系中，就同一物就发生了双重占有，如出质人为间接占有，质权人为直接占有。这种媒介关系的有效与否不影响间接占有的成立，如租赁合同无效后，出租人有权依据不当得利请求返还租赁物的占有。第二，占有媒介关系须为暂时性的，至于时限是否确定，则在所不问。第三，直接占有人须具有为他人占有的意思，即直接占有人承认间接占有人作为上位的占有人具有更强的法律地位。第四，间接占有人对直接占有人享有返还请求权。当媒介关系有效存在时，依据该媒介关系，当媒介关系无效时，间接占有人享有不当得利或基于所有权的返还请求权。

由于间接占有不以对物的事实上的控制与支配为必要，因此同一物上可以发生多层次的间接占有。

直接占有与间接占有是相互对立存在的概念，两者离开对方均不能独立存在或者存在也没有意义；间接占有人经由直接占有人维持其对物的事实控制与支配力，间接占有人仍属于占有人，适用占有规则；另外，间接占有的承认，使占有趋于观念化，就动产物权公示而言，观念交付成为可能，便捷了交易。

(四)自主占有与他主占有

这是依据占有是否具有所有的意思进行的分类。对物以所有的意思而占有的是自主占有；不以所有的意思，仅于某种特定关系支配物的意思的占有是他主占有。

自主占有中的“所有的意思”，是指以该物为自己的物而排斥他人占有的意识，不必是真正的所有人或者要求其自信为所有人。因此，所有人对其物的占有为自主占有，盗贼对于盗赃的占有、侵占人因为侵占取得的占有，亦为自主占有。占有是否为所有的意思属于主观状态，难以证明，所以法律上一般推定占有人为自主占有，占有人不必举证证明。至于如保管人对于保管物的占有，承租人对于租赁物的占有，质权人对于质物的占有等，其占有性质依据占有权源的性质判断，并无所有的意思，当然为他主占有，不适用上述推定。

作为所有权取得的时效要件的占有和先占要件的占有，应当是自主占有。另外，在占有物毁损、灭失时，自主占有人与他主占有人的责任范围不同。

（五）自己占有与辅助占有

这是依据对物进行实际控制与支配的人进行的分类。占有人自己对物进行实际上的控制与支配的为自己占有；基于特定的从属关系，受他人指示，而对物进行事实上的控制与支配的为辅助占有。如受雇主、师傅指示对物为实际控制与支配的受雇人、学徒等即为辅助占有人。辅助占有人仅仅是占有人的占有机关，依据占有的规定所享有的利益和应负担的不利益，原则上都由指示的人享有和负担。

在辅助占有关系中，指示人为直接占有人，而对物进行事实上的控制与支配的人为辅助占有人。辅助占有与间接占有一样不能独立存在，不过辅助占有人服从他人指示，而间接占有人无须听从他人指示，辅助占有人本身不是占有人，而间接占有人属于占有人，适用占有的有关规定。

通过创设辅助占有及辅助占有人的概念，占有人可以让他人代为对物进行实际的控制管领，但并不因此而使自己失去占有。

（六）无瑕疵占有与有瑕疵占有

这是依据占有是否有瑕疵进行的分类。善意且无过失、和平、公然、继续的占有为无瑕疵占有；具有恶意、有过失、强暴、隐秘、不继续的占有中的任何一种的占有为有瑕疵占有。在取得时效和善意取得制度中的占有，均必须是无瑕疵占有。

占有还可依据占有手段不同、占有方法不同、占有时间是否间断、就善意占有是否有过失等为标准分为和平占有与强暴占有、公然占有与隐秘占有、继续占有与不继续占有、无过失占有与有过失占有等。

四、准占有

准占有，又称权利占有，指以财产权为客体的占有。占有的客体仅限于物，但由于对权利具有的事实上的控制与支配力与对物的控制与支配力并无本质上的区别，因而各国及地区对此也准用占有的相关规定，给予保护。

准占有成立的条件包括：第一，准占有的标的物须是法律所允许的权利，我国通说认为应限于财产权。第二，准占有标的的财产权，须是不因物的占有而成立的财产权。包括地役权、抵押权、知识产权、股权、债权等。如因占有而成立的财产权，则可直接适用占有规则。第三，须事实上行使该权利。依一般社会观念，在外观上有使人信其为真正财产权人的情形即可，如持有电影票的人。

除不相容者外，准占有的效力准用有关占有的规则。其中关于权利推定效力、占有状态推定效力、期间的规定等，均可准用于准占有，不过占有物返还请求权等则不适用。

第二节　占有的取得、变更和消灭

一、占有的取得

(一)占有的原始取得

占有的原始取得是指不依据他人的占有而取得对某物的占有，包括动产和不动产。如对无主物的占有、遗失物的拾得等均为占有的原始取得。这种原始取得的原因，可以是事实行为，也可以是侵权行为；取得方法并不一定是要求对物直接施加自己的力量，只要将物置于自己的控制范围内，即可认为取得了对物的占有，如将物品放在家中，或者搁置在隐蔽的场所，都是占有了该物品。

占有的原始取得应符合占有的构成条件，即占有人有占有的意思，并具有外界可以察知的对物事实上的控制与支配。因此需要占有人具备自然意思能力，但通说认为并不要求具备民事行为能力。①

(二)占有的继受取得

占有的继受取得是指基于他人既存的占有而取得的占有。其主要方式是通过法律行为取得占有的让与或者继承取得占有。占有的移转，当事人须有移转占有的意思，而且经常与所有权或者其他占有物的权利(如质权)的设定或者让与同时进行。占有的移转还必须有占有物的交付，主要是现实交付，也可以是简易交付、占有改定。由于占有是对物的事实的支配，因此不论是动产还是不动产，都是依交付而移转占有。

占有可以依继承关系由被继承人移转于继承人。依据各国通例，因继承而取得的占有，既不以知悉继承事实的发生为必要，也无须事实上已控制支配该物或有交付行为，更不需要继承的意思表示。与一般占有的取得不同。②另外，依继承取得的占有，是权利义务概括继承的结果，因此继承人取得的占

① 史尚宽:《物权法论》，中国政法大学出版社 2000 年版，第 541 页。

② 谢在全:《民法物权论》(下)，中国政法大学出版社 1999 年版，第 958 页。

有，在种类、状态、瑕疵等方面，都与被继承人的占有相同。

二、占有的变更

占有的变更是指占有从一种类型转向另一种类型，主要包括：第一，有权占有失去其本权后仍为占有的，即转变为无权占有；第二，善意占有人在知道或者应该知道其占有没有合法根据时，转变为恶意占有；第三，他主占有人向使自己成为占有人的人表示了所有的意思时，他主占有转变为自主占有。

三、占有的消灭

占有的消灭，是占有人丧失了对物的事实上的控制、支配。这里的消灭，应指确定的丧失了对物的占有。如果仅仅是一时不能实行其管领、控制，如物被他人侵夺，占有并不必然丧失，仍可主张返还请求权要求回复占有。

占有消灭的原因因直接占有和间接占有有所不同。

由于直接占有是事实上对物的直接的控制与支配力，只要不存在事实上对物的控制与支配力，包括占有物的灭失，则占有消灭。消灭的原因可能是因为占有人自己的意思，如将礼物送给朋友，或借给朋友；可能是因为占有人意志以外的原因，如失窃、物因为地震而损毁等。

间接占有可因直接占有人的丧失占有、直接占有人不承认间接占有、丧失返还请求权等原因而消灭。由于间接占有需要与直接占有相互对应存在，直接占有不存在或者永久性不能回复直接占有，即意味着间接占有的丧失。

第三节　占有的效力

占有的效力是指占有所具有的法律上的证明力和强制力。

一、占有的权利推定效力

现代民法上，占有不仅是一种对物的事实上的控制与支配力，还是物权，尤其是动产物权的变动要件和“权利的外衣”，占有存在，通常以实质或真实的权利为基础。基于占有背后的这种真实权利存在的盖然性，各国大多规定占有人基于其占有行使某种权利时，推定占有人合法地享有该项权利。如占有人在物上行使所有权时，就推定其对该物享有所有权；行使的是租赁权，则推定其享有租赁权。

占有的权利推定效力的确立主要是为了保障交易安全与便捷，权利推定效力也是占有最主要的效力。其内容主要包括：其一，受权利推定的占有人，免除举证责任，占有人可以直接援用该推定对抗相对人。当然在相对人提出反证时，占有人为推翻该反证，仍须举证。其二，权利的推定不仅权利人自己可以援用，第三人也可以援用。如主张债务人占有的财产为其所有的财产而申请强制执行。其三，权利的推定一般是为占有人的利益，但也包括对占有人不利益的内容，如物的负担由推定为所有人的占有人负担。其四，权利的推定属于消极性的，占有人不得利用此项推定作为其行使权利的积极证明，如不得以占有的事实为依据要求对不动产进行登记。其五，一般认为权利的推定适用于动产和未登记的不动产。

二、占有状态的推定效力

占有状态不同，相应的法律效力各异，法律基于社会生活的一般情况，为占有人设各项推定，免除其举证责任。这种推定包括：推定占有人以所有的意思，善意、和平及公然占有；在占有的前后时间有占有的证据时，推定其在此期间为继续占有。

上述的占有状态的推定对取得时效制度具有重要意义，各国民法均规定，占有人须以所有的意思，善意、和平、公然并继续占有达到一定期限的，才能依据时效取得物的所有权。

三、占有物的使用与收益

占有物的使用与收益因有权占有和无权占有的区分而不同。

(一)有权占有中的占有物的使用与收益依据合同和法律规定处理

有权占有是有本权的占有，本权主要为合同等债的法律关系，少数为法律直接规定，如留置权。我国物权法规定，因有权占有中对物的使用与收益依据合同约定内容解决，合同没有约定或约定不明确的，依照有关法律规定。如质权的发生依据质押合同，对于质权人对于质物是否能使用，孳息的收取权属于谁等均依据当事人自己的约定，没有约定或约定不明的，则适用法律规定，即质权人无权使用质物，对质物产生的孳息有收取的权利。

(二)无权占有人对占有物的使用与收益取决于是善意占有还是恶意占有

1. 对占有物的使用

善意占有人有权使用占有物，无须对使用占有物造成的损害承担赔偿责任。

在有权占有情况下，对于正常使用而导致的财物损耗一般由所有人负担，对于无权占有中的善意占有人，基于占有的权利推定效力，其使用占有物时即被法律推定为物的权利人，享有占有使用的权利，相应的对占有物的正常使用造成的损害也不承担赔偿责任。

恶意占有人无权使用占有物，对因使用占有物，致使其受到损害的，恶意占有人应当承担赔偿责任。对此，各国立法均无异议，我国《物权法》也作同样的规定。

2. 对占有物的收益

就善意占有人对占有物的收益权各国有不同的规定，一般立法例均与费用返还请求权相结合而规定：如有权保留收益，则无权要求必要费用的返还；如返还收益给权利人，则权利人须支付维护占有物必要的费用。我国依无因管理规则规范权利人与善意占有人之间的法律关系，《物权法》规定，不动产或者动产被占有人占有的，权利人可以请求返还原物及其孳息，但应当支付善意占有人因维护该不动产或动产支出的必要费用。就恶意占有人而言，既无权取得占有物的收益，也无权要求必要费用的偿还。

四、占有人的赔偿责任

在占有物毁损、灭失的时候，占有人是否承担相应赔偿责任因占有性质和损毁、灭失是否可归责于占有人而不同。

有权占有的，占有人和占有返还请求权人之间的责任依其占有的基础法律关系解决：有约定依约定，无约定依法律规定。

无权占有的，因占有人的过错导致占有物的损毁、灭失的，构成侵权责任，无论善意占有还是恶意占有，同样承担侵权民事责任。

无权占有的，非因可归责于占有人的原因导致的占有物的损毁、灭失的，善意占有人承担不当得利返还责任，仅于其因损毁、灭失占有物所得到的利益范围内偿还，即权利人有权请求返还占有人因占有物损害、灭失取得的保险金、赔偿金或补偿金。恶意占有人因占有其既无法律上的依据，又缺乏道德上的正当性，各国法律均规定有较重的责任。我国《物权法》的规定，即使非因占有人责任导致的占有物的损毁、灭失的，恶意占有人除须返还因而取得的保险金、赔偿金或补偿金外，权利人的损害未得到足够弥补的，还须赔偿损失。

第四节　占有的保护

占有的保护就是法律对占有人提供的以防占有遭受损害的保护手段，其目的在于使已成立的事实状态不受私力而为的扰乱，无论占有人是否为有权占有，也无论行为人是否有过错，均可适用占有保护。

占有保护的方法包括物权法上的保护和债权法上的保护：物权法上的保护包括占有人的自力救济、占有保护请求权；债权法上的保护包括不当得利与侵权损害赔偿请求权。我国《物权法》规定了占有的保护请求权和损害赔偿请求权。

一、占有人的自力救济权

自力救济指由权利人自己或其辅助人以强制力保护其权利，而排除现实权利障碍的行为，包括占有防御权和占有物取回权。

占有防御权指占有人对于侵夺或妨害其占有的行为，有权以自己的私力防御。如行为人未经许可强行在占有人占有的土地上上挖掘水沟，则占有人有权以自己的实力将其填平；房屋占有人有权将侵入者驱逐出房屋。

防御权的行使在于对占有物事实控制与支配力的确保，因而只有直接占有人和辅助占有人才能行使，且须针对已经完成并在持续状态的妨害行为行使。如侵夺行为正在进行中，则可直接适用正当防卫。当然，如果占有是侵夺原占有人的占有而来，则对于原占有人或其辅助人的就地或追踪取回行为，不适用占有防御权。

占有物取回权指占有物被侵夺后，占有人有权即时排除加害人予以取回，或就地或追踪向加害人取回的权利。就占有人的不动产而言，有即时排除加害人予以取回的权利，就占有人的动产，则可以当场或者追踪取回。

二、占有保护请求权

占有保护请求权是指占有人的占有被非法侵害时，占有人有权通过国家有权机关运用国家强制力来保护其占有。占有保护请求权主要有占有物返还请求权和占有妨害排除请求权两种类型。占有人在其占有物被侵夺时，有权请求返还其占有物；占有人在其占有受到妨害使占有人无法完全支配其占有物时，有权请求排除妨害；在他人的行为有妨害的可能时，占有人有权请求消除危险。

上述各项占有保护请求权，各国或地区立法例均设有除斥期间的规定，我国《物权法》也规定，占有人返还原物的请求权，自侵占发生之日起一年内未行使的，该请求权消灭。

占有保护请求权也被称为“占有物上请求权”，与物权请求权在形式、结构上很相似，有些学者将两者统称为广义的物权请求权，但是两者内容不同，主要差别表现如下①：

其一，物权请求权与占有保护请求权的目的与功能不同。占有保护请求权是维护社会秩序与安定而赋予占有人的临时保护措施，一般法律均规定有一个比较短的时效期间，其目的在于保护占有。物权请求权保护的目的是物权，是终局性、确定性的保护方法，法律对于物权请求权或规定不适用诉讼时效，或规定一个较长的诉讼时效。

其二，物权请求权与占有保护请求权的行使要件不同。占有保护请求权行使的前提是占有被侵夺，占有人是否有权占有在所不问。物权请求权的行使的前提是他人无权占有。

其三，物权请求权与占有保护请求权的举证责任不同。占有保护请求权的行使只要证明自己是占有人即可，物权请求权的行使需要证明自己是物权人，两者相比较，显然占有的证明更为简单。

占有保护请求权和物权请求权在实践中可能发生竞合关系，当事人可以选择合并行使或先后行使。

三、占有的债权法保护

（一）不当得利返还请求权

占有具有法律上的利益，可以成为不当得利的客体。因占有产生的不当得利包括：因侵害他人占有而获得的利益；因给付目的未达到而发生的不当得利。

（二）损害赔偿请求权

占有作为一种事实，对占有人而言具有民法上的利益，因而对占有的侵夺会给占有人造成经济上的利益损害，因而在以物权方式保护占有外，还有债权

① 王利明、尹飞、程啸：《中国物权法教程》，人民法院出版社 2007 年版，第 559～560 页。

保护方式。我国《物权法》第 106 条第 2 款规定，因侵占或妨害造成损害的，占有人有权请求损害赔偿。

本章思考题：

1. 试述占有制度的意义。
2. 试述占有的效力。
3. 试述占有人就占有物享有的权利和义务。
4. 试述占有保护请求权与物权请求权。

第四编 债 权

第十八章

债权总论

第一节　债的概述

一、债的概念与特征

（一）债的概念

在大陆法系国家，民法中债的概念源自罗马法上的规定。《法学总论》中解释，“债是法律关系，基于这种关系，我们受到约束而必须依照我们国家的法律给付某物的义务”。① 我国《民法通则》第 84 条规定：“债是按照合同的约定或者依照法律的规定，在当事人之间产生的特定的权利和义务关系。享有权利的人是债权人，负有义务的人是债务人。”债权人有权请求债务人按照合同的约定或法律的规定履行其义务；债务人有义务按照合同的约定或者法律的规定为特定行为以满足债权人的请求。结合上述规定，我们可以将债定义为，是特定的当事人之间依照合同的约定或者法律规定，所产生的权利义务关系。

（二）债的特征

债是民法调整财产关系所形成的一种法律关系，债的关系与其他财产法律关系相比较，具有以下特征：

从主体上看，债是产生在特定当事人之间的法律关系。债是发生于特定

① ［古罗马］查士丁尼：《法学总论——法学阶梯》，张企泰译，商务印书馆 1989 年版，第 158 页。

当事人之间的法律关系，即债的主体各方均须为特定人。因此，债的主体不论是权利主体还是义务主体都只能是特定的，债区别于其他法律关系的根本特征之一就在于债是特定当事人间的关系，债为相对的法律关系。也就是说，债权人只能向特定的债务人主张权利。而物权关系、知识产权关系以及继承权关系中只有权利主体是特定的，义务主体则为不特定的人，也就是说权利主体得向一切人主张权利。

从内容上看，债是以债权债务为内容的法律关系。债的内容是债的主体双方间的权利与义务，即债权人享有的权利和债务人负担的义务。债是民事主体之间受国家法律保护的以权利义务为内容的法律关系，反之不具有法律属性，不是由法律保护的非以权利义务为内容的关系，不属于债。

从客体上看，债是请求为特定行为的法律关系。债是当事人实现其特定利益的法律手段，债的目的是一方从另一方取得某种财产利益，而这一目的的实现，只能通过债务人的给付才能达到，没有债务人为其应为的特定行为也就不能实现债权人的权利。而物权关系、知识产权关系的权利人可以通过自己的行为实现其权利，而无须借助于义务人的行为来实现法律关系的目的。因而债是以请求权为特征的一种法律关系，当事人间得请求为的特定行为。这种特定行为是一种会给当事人常来财产利益的行为，因而又称为给付。需要注意的是，法律上的债不仅仅指给付金钱，其他诸如当事人间可以请求提供劳务、交付货物、移转权利等的法律关系也为债。

从发生上看，债是因合同或者法律规定而发生的法律关系。法律上的债既可因合同发生，也可因法律规定而发生。债可因合法行为发生，也可因不法行为而发生。对于因合同行为设定的债，法律并不特别规定其种类和内容，也就是说，当事人可依法自行任意设定债。而物权、知识产权都只能依法律规定产生，并且其类型具有法定性，当事人不能任意自行设定法律上没有规定的物权、知识产权。

从后果上看，债反映的是财产流转关系。财产关系依其形态分为财产的归属利用关系和财产流转关系。前者为静态的财产关系，后者为动态的财产关系。物权关系、知识产权关系反映财产的归属和利用关系，其目的主要是保护财产的静态的安全；而债的关系反映的是财产利益从一个主体转移给另一主体的财产流转关系，其目的是保护财产的动态的安全。

二、债的要素

债的要素，是指构成债的要件。债的要素是债不可缺少的组成部分，否则就不能成为债。债应包括主体、内容与客体三要素。

(一)债的主体

债的主体是指充当债权人或债务人的那些民事主体。债的主体包括债权人与债务人。债权人是指在债的关系中享有权利的一方当事人;债务人是指在债务关系中负担义务的一方当事人。需要指出的是,无论是债权人或债务人,每一方主体内的具体当事人,都既可为一人,也可为多人。凡参与债的关系,在债的一方中充任债权人或债务人的当事人,即为债的主体。

在某些债中,债的一方当事人仅享受权利,即仅充任债权人;另一方当事人仅负有义务,即只充任债务人。但在更多的债的关系中,当事人双方相互享有权利和负有义务,每一方当事人都既充任债权人,又充任债务人。例如,在买卖法律关系中,出卖人一方负有交付标的物并移转所有权的义务,买受人负有支付价金的义务。从标的物的交付与所有权移转上说,买受人是债权人,出卖人为债务人;而从价款支付上说,出卖人为债权人,买受人为债务人。[①] 此种双方互负有为特定行为的义务的债,学者称之为对待债。

一般而言,凡民事主体均可为债的主体。但有的债,法律对其主体资格设有限制,只有法律允许其为主体的民事主体才可为其主体。例如,公债的债务人只能是国家。

(二)债的内容

债的内容是债的主体双方间的权利与义务,即债权人享有的权利和债务人负担的义务。债是债权与债务的统一体,债权与债务是债的关系中相互依存的两个方面。

债权为债权人享有的请求债务人为特定行为的权利,债权具有以下特征:首先,债权为请求权。债既为特定当事人间得请求为特定行为的关系,因而债权为请求权,不属于支配权。债权人既不能直接支配债务人应给付的特定物,也不能直接支配债务人的给付行为,更不能直接支配债务人的人身。其次,债权为相对权。债的特点之一是主体的特定性,债权债务仅存在于特定人之间。因而债权人只能向特定的债务人主张权利,即请求特定债务人为给付。正是就此意义上说,债权为相对权。对于债务人以外的第三人,因其与债权人间并不存在债权债务,债权人不能向其主张权利。需要注意的是,债权具有相对性但这不等于债权不具有不可侵性。一般认为,债权虽为相对权,仍然具有不可侵害性。凡权利,都受法律保护,任何人都负有不得为侵害的消极义务,债权

① 郭明瑞:《民法》,高等教育出版社 2003 年版,第 353 页。

也不能例外。因此，在第三人不法侵害债权时，也应负侵权的民事责任。最后，债权具有平等性。当数个债权人对于同一债务人先后发生数个债权时，各个债权具有同等的效力。也正因为债权具有平等性，在债务人破产时，债务人的各个债权人不论其债权发生先后只能按其比例参加破产财产的分配。

债务是指依照当事人的约定或法律的规定，债务人所负担的应为特定行为的义务。债务既然为一种义务，应具有义务的一般特性。但作为一种特殊的义务，债务又具有不同于其他义务的一些特性。首先，债务具有特定性。一方面表现为义务人是特定的，另一方面表现为义务的内容是特定的。在任何债中，债务人总是特定的，债务人应为的行为的内容也是特定的。其次，债务具有时间性。债务不许永久存在，如果允许设定没有期限的债务，将使债务人永久失去人身或者交易自由，此与现代法律的精神相违背。最后，债务具有强制性。债务是由法律的强制力约束的，因此，债务与责任的关系极为密切。

（三）债的客体

债的客体是指债权债务共同指向的对象。没有客体，债权债务也就会落空，也就不能构成债。债的特征决定着债权人须通过债务人为特定行为才能达到满足自己利益需要的目的，因此，债权债务共同指向的是债务人应为的特定行为。也就是说，债的客体为债务人应为的特定行为，即给付。

在债的标的与债的客体的关系上，学界有不同的看法。一种观点认为，债的标的与债的客体没有区别。如我国台湾学者郑玉波先生认为，客体、标的、内容是同一的，债的标的即债权客体，也就是债务人的给付。[①] 另一种观点认为，债的客体与标的不同。如台湾地区学者史尚宽先生认为，债之标的，谓构成债的关系之内容之债务人行为，自债务人方面言之，则为给付。债之标的，与债权之客体不同。前者为债务人的行为，而后者为债务人本身。[②] 我国大陆学者的通说主张，债的标的与债的客体并无区别，实质上是一回事。但需要注意的是债的标的与债的标的物不同，前者是从债的关系的构成要素而言，指给付本身；而后者则是从债务人的行为所及于的物而言，指给付对象。在单纯提供劳务的债，其本身即足以完成给付，不必再另有标的物。[③] 在交付财物或交付金钱的债，除了作为债的标的的交付行为之外，另有标的物的财物或金钱的存在。

---

① 郑玉波：《债法总论》，三民书局1959年版，第209页。

② 史尚宽：《债法总论》，中国政法大学出版社2000年版，第223页。

③ 张广兴：《债法总论》，法律出版社1997年版，第113页。

三、债的分类

(一)单一之债与多数人之债

根据债的主体上的特征,即债的主体双方是一人还是多人,可将债分为单一之债和多数人之债。单一之债,是指债权主体一方和债务主体一方都仅为一人的债。多数人之债,是指债权主体和债务主体至少有一方为二人以上的债。所以,在单一之债中,只有两个当事人;而在多数人之债中,则有三个或三个以上当事人。例如,在买卖关系中,出卖方和买受方均各为一人时,这种因买卖而产生的债就是单一之债;如果在买卖关系中,出卖方和买受方任何一方为两人或两人以上时,这种因买卖而产生的债就是多数人之债。

法律上区分单一之债与多数人之债的意义在于,由于这两类债的当事人的人数不同导致债的关系的复杂程度不同。在单一之债中,因为债权主体和债务主体都仅为一人,这样两个当事人之间的债的关系相对简单。而在多数人之债中,不仅有债权主体与债务主体双方之间的债权债务关系,而且在多数人一方或多方当事人之间还有相互间的权利义务关系,当事人之间的关系则要复杂得多。

(二)按份之债与连带之债

依据多数人一方当事人相互之间的权利义务关系,对多数人之债,又可分为按份之债和连带之债。按份之债,是指债的一方当事人为多数,且多数人一方的当事人各自按照确定的份额分享权利或者分担义务的债。按份之债包括按份债权和按份债务。《民法通则》第 86 条规定:“债权人为二人以上的,按照确定的份额分享权利。债务人为二人以上的,按照确定的份额分担义务。”二人以上的债权人按照确定份额分享权利的,即为按份债权;债务人二人以上,各自按照确定份额分担义务的,则为按份债务。连带之债,是指债的当事人一方为多数,且多数人一方的各当事人都有权请求对方履行全部债务或者都负有向对方履行全部债务的义务,全部债权债务关系因债务的一次性的全部履行而消灭的债。因此,连带之债的多数人一方相互间有连带关系。若债权人一方为多数且有连带关系,则为连带债权;若债务人一方为多数且有连带关系,则为连带债务。我国《民法通则》第 87 条规定:“债权人或者债务人一方人数为二人以上的,依照法律的规定或者当事人的约定,享有连带权利的每个债权人,都有权要求债务人履行义务;负有连带义务的每个债务人,都负有清偿全部债务的义务,履行了义务的人,有权要求其他负有连带义务的人偿付他应当承担的份额。”这里规定的即是连带之债。

法律上区分按份之债与连带之债的意义在于，二者的效力不同。按份之债的效力表现在各债权人的债权或各债务人的债务各自独立，对某一债权人或某一债务人发生效力的事项，对于其他债权人或债务人原则上不发生影响。各债权人仅能就自己享有的份额请求和接受债务人的履行，无权请求债务人履行全部义务；各债务人只就自己分担的义务份额向债权人履行，对于其他债务人负担的义务份额不负履行责任。连带之债的效力分为外部效力与内部效力两个方面。从连带之债的外部效力上说，在连带债权中，各债权人均有权请求和接受债务人的全部给付，债务人也得向任一债权人履行债务。任一债权人接受债务人的全部履行后，其他债权人的债权也就同时消灭。在连带债务中，各债务人均负有清偿全部债务的义务。债权人得同时或者先后请求债务人全体或部分或一人履行全部或部分债务。只要债务没有全部清偿完毕，每个债务人不论其是否应债权人的请求履行过债务，对没有清偿的部分，都有清偿的义务；债务只要全部清偿，不论为债务人中一人或数人清偿，还是因债务人全体清偿，各债务人的债务均消灭，均不再对债权人负清偿义务。从连带之债的内部效力上说，连带债权的各个债权人都有权请求和接受债务人的债务履行，但在各个债权人之间，因各个债权人只能享受自己得享受的权利份额，所以，接受债务人的履行超过自己得享受的权利份额的债权人，应当按债权人之间的权利比例返还给其他债权人。而负有连带义务的每个债务人，都负有清偿全部债务的义务，如果某个债务人履行了全部义务，则有权要求其他负有连带义务的人偿付各自应当承担的份额。

（三）简单之债与选择之债

根据债的履行是否可以选择，债可分为简单之债与选择之债。简单之债，是指当事人只能按确定的一种债的标的履行的债。因为当事人在债的履行上并无选择的余地，所以简单之债又称为“不可选择之债”。选择之债，是指债的履行标的有数种，当事人须从中选择一种来履行的债。选择之债的履行标的虽有数种，但当事人只能从中确定一种履行，也只有在履行标的确定后当事人才能履行债。例如，对实行“三包”的商品，在商品质量不合要求时，买受人和出卖人之间就会发生选择之债，当事人须从修理、更换或退货中选择一种履行。

区分简单之债与选择之债的意义在于，选择之债的当事人须于数种给付中选定一种履行，而简单之债不发生选择。选择权的归属依法律的规定或合同的约定而定，可以归于债权人，可以归于债务人，也可以归于第三人。享有选择权的一方，其选择权的行使应向他方以意思表示为之，自选择的意思到达对方发生效力，而无须对方承诺。第三人有选择权的，其选择权的行使应向债权人及债务人双方为之，自选择的意思表示到达最后一方时生效。

（四）特定之债与种类之债

根据债的标的物的性质，债可分为特定之债与种类之债。特定之债指以特定物为标的物的债。特定之债的根本特征在于，债的标的物于债成立之时即已特定，具有不可替代性。特定的标的物既可以是独一无二的物，也可以是以当事人的主观意志选定的特定物。种类之债，仅指以种类物为标的物的债。种类之债的根本特征在于其标的物为种类物，于债成立之时当事人仅以一定的数量和质量确定标的物。

法律上区分特定之债与种类之债的意义在于，第一，特定之债债务人只能以给付特定的标的物履行义务，债权人也只能要求债务人交付特定的标的物。原则上，当事人不能以其他标的物代替约定的标的物给付。种类之债的标的物是不特定的，具有可替代性。因此，于债成立之时，当事人需要确定标的物的数量和质量。如标的物的数量和质量不确定或不能确定，则债不为成立。第二，特定之债在特定的标的物灭失时，发生债的履行不能，债务人不负履行责任。但是如果标的物的灭失是因可归责于债务人的事由发生的，则债务人应负损害赔偿责任。种类之债在约定的标的物发生毁损灭失时，一般不发生履行不能。因种类之债的标的物具有可替代性，因而债务人在其标的物部分灭失时，仍可以余下的标的物履行债务，而不发生债的履行不能。一般说来，只有在债务人所有的该种类物全部灭失时，才发生债的履行不能。第三，转移标的物所有权的特定之债，当事人可以约定标的物所有权的转移时间和风险转移时间。转移所有权的种类之债，标的物所有权的转移时间不能在标的物特定之前，在法律没有另外规定或当事人无另外约定时，标的物的所有权自交付时起转移，标的物的风险也自交付时转移给债权人负担。

（五）财物之债与劳务之债

根据债务人履行债务的内容，债可分为财物之债与劳务之债。财物之债，是指以给付一定财物为内容的债。劳务之债，是指债务人须以提供一定劳务为履行标的的债。劳务之债的债务人须向债权人提供一定的劳务。

法律上区分财物之债与劳务之债的意义在于，财物之债的履行是向债权人交付一定的财物，移转一定的财产权利给债权人。在财物之债中，债权人所关心的是所取得的财物的性质，至于该财物由何人给付，对债权人的利益一般并无影响。所以财物之债一般可由第三人代替履行，另外在债务人不履行债务时，财物之债可以以强制的方法直接强制债务人履行。劳务之债因债权人所需要的是特定债务人的劳务或体现债务人劳务的工作成果，因此，除法律另有规定或者当事人另有约定外，债务人不得让第三人代替履行债务。在债务人不履行债务时，债权人一般也不能请求强制债务人履行，而只能请求债务人赔偿损失。

（六）主债与从债

根据债之间的关系可以将债分为主债与从债。主债是指不依他债的存在为前提，能够独立存在的债。不能独立存在必须依主债的存在为前提的债为从债。例如某一借款合同设有保证，则存在两个债，主债为借款合同之债，从债为保证合同之债。

法律上区分主债与从债的意义在于，主债的效力决定从债的效力，从债随主债的存在而存在，随主债的终止而终止。

四、债的发生原因

债的发生，是指债权债务在相对的当事人之间的产生，亦即债的出生。依照《民法通则》第84条的规定，债是按照合同或者法律规定而发生的。在各国立法上，可发生债的原因主要有合同、不当得利、无因管理、侵权行为及其他。

（一）合同

合同是平等主体的自然人、法人、其他组织之间设立、变更、终止民事权利义务关系的协议。我国《民法通则》第85条规定："合同是当事人之间设立、变更、终止民事法律关系的协议。依法成立的合同，受法律保护。"合同依法成立后，即在当事人间产生债权债务关系，因此合同是债的发生根据。合同是当事人在平等基础上自愿设定的，它是民事主体主动参与民事活动，积极开展各种经济交往的法律表现。合同之债作为正常的经济联系的媒介，维护着正常的经济秩序，所以合同是现代社会经济生活中最常见的、最主要的债的发生原因。

（二）无因管理

无因管理，是指没有法定的或约定的义务，为避免他人利益受损失而对他人的事务进行管理或者服务的行为。无因管理一经成立，在管理人与本人间也就发生债权债务关系，管理人有权请求本人偿还管理所支出的必要费用，本人有义务偿还。无因管理为法定的债的发生原因。因无因管理所产生的债称为无因管理之债。

（三）不当得利

不当得利是指没有合法根据取得利益而使他人受到损失的事实。依法律规定，取得不当利益的一方当事人应将其所取得的利益返还给受损失的一方，受损失一方当事人有权请求取得利益的一方返还其不当得到的利益。因此，不当得利为法定的债发生原因，基于不当得利而产生的债称为不当得利之债。

(四)侵权行为

侵权行为是指不法地侵害他人的合法权益应负民事责任的行为。受侵害的当事人一方有权请求侵害人赔偿损失，侵害人则负有赔偿损失的义务。侵权行为的实施在受害人与侵害人间形成债权债务关系，因此侵权行为也是债的发生原因之一，因侵权行为而发生的债称为侵权行为之债。

(五)其他原因

合同、无因管理、不当得利、侵权行为是债的发生的主要原因，除此以外，其他的法律事实也会引起债的发生。例如，拾得遗失物的拾得、因防止或制止他人合法权益受侵害而实施救助、遗赠、缔约过失和公司的设立等行为。

第二节　债的保全

一、债的保全的概念

债权与物权不同，它不可能通过债权人对财产的直接控制而保证自己的权利得以实现，债权人只能向债务人请求履行。正是针对债权为请求权这一特征，为了保证债权得以实现，法律设计了债的保全制度。所谓债的保全是债权人为防止债务人的财产不当减少而危害其债权，所采取的保护债权的法律措施。债的保全制度在一定程度上突破了债的相对性原则。根据债的相对性原则，债的关系原则上不对第三人发生效力，但当债务人与第三人的行为危及债权人的利益时，法律就允许债权人对债务人与第三人之间的关系进行一定的干预，以排除对其债权的危害。这一制度就称为债的保全或债权的保全。[①]

债的保全，也称为责任财产的保全，因为在通常情况下，债务人是以自己的全部财产负责清偿其债务，以使债权得以实现的。也就是说，债务人以其全部财产担保全部债的履行，债务人的全部财产就构成债务人的责任财产。债务人责任财产的减少，关系到债权人的债权能否实现。因此，为保障债权的实

① 张俊浩:《民法学原理》，中国政法大学出版社 2000 年版，第 687～688 页。

现,法律赋予债权人以保全的权利,以保障能以债务人的全部财产清偿其全部债权,维持债务人的责任财产不致因不当减少而影响债权的实现。债权人保全债权的方式有代位权与撤销权两项。代位权是为保持债务人的责任财产而设的,适用于债务人的财产应增加且能增加而因债务人的懈怠未增加的情形;撤销权是为恢复债务人的责任财产而设的,适用于债务人不应减少而减少其责任财产的情形。由此可见,债的保全对于保障债权得以实现具有积极预防的作用。

二、代位权

(一)代位权的概念

代位权是指债权人为了保全其债权,于债务人怠于行使自己的权利而害及债权人债权实现时,得以自己的名义代位行使属于债务人权利的权利。简言之,代位权就是债权人代债务人之位,以自己名义行使债务人权利的权利。

代位权在许多国家的立法上都有相应的规定。比如,《法国民法典》第1166 条中规定,“债权人得行使其债务人的一切权利和诉权,但权利和诉权专属于债务人个人者,不在此限”。《日本民法典》第 423 条规定,“债权人为保全自己的债权,得行使属于其债务人的权利。但专属于债务人一身的权利,不在此限”,“债权人,在其债权的期限未届至期间,非依裁判上代位,不得行使前项的权利。但保存行为,不在此限”。我国《民法通则》中未规定代位权,而在《合同法》中作了规定。另外,在理解代位权的概念时需要注意代位权是债权人代债务人对债务人的义务人行使的权利,是债权人以自己名义行使他人的权利,而不是作为债务人的代理人行使债务人的权利。所以,代位权不同于债务人的代理人的代理权。

(二)代位权成立的要件

代位权虽为债权人固有的权利,但也须具备一定的条件才能成立。《合同法》第 73 条规定:“因债务人怠于行使其到期债权,对债权人造成损害的,债权人可以向人民法院请求以自己的名义代位行使债务人的债权,但该债权专属于债务人自身的除外。”该条规定包含了代位权的成立条件:

其一,债务人怠于行使其权利。债务人对次债务人享有权利,为代位权成立的前提。债务人虽对次债务人享有财产权利,但其积极行使权利时,代位权也不能成立。只有在债务人有权利能行使而怠于行使时,代位权才能成立。所谓能行使,是指债务人客观上可以对次债务人行使权利。若债务人客观上不能行使,则债权人也不得代位行使。例如,债务人已受破产宣告,其对次债务人的权利由清算人行使，债权人不得代位行使，也就不成立代位权。所谓债务人怠于行使，是指债务人应行使权利而不行使。至于债务人不行使权利是否有过错，有无其他原因，是否经债权人催告，均在所不问。[①]

其二，债权人有保全债权的必要。所谓有保全权利的必要，是指债务人怠于行使权利害及债权，使债权人的债权有不能实现的危险。因为代位权是以保全债权为目的的，若无保全债权的必要，也就无成立代位权的必要。例如，债务人虽怠于行使对次债务人的权利，但债务人有足够的财产清偿债务，债务人不为清偿时，债权人可以通过诉讼请求法院强制执行，就可以保障其债权的实现。在这种情形下，债权人无保全债权的必要，也就不成立代位权。

其三，代位债权非专属于债务人自身的权利。代位权是为保障债务人的责任财产的增加而设的，因而其标的须为已经存在的债务人对次债务人享有的财产权，将来存在的、非财产权均不能为代位权的标的。因为代位权是债权人代位行使的权利，所以对于具有专属性的、不得让与的权利，也不能成为代位权的标的。

（三）代位权的行使

代位权应由债权人以自己的名义行使，并且凡债务人的债权人，只要符合代位权的成立条件，均享有代位权。代位权行使的范围，应以保全债权人债权的必要为限度，即以债权人的债权为限。因此，若债务人享有数项权利时，债权人就某一项权利行使代位权已可满足清偿其债权的需要，则不得再对债务人的其他权利行使代位权。债权人行使代位权，应依诉讼的方式为之。

（四）代位权行使的效力

最高人民法院《关于适用〈中华人民共和国合同法〉若干问题的解释（一）》第 20 条规定："债权人向次债务人提起的代位权诉讼经人民法院审理后认定代位权成立的，由次债务人向债权人履行清偿义务，债权人与债务人，债务人与次债务人之间相应的债权债务关系即予消灭。"

但需要注意的是，民法理论界的通说认为，代位权行使的效果直接归属于债务人，因为代位权行使的是债务人的权利，其所得利益为债务人的财产。债权人行使代位权是代债务人行使权利，因行使代位权所得的财产为债务人的一般财产，所以债权人不能优先受偿。[②]

代位权的行使系代债务人行使对次债务人的权利，在此情形下，次债务人

---

① 郭明瑞：《民法》，高等教育出版社 2003 年版，第 377 页。

② 魏振瀛：《民法》，北京大学出版社、高等教育出版社 2003 年版，第 327 页。

的地位不能比债务人自己行使权利时更为不利。因此，次债务人对于债务人所有的在代位权行使前发生的抗辩，均可以对抗债权人。

三、撤销权

（一）撤销权的概念

撤销权源于罗马法的“废罢诉权”，后为《法国民法典》所继受。现代各国民法上所规定的撤销权与“废罢诉权”在性质上并无区别。[①] 我国《民法通则》中未规定撤销权，《合同法》中明确规定了撤销权制度。

撤销权是指当债务人的减少其财产的行为危及债权实现时，债权人为保全债权请求法院予以撤销该行为的权利。关于撤销权的性质，有请求权说、形成权说、责任说、折中说等不同的学说。请求权说认为，撤销权的实质为向因债务人的行为而受有利益的第三人请求返还所得利益的权利，所以又称债权说，依此说请求撤销之诉为给付之诉。形成权说认为，撤销权是依债权人的意思表示而使债务人与第三人间的法律行为溯及地消火。依此说，请求撤销之诉为形成之诉。责任说认为，债权人并不需请求受益人返还利益，即得将其视为债务人的责任财产，申请法院径行对其强制执行。折中说认为，撤销权不仅以撤销债务人与第三人间的行为为内容，而且含有请求恢复原状以取得债务人财产的作用，因而兼具形成权与请求权双重性质。上述诸说，以折中说为通说。[②]

（二）撤销权的成立条件

《合同法》第 74 条规定：“因债务人放弃其到期债权或者无偿转让财产，对债权人造成损害的，债权人可以请求人民法院撤销债务人的行为。债务人以明显不合理的低价转让财产，对债权人造成损害，并且受让人知道该情形的，债权人也可以请求人民法院撤销债务人的行为。”

撤销权的成立要件依债务人所为的行为是否有偿而有所不同。对于无偿行为撤销权的成立要件，只需债务人实施了危害债权的行为，即该行为须为使其财产减少的行为并且该行为达到了有害债权的程度。如果债务人所为的不以财产为标的的行为，或者虽以财产为标的，但不为使其财产减少的行为，不得撤销。所谓有害债权，是指债务人的行为足以减少其一般财产而使债权不能完全受清偿，即无资力。一般说来，于债务人为行为时，债务人的其他资产

---

① 彭万林：《民法学》，中国政法大学出版社 2002 年版，第 473 页。

② 魏振瀛：《民法》，北京大学出版社、高等教育出版社 2003 年版，第 328 页。

不足以满足一般债权人的要求，就可以认定为无资力。但需要注意的是债务人有无资力应以客观上存在不能支付的事实为标准，而不能以债权人的主观认识为标准。若债务人为其行为虽使其财产减少但仍不影响其对债权的清偿时，债权人自不能干涉债务人的行为。

若为有偿行为，除了要求债务人实施了危害债权的行为外，还需要债务人为恶意，撤销权才成立，受益人为恶意时，债权人才得行使撤销权。对于债务人有无恶意，实践中一般应实行推定原则，即只要债务人实施行为而使其无资力，就推定为有恶意。至于受益人的恶意，则应由债权人举证证明。一般来说，受益人的恶意以其知道其所为有偿行为会害及债权为已足，而不须对债务人有害及债权的串通。

（三）撤销权的行使

撤销权行使的主体是因债务人不当处分财产而受害的债权人，当债权人为数人时，可以共同行使。撤销权行使的方式是由债权人以自己的名义通过诉讼程序来进行，在诉讼中债权人为原告，债务人为被告，受让人或受益人为第三人。债权人行使撤销权的范围以债权人的债权额为限，因为行使撤销权的目的是为了保全债权。

需要注意的是《合同法》第 75 条规定："撤销权自债权人知道或者应当知道撤销事由之日起 1 年内行使。自债务人的行为发生之日起 5 年内没有行使撤销权的，该撤销权消灭。"所以债权人自应于权利行使期间内行使撤销权，否则，期间届满后，撤销权即消灭。

（四）撤销权行使的效力

最高人民法院《关于适用〈中华人民共和国合同法〉若干问题的解释（一）》第 25 条第 1 款规定："债权人依照合同法第 74 条的规定提起撤销权的诉讼，请求人民法院撤销债务人放弃债权或转让财产的行为，人民法院应当就债权人主张的部分进行审理，依法撤销的，该行为自始无效。" 撤销权的行使，其效力及于债务人、受益人及债权人。

对于债务人，债务人的行为一经被撤销，视为自始无效。例如，为财产赠与的，视为未赠与；为放弃债权的，视为未放弃。对于受益人，已受领债务人的财产的，应当返还之。原物不能返还的，应当折价返还其利益。受益人已向债务人支付对价的，得向债务人主张返还不当得利。

对于债权人，撤销权的行使，其效力及于全体债权人，行使撤销权的债权人不得从受领的给付物中优先受偿。如该债权人依强制执行程序请求受偿时，全体债权人得申请参与按比例分配。但根据公平原则，行使撤销权的债权人，可以就其诉讼上支出的必要费用，优先受偿。

第三节 债的担保

一、债的担保的概念与分类

通常情况下，债务人以其全部财产来保证债的履行，但是这并不能完全保障债务人的财产不会减少，也不能保障债务人不会增加新的债务，所以如果出现因债务人财产状况变化导致不足以偿债的情况，则债权人的债权将难以得到保障。正是针对这种情形，法律设计了债的担保制度。

所谓债的担保，是指为保证债权人的利益，而以第三人的信用或者以特定财产保障债权人权利得以实现的制度。因为债的担保是以第三人的信用或者特定的财产来担保特定的债权实现，所以债的担保的标的可以是第三人的信用，也可以是第三人或者债务人的特定财产。同时，债的担保是对债的效力的一种加强和补充，是对债务人信用的一种保证，是担保债权实现的措施。

需要注意的是，担保之债除了具有债的一般特征之外还具有明显的从属性、补充性和相对独立性等特征。从属性是指担保之债依附于被担保的债而发生和存在，其效力决定于所担保的债。被担保的债为主债，主债不成立或者无效，担保之债也就不能发生效力，主债消灭，担保之债也就随之消灭。补充性是指债的担保只有在被担保的债务不履行或不能履行时，才能执行担保财产，在一般保证中，只有执行主债务人财产仍不足以清偿债务时，才能执行保证人的财产。因此实行担保须以债务履行期届至时债务人不履行债务为前提条件。债的担保的相对独立性是指担保之债的设定须当事人另外达成合意；担保之债可以有自己的发生原因；担保的范围与被担保的债范围不必相同；担保不成立、无效或者被撤销对被担保的债的关系不发生影响。①

债的担保方式是随着社会经济关系的发展、随着债权法的发展，而不断发展的。根据不同的标准可以对债的担保作出分类。在现代各国民法上，债的担保方式一般有以下几种：

根据担保产生的依据分为法定担保和约定担保。法定担保是直接依据法

① 张广兴：《债法总论》，法律出版社 1997 年版，第 215～216 页。

律的规定所产生的担保,约定担保是依当事人之间的约定所产生的担保。

根据担保财产形态的不同可以分为人的担保和物的担保两类。人的担保即保证担保,是指以一定主体的资信保证债的履行的担保方式,是由保证人以自己的信用担保债务人履行债务的担保。物的担保,是指直接以某特定的财物来作为债务履行的保障的担保方式。我国《民法通则》中规定的担保物权包括抵押权和留置权。而《担保法》中区分了抵押权与质权,规定了抵押权、质权和留置权三种担保物权。另外,在《海商法》、《民用航空法》及其他法律中还规定了优先权。

依据担保财产的来源分为债务人的担保和第三人的担保。债务人的担保是指以债务人的一般财产或特定财产所设定的担保;第三人的担保是指在第三人的一般财产或特定财产上所设定的担保。

依据担保的对象的不同为标准分为本担保与反担保。本担保是指为保障主债务的履行而设定的担保;反担保是为本担保中的担保人所设定的担保。

由于抵押权、质权和留置权三种担保物权为物权中的问题,我们已在前面物权法部分中作了介绍。因此,这里仅说明保证和定金两种担保方式。

二、保证

(一)保证的概念与特征

保证是指保证人和债权人约定,当债务人不履行债务时,保证人按照约定履行债务或者承担责任的行为。从上述概念中可以看到,保证是一种由债权人与保证人双方实施的民事行为,须有保证人与债权人双方意思表示的一致才能成立;保证是保证人以自己的信用担保债务人履行债务的,因而保证人只能是债务人以外的第三人,而不能是债务人本身;保证债务是于债务人不履行债务时才能生效的,在债务人履行债务时,保证债务也就不能生效。

保证有以下主要特征:首先,由于保证合同是主合同的从合同,保证债务是主债务的从债务,所以保证具有从属性。保证的从属性主要体现在:保证债务以主债务的存在为前提,并于主债务存续中从属于主债务;保证的范围与强度从属于主债务,不得大于或者强于主债务;保证债权随主债权的转移而转移,保证债务随主债务的消灭而消灭。其次,保证具有无偿性。保证人的保证债务不以从债权人取得一定财产权利为代价,债权人也不须支付任何代价即对保证人享有保证债权。最后,保证具有补充性。保证债务是对主债务的补充和加强,因而具有补充性。保证的补充性的表现主要在于,只有在主债务人不履行债务时,保证人才负履行保证债务的责任。因此,债权人请求保证人履行保证债务时，应当证明主债务人未履行债务的事实。保证债务原则上应债权人的请求才开始到清偿期。也就是说，除保证合同中有主债务人不履行债务保证人即应履行的特别约定外，虽主债务的履行期届满，债权人未向保证人请求履行的，保证债务也未届清偿期，不能发生保证人迟延履行的责任。

（二）保证的方式

保证方式分为一般保证与连带责任保证两种，二者的区别主要在于保证人是否享有先诉抗辩权。相比较而言，对于一般保证保证人的责任较轻，而在连带保证中保证人的责任较重，考虑到保证的无偿性，故多数国家规定，除非债权人与保证人特别约定，保证人只负一般保证责任。[①] 但我国的立法却与此不同，根据《担保法》第 19 条规定，对于担保方式未约定时按连带责任保证论。

《担保法》第 17 条规定："当事人在保证合同中约定，债务人不能履行债务时，由保证人承担保证责任的，为一般保证。""一般保证的保证人在主合同纠纷未经审判或者仲裁，并就债务人财产依法强制执行仍不能履行债务前，对债权人可以拒绝承担保证责任。"因此，一般保证是指保证人仅对债务人不履行债务负补充责任的保证。一般保证的保证人享有先诉抗辩权，但依《担保法》第 17 条规定，一般保证的保证人在有下列情形之一时，也不得行使先诉抗辩权：第一，债务人住所变更，致使债权人要求其履行债务发生重大困难的。反之债务人住所虽变更，但并不会使债权人要求债务人履行债务发生重大困难时，保证人仍得行使先诉抗辩权。第二，人民法院受理债务人破产案件，中止执行程序的。第三，保证人以书面形式放弃先诉抗辩权的。

《担保法》第 18 条规定："当事人在保证合同中约定保证人与债务人对债务承担连带责任的，为连带责任保证。""连带责任保证的债务人在主合同规定的债务履行期届满没有履行债务的，债权人可以要求债务人履行债务，也可以要求保证人在其保证范围内承担保证责任。"连带责任保证是指保证人在债务人不履行债务时与债务人负连带责任的保证。一般保证的保证人只在债务人不能履行债务时才承担保证责任；而连带责任的保证人不论债务人能否履行债务，只要债务人未履行债务，就有义务承担保证责任，保证人并不享有先诉抗辩权。

（三）保证的效力

保证的效力范围，也就是保证人承担保证责任的范围。保证的效力范围

---

① 张广兴：《债法总论》，法律出版社 1997 年版，第 219 页。

因当事人之间有无约定而不同，如果保证人与债权人在保证合同中明确约定了保证债务范围，保证人仅于约定的范围内承担保证债务，对于超过约定范围的债务，保证人不负担保责任。如果当事人未明确约定保证债务范围的保证。我国《担保法》第 21 条规定："当事人对保证担保的范围没有约定或者约定不明确的，保证人应当对全部债务承担责任。"这里的全部债务包括主债务的全部、利息、违约金、损害赔偿金、实现债权的费用等。

保证人与债权人之间的关系，是保证效力的主要表现。债权人的权利是在主债务人不履行债务时，得请求保证人履行保证债务即承担保证责任。债权人请求保证人履行保证债务的，除应向保证人主张外，须证明债务人的债务清偿期届满而自己未受债务的完全清偿。债权人仅向债务人请求履行债务而未向保证人主张权利的，对保证人不发生效力。我国《担保法》第 20 条中规定："一般保证和连带责任保证的保证人享有债务人的抗辩权。债务人放弃对债务的抗辩权的，保证人仍有权抗辩。"保证人对于主债务人享有的抗辩权得主张之。除了普通的抗辩权之外，一般保证的保证人还享有特别的权利，即一般保证的保证人特有的先诉抗辩权。

保证在保证人与主债务人之间的效力主要体现为保证人的追偿权。追偿权，又称求偿权，是指保证人在履行保证债务后，得请求主债务人偿还的权利。《民法通则》第 89 条第 1 项规定："保证人向债权人保证债务人履行债务，债务人不履行债务的，按照约定由保证人履行或者承担连带责任；保证人履行债务后，有权向债务人追偿。"保证人追偿权的范围，一般应当包括两部分。一部分是保证人为主债务人向债权人清偿的债务额，但以主债务人因其清偿受免责的数额为限。另一部分是保证人履行保证债务所支出的必要费用，但因保证人的过错而多付出的费用不在此列。

（四）保证债务的消灭

保证债务消灭的一般原因主要有以下几种：主债务因履行、抵销、混同、免除等原因而消灭时，保证债务随之消灭；保证合同解除或终止时，保证人的保证债务消灭；主债务转让给第三人而未经保证人书面同意的，保证人的保证债务消灭。

除了上述几种情况之外，根据《担保法》的规定，保证期限届满而债权人未为请求时，保证责任免除。对于一般保证，在保证期间内，债权人未对债务人提起诉讼或者申请仲裁的，保证人免除责任。对于连带保证，在保证期限内，债权人未请求保证人履行保证债务时，保证人的保证责任即免除。

三、定金

(一)定金的概念与分类

定金,是指当事人双方约定,为确保债的履行,在法律规定的范围内,一方向另一方预先支付的一定款项。我国《民法通则》第89条第三项规定:“当事人一方在法律规定的范围内可以向对方给付定金。债务人履行债务后,定金应当抵作价款或者收回。给付定金的一方不履行债务的,无权要求返还定金;接受定金的一方不履行债务的,应当双倍返还定金。”定金合同成立后会对债务人产生一定的压力,可见,定金也是债权担保的一种方式。

定金主要可以分为以下几类:证约定金,这是指交付作为合同订立证据的定金;成约定金,这是作为合同成立要件的定金,不交付定金合同就不能成立;违约定金,这种定金是作为违约的赔偿,即交付定金后,交付定金的一方如不履行合同,则收受定金的一方得没收其定金而不予返还,收受定金的一方不履行合同时应当双倍返还定金;解约定金,是为一方保留合同解除权而交付的定金,即交付定金的一方得以丧失定金为代价而解除合同,收受定金的一方也得以双倍返还定金为代价而解除合同。

(二)定金的成立

定金应当由当事人双方约定,双方约定定金的协议为定金合同。定金合同除应当具备合同有效成立的一般条件外,还须具备以下要求:

其一,定金的实践性要求。我国《担保法》第90条中明确规定:“定金合同自交付定金之日起生效。”如果当事人有关于定金的约定,但未实际交付的,定金担保尚不能成立。当事人未在规定的时间交付或者交付的数额不足约定数额的,而另一方当事人又接受的,可以视为当事人双方对定金合同的变更,定金仍从实际交付之日起于交付的实际数额上成立。其二,定金的从属性要求。定金合同效力决定于定金所担保的主合同的效力。因此,在主合同无效或者被撤销时,定金合同也就不能发生效力,即使一方已交付定金,定金担保也不成立。其三,定金数额的法定性要求。我国《担保法》第91条规定:“定金的数额由当事人约定,但不得超过主合同标的额的百分之二十。”关于定金的数额,原则上应由当事人自由约定,但当事人对于定金的约定不能超过法律规定的最高限额。当事人交付的定金超过法律规定最高限额的,超过的部分应为无效,即不能作为定金,但不能认定为定金全部无效。

(三)定金的效力

关于定金的效力,一般认为定金具有三方面的效力。因为定金是为担保主合同的履行而设立的，又是实践合同。因此交付和收受定金的事实，是当事人之间合同关系存在的有力证据；定金于合同履行后，应当返还或者抵作价款，从抵作价款的效力上说，定金具有预先给付的效力和抵销的效力；定金的主要效力和基本效力是担保的效力，定金的担保效力表现在定金罚则上，即交付定金的一方不履行合同时，丧失定金；收受定金的一方不履行合同时，应当双倍返还定金。

第四节　债的履行

一、债的履行的概念与原则

《民法通则》第 84 条第 2 款规定："债权人有权要求债务人按照合同的约定或者法律的规定履行义务。"债的履行是指债务人按照合同的约定或者法律的规定履行其义务。[①] 债的履行是债的最主要的效力，债务人全面正确地履行了义务，债权也就全部实现，债权人的利益才能得到满足，所以，债的履行从债权人方面说是债权的实现。

我国《合同法》第 60 条规定："当事人应该按照约定全面履行自己的义务。当事人应当遵循诚实信用的原则，根据合同的性质、目的和交易习惯履行通知、协助、保密等义务。"根据这一规定，我们可以看出债的履行的原则主要有两点：其一是按约、全面履行。要求债的履行主体、债的履行标的、债的履行期限、债的履行地点和债的履行方式都要符合约定。其二是诚信履行。也就是在履行中要完成相关附随义务。

附随义务，有的称为附从义务，是指除给付义务以外的，随债的关系发展依诚实信用原则而产生的义务。附随义务的种类甚多，大致包括注意义务、告知义务、照顾义务、说明义务、保密义务、忠实义务及不作为义务等。就附随义务的功能而言，可分为两类：一为有辅助功能的，即促进实现主给付义务，使债权人的给付利益获得最大可能的满足。比如，出卖人应对出卖的物品为相应的包装，以便于买受人安全携带；二为有保护功能的，即维护对方当事人人身或财产上的利益。例如，出卖车辆的，应当告知车辆的不良状况。

① 王利明：《民法》，中国人民大学出版社 2000 年版，第 268 页。

二、债的适当履行

债的适当履行就是要求债的履行主体、履行标的、履行期限、履行地点和履行方式都必须是适当的。

(一)债的履行主体适当

债的履行主体包括履行债务的主体和接受债务履行的主体,是指履行债务和接受债务履行的人。因为债是特定当事人间的权利义务关系,所以在一般情况下,债是由当事人实施特定行为来履行的,也就是由债务人履行债务,由债权人接受债务人的履行。《合同法》第 64 条规定:“当事人约定由债务人向第三人履行债务的,债务人未向第三人履行债务或者履行债务不符合约定,应当向债权人承担违约责任。”第 65 条规定:“当事人约定由第三人向债权人履行债务的,第三人不履行债务或者履行债务不符合约定,债务人应当向债权人承担违约责任。”依此规定,在某些情况下也可以由第三人代替债务人履行,或由第三人代替债权人履行。在由第三人代替债务人履行,或由第三人代替债权人履行的情况下要注意两个问题。第一,第三人代替履行时,第三人只是履行主体,而不是债的当事人。因此,于第三人代债权人接受履行时,债务人未向第三人履行或履行不当的,应向债权人承担责任;在第三人代替债务人履行时,债务人须对第三人的代替履行行为负责。第二,依法律规定或者当事人的约定,或者依照债的关系的性质,须由当事人亲自履行的债,不得由第三人代替履行,否则就为不适当履行。

(二)债的履行标的适当

履行标的即给付标的,是指债务人应给付给债权人的对象,如货物、劳务等。[①] 债务人应当按照债的标的履行,不得随意以其他的标的代替,这是债的履行的基本要求。当然如果债权人同意债务人以某种其他标的来代替债的标的的履行,则债务人以其他标的履行也为适当履行。

根据具体标的的不同,债的履行标的的确定方法也有所不同。履行标的为货物的,债务人交付的标的物应当符合约定的或规定的标准。标的物的数量应按照约定的或者法定的数量和计量方法确定。凡规定或约定合理磅差或尾差的,只要交付的标的物的数量在规定的幅度以内,其标的物的数量即为适当的。标的物的质量应当符合合同的约定。当事人对质量要求不明确又不能达成补充协议的,按照合同有关条款或者交易习惯也不能确定的,按照国家标

---

① 郭明瑞:《民法》,高等教育出版社 2003 年版,第 370 页。

准、行业标准履行；没有国家标准、行业标准的，应当按照通常标准或者符合债的目的的特定标准履行。

履行标的为劳务的，债务人应当按照合同约定的或者法律规定的数量和质量完成工作或者提供劳务。履行标的为货币的，应当遵守国家关于现金管理的规定。当事人在因支付价金而需支付货币时，应当按照约定的计价办法结算。如果对价款或酬金约定不明确，属于应执行政府定价或者政府指导价的，按照规定履行。不属于应执行政府定价或者政府指导价的，应按照订立合同时履行地的市场价格履行。

（三）债的履行期限适当

履行期限，是债务人履行债务和债权人接受履行的时间。债的当事人应在合同约定的或者法律规定的期限内履行。履行期限没有约定或约定不明的根据《合同法》第 61 条的规定可以由当事人协议补充或根据合同的其他条款或交易习惯推定。通过上述方式仍然不能确定的，按照《合同法》第 62 条第 4 项的规定："债务人可以随时向债权人履行义务，债权人也可以随时要求债务人履行义务，但应当给对方必要的准备时间。"债务人在必要的准备时间内履行的，债的履行期限即为适当。双方互有对待给付义务的债，除另有规定外，双方应当同时履行。在分期履行的债中，债务人应当在每一期的履行期限内履行。

（四）债的履行地点适当

履行地点是债务人履行债务和债权人接受履行的地点。履行地点关系到履行费用的负担，当事人应按照约定的或者规定的地点履行。履行地点没有约定或约定不明的根据《合同法》第 61 条的规定，可以由当事人协议补充或根据合同的其他条款或交易习惯推定。通过上述方式仍然不能确定的，适用《合同法》第 62 条第 3 项的规定："履行地点不明确的，给付货币的，应在接受给付的一方所在地履行；交付不动产的，在不动产所在地履行；其他标的则在履行义务一方所在地履行。"

（五）债的履行方式适当

履行方式是指债务人履行义务的方法。它是由法律规定或者合同约定的，或者是由债的关系的性质决定的。凡要求一次性履行的债务，债务人不得分批履行；反之，凡要求分期分批履行的债，债务人也不得一次性履行。履行方式没有明确规定或者约定的，应依诚实信用原则确定，按照有利于实现债的目的的方式履行。例如，当事人约定以邮寄方式交付标的物，但未规定是否挂号的，依诚信原则，若为贵重物品即应挂号邮寄，否则其履行方式即为不适当。

三、债的不适当履行

债的不适当履行是指当事人虽有履行行为，但其履行不符合约定或者法律规定。不适当履行的情况比较复杂，其中较为常见的为期限上的不适当履行即迟延履行，较为特殊的为加害履行，同时受领迟延也为不适当履行的一种情形，因此，在这里主要介绍迟延履行、加害履行、受领迟延三种不适当履行债的形态。

（一）履行迟延

履行迟延是指在债务履行期限届满后，债务人能履行债务而未履行债务。履行迟延是一种在期限上履行不适当的情形。债务人在期限上的履行不适当包括提前履行与迟延履行。提前履行是指在履行期未届至前履行，但若期限利益是为债务人一方利益而设定的，则债务人提前履行的，债权人应当受领，因为不能不许当事人放弃自己的期限利益。迟延履行则与提前履行相反，是指债务人于履行期限届满后才履行债务。另外，若债务人于履行期限届满时，仍未履行全部债务，则为履行迟延。

履行迟延的构成须具备以下条件：第一，债务之存在，即债务人有有效债务存在。第二，给付之可能，债务人能够履行债务。如果债务不能履行，则发生履行不能而不发生履行迟延。第三，债务已届清偿期，即债务的履行期限届满。第四违法，须债务人无法律上的正当理由。如果债务人有正当理由而未按期履行，例如因行使同时履行抗辩权而未按期履行，则不构成迟延履行。第五，须因可归责于债务人的事由而未为给付。[①]

履行迟延发生以下法律后果：第一，债权人有权要求债务人继续履行；第二，债权人得请求赔偿因履行迟延而受到的损失；第三，债务人的履行对债权人无利益的，债权人得解除合同而请求损害赔偿；第四，债务人承担标的物意外灭失的风险。例如在迟延期间标的物意外毁损灭失时，债务人应负履行不能的责任。但债务人能够证明即使履行不迟延也会发生该损失的，则可免除其责任。

（二）加害履行

加害履行又称为加害给付是指因债务人的履行有瑕疵，使债权人受履行利益以外的损害的情形。从广义上讲，加害给付行为也属于瑕疵履行的一种，瑕疵履行表现可有多种，如交付的标的物的数量不足或品质不合要求，或者履

---

① 史尚宽：《债法总论》，中国政法大学出版社 2000 年版，第 393～402 页。

行的时间、地点或方式不合要求等。债务人履行不适当的,应当采取补救措施,以使其履行符合法律规定或约定的条件。并且,债务人瑕疵履行的,债权人有权请求赔偿因此而受到的损害。在一般情形下,债务人的瑕疵履行给债权人仅造成履行利益的损害。除了履行利益的损害之外,如果因债务人的履行有瑕疵而给债权人另外造成其他损害的,则为加害给付。

加害给付须具备以下条件才能构成:第一,债务人的履行行为不合法律的规定或者合同的约定,即有瑕疵。因为加害给付是履行不当的一种特殊情形,因此只有在债务人的履行且履行有瑕疵的情形下才能构成。第二,债务人的瑕疵履行而造成了债权人的履行利益以外的其他权益损害。第三,加害给付是一种同时侵害债权人的相对权和绝对权的不法行为。

从法律效力上看,加害给付一般产生违约责任和侵权责任的竞合问题。依《合同法》第 122 条规定,在加害给付时,债权人有权选择请求债务人负债的不履行责任或侵权的民事责任。当然,在受害人的损害不能依违约责任获得赔偿时,受害人有权请求加害给付的行为人负侵权损害赔偿责任。

(三)受领迟延

在一般情况下,债权人的受领是权利而不是一种义务,但是因债务的履行须有赖于债权人的受领才能实现,依诚信履行原则的要求,债权人应当协助债务人履行,及时接受债务人的给付。所以,受领给付虽不为债权人的债务,但也为债权人的一项协助义务。债权人受领迟延的,为协助义务的违反。

所谓受领迟延是指债权人未及时接受债务人的适当给付。受领迟延,从债务履行的结果上说,债务仍未得到履行,只不过债务未能履行的原因不是债务人没有履行而是由于债权人受领迟延。

受领迟延须由以下条件构成:第一,须有履行上需要债权人受领的债务;第二,须债务人已为适当的履行,若债务人的履行不适当,债权人有权拒绝受领,不能构成迟延受领;第三,须债权人未予以受领。

四、债的不履行

债的不履行,是指债的履行主体没有实施债中所规定的行为或不行为。债务人根本就没有履行债务,包括履行不能与拒绝履行两种情形。

(一)履行不能

履行不能是指债务人不能履行其义务,依其情况可分为自始履行不能和嗣后履行不能。自始履行不能构成缔约责任,不构成违约责任。自始法律不能,属于无效民事行为。自始事实不能,民事行为不成立。因此,履行不能仅指嗣后不能。嗣后履行不能也分为法律不能和事实不能。如债成立之后,履行之前,标的物被禁止流通,这属于法律不能,违约人可以免责。再如债成立之后,特定标的物意外灭失,出卖人无法交付,这属于事实不能。嗣后履行事实不能是否构成违约责任,要具体问题具体分析。如果标的物是因不可抗力灭失,出卖人免责。如果承揽人转产,以至不能交付工作成果,则应当承担违约责任。

履行不能除了自始履行不能和嗣后履行不能两种最主要的分类以外,还可以分为全部不能与部分不能、一时不能与永久不能。全部不能是指债务人的全部义务都不能履行;部分不能是指债务人仅对部分义务不能履行。永久不能是指债务人不仅在履行期限内而且在逾期后也不能履行;一时不能则是指债务人因暂时障碍一时不能履行,但其后可以履行。这里所说的履行不能仅指永久不能。

一般说来,履行不能因可归责于债务人的事由造成的,发生以下后果:第一,债务人免除履行原债务的义务。但在一部履行不能时,债务人仅能就不能履行部分免除履行义务。若仅部分履行对债权人无利益时,债权人得拒绝受领该部分履行。第二,若债务系合同之债的债务,债务人有权解除合同。第三,债务人应就履行不能而对债权人负赔偿责任。

因不可归责于债务人的事由而履行不能的,发生以下三种法律后果:其一,免除债务人的履行义务。全部履行不能的,免除债务人的全部履行义务;部分履行不能的,免除债务人的部分履行义务。其二,在因履行不能的事由,债务人对第三人有损害赔偿请求权或对保险人有保险金给付请求权时,债权人得请求债务人让与该损害赔偿请求权或保险金给付请求权。如债务人已从第三人取得赔偿物时,则债权人有权请求债务人交付其所受领之赔偿物。也就是说,因不可归责于债务人的事由发生履行不能时,虽债务人不负赔偿责任,但于其从第三人取得代偿利益时,应将该代偿利益移转给债权人,债权人取得代偿请求权。通说认为,债权人对债务人享有的代偿请求权并非原债的继续而为新发生的债权,因此其诉讼时效的计算应重新起算。其三,若当事人之间的债为双务合同之债,则债权人因此免除对待给付的义务。[①]

(二)拒绝履行

拒绝履行是指能够履行而不履行,是故意毁约的行为。拒绝履行是一种能履行债务而不履行的违法行为,其构成须具备以下条件:第一,须有有效债

---

① 王利明:《民法》,中国人民大学出版社 2000 年版,第 331 页。

务的存在，这是拒绝履行的前提。第二，须债务人能够履行债务，否则构成履行不能。第三，须债务人表示不履行。至于债务人不履行的意思表示为明示还是默示，则在所不问。第四，须债务人的不履行为违法的。如果债务人对于债务的履行有权拒绝，则其表示不履行为合法的，不能构成拒绝履行。例如，对于已过诉讼时效期间的债务的拒绝履行，债务人有同时履行抗辩权、先履行抗辩权、不安抗辩权而行使抗辩权的拒绝履行，则不为违法的拒绝履行。最后，须债务人有故意或过失，债务人不履行多为故意，但也可出于过失。例如，其因过失而不知债务的存在而表示不履行。

拒绝履行产生如下效力：债务人于债务履行期届至而表示不履行的，债权人有权请求法院强制债务人履行，并得请求赔偿损失。债务人于债务履行期未届至前而表示拒绝履行的，债权人有权解除合同，并请求债务人承担不履行的赔偿责任。依《合同法》第 108 条规定，当事人一方明确表示或者以自己的行为表明不履行合同义务的，对方可以在履行期限届满之前要求其承担违约责任。但是，在债务人表示拒绝履行后，债权人应当采取适当的措施，以避免或扩大损失。否则，因债权人未及时采取措施而扩大的损失，债权人不能要求债务人赔偿。

第五节 债的移转

一、债的移转的概念

债的移转，即债权债务的转让，是指在债的内容与客体保持不变的情形下，债的主体发生变更。债的主体变更实际上就是债的内容转移给他人承受，即由债的原第三人而成为债的新的债权人、债务人。所以债的移转也就是债的主体变更。

债的移转既然是债权债务主体的变更，就必以债权债务的存在为前提。债的主体包括债权人与债务人双方，不论是债权人变更还是债务人变更都为债的移转。债的移转仅为广义的债的变更中的主体变更，因而债的移转并不改变当事人间的权利义务关系，即债权与债务并不改变。债的移转与狭义的债的变更不同，狭义的债的变更是债权人与债务人间的权利义务的内容与标的发生改变，但债权人与债务人并无改变。[①] 债的移转并不引起新的债权债务关系的出现，因此债的移转后的债权债务与移转前的债权债务保持其同一性。

债的移转依其移转的主体不同，可以分为债权的让与、债务的承担以及债的概括承受。债权人一方变更，债务人一方不变的，为债权移转，又称为债权让与；债务人一方变更而债权人一方不变的，为债务移转，又称为债务承担。若因债权人一方或债务人一方所参与的债都发生债权主体或债务主体变更而发生债的移转，则为债的概括承受。

二、债权让与

（一）债权让与的概念

债权让与是指在不改变债的内容的前提下，债权人通过协议将其债权全部或部分转让给第三人。债权人与第三人订立的关于转让债权的协议称为债权让与合同，让与债权的一方当事人称为让与人，受让债权的一方当事人为受让人。

债权让与可分为全部让与和部分让与。债权的全部让与是指债权人将债权全部转让给第三人，于转让生效后，原债权人退出债权的关系，受让人成为债权人。债权的部分让与是指债权人将债权的一部分转让给第三人，于转让生效后，原债权人并不退出债的关系，而是与受让第三人共同成为债权人。对于债权的部分让与，如果转让协议中规定了转让的债权份额，则原债权人与受让第三人按照份额享有债权，成立按份债权；若没有规定让与的债权份额，则原债权人与第三人连带享有债权，成立连带债权。

（二）债权让与的成立要件

根据债权让与的概念，结合相关立法的规定，债权让与的成立须具备下列要件：

第一，须有有效债权的存在，且转让不改变其内容。债权让与合同的目的是转让债权，因而必须有有效债权存在。若转让人不享有有效债权，该让与合同当然无效。债权让与是将已存在的债权让与第三人，而且债权的让与关系到债务人的利益，因此让与人让与其债权时不得改变债权的内容，即不仅不得增加债务人的负担，即使是免除债务人的部分债务，也应当直接向债务人作出

① 郭明瑞：《民法》，高等教育出版社2003年版，第403页。

免除的意思表示，而不能由让与人与受让人自行决定。[①]

第二，让与人与受让人应达成让与合意。债权让与时，让与人与受让人应订立债权让与合同。该债权让与合同应具备合同的有效要件，如果存在使合同无效的情形，该让与合同不能生效。

第三，让与的债权须具有可让与性。债权为财产权，一般具有可让与性，债权人得将其债权让与他人。但是并非所有的债权都具有可让与性，对于不具有可让与性的债权，债权人不得转让。按照《合同法》第79条规定，下列情形下的债权不得让与。

(1)依其性质不得让与的债权。这类债权主要有以下几种：其一，基于特别信任关系发生的债权，原则上不得让与。例如，雇佣、委托等关系中的债权，这类债权因具有强烈的人身信任关系，故原则上不得让与。其二，以特定身份为基础的债权。例如，亲属间的扶养请求权，抚恤金请求权，受遗赠人的给付遗赠请求权等。其三，不作为债权。其四，属于从权利的债权，不得单独让与。因为从权利随主权利的转移而转移，性质上不能与主权利分离而单独为让与。

(2)债的当事人双方约定不得转让的债权。债权人与债务人双方可以约定不得转让债权，但其约定不得违反法律的强行性规定。

(3)依照法律规定不得转让的债权。例如，依我国《担保法》第61条的规定，最高额抵押的主合同债权不得转让。对于依照法律规定应由国家批准的合同债权，其让与仍应经原批准机关批准，否则不能发生让与的效力。

第四，债权让与须通知债务人。《合同法》第80条第1款规定："债权人转让权利的，应当通知债务人。未经通知，该转让对债务人不发生效力。"债权让与合同为转让人与受让人间的意思表示一致的协议，但因债权转让合同所转让的债权与债务人有关，于转让生效后，债务人须向受让人履行债务，因此债权让与合同是涉及债务人的合同。虽然债权让与不以债务人的同意为生效要件，但应以通知债务人为对债务人发生效力的要件。即债务人未受债权让与通知的，则该让与对债务人不生效力，债务人向原债权人为清偿的，其清偿为有效。

(三)债权让与的效力

债权让与的效力是指债权让与所发生的法律效果，可分为内部效力与外部效力两个方面。债权让与在转让人与受让人间发生的法律效力，称为债权让与的内部效力；债权让与对债务人及其他人发生的法律效力，称为债权让与

---

① 张广兴：《债法总论》，法律出版社1997年版，第236页。

的外部效力。

1. 债权让与的内部效力

(1)受让人取得债权及有关的从权利。债权让与的基本效力是受让人取得受让的债权,即债权从转让人移转于受让人所有。《合同法》第 81 条规定:“债权人转让权利的,受让人取得与债权有关的从权利,但该权利专属于债权人自身的除外。”依此规定,从权利随主债权的转移而转移于受让人。但专属于原债权人自身享有的从权利,不因债权的移转而当然地移转于受让人。

(2)受让人能够完全行使债权。债权的转让人负有使受让人能够完全行使债权的义务,因此,让与人应将所有足以证明债权的文件,如债权证书、票据等交付受让人;让与人应向受让人告知有关主张债权所必要的情形,如债务人的住所、债务的履行方式等。

(3)受让人可要求让与人对让与的债权负瑕疵担保责任。让与人应负瑕疵担保责任,不使受让人因债务人主张得对抗让与人的事由使受让人的利益受损害。但是,除让与合同另有约定外,让与人不对债务人的履行能力负担保责任。[①] 受让人于让与合同成立时知道债权有瑕疵而受让的,让与人也不应负瑕疵担保责任。

2. 债权让与的外部效力

(1)债务人应向受让人履行债务。债权让与对债务人生效后,债务人应向受让人清偿债务,而不得再向让与人清偿债务。

(2)债务人可以向受让人主张对原债权人的抗辩权。《合同法》第 82 条明确规定:“债务人接到债权转让通知后,债务人对让与人的抗辩,可以向受让人主张。”受让人受让债权,其地位不能优于让与人,其权利不能大于让与人原有的权利,因此,凡债务人得以对抗原债权人即让与人的抗辩权,同样可以对抗受让人。

(3)债务人可以以其债权与让与的债权抵销。《合同法》第 83 条规定,“债务人接到债权转让通知时,债务人对让与人享有债权,并且债务人的债权先于转让的债权到期或者同时到期的,债务人可以向受让人主张抵销。”

三、债务承担

(一)债务承担的概念

债务承担,亦即债务移转,是指在维持债的内容的同一性的前提下,通过

① 郭明瑞等:《民商法原理》(第三册),中国人民大学出版社 1998 年版,第 74 页。

与第三人的协议将债务全部或部分移转于第三人承担的法律制度。

债务承担有广义与狭义之分,广义的债务承担包括免责的债务承担与并存的债务承担。免责的债务承担,是指由第三人完全代替债务人承担其债务的民事法律行为,此即狭义上的债务承担;并存的债务承担,是指由第三人加入债之关系,与原债务人共负其债务的民事法律行为。[①]

(二)债务承担的要件

《合同法》第 84 条规定:"债务人将合同的义务全部或者部分转移给第三人的,应当经债权人同意。"依据该规定,债务承担须具备以下要件:

首先,债务承担时须有有效债务的存在。债务承担时所移转的是有效债务,若债务并不存在或无效或已消灭,则债务承担不能发生。同样如果所移转的债务为将来发生的债务的,则债务承担协议应自债务有效成立时,方能生效。

其次,须所移转的债务具有可移转性。性质上不能移转的债务,不得移转于他人承担;债权人与债务人约定不得移转的债务,也不得由第三人承担;法律直接规定不能移转的债务,也不具有可移转性。因此,凡以移转不具有可移转性的债务为目的的债务承担协议不能有效。

再次,须有以债务移转为目的的债务承担协议。如当事人间订立的协议不是以移转债务为目的,而是为了其他目的则不能发生债务承担的后果。

最后,原则上债务承担应当经债权人同意。一般认为,债务承担协议可由债权人与第三人订立,也可由债务人与第三人订立。对于债权人与第三人订立的债务承担协议,则不存在债权人自身不同意的问题。由债务人与第三人订立债务承担协议的,按照上述《合同法》第 84 条规定,无论债务人将合同的义务全部还是部分转移给第三人的都须经债权人同意方能有效。我们的理解是,实际上对于由债务人与第三人订立债务承担协议也应当分两种情形:如果是免责的债务承担,即由第三人完全代替债务人承担其债务的情形,自应经债权人同意;但对于并存的债务承担,即第三人加入债之关系,与原债务人共负其债务的情形,即使未经债权人同意也应当可以成立。因为该种情形并未降低而是增加了对债权人债权的履行能力。

(三)债务承担的效力

债务承担生效后发生以下方面的法律效力:

其一,债务移转。债务全部移转的,承担人取代原债务人的地位而为新债

---

① 张俊浩:《民法学原理》,中国政法大学出版社 2000 年版,第 700 页。

务人。原债务人脱离债的关系,而不再负担债务。债务人的债务部分转移给第三人的,第三人加入债,与原债务人共同承担债务。其二,抗辩权移转。《合同法》第 85 条规定:"债务人转移义务的,新债务人可以主张原债务人对债权人的抗辩。"其三,从债务移转。《合同法》第 86 条规定:"债务人转移义务的,新债务人应当承担与主债务有关的从债务,但该从债务专属于原债务人自身的除外。"例如,附随于主债务的利息债务等,除当事人另有特约外,也一并由新债务人承担。

四、债的概括承受

债的概括承受,是指债权债务一并转移给第三人。债的概括承受,主要有两种情形:一是合同的承受,一是企业的合并。[①]

(一)合同的承受

合同的承受,是指合同当事人一方将其在合同中的权利义务全部转移于第三人,第三人承受其在合同中的地位,享受权利和负担义务。合同承受既可因当事人间的协议发生,也可因法律的直接规定发生。

《合同法》第 88 条规定:"当事人一方经对方同意,可以将自己在合同中的权利和义务一并转让给第三人。"因此,当事人一方将其合同上的权利义务一并转移于第三人的,须经对方同意,否则不能发生转移的效力。按照《合同法》第 89 条规定,权利和义务一并转让的,其成立条件和效力,适用关于债权让与和债务承担的规定。

(二)企业合并、分立

《民法通则》第 44 条中规定:"企业法人分立、合并,它的权利和义务由变更后的法人享有和承担。"《合同法》第 90 条规定:"当事人订立合同后合并的,由合并后的法人或者其他组织行使合同权利,履行合同义务。当事人订立合同后分立的,除债权人和债务人另有约定的以外,由分立的法人或者其他组织对合同的权利和义务享有连带债权,承担连带债务。"依此规定,债的当事人一方合并的,该当事人的债权债务也就一并由合并后的法人或者其他组织承受。

---

① 王利明:《民法》,中国人民大学出版社 2000 年版,第 313 页。

第六节 债的消灭

一、债的消灭的概念与原因

债是债权人与债务人间的权利义务关系，是有期限性的权利，性质上不能永久存在。因为债权人设定债的目的是为取得某种利益的，而其利益的取得须通过债权的实现而达到。债权实现，债也就消灭。就此意义上说，债的设定本身就是为了债的消灭。另外，债是一种动态的关系，正是通过债的发生、消灭的过程而满足债权人的利益，实现债的功能。

债的消灭，又称为债的终止，是指债权债务客观上不复存在。债的消灭与债的变更不同。债的变更包括主体变更与客体、内容的变更。债的主体的变更为债的移转，债的关系未消灭，仅是存在于新的主体之间而已。尽管从原主体的角度说，可为债的丧失，但从客观上说，债仍未失其同一性而存在于变更后的主体之间。债的内容或客体变更，仅是债的内容或客体变动，债权债务关系仍然存在，并未消灭。

债的消灭的原因，是指能够引起债的消灭的法律事实。没有消灭的原因，债就不能消灭。我国《合同法》第 91 条规定："有下列情形之一的，合同的权利义务终止：(一)债务已经按照约定履行；(二)合同解除；(三)债务相互抵销；(四)债务人依法将标的物提存；(五)债权人免除债务：(六)债权债务同归一人：(七)法律规定或者当事人约定终止的其他情形。""其他情形"，包括合同当事人死亡、破产而债务无人继受，约定的终止期限届至，等等。根据上述规定，债的消灭原因可分为以下几类：其一，基于债的目的达到而消灭。例如，清偿、混同，都是使债的目的达到的原因。其二，基于债的目的不能达到而消灭。例如，在给付不能时债的目的就不能达到，债也应消灭。其三，基于当事人的意思而消灭。例如，债务免除。其四，基于法律的直接规定。

清偿为债的消灭的最正常的、最常见的原因。清偿，亦即履行，是指债务人按照法律的规定或者合同的约定向债权人履行义务。债务人向债权人为特定行为，从债务人方面说，为给付；从债权人方面说，为履行；从债的消灭上说，为清偿。债务人清偿了债务，债权人的权利实现，债的目的达到，债当然也就消灭。关于债的履行问题，本章前面已经专门探讨，这里主要介绍其他几种债的消灭的情形。

二、抵销

(一)抵销的概念

作为一种债的消灭制度抵销具有重要的意义:首先,抵销可以简化交换的过程,避免双方当事人分别请求、分别履行带来的不必要的麻烦;其次,抵销减少了当事人的负担,节约了交易成本。最后,抵销也使交易的安全性大大提高。

抵销是双方当事人互负债务时,一方通知对方以其债权充当债务的清偿或者双方协商以债权充当债务的清偿,以使双方的债务在对等数额内消灭的行为。抵销的债权即主张抵销一方的债权,称为动方债权或主动债权、能动债权;被抵销一方的债权,称为受方债权或被动债权、反对债权。

抵销按其产生的原因可分为法定抵销与合意抵销。《合同法》第 100 条规定:“当事人互负债务,标的物种类、品质不相同的,经双方协商一致,也可以抵销。”这里规定的就是合意抵销。合意抵销是指依当事人双方的合意所为的抵销。合意抵销的内容由当事人自由约定的,其效力也决定于当事人的约定。法定抵销,是指具备法律所规定的条件时,依当事人一方的意思表示所为的抵销。其依当事人一方的意思表示,使双方的债权按同等数额消灭的权利,称为抵销权。通常所说的抵销即为指法定抵销。

(二)抵销的条件

我国《合同法》第 99 条中规定:“当事人互负到期债务,该债务的标的物种类、品质相同的,任何一方可以将自己的债务与对方的债务抵销,但依照法律规定或者合同性质不得抵销的除外。”根据上述规定,抵销一般须具备以下要件:

其一,当事人互负债权、债务。当事人互负债权、债务,说明当事人之间存在两个债权债务关系。如果一方只有债权而无债务或者只有债务,而无债权,则无从抵销。需要强调是,抵销是由两个法律关系产生的债权债务相互抵销,一个法律关系产生的债权债务不存在抵销的问题。另外,主动债权必须到期,因为债权人既然无法强求对方提前履行,也就不能将自己未到期的债权通知对方抵销。如果双方的债权均已到期,双方就均有抵销权;如果一方到期,到期一方有抵销权;如果双方的债权均未到期,任何一方均不享有抵销权。

其二,债务的标的物种类、品质相同。依此要件,抵销主要适用于货币及种类物之债。如果债的标的物种类、品质不相同,说明履行的要求、目的不同,仅依一方的意思无法确定可供抵销的债务数额，因此不能采用法定抵销的方式，如需抵销，只能通过合意抵销的方式来进行。

其三，当事人所负债务属于可以抵销的债务。依照法律规定或者按照合同性质不得抵销的债务，一方当事人不得通知对方抵销。比如，因侵害人身产生的债务、支付劳动报酬、抚恤金的债务以及超过诉讼时效的债务等，债务人不得作为抵销权人主张抵销。由于违约金债务是金钱债务，所以一般来说是可以抵销的。

其四，抵销权人将抵销的意思表示通知对方。抵销不能自动发生，须由抵销权人将抵销的意思表示通知对方。抵销权人只要将抵销的意思表示通知对方，抵销即可生效，不须借助对方的意思表示。还有一点要注意的是，《合同法》第 99 条第 2 款规定："当事人主张抵销的，应当通知对方。通知自到达对方时生效。抵销不得附条件或者附期限。"抵销附条件、附期限，是一方的意志，一方的意志不能强加给另一方，所以附条件、附期限的抵销无效。

（三）抵销的效力

抵销权为形成权，抵销权的行使由抵销权人将其抵销的意思表示通知对方即可发生效力。抵销的效力主要表现在，抵销使双方互负的债务在数额相等的范围内消灭。双方债务额相等时，全部债务消灭；双方债务额不相等时，债务数额大的一方就超出的债务仍负清偿之责。当抵销生效后，就消灭的债务不再发生支付利息的从债务，抵销权发生后给付迟延责任归于消灭。抵销的效力，溯及至可以抵销时。

三、提存

（一）提存的概念

提存制度源于罗马法。在罗马法上，最初允许债务人在债权人拒绝受领时，得抛弃给付物而免其责。但由于此办法不利于经济发展，于是设提存制度来代替抛弃。现代各国法上一般都规定了提存制度，将提存规定为债的消灭原因。我国司法部 1995 年 5 月发布的《提存公证规则》中对公证提存作了规定、现行《合同法》中也对提存作了明确的规定。

提存是债务人无法履行债务或者难以履行债务的情况下，将标的物交由提存机关保存，以终止合同权利义务关系的行为。提存涉及三个方面的当事人：一是提存人，提存人是合同债务人；二是提存受领人，提存受领人是合同债权人；三是提存机关，我国目前的提存机关是各级公证机关。标的物提存后，债务人从原有的债权债务关系中脱离出来，标的物提存后，除债权人下落不明的以外，债务人应当及时通知债权人或者债权人的继承人、监护人。

设立提存制度的目的，主要在于保护债务人，同时也兼顾了债权人的利益。提存是从债务人角度设计的权利。一般情况下，债务人履行债务需要债权人协助，如债权人不协助债务人的履行，对债务人的履行拒不接受，或者因其他原因导致债务人无法向债权人履行，债务人就不能清偿债务。于此情形下，债务人将继续承担着清偿责任，这对于债务人是不公平的。因此，为使债务人免受迟延履行之累。通过提存，使得债务人可以将其无法给付给债权人的标的物交给提存机关保存，以代替向债权人的给付，从而免除自己的清偿责任。

（二）提存的要件

第一，提存的主体适格。提存人是对提存受领人负有履行义务的人，即债务人。第三人能否作为提存人尚有争议，严格来说，第三人是不能作为提存人的。虽然按照《合同法》第 65 条规定，当事人可以约定由第三人向债权人履行债务，但当无法履行或者难以履行时，提存人应当是债务人，而不应当是第三人。

第二，有合法的提存原因。《合同法》第 101 条第 1 款规定："有下列情形之一，难以履行债务的，债务人可以将标的物提存：（一）债权人无正当理由拒绝受领；（二）债权人下落不明；（三）债权人死亡未确定继承人或者丧失民事行为能力未确定监护人；（四）法律规定的其他情形。"具体而言产生提存的原因主要有：其一，债权人无正当理由拒绝受领。债权人拒绝受领有时是为了陷债务人于违约。例如，房屋出租人先拒收承租人交付的房租，达到一定的期限后，再以承租人不交租为由单方通知承租人解除合同。如承租人不能对自己的履行举证，将陷于被动状态，在这种情况下，承租人可以将租金提存。其二，债权人下落不明。债权人下落不明是指债权人处于"失踪"态，此时债务人欲履行而不能或难以履行，因而可将标的物提存。债权人下落不明，可以指债权人作为自然人下落不明，也可以指债权人作为法人或其他组织下落不明。如按照《合同法》第 70 条的规定，债权人分立、合并或者变更住所没有通知债务人，致使履行债务发生困难的，债务人可以将标的物提存。这里的分立、合并就是指法人或其他组织的分立、合并。其三，债权人死亡未确定继承人或者丧失行为能力人未确定监护人。债权人死亡，债权由继承人继承，由继承人受领债务人的给付。债权人丧失行为能力，应由其监护人代管财产。继承人、监护人未确定，债务人无法履行义务，因此可以将标的物提存。其四，法律规定的其他情形。当出现法律规定的债务人难以履行债务的其他情形时，其可以将标的物提存。

第三，提存的标的物符合要求。提存的标的物可以是货币、有价证券、票据、提单、权利证书、货物等，动产和不动产都可以提存。《合同法》第 101 条第 2 款规定："标的物不适于提存或者提存费用过高的，债务人依法可以拍卖或者变卖标的物，提存所得的价款。"这是关于自助出卖的规定。该规定考虑到了提存的方便，同时也是为了维护债权人的利益。

不适于提存的标的物主要是指不适宜长期保存的物品，如鲜活类的产品，这类产品如果提存会使标的物的价值降低。另外，提存费用过高的标的物包括保管技术要求高、保管支出费用大的物品也不适于提存。因提存费用由债权人承担，费用过高的结果，可能使债权人得不偿失。

第四，须经法定程序。提存应经以下程序：首先由提存人提出申请，申请书中应载明提存的原因、提存的标的物、标的物的受领人。其次，经提存机关同意。提存机关受理提存申请后应予以审查，以决定是否同意提存。提存机关同意提存的，指定提存人将提存物交有关的保管人保管。最后，由提存机关作成提存证书并交给提存人。

（三）提存的效力

我国最高人民法院在《关于贯彻执行〈中华人民共和国民法通则〉若干问题的意见》第 104 条规定："债权人无正当理由拒绝债务人履行义务，债务人将履行的标的物向有关部门提存的，应当认定债务已经履行。因提存所支出的费用，应当由债权人承担。提存期间，财产收益归债权人所有，风险责任由债权人承担。"由于提存涉及三方当事人，所以提存一经成立后发生三方面的效力。

1. 提存在债务人与债权人间产生的效力

提存后，债因提存当然消灭，债务人不再负清偿责任。提存物的所有权如同债务人给付后一样移转于债权人，标的物毁损、灭失的风险也一并移转于债权人，标的物的孳息归债权人所有，提存费用由债权人负担。但是，为使债权人及时得知提存的事实，除债权人下落不明的以外，提存人应当通知债权人或者债权人的继承人、监护人。

2. 提存在提存人与提存机关间产生的效力

提存人与提存机关是提存行为的双方当事人。在提存成立后，提存机关有保管提存物的义务。提存人在发现提存错误或提存原因消灭时，得撤销提存行为，并取回提存物。但是在提存有效成立期间，即使债权人放弃或丧失请求权，提存人也不能取回提存物。一般情况下，提存人不负担提存物的保管费用，但若提存人取回提存物时，提存人应负担提存物的保管费用。

3. 提存在提存机关与债权人间产生的效力

提存成立后，债权人与提存机关形成一种权利义务关系。债权人可以随时领取提存物，但如果债权人对债务人负有到期债务的，在债权人未履行债务或者提供担保之前，提存部门根据债务人的要求应当拒绝其领取提存物。需要注意的是，债权人领取提存物的权利应于法律规定的期限内行使。债权人超过法律规定或者提存机关公告的领取时间而不领取提存物的，其权利即行丧失。依我国《合同法》第 104 条规定，债权人领取提存物的权利，自提存之日起 5 年内不行使而消灭，提存物扣除提存费用后归国家所有。需要注意的是，此处所言“5 年”，是除斥期间，不是诉讼时效。提存成立后，提存机关有妥善保管提存物的义务。因提存机关保管不善致使提存标的物毁损、灭失的，提存机关应当向债权人承担赔偿责任。债权人要求提存机关承担赔偿责任的权利，亦应在提存之日起 5 年之内行使。

四、债务免除

(一)债务免除的概念

债务免除，简称免除，是指债权人向债务人表示免除其债务之意思表示，而使债之关系消灭。[①] 免除成立后，债务人自不再负担被免除的债务，债权人的债权也就不再存在，因此免除债务也为债的消灭原因之一。

(二)债务免除的构成

其一，免除须有债权人抛弃债权的意思表示，免除的意思表示应当告知债务人或者告知其代理人。如果向其他第三人为免除的意思表示，则债的关系并不消灭。其二，免除是处分债权的行为，故债权人须有相应的行为能力。无民事行为能力人免除他人债务须有法定代理人的同意，限制行为能力人免除他人债务是否须法定代理人的同意应当视具体情况而定。其三，免除本身是无偿行为。免除债务人的债务无须债务人为此支付对价。其四，免除的意思表示不得撤销。免除的意思表示到达债务人后，即发生免除债务的效果，因而不得撤销。免除的意思表示虽然不得撤销，但可以撤回，即如果撤回的通知与免除的通知同时到达时或者先于免除的通知到达的，应当发生撤回的效果。

① 黄立:《民法债编总论》，中国政法大学出版社 2002 年版，第 718 页。

(三)债务免除的效力

《合同法》第 105 条规定:“债权人免除债务人部分或者全部债务的,合同的权利义务部分或者全部终止。”免除的效力是使债消灭具体表现在:债务全部免除的,债即全部消灭;债务部分免除的,债即于免除的范围内消灭;主债务因免除而消灭的,从债务也随之消灭。

一般情况下,免除债权由债权人单方为意思表示即可生效,故免除可以是单方法律行为。债务人对债权人免除的意思表示保持沉默,不影响免除的效力。如果免除侵害了其他人的利益,则其他人可表示反对,及时表示反对的,免除不发生效力。比如,根据《合同法》第 74 条的规定,因债务人放弃其到期债权对债权人造成损害的,债权人可以请求人民法院撤销债务人的免除行为。债权人免除债务人部分债务的,部分债务消灭;免除全部债务的,当事人之间的债权债务关系全部终止。

五、混同

混同是指债权与债务同归于一人的事实。《合同法》规定,债权、债务混同,可以是同一法律关系产生债权债务的混同,也可以是两个以上法律关系产生的债权、债务的混同。

混同以债权与债务归于一人而成立,与人的意志无关,因而属于事件。发生混同的原因可分为两种:一是概括承受,即债的关系的一方当事人概括承受他人权利与义务。例如,因债务人继承被继承人对其享有的债权或者债权人继承被继承人对其负担的债务,债权人与债务人合为一人。概括承受是发生混同的最主要原因。二是特定承受,指因债权让与或债务承担而承受权利义务。例如,债务人自债权人受让债权,债权人承担债务人的债务,此时也发生混同。

《合同法》第 106 条规定:“债权和债务同归于一人的,合同的权利义务终止,但涉及第三人利益的除外。”因此,混同的效力是导致债的关系绝对消灭,并且主债消灭,从债也随之消灭。但在涉及第三人利益的情形下,虽发生混同,对第三人的合法利益自应给予保护,即不因混同而影响第三人的债权等权利,同时当事人不因混同而丧失对第三人的债权等权利。

本章思考题：

1. 试述按份之债与连带之债的区分及其意义。
2. 简述债权人的代位权与撤销权的行使及其法律效果。
3. 简述债的适当履行的要求。
4. 简述债权让与与债务承担的条件及法律效力。

第十九章

合同总论

第一节 合同的概念与分类

一、合同的概念

合同在英文中称为“contract”，在法文中称为“contrat”或“pacte”，在德文中为“uertrag”或“kontrakt”。这些用语都来源于罗马法的合同概念“contractus”。“contractus”一词由“con”和“tractus”组成。con由com转化而来，有“共”字的意义，“tractus”有交易的意义。因此，合同的本意为“共相交易”。[①]我国《民法通则》第85条规定，“合同是当事人之间设立、变更、终止民事法律关系的协议。依法成立的合同，受法律保护。”《合同法》继续沿用《民法通则》的规定，将合同定义为平等主体的自然人、法人、其他组织之间设立、变更、终止民事权利义务关系的协议。

在把握合同内涵过程应注意以下两点：其一，《合同法》所说的合同，是民事合同中的债权合同。有关身份关系的合同，不适用合同法的规定。《合同法》第2条第2款规定：“婚姻、收养、监护等有关身份关系的协议，适用其他法律的规定。”即适用民法通则、婚姻法、收养法的规定。比如，父母离异，子女随谁生活的合同、子女抚养费由谁承担、承担的比例的协议都不适用合同法。其二，合同可以处在三个阶段：一是创立阶段，当事人通过签订合同建立债权债

① 王家福：《民法债权》，法律出版社1991年版，第286页。

务关系；二是变更阶段，当事人通过签订合同变更他们之间已经存在的债权债务关系；三是终止阶段，结束人们之间已有的债权债务关系。根据上述定义，可以看出合同具有以下法律特征：

（一）合同是一种民事法律行为

民事法律行为以意思表示为要素。合同也要有当事人的意思表示，没有当事人的意思自由，也就没有合同。

（二）合同是由两个以上的意思表示相一致的民事法律行为

两个意思表示一致即构成合意。合意是合同成立的一个标志。前一个意思表示是要约，后一个意思表示是承诺。意思表示有瑕疵，不影响合意的存在。意思表示有瑕疵，是指表示意思与内心意思（效果意思）不一致。如甲以欺诈的手段与乙订立合同，乙的表示意思与内心意思不一致，即意思表示有瑕疵。但甲与乙的两个表示意思取得了一致，达成了合意，因此甲与乙之间的合同成立。只不过因欺诈、胁迫、乘人之危订立的合同，以及重大误解和显失公平的合同，是意思表示有瑕疵的合同，同时也是已经成立的但可撤销的合同。

（三）合同是以发生民事法律后果为目的的协议

当事人订立合同的目的和宗旨，是要创立、变更、终止债权债务关系。我国《合同法》第 2 条给合同下的定义是民事合同，但从内容来看，我们的合同实际上是指债权合同。债权合同是民事合同的一种，当事人订立合同实际上是为了设立债权债务关系，或是为了变更已有的债权债务关系，或者是为了终止已有的债权债务关系。

二、合同的分类

（一）双务合同与单务合同

根据合同当事人双方权利义务的分担方式分为双务合同与单务合同。双务合同是双方当事人互负义务的合同；单务合同是一方当事人负担义务，另一方享有权利的合同。

区分双务合同与单务合同的意义：其一，义务履行顺序的意义不同。因为双务合同两个义务的履行是有顺序的，顺序是一种利益关系。履行顺序不仅仅是一种时间的顺序，往往是一种条件关系，即一方的履行，是另一方履行的条件。一种情况是甲、乙同时履行，这就产生同时履行抗辩权；另一种情况是甲先履行，乙后履行，乙可以产生先履行抗辩权，甲可以产生不安抗辩权。而单务合同是一方履行义务，因而不存在履行顺序的问题，单务合同是不能成立履行抗辩权的。其二，风险负担不同。双务合同当事人一般应自行承担标的物意外灭失的风险，一方因发生不可抗力不能履行时，无权要求对方履行，如对方已经履行应将其所得返还给对方。单务合同不存在对待给付及返还问题。其三，因过错不能履行合同的后果不同。在双务合同中，无过错方已履行合同，可要求对方履行或者解除合同，并要求对方承担其他违约责任。如无错方要求解除合同的，就其已履行的部分可要求未履行给付义务的一方返还其已取得的财产。在单务合同中，不存在上述情况。

（二）有偿合同与无偿合同

按取得权利有无代价分为有偿合同与无偿合同。有偿合同是合同当事人互为给付对价的，即一方当事人依据合同取得某种利益必须向对方当事人支付相应代价的合同。如买卖、租赁、融资租赁合同、承揽、建设工程、运输、技术、仓储、行纪、居间合同等。有偿合同是市场交易的典型形式。无偿合同指双方当事之间的给付不成对价关系，即一方依据合同取得某种利益无须向对方支付任何对价的合同，如赠与合同。有些合同既可以是有偿的，也可以是无偿的，如委托合同、保管合同等。

区分有偿合同与无偿合同的意义：其一，对主体的要求不同。根据《合同法》的规定，限制民事行为能力人订立的合同，经法定代理人追认后，该合同有效，但纯获利益的合同不必经法定代理人的追认即为有效的合同。如果限制民事行为能力人订立的与其年龄、智力、精神健康状况不相适应的有偿合同，未经其法定代理人的追认，不能生效。对于纯获利益的合同，获利益的一方是限制行为能力人、无行为能力人，不影响合同的效力。其二，当事人的责任不同。比如，《合同法》第 374 条规定："保管期间，因保管人保管不善造成保管物毁损、灭失的，保管人应当承担损害赔偿责任，但保管是无偿的，保管人证明自己没有重大过失的，不承担损害赔偿责任。"又如《合同法》第 406 条："有偿的委托合同，因受托人的过错给委托人造成损失的，委托人可以要求赔偿损失。"其三，是否适用善意取得不同。根据我国法律的相关规定，相对人只能通过有偿合同善意取得，不能通过无偿合同善意取得。比如，最高人民法院《关于贯彻执行〈中华人民共和国民法通则〉若干问题的意见》第 89 条规定："共同共有人对共有财产享有共同的权利，承担共同的义务。在共同共有关系存续期间，部分共有人擅自处分共有财产的，一般认定无效。但第三人善意、有偿取得该财产的，应当维护第三人的合法权益，对其他共有人的损失，由擅自处分共有财产的人赔偿。"此规定就强调了善意取得须有偿取得。

（三）诺成合同与实践合同

按合同的成立是否支付标的物分为诺成合同与实践合同。诺成合同是当事人意思表示一致即可成立的合同。比如,当事人意思表示一致即可成立买卖合同。实践合同是仅有当事人意思表示一致还不够,尚须实际支付标的物或完成其他给付才能成立的合同。较典型的比如借用合同。在诸多具体的合同中,诺成合同是常态,实践合同是特殊形态。保管合同、两个自然人之间的借款合同、质押合同、定金合同是实践合同,但赠与合同、运输合同、承揽合同等大量的合同是诺成合同。

区分诺成合同与实践合同的意义:诺成合同以合意为成立要件,实践合同以合意和实际支付标的物或完成其他给付作为成立要件。在诺成合同中没有实际支付标的物或完成其他给付违反的是合同义务,承担的是违约责任;在实践合同中没有实际支付标的物或完成其他给付违反的是先合同义务,承担的是缔约责任。

(四)要式合同与不要式合同

按是否需要特定的形式分为要式合同与不要式合同。要式合同是指合同必须采用特定的形式。否则合同不能成立和生效。不要式合同指法律没有特别规定,当事人也没有特别约定须采用特定形式的合同。需要注意的是合同不要式是常态,要式是特殊。区分要式合同与不要式合同的意义主要在于二者成立的形式要件不同。

(五)有名合同与无名合同

按法律上有无规定的名称分为有名合同与无名合同。有名合同是指法律上已确定了一定名称并为其设定具体规则的合同。《合同法》规定了15个有名合同:买卖合同,供用电、水、气、热力合同,赠与合同,借款合同,租赁合同,融资租赁合同,承揽合同,建设工程合同,运输合同,技术合同,保管合同,仓储合同,委托合同,行纪合同,居间合同。无名合同是指有名合同以外的、尚未由立法统一确定一定名称的合同。如,旅游合同。需要注意的是,有名合同与无名合同的划分是相对的,比如,无名合同如经法律确认后,可转化为有名合同。

区分有名合同与无名合同的意义在于处理合同纠纷时所适用的规则不同。无名合同可以参照有名合同的相关规定。《合同法》条214条规定:“本法分则或其他法律没有明文规定的合同,适用本法总则的规定,并可以参照本法分则或其他法律相类似的规定。”

第二节 合同的订立

《合同法》第 13 条规定:“当事人订立合同,采取要约、承诺方式。”订立合同的过程,就是双方当事人采用要约和承诺方式进行协商最后达成一致的过程。具体的情形往往一方提出要约,另一方又提出新要约,经过反复多次,最后有一方完全接受了对方的要约作出承诺,这样使合同得以成立。这种要约、承诺的过程被称为合同订立的程序。

一、要约

要约,在许多场合又称为发价、发盘。《合同法》第 14 条对要约的定义是,要约是希望和他人订立合同的意思表示。该定义强调了要约追求合同成立的目的,没有限定受要约人是特定的当事人。发出要约的一方是要约人,受领要约的一方为受要约人或相对人。

(一)要约的构成要件

作为要约的意思表示应当符合下列规定:内容具体确定;表明经受要约人承诺,要约人即受该意思表示约束。对要约作具体分析,其应当具备以下要件:要约是特定当事人以缔结合同为目的的意思表示。首先发出要约的主体为特定的当事人。所谓特定的当事人,是指要约人能为外界所确定。其次,要约还必须是向相对人作出的意思表示。没有相对人,也就没有受领要约的人,要约也就失去了它的意义。要约一般是向特定的相对人发出的,但也可以向不特定的相对人发出。比如,正在工作的自动售货机,自选市场标价陈列由消费者自取的商品等,都是针对不特定当事人发出的要约。最后,要约还应以订立合同为直接目的,这是要约与要约邀请的一个重要区别。

要约应包含在被接受时就受其约束的意旨。要约以追求合同的成立为直接目的,要约是为了唤起承诺,并接受承诺的约束。要约在获承诺后,当事人双方之间成立合同,进入债的锁链。若一项提议没有这样的法律效果,那么这项提议可能是要约邀请,而不可能是要约。

要约的内容应当确定具体,能够在当事人之间建立起债权债务关系。合同的内容是以条款表现出来的,要约中应包含足以使合同成立的全部必要条款。至于哪些是必要条款,应当根据合同的性质和当事人的合同目的来确定,不可一概而论。

(二)要约的效力

《合同法》第16条第1款规定:“要约到达受要约人时生效。”要约生效后产生如下两个方面的效力:

其一,对要约人的效力。要约生效后,要约人受该要约的约束,不得撤回要约,不得对要约的内容进行限制、变更或者扩张,不得擅自撤销。否则要承担缔约过失的损害赔偿责任。但在特定情况下,要约人可以撤销。

其二,对受要约人的效力。要约人于要约发生效力时有权作出承诺以成立合同,受要约人的承诺应当在要约确定的承诺期限内作出,受要约人的承诺不得对要约内容作出实质性变更。否则,不能发生承诺的法律后果,即合同不成立。当然除法律另有规定或当事人另有约定外,受要约人不负承诺的义务,若不为承诺,也无须通知要约人。另外,如果第三人代替受要约人作出承诺,此种承诺只能视为对要约人发出的新要约。

(三)要约的撤回与撤销

要约的撤回,是指要约人阻止要约发生效力的意思表示。《合同法》第17条规定:“要约可以撤回。撤回要约的通知应当在要约到达受要约人之前或者与要约同时到达受要约人。”

要约撤回有两种情况:其一,撤回通知先于要约到达受要约人,此时不会给受要约人造成任何损害,自应允许撤回,要约不发生效力。其二,撤回通知与要约同时到达受要约人,此时,受要约人也不会因信赖要约而行事,不会产生损害,撤回通知也足以抵销要约。另外在要约生效前对发送的要约的修改,其效果等于原要约撤回,新要约产生。

要约到达受要约人后,要约对要约人产生约束力,此时不发生撤回的问题,但要约人尚有可能撤销要约。要约的撤销是要约人消灭要约效力的意思表示。《合同法》第18条规定:“要约可以撤销。撤销要约的通知应当在受要约人发出承诺通知之前到达受要约人。”要约的撤销采用通知的方式。在要约生效后、承诺前对要约的修改,其效果等于旧要约撤销,新要约产生。

要约撤销和要约撤回的区别主要体现在,从目的上看,要约的撤销在于消灭要约的效力;要约的撤回在于阻止要约生效。从时间上看,要约的撤销是在要约生效之后,承诺发出之前;要约的撤回是在要约生效之前。如果承诺生效,则合同成立,要约既不能撤回,也不能撤销,否则就等于允许当事人撕毁合同。

撤销是将一个已经生效的要约予以撤销,因此为了保护受要约人的信赖利益，对要约的撤销应当有所限制。根据《合同法》第 19 条的规定，有以下情况要约不得撤销：其一，要约人确定了承诺期限。比如，有的要约中这样规定："请按要求在 3 天内将水泥送至工地"、"请在 15 天内答复"、"3 个月内款到即发货"等都属于规定了承诺期限。其二，以其他形式明示要约不可撤销。如："我方将保持要约中列举的条件不变，直到你方答复为止"、"这是一个不可撤销的要约"等。其三，受要约人有理由认为要约是不可撤销的，并已经为履行合同做了准备工作。一般来说是指，要约中要求受要约人以行为作为承诺的，受要约人就有理由认为要约是不可撤销的。

（四）要约的失效

根据《合同法》第 20 条的规定，下列情形之一的，要约失效：

1. 拒绝要约的通知到达要约人

受要约人在要约规定的承诺期之前，就明示予以拒绝，此时要约提前失去约束力。如：甲 1 月 1 日向乙发出要约，要求乙在 2 月 1 日以前答复。乙拒绝的通知书于 1 月 15 日到达甲，此时要约失效。

2. 要约人依法撤销要约

在符合撤销条件时，要约人可以撤销要约，被撤销的要约是一个已经生效的要约，被撤回的要约是尚未生效的要约，因此撤销发生要约失效的问题，撤回不发生要约失效的问题。

3. 承诺期限届满

受要约人未作出承诺。要约期限届满而未获得承诺，受要约人以沉默的方式表示拒绝，即受要约人在规定的期限内未予以答复，此时要约效力终止，不能自动延伸。具体来说，采用口头方式发出的要约，受要约人没有立即承诺，要约的效力即终止；如果要约采用书面形式，要约人规定了承诺期限的，受要约人没在规定的期限内送达承诺，要约的效力即终止。

4. 受要约人对要约的内容作出实质性变更

受要约人对要约的内容作出实质性的变更，说明受要约人提出了新要约，新要约意味着对原要约的拒绝，原要约失去效力。双方当事人的主体地位发生变化，原受要约人成为要约人，原要约人成为受要约人。

（五）要约邀请

要约邀请也称要约劝诱、要约引诱，是指表意人邀请他人向自己作要约的意思表示。要约的引诱，乃在引诱他人向其为要约，其本身并不发生法律上的效果。[①]《合同法》第15条规定:“要约邀请是希望他人向自己发出要约的意思表示。寄送的价目表、拍卖公告、招标公告、招股说明书、商业广告等为要约邀请。商业广告的内容符合要约规定的,视为要约。”

寄送的价目表、拍卖公告、招标公告和一般的商业广告都是对不特定相对人发出的信息。寄送价目表只是向相对人提供有关信息,希望相对人向自己提出订约条件。因此,该行为是要约邀请,而不能构成要约。拍卖公告、招标公告,这两种公告不包括价格条款等合同的必要条款,因而不能构成要约,而只能是要约邀请。招股说明书。其不可能包含购买股份者将要购买的数量等合同的必要条款,因而不能构成要约,而只能是要约邀请。

对于商业广告的性质,一般认为它不具有要约的特征,只能称它为要约邀请。但各国法律也都承认,在特定情况下,商业广告也可构成要约。商业广告能否构成要约,需要对广告的情况进行具体分析。如果广告具体表明合同内容、广告清楚地表明成立合同关系不需要再进一步地磋商则该商业广告构成要约。

二、承诺

承诺是对要约的接受,是指受要约人接受要约中的全部条款,向要约人作出的同意按要约成立合同的意思表示。承诺与要约结合方能构成合同。《合同法》第21条规定:“承诺是受要约人同意要约的意思表示。”要约是一个意思表示,承诺也是一个意思表示,两个意思表示取得了一致,就构成了一个合同。

(一)承诺的构成要件

承诺须是对要约作出的答复,由受要约人向要约人发出。即受要约人具有承诺的资格,其他人没有。非受要约人向要约人作出的表示接受的意思表示不是承诺,要约人并不因此与其成立合同。受要约人向非要约人作出的表示接受的意思表示也不是承诺,非要约人并没有成立合同的意图,因为一方的意思表示不能强加给无关的人。

承诺是对要约同意的意思表示是构成承诺的内容要求,要求承诺的内容必须是对要约内容的完全同意。反之,对于一项同要约条件不一样的答复不是承诺,只能看成是一新要约。

承诺应当是在要约确定的期限内到达要约人。《合同法》第23条规定:“承诺应当在要约确定的期限内到达要约人。要约没有确定承诺期限的,承诺

---

① 王泽鉴:《债法原理》(第一册),中国政法大学出版社2002年版,第157页。

应当依照下列规定到达:(一)要约以对话方式作出的,应当即时作出承诺,但当事人另有约定的除外;(二)要约以非对话方式作出的,承诺应当在合理期限内到达。"具体的判断是:其一,要约中规定了承诺的期限的,承诺应当在此期限内作出并到达要约人才能视为有效承诺。例如,以信件发出承诺,应当在承诺期内发出信件并到达要约人指定的地方或者要约人能够有效控制的地方。其二,要约未确定承诺期限的,应当在法律规定的合理期限内到达要约人。这里又分为两种情况。如果要约以对话方式作出的,一般情况下应当即时作出承诺;如果要约以非对话方式作出,如以书面方式、行为方式作出,承诺应当在合理的期限内到达。在实践中,对于合理期限的判断要综合考虑要约发出的时间和到达的时间、作出承诺所必要的时间。一般而言,都要给受要约人一个考虑期或者犹豫期。如果标的物的价值比较大,考虑期、犹豫期要长一些;反之,考虑期、犹豫期要短一些。如果标的物的市场行情变化快,则犹豫期就比较短,反之可长一些。

承诺的方式符合要约的要求。根据《合同法》第22条的规定,承诺应以通知的方式作出。如果要约规定承诺必须以一定的方式作出,那么承诺人作出承诺时,必须符合要约人规定的承诺方式,在此情况下,承诺的方式成为承诺生效的特殊要件,否则承诺无效。比如,甲向乙发出要约,要求乙方必须以书面的形式发出,乙不以书面答复,则为承诺的方式不符合要约的要求,合同不成立。

(二)承诺生效的时间

对于承诺期限的起算,我国《合同法》第24条规定:"要约以信件或者电报作出的,承诺期限自信件载明的日期或者电报交发之日开始计算。信件未载明日期的,自投寄该信件的邮戳日期开始计算。要约以电话、传真等快速通讯方式作出的,承诺期限自要约到达受要约人时开始计算。"至于承诺何时生效,世界各国的立法并不完全一致,一般来讲,大陆法系国家多采送达主义;英美法系国家多采投邮主义。投邮主义和送达主义两者的区别主要表现在以下三点[①]:

第一,在合同成立的时间上。根据送达主义,要约人只有在收到承诺人的承诺通知时,承诺才能生效。在此之前,由于邮局、电报局及其他信差的原因而导致承诺通知丢失或延误,一律由承诺人承担此后果。同时因承诺通知的

① 王利明:《合同法研究》(第一卷),中国人民大学出版社2002年版,第239~241页。

丢失或延误，承诺通知也不生效。但是根据投邮主义，一旦承诺人将承诺信丢进信筒或把承诺的电报稿交给了电报局，则承诺生效。不论要约人是否收到，都应受到承诺拘束。至于承诺的通知，因邮局或电报局的原因而丢失或延误，则应由要约人负责。实行此规则的理由是，既然要约人指定邮局或电报局为其收信代理人，那么，他就应当预见到承诺通知丢失的危险，并应当承担由此产生的风险和责任。由于在成立的时间上不同，因此根据投邮主义所成立的合同，应比送达主义成立的合同，在时间上要早。因此，英美法的规则有利于促进交易迅速达成。但是根据投邮主义，要约人在未收到承诺的情况下，就要受承诺的拘束，特别是要对承诺的丢失或延误承担责任，这对于要约人过于苛刻，对维护要约人的利益并不十分有利。

第二，在承诺的撤回上。根据到达主义，承诺人发出承诺通知以后，可以撤回承诺的通知。只要撤回的通知先于或同时于承诺到达于要约人，则撤回有效。例如《联合国国际货物销售合同公约》第 22 条规定："接受得以撤回，如果撤回于接受原应生效之前或同时送达发价人则撤回的通知有效。"而根据投邮主义，承诺在承诺通知发送时即已生效，所以受要约人一旦将承诺的信件丢进邮筒，或者将承诺的电报稿交给了电报局，承诺已经生效，承诺人不可能再撤回他的承诺通知，即使承诺人的撤回承诺的通知先于或与承诺通知同时到达要约人，撤回也是无效的。承诺人只有一种撤回的可能性，即在发信之前撤回承诺。事实上在此之前撤回承诺是很少发生的。所以实际上投邮主义已经剥夺了承诺人撤回的权利。英美法认为，承诺人不享有撤回权是合理的，因为它可以防止承诺人在发出承诺与最终撤回承诺之间，根据市场行情的变化而投机取巧。例如，承诺人先用书信向要约人表示承诺，一旦市场价格下跌，就用电话通知要约人撤回承诺。而大陆法认为，不允许受要约人撤回承诺既不符合受要约人的意志，也不利于使当事人根据市场交易的变化而作出是否订约的决定。从实际上看，这述两种规则是各有利弊的。

第三，在承诺的迟延方面。根据投邮主义，只要受要约人将承诺的信件投入信箱或将承诺的电报移交给电报局则承诺已经发生效力。如因邮局、电报局的原因造成承诺延误，也不阻碍合同的成立。根据送达主义，承诺必须在要约规定的期限内作出，在有效期届满后作出的承诺不能发生承诺之效力，因此不能使合同成立。正如《德国民法典》第 150 条规定："迟到的承诺，视为反要约。"当然同时要求要约人应当将承诺迟到的情况及时通知受要约人，如果怠于发出通知，则迟到的承诺视为未迟到，应具有承诺的效力。

从以上分析可见，两大法系所采用的规则确实存在着诸多区别。总的来说，大陆法的规则有利于交易安全，而英美法的规则有利于交易迅速达成。两种规则究竟孰优孰劣很难作出定论。

我国《合同法》第 26 条规定，“承诺通知到达要约人时生效。承诺不需要通知的，根据交易习惯或者要约的要求作出承诺的行为时生效”。《合同法》第 23 条也明确要求承诺应当在要约确定的期限内到达要约人，所以，承诺生效时间以承诺到达要约人时来确定。由此可见，我国《合同法》对于承诺生效的时间采取的是到达主义。需要注意的是，这里所说的到达，是指承诺的通知到达要约人支配的范围内，如要约人的信箱、营业场所等。至于要约人是否实际阅读和了解承诺通知则不影响承诺的效力。承诺通知一旦到达于要约人，合同即宣告成立。如果承诺不需要通知，则根据交易习惯或者要约的要求，一旦受要约人作出承诺的行为，即可使承诺生效。

（三）迟发的承诺和迟到的承诺

《合同法》第 28 条规定：“受要约人超过承诺期限发出承诺的，除要约人及时通知受要约人该承诺有效的以外，为新要约。”根据上述规定，对于迟发的承诺以新要约为原则，以承诺为例外，即只有要约人及时发出承认通知，承诺才有效。因此对迟发的承诺，要约人可以选择成立合同也可以选择不成立合同，如果选择成立合同又有两次机会，一次是及时发出承认通知；另外一次是在合理的时期内对新要约予以承诺。

迟到的承诺又称为承诺迟延，是指承诺的表示在发出时虽然不构成迟延，但由于传递故障等原因，到达要约人时超过了承诺的期限。迟到的承诺与迟发的承诺不同。迟发的承诺在发出承诺的意思表示时就已经超过了期限；迟到的承诺在发出承诺时尚未超过规定的期限。《合同法》第 29 条规定：“受要约人在承诺期限内发出承诺，按照通常情形能够及时到达要约人，但因其他原因承诺到达要约人时超过承诺期限的，除要约人及时通知受要约人因承诺超过期限不接受该承诺的以外，该承诺有效。”即以承诺生效为原则，以承诺不生效为例外。

对于迟发的承诺和迟到的承诺之间的空白点，即当受要约人没有迟发，但必然迟到的承诺应当如何认定效力？比如甲方在要约中确定的承诺期限是 15 天，受要约人在第 14 天以平信或挂号信件方式承诺，通常情形不能按时到达，应如何处理？针对该种情况，我国《合同法》并没有相应的规定，一般认为，可以参照《合同法》第 28 条的规定来处理，即应认定为新要约，除非要约人发出承认通知。

(四)承诺的内容

承诺是对要约的接受,承诺的内容应当与要约的内容一致。我国《合同法》第31条规定:"承诺对要约的内容作出非实质性变更的,除要约人及时表示反对或者要约表明承诺不得对要约的内容作出任何变更的以外,该承诺有效,合同的内容以承诺的内容为准。"

所谓实质性变更,是指这种变更提出了不同于要约的权利义务。《合同法》第30条规定:"承诺的内容应当与要约的内容一致。受要约人对要约的内容作出实质性变更的,为新要约。有关合同标的、数量、质量、价款或者报酬、履行期限、履行地点和方式、违约责任和解决争议方法等的变更,是对要约内容的实质性变更。"通常的判断标准是:增加要约人义务的,为实质性变更,改变了合同成立的时间、地点、条件的为实质性变更。

所谓非实质性变更,是指虽有表面上变更,但这种变更没有实质改变要约的内容,即没有提出新的权利义务的设计或者虽有变更但没有增加要约人的负担。实践中常见的非实质性的变更主要有以下几项:其一,在承诺中提出了要约人的法定义务。如受要约人在承诺中加了这样一句话,贵方出卖的标的物必须是没有设定抵押的物;其二,在承诺中增加了说明性条款。说明性条款使当事人之间的权利义务关系更加明确,但不会改变要约人意图创立的权利义务关系,更不会增加要约人的负担,因此是非实质性变更;其三,承诺在授权范围内对要约作了修改。

三、合同成立的时间与地点

关于合同成立的时间首先有一个原则性的规定,即《合同法》第25条规定:"承诺生效时合同成立。"承诺生效是合同成立的实质要件,也是判断合同成立时间的标准。另外,根据承诺的不同具体形式,《合同法》第32条规定:"当事人采用合同书形式订立合同的,自双方当事人签字或者盖章时合同成立。"《合同法》第33条规定:"当事人采用信件、数据电文等形式订立合同的,可以在合同成立之前要求签订确认书。签订确认书时合同成立。"

合同的成立地,是当事人达成合意的地点。确定合同成立地,对于合同纠纷的诉讼管辖、交易习惯的适用、价格的确定、有关费用的承担以及涉外合同的法律适用等,具有重要意义。合同成立,是通过要约、承诺的程序实现的。承诺生效,则合同成立。因此,《合同法》第34条第1款规定:"承诺生效的地点为合同成立的地点。"这是确定合同成立地点的根本依据,不论是采用数据电文形式订立合同,还是采用合同书形式订立合同,或者是以行为成立合同,合同的成立地点都不能摆脱这一规则的制约。

采用数据电文订立合同，当事人对于合同的成立地点或者收件地点没有约定时，收件人的主营业地为合同的成立地点。主营业地是收件人进行主要经营活动的主要基地和中心；对于不从事经营活动的法人，其没有经营地，也就无所谓主营业地，其合同成立的地点也就是住所。我国《民法通则》第 39 条规定："法人以它的主要办事机构所在地为住所。"法人只设一个办事机构时，该办事机构所在地就视为住所。如果同时设两个以上办事机构，则应当以主要办事机构为其住所。有些从事经营活动的自然人，亦应以他的主营业地为合同成立地点。不从事经营活动的自然人，以其经常居住地为合同的成立地点，《民法通则》第 15 条规定："公民以他的户籍所在地的居住地为住所，经常居住地与住所不一致的，经常居住地视为住所。"据此，不从事经营活动的自然人，是以其住所为合同成立地点的。采用数据电文订立合同，当事人对于合同的成立地点有约定时，自应从其约定。

对于以合同书形式订立合同时，合同的成立地点。《合同法》第 35 条规定："当事人采用合同书形式订立合同的，双方当事人签字或者盖章的地点为合同成立的地点。"

对于以行为成立合同时，合同成立的时间与地点。行为可以构成要约、承诺，承诺生效时，合同成立。承诺生效的地点，即为合同成立的地点。以积极的行为为承诺的要约人接受该行为的地点为成立的地点。

四、合同订立的特殊方式

（一）招标投标

招标投标是一种竞争缔约方式，是由招标人向数个相对人或不特定的多数人发出招标邀请，并在诸投标人中选择最优者与其订立合同。投标人之间相互进行竞争，因此招投标是一种竞争性缔约程序。招标性质为要约引诱，投标的性质是要约，定标，又称决标是承诺。招标投标方式订立合同一般分为招标阶段、投标阶段、开标验标阶段、评标定标阶段和签订合同几个阶段：

所谓招标是指招标人采取招标通知或招标公告的形式向不特定的数人或公众发出的投标邀请。关于招标的性质，两大法系均认为招标属于要约邀请而不是要约，所不同的是英美法认为招标虽属于要约邀请，但并非无法律意义，招标内容发出后，在法律上对承、发包方均有约束力。我国学者一般认为，招标的法律性质为要约邀请，其目的是邀请投标人投标，即发出要约。所谓投标是指投标人按照招标文件的要求，在规定的期间内向招标人提出报价的行为。拟投标人必须在招标通知或招标公告规定的期限内，到指定地点索取招标文件，按该文件的规定和要求编制好有关文件、资料，做好参加投标的各项工作。制好投标书并密封后按规定的方法、地点、期限投入标箱。投标的法律性质为要约，在投标人投标以后必须有招标人的承诺，合同才能成立。开标是指招标人在召开的投标人会议上，当众启封标书，公开标书内容的行为。验标是验证标书的效力，对不具备投标资格的标书、不符合招标文件规定的标书以及超过截止日期送达的标书，招标人可宣布其无效。招标人对有效标书进行评审，选择自己满意的投标人，决定其中标。该定标若是对投标的完全接受，就是承诺。中标人在接到中标通知后，在指定的期间与地点同招标人签订合同书。签订合同是对业已成立的合同关系的确认。

（二）拍卖

拍卖是指以公开竞价的方式，将特定物品或者财产权利转让给竞价者的买卖方式。拍卖的表示在性质上属要约邀请；应买的表示在学说上一致被认为属要约；拍定是承诺。拍卖是指对物品的拍卖，即以公开竞价的方法，将标的物的所有权转移给最高应价者的买卖方式。拍卖一般须经拍卖的表示、应买的表示和卖定的表示几个程序：

拍卖的表示，是指拍卖人发出的对标的物进行拍卖的意思表示，它包括拍卖公告和拍卖师在拍卖开始时所作的拍卖表示。应买的表示是指参加竞买的竞买人发出的购买的意思表示。在拍卖时，是由参加购买的应买人竞争，由出价最高者购买。参加竞争的应买人为竞买人，其提出的价格即为应价。竞买人一经应价，不得撤回，当其他竞买人有更高应价时，其应价即丧失约束力。在一般情况下，拍卖的表示属于要约邀请，竞买人的应价为要约，竞买人应受其约束，但在其他人有更高应价时，其应价即丧失效力。而在拍卖人说明拍卖标的无保留价时，拍卖的表示即属于要约，竞买人的应价为承诺；竞买人一经应价买卖合同即告成立，但以无其他竞买人的更高应价为生效条件，即：无其他竞买人的更高应价时条件成就，合同生效；有其他竞买人的更高应价时，条件不成就，合同失去效力。拍卖以拍卖人拍板或依其他惯用的方法，为卖定的表示。拍卖人作出卖定的表示，则买卖成交，竞争买卖结束。根据《拍卖法》第51条规定："竞买人的最高应价经拍卖师落槌或者以其他公开表示买定的方式确认后，拍卖成交。"因此，拍卖人关于卖定的表示应属于承诺，但须以规定的方式公开表示。经拍卖人确认的出最高应价的竞买人即为买受人。拍卖经拍板成交后，买受人和拍卖人应当签署成交确认书。需要注意的是签署成交确认书并不是订立合同，而是对经拍卖成立的买卖合同的一种确认。

(三)悬赏广告

悬赏广告是指广告人以广告形式声明,对完成广告中规定行为的任何人给予广告中约定报酬的意思表示。关于悬赏广告的性质理论界存在一些争议,由于我国《合同法》第 22 条、第 26 条规定,行为可以构成承诺,所以我们认为悬赏广告构成要约,任何人完成广告中规定行为即构成承诺。

五、格式条款订立合同

(一)格式条款的界定

从目前来看,格式条款主要有定式合同条款、标准合同条款、定型化契约条款等几个常用的名称。从世界范围内其他国家的研究来看,各国所用的名称也不完全一致,如德国学者用一般条款或一般交易条款,日本学者称之为普通条款,法国学者多用附合契约,英美法学者则用不公平条款。在我国合同法起草过程中,对格式条款的名称问题也存在着较大的争议。比如,1995 年 1 月的试拟稿中称为定式合同条款,1997 年 5 月的征求意见稿中用格式合同条款,1998 年 8 月的草案中用的是标准条款,最后在 1999 年 3 月的正式文本中才采用了格式条款一词。[①] 我国现行《合同法》第 39 条使用了格式条款一词,《消费者权益保护法》第 24 条使用了格式合同一词,根据后法优于先法的法理一般原则,本教材采用格式条款的名称。另外,从实践上看,格式条款可能构成一个完整的独立的合同,也可能仅作为整个合同的组成部分或作为这些合同的部分条款存在。如果将格式条款称为格式合同,则很难说明一个合同中存在部分格式条款的现象。我们认为其他的一些名称如标准条款、定型化条款和附合契约条款仅仅只抓住了格式条款的一个特征,而未能对格式条款的本质特征作更全面的揭示,所以相比较而言使用格式条款这个名称较为合适。

关于何谓格式条款,认识亦并不完全一致。有学者认为,格式条款"系指由当事人一方预先拟定,相对方只能对该拟定好的合同概括地表示全部同意接受或者全部不予接受,而不能讨价还价的合同类型。"[②]我国台湾地区"消费者保护法"第 2 条第 7 款规定:"定型化契约是指企业经营者为与不特定多数人订立契约之用而单方预先拟定之契约条款。"我国《合同法》中对格式条款的定义为,"格式条款是当事人为了重复使用而预先拟定,并在订立合同时未与

① 全国人大常委会法制工作委员会民法室:《中华人民共和国合同法及其草稿介绍》,法律出版社 2000 年版,第 26、116、176 页。

② 杨立新:《合同法的执行与运用》,吉林人民出版社 1999 年版,第 60 页。

对方协商的条款。”我们认为，关于格式条款的内涵有如下几个问题值得探讨。

第一，关于格式条款“重复使用”的问题。我国《合同法》中将格式条款表述为“为了重复使用而预先拟定”，并将其作为格式条款的一个特征。我们认为反复使用不能作为独立特征而存在。因为有的格式条款仅使用一次，并没有重复使用，反而有的经过双方当事人自由协商的普通合同条款，却出现重复多次使用的情况。所以所谓重复使用仅仅看到了格式条款运行中的表面现象，而其更实质性的特征是一方为与不特定的多数人订约。反复使用只是格式条款的经济功能之一，而不是其法律特征。第二，关于格式条款的“预先制订”问题。预先制订强调格式条款在实际订约前已形成，体现了条款提供方的强势地位。但预先制订仅仅作为格式条款的必要条件而非充分条件存在，因为预先制订的条款，在合同缔约时也可能被去除或变更，仅仅有预先制订并不能完全说明格式条款的本质特征。第三，关于“未与对方协商”的问题。这里面存在一个难点，这就是如何理解“未与协商”，因为未与对方协商并不是指不能协调。有些合同条款也有可能注明，对方若有异议可以再行商定，这时如果合同提供方未与对方协商，而对方也没有要求进行协商，在这种情形下不能将该条款视为格式条款。所以更为确切的表述应为“相对人不得对此提出异议”或“相对人不得协商”的条款。

综合以上分析，可以为格式条款下一个定义，即由当事人一方为与不特定多数人订约而拟定的，相对人只能对此表示接受或不接受的合同条款。

(二)格式条款订立合同的要求

王泽鉴教授曾指出，定型化契约条款系企业经营者所自创，虽大量使用，但不因此而具有法律性质，仍须经由双方当事人意思表示的合致，始能成为契约内容。这一段论述的是格式条款订立合同问题，因为由一方提出的格式条款只有订立合同才发生合同效力，如果格式条款未订立合同则不产生合同上的效力。

我国《合同法》第 39 条规定：“采用格式条款订立合同的，提供格式条款的一方应当遵循公平原则确定当事人之间的权利和义务，并采取合理的方式提请对方注意免除或者限制其责任的条款，按照对方的要求，对该条款予以说明。”根据上述规定，格式条款订立合同应该满足以下要求。

其一，提供格式条款的一方应该按照公平原则来确定当事人的权利义务。因为格式条款是一方拟定与设计的，而且相对人不能更改。这样一来相对人的合同自由受到了限制，处于“要么接受，要么走开”的尴尬境地。为了维护相对人的利益，法律要求格式条款提供人按照公平原则来设计合同的条款。其二,提供格式条款的一方有提示义务。由于格式条款的特殊性,各国立法与司法实践均认为格式条款订立合同,原则上要求提供格式条款的一方应以合理的方式提请对方注意,并使其能够以通常合理方法了解格式条款的内容。所谓提示义务,就是格式条款制作人对于免责条款要向相对人提示,使对方注意到免责条款。免责条款是免除或者限制自己责任的条款。提示义务包括一般提示义务和特殊提示义务。所谓一般提示义务,就是以社会一般人的认识水平为判断标准。如免责条款用黑体字、大号字,或者在免责条款下面用横线标注等。特殊提示义务是指对因老、弱、病、残而认知事物受到影响的人士要尽特殊提示义务。特殊提示义务,要求格式合同提供人明确向对方指出免责条款,必要的时候还应加以解释。违反特殊提示义务,导致免责条款对相对人不发生效力。

(三)合同格式条款的解释

因为格式条款不同于其他一般合同条款,所以对格式条款的解释也就有不同于普通条款的解释规则,同时特殊的解释规则可以达到对格式条款进行控制的目的。《合同法》第 41 条规定:"对格式条款的理解发生争议的,应当按照通常理解予以解释。对格式条款有两种以上解释的,应当作出不利于提供格式条款一方的解释。格式条款和非格式条款不一致的,应当采用非格式条款。"这就是通常所说的格式条款的不利解释。所谓不利解释,是指当格式条款有两种以上解释时,作出不利于提供格式条款方的解释的方法。适用不利解释的原因在于格式条款一般作为一个行业或大企业的合同条款,经过专家和律师的精心研究起草而成,肯定经过仔细措词,以尽可能地保护自己的利益,而对方当事人通常没有能力修改和完全理解这些条款。因此一旦格式条款的含义不清,双方当事人对条款用词的含义或解释出现争议,这时法院应当采取不利于格式条款提供方的解释,方显公正。① 需要注意的是,不利解释法的适用也不是毫无限制的,如果合同条款由第三人,比如由政府相关部门制定的,这时的解释应注意平衡合同双方的权益,而不宜一味作出对提供方不利的解释。

六、缔约过失责任

(一)缔约过失责任的概念和构成要件

缔约过失中的过失实际上讲的是过错,就是说,缔约过失责任是一种过错

① 何宝玉:《英国合同法》,中国政法大学出版社 1999 年版,第 375～376 页。

责任，既可因为故意也可因为过失造成缔约责任，如欺诈就是一种故意。缔约过失责任可以简称为缔约责任。缔约责任是指当事人因故意或者过失违反先合同义务致使合同不能产生效力应当承担的民事责任。这种民事责任主要表现为赔偿责任。缔约过错是于合同缔结之际发生的。缔约责任主要发生于四种情况：第一，合同未成立；第二，无效合同；第三，合同被撤销；第四，合同成立但未生效。

缔约过失责任的构成要件主要有：(1)缔结合同的当事人违反先合同义务。先合同义务是基于诚实信用原则、合法原则产生的法定义务。如不欺诈、不违反法律的强行性规定、不侵犯对方合法权益等。(2)当事人有过错。当事人于缔结合同之际有故意或者过失。缔约责任是过错责任。(3)有损失。承担缔约责任的方式主要是赔偿，因此要求受害一方有损失。

(二)缔约过失责任的适用

《合同法》第 42 条规定："当事人在订立合同过程中有下列情形之一，给对方造成损失的，应当承担损害赔偿责任：(一)假借订立合同，恶意进行磋商；(二)故意隐瞒与订立合同有关的重要事实或者提供虚假情况；(三)有其他违背诚实信用的行为。"

1. 假借订立合同进行恶意磋商

所谓假借也是一种故意。比如张某找李某订立合同，张某并没有成立合同的真实意思，他找李某协商订立合同，只不过是为了不正当竞争或者其他违法目的。这就构成缔约责任。

2. 故意隐瞒与订立合同有关的重要事实或者提供虚假情况

这是指欺诈，订立合同时的欺诈构成缔约责任；履行中的欺诈构成违约责任。前者是缔约之际的行为，后者是合同成立之后履行阶段的行为。

3. 有其他违背诚实信用原则的行为

这主要有：其一，违反强行性规定以及胁迫、乘人之危、恶意串通、重大误解、显失公平等都可以构成缔约过错责任；其二，当事人在缔结合同过程当中有可能接触到对方的商业秘密，就是经营信息和技术信息，应承担保密义务，否则可能构成缔约责任也可能构成违约责任。《合同法》第 43 条规定："当事人在订立合同过程中知悉的商业秘密，无论合同是否成立，不得泄漏或者不正当使用。泄漏或者不正当地使用该商业秘密给对方造成损失的，应当承担损害赔偿责任。"

(三)缔约过失责任的赔偿范围

承担缔约责任的方式主要是赔偿损失。一般认为，缔约责任制度主要保护当事人的信赖利益，因此赔偿范围不包括《合同法》第 113 条第 1 款所说的履行利益，即合同履行后可以获得的利益。也就是说，赔偿损失的范围原则上不超过实际损失。具体的赔偿内容包括：

缔约费用，包括可行性调查、差旅费、合同草案审查费等；为准备履行合同产生的费用。当事人有理由信赖合同能够有效成立，而为履行合同做了必要的准备，由此发生的费用；履行合同而发生的费用。当事人签订了合同，有理由信赖合同有效，而履行了合同，但合同被撤销、被确认无效。一方履行合同发生的费用，过错方应当赔偿；丧失合同机会产生的损失。基于赔偿范围原则上不超过实际损失的原则，一般情况下，丧失合同的机会带来的损失不予赔偿。因为当事人可以通过另行寻找交易伙伴，重新创造机会。但是如果机会是唯一的，或者是难以替代的，过错方对相对人丧失合同机会产生的损失应当予以赔偿。这时赔偿的数额，可以与违约的数额相等。

第三节 合同的内容与形式

一、合同的内容

当事人依程序订立合同，意思表示一致，便形成合同。合同由具体的条款组成，条款构成作为法律行为的合同内容。合同条款固定了当事人各方的权利义务，成为法律关系意义上的合同的内容。合同的条款必须明确、肯定、完整，并且不能够自相矛盾，否则将构成合同的缺陷。[①]

（一）合同的一般条款

根据《合同法》第 12 条的规定，一个较为完整的合同一般应该具备如下条款：

1.当事人的名称或者姓名和住所

当事人是合同权利和合同义务的承受者，没有当事人，合同权利义务就失去存在的意义，给付和受领给付也无从谈起。因此，订立合同必须有当事人这一条款。当事人由其名称或姓名及住所加以特定化、固定化，所以，具体合同条款的草拟必须写清当事人的名称或姓名和住所。

---

① 董安生等：《英国商法》，法律出版社 1992 年版，第 47 页。

2. 标的

标的是合同权利义务指向的对象。标的是一切合同的主要条款。标的条款必须清楚地写明标的名称，以使标的特定化，能够界定权利义务的量。

3. 质量和数量

标的质量和数量是确定合同标的的具体条件，是这一标的区别于同类另一标的的具体特征。标的质量需订得详细具体，如标的技术指标、质量要求、规格等都要明确。标的数量要确切。首先应选择双方共同接受的计量单位，其次要确定双方认可的计量方法，再次应允许规定合理的磅差或尾差。

4. 价款或酬金

价款或酬金是有偿合同的条款。价款是取得标的物所支付的代价，酬金是获得服务所应支付的代价。价款，通常指标的物本身的价款，但因商业上的大宗买卖一般是异地交货，便产生了运费、保险费、装卸费、保管费、报关费等一系列额外费用。它们由哪一方支付，需在价款条款中写明。

5. 履行的期限

履行期限直接关系到合同义务完成的时间，涉及当事人的期限利益，也是确定违约与否的因素之一，因而是重要的条款。履行期限可以规定为即时履行，也可以规定为定时履行，还可以规定为在一定期限内履行。如果是分期履行，还应写明每期的准确时间。履行期限有时能通过有关规则及方式推定出来，所以欠缺它，一般不影响合同的成立。

6. 履行地点和方式

履行地点是确定验收地点的依据，是确定运输费用由谁负担、风险由谁承受的依据，有时是确定标的物所有权是否移转、何时转移的依据，是确定诉讼管辖的依据之一，对于涉外合同纠纷它是确定法律适用的一项依据，十分重要。履行方式事关当事人的物质利益，合同应写明，但对于大多数合同来说，它不是主要条款。履行的地点、方式若能通过有关方式推定，合同即使欠缺它们，也不影响成立。

7. 违约责任

违约责任是促使当事人履行债务，使守约方免受或少受损失的法律措施，对当事人的利益关系重大，合同对此应予明确。当然，违约责任是法律责任，即使合同中没有违约责任条款，只要未依法免除违约责任，违约方仍应负责。

8. 解决争议的方法

解决争议的方法，是指有关解决争议运用什么程序、适用何种法律、选择哪家检验或鉴定机构等内容。

(二)合同的必要条款

合同的必要条款,是指合同必须具备的条款。欠缺它,合同就不成立。它决定着合同的类型和当事人各方权利义务的质与量。合同的必要条款,有时是法律直接规定的,当法律直接规定某种特定合同应当具备某些条款时,这些条款就是必要条款,另外,合同的必要条款也可以由当事人约定。

二、合同的形式

合同的形式,又称合同的方式,是当事人合意的表现形式。合同的形式是合同内容的外部表现和合同内容的载体。从合同法的历史发展看,在合同的形式上明显地表现出从重形式到重意思的变化规律。这是在交易安全允许的前提下,适应不断发展的社会经济越来越强烈地要求交易便捷的结果。当然,重意思不等于完全否定形式。法律难以评价纯粹内心的意思,只有意思以一定形式表现出来,能被人们把握和认定时,法律才能准确地评价。所以在任何社会,合同的形式都不可或缺。我国现行法对合同形式的态度,主要体现在《民法通则》第 56 条中,该条规定,当事人订立合同,有书面形式、口头形式和其他形式。法律、行政法规规定采用书面形式的,应当采用书面形式。总的说来,在我国,合同形式分为约定形式与法定形式,法律兼采要式与不要式的原则。对某些重要的合同、关系复杂的合同强调书面形式,至于大量的其他合同采取何种形式,宜由当事人决定。

(一)口头形式

口头形式,是指当事人只用语言为意思表示订立合同,而不用文字表达协议内容的合同形式。口头形式简便易行,在日常生活中经常被采用。集市的现货交易、商店里的零售等一般都采用口头形式。合同采取口头形式,无须当事人特别指明。凡当事人无约定、法律未规定须采用特定形式的合同,均可采用口头形式。但发生争议时当事人必须举证证明合同的存在及合同关系的内容。口头形式的缺点是发生合同纠纷时难以取证,不易分清责任。所以,对于不能即时清结的合同和标的数额较大的合同,不宜采用这种形式。

(二)书面形式

书面形式,是指以文字表现当事人所订合同的形式。合同书以及任何记载当事人要约、承诺和权利义务内容的文件,都是合同的书面形式的具体表现。《合同法》第 11 条规定,书面形式是指合同书、信件以及数据电文(包括电报、电传、传真、电子数据交换和电子邮件)等可以有形地表现所载内容的形式。书面合同必由文字凭据组成,但并非一切文字凭据都是书面合同的组成部分。成为书面合同的文字凭据,必须符合以下要求:有某种文字凭据,当事人或其代理人在文字凭据上签字或盖章,文字凭据上载有合同权利义务。书面形式的最大优点是合同有据可查,发生纠纷时容易举证,便于分清责任。因此,对于关系复杂的合同、重要的合同,最好采取书面形式。

(三)推定形式

当事人未用语言、文字表达其意思表示,仅用行为向对方发出要约,对方接受该要约,以作出一定或指定的行为作承诺,合同成立。例如商店安装自动售货机,顾客将规定的货币投入机器内,买卖合同即成立。

第四节　合同的效力

一、合同的成立与生效

合同成立是指当事人就合同的必要内容达成合意的法律事实。从这个意义上看,无效合同也可以是成立的合同,而可撤销的合同都是已经成立的合同。依法成立的合同,受法律保护。

合同生效是指已经成立的合同生效,所以合同成立是合同生效的前提。一般情况下,合同成立立即生效,有时合同成立但未生效,能否生效还要取决于是否符合国家意志和社会公共利益。

合同的有效要件是法律评价当事人合意的标准。按照《民法通则》第55条的规定,合同的一般有效要件有三项:行为人具有相应的行为能力、意思表示真实、不违反法律和社会公共利益。

二、无效合同

无效合同是指虽经当事人协商成立,但因不符合法律要求而不予承认和保护的合同。

无效合同自始无效,在法律上不能产生当事人预期追求的效果。合同部分无效,不影响其他部分效力的,其他部分仍然有效。

(一)一方以欺诈、胁迫的手段订立合同,损害国家利益

一方以欺诈、胁迫的手段订立合同,如果只是损害对方当事人的利益,则属于可撤销的合同。一方以欺诈、胁迫手段订立合同,损害了国家利益的,则

为无效合同。需要注意的是，不能简单地将国有企业的利益等同于国家利益。另外，当一份合同同时存在无效事由和撤销事由的时候，合同只能确认无效，而不能按照可撤销处理。

（二）恶意串通，损害国家、集体或者第三人利益

恶意串通是指合同当事人或代理人在订立合同过程中，为谋取不法利益与对方当事人、代理人合谋实施的违法行为。比如，卖方的代理人甲某为了获取回扣，将卖方的标的物价格压低，买方和代理人甲某都得到了好处，而被代理人卖方却受到了损失。恶意串通成立的合同，行为人出于故意，而且合谋的行为人是共同的故意。行为人的故意，不一定都是当事人的故意，比如代理人与对方代理人串通，订立危害一方或双方被代理人的合同，就不是合同当事人的故意。行为人恶意串通是为了谋取非法利益，如在招标投标过程中，投标人之间恶意串通，以抬高或压低标价，或者投标人与招标人恶意串通以排挤其他投标人等等。

（三）以合法形式掩盖非法目的

当事人订立的合同在形式上、表面上是合法的，但缔约目的是非法的，称为以合法的形式掩盖非法目的的合同。例如，订立假的买卖合同，目的是逃避法院的强制执行；订立假的房屋租赁合同以逃避税收，等等。

（四）损害社会公共利益

当事人订立的为追求自己利益，其履行或履行结果危害社会公共利益的合同或者为了损害社会公共利益订立合同都是损害社会利益的合同。比如，实施结果污染环境的合同，从事犯罪或者帮助犯罪的合同，损害公序良俗的合同等等，是损害社会公共利益的合同。损害社会利益的合同，当事人主观上可能是故意，也可能是过失。

（五）违反法律、行政法规的强制性规定

强制性规定，又称为强行性规范。对强行性规范，当事人必须遵守，如果违反则导致合同无效。需要注意的是全国人大和全国人大常委会颁布的法律中的强制性规范、国务院颁布的行政法规中的强制性规范，是确认合同效力的依据，不能以地方法规和规章作为否定合同效力的依据。

对于无效合同财产后果的处理主要有以下几种情形：其一，合同被确认无效后，因该合同取得的财产，应当予以返还。其二，不能返还或者没有必要返还的，应当折价补偿。折价补偿，不能使当事人从无效合同中获得利益，否则就违背了无效合同制度的初衷。为实现这一目标，可以同时适用追缴或罚款的措施。其三，赔偿损失。对于赔偿损失需以过错为条件。有过错的应当赔

偿对方因此所受到的损失,双方都有过错的,应当各自承担相应的责任。其四,收归国库所有或返还第三人。当事人恶意串通,损害国家、集体利益或者第三人利益的,因此取得的财产收归国家所有或者返还给第三人。收归国家所有又称为追缴,追缴的财产包括已经取得的财产和约定取得的财产。

三、效力未定的合同

效力未定合同是指合同订立后尚未生效,须权利人追认才能生效的合同。我国《合同法》规定效力未定合同主要有以下情形:

(一)限制民事行为能力人订立的与其年龄、智力、精神状况不相适应的合同

《合同法》第47条第1款规定:“限制民事行为能力人订立的合同,经法定代理人追认后,该合同有效,但纯获利益的合同或者与其年龄、智力、精神健康状况相适应而订立的合同,不必经法定代理人追认。”限制民事行为能力人是10周岁以上的未成年人,年满16周岁的未成年人以自己的劳动收入为主要生活来源的,视为完全行为能力人。限制民事行为能力人还包括不能完全辨认自己行为的成年人,如不能完全辨认自己行为的精神病人、老年痴呆症患者等。

限制民事行为能力人订立的合同有两类,一类是不需要其法定代理人追认就可有效的合同。纯获利益以及与其年龄、智力、精神健康状况相适应而订立的合同,不必经其法定代理人的追认。另一类是限制民事行为能力人订立的与其年龄、智力、精神状况不相适应的合同,须经法定代理人的追认才可产生效力。对需要追认的合同,相对人可以催告限制民事行为能力人的法定代理人予以追认。法定代理人未作表示的,视为拒绝追认。在合同被追认前,善意相对人有撤销的权利,撤销应当以通知的方式作出。所谓“善意”,是指相对人在订立合同时不知道,也没有义务知道与其订立合同的人欠缺相应的民事行为能力。

(二)无权代理订立的合同

无权代理订立的合同是指无代理权的人代理他人与相对人订立的合同。行为人没有代理权、超越代理权或者代理权终止后以被代理人名义订立的合同未经被代理人追认,对被代理人不发生效力,由行为人承担责任。相对人可以催告被代理人在1个月内予以追认。被代理人未作表示的,视为拒绝追认。合同被追认之前,善意相对人有撤销的权利。此处所谓“善意”,是指相对人在与无权代理人订立合同时,不知道同时也没有义务知道无权代理人无代理权。撤销应当以通知的方式作出。

（三）无处分权人处分他人财产订立的合同

无处分权人处分他人财产订立的合同，经权利人追认或者无处分权人订立合同后取得处分权的，该合同有效。追认可以向处分人表示，也可以直接向处分人的相对人表示。无处分权人与相对人订立的合同，如果未获追认或者无处分权人在订立合同后也未获得处分权，那么该合同不发生法律效力，除非相对人能依动产善意取得制度获得对标的物的所有权。

（四）自己代理和双方代理订立的合同

自己代理订立的合同是指代理人以被代理人名义与自己订立合同，这种情况可称之为"自己代理"，代理人与被代理人是合同的双方当事人，合同的内容实际上是由代理人一人决定。这种只表现一人意志的合同，在法律上不能构成双方当事人的协议。这种合同如果经被代理人追认，视为表现了双方的意志，仍可有效，因此是一种可追认的合同。

双方代理订立的合同：代理人以被代理人的名义同自己代理的其他人订立合同，这种情况可称之为"双方代理"。双方代理实际上也是由一人决定合同的内容，不能反映当事人双方协商一致的真实意思表示。这种合同如果被双方被代理人许可或追认，视为表现了双方被代理人的意志，合同可以有效。

四、可撤销的合同

可撤销的合同，是指虽经当事人协商成立，但由于当事人的意思表示并非真意，经向法院或仲裁机关请求可以消灭其效力的合同。合同被撤销后自始没有法律约束力。合同被撤销的，不影响合同中独立存在的有关解决争议方法的条款的效力。《合同法》规定的可撤销合同共有五类：

（一）重大误解订立的合同

重大误解是指当事人因对标的物等产生错误认识，致使该行为结果与自己的意思相悖，并造成较大损失的情形。构成重大误解的条件：其一，误解与合同成立和合同条件有因果关系。正是由于当事人的错误，才导致了订立合同。或者是基于当事人的错误，设计了合同条件。如果合同并不是因重大误解而成立，或者合同条件不是因重大误解而设定，则不能按重大误解的规则处理合同。其二，误解应当是重大的。当事人对重要的合同事项产生了错误认识，同时误解对当事人造成重大不利后果。这才属于"重大"。其三，当事人不愿承担对误解的风险。当事人自愿承担了误解的风险，当然不能按照重大误解的规则进行救济。

(二)显失公平订立的合同

显失公平是指一方当事人利用优势或者利用对方没有经验,致使双方的权利义务明显不对等。这种合同违反了公平原则的要求。构成显失公平的条件有主观要件和客观要件:

客观要件是指双务合同的双方的权利义务明显不对等,一方得到的太多,付出的太少。这种情况也称为对价不充分。无偿合同没有对价,也就无所谓对价充分的问题。也就是说,显失公平的情形,一般发生在有偿合同之中。主观要件是合同应当在对价不充分且意思表示有瑕疵时,才是显失公平的合同。意思瑕疵的原因,有另一方的不正当影响、利用对方没有经验,也有己方的误解等。

(三)欺诈订立的合同

欺诈是指一方在订立合同时,故意制造假象或者掩盖真相,致使对方陷入错误而订立合同。.因欺诈而订立的合同的条件:其一,欺诈一方在主观上是故意。欺诈是以引导对方当事人订立合同为目的,不存在过失的欺诈。其二,欺诈行为的客观表现是对订立合同的有关事实的虚假介绍和隐瞒。其三,欺诈是一方当事人对另一方当事人的欺诈,第三人的欺诈不足以构成导致合同撤销的欺诈。当事人一方利用了第三人进行的欺诈,则合同属于可撤销的合同。其四,被欺诈一方因对方的欺诈陷入错误,因错误而订立合同。也就是说,欺诈实际对订立合同起了作用,欺诈行为与合同成立需有因果关系。

(四)胁迫订立的合同

胁迫是指一方采用违法手段,威胁对方与自己订立合同,被胁迫一方因恐惧而订立合同。被胁迫一方也有意思表示,因此被胁迫订立的合同,与其他可撤销的合同一样,也是成立的合同。因胁迫成立的合同的条件:其一,胁迫一方出于故意。其二,胁迫一方的威胁属于违法的威胁,如以揭露隐私等进行要挟。其三,被胁迫一方因陷入恐惧而订立合同。胁迫与合同的成立有因果关系。

(五)乘人之危订立的合同

乘人之危订立合同,是指一方当事人乘对方处于危难之机,为谋取不正当利益,迫使对方违背自己的真实意愿与己订立合同。乘人之危的条件:其一,一方当事人陷于危难处境,“危难”除了指经济上窘迫或具有某种迫切需要以外,也包括个人及其家人生命危险、健康恶化等危难。其二,行为人利用了对方当事人的危难困境,趁火打劫,提出苛刻条件,对方出于无奈而违背真实意愿与之订立合同。其三,乘人之危行为人主观状态为故意。行为人不了解对方危难处境而与之订立合同，客观上，一方当事人的危难处境促使了合同成立，对这类合同不能认定为乘人之危订立的合同。其四，乘人之危订立合同，一般是为了取得过分的利益。这种利益称为“不正当利益”，这种不正当利益是在严重损害对方利益基础上产生的，所以这一条件也可表述为被乘危难人蒙受重大损失。虽然获取过分利益为乘人之危行为人订立合同的目的，但认定乘人之危的合同时，并不以已经获取过分利益为条件。

对可撤销的合同，当事人可以向人民法院或仲裁机关请求变更或撤销。任何一方当事人认为合同是因重大误解订立的，或者是显失公平的，都可以向法院提出变更或撤销的请求。而以欺诈、胁迫手段或者乘人之危订立的合同，请求变更、撤销权专属于受损害方。也就是说，这种权利属于被欺诈、被胁迫和危难被乘的一方。对可撤销的合同，有变更和撤销两种救济方法。当事人请求变更的，人民法院或者仲裁机构不得撤销。当事人请求撤销的，人民法院可以变更。

撤销权不是典型的形成权，是必须经过诉讼的形成权，因而可以称为形成诉权。撤销权不能永久存续。有下列情形之一的，撤销权消灭：

其一，除斥期间经过。具有撤销权的当事人自知道或者应当知道撤销事由之日起一年内没有行使撤销权，则撤销权消灭。其二，明示或者默示放弃撤销权。具有撤销权的当事人知道撤销事由后明确表示或者以自己的行为表示放弃撤销权。如被欺诈的一方当事人在知道被欺诈的真相后，仍然表示要履行合同，这是明示放弃撤销权；再如被欺诈的一方是卖方，在知道欺诈的真相后，又收取对方货款、给对方发货，这是默示放弃撤销权。合同被撤销后，因该合同取得的财产，应当予以返还；不能返还或者没有必要返还的，应当折价补偿。有过错的应当赔偿对方因此所受到的损失，双方都有过错的，应当各自承担相应的责任。

第五节　双务合同履行中的抗辩权

双务合同履行的抗辩权是在符合法定条件时，当事人一方对抗对方当事人的履行请求权，暂时拒绝履行其债务的权利。它包括同时履行抗辩权、先履行抗辩权和不安抗辩权。双务合同履行中的抗辩权为一时的抗辩权、延缓的抗辩权，因为双务合同履行中的抗辩权行使的效力，只是在一定期限内中止履行债务，并不消灭债的履行效力。产生抗辩权的原因消失后，债务人仍应履行其债务。双务合同履行中的抗辩权，对于抗辩权人是一种保护手段，免去自己履行后得不到对方履行的风险；使对方当事人产生及时履行、提供担保等压力，所以它们是债权保障的法律制度。当事人行使同时履行抗辩权、先履行抗辩权和不安抗辩权，是行使自己的合法权利，而非违约，故应受法律保护，而不得令权利人承担违约责任。

一、同时履行抗辩权

同时履行抗辩权是指双务合同的当事人在无先后履行顺序时，一方在对方未为对待给付以前，可拒绝履行自己的债务之权。

同时履行抗辩权的存在基础在于双务合同的牵连性。所谓双务合同的牵连性，是指给付与对待给付具有不可分离的关系，分为发生上的牵连性、存续上的牵连性和功能上的牵连性。[①] 所谓发生上的牵连性，是指一方的给付与对方的对待给付在发生上互相牵连，即一方的给付义务不发生时，对方的对待给付义务也不发生；所谓存续上的牵连性，是指双务合同的一方当事人的债务因不可归责于双方当事人事由，致不能履行时，债务人免给付义务，债权人亦免对待义务；所谓功能上的牵连性，又称履行上的牵连性，是指双务合同的当事人一方所负给付与对方当事人所负对待给付互为前提，一方不履行其义务，对方原则上亦可不履行。只有如此，才能维持双方当事人之间的利益平衡。同时履行抗辩权正是这种功能上的牵连性的反映。

同时履行抗辩权的构成要件：其一，须由同一双务合同互负债务。可主张同时履行抗辩的，系基于同一双务合同而生的对待给付。如果双方当事人的债务不是基于同一双务合同而发生，即使在事实上有密切关系，也不得主张同时履行抗辩权。这里的债务，首先应为主给付义务。从给付义务与主给付义务之间有无牵连关系，学说上有争论，但在从给付义务的履行与合同目的的实现具有密切关系时，应认为它与主给付义务之间有牵连关系，产生同时履行抗辩权。

其二，须没有一方负先行给付的义务。同时履行抗辩权制度，旨在使双方当事人所负的债务同时履行，所以，只有没有一方负先行给付的义务时，才能行使同时履行抗辩权。如果一方当事人负有先履行的义务，就不由同时履行抗辩权制度管辖，而让位于先履行抗辩权或者不安抗辩权。

---

① 王利明：《民法》，中国人民大学出版社 2000 年版，第 334～335 页。

其三，须对方方未履行债务或未提出履行债务。一方向对方请求履行债务时，如果自己未为履行或提出履行，对方可行使同时履行抗辩权，拒绝履行债务。如果该一方向对方请求履行债务时，已为履行或提出履行，则对方不可行使同时履行抗辩权。

其四，须对方的对待给付是可能履行的。同时履行抗辩权制度旨在促使双方当事人同时履行其债务。对方当事人的对待给付已不可能时，因同时履行的目的已不可能达到，不发生同时履行抗辩权问题，由合同解除制度解决。

二、先履行抗辩权

先履行抗辩权，是指当事人互负债务，有先后履行顺序的，后履行一方在先履行一方未履行之前或履行债务不符合时，有权拒绝其履行请求。先履行抗辩权发生于有先后履行的双务合同中，基本上适用于先履行一方违约的场合，这些都是它不同于同时履行抗辩权之处。

按照《合同法》第 67 条的规定，先履行抗辩权的成立要件为：首先要求双方当事人互负债务。一般而言，互负债务是指两个债务处于互为对待给付的地位。其次要求两个债务有先后履行顺序。如果两个对立的债务无先后履行顺序，就适用同时履行抗辩权，而不成立先履行抗辩权。最后要求先履行一方未履行或其履行不符合约定。先履行一方未履行，既包括先履行一方在履行期限届至或届满前未予履行的状态，又包含先履行一方于履行期限届满时尚未履行的现象。先履行一方的履行不符合债的约定，是指先履行一方虽然履行了债务，但其履行不符合当事人约定或法定的标准要求，应予补救。

先履行抗辩权的成立并行使，产生后履行一方可一时中止履行自己债务的效力，对抗先履行一方的履行请求，以此保护自己的期限利益、顺序利益，在先履行一方采取了补救措施、变违约为适当履行的情况下，先履行抗辩权消失，后履行一方须履行其债务。可见，先履行抗辩权亦属一时的抗辩权。需要注意的是，先履行抗辩权的行使不影响后履行一方主张违约责任。

三、不安抗辩权

根据《合同法》第 68 条、第 69 条的规定，双务合同履行中的不安抗辩权是指先给付义务人在有证据证明后给付义务人有经营状况严重恶化的情况，或者转移财产、抽逃资金以逃避债务的行为，以及其他丧失或者可能丧失履行债务能力的情况时，可中止自己的履行；后给付义务人接收到中止履行的通知后，在合理的期限内未恢复履行能力或者未提供适当担保的，先给付义务人可以解除合同。

关于不安抗辩权构成的条件主要有三个:其一,双方当事人因同一双务合同而互负债务。不安抗辩权的成立须双方当事人因同一双务合同而互负债务,并且该两项债务立于对价关系。其二,后给付义务人的履行能力明显降低或出现其他情况,有不能为对待给付的现实危险。不安抗辩权制度并不允许在后给付义务人有履行能力的情况下行使不安抗辩权,只能在有不能为对待给付的现实危险,害及先给付义务人的债权实现时,才能行使不安抗辩权。后给付义务人的履行能力明显降低,或有其他不能为对待给付的现实危险的情况,主要是指经营状况严重恶化;转移财产、抽逃资金,以逃避债务等情况。其三,履行能力明显降低,有不能为对待给付的现实危险,须发生在合同成立以后。如果在订立合同时即已经存在,先给付义务人若明知此情却仍然缔约,法律则无必要对其特别保护;若不知此情,还可以通过合同无效等制度解决。

行使不安抗辩权的先给付义务人并负有举证证明后给付义务人的履行能力明显降低,有不能为对待给付的现实危险的义务。让先给付义务人负上述举证义务,可防止他滥用不安抗辩权,不允许他借口后给付义务人丧失或可能丧失履行能力而随意拒绝履行自己的债务。如果先给付义务人没有确切证据而中止履行,应当承担违约责任。同时为了照顾相对人的利益,也便于他能及时提供适当担保,先给付义务人行使不安抗辩权的,应及时通知后给付义务人,该通知的内容包括中止履行的意思表示和指出后义务人提供适当担保的合理期限。先给付义务人及时通知后给付义务人,可使后给付义务人尽量减少损害,及时地恢复履行能力或提供适当的担保以消除不安抗辩权,使先给付义务人履行其义务。

按照《合同法》第68条、第69条的规定,行使不安抗辩权后将产生先履行义务人中止履行的法律效力。先给付义务人有确切证据证明后给付义务人的履行能力明显降低,有不能为对待给付的现实危险的,有权中止履行。所谓中止履行,就是暂停履行或者延期履行,履行义务仍然存在。在后给付义务人提供适当担保时,应当恢复履行。此处所谓适当担保,既指设定担保的时间适当,更指设定的担保能保障先给付义务人的债权得以实现。先给付义务人中止履行后,后给付义务人在合理期限内未恢复履行能力并且未提供适当担保的,先给付义务人可以解除合同,该解除的方式,由先给付义务人通知后给付义务人,通知到达时发生合同解除效力;但后给付义务人有异议时,可以请求人民法院或仲裁机构确认合同解除效力。

第六节 合同的变更与解除

一、合同变更

合同变更有狭义和广义之分。狭义的变更是指合同内容的某些变化，是在主体不变、标的不变、法律性质不变的条件下，在合同没有履行或没有完全履行之前，由于一定的原因，由当事人对合同约定的权利义务进行局部调整。这种调整，通常表现为对合同某些条款的修改或补充。广义的合同变更，除包括合同内容的变更以外，还包括合同主体的变更，即由新的主体取代原合同的某一主体，这实质上是合同的转让。这里所讲的变更指狭义的合同变更。

合同变更可以分为合意变更和单方行使变更权两类。合意变更是当事人协商一致对原合同进行变更。《合同法》第 77 条第 1 款规定："当事人协商一致，可以变更合同。"变更权是指一方依法享有的单方通知对方变更合同的权利。在《合同法》颁布之前，我国法律并没有规定单方变更权。《合同法》则有变更权的规定，如第 308 条规定："在承运人将货物交付收货人之前，托运人可以要求承运人中止运输、返还货物、变更到达地或者将货物交给其他收货人，但应当赔偿承运人因此受到的损失。"单方变更权是形成权，变更的意思表示送达至相对人时，合同即发生变更，不依赖于相对人同意的意思表示。这种变更权，是以损害赔偿作为代价的。

合同变更，是合同部分权利义务的变化，未变更的部分继续有效。如无特别约定，变更只向将来发生效力，已经履行的部分继续保持效力。因此，合同变更后一般不发生财产返还的问题。另外需要注意的是，《民法通则》第 115 条规定，"合同的变更或者解除，不影响当事人要求赔偿损失的权利。"

按照《担保法》第 24 条的规定："债权人与债务人协议变更主合同的，应当取得保证人书面同意，未经保证人书面同意的，保证人不再承担保证责任。保证合同另有约定的，按照约定。"最高人民法院《关于适用〈中华人民共和国担保法〉若干问题的解释》第 30 条规定："保证期间，债权人与债务人对主合同数量、价款、币种、利率等内容作了变动，未经保证人同意的，如果减轻债务人的债务的，保证人仍应当对变更后的合同承担保证责任；如果加重债务人的债务的，保证人对加重的部分不承担保证责任。债权人与债务人对主合同履行期限作了变动，未经保证人书面同意的，保证期间为原合同约定的或者法律规定的期间。债权人与债务人协议变动主合同内容，但并未实际履行的，保证人仍应当承担保证责任。”

二、合同的解除

(一)合同解除的概念

合同解除是指在合同有效成立之后，当事人双方通过协议或者一方行使约定或法定解除权的方式，使当事人设定权利义务关系终止的行为。双方当事人以协议方式解除合同或者一方行使约定解除权而解除合同称为合意解除。一方行使法定解除权而解除合同称为单方解除。

(二)合同的法定解除

法定解除的含义。又称单方解除，是指在符合法定条件时，当事人一方有权通知另一方解除合同。法定解除又可分为法定事由解除和法定任意解除。

所谓法定事由解除必须有法定的事由出现，一方或双方才能享有单方解除权。《合同法》第 94 条规定：“有下列情形之一的，当事人可以解除合同：(一)因不可抗力致使不能实现合同目的；(二)在履行期限届满之前，当事人一方明确表示或者以自己的行为表明将不履行主要债务；(三)当事人一方迟延履行主要债务，经催告后在合理的期限内仍未履行；(四)当事人一方迟延履行债务或者有其他违约行为致使不能实现合同目的；(五)法律规定的其他情形；(六)法律规定的其他情形。”

所谓法定任意解除是指对于特定的合同，无须法定事由，一方或双方即有解除权。比如，《合同法》第 268 条规定：“定作人可以随时解除承揽合同，造成承揽人损失的，应当赔偿损失。”第 410 条规定：“委托人或者受托人可以随时解除委托合同，因解除合同给对方造成损失的，除不可归责于该当事人的事由以外，应当赔偿损失。”这种随时解除合同的权利，因不需要法定事由，因而称为任意解除权。任意解除权只产生于法律明文规定的合同。法定解除，须有解除权的一方通知另一方解除合同。解除权人和相对人均有权请求法院或者仲裁机构确认解除的效力。

合同解除的效果主要体现在：其一，合同解除可以使合同效力溯及既往地消灭，在需要恢复原状的情况下，被解除合同自始失去效力。其二，按照合同的性质，对于某些合同解除的效力也可以面向将来发生。比如，对于租赁、仓储、保管、借用、合伙等持续性的合同，自解除合同的通知送达后失去效力。其三，合同解除并不影响当事人要求赔偿损失的权利。在一方违约，另一方行使解除权的情况下,被违约一方可以要求违约一方赔偿损失。

(三)合同的合意解除

合意解除又称为双方解除。合意解除是当事人协商一致,以成立合同的方式解除原有的合同,因此,合意解除适用合同成立、生效的一般规则。

合同的合意解除是当事人"以第二个合同解除第一个合同",适用要约和承诺的规则。协商解除的合同一旦有效成立,即发生解除原合同的效果。因此,合意解除的程序,是双方通过要约和承诺达成合意。这里的要约,是解除合同的要约,其内容是要消灭既存的合同关系,甚至包括已经履行的部分是否返还,责任如何分担等问题。它必须是向既存合同的对方当事人发出,并且要在既存合同消灭之前提出。这里的承诺,是解除合同的承诺,是完全同意上述要约的意思的表示。在合同解除不需有关部门批准时,双方当事人协商一致之时就是合同解除生效之时,或者由双方当事人商定解除生效的日期。

第七节 违约责任

一、违约责任的内涵

责任是违反义务的后果,违约责任是违反合同义务的后果。这种后果,是一种财产责任。《合同法》第 107 条规定:当事人一方不履行合同义务或者履行合同义务不符合约定的,应当承担继续履行、采取补救措施或者赔偿损失等违约责任。上述继续履行、采取补救措施或者赔偿损失等,都属于财产责任。

违约责任是指合同当事人不履行或不适当履行合同约定或法定义务,所应承担的损害赔偿、支付违约金、解除合同等民事责任。[①] 违约责任,是违反有效合同构成的责任。对于未成立的合同、无效合同,被撤销的合同以及未被追认的效力未定的合同,因当事人的约定不被法律所承认,不具有履行效力,所以均不产生违约责任。违约责任不同于缔约责任,违约责任产生于对有效合同的违反,而缔约责任主要产生于因过错缔结非有效合同。违约责任的成立,可以不考虑违约人的过错。违约行为的类型,是指违约行为的表现方式。按照《合同法》第 107 条的规定,违约的最基本类型有两种:一是不履行,二是

① 高洪宾:《违约责任与履约抗辩》,载《政治与法律》1999 年第 3 期。

履行不符合约定。

归责原则不同，违约责任的构成要件不同。归责原则，是确定当事人责任所依据要件的原则。对我国《合同法》确立的归责原则，可以这样概括：以严格责任为基础；以过错责任为补充。

根据严格责任原则的要求，当事人违约即构成违约责任，除非有免责的事由。据此，违约责任的构成要件有两个：其一，有违约行为。违约行为包括不履行和履行不符合约定。违约行为可以是预期违约，也可以是届期违约。其二，无免责事由。未按合同履行，但有免责事由，则不承担违约责任；未按合同履行，无免责事由则要承担违约责任。有无免责事由，由违约人举证。

违约的免责事由是指不承担违约责任的原因。免责事由分为法定的免责事由和约定的免责事由。约定免责事由属于当事人意思自治范畴。但约定免责，不得违反《合同法》第53条的规定。法定免责事由的类型主要有不可抗力和相对人过错。

不可抗力是当事人不能预见、不能避免并且不能克服的客观情况。简言之，不可抗力是当事人不可抗拒的外来力量，是不受当事人意志左右、支配的自然现象和社会现象。

构成不可抗力的事件繁多，法律对不可抗力的范围难以一一列举。当事人可以在合同中订立不可抗力条款，将法律对不可抗力的规定具体化。当事人没有在合同中规定不可抗力条款的，法院仍可根据事实认定不可抗力的存在。总而言之，不可抗力事件的范围，包括自然灾害和社会事件。自然灾害有火灾、水灾、旱灾、风灾、地震等。自然灾害可以构成不可抗力事件，各国法律均予以认同。我国法律和学说原则上也承认社会事件可以构成不可抗力。但究竟哪些事件可以构成不可抗力，并没有定论。不可抗力因具有不可预见性，因此难以采用列举的方式划定不可抗力的范围。《合同法》第117条规定："因不可抗力不能履行合同的，根据不可抗力的影响，部分或者全部免除责任，但法律另有规定的除外。当事人迟延履行后发生不可抗力的，不能免除责任。本法所称不可抗力，是指不能预见、能避免并不能克服的客观情况。"不可抗力导致合同全部不能履行的，全部免责；导致合同部分不能履行的，就该部分不能履行免责；导致合同不能如期履行的，就迟延免责。

遭受不可抗力的一方，具有通知义务和举证责任。《合同法》第118条规定："当事人一方因不可抗力不能履行合同的，应当及时通知对方，以减轻可能给对方造成的损失，并应当在合理期限内提供证明。"相对人接到通知后，有减损义务。

相对人过错是指相对人对损害的发生有故意或者过失。相对人过错是除不可抗力之外的又一法定免责事由。如《合同法》第 302 条规定:"承运人应当对运输过程中旅客的伤亡承担损害赔偿责任,但伤亡是旅客自身健康原因造成的或者承运人证明伤亡是旅客故意、重大过失造成的除外。"再如,《合同法》第 311 条规定:"承运人对运输过程中货物的毁损、灭失承担损害赔偿责任,但承运人证明货物的毁损、灭失是因不可抗力、货物本身的自然性质或者合理损耗以及托运人、收货人的过错造成的,不承担损害赔偿责任。"该条的规定比较典型,列举了三种免责事由。

根据过错责任原则的要求:当事人因过错违约始构成违约责任。据此,其构成要件有三个:其一,有违约行为;其二,无免责事由;其三,有过错。有违约行为和无免责事由,此点与严格责任原则的要求相同。这里主要谈一下过错。过错是指违约人有违约的故意或者过失。过错是构成违约责任的前提条件。在《合同法》中有具体规定时,适用过错责任原则。比如,《合同法》第 189 条规定:"因赠与人故意或者重大过失致使赠与的财产毁损、灭失的,赠与人应当承担损害赔偿责任。"因赠与是无偿付出,因此故意或者重大过失致使赠与财产灭失的,赠与人才承担责任。《合同法》第 222 条规定:"承租人应当妥善保管租赁物,因保管不善造成租赁物毁损、灭失的,应当承租损害赔偿责任。"保管不善是过错责任,说明承租人未尽必要的注意义务。除此之外还有《合同法》第 265 条和《合同法》第 303 条等规定。

二、违约责任的形式

(一)继续履行

继续履行又称为实际履行、强制实际履行,是违约方不履行合同债务或履行合同债务不合约定时,由法院强制违约方依照合同的规定继续履行的责任形式。[①]《合同法》第 109 条规定:"当事人一方未支付价款或者报酬的,对方可以要求其支付价款或者报酬。"履行后还有其他损失的,可以请求赔偿损失。根据《合同法》第 109 条的规定,有人认为,实际履行包括金钱债务的实际履行和非金钱债务的实际履行。当然,金钱之债的履行也存在实际履行的问题。但实际履行的"实际",强调的是债权人的利益通过债务人对非金钱之债的履行而获满足,而不是以金钱赔偿替代非金钱债务履行而获满足。我们通常所说的实际履行,是指非金钱债务的实际履行。实际履行不宜解释为实物履行。

---

① 陈小君:《合同法学》,高等教育出版社 2003 年版,第 262 页。

实物，应指有形财产，而合同的标的，不以有形财产为限，还可以是行为、无形财产、无体财产。当合同的标的物是有形财产时，实际履行也可以称为实物履行。

违约的效力既表现为违约人应当承担的责任，也表现为另一方请求救济的权利。当事人应当有选择救济方式的权利。当被违约人要求实际履行且符合实际履行的条件时，才可令违约人实际履行。除非为了公共利益，法院不能强制被违约人接受实际履行。

继续履行作为承担违约责任的一种形式，它与合同期限届满以前的合同义务的履行有着本质的区别，继续履行具有强制性，不以违约人同意履行为条件。否则，就无所谓“强制”了。继续履行既可以适用全部合同义务未履行的情况，也可以适用部分合同义务未履行的情况。合同的履行可以是积极的行为，也可以是消极的行为，继续履行一般是针对前者而言，但对不作为的债务，有时也可以强制继续履行。当违约人承担不作为的义务而不履行这种义务时，法院可以禁止他的行为。这是保证合同继续履行的一种方式。

《合同法》第 110 条规定：“当事人一方不履行非金钱债务或者履行非金钱债务不符合约定的，对方可以要求履行，但有下列情形之一的除外：(一)法律上或者事实上不能履行；(二)债务的标的不适于强制履行或者履行费用过高；(三)债权人在合理期限内未要求履行。”在适用实际履行这种强制措施时，要注意以下几种情形不适用。

其一，法律不能。法律上不能履行主要有以下几种情况：(1)特定的标的物已经被他人善意取得。如卖方一物双卖或预期违约，其所有的标的物已经被一买受人善意取得，此时要求卖方继续履行合同则会侵犯第三人的合法权益。故实际履行属法律上不能。(2)强制实际履行侵害债务人的人身自由。当继续履行涉及当事人的人身自由时，法院不能判决合同继续履行。对于雇佣合同、演出合同、科研合同、无偿保管合同等，均不得强制实际履行。(3)债务人破产。当债务人进入破产程序，若强制债务人实际履行，则等于授予债权人以优先权。这对于债务人的其他债权人是不公平的，也违反了法律关于破产的规定。(4)债务为自然债务。如果经过诉讼时效，债务人的债务转化为自然债务。自然债务是不能强制执行的债务，因此，不能强制实际履行。(5)实践合同约定的债务。对于实践合同约定的债务，一方当事人强制实际履行的要求不能支持。因为实践合同通常是无偿合同，法律给无偿付出的一方以反悔权。这种反悔权是通过不交付标的物或不履行合同约定的其他义务体现的。在交付标的物或履行合同约定的其他义务之前，实践合同约定的义务，还没有发生履行效力,因此不能强制实际履行。否则,就等于否定了法律赋予当事人的反悔权。

其二,事实不能。事实不能主要是基于自然法则的不能。比如一幅古画已经被火烧成灰烬或已经丢失。这幅古画是独一无二的,无法替代的。因而,强制实际履行在事实上不能。

其三,债务的标的不适于强制履行。如合伙合同不仅需合伙人的投资,还需要合伙人的主观努力。因而合伙合同不适于强制实际履行。再如,履行期限过长的合同,也是不适于强制实际履行的合同。

其四,履行费用过高。继续履行费用过高,不合理、不必要地加大了违约成本。实际履行应当着眼于对被违约人的救济,而不能把它当成对违约的惩罚手段。如果继续履行只是为了惩罚违约人,此时继续履行属于不合理。如果可以选择数种方法弥补被违约人的损失,而继续履行的成本最大,此时不宜采取继续履行的方法。当标的物为种类物,很容易在市场上买到或可以替代时,一般不宜采用实际履行的救济方法;履行费用过高应当如何衡量?一般的标准是,如履行费用比赔偿金、违约金还高,则可以认为是履行费用过高。

其五,债务人在合理的时间内没有要求实际履行。债权人在合理的时间内没有要求履行,视为放弃了要求实际履行的权利。

(二)赔偿损失

赔偿损失,是指违约方不履行或不按合同约定履行时,以金钱或实物弥补被违约人损失的责任。赔偿损失,是各国法律普遍确认的一种违约责任形式。赔偿,可以是金钱赔偿,也可以是实物赔偿,多数国家以金钱赔偿为原则,以实物赔偿为例外。我国法律所言之赔偿,主要是指金钱赔偿,但也不排除以物、劳务或其他形式的赔偿。如果当事人没有特约,赔偿就是指金钱赔偿。

《联合国国际货物销售合同公约》关于赔偿损失范围的规定也很明确。该公约第 74 条规定:"一方当事人违反合同应负的损害赔偿额,应与另一方当事人因他违反合同而遭受的包括利润在内的损失额相等。这种损害赔偿不得超过违反合同一方在订立合同时,依照他当时已知道或理应知道的事实和情况,对违反合同预料到或理应预料到的可能损失。"我国《民法通则》第 112 条规定:"当事人一方违反合同的赔偿责任,应当相当于另一方因此所受到的损失。"据此,赔偿损失的范围应当包括可得利益。我国法律实行的是完全赔偿原则。完全赔偿原则要求赔偿范围包括两个部分:

其一,被违约人因对方违约而导致的现有财产的减少。现有财产的减少在法理上可称为实际损失、直接损失、现实损失和积极损害，是指被违约人因对方违约所支付的费用、财产的灭失或损害。现有财产的减少，还应包括缔约费用。

其二，被违约人因对方违约造成的可得利益的损失。可得利益损失在法理上可称为消极损害或预期利益损失。可得利益损失在本质上也是一种直接损失。因为它是在正常履行合同情况下必然实现的利益。可得利益损失是违约的必然后果。违约方所承担的赔偿责任，在一般情况下是完全赔偿责任。当事人如果有约定，只赔偿实际损失，自当允许。如果法律、法规对赔偿范围有特别规定的，应当按规定办理。

根据相关法律规定，在适用完全赔偿原则时，应注意以下几个限制：第一，损益相抵的规则的限制。所谓损益相抵，是指违约人因违约的赔偿额应当减去被违约人因违约而减少的支出或获得的利益。

第二，可预见规则的限制。违约人在订立合同时的相应的预见能力，是确定赔偿范围的一个重要因素。换言之，违约人的赔偿范围，是其在订立合同时已经预见或可能预见到的违约所造成的后果。可预见规则，是对完全赔偿规则的一个限制。如果不是当事人能够合理预见的损失，那么，这种损失就不在合意的效力范围之内。合同正义体现在利益的分配和风险的分配。风险的分配又包括标的物意外毁损、灭失风险的分配和违约风险的分配。可预见规则，是违约风险分配规则。合同的订立，是以当事人当时了解的情况为基础的，而且是在这种基础上通过讨价还价确定了风险的分配。如果当事人预见到这种风险，就会提高价格从而提高自己应付风险的能力，或者通过免责条款限制自己的责任；可能承担风险的一方，也可能以承担风险为条件来降低对方的要价。如果当事人没有预见到，从当时的环境来说，也不能合理地预见，此时要违约人承担责任，可能会有显失公平的后果。应当注意的是，预见的主体，是违约人；预见的时间，是在合同订立时；判断的标准应采取主客观相结合的标准，即通常以同类型的社会一般人的预见能力为标准，如一方主张对方预见能力应高于一般人，则需承担相应的举证责任。[①] 可预见规则是对不可预见违约风险的分配，因此只能适用于过失违约，绝不能适用于故意违约。

第三，减损义务的限制。减损义务是被违约人应当及时采取适当措施防止损失的扩大的法定义务。减损义务也是对赔偿的限制，体现了合同法的公正原则。我国《民法通则》第 114 条规定："当事人一方因另一方违反合同受到

---

① 马俊驹、余延满：《民法原论》，法律出版社 2005 年版，第 640 页。

损失的，应当及时采取措施防止损失的扩大；没有及时采取措施致使损失扩大的，无权就扩大的损失要求赔偿。”《合同法》第119条规定：“当事人一方违约后，对方应当采取适当措施防止损失的扩大；没有采取适当措施致使损失扩大的，不得就扩大的损失要求赔偿。当事人因防止损失扩大而支出的合理费用，由违约方承担。”被违约人没有履行减损义务而致使损失扩大，扩大的这一部分，与另一方违约无直接因果关系，受损害方无权要求赔偿。因为，这些损失本来是可以避免的，不是违约的必然产物。只要被违约人出于善意，即使减损无效果，也应认定其完成了减损义务。

（三）支付违约金

违约金是合同当事人预定的，一方不履行合同或履行合同不符合约定时，应给付另一方当事人一定数额的货币。《合同法》第114条规定：“当事人可以约定一方违约时应当根据违约情况向对方支付一定数额的违约金，也可以约定因违约产生的损失赔偿额的计算方法。约定的违约金低于造成的损失的，当事人可以请求人民法院或者仲裁机构予以增加；约定的违约金过分高于造成的损失的，当事人可以请求人民法院或者仲裁机构予以适当减少。当事人就迟延履行约定违约金的，违约方支付违约金后，还应当履行债务。”

违约金的性质是预定的赔偿金，它是当事人在违约事实发生以前确定的。违约金的补偿性，并不排除对违约人否定性的评价，不掩盖违约的可非难性。从促使债务人积极履行的角度考虑，在立法上确定违约金为补偿性的同时，要明确违约金的数额应当包括可得利益的损失，纠正司法实践中不保护可得利益的倾向。这样，补偿性违约金可以得到类似于惩罚性违约金的效力。另外，在确定违约金的基本性质为补偿性的同时，不排除当事人在公平、诚实信用原则的指导下，约定使用惩罚性的违约金。在承认违约金基本性质是补偿性的基础上，我国《合同法》授予法院、仲裁机关提高或降低违约金权力。变动违约金数额使其与被违约的损失大体相当。当违约金过低时，提高违约金，有利于保护被违约人的利益，使其能够得到适当的补偿。当违约金过高时，降低违约金，降低了违约人的成本。

根据违约金针对的违约类型，可以有不同分类，主要有以下三种：其一，不履行合同的违约金。不履行合同的违约金是指当事人没有履行主债务应当支付的违约金，这种违约金一般是按合同标的额的一定比例计算。当合同部分未履行时，按未履行的部分计算。其二，逾期履行的违约金。逾期履行是当事人迟延给付主债务，逾期履行有逾期付款和逾期交付标的物、逾期交付工作成果等。逾期履行的违约金一般是按迟延的日期计算的违约金。其三，瑕疵履行的违约金。瑕疵履行的违约金,是指当事人履行的质量不符合要求而约定支付的违约金。

本章思考题:

1. 试述有偿合同与无偿合同的区分及其意义。
2. 试述要约与承诺的构成要件。
3. 试述双务合同履行中的抗辩权。
4. 试述合同的解除。
5. 试述违约责任中的赔偿损失。

第二十章

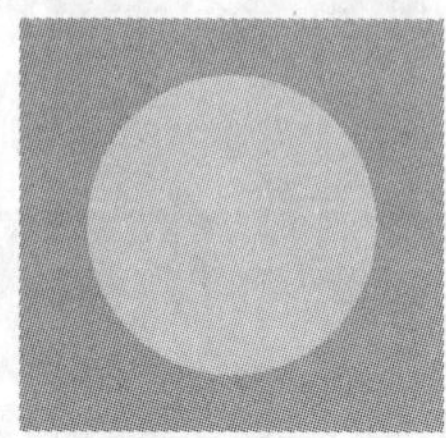

合同分论

第一节 转移财产权利的合同

一、买卖合同

(一)买卖合同的概念

买卖合同是最为常见、最为典型的一种转移财产权利的合同,因此在世界各国债法或合同法中都被作为一项重要的内容加以规定。我国台湾民法学者史尚宽先生认为,买卖谓一方移转财产权于他方,他方支付价金之契约。[①]《合同法》第130条规定:“买卖合同是出卖人转移标的物的所有权于买受人,买受人支付价款的合同。”其中,依约定应交付标的物并转移标的物所有权的一方称为出卖人,应支付价款的一方称为买受人。买卖合同所说的买卖指的是实物买卖,其一般形式是物品与货币的交换。

(二)买卖合同的效力

买卖合同的效力是指生效买卖合同所具有的法律约束力。买卖合同的效力主要体现为合同当事人所享有的权利和所负担的义务,由于买卖合同是典型的双务有偿合同,一方当事人所负担的合同义务是对方当事人所享有的合同权利,所以买卖合同的效力可以通过双方当事人所负担的合同义务来体现。

1. 出卖人的主要义务

---

① 史尚宽:《债法各论》,中国政法大学出版社2000年版,第1页。

交付标的物，并转移标的物的所有权于买受人。《合同法》第135条规定："出卖人应当履行向买受人交付标的物或者交付提取标的物的单证，并转移标的物所有权的义务。"买卖合同中，出卖人应将买卖合同的标的物交付给买受人。该项义务是出卖人的主要合同义务。出卖人的交付需按照一定的要求来进行，即应当按照约定的质量、时间、地点、数量、方式和包装的要求交付标的物。

瑕疵担保义务。出卖人的瑕疵担保义务根据担保对象的不同可以分为权利的瑕疵担保义务和物的瑕疵担保义务。《合同法》第150条规定："出卖人就交付的标的物，负有保证第三人不得向买受人主张任何权利的义务，但法律另有规定的除外。"《合同法》第153条规定："出卖人应当按照约定的质量要求交付标的物。出卖人提供有关标的物质量说明的，交付的标的物应当符合该说明的质量要求。"《合同法》第155条规定："出卖人交付的标的物不符合质量要求的，买受人可以依照本法第111条的规定要求承担违约责任。"

2. 买受人的义务

支付价款、受领标的物。支付价款是买受人的主要义务，买受人应按照合同约定的数额、地点、时间支付价款。检验及通知的义务。买受人收到标的物时，有及时检验义务。《合同法》第157条规定："买受人收到标的物时应当在约定的检验期间内检验。没有约定检验期间的，应当及时检验。"

（三）买卖合同中的风险负担与利益承受

1. 买卖合同中的风险负担

买卖合同中的风险在这里是指买卖合同的标的物由于不可归责于买卖合同双方当事人的事由毁损、灭失所造成的损失。风险负担是指该损失应由谁来承担。[①]《合同法》第142条规定："标的物毁损、灭失的风险，在标的物交付之前由出卖人承担，交付之后由买受人承担，但法律另有规定或者当事人另有约定的除外。"

2. 买卖合同中的利益承受

利益承受是指标的物于买卖合同订立后所生的孳息的归属。标的物于合同订立后所生孳息的归属与风险的负担是密切相连的，二者遵循同一原则。因此在利益承受上，也采交付主义作为一般规则，即标的物在交付前产生的孳息，归出卖人所有；标的物交付后产生的孳息，由买受人承受。合同另有约定的，依其约定。《合同法》第163条规定："标的物在交付之前产生的孳息，归出

① 王利明：《民法》，中国人民大学出版社2000年版，第468页。

卖人所有，交付之后的孳息，归买受人所有。”

(四)特种买卖合同

在我国《合同法》上，特种买卖合同包括分期付款买卖合同、样品买卖合同、试用买卖合同、招标投标买卖合同和拍卖合同等。

分期付款买卖是一种特殊的买卖形式，是买受人将其应付的总价款按照一定期限分批向出卖人支付的买卖。按史尚宽先生的概括，所谓分期付款买卖，谓应分期支付价金之买卖。[①] 分期付款买卖根本特征是：买受人按照约定在受领标的物后分期分批向出卖人付清总价款。分期付款是赊销的一种买卖形式，分期付款买卖也可以特约所有权保留。同时分期付款也是一种信用买卖，买受人支付部分价款就可获得标的物的所有权或取得对标的物的占有。分期付款一般适用于标的额较大的买卖合同。在不动产和高档耐用消费品的买卖中较为常见。

样品买卖，又称货样买卖，是指当事人双方约定一定的样品，出卖人交付的标的物应与样品具有相同品质的买卖。所谓样品，又称货样，是指当事人选定的用以决定标的物品质的货物。由于样品买卖是在普通买卖关系中附加了出卖人的一项“须按样品的品质标准交付标的物”的担保。

试用买卖合同，是指当事人双方约定，于合同成立时，出卖人将标的物交付买受人试验或检验，并以买受人在约定期限内对标的物的认可为生效要件的买卖合同。这种买卖常见于某些新产品的推销销售领域。《合同法》第 170 条规定：“试用买卖的当事人可以约定标的物的试用期间。对试用期间没有约定或者约定不明确，依照本法第 61 条的规定仍不能确定的，由出卖人确定。”《合同法》第 171 条规定：“试用买卖的买受人在试用期内可以购买标的物，也可以拒绝购买。试用期间届满，买受人对是否购买标的物未作表示的，视为购买。”即超过期限买受人未作表示的，视为认可。

二、供用电、水、气、热力合同

供用电、水、气、热力合同是指一方提供电、水、气、热力供另一方利用，另一方利用这些资源并支付报酬的合同。供用电、水、气、热力合同属移转财产所有权合同的一种，买卖合同关于移转财产所有权所作的规定，对于该合同同样有适用效力。

供用电合同是供电人向用电人供电，用电人支付电费的合同。供用电合

① 史尚宽：《债法各论》，中国政法大学出版社 2000 年版，第 72 页。

同的效力主要体现为合同双方当事人所享有的合同权利和所负担的合同义务，由于该合同为双务有偿合同，因此其效力可经由双方当事人所负担的合同义务来体现。《合同法》第 179 条规定："供电人应当按照国家规定的供电质量标准和约定安全供电。供电人未按照国家规定的供电质量标准和约定安全供电，造成用电人损失的，应当承担损害赔偿责任。"《合同法》第 180 条规定："供电人因供电设施计划检修、临时检修、依法限电或者用电人违法用电等原因，需要中断供电时，应当按照国家有关规定事先通知用电人，未事先通知用电人中断供电，造成用电人损失的，应当承担损害赔偿责任。"《合同法》第 181 条规定："因自然灾害等原因断电，供电人应当按照国家有关规定及时抢修。未及时抢修，造成用电人损失的，应当承担损害赔偿责任。"

用电人支付电费的义务。供电合同是双务、有偿合同，用电人应对其使用供电人供应的电力支付费用。用电人拖欠电费的，供电人可以中止合同，在用电人补交电费及其迟延利息之后重新供电。安全用电的义务。《合同法》第 183 条规定："用电人应当按照国家有关规定和当事人的约定安全用电。用电人未按照国家有关规定和当事人的约定安全用电，造成供电人损失的，应当承担损害赔偿责任。"用电人依照规定或约定用电的义务。用电人应当按照国家有关规定和当事人的约定安全用电。

《合同法》第 184 条规定："供用水、供用气、供用热力合同，参照供用电合同的有关规定。"《合同法》未对上述三类合同作出具体规定，上述三类合同与供用电合同具有相同的性质，因此可以参照适用。

三、赠与合同

（一）赠与合同的概念

赠与合同，系一方当事人将自己的财产无偿给予他方，他方受领该赠与财产的合同。[①] 其中转让财产的一方为赠与人，接受财产的一方为受赠人。赠与合同是双方法律行为，只有赠与的意思表示，没有受领的意思表示，不能成立赠与合同。

（二）赠与合同的效力

赠与合同为单务合同，仅赠与人一方负担合同义务。赠与合同的效力主要是指赠与合同对赠与人的效力。

赠与人的义务主要有如下几项：移转赠与标的物的义务。赠与合同以使

---

① 张俊浩：《民法学原理》，中国政法大学出版社 2000 年版，第 788 页。

赠与财产的权利归于受赠人为直接目的，赠与人的主要义务是依照合同约定的期限、地点、方式、标准将标的物转移给受赠人。赠与的财产依法需要办理登记等手续的，应当办理有关手续。《合同法》第188条规定："具有救灾、扶贫等社会公益、道德义务性质的赠与合同或者经过公证的赠与合同，赠与人不交付赠与的财产的，受赠人可以要求交付。"

赠与合同中，一般不要求赠与人承担瑕疵担保义务。但附义务的赠与合同除外《合同法》第191条第1款规定："赠与的财产有瑕疵的，赠与人不承担责任。附义务的赠与，赠与的财产有瑕疵的，赠与人在附义务的限度内承担与出卖人相同的责任。"附义务的赠与，因受赠人按照约定向赠与人或者第三人有所付出，此时赠与人再不承担品质瑕疵担保责任，则有违公平原则。

赠与合同系无偿合同，因此，赠与人只在因故意和重大过失致使赠与的财产毁损、灭失的，赠与人才承担损害赔偿责任。《合同法》第189条规定："因赠与人故意或者重大过失致使赠与的财产毁损、灭失的，赠与人应当承担损害赔偿责任。"《合同法》第191条第2款规定："赠与人故意不告知瑕疵或者保证无瑕疵，造成受赠人损失的，应当承担损害赔偿责任。"

(三)赠与合同的终止

《合同法》第186条第1款规定："赠与人在赠与财产的权利转移之前可以撤销赠与。"任意撤销权的行使，必须在财产权利转移之前。赠与人向受赠人为撤销的意思表示即可发生撤销的效力。但当事人也可起诉到法院，由法院确认任意撤销权。赠与人对一般赠与有任意撤销权。具有救灾、扶贫等社会公益、道德义务性质的赠与合同或者经过公证的赠与合同，赠与人不能任意撤销。《合同法》第192条规定：受赠人有下列情形之一的，赠与人可以撤销赠与：严重侵害赠与人或者赠与人近亲属；对赠与人有扶养义务而不履行；不履行赠与合同约定的义务。赠与人的经济状况显著恶化，严重影响其生产经营或者家庭生活的，可以解除赠与合同，不再履行赠与义务。《合同法》第195条规定："赠与人的经济状况显著恶化，严重影响其生产经营或者家庭生活的，可以不再履行赠与义务。"需要注意的是，该合同解除不发生溯及既往的效力，赠与人就原已履行的赠与，无权要求受赠人返还。

四、借款合同

(一)借款合同的概念

借款合同，是指借款人向贷款人借款，到期返还借款并支付利息的合同。其中向对方借款的一方称为借款人，出借钱款的一方称为贷款人。借款合同依据贷款人的不同可以区分为金融机构借款合同和自然人间的借款合同。

(二)金融机构借款合同

金融机构借款合同是指办理贷款业务的金融机构作为贷款人一方,向借款人提供贷款,借款人到期返还借款并支付利息的合同。金融机构发放贷款,意在获取相应的营业利润,因此,借款人在获得金融机构所提供的贷款的同时,不仅负担按期返还本金的义务,还要按照约定向贷款人支付利息,利息支付义务系借款人使用金融机构贷款的对价,所以金融机构借款合同为有偿合同。金融机构借款合同应当采用书面形式。没有采取书面形式,当事人双方就该合同的存在产生争议的,视为合同关系不成立。

《合同法》第 201 条第 1 款规定:“贷款人未按照约定的日期、数额提供借款,造成借款人损失的,应当赔偿损失。”贷款人还应当按照合同约定的数额足额提供借款,借款的利息不得预先在本金中扣除。《合同法》第 200 条规定:“借款的利息不得预先在本金中扣除。利息预先在本金中扣除的,应当按照实际借款数额返还借款并计算利息。”由于贷款人未足额提供借款给借款人造成损失的,应赔偿损失。该项义务系贷款人的主合同义务。《合同法》第 202 条规定:“贷款人按照约定可以检查、监督借款的使用情况。借款人应当按照约定向贷款人定期提供有关财务会计报表等资料。”作为贷款人一方的金融机构,对于其在合同订立和履行阶段所掌握的借款人的各项商业秘密有保密义务,不得泄密或进行不正当使用。该项义务系贷款人的附随义务。

《合同法》第 199 条规定:“订立借款合同,借款人应当按照贷款人的要求提供与借款有关的业务活动和财务状况的真实情况。”《合同法》第 198 条规定:“订立借款合同,贷款人可以要求借款人提供担保。担保依照《中华人民共和国担保法》的规定。”在实践中,如实申报、依约提供担保的义务常发生在借款合同的主要义务生效之前。

《合同法》第 207 条规定:“借款人未按照约定的期限返还借款的,应当按照约定或者国家有关规定支付逾期利息。”《合同法》第 205 条规定:“借款人应当按照约定的期限支付利息。对支付利息的期限没有约定或者约定不明确,依照本法第六十一条的规定仍不能确定,借款期间不满一年的,应当在返还借款时一并支付;借款期间一年以上的,应当在每届满一年时支付,剩余期间不满一年的,应当在返还借款时一并支付。”

《合同法》第 203 条规定:“借款人未按照约定的借款用途使用借款的,贷款人可以停止发放借款、提前收回借款或者解除合同。”据此,借款人将贷款挪作他用时,如果是分期发放贷款,则贷款人可停止发放尚未发放的贷款;或者对已经发放的部分或全部贷款要求提前收回；或者通知借款人解除合同。停止发放与解除合同有所不同，停止发放是行使履行抗辩权的行为，当条件具备时，贷款人还可以恢复发放；解除合同是消灭借款合同的履行效力。合同归于解除时，借款人除应返还本金外，还应当按照实际使用借款的期限偿付利息。

（三）自然人间借款合同

自然人间的借款合同，当事人都是自然人，这种借款合同是实践合同。自然人之间的借款，具有互助的性质，因此《合同法》第211条第1款规定“自然人之间的借款合同对支付利息没有约定或者约定不明确的，视为不支付利息。”合同双方当事人约定有利息条款的，借款的利率不得违反国家有关限制借款利率的规定。《合同法》第211条第2款规定：“自然人之间的借款合同约定支付利息的，借款的利率不得违反国家有关限制借款利率的规定。”最高人民法院发布的《关于人民法院审理借贷案件的若干意见》中规定，民间借贷的利率可以适当高于银行的利率，各地人民法院可以根据本地区的实际情况具体掌握，但最高不得超过银行同类贷款利率的4倍。

五、租赁合同

（一）租赁合同的概念

租赁合同是出租人将租赁物交付承租人使用、收益，承租人支付租金，并在租赁关系终止后将租赁物返还给出租人的协议。[①] 租赁合同中交付租赁物供对方使用、收益的一方称为出租人，使用租赁物并支付租金的一方称为承租人。《合同法》第213条规定：“租赁合同的内容包括租赁物的名称、数量、用途、租赁期限、租金及其支付期限和方式、租赁物维修等条款。”租赁标的物可以是动产，也可以是不动产，但租赁物须是不消耗物、特定物、有形物。根据租赁是否确定日期，可以分为定期租赁和不定期租赁。定期租赁是当事人约定了期限的租赁，但租赁期限如果过长，不利于平衡当事人之间的利益，所以《合同法》第214条规定：“租赁期限不得超过二十年。超过二十年的，超过部分无效。租赁期间届满，当事人可以续订租赁合同，但约定的租赁期限自续订之日起不得超过二十年。”所谓不定期租赁是当事人没有约定期限的租赁。《合同法》第232条规定：“当事人对租赁期限没有约定或者约定不明确，依照本法第六十一条的规定仍不能确定的，视为不定期租赁。当事人可以随时解除合同，但出租人解除合同应当在合理期限之前通知承租人。”这种区分的意义在于，

① 马俊驹、余延满：《民法原论》，法律出版社2005年版，第680页。

在不定期租赁中，除非法律另有规定，双方当事人均可随时终止合同。

(二)租赁合同的效力

《合同法》第 216 条规定："出租人应当按照约定将租赁物交付承租人，并在租赁期间保持租赁物符合约定的用途。"所谓交付租赁物，是指转移租赁物的占有于承租人，包括现实交付、指示交付和简易交付。出租人应担保所交付的租赁物能够为承租人依约正常使用、收益。如果租赁物有使承租人不能为正常使用、收益的瑕疵，出租人即应承担违约责任。《合同法》第 220 条规定："出租人应当履行租赁物的维修义务，但当事人另有约定的除外。"出租人的该项义务实际上是出租人保持租赁物使其合于使用、收益状态义务的延伸。承租人在租赁物需要维修时，可以要求出租人在合理期间内维修。《合同法》第 221 条规定："承租人在租赁物需要维修时可以要求出租人在合理期限内维修，出租人未履行维修义务的，承租人可以自行维修，维修费用由出租人负担。因维修租赁物影响承租人使用的，应当相应减少租金或者延长租期。"

《合同法》第 222 条规定："承租人应当妥善保管租赁物，因保管不善造成租赁物毁损、灭失的，应当承担损害赔偿责任。"《合同法》第 217 条规定："承租人应当按照约定的方法使用租赁物。对租赁物的使用方法没有约定或者约定不明确，依照本法第六十一条的规定仍不能确定的，应当按照租赁物的性质使用。承租人按照约定的方法或者租赁物的性质使用租赁物，致使租赁物受到损耗的，不承担损害赔偿责任。"《合同法》第 235 条规定："租赁期间届满，承租人应当返还租赁物。返还的租赁物应当符合按照约定或者租赁物的性质使用后的状态。"定期租赁合同应于租赁期限届满时为之；不定期租赁合同，应于通知终止租赁关系时为之。承租人在返还租赁物时，就其对租赁物所支出的必要费用，也可主张返还。

租赁合同中，承租人的不作为义务主要包括不得随意对租赁物进行改善或在租赁物上增设他物和不得随意转租。承租人基于租赁合同，对于租赁物所享有的租赁权，从权利属性上来讲，系属债权，因此，承租人只有在经过出租人同意的前提下，方可对租赁物进行改善或者增设他物，承租人未经出租人同意，即对租赁物进行改善或者增设他物的，出租人可以要求承租人恢复原状或者赔偿损失。《合同法》第 223 条规定："承租人经出租人同意，可以对租赁物进行改善或者增设他物。承租人未经出租人同意，对租赁物进行改善或者增设他物的，出租人可以要求承租人恢复原状或者赔偿损失。"

(三)租赁合同的终止

租赁合同主要因下列事由而终止：其一，租赁合同因期限届满而终止。但若租赁合同期间届满，承租人继续使用租赁物，出租人没有提出异议的，原租赁合同继续有效，但租赁期限为不定期。其二，租赁合同因当事人的解除而消灭。租赁合同期限虽未届满，但出现法定或约定情事，而由当事人双方或其中一方解除合同的，租赁合同也因此而消灭。

六、融资租赁合同

(一)融资租赁合同的概念

融资租赁交易是融金融、贸易和租赁为一体的新型信贷方式。“融”，指流通。“资”是指货币资金。融资租赁合同是通过“融物”而融资的合同，就承租人而言，可以经由融资租赁，用较少的资金解决生产所需；就出租人而言，既可获取丰厚的利润，又有较为可靠的物权保障。[①] 可见，融资租赁这种交易方式，既灵活又方便，能够适应企业界各种实际需要，提供一般中长期贷款方式所不能提供的独特的融资便利。《合同法》第 237 条规定所谓融资租赁合同，是指当事人之间约定，出租人根据承租人对出卖人、租赁物的选择，向出卖人购买租赁物，提供给承租人使用，承租人支付租金的合同。与普通的租赁合同相比，融资租赁合同具有以下法律特征：

从形式上看，融资租赁合同是由两个合同、三方当事人结合在一起有机构成的新型独立合同。这两个合同是由融资租赁公司与承租人所签订的融资性租赁合同以及由融资租赁公司与供应商所签订的买卖合同，三方当事人是指出卖人、出租人(买受人)与承租人。从实质上看，融资租赁合同是以融资为目的，融物为手段的合同。融资租赁合同的目的有两个：一个是出租人的目的，即通过出租标的物而换取租金；另一个是承租人的目的，通过交付租金而取得对标的物的使用、收益权。这也是融资租赁合同不同于传统租赁合同的重要特征，也是融资租赁合同与买卖、借款等合同的区别之一。融资租赁合同的出租人是具有融资租赁业务经营资格的企业法人，一般为租赁公司。融资租赁经营属于特许经营，出租人要有金融业务的经营许可。

(二)融资租赁合同的效力

融资租赁合同的效力，即是指生效融资租赁合同所具有的法律约束力。它主要是通过融资租赁合同的各方当事人所享有的权益和所负担的义务来具体体现。

1. 出卖人的义务和权利。《合同法》第 239 条规定：“出租人根据承租人

① 陈小君：《合同法学》，高等教育出版社 2003 年版，第 328 页。

对出卖人、租赁物的选择订立的买卖合同,出卖人应当按照约定向承租人交付标的物,承租人享有与受领标的物有关的买受人的权利。”实践中多为买受人指定承租人代为受领,以避免支出无谓的费用。《合同法》第 240 条规定:“出租人、出卖人、承租人可以约定,出卖人不履行买卖合同义务的,由承租人行使索赔的权利。承租人行使索赔权利的,出租人应当协助。”出卖人有收取价金的权利。融资租赁合同的出卖人与普通买卖合同的出卖人一样有收取价金的权利。

2. 出租人的义务和权利。《合同法》第 241 条规定:“出租人根据承租人对出卖人、租赁物的选择订立的买卖合同,未经承租人同意,出租人不得变更与承租人有关的合同内容。”擅自变更买卖合同的内容,会损害承租人的利益,影响到其合同目的的实现。《合同法》第 245 条规定:“出租人应当保证承租人对租赁物的占有和使用。”这是关于权利瑕疵担保责任的规定,即出租人担保标的物不被第三人(出卖人等)追夺,不被第三人主张任何权利。《合同法》第 242 条规定:“出租人享有租赁物的所有权。承租人破产的,租赁物不属于破产财产”。当承租人破产时,出租人可以取回。当租赁期限届至时,也可以取回。当承租人违约时,也可以取回。《合同法》第 246 条规定:“承租人占有租赁物期间,租赁物造成第三人的人身伤害或者财产损害的,出租人不承担责任。”《合同法》第 244 条规定:“租赁物不符合约定或者不符合使用目的的,出租人不承担责任,但承租人依赖出租人的技能确定租赁物或者出租人干预选择租赁物的除外。”

3. 承租人的义务和权利。《合同法》第 247 条规定:“承租人应当妥善保管、使用租赁物。承租人应当履行占有租赁物期间的维修义务。”融资租赁期间较长,而且带有融资性质,因此法律规定由承租人承担维修义务。《合同法》第 250 条规定:“出租人和承租人可以约定租赁期间届满租赁物的归属。对租赁物的归属没有约定或者约定不明确,依照本法第六十一条的规定仍不能确定的,租赁物的所有权归出租人。”《合同法》第 248 条规定:“承租人应当按照约定支付租金。承租人经催告后在合理期限内仍不支付租金的,出租人可以要求支付全部租金;也可以解除合同,收回租赁物。”出租人要求支付全部租金,就消灭了承租人分期付款的期限利益。出租人通知承租人解除合同,通知送达后合同解除,已经履行的部分继续有效,理由是:融资租赁合同是持续性合同。《合同法》第 249 条规定:“当事人约定租赁期间届满租赁物归承租人所有,承租人已经支付大部分租金,但无力支付剩余租金,出租人因此解除合同收回租赁物的,收回的租赁物的价值超过承租人欠付的租金以及其他费用的,承租人可以要求部分返还。”

(三)融资租赁合同的终止

与租赁合同一样,融资租赁合同也得基于租赁期限的届满、合同的解除等原因而终止。但就合同终止的原因而言,融资租赁合同与租赁合同有一重大区别:在租赁合同中,如没有特殊约定,一旦租赁物因不可归责于双方当事人的事由归于消灭,租赁合同即终止。在融资租赁合同中,由于租赁物毁损灭失致合同无法继续履行的风险在当事人没有特别约定时,由承租人负担,因而,即使是租赁物因不可归责于双方当事人的事由而归于消灭,承租人仍应负担支付租金的义务,合同并未终止。这一区别是由融资租赁合同的融资属性所决定的。

在融资租赁期间,出租人对租赁物享有所有权,但在租赁期间届满时,出租人和承租人可以约定租赁期间届满租赁物的归属。对租赁物的归属没有约定或者约定不明确,依照《合同法》第 61 条的规定仍不能确定的,租赁物的所有权归出租人享有。所以租赁物在租赁期间届满后有三种前途:第一,返还;第二,作价给承租人;第三,续租。

第二节　完成工作成果的合同

一、承揽合同

(一)承揽合同的概念

承揽合同是承揽人按照定作人的要求完成工作,交付工作成果,定作人给付报酬的合同。其中,完成工作并将工作成果交付给对方的一方当事人为承揽人,接受工作成果并向对方给付报酬的一方当事人为定作人。依承揽具体内容的不同,承揽合同可以分为如下一些具体合同种类:加工合同、定作合同、修理合同、复制合同、测试合同、检验合同。

(二)承揽合同的效力

1. 承揽人的义务

(1)亲自完成主要承揽工作并交付工作成果的义务。承揽人的主要义务是按照合同的约定,以自己的技术、设备完成所承揽的工作。《合同法》第 253 条规定:“承揽人应当以自己的设备、技术和劳力,完成主要工作,但当事人另有约定的除外。承揽人将其承揽的主要工作交由第三人完成的,应当就该第三人完成的工作成果向定作人负责；未经定作人同意的，定作人也可以解除合同。”(2)接受定作人提供材料或依约提供材料的义务。承揽合同中，依当事人双方的约定，可以由定作人提供材料，也可以由承揽人自己准备材料，并由承揽人对此材料加工，以完成合同约定的工作。定作人提供材料的，为保证定作人提供的原材料符合合同约定，承揽人在定作人交付材料后，要及时对材料进行验收，如发现定作人提供的材料不符合约定，应及时通知定作人更换或补齐，否则造成合同履行迟延的，承揽人要承担责任。在检验定作人提供的材料后，未发现不符合合同约定情况的，承揽人应接受并着手工作。定作人对承揽人提供的材料，负有妥善保管的义务。承揽人不得擅自更换定作人提供的材料，不得更换不需要修理的零部件。(3)承揽人的保密义务和通知义务。依据诚实信用原则，承揽人应对定作人负担相应的保密义务，不得以任何方式泄露秘密，否则应承担违约责任。因其违反此义务给定作人造成损失的，定作人可以向其请求损害赔偿。

2.定作人的义务

(1)支付价款的义务。定作人获得承揽人的工作成果，应当及时向承揽人支付价款。这里的“价款”主要由承揽人的工作报酬、承揽人提供材料时的材料费、定作人提供材料时或其迟延接收时承揽人的保管费用等构成。支付报酬是定作人的主要义务。(2)定作人的协助义务。合同的顺利履行往往是当事人双方互相协助的结果，《合同法》第 259 条第 1 款规定“承揽工作需要定作人协助的，定作人有协助的义务”。

(三)承揽合同的终止

《合同法》第 268 条规定：“定作人可以随时解除承揽合同，造成承揽人损失的，应当赔偿损失。”定作人不能免责，应当予以赔偿。另外，承揽合同可以因当事人一方严重违约而解除。

二、建设工程合同

(一)建设工程合同的概念

建设工程合同，是指建设工程的发包方为完成工程建设任务，与承包人签订的关于承包人按照发包方的要求完成工作，交付建设工程，并由发包方支付价款的合同。建设工程合同具体包括勘察、设计合同和施工合同。建设单位称为发包人，勘测、设计或者施工单位称为承包人。建设工程合同作为一种特殊的承揽合同，因此，对建设工程合同没有规定的，适用承揽合同的有关规定。

(二)建设工程合同的一般效力

建设工程合同系属一种特殊形式的承揽合同，因此《合同法》关于承揽合同效力所作的一般规定，除非法律对于建设工程合同设有特别规定，对于建设工程合同具有适用效力。我国《合同法》上，对于建设工程合同一般效力的特别规定主要体现在：

1.承包人的义务

《合同法》第281条规定："因施工人的原因致使建设工程质量不符合约定的，发包人有权要求施工人在合理期限内无偿修理或者返工、改建。经过修理或者返工、改建后，造成逾期交付的，施工人应当承担违约责任。"《合同法》第277条规定："发包人在不妨碍承包人正常作业的情况下，可以随时对作业进度、质量进行检查。"《合同法》第276条规定："建设工程实行监理的，发包人应当与监理人采用书面形式订立委托监理合同。发包人与监理人的权利和义务以及法律责任，应当依照本法委托合同以及其他有关法律、行政法规的规定。"《合同法》第278条规定："隐蔽工程在隐蔽以前，承包人应当通知发包人检查。发包人没有及时检查的，承包人可以顺延工程日期，并有权要求赔偿停工、窝工等损失。"

2.发包人的义务

支付价款并接受工程的义务。逾期不支付的，承包人根据《合同法》第286条的规定有不动产留置权。发包人的协助，是建设工程承包合同得以顺利履行的重要保证。《合同法》第283条规定："发包人未按照约定的时间和要求提供原材料、设备、场地、资金、技术资料的，承包人可以顺延工程日期，并有权要求赔偿停工、窝工等损失。"《合同法》第279条规定："建设工程竣工后，发包人应当根据施工图纸及说明书、国家颁发的施工验收规范和质量检验标准及时进行验收。验收合格的，发包人应当按照约定支付价款，并接收该建设工程。建设工程竣工经验收合格后，方可交付使用；未经验收或者验收不合格的，不得交付使用。"

第三节　提供劳务的合同

一、运输合同

(一)运输合同的概念

运输合同，又称运送合同，是指承运人将旅客或者货物从起运地点运输到约定地点，旅客、托运人或者收货人支付票款或者运输费用的合同。承运人是利用运输工具，提供运输服务的人。旅客是接受承运人的运输服务，乘坐交通运输工具旅行的人。托运人是将行李、包裹或货物交由承运人运输的人。收货人可以是托运人自己，也可以是托运人指定的收取货物的第三人。

（二）运输合同的一般效力

1. 承运人的主要义务

承运人在约定期间或者合理期间内将旅客、货物安全运到约定地点；承运人应当按照约定的或者通常的运输路线运送旅客、货物。运输路线是承运人承担运输业务所需经过的路线。运输路线的选择，影响着客货的运输时间，故承运人负有按通常的运输路线将旅客、货物运输到约定地点的义务。

2. 旅客、托运人或者收货人的主要义务

旅客、托运人或者收货人的主要义务是应当按照约定支付票款或者运费。《合同法》第 292 条规定："旅客、托运人或者收货人应当支付票款或者运输费用。承运人未按照约定路线或者通常路线运输增加票款或者运输费用的，旅客、托运人或者收货人可以拒绝支付增加部分的票款或者运输费用。"

（三）客运合同

客运合同，即旅客运输合同，是承运人与旅客关于承运人将旅客及其行李安全运输到目的地，旅客为此支付运费的协议。

客运合同中承运人的义务首先是承运人的告知义务。《合同法》第 298 条规定："承运人应当向旅客及时告知不能正常运输的重要事由和安全运输应当注意的事项。"其次是承运人有按照约定的时间和运输工具运输旅客的义务。《合同法》第 292 条规定："承运人应当按照客票载明的时间和班次运输旅客。承运人迟延运输的，应当根据旅客的要求安排改乘其他班次或者退票。"再次是承运人在运输过程中的救助义务。《合同法》第 301 条规定："承运人在运输过程中，应当尽力救助患有急病、分娩、遇险的旅客。"如果承运人对患有急病、分娩、遇险的旅客不予救助，因其不作为即可被要求承担民事责任。最后是承运人的安全运送任务。《合同法》第 302 条规定："承运人应当对运输过程中旅客的伤亡承担损害赔偿责任，但伤亡是旅客自身健康原因造成的或者承运人证明伤亡是旅客故意、重大过失造成的除外。前款规定适用于按照规定免票、持优待票或者经承运人许可搭乘的无票旅客。"

旅客的义务首先是持有效客票乘运的义务。客票为表示承运人有运送其持有人义务的书面凭证，是收到旅客承运费用的收据。其次是旅客有限量携带行李的义务。最后是旅客有不随身携带或者在行李中夹带违禁物品的义务。

（四）货运合同

货运合同是指承运人将托运人交付运输的货物运送到约定地点，托运人支付运费的合同。货运合同为诺成性合同。货运合同一般以托运人提出运输货物的请求为要约，承运人同意运输为承诺，合同即告成立。因此，货运合同为诺成性合同。

《合同法》第 304 条规定："托运人办理货物运输，应当向承运人准确表明收货人的名称或者姓名或者凭指示的收货人，货物的名称、性质、重量、数量，收货地点等有关货物运输的必要情况。因托运人申报不实或者遗漏重要情况，造成承运人损失的，托运人应当承担赔偿责任。"《合同法》第 306 条规定："托运人应当按照约定的方式包装货物。对包装方式没有约定或者约定不明确的，适用本法第一百五十六条的规定。托运人违反前款规定的，承运人可以拒绝运输。"《合同法》第 307 条规定："托运人托运易燃、易爆、有毒、有腐蚀性、有放射性等危险物品的，应当按照国家有关危险物品运输的规定对危险物品妥善包装，作出危险物标志和标签，并将有关危险物品的名称、性质和防范措施的书面材料提交承运人。托运人违反前款规定的，承运人可以拒绝运输，也可以采取相应措施以避免损失的发生，因此产生的费用由托运人承担。"在承运人全部、正确履行运输义务的情况下，托运人或者收货人有按照规定支付运费、保管费以及其他运输费用的义务。

承运人的义务首先是安全运输义务。承运人应依照合同约定，将托运人交付的货物安全运输至约定地点。运输过程中，货物毁损、灭失的，承运人应承担损害赔偿责任。其次是承运人的通知义务。《合同法》第 309 条规定："货物运输到达后，承运人知道收货人的，应当及时通知收货人，收货人应当及时提货。收货人逾期提货的，应当向承运人支付保管费等费用。"及时通知是基于诚实信用原则产生的法定义务。

收货人的义务首先是及时收货的义务。其次是收货人有在一定期限内检验货物的义务。货物运交收货人后，收货人负有对货物及时进行验收的义务。最后是支付托运人未付或者少付的运费以及其他费用。

二、保管合同

（一）保管合同的概念

保管合同是保管人保管寄存人交付的保管物，并返还该物的合同。保管合同又称为寄托合同或寄存合同。将标的物交付保管人的人称为寄存人，为对方保管标的物的人是保管人。保管合同发端于罗马法，罗马法上称其为寄托。

(二)保管合同的效力

《合同法》第368条规定："寄存人向保管人交付保管物的，保管人应当给付保管凭证，但另有交易习惯的除外。"《合同法》第369条规定："保管人应当妥善保管保管物。当事人可以约定保管场所或者方法。除紧急情况或者为了维护寄存人利益的以外，不得擅自改变保管场所或者方法。"《合同法》第373条规定："第三人对保管物主张权利的，除依法对保管物采取保全或者执行的以外，保管人应当履行向寄存人返还保管物的义务。第三人对保管人提起诉讼或者对保管物申请扣押的，保管人应当及时通知寄存人。"《合同法》第377条规定："保管期间届满或者寄存人提前领取保管物的，保管人应当将原物及其孳息归还寄存人。"

保管合同为有偿时，寄存人应当按照约定向保管人支付保管费，该保管费为保管人为保管行为的报酬。《合同法》第379条规定："有偿的保管合同，寄存人应当按照约定的期限向保管人支付保管费。当事人对支付期限没有约定或者约定不明确，依照本法第六十一条的规定仍不能确定的，应当在领取保管物的同时支付。"在无偿保管中，寄存人无给付报酬的义务。就保管人因保管保管物所支出的必要费用，寄托人应予以偿还。当事人另有约定的，依其约定。对于保管费的支付义务以及必要费用的偿还义务，寄存人应及时履行，否则保管人得就其寄存的物品行使留置权。《合同法》第370条规定："寄存人交付的保管物有瑕疵或者按照保管物的性质需要采取特殊保管措施的，寄存人应当将有关情况告知保管人。寄存人未告知，致使保管物受损失的，保管人不承担损害赔偿责任；保管人因此受损失的，除保管人知道或者应当知道并且未采取补救措施的以外，寄存人应当承担损害赔偿责任。"《合同法》第375条规定："寄存人寄存货币、有价证券或者其他贵重物品的，应当向保管人声明，由保管人验收或封存。寄存未声明的，该物品毁损、灭失后，保管人可以按照一般物品予以赔偿。"

三、仓储合同

(一)仓储合同的概念

《合同法》第381条规定："仓储合同是保管人储存存货人交付的仓储物，存货人支付仓储费的合同。"当事人一方为存货人，为他人保管仓储物，收取仓储费的一方是保管人。

(二)仓储合同的效力

保管人的义务首先是接收、验收义务。保管人应按合同的约定,接受存货人交付储存的仓储物。保管人不能按合同约定的时间、品名(品类)、数量接受仓储物入库的,应承担违约责任。其次是给付仓单的义务。仓单是保管人收到仓储物后给存货人开出的提取仓储物的凭证。再次是危险通知及催告处置与紧急处置义务。在储存的仓储物出现危险时,保管人有义务及时通知存货人或者仓单持有人。最后是妥善保管并返还的义务。保管人应当按照合同约定的储存条件和保管要求,妥善保管保管物。这是保管人应负担的主合同义务。

存货人的义务首先是支付仓储费的义务,其次是说明义务。《合同法》第383条第1款规定:“储存易燃、易爆、有毒、有腐蚀性、有放射性等危险物品或者易变质物品,存货人应当说明该物品的性质,提供有关资料。”再次是提取仓储物的义务。当事人对储存期间没有约定或者约定不明确的,存货人或者仓单持有人可以随时提取仓储物,保管人也可以随时要求存货人或仓单持有人提取仓储物,但应当给予必要的准备时间。合同中约定有储存期间的,存货人或仓单持有人应当按照合同的约定及时提取仓储物。

四、委托合同

(一)委托合同的概念

《合同法》第396条规定:“委托合同是委托人和受托人约定,由受托人处理委托人事务的合同。”委托他方处理事务的,为委托人。被委托为他方处理事务的,为受托人。

(二)委托合同的效力

1.受托人的义务

依委托人的指示亲自处理委托事务的义务。《合同法》第399条规定:“受托人应当按照委托人的指示处理委托事务。需要变更委托人指示的,应当经委托人同意;因情况紧急,难以和委托人取得联系的,受托人应当妥善处理委托事务,但事后应当将该情况及时报告委托人。”报告义务。《合同法》第401条规定:“受托人应当按照委托人的要求,报告委托事务的处理情况。委托合同终止时,受托人应当报告委托事务的结果。”财产转交义务。《合同法》第404条规定:“受托人处理委托事务取得的财产,应当转交给委托人。”

2.委托人的义务

(1)支付费用的义务。不论委托合同是否有偿,委托人都有支付费用的义务。(2)支付报酬的义务。《合同法》第 405 条规定:“受托人完成委托事务的,委托人应当向其支付报酬。因不可归责于受托人的事由,委托合同解除或者委托事务不能完成的,委托人应当向受托人支付相应的报酬。当事人另有约定的,按照其约定。”(3)赔偿受托人损失的义务。《合同法》第 408 条规定:“委托人经受托人同意,可以在受托人之外委托第三人处理委托事务。因此给受托人造成损失的,受托人可以向委托人要求赔偿损失。”

(三)委托合同的终止

在委托合同中,合同的当事人双方均享有任意解除权,可任意解除合同。《合同法》第 410 条规定:“委托人或者受托人可以随时解除委托合同。因解除合同给对方造成损失的,除不可归责于该当事人的事由以外,应当赔偿损失。”《合同法》第 412 条规定:“因委托人死亡、丧失民事行为能力或者破产,致使委托合同终止将损害委托人利益的,在委托人自继承人、法定代理人或者清算组织承受委托事务之前,受托人应当继续处理委事务。”

五、行纪合同

(一)行纪合同的概念

《合同法》第 414 条规定:“行纪合同是行纪人以自己的名义为委托人从事贸易活动,委托人支付报酬的合同。”其中以自己名义为他方办理业务的,为行纪人;由行纪人为之办理业务,并支付报酬的,为委托人。在我国目前比较常见的行纪行为有以下几种:代销、代购或者寄售合同行为;证券经纪行为;期货经纪行为;委托拍卖行为。也就是拍卖公司和货主、物主之间的关系。

(二)行纪合同的效力

1.行纪人的主要义务

依指示完成受托法律事务。依指示完成受托事务,是行纪的基本义务。这主要表现为忠实价格指示的义务。负担行纪费用的义务。行纪费用,是指行纪人在处理委托事务时所支出的费用。因为行纪合同是一个经营合同、商事合同,所以费用作为经营的成本之一由行纪人承担。妥善保管并合理处分委托物的义务。《合同法》第 416 条规定:“行纪人占有委托物的,应当妥善保管委托物。”行纪合同为有偿合同,因而行纪人对物的保管应尽善良管理人的注意。当然,除非委托人另有指示,行纪人并无为保管的物品办理保险的义务。因此,对于物的意外灭失,只要行纪人已尽到善良管理人的注意,可不负责任。

2.委托人的主要义务

支付报酬的义务。行纪人完成或者部分完成委托事务的,得请求报酬,委托人有支付报酬的义务。受领或取回标的物的义务。受领是权利,同时受领也是义务。行纪人的介入权。《合同法》第419条第1款规定:“行纪人卖出或者买入具有市场定价的商品,除委托人有相反的意思表示的以外,行纪人自己可以作为买受人或者卖出人。”

六、居间合同

(一)居间合同的概念

居间合同,是指双方当事人约定一方为他方报告订约机会或提供订合同的媒介服务,他方给付报酬的合同。在居间合同中,报告订约机会或提供交易媒介的一方为居间人,给付报酬的一方为委托人。居间合同的居间人是作为促进交易双方成交而从中取得报酬的中间人。居间合同从概念来看分为报告居间和媒介居间。所谓报告居间,是指居间人为委托人寻找、寻觅并指示可以与委托人建立合同关系的人,它是直接面向委托人的。所谓媒介居间是指居间人在委托人和第三人之间互寻、介绍和撮合,不但报告订立合同的机会,还周旋于委托人和第三人之间,促使双方订立合同。所以媒介居间实为双方之居间人,否则他无法按照居间合同的规定从双方取得报酬。

(二)居间合同的效力

1. 居间人的义务

提供约定的报告订约机会或媒介订约的义务。此项义务是居间人的主要义务,居间人应忠实尽力地履行此项义务。忠实的义务。我国《合同法》第425条规定:“居间人应当就有关订立合同的事项向委托人如实报告。居间人故意隐瞒与订立合同有关的重要事实或者提供虚假情况,损害委托人利益的,不得要求支付报酬并应当承担损害赔偿责任。”

2. 委托人的义务

《合同法》第426条规定:“居间人促成合同成立的,委托人应当按照约定支付报酬。对居间人的报酬没有约定或者约定不明确,依照本法第六十一条的规定仍不能确定的,根据居间人的劳务合理确定。因居间人提供订立合同的媒介服务而促成合同成立的,由该合同的当事人平均负担居间人的报酬。居间人促成合同成立的,居间活动的费用,由居间人负担。”我国《合同法》第427条规定:“居间人未促成合同成立的,不得要求支付报酬,但可以要求委托人支付从事居间活动支出的必要费用。”

第四节 技术合同

一、技术合同的一般规定

技术合同是当事人之间就技术开发、转让、咨询或者服务订立的确立相互权利义务的合同。技术合同分为四大类，即技术开发合同、技术转让合同、技术咨询合同和技术服务合同。

与其他合同一样，技术合同的内容是通过技术合同的条款体现出来的。而技术合同的特殊性也正是通过技术合同条款的特殊性体现出来的。根据《合同法》第 324 条规定，技术合同一般应包括以下内容：项目名称；标的的内容、范围和要求；履行的计划、进度、期限、地点、地域和方式；技术情报和资料的保密；风险责任的承担；技术成果的归属和收益的分成办法；验收标准和方法；价款、报酬或者使用费及其支付方式；违约金或者损失赔偿的计算方法；解决争议的方法；名词和术语的解释。

在当事人有明确约定的情况下，与履行合同有关的技术背景资料、可行性论证和技术评价报告、项目任务书和计划书、技术标准、技术规范、原始设计和工艺文件，以及其他技术文档如图纸、表格、数据和照片等，可以作为合同的组成部分。在当事人就此没有约定时，以上内容仅能成为履行合同的参考。技术合同涉及专利权的，应当注明发明创造的名称、专利申请人和专利权人、申请日期、申请号、专利号以及专利权的有效期限。之所以作此要求，最主要的目的是便于受让人向有关机关查询以及专利管理机关的管理，防止假冒专利的欺骗活动。

二、技术开发合同

技术开发合同，是指当事人之间就新技术、新产品、新工艺和新材料及其系统的研究开发所订立的合同。技术开发合同区分为委托开发合同与合作开发合同两种。委托开发合同是指当事人一方即委托方委托另一方即研究开发方进行技术研究开发的合同，合作开发合同是指当事人各方就共同进行技术研究开发所达成的合同。

按照合同约定支付研究开发费用和报酬。这是委托人应负担的主合同义务。研究开发费用是指完成研究开发工作所必需的成本。除合同另有约定外,委托方应当提供全部研究开发费用。研究开发报酬是指研究开发成果的使用费和研究开发人员的科研补贴。委托方应按合同约定按时支付报酬。按照约定提供技术资料、原始数据,完成协作事项。委托方应依合同的约定,向研究开发方提供研究开发所需要的技术资料、原始数据,并完成其他协作事项。接受研究开发成果。委托方应当按期接受研究开发方完成的研究开发成果。委托方不及时接受研究开发方交付的已完成的成果时,应承担违约责任并支付保管费用。

研究开发方的义务首先是依约亲自实施研究开发。委托人之所以与特定的研究开发方签订委托开发合同,也正是着眼于研究开发方的研究开发能力。合理使用研究开发费用。研究开发方在完成研究开发工作中应当依合同的约定合理使用研究开发费用。其次是按期完成并交付成果。研究开发方应当按照合同约定的条件按期完成研究开发工作,及时组织验收并将工作成果交付委托方。

合作开发合同当事人各方应依合同的约定投资。所谓投资,是指当事人以资金、设备、材料、场地、试验条件、技术情报资料、专利权、非专利技术成果等方式对研究开发项目所作的投入。以资金以外的形式投资的,应当折算成相应的金额,明确当事人在投资中所占的比例。当事人各方均应按照合同中约定的分工参与研究开发工作,并在工作中相互协作,相互配合。合作开发合同的当事人必须参与研究开发工作。若一方当事人仅是提供资金、设备、材料等物质条件,或者承担辅助协作事项或是按约定的计划和分工进行或者承担设计、工艺、试验、试制等工作,是不能成为合作开发合同的当事人。合作开发合同中,任何一方违反合同,造成研究开发工作停滞、延误或者失败的,应当承担违约责任。

《合同法》第 338 条第 1 款规定:“在技术开发合同履行过程中,因出现无法克服的技术困难,致使研究开发失败或者部分失败的,该风险由当事人约定。没有约定或者约定不明确,依照本法第六十一条的规定仍不能确定的,风险责任由当事人合理分担。”根据《合同法》第 338 条第 2 款的规定,当事人一旦发现因出现无法克服的技术困难,可能致使研究开发失败或者部分失败时,应当通知另一方并采取适当措施减少损失。没有及时通知并采取适当措施,致使损失扩大的,应当就扩大的损失承担责任。这里所说的通知义务和减损义务者是指发现“出现无法克服技术困难”的一方。当然,接到通知的一方依诚信原则也有减损义务。

根据《合同法》第 337 条的规定，作为技术开发合同标的的技术已经由他人公开，致使技术开发合同的履行没有意义的，当事人可以解除合同。这就是技术合同终止的特别事由的规定。

三、技术转让合同

技术转让合同是当事人就技术成果有偿让渡达成一致意见的协议。技术转让合同包括专利权转让、专利申请权转让、技术秘密转让、专利实施许可合同。技术转让合同的类型主要有专利权转让合同、专利申请权转让合同、专利实施许可合同、技术秘密转让合同。

技术转让合同中，让与人应当保证自己是所提供技术的合法拥有者，并且保证所提供的技术完整、无误、有效，能够达到约定的目标。这是技术转让合同中让与人的权利瑕疵担保义务和品质瑕疵担保义务的具体体现。《合同法》第 394 条要求，技术转让合同的让与人应当保证自己是所提供的技术的合法拥有者，并保证所提供的技术完整、无误、有效，能够达到预定的目标。这是让与人应当承担的权利瑕疵担保责任。《合同法》第 353 条规定："受让人按照约定实施专利、使用技术秘密侵害他人合法权益的，由让与人承担责任，但当事人另有约定的除外。"当事人的约定在当事人之间有效，不能对抗第三人。

技术转让合同的受让人应当按照约定的范围和期限，对让与人提供的技术中尚未公开的秘密部分，承担保密义务。在技术转让合同中，需要保密的那部分技术的技术资料，通常由最有价值的技术标的构成。转让方为了保护自身的利益，往往要在合同中对技术情报的保密作出规定，要求受让方承担不泄露有关技术情报的义务。在所有技术转让合同中，都有可能存在保密问题，在含有专有技术、计算机软件的转让中，此类问题更为突出。

《合同法》第 352 条规定："受让人未按照约定支付使用费的，补交使用费并按照约定支付违约金；不补交使用费或者支付违约金的，应当停止实施专利或者使用技术秘密，交还技术资料，承担违约责任；实施专利或者使用技术秘密超越约定范围的，未经让与人同意擅自许可第三人实施该专利或者使用该技术秘密的，应当停止违约行为，承担违约责任；违反约定的保密义务的，应当承担违约责任。"

四、技术咨询合同和技术服务合同

技术咨询合同是指当事人就特定技术项目提供可行性论证、技术预测、专题技术调查、分析评价报告确立相互之间的权利义务的协议。委托他人提出咨询报告或者解答问题的一方是委托人，另一方是受托人。完成技术咨询成果的表现方式主要是四种：一是提供可行性论证报告，二是提供技术预测报告，三是提供专题技术调查报告，四是提供分析评价报告。

《合同法》第356条第2款规定："技术服务合同是指当事人一方以技术知识为另一方解决特定技术问题所订立的合同，不包括建设工程合同和承揽合同。"委托他人提供技术服务的一方是委托人，提供技术服务的是受托人。

技术咨询合同的委托人应当按照约定阐明咨询的问题，提供技术背景材料及有关技术资料、数据；应接受受托人的工作成果，支付报酬。技术咨询合同的受托人应当按照约定的期限完成咨询报告或者解答问题；提出的咨询报告应当达到约定的要求。技术咨询合同的受托人未按期提出咨询报告或者提出的咨询报告不符合约定要求的，应当承担减收或者免收报酬等违约责任。技术咨询合同的委托人按照受托人符合要求的咨询报告和意见作出决策所造成的损失，由委托人承担，但当事人另有约定的除外。

技术服务合同委托人应当约定提供工作条件，完成配合事项；接受工作成果并支付报酬。委托人不履行合同义务或者履行合同义务不符合约定，影响工作进度和质量，不接受或者逾期接收工作成果的，支付的报酬不得追回，未支付的报酬应当支付。技术服务合同的受托人应当按照约定完成服务项目，解决技术问题，保证工作质量，并传授解决技术问题的知识。受托人未按照合同约定完成服务工作的，应当承担免收报酬等违约责任。

《合同法》第363条规定："在技术咨询合同、技术服务合同履行过程中，受托人利用委托人提供的技术资料和工作条件完成的新的技术成果，属于受托人。委托人利用受托人的工作成果完成的新的技术成果属于委托人。当事人另有约定的，按照其约定。"

本章思考题：

1.试述买卖合同的效力及风险负担。

2.简述赠与合同的终止。

3.简述融资租赁合同的概念和法律特征。

4.试述承揽合同的效力。

5.试述委托合同的效力。

6.简述行纪合同的概念及法律特征。

7.简述技术开发合同的效力。

第二十一章

不当得利之债

第一节 不当得利概述

一、不当得利的概念和性质

我国《民法通则》第 92 条规定:“没有合法根据,取得不当利益,造成他人损失的,应将取得的不当利益返还给受损失的人。”所谓的不当得利是指没有合法依据,使他人受到损失而自己获得利益的事实,取得利益的一方为受益人,为不当得利之债的债务人,受到损失的一方为受害人,为不当得利之债的债权人。

不当得利发端于罗马法上的对人返还诉权,该诉权以请求给付特定债之标的为内容,属于准契约的一种,以后为各国继承和发展。《法国民法典》承继了罗马法体系,将不当得利视为准契约,但尚未成为独立的制度,具体内容散见于民法典的各章节中,法国民法上的不当得利请求权的一般原则系由判例及学说所创设。《瑞士债务法》将不当得利作为债发生的独立原因。《德国民法典》正式确立了不当得利制度。不当得利制度力求当事人之间的利益平衡而设立,目的在于调整财产利益的不当变动,纠正受益人无法律原因而得到的不正常、不合理的利益现象。

不当得利作为引起债务发生的根据,究竟是行为还是事件,存在分歧。一种观点认为,不当得利属于行为。该观点认为,尽管引起不当得利的原因很多,但其本身与人的意志有关,它属于一种不公正的行为。[①] 第二种观点认为,不当得利属于事件,是基于无法律上的原因而受利益,致他人受损害的事实(事件),是否基于人的行为在所不问。[②] 第三种观点认为,不当得利不属于民事行为,究竟属于事件还是事实行为需要区分受益人和受害人而定。该观点认为,"不当得利引起的债完全是基于法律的规定,而不是当事人的意思,因此不属于民事行为。就受益人所负担的返还不当得利的债务而言,系基于当事人本人的财产取得行为所致,属于民事法律事实中的事实行为;就受害人所享有的不当得利返还请求权而言,是由于自身以外的其他当事人——即受益人的行为所致,与其本人的行为无关,属于民事法律事实中的事件。"[③]

法律事实引起法律关系的发生、变更和消灭。根据引起法律关系发生的原因(法律事实)是否与当事人意志相关可分为事件与行为。又根据行为人的意思是否与法律后果相关,可以分为事实行为与民事行为。我们认为,这是两个不同层面的问题,不能混为一谈。第一种的观点遗漏了事件也可以引起不当得利法律关系的发生,如养鱼的池水漫溢而鱼游入他人的池塘;第二种观点目前为我国的通说[④],仍值得商榷。一方受有利益,他人受损害的事实,而且两者时间没有法律上的原因这种状态,是不当得利的构成要件,非不当得利债发生的原因。不当得利基于无法律上的原因产生,但是产生的原因可能是与当事人意志无关的原因引发的,为事件;也可以是由于当事人意志控制下的行为引发的,如盗窃他人财物,属于事实行为。第三种观点分别从受益人和受害人不同的角度来看不当得利的性质,这与我们的普遍观念不同。法律关系至少是两方或两方以上当事人,将同一法律关系的发生分为行为或者事件不仅不符合我们的习惯,也没必要将一起法律关系发生的原因认定为两个定性截然不同的法律事实。如侵权之债,可能基于一方的事实行为发生,但是很少有人说从受害人的角度定性为事件。我们认为,从引起不当得利的原因上判断,可为事件和事实行为。

二、不当得利与相关制度的关系

不当得利作为一种法律事实,与民事行为、无因管理及侵权行为等同为债

① 魏振瀛:《民法》,北京大学出版社 2006 年第 2 版,第 573 页。

② 王泽鉴:《债法原理·不当得利》,中国政法大学出版社 2002 年版,第 5 页。

③ 郭明瑞:《民法》,高等教育出版社 2003 年版,第 557 页。

④ 魏振瀛:《民法》,北京大学出版社 2006 年第 2 版,第 573 页。

发生的原因。但相对于其他债发生的原因,引起不当得利本身可能与当事人的意志有关,也可能纯由事件引起,而无因管理、民事行为及侵权行为均需要以人的意志为基础。

民事行为以意思表示为要素发生民事法律后果的行为,其包括民事法律行为、可撤销民事行为、效力待定的民事行为、无效民事行为。除无效民事行为不能发生效力外,其他民事行为依行为人的意思表示的内容而发生效力。若依据民事行为取得利益是合法的、正当的,则非为不当得利。但若民事行为被撤销或被宣告为无效,当事人取得的利益无法律上的原因而为不当得利。

无因管理不为民事行为,而是一种事实行为。无因管理人应将管理所得的收益交还本人。本人从管理人处取得收益为自己所有不为不当得利,但若管理人未将管理的财产移交给本人,则管理人为无权占有,构成不当得利。

侵权行为是侵害他人合法权益的事实行为,侵权人可能从中得利,这种得利构成不当得利。这种情况下,产生侵权行为与不当得利请求权的竞合。两者存在显著的区别:第一,当事人获利不同。在不当得利中,一方获得利益为必要,而在侵权之债中,受害人受到损害的同时,可能侵权人得到利益,也可能侵权人并没有得到利益。第二,过错要件不同。原则上,侵权之债以侵权人有过错为必要条件,而在不当得利中,可能是由受益人过错引起,也可能是由于第三人或者受害人引起,甚至可能是由于自然事件引起,故不以受益人有过错为前提。第三,目的和法律效果不同。侵权之债制度在于填补因为侵权行为给受害人带来的损失,具有填补损失的功能,承担侵权责任的范围为受害人所受之损失,可能给侵权人承担额外获利以外的责任。而不当得利制度主要在于去除无法律上原因之利益,仅以现存的利益为限,并不给受益人带来额外的损失。

第二节　不当得利的构成要件和类型

一、不当得利的构成要件

通说认为,不当得利的构成要件有四:一方获得利益;他方受有损失;一方获利与他方受有损失之间具有因果关系;获得利益没有合法依据。

（一）一方获得利益

所谓一方获得利益是指基于一定的法律事实，一方取得一定的利益，该种利益主要是财产方面的利益。受利益的一方财产总量增加，包括财产的积极增加和消极增加。

所谓的财产的积极增加是指财产权利的增强或财产义务的消灭，如物权、债权及知识产权的取得，甚至包括实际占有，也包括财产权利的扩张及其效力的增强，财产义务的消除等。所谓财产的消极增加即消极受有利益，是指财产本应减少而没有减少，包括当事人应当支出的费用没有支出，本应承担的债务没有承担等。

（二）他方受有损害

他方受有损害，是不当得利的另一个基本要件。如果一方获得利益，而他方并无损害则非为不当得利。如在偏僻的郊区兴建大型超市，使周边的房地产涨价，开发商获利。因超市业主未受有损失，开发商获利不为不当得利。

他方受有损害主要是财产上的损害，包括两方面：一是指现有财产利益的减少，谓直接损失或积极损失；二是财产利益应当增加而没有增加，谓间接损失或消极损失。这里所说的应得利益是指正常情况下可以得到的利益，并非指必然得到的利益。如没有合法依据地使用他人的墙面做广告，所有人失去了对该墙体的使用收益的利益，尽管对该利益不是所有人必然得到的，但按照正常情况下是可以得到该墙体的出租利益的，也不失为其损害。亦有他方所受之损害非为财产上损害，即他方受有损害可能与一方所获得的利益并非完全一致。如甲未经过乙的同意，将其照片刊登，甲获取经济利益，乙受到的损害则是肖像权。对此问题，我国台湾地区“最高法院”1965 年台再字第 138 号判例解释：“民法第 179 条规定之不当得利，凡无法律上之原因，而一方受利益，致他方受损害，即可成立，致损害之内容是否相同及受益人对于受损人有无侵权行为可以不问。”①

（三）一方获得利益与他方受有损害之间有因果关系

所谓一方受有利益与他人受有损失之间具有因果关系是指一方受有损害是由于另一方所获得利益造成的。关于因果关系，有直接因果关系说和间接因果关系说两种学说。直接因果关系说认为，受益与受损二者之间必须基于同一原因事实，即由于同一原因使一方受有利益，他方受有损害，二者才为有

① 李莉娜：《论不当得利在澳门法中的构成及其法律后果》，载《江西财经大学学报》2005 第 2 期。

因果关系,反之,原因事实不同,即使获得利益和受到损害之间有牵连关系,也无因果关系,不得请求第三人返还。如甲拾得乙的财物将其归还丙,则甲只能请求乙归还而不能请求丙归还,因为甲受有损害和丙受有利益的原因不是基于同一事实。德日判例学说多采此说。非直接因果关系说则认为,获得利益的原因事实不必与受到损害的原因事实相同,只要社会观念认为获得利益和受到损害之间有牵连关系,就认为两者之间有因果关系。如甲拾得乙的财物赠与丙,即构成不当得利。[①] 有学者认为,不当得利制度的作用,在于衡平观念对财产利益的不当变动进行调节,应当基于衡平观念和社会伦理来确定有无因果关系。在获益和损失之间尽管有第三人行为的介入,依照社会观念系属于不当,并且利益的取得没有法律上的原因,即应适用不当得利的规定,令第三人负返还义务。《民法通则》第 92 条规定:"没有合法根据,取得不当利益造成他人损失的,应当将取得的不当得利返还受损失的人。"因此,只要他人的损失是由取得不当利益造成,或者没有不当利益的取得,他人就不会造成损失,就应当认定受益与损失之间为有因果关系。我国立法采取间接因果关系说。[②]

我们认为,不当得利制度起源于古罗马时期的"对人诉讼",具有相对性,如果认可间接因果关系,可能会影响到交易安全,应当从严掌握,否则不利于财产流通。

(四)没有合法依据

不当得利制度旨在规范无法律上原因的财产变动,可谓财产法体系的发射体。没有合法依据取得利益是构成不当得利的实质要件。社会常态下,任何利益的取得必须具有合法的依据,或基于法律或基于当事人个人的意思。当事人取得利益合法,方受法律的认可与保护,不为不当得利。没有合法依据取得利益主要包括两种情况:一是受益人在取得利益时没有合法依据,即自始欠缺原因,如给非债权人清偿;二是受益人取得利益时有合法依据,但该依据在其后消失。如先前取得利益是基于合同关系,后因合同被认定为无效或者撤销,使原来获得的利益变成无法律上的原因,构成不当得利。

二、不当得利的类型

依据不当得利产生的原因不同,即是否基于给付行为而产生,可以将不当

---

① 崔建远:《不当得利制度研究》,载《法学》1987 年第 4 期。

② 郭明瑞:《民法》,高等教育出版社 2003 年版,第 559 页。

得利区分为给付不当得利和非给付不当得利。多数国家立法方式上采该种分类。

(一)因给付而发生的不当得利

因给付而发生的不当得利,指无法律上的原因,因他人给付而受有利益者,应负返还义务。给付,指有意识地,基于一定的目的而增加他人财产。所谓有意识地,是指给付须基于给付者的意思,若受领者非基于给付者的意思,则不成立给付型不当得利。基于一定的目的,指给付者在给付时须有明确的目的性。虽然为有意识的基于一定(法律)目的增加他人财产时,但若该法律目的由于某种原因欠缺时,则另一方因该给付所取得的利益就无合法根据。一般我们将因给付发生的不当得利分为以下几种情形:

1.给付目的自始不存在

这是指一方为了履行自己的义务而向受益人给付,但是该义务自始不存在。如甲不曾欠乙,但误认为自己对乙存在债务而予以清偿,或者甲对乙存有一定的债务,但是其妻已经代为清偿,甲仍旧向乙清偿等,均构成不当得利。

下列情况下,当事人一方虽然没有给付义务而为给付,但因有给付目的,另一方获利不为不当得利,不得要求返还:一是履行道德义务的给付,如继子女对继父母进行赡养。二是为履行未到期的债务而交付的财产。三是明知无给付义务而交付财产,该种情况视为赠与。

另外,基于违反国家法律的强制性规定(包括公序良俗)的给付,是否可以适用不当得利视具体情况而定。如赌博的给付财产,根据法律的规定应当予以收缴,给付一方不得基于不当得利要求行使返还请求权。但若农民将自己的房屋出售给非集体经济组织外的成员,可基于无效而诉请返还不当得利。

2.给付目的嗣后不存在

如当事人给付时原有法律目的,但给付后该法律目的不存在。如甲乙订立合同,甲给付货物,当时乙取得该货物基于合同这一法律上的原因,但是后因合同被撤销,乙取得货物之原因不存在,构成不当得利。因此,民事行为被撤销或者被解除,则原先存在的给付目的嗣后不存在,原先之给付为不当得利。

(二)基于给付以外的事实而发生的不当得利

基于给付以外的事实所发生的不当得利可以是事实行为,也可以是事件。

1.基于受益人的行为而发生的不当得利

基于受益人的行为而发生的不当得利,是以受益人的行为侵害他人的合法的权益为条件,往往又构成了侵权行为,属于权益侵害不当得利,可能产生不当得利返还请求权和侵权损害赔偿请求权的竞合,可以择一主张权利。

2.基于受损人的行为发生不当得利

误认为他人的自行车为自己的自行车而进行修理。当事人实施行为时非有使他人得利的目的,否则为给付型不当得利。因此,该不当得利往往由受损人的事实行为引起。

3.基于第三人的行为而发生的不当得利

甲误将乙的饲料认为是丙的饲料而喂养丙的牲口,乙受损而丙受益。该不当得利之债非为当事人任何一方的行为造成,而由第三人引起的,对当事人而言应认定为事件(社会事件)。

4.基于自然事件发生的不当得利

与人意志无关的原因,导致一方获得利益,另一方受有损失,如因天气恶劣,甲的马棚倒塌,甲的马混入乙的马厩中。

第三节　不当得利之债的效果

《民法通则》第 92 条和《最高人民法院关于贯彻执行〈民法通则〉若干问题的意见(试行)》(以下简称《民法通则意见》)第 150 条规定了不当得利的构成要件,也明确了不当得利之债的权利义务主体,以及不当得利应当返还的客体与范围,从立法角度而言仍然过于原则,不利于司法实践的操作。

一、不当得利益之债的主体

不当得利事实一经发生,即在当事人之间产生相应的债权债务关系。根据《民法通则》第 92 条规定,受有损失的一方有权承受另一方返还的利益,为不当得利之债的权利主体、未有疑问。若自己无利益受损,则不得成为不当得利之权利主体,主张不当得利返还。不当得利之债的义务主体,为取得利益之人。但若取得利益之人已经将该利益转移,则受让之第三人是否可能成为不当得利之债的义务人,故负返还义务呢?因第三人从受益人处取得利益往往具有法律原因,故不需要负返还义务。但若第三人所受之利益是无偿从受益人处取得,受益之第三人一般需要返还。如《澳门民法典》第 475 条规定:“如受益人已将返还之物无偿转让他人,则取得该物之人必须代受作出返还,但仅以其本身所受利益为限。”《德国民法典》第 822 条规定:“受益人将其取得的收益无偿让与第三人的，如果受益人因此而免除返还义务时，第三人所负的返还义务与无法律上的原因从债权人处受领利益相同。”

二、不当得利返还的客体

不当得利返还之客体，为原物和价额：

（一）原物

不当得利获取人在履行返还义务时，以返还原物为原则。该原物实为原所受损害之利益的原有状态。如取得为货币，应返还货币。取得为物的占有则应交还物，为某种权利时应返还某种权利。

（二）价额

返还原物应当作为不当得利返还之原则，若原物不存在时或者原物返还不可能时，则只能依其价额返还。《澳门民法典》第 473 条规定：“基于不当得利而产生之返还义务之内容，包括因受损人之损失而取得之全部所得；如不可能返还原物，则返还其价额。”如原物已被出卖，则由出卖原物所得的价额返还。

三、不当得利返还的范围

《民法通则意见》第 151 条规定：“返还的不当利益，应当包括原物和原物所生的孳息。利用不当得利所取得的其他利益，扣除劳务费用后，应当收缴。”根据该规定，不当得利受益人返还的范围为原物及原物所生的孳息。若受益人利用不当获利取得财产利益大于受害人所受之损失，对于该部分利益差，扣除管理费用后，收归国有。对于该规定，有学者提出了强烈的反对意见，并认为该规定带有浓厚的计划经济的色彩，是公权对私权的恣意干涉，与不当得利制度衡平当事人利益，实现社会公平和正义格格不入。① 我们赞同该观点。

根据立法精神、司法实践及参照国外的立法例，对于不当得利之返还范围需要考虑获利者是否知悉没有合法依据，即是否善意区别对待。具体情况分为三种：

第一种情况受益人为善意时，即在受益时不知道取得利益没有合法根据，其返还利益的范围以现存利益为限。若利益已完全不存在了，则不负返还义务。若所受的利益变更了形态，其价值仍然存在，或者可以代偿，仍然属于现存利益范畴。第二种情况受益人为恶意时，即在收取利益时明知没有合法根

① 霍政欣：《中国不当得利制度的构建和完善》，载《求是学刊》2006 年第 2 期。

据，其返还的利益范围为受益人取得的利益时的数额，即使该利益已经减少甚至不复存在，返还义务也不免除。第三种情况受益人取得利益时为善意，后来为恶意，其返还利益范围为以恶意开始之时存在的利益为准。

本章思考题：

1. 张某和李某订立一合同，张某拒不履行，李某单方解除合同。张某获取的部分利益需要返还。问：该不当得利是否由民事行为引起的？

2. 甲盗得乙的笔记本电脑后，使用一年，甲将市场剩余价值为 5000 元的笔记本以 2000 元的价格卖给朋友丙。后事发。问：甲分别对乙和丙有什么权利？

3. 甲乙约定，若甲考上大学，乙即赠笔记本电脑一台。甲考完后表示其发挥较好，定能考上，乙即购买一台笔记本电脑予甲。结果甲名落孙山。问：该案是否成立不当得利？

第二十二章

无因管理之债

第一节 无因管理概述

一、无因管理概念和性质

无因管理，是指没有法定或者约定的义务为避免他人利益受损失，自愿管理他人事务或为他人提供服务的行为。在无因管理中，管理他人事务或者为他人提供服务者为管理人；其事务被管理的人为本人。无因管理发生后，往往在本人和管理人之间发生一定的债权债务关系，与侵权、合同、不当得利一样，均为债发生的原因之一。

无因管理起源于罗马法。古罗马有法谚云："干涉他人事务，均为非法"，后来进一步演化为私法自治原则。即在私法领域内，个人取得权利和承担义务必须经过本人的同意，不允许由他人干预，否则构成侵权，要承担由此而产生的侵权责任。唯人之相处，贵乎互助，见义勇为，实乃人群共谋社会生活之道。因此法律一方面需要维护"干涉他人之事违法"的原则，一方面亦须一定要件下，容许干预他人事务具有阻却违法性，俾人类互助精神，得以发扬。[①]考虑到当时交通不便，致使异地管辖事务发生困难，故罗马法为了保护"不在者利益"创设无因管理这一准契约制度。[②] 后大陆法系各国继承了该制度，基

① 王泽鉴：《民法概要》，中国政法大学出版社 2003 年版，第 188 页。

② 王利明：《民商法研究》(第四辑)，法律出版社 1998 年版，第 667 页。

于一些为了他人利益而主动管理他人事务的行为符合人们助人为乐、见义勇为的道德准则，将无因管理制度不断完善，同时限制适用条件，防止侵权的发生，力求两者之间的平衡，即不得随意干涉他人事务和社会互助友爱精神发挥。《法国民法典》承袭罗马法认为无因管理和不当得利为准契约的一种，1900年施行的《德国民法典》将无因管理作为债发生的独立根据专门规定。而后瑞士、土耳其、日本等国民商立法纷纷仿效德国。我国《民法通则》第93条单条规定无因管理，从立法上承认了无因管理为债的独立发生根据之一。

无因管理能够引起债的发生，因此属于法律事实的范畴。在本人和管理人之间产生的债权和债务非系于当事人的意思表示，故无因管理非为民事行为，而是基于管理事实依据法律直接规定产生的权利和义务，属于事实行为的范畴。

二、无因管理与相关制度的区别

（一）无因管理和代理

无因管理是管理他人事务的行为，代理行为（有权代理）也是管理本人事务的行为，且效果均归属于他人，就这一点而言，两者有共同点，但两者的区别是明显。

1. 管理权限来源不同

代理人管理被代理人事务根据代理种类的不同，产生根源不同。法定代理基于法律的直接规定，任意代理基于当事人的约定，指定代理基于法院的指定。而无因管理的管理人，其管理本人事务无法律上和约定的义务，因此其是基于管理人自愿及被管理人有被管理的必要而产生。

2. 性质不同

代理人代表被代理人与第三人从事的代理行为，是基于意思表示而产生相应的法律权利义务的，因此其是民事行为，且往往是有相对人的。而无因管理中，管理人管理本人事务不限于民事行为，可以是没有相对人的事实行为，如修缮被管理人的房屋。

3. 外部表现形式不同

代理人代理被代理人与第三人从事民事活动，必须以被代理人名义为必要，除非是隐名代理。而在无因管理中，管理人无须以本人的名义从事活动。

另外，无权代理是指代理人没有代理权，也以被代理人的名义与第三人从事活动。无权代理虽然属于代理的一种，但其与有权代理有不同的法律特征。无权代理与无因管理一样，管理他人事务之人均没有法律上的和约定的代理权(管理权),就这一点两者是一样的,但是无因管理人往往有基于事实可推知的管理权。其次,两者在法律效果上也不同,无因管理能够拘束本人,产生本人与管理人之间的债权债务关系。而无权代理不能当然拘束本人,除非本人追认或者符合表见代理。再次,无权代理人代理本人的活动,可有利于本人,也可不利于本人,最后的代理效果也是如此;而无因管理要求管理人要有为本人管理的意思,其为构成要件之一,最后的管理效果原则上要求有利于本人。

(二)无因管理与合同、不当得利、侵权行为的区别

无因管理与合同、不当得利、侵权行为等都是债发生的根据,但存在重要的区别。

无因管理与合同存在如下区别:第一,合同是民事行为,当事人需要具有相应的民事行为能力,而无因管理是事实行为,不需要行为人有民事行为能力,仅有管理的事实即可。第二,合同是双方或者多方民事行为,需要双方或多方意思表示一致方可成立。而无因管理属于事实行为,单方的事实管理行为即可使无因管理之债发生。第三,合同是基于当事人的约定产生的,而无因管理则是没有法律上义务或者约定义务产生的,因此合同关系存在排斥无因管理。但是如果超出合同义务(包括合同附随义务)管理他人事务仍可以成立无因管理。

无因管理和不当得利之债均被罗马法认为属于准契约的范畴,认为不是基于契约,因为事先没有任何协议,也不能说产生于私犯,因为负债人没有实施任何非法行为,因此被一起认为是拟制的契约,即准契约。但两者之间仍然存在区别:第一,产生的法律事实性质不同。无因管理产生于事实行为,而不当得利可由事实行为、事件引起。第二,目的不同,无因管理制度的目的在于力求排除非法干预他人事务和保护助人为乐者权利之间的平衡。而不当得利制度的目的在于去除无法律原因取得的利益,保障正常的财产流转关系,维护社会正义。第三,保护对象不同。无因管理制度不仅保护本人的利益,更重要在于保护管理人的利益。而不当得利仅保护受害人的利益,对于受益人的利益不予以保护。

无因管理和侵权行为均是基于事实行为,但无因管理属于合法的事实行为,而侵权行为属于非法的事实行为。无因管理的事实行为属于违法阻却事由,而侵权行为具有违法性。在适用上,无因管理排斥侵权行为。若管理人管理他人事务后,若不归还管理所得的利益,则构成对本人的侵权,可以从无因管理、不当得利或者侵权责任中择一主张权利。

第二节 无因管理的构成要件

一般认为构成无因管理需要具备三个条件:一是有为他人管理事务;二为他人谋利益;三是没有法定或者约定的义务。

一、为他人管理事务

为他人管理事务是无因管理之债成立的首要条件,涉及两方面的内容,事务和管理。

事务是能够满足人们生活需要的一切与生产、生活相关的事项,可以是财产意义上的事项,也可以是非财产意义上的事项。但是无因管理中的“事务”需要满足如下条件:第一,该事务必须是他人的。如果管理人管理的本人的事务,则不能成立债务。第二,该债务必须是可以由他人代为管理的,如果该事务不能由他人代为管理,则不能成立无因管理,如收养子女、离婚等。第三,该事务必须是合法的。非法事务不得成立无因管理,如销赃、窝赃等。第四,该事务必须是能够产生债权债务关系的。如纯道德、宗教上的事务不足以发生民法上的债权债务关系,不能成立无因管理。

所谓的管理是指处理事务的行为,它不限于诸如保存行为、改良行为、利用行为,也包括处分行为。管理行为可以是事实行为,如雨夜抢修邻居的房子,也可以是民事行为,如将邻居即将腐烂的水果出卖。这里需要注意管理行为与无因管理本身之间的关系。如前述将邻居即将腐烂的水果出卖,管理人与第三人订立买卖合同以意思表示为核心,属于民事行为的范畴。该管理人订立合同的意思表示仅限于与买受人之间的买卖关系发生效力,但对于与本人之间的无因管理之债并无实质影响,只要有管理事务的事实足矣,故出卖水果作为管理事实为无因管理之债发生的原因。因此有学者认为,前者称之为事务管理的实施,后者为事务管理的承担。

二、为他人谋利益

为他人谋利益,即要求管理人主观上认识到自己在为他人管理事务谋利益,是指管理人所谓的行为,确有为他人图利益、避免其损失的意思,在理论上称为管理意思,可以从以下几方面理解:从动机上看,管理人应以他人利益而为管理行为，即意识到该事务是他人的，为了他人利益管理事务。如果误将他人事务为自己事务而进行管理，则不为无因管理，而应当属于不当得利。从效果上看，管理行为取得的利益最终应当归属于本人所有。如果在管理人管理他人事务拒不返还利益，则无为他人谋利益的意思，不构成无因管理，属于不当得利或者侵权。

当然，管理人在管理他人事务过程的同时又管理自己的事务，不影响无因管理的成立。如他人的牛在自己的菜地吃菜，将牛牵回家饲养。

三、必须是没有法定或者约定的义务

无因管理的因是指法律上的"因"，法律上的原因，即法定或者约定的义务，这是无因管理成立的重要条件。如果有法律上的原因，管理实施的行为是基于当事人的约定或者法律的直接规定，则不能成立无因管理。如因接受委托帮他人处理纠纷，父母照看子女等这种管理都属于有因，都不能成为无因管理。如一直无法定或者约定的义务，当可以成立无因管理。若先前义务不存在或者超越了原先的管理义务等，仍可成立无因管理。但是先前的行为产生管理义务，则不能成立无因管理。如带邻居一十岁小孩去洗澡，因小孩溺水而前去救助，救助过程中丢失了手表一只，将小孩救起，是否属于无因管理？该种情况不成立无因管理，因为先前带小孩前去洗澡的行为致该人产生照看保护小孩的义务。若小孩溺水，救助属于履行由先前行为引起的义务，非为无因管理。

公法上的义务，亦为法定义务，不可成立无因管理，如警察救助老人，消防员灭火等，都是有因的，而非无因。

第三节　无因管理之债的内容

无因管理之债发生在本人和管理人之间，对管理人和本人之间产生一定的权利义务关系，具体如下：

一、管理人的义务

（一）适当管理义务

无因管理人既然为他人管理事务，自然应负担管理义务，主要表现在两方

面。一是不得违背本人的管理意思。管理人从事管理事务时不得违背本人明示或者可推知的管理意思。若违背本人的管理意思进行管理,往往可构成干涉他人事务。但是本人的意思乃违反公法上的义务或者违反法定义务,或者违反公序良俗,尽管管理人违反本人意思进行管理,仍为适当管理。如本人自杀,管理人予以施救;二是管理人应采用有利于本人的方法进行管理。无因管理制度本来是为了本人的利益所设立,故管理人管理事务必须有利于本人的方法进行管理。管理方法是否有利于本人,应以管理人管理事务当时的客观情况加以判断,而不能以管理人的主观意识为标准,也不能以本人的主观意识为标准。如甲在旅行途中发病昏迷,乙予以施救,但未将甲运送至医院,而运送至将乙自认为医术较高的土郎中处(无医师执业资格),后导致死亡。该种情况下,虽然乙主观为了本人的利益管理事务,但是从一般人的标准判断,将一个病人送至无医师执业资格的郎中处,不能认为管理人采用有利于本人的方法进行管理,除非事发地非常偏远,立刻送医院不利于本人,可在土郎中处作简单包扎,待病情稳定后再行送往医院。

适当管理义务,还包括继续管理义务。管理人于管理开始后,如其中途停止管理较之不开始管理对本人更为不利,管理人有继续管理的义务,但当本人或继承人、代理人可以进行管理或者继续管理对本人不利时除外,管理人有义务继续管理。当本人或继承人、代理人可以进行管理或者继续管理对本人不利时,管理人即应停止管理。

管理人违反上述的适当的管理义务,给被管理人造成损失的,应负赔偿责任。

(二)管理人的通知义务

管理开始后,管理人应当将管理事实通知本人,除非不能通知或者管理人已经知悉该管理存在。若管理人无法通知本人,则无从通知,但是应当积极寻找本人。

(三)管理人的报告和计算义务

管理人于管理开始后,应及时将管理的有关情况报告给本人,该报告和计算义务应当以管理人能够报告为限。管理人将管理事务的进行状态及时报告给本人,听从本人的指示。管理人因管理取得的物品、孳息等应转归本人。管理人自己使用钱物的,应自使用之日起记付利息。

二、管理人的权利

管理人的权利主要是费用偿还请求权,我国《民法通则》第 93 条规定:

"……有权要求受益人偿付由此而支付的必要费用。"《民法通则意见》第 132 条规定:"民法通则第 93 条规定管理人或者服务人可以要求受益人偿付必要费用,包括在管理或者服务活动中直接支出的费用,以及在该活动中受到的实际损失。"管理人有权请求本人偿还必要费用,包括两部分:一是管理人在管理事务中直接支出的费用。直接支出的费用,包括金钱支出,如送昏迷的路人去医院的车费,支付的医药费、代付的伙食费,也可以包括实物支出,如代他人管理牛羊等支出的饲料等。我国法律和司法实务对支出费用的利息是否应当支付未明确规定,我国台湾地区"民法典"第 176 条规定,管理对支出部分费用的利息亦享有偿还请求权。二是管理人在事务管理中受到的实际损失。损失包括直接损失和间接损失。直接损失又称为积极的损失,是管理人财产的积极减少,如在救火过程中烧毁的衣物,救人过程中管理人受伤支出医药费等。间接损失是指因管理人管理本人事务导致自己可取得的利益损失,如因管理他人事务耽误时间致工资损失。对于间接损失是否应当支付,则有争论。多数学者认为,间接损失不包括在该部分损失中,一般不得要求支付。也有学者认为,我国的司法解释并没有排除间接损失,但应当从严把握。

另外,当管理人在管理本人事务中,以自己的名义为管理事务所负担的债务,有权要求本人清偿。如甲管理乙的牛,而该牛在管理期间内生病,甲请丙为牛治病所生的债务,丙可直接要求乙清偿,甲也可以要求乙清偿对丙的债务。若该债权尚未到期的,等到期之日亦应由乙清偿。《日本民法典》第 650 条第 2 款规定,该债务未到期的,可以使委任人提供相应的担保。

本章思考题:

1. 试论述无因管理和不当得利为什么被统称为准契约?

2. 简答无因管理与代理制度的区别。

3. 简答无因管理人的权利和义务。

4. 案例分析

李军从事水果批发。一天自己开车将一批苹果运往市场,不幸途中发生交通事故,被送往医院抢救。张家兄弟正好路过,为了防止李军损失扩大,按照当地工价,雇请他人将苹果拣起,运到市场,按当时的价格出售共卖了 4000 元。李军病愈,向张家兄弟索要卖苹果所得的款项,张家兄弟表示,自己雇车雇工花费了 400,他们两个人也忙活了一天,工资损失 100 元,李军应当补偿。李军认为,张家兄弟既然是做好事,就不应该索赔费用,拒绝支付,双方发生争执诉至法院。

问:张家兄弟的请求是否应当支持?

第五编 继承权

第二十三章

继承权概述

第一节　继承的概念和特征

一、继承的概念

继承的概念有广义和狭义之分。广义的继承指继承人对死者的财产、身份和祭祀等的继承。狭义的继承仅为财产继承，指继承人对死者财产性权利的继承。身份继承是指继承死者生前的地位，如官职、爵位、家长身份等。祭祀继承是指承奉祖先祭祀的继承。

在传统的身份社会，身份继承和祭祀继承主导着整个继承制度，主要表现为两方面：一是身份继承和祭祀继承在全社会范围内普及，甚至成为主要的继承内容。二是身份继承、祭祀继承居于主导地位，财产继承不过是身份继承和祭祀继承的附属物。继承怎么样的身份和祭祀地位，即意味着享有怎样的财产地位。我国实行了数千年的集身份、祭祀和财产继承三位一体的宗祧继承。这种继承制度以男子为中心，嫡长子优先，违背了现代民法的平等原则，至国民革命时期才废止。

现代社会，身份继承的权利色彩淡化，义务色彩增强，如韩国的户主身份继承，虽表现为家长权的继承，但是随着现代亲子关系的变革，由侧重家长专权的家长权向保护子女为主的亲权转换。贵族特权也逐渐消除，贵族身份的继承并未能带来直接的经济利益，相反表现为一种社会道德责任。随着社会财富的不断增长，财产继承地位日益突出。

本文所称的继承是指财产继承。财产继承是指财产权利人死亡时起，按照法律的规定，将遗留下的财产及财产利益转移给一定亲属关系的人所有的制度。死者遗留的财产权利为遗产，死亡时遗留财产权利的人为被继承人，依法继承遗产的人为继承人。

二、财产继承的特征

基于继承概念的理解，财产继承的特征如下：

(一)继承的发生以死亡为唯一的法定原因

我国《继承法》第 2 条明确规定，“继承从被继承人死亡时开始”。若不存在财产权利人死亡的事实，该财产的权利由其本人享有，不发生继承问题。在古代社会，死亡不是唯一的法定继承原因。在古代，失踪、出家为僧、沦为奴隶、患麻风病等被视为已脱离原有的世俗财产法律关系，故可以发生继承。现代各国，死亡是财产继承的唯一原因。

(二)继承发生需要被继承人死亡时留有遗产和有合法继承人或受遗赠人

一般情况下，被继承人死亡时会遗留下财产或财产权利，当其死亡时才有继承的必要。也有部分人并无财产，如流浪儿，无财产的儿童、婴儿、负债累累的成年人等，死亡时未留下遗产，自不会发生财产继承问题。若被继承人死亡时没有合法的继承人或受遗赠人，也不发生财产继承。根据我国法律规定，这些财产归国家或集体所有。

(三)继承关系的主体只能是自然人，且与被继承人有特定身份关系

继承的发生基于一定的血缘和亲属关系而发生，因此继承关系只在具有一定合法亲属身份关系的自然人之间发生。法人和其他社会组织不是亲属关系的一方或双方当事人，不可能成为继承关系的主体，其要取得死者的遗产，只能作为受遗赠人。国家和集体在无人继承又无人受领的情况下，可收取无主财产。

(四)继承是财产转移的方式之一，继承人无偿取得财产权利

一个人死亡后，只要留有财产，就会发生财产主体的变更。财产权利人死亡后，其遗产转移方式有：法定继承、遗嘱继承和遗赠、遗赠抚养协议、无人继承无人受遗赠遗产的处理。前两种为财产继承的方式，是继承人无偿取得财产的基本方式之一，《法国民法典》第 711 条规定：“财产所有权，得因继承、生前赠与、遗赠以及债的实现而取得或转移。按照法律规定，被继承人死亡后，继承人即可行使继承权，无偿取得被继承人的遗产。”

三、继承的根据和本质

对于继承本质的认识，与继承根据密切相关。继承之根据有多种不同的观点，主要观点如下：

（一）意思说

17世纪的自然法学派普遍认为，个人意思是一切权力与权利变动的根据。死者常欲以其遗产传于最亲近之人，故被继承人有遗嘱之自由。无遗嘱时，立法者推测其意思，确定一定亲属关系的人为继承人。英美法系国家继承立法较多体现该思想，尊重个人意思，推崇遗嘱自由原则。

（二）家族协同说

历史浪漫派认为，家族共同生活是继承的依据。此说认为，上溯古代，甚少有完全自由的私有财产。共同共有之家族财产，其继承只不过是财产管理人地位的更换，嗣后家产为个人私产，处分受到种种限制，务必使其流于家族内部，以维持家族成员的共同生活。现代社会虽然家族制的生产模式被个人生产模式替代，但家庭至今仍是社会的基本单位，人们普遍希望将自己身后的财产留在家中，保障家庭成员及自己的后代生活。较多国家继承法规定了共同生活的亲属有特留份的权利，即体现了家族协同的思想。

（三）死后扶养说

一定范围的亲属，负有扶养之义务，在其死后亦应继续扶养。被继承人亲属于被继承人死后受其扶养的权利，体现为享有继承权。根据此学说，则立法上扶养权利人应与继承人资格及顺序为一致，如不需扶养之亲属，纵与被继承人有密切关系，仍不得享有继承权，而且遗产继承之范围应以扶养必要为限。

（四）无主财产归属说

该说认为，因财产主体因死亡使其财产成为无主之财产，其归属为何人，全由国家规定。

（五）先占说

此学说认为，继承基础乃是由于财产权利人死亡成为无主之物，作为无主之物，它为首先占有者所有，而取得死者遗留财产占有的多半是亲属，因为他们通常是最接近死者的人。

上述各学说揭示了继承制度产生的某种依据或功能，均有一定的合理性，并未触及继承制度的本质。继承是财产私有制度的必然产物，与其他上层建筑一样是由生产力水平和经济基础决定的，反映了统治阶级的意志和社会观念的变化。试想在食不果腹的远古时代，当一个人死亡时未有任何财产遗留，何需继承制度？继承是社会利益的一次再分配，统治阶级必然制定对自己有利的财产分配制度，并极力维护之。如长期的嫡长子继承制度危害了皇权的统治，统治阶级为了维护自身利益的需要，就改为实行嫡长子继承身份、诸子均分家产的制度。现代社会，平等、自由等观念深入人心，这种观念的变化反映在继承制度上，就是男女平等、遗嘱自由等。因此，继承的本质是人类社会的利益再分配形式之一，由生产力水平和经济基础决定，反映了统治阶级意志，维护现有的财产秩序和身份秩序，在一定程度上反映了社会大众的一般观念。

第二节　继承权概述

一、继承权的概念

继承权有客观意义上的继承权和主观意义上的继承权两种不同的含义。

客观意义上的继承权，指继承开始前，即被继承人死亡前，自然人按照法律的规定具有继承被继承人遗产的资格，又称为继承期待权。当被继承人死亡时，继承期待权是参加继承的前提和条件。其具有以下特点：

（一）继承期待权体现一定的法律地位

人们通常所说的，某人享有继承权，就是指某人享有继承地位，如我们在婚姻法中提到的夫妻互为继承人，有相互的继承权利；父母与子女之间有相互继承遗产的权利等。这是基于继承人与被继承人之间的婚姻或血缘等亲属关系的亲疏远近设定的，体现为一定亲属在法律上的地位。

（二）继承期待权具有专属性

继承期待权是指继承被继承人遗产资格，是民事主体所享有资格的一部分，不管他是否参加继承主张继承权，都具有这种继承资格。这种继承资格反映的是继承人与被继承人之间在法律上一定的亲属关系，具有人身属性，是客观的一种社会关系，是不可转让和放弃的。如某人在父亲生前表示将来放弃继承其父亲遗产的权利是无效的。

（三）继承期待权是一种不确定的权利

继承期待权所表示的是继承开始前的一种法律地位，是不现实的、不具体的和不可直接行使的，继承人不享有任何直接支配的利益。继承开始前，继承人先于被继承人死亡、被继承人挥霍财产、被继承人立遗嘱、继承人丧失继承权等原因使继承人的继承期待权最后落空。因此,继承期待权是一种不确定的权利。

主观意义上的继承权,是指继承开始后,继承人实际享有的继承被继承人遗产的具体权利,学理上又称为既得继承权。只有享有客观意义上的继承权,才能享有主观意义上的继承权,但并非客观意义上的继承权都能转化为主观意义上的继承权,该转化需要一定法律事实的发生,如被继承人死亡,被继承人留有遗产,继承人未丧失继承权等。继承既得权具有如下特点:

1. 继承既得权是基于一定的法律事实而取得的

继承期待权的取得只要存在客观的身份关系足矣,但继承既得权则需要一定的法律事实而取得。一是被继承人死亡事实的发生。死亡是继承发生的唯一原因,只有死亡发生,继承方可开始,是继承期待权转化为既得权的先决条件。二是被继承人死亡时留有遗产,方有继承之必要。三是继承人未现实丧失继承权。如果继承人现实丧失继承权这一事实,则继承期待落空,如有法定丧失继承权的事由发生,或者被继承人通过立遗嘱的方式将所有的遗产处分给其他继承人或赠与其他人。

2. 继承既得权是现实的、具体的、确定的

继承开始后,继承人取得被继承人遗产的现实权利。在遗产分割前,继承人作为遗产的共同共有人,享有遗产共有权。继承既得权以确定的财产权利和义务为内容,继承人可以处分、接受或放弃该权利,而且还可以将自己的应继份转让给或赠与他人。

3. 继承即得权是一种综合性的权利

从实体上而言,继承既得权的客体具有多样性、综合性。物权的客体原则上是有体物,债权的客体为特定的给付、人身权的客体则是人身利益,而继承权既得权的客体是遗产,遗产具有权利综合体的特征,只要具有经济利益的权利,都可能成为遗产,如物权、债权、知识产权中的财产权等。从程序上而言,继承既得权还包括继承事务的参与权、决定权,如选择是否放弃继承的决定权、遗产管理的参与权、遗嘱的执行权等,这些程序上权利的行使有利于继承实体权利的实现。

二、继承权的特征

继承权尽管在不同场合有不同的含义,但是总的说来,继承权具有以下特征:

（一）继承权是自然人基于一定的身份关系享有的权利

继承权的主体是自然人，只有自然人才可以取得被继承人的遗产，而且该自然人必须在生前与被继承人具有一定的身份关系——婚姻关系、血缘关系或者共同生活而形成的扶养关系。如果继承人与被继承人之间不具有特定的身份关系，相互之间不可能产生继承权。国家、法人及其他组织等民事主体不能成为继承权的主体，而只能成为受遗赠人。

（二）继承权以遗产为标的

继承权是继承人继承被继承人遗产的权利。遗产是被继承人死亡时遗留的个人合法财产，如果被继承人死亡时未留有任何财产，则继承期待权落空，继承权无任何实质意义。因此，没有遗产存在，不能发生继承，也就不能实现继承权。

（三）继承权只有待继承人死亡时才可行使

继承期待权是一种法律上的地位，但是具体权利能否实现是不确定的。在被继承人死亡前，继承人不能放弃法律上的继承地位。只有待被继承人死亡，被继承人的民事权利能力终止后，其财产才可以被继承。继承期待权转化为继承既得权，继承权才可以被处分，如表示接受继承、放弃继承。

第三节　继承权的接受、放弃和保护

一、继承权的接受和放弃的概述

继承权的接受和放弃，就是指继承人、受遗赠人同意接受遗产和不接受遗产的意思表示。具有以下共同特点：

（一）继承权的接受或者放弃只能在继承开始后作出

被继承人死亡以后继承开始，此时，遗产才由被继承人转移于继承人共有，继承人才能作出有效的接受或者放弃的意思表示。若继承人在被继承人死亡前放弃继承，则放弃的是继承人资格，即继承的权利能力，身份法上的权利能力一般不得放弃，而继承开始后，放弃的则是继承的具体财产权。对于承认继承契约的国家认为，继承权可以通过继承契约的方式在继承开始前放弃。

（二）继承权的接受或者放弃是单方民事行为

继承权的接受或者放弃是单方民事行为，只要继承人或者受遗赠人一方作出意思表示,就发生法律效力,无须征得他方同意。

(三)继承权的接受或者放弃的意思表示只能继承人或者受遗赠人亲自所为,原则上不得代理

继承权的接受和放弃是人身性较强的民事行为,一般不得由他人代理。若继承人或者受遗赠人为无民事行为能力或者限制民事行为能力人,则由其法定代理人代为行使,但是法定代理人基于被代理人的利益考虑只能作出接受继承的表示,而不能作出放弃的表示。最高人民法院《继承法意见》第 8 条规定:“法定代理人一般不能代理被代理人放弃继承、受遗赠权。明显损害被代理人利益的,应认定为其代理行为无效。”

(四)继承权的接受或者放弃不得附加条件和期限

遗产的接受或者放弃不得附加条件或者期限,其原因有二:一是遗产的接受或者放弃溯及继承开始时,若许其附加条件或者期限,则继承效力不易确定。二是遗产的接受和放弃附有条件或者期限,则债权人或者继承人的利益可能受损,如有人表示只接受财产权利不承担相应的义务。我国继承法未明文规定,《德国民法典》第 1947 条规定:“接受或者拒绝不得附条件或者期限。”《瑞士民法典》第 570 条、《澳门民法典》第 1892 条有类似规定。

(五)继承权的承认或者放弃只能概括为之,不得为一部分承认或者放弃

遗产应为积极财产和消极财产的集合,若允许其选择部分承认部分放弃,则有损于债权人和其他继承人、受遗赠人的利益。我国立法上并未确立该规则,但司法实践中贯彻这一规则,《德国民法典》第 1950 条规定:“接受或者拒绝不得仅限于遗产的一部分。对遗产的部分接受或者拒绝无效。”

(六)继承权的接受或者放弃的意思表示不得撤销

最高人民法院《继承法意见》第 50 条规定:“遗产处理前或在诉讼进行中,继承人对放弃继承反悔的,由人民法院根据其提出的具体理由,决定是否承认。遗产处理后,继承人对放弃继承反悔的,不予承认。”可见继承权的接受或者放弃的意思表示原则上不得撤销,但受欺诈、胁迫的除外。

二、继承权的接受

继承权的接受,又称为继承的承认,是享有继承权的继承人参与继承、选择继承的种类、接受被继承人遗产的意思表示。

在遗产继承中,主要涉及继承人与债权人利益的冲突和平衡。在早期的继承制度下,财产继承依附于身份继承,故被继承人生前的身份、权利义务等一并由继承人继承,继承人对被继承人的债务亦承担无限责任,且无选择的余

地，谓强制继承。这种继承方式保护了被继承人债权人利益，而继承人利益则无从保护。在罗马共和国时期，才由大法官赋予继承人“不参与遗产权”，即在遗产不足清偿债务危险时，继承人通过将遗产交由债权人处理的方法免于承担责任。但要查清遗产及债务状况并非易事，且财产价值本身时常波动，让继承人在承担无限和放弃继承之间作出选择，对其未免过于苛刻。故罗马皇帝优士丁尼于公元531年发布敕令，规定继承人若对遗产造具清册，得享受“遗产清册利益”，即以该部分遗产对被继承人的债务承担有限责任。这种做法为近现代各国立法所继受，并发展成限定继承制度。目前，多数国家在保留限定继承的情况下，还保留有单纯承认，全由继承人的选择单纯承认还是限定承认，特殊情况还有强制的无限承认。

(一)单纯承认

所谓单纯承认是指继承人无所保留地、确定地承继被继承人地位的单方意思表示。换言之，一旦继承人选择了单纯继承，则其应当对被继承人财产上的一切权利和义务，但不包括身份权和继嗣权。单纯的承认一般为不要式行为，且继承人承认的意思表示无须向相对人为之，仅将其意思表达于外部即生效。

(二)限定承认

所谓的限定承认是指继承人仅以从被继承人处取得的遗产为限对被继承人生前债务承担责任的意思表示。其与单纯承认的最大特点在于遗产债务的承担上，即便被继承人的债务超过遗产，继承人也无须用自己的财产承担被继承人生前债务。虽然放弃继承可免于承担债务，但是开始继承时遗产债务多少可能尚不确定，若盲目放弃后又发现遗产尚有剩余，则放弃继承非继承人所愿意，不如让继承人在承担有限责任和接受剩余财产之间两全，乃限定承认的价值所在。

(三)强制承认

所谓强制承认，是指继承人选择限定承认但有一定不当行为时，不许继承人主张限定继承之利益，亦不得再为继承权之抛弃，其结果当然为无限继承。当继承人有不当行为时，不仅不得主张限定继承，亦不得放弃继承，让其对遗产债务承担无限连带责任，为法律对继承人不当行为的制裁，保障债权人的利益。不当行为一般包括：(1)侵吞或者隐匿遗产；(2)私自处分遗产；(3)遗产清册上做虚假记载。

我国《继承法》第33条规定：“继承遗产应当清偿被继承人依法应当缴纳的税款和债务，缴纳税款和债务以他的遗产实际价值为限。超过遗产实际价值部分，继承人自愿偿还的不在此限制。”根据该条，我国确立了限定继承原则，即只要当事人接受继承，未有特殊表示时为限定承认，继承人仅需遗产为限承担遗产债务。但继承人自愿偿还的，法律未限制，若无特别说明，偿还超过遗产实际价值部分的一部分的债务并不能说明继承人对所有遗产债务负担清偿责任。

我国《继承法》第 25 条规定，继承开始后，遗产分割前，继承人未表示放弃继承权的，视为接受继承。因此，我国继承承认的种类仅限于限定继承。继承承认的时间为继承开始至遗产分割前。继承承认的方式无须有明确的意思表示，即只要继承人未作出放弃继承的意思表示，就为作出接受继承的意思表示，可行使继承权，取得被继承人的遗产。

三、继承权的放弃

继承权的放弃，又称为继承的放弃，是继承人作出放弃继承被继承人遗产的意思表示。继承权是基于特定的身份关系产生的财产权利，继承权的放弃是继承人对财产权利的处分。

根据我国继承法的规定，继承权放弃期限为继承开始后至遗产分割前。继承开始前，继承人仅取得继承人的资格，不能放弃。当继承开始后，继承期待权转化为继承既得权这一现实的财产权利，可以放弃。当遗产分割后，继承人取得实在的遗产的所有权，其放弃的不再是继承权，而是实在的所有权或者其他财产权利。我国继承法规定，继承开始起至遗产处理前继承人可放弃接受继承。

继承权的放弃只能以明示的方式作出。最高人民法院《继承法意见》中规定：“继承人放弃继承应当以书面形式向其他继承人表示。用口头方式表示放弃继承，本人承认，或有其他充分证据证明的，也应当认定其有效”。“在诉讼中，继承人向人民法院以口头方式表示放弃继承的，要制作笔录，由放弃继承的人签名。”继承人未明确表示放弃继承权的，不发生放弃继承权的效力。

继承权的放弃为继承人处分继承权的行为，但继承人处分自己的权利不得违反法律的规定，最高人民法院《继承法意见》中规定：“继承人因放弃继承权，致其不能履行法定义务的，放弃继承权的行为无效。”

四、继承权的保护

继承人的继承权受到侵害时，继承人有权请求法院予以保护，继承人的这一权利称为继承权回复请求权，又称为继承权恢复请求权、遗产请求权。

非继承人在没有任何法律根据的情况下，占有被继承人的遗产而拒绝返还的；部分继承人于继承开始后排斥某个或某几个继承人的权利；法定继承中，后一顺序的继承人先于前一顺序的继承人取得遗产等等，继承人有继承回复请求权。

根据《继承法》第8条规定，"继承权纠纷提起诉讼的期限为两年，自继承人知道或者应当知道权利受到侵犯之日起计算。但是，自继承开始之日起超过二十年的，不得再提起诉讼。"可见，提起继承权回复请求权的诉讼时效为2年，自知道或者应当知道权利受到侵害之日起计算。

第四节　继承权的丧失

一、继承权丧失的概念

继承权的丧失是指在继承人对被继承人或者其他继承人有重大违法行为或不道德行为，或者就有关继承的遗嘱有不正当行为时，依法剥夺其继承资格，使其丧失继承人地位的制度。广义的继承权的丧失包括继承人的缺格和继承人废除。继承人缺格，是指当有一定的事由发生，继承人当然丧失作为继承人的资格；继承人废除是当有一定事由发生时，根据被继承人的意思剥夺继承人的继承权，带有私法罚的色彩。

我国现行继承法所指继承权的丧失即为继承人的缺格，失去继承人的资格，为客观意义上继承权的丧失。客观意义上继承权的丧失不是继承人主观意志所决定的，是被法律强制剥夺的。与继承权的放弃相区别，继承人放弃继承权基于主观意愿，是对自己权利的一种处分。客观意义上继承权的丧失导致主观意义上的继承权无法实现。

二、继承权丧失的法定事由

客观意义上的继承权是法律基于一定的身份关系赋予继承人继承被继承人遗产的一种资格，没有法定事由不得剥夺继承人的继承权。我国《继承法》第7条规定继承人有下列行为之一的，丧失继承权：

(一)故意杀害被继承人的

日耳曼法谚称："血手不能为继承人。"因此杀害被继承人者无权为继承人。构成故意杀害被继承人需要以下几个要件:客观上继承人实施了杀害被继承人的行为,杀害他人属于严重的犯罪行为,因此不论既遂还是未遂,都确定丧失继承权;继承人必须是有主观故意,不论是直接故意还是间接故意,但是继承人过失的除外。正当防卫的情况下杀害被继承人,其目的往往不是出于杀人的故意,而是出于自卫,可不以故意杀害被继承人论。但是防卫过当杀害被继承人或者属于防卫挑拨的以故意杀害被继承人论。

未成年人故意杀害被继承人而法院不予以追究刑事责任的,是否应剥夺继承权,存有争议。一种观点认为,结合我国《刑法》和《继承法》年满 14 周岁的自然人杀害被继承人才丧失继承权,不满 14 周岁的未成年人即便故意杀害被继承人,也不丧失继承权。[①] 另一种观点认为,根据我国《继承法》第 7 条第 1 款规定,凡故意杀害被继承人均丧失继承权,不论是否经法院判决,也不论是否成年。但是我国《民法通则》规定 10 周岁以下为无民事行为能力人不能认识自己的行为后果,主观上不存在故意过失问题,其实施的行为不能构成故意杀害被继承人,不会因此丧失继承权。[②] 我们赞同后一种观念。

(二)为争夺遗产而杀害其他继承人的

构成为争夺遗产而杀害其他继承人的行为,需要具备以下几个要件:一是继承人客观上有杀害其他继承人的行为。往往表现为继承人杀害同一顺序继承人或者杀害前一顺序继承人,不论是既遂还是未遂;二是继承人必须有争夺遗产的故意。如果继承人杀害其他继承人不是为了争夺遗产的,不构成该行为丧失继承权。而且继承人杀害其他继承人往往表现为直接故意,期望同一顺序的继承人先于其死亡增加继承份额或者前一顺序的继承人死亡,而非放任其死亡。

(三)遗弃、虐待被继承人情节严重的

继承人遗弃被继承人是指有扶养义务,且有扶养能力的继承人对于没有生活来源和没有独立生活能力的被继承人拒不履行扶养义务的行为。虐待被继承人是指继承人以各种手段对被继承人进行肉体和精神上的摧残和折磨。继承人只有遗弃和虐待被继承人情节严重时才丧失继承权。如果情节不严重的,可以作为少分或者不分遗产的理由,但继承人的资格并不剥夺。情节是否严重,考虑被遗弃人是否陷于危难或者困境中,施虐的时间、方法、手段、后果

① 郭明瑞:《民法》,高等教育出版社 2003 年版,第 582 页。

② 刘春茂:《中国民法学——财产继承》,中国人民公安大学出版社 1996 年版,第 140 页。

及社会影响等。

(四)伪造、篡改或者销毁遗嘱,情节严重的

伪造遗嘱是继承人故意以被继承人的名义制作假遗嘱。篡改遗嘱是继承人擅自改变被继承人所立的遗嘱的内容,改变其生前的遗愿。销毁遗嘱是继承人将被继承人所立的遗嘱完全破坏或毁灭。伪造、篡改或者销毁遗嘱,情节严重的,继承人才丧失继承权。最高人民法院《继承法意见》第 14 条规定:"继承人伪造、篡改遗嘱或者销毁遗嘱侵害了缺乏劳动能力又无生活来源的继承人的利益,并造成其生活困难的,应认定其行为为情节严重。"这只是情节严重的一种情况,非全部表现形式。

三、继承权丧失的效力

从法律强制性强弱的角度考虑,继承权丧失的效力可分为相对丧失和绝对丧失。继承人的继承权因某种法定事由而丧失,但是在一定情况下得以恢复,这属于继承权的相对丧失。根据我国继承法规定,遗弃被继承人或者虐待被继承人、伪造、篡改或者销毁遗嘱,情节严重的,为相对丧失继承权的情形。当继承人确有悔改表现,被继承人生前表示宽宥的,恢复继承人的资格。继承人因某种法定事由而丧失继承权,但是无论何种情势发生,其继承权均不恢复,为永久丧失继承权。我国继承法规定,故意杀害被继承人或者为争夺遗产杀害其他继承人,继承人的继承权不可恢复,永久丧失。

从时间角度来看,继承权的丧失始于丧失继承权法定事由的出现。如果丧失继承权的事由发生于继承开始后,则丧失继承权的效力追溯至继承开始之时。对于相对丧失继承权的情形,继承人有悔改表现的,并且被继承人表示宽宥的,从宽宥之日起继承权即恢复。

继承权的丧失仅对被继承人而言,继承人并不丧失对其他被继承人遗产的继承权。根据我国继承法规定,继承权的丧失对继承人的晚辈直系血亲亦发生效力,即晚辈直系血亲不得代位继承。

本章思考题:

1. 谈谈客观意义上继承权和主观意义上的继承权的联系和区别。

2. 如何理解"负债子还",现代继承制度是否还有借鉴意义?

3. 继承人放弃继承权是否需要经过配偶同意?

4. 继承人个人财产资不抵债时放弃继承权,债权人是否可以对继承人放弃继承权的行为行使撤销权?

5. 案例分析

王某早年为间歇性精神病人，后经过治疗病情得到控制。1980 年与钱某结婚，生育一儿一女，生活状况较好，2003 年王某女儿发生交通事故，意外死亡。王某旧病复发，将妻子钱某杀死，经过两次司法鉴定，均确认其系精神病人，并认定为无民事行为能力人予以释放。钱某死亡后，王某与钱某的共同财产 30 万元由儿子保管。后钱某父母诉至法院，要求继承钱某的遗产，并要求剥夺王某的遗产继承权。

问：该案该如何处理？

第二十四章

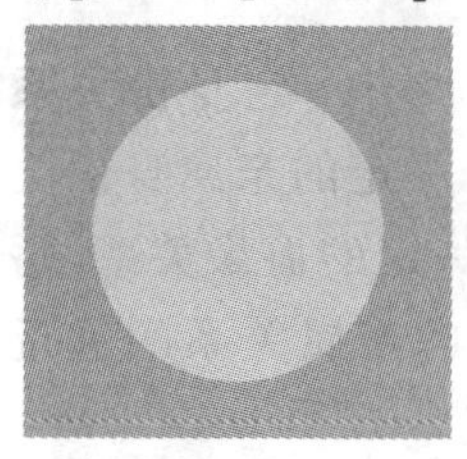

法定继承

第一节　法定继承的概念和适用范围

一、法定继承的概念

法定继承是遗嘱继承的对称，语源来自于罗马市民法的“succeassio abintestato”，原意为“无遗嘱继承”，是直接依据法律确定继承人的范围、顺序和继承份额，将被继承人的遗产转移给继承人所有的继承方式。

从法制史而言，法定继承制度的形成要远早于遗嘱继承制度，发端于原始社会晚期的习惯法，早在《汉穆拉比法典》中就已经开始形成，该法典规定儿子们在父母死后可以继承同等份额的遗产，女儿们可以取得他们应继承的那份嫁妆。法定继承一词真正见之于古罗马法是在《优士丁尼法典》中，对法定继承人的范围、顺序和应继承份额以及代位继承等诸项内容作了比较详细的规定，对后世各国的法定继承制度有重大影响，对大陆法系国家影响尤为深远。

我国古代，夏朝就有了“父死子继”、嫡长子继承的习俗，并逐渐形成了身份继承、祭祀继承和财产继承三位一体的法定继承制度。至西周，确立了宗祧继承制度，嫡长子有继承身份和主持祭祀的权利，财产诸子均分，女子被排斥在继承之外。这种法定的宗祧继承制度可谓经久不衰，根深蒂固，沿用了3000多年，即便是享有无上权威的封建帝王也不得不遵从，不敢随意“废长立幼”。至1930年民国时期的民法典继承编，宗祧继承制度得已废止，确立了财产继承为主导的现代继承制度，仍保留有宗祧继承的残迹。新中国成立后，宗桃继承的残迹正式被废除，确立了完全意义的现代财产继承制度。

法定继承相对于遗嘱继承而言，主要存在如下特征：

（一）亲属身份性

继承制度作为一种古老的制度，从一开始是为了调整具有一定身份关系的家庭成员之间的财产关系。而法定继承制度更是依赖于一定的亲属身份关系为前提。因此，法定继承人的确立是以与被继承人存在一定的血缘关系、婚姻关系或者扶养关系的亲属为前提，而继承顺序则需要考虑亲属关系的远近等因素。因此，亲属身份关系是法定继承的基础。

（二）补充限制性

现代民法建立以个人本位为基础，尊重被继承人处分自己遗产的自由，均确立了遗嘱继承优先于法定继承。因此，法定继承仅为无遗嘱或者不适用遗嘱继承时的补充。为了维护家庭关系和保护弱者的需要，各国对遗嘱继承制度予以了必要的限制。如许多国家规定了法定继承人的特留份制度，即遗嘱继承人在遗嘱中必须为部分法定继承人保留一定的遗产份额，否则遗嘱无效或部分无效。我国《继承法》第 19 条规定了必留份制度，对既缺乏劳动能力又没有生活来源的继承人保留必要的遗产份额。

（三）法定性和强制性

法定继承中的继承人范围、继承顺序、遗产的分配原则都是法律直接规定，且具有强制性，任何人不得变更。

二、法定继承的适用范围

我国《继承法》第 5 条规定："继承开始后，按照法定继承办理；有遗嘱的按遗嘱继承或者遗赠办理；有遗赠扶养协议的，按照协议办理。"该规定了确立了法定继承在继承适用上的补充性原则，在《继承法》第 29 条明确下列情况适用法定继承：

（一）遗嘱继承人放弃继承或者受遗赠人放弃受遗赠的

遗嘱继承人放弃继承或者受遗赠人放弃受遗赠的，其放弃继承和受遗赠部分的遗产适用法定继承。如果被继承人指定后位继承人的，后位继承人放弃继承后或放弃受遗赠，则该部分遗产可按法定继承方式继承。

（二）遗嘱继承人丧失继承权或受遗赠人丧失受遗赠权

遗嘱继承中被指定的继承人如果发生了《继承法》第 7 条规定的四种丧失继承权的事由时，其继承资格丧失，不得为继承人。遗嘱中指定的应当由其继承的遗产按法定继承办理。受遗赠人丧失受遗赠权的亦同。

(三)遗嘱继承人、受遗赠人先于遗嘱人死亡

自然人的民事权利能力始于出生终于死亡。自然人死亡,民事权利能力自然终止,其继承权利能力和受遗赠能力当然丧失。所以遗嘱中指定的继承人或者受遗赠人先于被继承人死亡的,当被继承人死亡时继承开始,被指定的继承人或受遗赠人已被终止继承权利能力而无法承受遗嘱所带来的利益,该部分遗产按法定继承办理。

(四)遗嘱无效部分所涉及的遗产

遗嘱必须依法设立,如果遗嘱本身不合法或者遗嘱设立程序不合法将导致遗嘱部分或者全部无效,其遗嘱中处分的遗产不得适用遗嘱而需按照法定继承办理。

(五)遗嘱未处分的遗产

被继承人生前未立遗嘱,则全部遗产适用法定继承。被继承人只处分一部分遗产,则就未处分部分的遗产按法定继承方式办理。

第二节　法定继承人的范围和顺序

一、法定继承人的范围的概述

继承人是指依法享有继承死者遗留下来财产权利的人。继承人可分为两种,法定继承人和遗嘱继承人。法定继承人是指由法律规定直接取得继承资格的人,其范围指应由哪些人依法定继承方式继承遗产,即确定哪些人有继承权。法定继承人的范围是继承制度的核心之一,其不仅决定了法定继承中遗产在哪些人之间分配,也决定了遗嘱中指定遗嘱继承人的范围,超出法定继承人范围的为遗赠。

从世界各国立法例看,婚姻关系、血缘关系和扶养关系及亲等和亲系关系是确定法定继承人范围的主要依据。世界各国对法定继承人具体范围的立法例有较大差异,大致可分为两种。一种是“亲属继承无限制主义”,依该立法例,法定继承人不受亲等的限制,只要与被继承人之间有一定的亲属关系均属于法定继承人的范围,只有继承顺序之分。该立法例以德国为代表。另一种是“亲属继承限制主义”,依该立法例,法定继承人只限于一定亲等以内的亲属,为多数国家采用,但各国对于亲等的具体限制差别较大。一类是对法定继

承人的范围规定较宽，以法国、匈牙利为例，直系卑血亲和直系尊血亲的继承权不受代数限制，旁系血亲可宽至六至十二亲等不等。另一类法定继承人的范围较窄，如《苏俄民法典》规定，法定继承人的范围是：配偶、子女、父母、兄弟姐妹、祖父母、外祖父母及死者生前扶养不少于一年的无劳动能力的人。子女的晚辈直系血亲通过代位继承来实现。整体上，将法定继承人的范围限制在二亲等的直系尊亲属、晚辈直系血亲和二亲等的旁系血亲之间。

我国继承法深受苏联的影响，法定继承人的范围规定得较窄，一般限制在配偶、子女、父母、兄弟姐妹、祖父母和外祖父母，以及对公婆或岳父母尽了主要赡养义务的丧偶的媳妇或女婿的范围内，子女的晚辈直系血亲通过代位继承方式实现。我国严格实行计划生育政策，亲属的数量逐渐减少，事实上使得我国已经成为法定继承人范围最窄的国家之一。我国法定继承人的范围过于狭窄几乎成为学界的共识，但是对于应当扩展至多大范围有争议。考虑到我国的计划生育国策及继承人与被继承人之间的生活联系，我们建议扩大至所有直系血亲和三亲等旁系血亲间互为继承人。

二、法定继承人的范围

根据我国《继承法》第 12 条规定，我国法定继承人包括：

(一)配偶

配偶是婚姻关系存续期间的夫妻双方的对称。我国《婚姻法》第 24 条第 1 款规定："夫妻有相互继承遗产的权利。"配偶是基于合法的婚姻关系建立起来的一种亲属关系，其虽然不属于血亲关系，但是产生血亲关系的基础。夫妻是家庭这一核心社会细胞的基本要素，是家庭财富的主要创造者，且相互共同扶养帮助，夫妻间互为法定继承人已为世界各国继承立法的通例，且男女在继承权上是平等的。

配偶身份关系的取得需要以合法、有效的婚姻关系为前提条件。在被继承人死亡时，只有与被继承人有着合法有效的婚姻关系的人，才能以配偶身份成为法定继承人。在认定配偶身份时，应注意以下几点：

其一，已经办理结婚登记，但是尚未同居或者未办理世俗婚礼的，未共同生活的，其中一方死亡的，应认定另一方的配偶身份，为法定继承人。

其二，正在办理离婚手续，但是离婚手续尚未办理完结的，一方在此期间死亡，另一方仍具有配偶身份，可作为配偶身份继承。

其三，历史原因形成的重婚、纳妾、一夫多妻、一妻多夫的，若在继承开始时，双方之间的婚姻关系没有解除的，应认定配偶身份，生存方得以配偶身份参与继承。

其四,未到婚姻登记机关办理结婚登记,但是以夫妻名义共同生活的,一方死亡后,另一方是否为配偶?根据《最高人民法院关于适用〈婚姻法〉的司法解释(一)》[以下简称《婚姻法司法解释(一)》]第5条的规定,“未按婚姻法第八条规定办理结婚登记而以夫妻名义共同生活的男女”,“在1994年2月1日民政部《婚姻登记管理条例》公布实施以前,男女双方已经符合结婚实质要件的,按事实婚姻处理”。双方互相继承权,得以配偶身份参与继承。如果同居是发生在1994年2月1日后或者同居发生在1994年2月1日以前,但是1994年2月1日以后才符合结婚的实质要件的,按一般同居关系处理,生存一方不得以配偶的身份参加继承。

其五,无效婚姻或者可撤销婚姻的一方当事人死亡后,另一方能否以配偶身份参与继承。我国修正后的《婚姻法》规定了无效或可撤销婚姻制度。《婚姻法》第12条规定:“无效或被撤销的婚姻,自始无效。当事人不具有夫妻的权利和义务。”因此有学者认为,无效婚姻或可撤销婚姻的一方当事人死亡,另一方无继承权。[①] 这忽略了一个问题,我国婚姻法确立的是婚姻无效宣告制度,而非当然无效。《婚姻法司法解释(一)》第13条规定婚姻的自始无效必须经法院宣告无效,而非当然无效,即必须经法院确认后才自始不受法律保护。《婚姻法司法解释(一)》第8条规定:“当事人依据《婚姻法》第十条规定向法院提起宣告婚姻无效的申请时,法定的无效婚姻情形已经消失的,人民法院不予以支持”。《最高人民法院关于适用〈婚姻法〉的司法解释(二)》[以下简称《婚姻法司法解释(二)》]第5条规定,婚姻一方或者双方死亡后,生存方配偶及利害关系人仍可提起婚姻无效之诉。婚姻无效,则自始无效,作为配偶的身份被剥夺,丧失继承权。因此,对于无效婚姻和可撤销婚姻,并非当然无效,而是宣告无效。只有当被法院宣告婚姻无效时,生存一方才丧失作为配偶身份继承被继承人的遗产。

(二)子女

子女作为与被继承人关系最近的直系卑血亲,其继承资格为各国继承法所认可。我国《婚姻法》第24条规定,父母和子女有相互继承遗产的权利。我国《继承法》第10条第3款规定:“本法所称的子女,包括婚生子女、非婚生子女、养子女和有扶养关系的继子女。”

---

① 刘春茂:《中国民法学——财产继承》,中国人民公安大学出版社1996年版,第140页。

1.婚生子女

婚生子女是合法婚姻关系存续期间受胎或出生的子女。婚生子女的推定有三:一是妻子于婚姻关系存续期间受胎所出生的子女;二是妻子婚姻关系存续期间所生之子女,三是妻于婚姻关系解除后10个月内所生之子女。由于我国法律未规定禁婚期,因此对婚生子女的认定上可能发生争议。妻子离异后10个月内又重新与他人结婚,并在离异后10个月内出生之子女,到底何人为法律上的父亲?到底为何人之婚生子女?似值斟酌。我们认为,如果未有人提出婚生子女的否认之诉,尤应尊重社会现实,特别是事实扶养关系为重,推定子女为出生时合法婚姻关系之双方的婚生子女。不论子女随父姓还是母姓,不论已婚还是未婚,不论是否与父母共同生活,均依法享有继承权。

2.非婚生子女

非婚生子女是指非合法婚姻关系之男女所生育的子女。非婚生子女父母的两性关系往往为主流社会所否认,甚至为不法或不道德,故而累及非婚生子女。过去非婚生子女的地位十分低下,20世纪六七十年代各资本主义国家开始改革,其地位大大提高,并出现了大量非婚生子女的准正和认领,使其婚生化。在社会主义国家,婚生子女和非婚生子女的法律地位完全一样,其不仅有权要求继承生母的遗产,也有权要求继承生父的遗产,不论生父是否认领该非婚生子女。

3.养子女

养子女是因收养关系而成立与养父母形成父母子女关系的子女。收养一旦成立,养子女取得与亲生子女同等的法律地位,即有权取得养父母遗产的继承权。由于解除与亲生父母之间的关系,不得为亲生父母的法定继承人。收养的成立必须符合实体要件和程序要件。

如果收养人与被收养人年龄相差比较悬殊,以祖孙相称的,我国司法实务将其按养父母子女关系处理。养父母子女关系属于拟制血亲,相关人可协议而解除。收养关系如果经过正当途径解除,则养子女就丧失继承养父母遗产的权利。但如果收养关系解除时,子女尚未成年的,其与生父母之间的关系恢复,子女可以作为生父母的继承人。如果收养关系在子女成年后解除,与生父母之间的关系并不当然恢复,继承资格亦同。

4.有扶养关系的继子女

继父母子女关系是因为子女的生父或生母再婚形成的,属于姻亲关系。在继父母和继子女之间形成扶养关系的,相互有继承遗产的权利,如果相互没有形成扶养关系,则无继承权。继子女不仅有权继承继父母的遗产,而且还有权继承生父母的遗产，即继子女可能享有对继父母和生父母的双重继承权。

世界上少有国家认可继父母子女之间的继承地位，而且继父母子女之间的继承关系不甚稳定。从各国立法可以得知，只有我国和韩国是承认继子女与继父母之间有相互继承遗产的权利，但是韩国与我国规定又有不同，其继父母与继子女之间继承人资格的取得无须事实扶养关系为条件，而且承认历史遗留下来的嫡母子关系，而我国需要有事实扶养关系的存在方有继承权。继父母子女之间相互取得继承权是基于事实扶养产生的，存在姻亲关系为前提，当生父母与继父母之间的婚姻关系解除，则继父母子女之间的姻亲关系亦解除，一旦解除，双方之间不再具有继父母子女关系，不再享有继承资格。我们认为，继父母扶养继子女是基于帮助配偶尽法定义务，双方之间并没有法定义务，属于道德调整的范畴，建议将其作为适当分得遗产的人。

生物技术的不断发展，试管婴儿、借腹生子等非传统的人工生育方式不断出现，所生之子女是否享有继承权？为何人的法定继承人？主要有以下几种：一是同质人工授精，采用医疗手段使丈夫的精子与妻子的卵子结合，由妻子怀孕分娩。该种情况不生继承法上的问题。二是异质人工授精，主要是丈夫以外的第三人的精子与妻子的卵子结合或者丈夫的精子和妻子以外的第三人提供的卵子授精，由妻子怀孕分娩。就我国目前的生育技术法规，如果是正当合法的途径人工授精的，婚姻外的供体与子女不能建立法律上的权利义务关系，故不生父母子女之关系，而视为婚生子女，有继承权。三是借腹生子(代理母亲)，用现代生育技术将丈夫的精子或者丈夫与妻子的受精卵植入到第三者体内代理妻子怀孕分娩，而后由妻子以亲生母亲的身份扶养。我国目前的法律否认借腹生子协议的有效性，但是所生育子女是否有继承权，有待于亲子关系的确立。而该种情况下，亲子关系建构较为复杂，尚未达成统一认识。但是应把握两大原则，第一，从有利于子女利益的角度考虑；第二，尊重事实扶养优先于血缘关系。

(三)父母

父母作为与被继承人关系最近的直系尊血亲，其继承资格为各国继承法所认可。我国《婚姻法》规定："父母和子女有相互继承遗产的权利。"《继承法》第 10 条第 4 款规定："本法所说的父母包括生父母、养父母和有扶养关系的继父母。"生父母对亲生子女享有法定的继承权是基于自然血亲关系，不论该子女是婚生还是非婚生子女。养父母因收养关系的成立，与子女在法律上形成了拟制血亲关系，其产生的权利义务和亲生父母子女关系完全一样。因此在合法的收养关系存续期间，养父母是养子女的法定继承人。若收养关系解除，则丧失法定继承权。

(四)兄弟姐妹

兄弟姐妹是最近的旁系血亲。本法所称的兄弟姐妹,包括同父同母的兄弟姐妹、同父异母的兄弟姐妹、同母异父的兄弟姐妹、养兄弟姐妹以及有扶养关系的继兄弟姐妹。养兄弟姐妹基于收养而成立,养子女与生子女、养子女与养子女之间互为继承人。被收养人与亲兄弟姐妹之间因为收养法律上的权利义务终止,相互非为继承人。继兄弟姐妹之间形成扶养关系的,享有继承权。继兄弟姐妹之间相互继承遗产不影响其继承亲兄弟姐妹的遗产。

(五)祖父母和外祖父母

祖父母和外祖父母是仅次于父母之外最近的直系尊亲属,血缘联系较为密切,而且现实生活中,祖父母、外祖父母与孙子女、外孙子女共同生活,彼此间形成扶养、赡养关系的情况十分普遍。因此祖父母、外祖父母应为法定继承人。我国继承法上的祖父母、外祖父母的继承权包括对亲生子女的亲生子女或养子女、养子女的亲生子女和养子女的养子女、形成扶养关系的继子女的亲生子女或养子女的继承权。

(六)对公婆岳父母尽了主要赡养义务的丧偶儿媳、女婿

媳妇与公婆、女婿与岳父母属于姻亲关系,相互没有法律上直接的权利义务,原则上非为继承人。我国法律赋予对公婆、岳父母尽了主要赡养义务的丧偶儿媳或者女婿继承人地位,立法旨意在于通过赋予丧偶儿媳与女婿继承权激励其赡养老人,要取得继承权必须具有两个条件:

1.必须存在丧偶的情形

如果配偶在世,则赡养公婆或者岳父母是代配偶履行法律上的赡养义务,儿媳或者女婿可以通过配偶参与继承,若丧偶,则与公婆、岳父母未有任何法律上的联系,只能通过自己的名义继承遗产。

2.必须尽了主要赡养义务

最高人民法院《继承法意见》第30条规定:“对被继承人生活提供了主要经济来源,或者劳务方面给予主要扶助的,应当认定为尽了主要赡养义务。”而且不论子女有无代位继承,均不影响其作为第一顺序参与继承。

三、法定继承顺序的概述

法定继承顺序是指按照法律规定各法定继承人继承遗产的先后顺序。法定继承人的继承顺序,在遗产继承中处于重要地位,决定了存在两个或者两个以上继承人时谁是先顺序继承人,谁是后一顺序继承人,可避免遗产继承中诸

多争议的发生。

法定继承人的继承顺序具有法定性、强行性、排他性和限定性的特征。法定性，各法定继承人参加继承的顺序必须根据法律的规定，当事人不得自行决定和变更；所谓强制性是指任何人不得以任何理由对继承顺序加以变更，即使是前顺序的继承人将自己改变为后次序的继承人，也不允许；所谓排他性，是指前一继承顺序排斥后一继承顺序，只要有前一顺序继承人参与继承，后一顺序的继承人就不参加继承；所谓的限定性，是指法定继承顺序只适用于法定继承中，而不适用于遗嘱继承。综观世界各国，法定继承人确定法定继承顺序的依据主要有三点：

（一）血缘关系的亲疏远近

依与被继承人的血缘关系的远近确定其血亲继承人的继承顺序，血缘关系近者，继承顺序在前，血缘关系远者继承顺序在后。

（二）婚姻关系

婚姻是家庭的基础，配偶是共同生活的伴侣，相互之间关系密切，当然得为继承人，且继承顺序一般比较靠前，尽量使其能多继承遗产。即便不把配偶作为第一、第二顺序的法定继承人，也使配偶取得遗产的用益权。

（三）扶养关系

扶养关系密切，生活上相互依赖程度强，继承顺序在前，反之，则继承顺序在后。如我国把具有扶养关系的继亲列入法定继承顺序，视为拟制的血亲关系，与自然血亲具有同等的继承地位；还把对公婆尽了主要赡养义务的丧偶儿媳和对岳父母尽了主要赡养义务的丧偶女婿也作为第一顺序继承人。

四、我国法定继承人的继承顺序

我国《继承法》第 10 条和第 12 条规定，第一顺序继承人是配偶、子女、父母，及对公婆尽了主要赡养义务的丧偶儿媳和对岳父母尽了主要赡养义务的丧偶女婿。第二顺序继承人为：兄弟姐妹、祖父母和外祖父母。二亲等血亲父母、子女为第一继承顺序、三亲等的祖父母、外祖父母、兄弟姐妹为第二顺序。可见我国继承法在继承顺序上采用亲等继承制。

我国的法定继承中，仅有两个继承顺序，先由第一顺序的继承人继承。在第一顺序继承人全部放弃继承、被剥夺继承权或者无第一顺序继承人时才由第二顺序继承人继承。在继承法颁布时，我国的继承顺序基本合理，但是随着时代的发展，对继承法的继承顺序有不同的观点。普遍认为，法定继承人范围过于狭窄，同时导致继承顺序太少。有学者建议采用四种继承顺序，有学者建议采用三种继承顺序，对我国现行继承法中争论最大的是配偶与父母的继承顺序。

（一）配偶的继承顺序

各国现行的继承法均认可配偶相互为继承人，坚持男女平等原则，但在配偶的继承顺序问题上有不同的主张。有学者认为，我国继承法将配偶作为第一顺序法定继承人乃理所当然，也体现了配偶在家庭中的地位和他人之间的密切关系。[①] 有学者认为短婚配偶独吞遗产不公，特别是死者父母早亡，由兄姐扶养长大的，刚一结婚，其遗产就全部归配偶一人继承，于理不公。建议结婚不满 5 年的，配偶不固定顺序继承；其继承份额依照其参与继承的顺序分别为遗产的 1/5 或 3/5。[②] 另有学者认为，配偶列为不固定顺序继承，可与任何一顺序的血亲共同继承，从而兼顾血亲利益的保护，同时又通过先取特权对配偶的权利以特别保护。[③]

纵观世界各国，有将配偶列为第一顺序继承人的，也有少数国家将配偶列为第二顺序继承人，放在子女及直系卑亲属之后，配偶能取得遗产的机会极少。法国虽然将配偶作为第四顺序继承人，但是对配偶权益的保障不是在遗产的继承顺序上，而是用益权上和平等的夫妻共同财产制度方面。另一种是不把配偶列入固定的继承顺序，而将其与任何一个继承顺序的继承人共同继承，继承份额的多少视其与哪一顺序的继承人共同参与继承。我们认为将配偶作为不固定顺序继承人，既能体现配偶相互密切关系，又能兼顾血亲和姻亲利益，又为多数国家立法例，有利于减少国际私法冲突。

（二）父母的继承顺序

父母作为子女最近直系尊亲属，无论经济上还是情感上联系都非常紧密，现代各国都认可父母具有法定继承人的资格。但对我国现行法律将父母作为第一顺序法定继承人是否合理存有较大争议。以郭明瑞教授等为代表者认为，继承法规定父母为第一顺序法定继承人更有利于老人的赡养，而将父母规定为子女与配偶之后的第二顺序继承人，实际上将很难得到子女的遗产。老龄化问题在我国日益凸显，规定父母为第一顺序继承人，使其能够取得遗产养

---

① 郭明瑞：《民法》，高等教育出版社 2003 年版，第 71 页。

② 杨遂全：《中国之路与中国民法典》，法律出版社 2005 年版，第 363 页。

③ 张玉敏：《中国继承法立法建议稿及立法理由》，人民出版社 2006 年版，第 86 页。

老，也有助于缓解整个社会的沉重压力。[①] 以张玉敏教授为代表者持完全相反的观点，认为在财产较少的计划经济时代，公民个人财产数量不多，社会保障制度尚未健全，保障力度较弱，遗产主要用于保障家庭养老育幼，将父母规定为第一顺序继承人未尝不可。但是国民个人财富大量增加的条件下，继承法的指导思想应当从死后的扶养转向死者财产的再分配。因此，父母应当列于子女及晚辈直系血亲之后为第二顺序继承人。另外，父母晚年生活保障应当由赡养制度解决，而不是继承问题。再次，财产所有人的愿望在继承规则的确立中发挥重要和基本的影响，而所有人总是希望将财产传给自己的晚辈直系血亲，当父母继承遗产的时候，自己的部分遗产可能通过父母转入兄弟或者其子女手中。这往往是被继承人所不愿见到的。[②]

习惯上，晚辈直系血亲生存的时候，父母往往不参与遗产的分割，这是世界绝大多数的立法例，也符合继承遗产向下传承的功能。我国的经济建设取得长足的进步，公民个人财产日益增多，但目前经济发展水平极不平衡，一边是经济发达的沿海地区和大城市，不仅有较多的个人财产，且有较好的社会保障体制；一边是经济落后的中西部地区，特别是落后的农村地区，不仅个人财产较少，且生活尚未纳入社会保障体制的范围，老龄化问题日益突出。在法定继承立法中，要贯彻由完全死后扶养转化为财产再分配尚有一定的距离。我国法定继承制度应适当考虑父母的赡养问题，同时又能考虑到经济发达地区使其朝着死者财产再分配方向逐步转变。

第三节　代位继承

一、代位继承的概述

代位继承又称为间接继承，是在继承人先于被继承人死亡，由继承人的直系血亲卑亲属代为继承取得其应继份的一项制度。

---

① 郭明瑞、房绍坤、关涛：《继承法研究》，中国人民大学出版社 2003 年版，第 72～73 页。

② 张玉敏：《中国继承法立法建议稿及立法理由》，人民出版社 2006 年版，第 85～86 页。

代位继承制度是现代各国法定继承制度中一项重要的制度，源自古罗马时期。“不同顺序的儿子所生之孙子女，通过无遗嘱继承对祖父的遗产实施继承，他们不是按每个人的份额进行继承，而是要在他们代位的范围内进行继承。”[①]古罗马的直系血亲代位继承制度后来逐渐扩展到直系旁系血亲。后来日耳曼法受罗马法的影响，也仿效该制度，近代欧洲各国也沿用该制度，现为各国继承。

我国古代虽无代位继承之名，但有代位继承之实。《唐律疏议》中有“兄弟亡者，子承父分”的规定。《唐律疏议》举例解释说：“一个老者有三男十孙，分家时应给老人留一份。三男中只有一男健在时，财产分成四份，三男各一份，老人一份……”我国古代析产和继承不分，这里说的虽然是析产，其原则也适用于继承。1930 年《中华民国民法典继承编》明确规定被继承人的直系卑血亲代位继承的制度。

二、代位继承的原因和性质

由于各国（地区）代位继承发生的原因不同，对代位继承制度的概念和性质存有争论。关于代位继承的发生原因，存在三种立法例，一种立法例规定，被代位继承人先于被继承人死亡为代位继承发生的唯一原因，如我国和法国。第二种立法例规定，被代位继承人先于被继承人死亡和丧失继承权作为代位继承发生的原因，如日本、韩国、意大利等国和我国台湾地区。第三种立法例规定，被代位继承人先于被继承人死亡、丧失继承权及放弃继承权都可以成为代位继承发生的原因，如德国、瑞士和我国的澳门地区。

关于代位继承权的性质主要存在两种学说，代表权说和固有权说。

代表权说，即代位继承人代表被代位继承人的权利而继承，也就是说被代位继承人的直系卑亲属可以继承被代位继承人的继承顺序而取得其应继份额。《法国民法典》第 739 条规定，代位继承是一种法律上的拟制，其效果是使代位继承人取代被代位继承人的地位、亲等与权利。第 787 条规定，继承人如已放弃继承，任何人均不得代位继承。

固有权说，即代位继承人以自己固有的权利直接继承被继承人的财产，根据该种学说，只要被代位继承人不能继承，代位继承人就得代位继承，即使在被代位继承人放弃继承或者丧失继承权的情况下亦同。如《瑞士民法典》第

① [意]桑德罗·斯奇巴尼选编:《婚姻·家庭和遗产继承》，费安玲译，中国政法大学出版社 2001 年版，第 425 页。

541条规定:“无继承能力,仅及于无继承资格者本人。无继承资格人的直系卑血亲,按无继承资格人先于被继承人死亡的情况,继承被继承人的财产。”

我国最高人民法院《继承法意见》第28条规定:“继承人丧失继承权的,其晚辈直系血亲不得代位继承。如该代位继承人缺乏劳动能力又没有生活来源,或对被继承人尽赡养义务较多的,可适当分给遗产。”对于属于姻亲的丧偶的儿媳和女婿与公婆、岳父母不具有法律上的权利义务关系尚能通过扶养取得第一顺序继承资格,而作为二等直系血亲的孙子女和外孙子女即便通过扶养也不能取得继承权,实为欠妥。养老育幼是婚姻家庭制度的基本功能,若被代位继承人丧失继承权,晚辈直系血亲未有继承被继承人遗产的权利,则会使晚辈直系血亲推脱赡养义务,也不利于育幼功能的实现。我们建议,代位继承权应当采用固有权说为宜。

三、代位继承的条件

根据我国《继承法》和最高人民法院《继承法意见》的规定,代位继承具有以下条件:

(一)被代位继承人于继承开始前死亡

被代位继承人先于继承人死亡是发生代位继承的法定唯一理由。根据我国继承法规定,继承人先于被继承人死亡是代位继承适用的前提,若被代位继承人丧失继承权,则其晚辈直系血亲仍不得成为代位继承人。因此,被代位继承人生前享有继承权和先于被继承人死亡是代位继承发生的唯一原因。

(二)被代位继承人只能是被继承人的子女

被继承人的其他法定继承人,如配偶,父母、兄弟姐妹等非子女继承人不能作为被代位人。最高人民法院《继承法意见》第26条规定:“被继承人的养子女、已形成扶养关系的继子女的生子女可代位继承。”因此,根据我国法律,该子女包括婚生子女、非婚生子女、养子女和与继父母形成扶养关系的继子女。

(三)代位继承人必须是被代位继承人的晚辈直系血亲

综观世界各国代位继承立法,代位继承都是被代位继承人的晚辈直系血亲,而非被继承人的晚辈直系血亲。如承认兄弟姐妹可以成为被代位人的立法例中,代位继承人扩及侄子女和外甥子女及其卑亲属。我国《继承法》第11条规定,代位继承人是被继承人子女(被代位继承人)的晚辈直系血亲。我国最高人民法院《继承法意见》第25条规定,被继承人的孙子女、外孙子女、曾孙子女、曾外孙子女都可以代位继承,不受辈分限制。

(四)代位继承只能发生在法定继承中

代位继承是法定继承中的内容,从代位继承人的范围到代位继承的遗产分配原则,无一不受法律的直接规定,他人无权任意变更。由此,代位继承只适用于法定继承方式。如果在遗嘱继承中,遗嘱继承人先于遗嘱人死亡,此时,其尚未取得继承权,自然就不发生晚辈直系血亲代位继承问题。因此,在遗嘱继承中不适用代位继承。

第四节 转继承

一、转继承概述

转继承是指继承人在继承开始后,遗产分割前死亡,其所继承的遗产份额由其继承人承受的一项制度。最高人民法院《继承法意见》第 52 条规定:“继承开始后,继承人没有表示放弃继承,并于遗产分割前死亡的,其继承遗产的权利转移给他的合法继承人。”

关于转继承的性质,主要有两种观点:一种观点认为,转继承是继承权的转移,而不是遗产所有权的转移。被转继承人在遗产分割前死亡,不存在遗产所有权。因为,遗产所有权只能在遗产分割后才发生,进而认为,处理这类案件不应将被转继承人的应继承的遗产份额视为夫妻共同财产。另一种观点认为,转继承是被转继承人应继份额转给他的继承人承受,所以转继承是遗产所有权的转移,而不是继承权的转移。这样,被继承人应继承的遗产份额被视为其与配偶的共同财产。我们赞成后一种观点,继承开始后,继承人取得了主观的继承权,成为遗产的共有权人。该主观继承权在婚姻关系存续期间取得,应认定为夫妻共同所有。转继承在本质上是两个先后发生的继承关系的组合,因此转继承人继承的应当是被转继承人的遗产,而非被继承人的遗产。

转继承需要具备如下条件:须被继承人死后,遗产分割前继承人死亡;须继承人未放弃继承且并未丧失继承权;须继承人继承其应继承的份额。

转继承可以发生在法定继承中,也可以发生在遗嘱继承中。

二、代位继承和转继承的区别

代位继承和转继承有某方面的相似性,如从表征上看,两者是由两个死亡

事实引起遗产的继承,代位继承人和转继承人都直接取得被继承人遗产,但是代位继承和转继承有本质区别:

(一)性质不同

代位继承是代位继承人基于代位继承权直接继承被继承人的遗产,代位继承人所行使的是对被继承人遗产的继承权,而不是被代位人的遗产继承权,因此,代位继承具有替补继承的性质。而转继承是连续发生两次继承,转继承人所享有的分割被转继承人应取得的遗产份额,而不是取得对被继承人遗产的继承权,所以,转继承具有连续继承的性质。

(二)发生时间和成立条件不同

代位继承只能是被继承人的子女先于被继承人死亡而发生,只有被继承人的子女才能成为被代位继承人。而转继承发生在继承开始后,遗产分割前,并且可因任何一继承人的死亡而发生,任何一个继承人都可以成为被转继承人。

(三)权利主体不同

在代位继承中,代位继承人只能是被代位继承人的晚辈直系血亲,其他法定继承人不能作为代位继承人。晚辈直系血亲中,以亲等近者优先。在转继承中,转继承人可以是被转继承人的所有继承人,既包括法定继承人,也包括遗嘱继承人。转继承人的继承人范围和顺序按照遗嘱继承或者法定继承确定。

(四)适用范围不同

代位继承只能适用于法定继承中,不适用于遗嘱继承。遗嘱继承中的遗嘱继承人先于被继承人死亡的,按法定继承处理。遗嘱继承人丧失继承权的也按法定继承处理,因此代位继承不可能发生在遗嘱继承中。而转继承可以适用于法定继承,也可适用于遗嘱继承,还可以适用于遗赠。

第五节　法定继承中的遗产分配

一、遗产分配原则

遗产的分割是各继承人按照其应继份进行分配用以消灭遗产的共同共有关系的一种法律行为。被继承人死亡时,若继承人为一人,不发生遗产分割问题。当继承人有两人以上时,遗产权利概括转移于继承人共同共有,因而不得不有一个结束这种共同所有的方法,否则共有人行使权利时有不同意见,易生纠纷。遗产的分割应当遵循以下原则：

(一)平均分割原则

《继承法》第 13 条第 1 款规定："同一顺序继承人继承遗产的份额，一般应当均等。"当今世界上几乎所有国家的继承立法，都确认了同一顺序的直系血亲卑亲属均采用平均份额的办法进行遗产分割。该方法简便易行，公平合理。当然平均分割原则仅限于一般情况下，如果存在特殊情况，则不可适用平均分割原则。如果继承人协商一致的，也可不均等。

(二)照顾弱者的原则

我国《继承法》第 13 条第 2 款规定："对生活有特殊困难的缺乏劳动能力的继承人，分配遗产时，应当予以照顾。"生活特殊困难的继承人，主要是指无生活来源的未成年人、老人、病残者。由于他们无生活来源，同时又缺乏劳动能力，其生活往往比较困难，难以维持基本的生活。如果生活困难不是由于缺乏劳动能力造成的，而是由于赌博、好逸恶劳、吸毒甚至经商亏损造成的，不能成为照顾的情形。

(三)权利义务相统一的原则

权利义务相一致是我国宪法和民法的基本原则之一，该原则也贯穿于继承法。在进行遗产分割时，必须考虑继承人对被继承人生前所尽义务的多少，在其他条件相同的情况下，尽义务多的应当多分，尽义务少的应当少分，有扶养能力和扶养条件而不尽扶养义务的，应当不分或者少分。我国《继承法》第 13 条第 3 款、第 4 款规定："对被继承人尽了主要扶养义务或者与被继承人共同生活的继承人，分配遗产时，可以多分。有扶养能力和有扶养条件的继承人，不尽扶养义务的，分配遗产时，应当不分或者少分。"主要扶养义务是指对被继承人生活提供了主要经济来源，或在劳务等方面给予了主要扶助的。对于与被继承人共同生活的继承人，较其他继承人与被继承人在经济上、生活上联系更为紧密，履行的扶养义务也较多。如果继承人与被继承人虽然共同生活，但不尽扶养义务，分配遗产时，可以少分或者不分。我国《继承法意见》第 33 条规定："继承人有扶养能力和扶养条件，愿意尽扶养义务，但被继承人因有固定收入和劳动能力，明确表示不要求扶养的，分配遗产时，一般不应因此而影响其继承份额。"

(四)物尽其效的原则

物尽其效是指在遗产分割时，应当有利于生产和生活的需要出发，注意充分发挥遗产的实际效用，使其满足继承人的生产和生活需要，从而促进整个社会财富的增长。我国《继承法》第 29 条第 1 款规定："遗产分割应当有利于生产和生活需要，不损害遗产的效用。”《继承法意见》第 58 条规定：“人民法院在分割遗产中的房屋、生产资料和特定职业所需要的财产时，应依据有利于发挥其使用效益和继承人的实际需要，兼顾各继承人的利益进行处理。”

二、酌情分得遗产制度

在法定继承中，除法定继承人得参加继承外，具备法定条件的其他人也可以适当分得遗产。我国《继承法》第 14 条规定：“对继承人以外的依靠被继承人扶养的缺乏劳动能力又没有生活来源的人，或者继承人以外的对被继承人扶养较多的人，可以分给他们适当的遗产。”酌情分得遗产的规定是我国继承法的独创，和其他国家的继承法不同。酌情分得遗产权是指法定继承人以外的自然人，由于与被继承人形成某种扶养关系，依法可分得适当遗产的权利，这种权利的性质既不同于继承权，也不同于受遗赠权，是一种特殊的权利，具有如下特征：

（一）适用法定继承，而不适用遗嘱继承

在遗嘱继承中，完全听凭遗嘱人的意思，遗产的处理均遵循遗嘱所指定的遗嘱继承人和受遗赠人进行分配。若非继承人取得遗产的唯一的方式是成为受遗赠人。酌情分得遗产权只能发生在法定继承中。

（二）权利主体仅限于法定继承人以外的与被继承人形成过扶养关系的人

权利主体分为两类：一类是继承人以外依靠被继承人扶养的缺乏劳动能力，又没有生活来源的人，需要满足三个条件：第一，须缺乏劳动能力，可为未成年人，也可为年老体弱者。第二，无其他生活来源。没有生活来源是指没有经济上的收入，但若有扶养人义务人或者有人向其提供稳定的生活费用，则不得视为无生活来源。第三，生前依靠被继承人扶养。上述三个条件应当以被继承人死亡时间为准，缺一不可。另一类主体是继承人以外，对被继承人扶养较多的人。对被继承人的扶养包括对被继承人经济上供养，生活上的扶持和精神上的慰藉等。如果一次性的经济帮助，只能视为一般的民事赠与，非认定为扶养。

（三）酌情分得遗产权数额视具体情况而定

法定继承人取得遗产原则上是均等的，但是酌情分得遗产的数额则由多方面的因素决定，如与被继承人生前形成的扶养关系的依赖程度，遗产的多少，权利人本身的生活苦难的程度等。若被继承人生前对权利人扶养较多，被继承人死亡后，其生活无依，只能完全靠社会救济度日，则可多分得遗产。但若遗产本身数额较少，还得考虑法定继承人继承权，故又得另当别论。若权利

人对被继承人生前扶养较多的，则需要考虑实际扶养情况予以分配。对于酌情分得遗产数额，按照具体情况，可多余或者少于法定继承人的继承份额。

可以分给适当遗产的人，在其依法取得被继承人遗产的权利受到侵犯时，本人有权以独立的诉讼主体的资格向人民法院提起诉讼。但在遗产分割时，明知而未提出请求的，一般不予受理；不知而未提出请求，在两年以内起诉的，应予受理。

本章思考题：

1.试论述法定继承的适用范围。

2.试论述我国继承法规定的法定继承人的范围和顺序的特点。

3.试论述转继承和代位继承的区别。

4.试论述法定继承中遗产分割原则。

5.案例分析

(1)甲乙是夫妻，戊是甲乙的儿子，丙丁是丈夫甲的父母，甲有一兄弟辛，妻子乙有母亲戊。甲乙丙丁一起出游，途中发生事故，四人均在事故中遇难，无法确定死亡时间。甲乙共有共同财产 60 万元，丙丁共有财产 80 万元，问：如何继承？

(2)张伟父母早亡，在兄长张明的拉扯下考上大学，并且由张明支付了上学期间的所有学费和生活费。张伟大学毕业后，在城市找到一份称心如意的工作，不到三年于 2004 年就买了房子和车子，2005 年 2 月认识陈美丽，6 月两人登记结婚，生活过得很美满。可天有不测风云，结婚后两个月，张伟在一次出差中途中，飞机失事死亡。经查明，张伟个人拥有的房子价值 80 万，车子 20 万，死亡赔偿金 50 万，抚恤金 3 万。问：这些财产该如何继承？

第二十五章

遗嘱继承

第一节　遗嘱继承概述

一、遗嘱继承的概念

遗嘱继承是法定继承的对称，是指在继承开始后，按照被继承人生前所立的遗嘱来确定继承人、继承份额等继承被继承人遗产的继承方式。因在遗嘱继承中，继承人、继承份额等等都是由被继承人意思决定，故又称为“意定继承”或“指定继承”。遗嘱继承具有如下特征：

(一)遗嘱继承的发生以合法有效的遗嘱存在为前提

如有被继承人死亡的事实而无遗嘱，则仅发生法定继承。遗嘱继承必须有被继承人死亡和被继承人立有合法有效的遗嘱方可发生。

(二)遗嘱继承直接体现了被继承人的意志

遗嘱继承是继承开始后，按照被继承人的意愿对其死后财产的分配。根据法律规定设立遗嘱不得适用代理，保障遗嘱能够完全体现被继承人的意志。立遗嘱人可以指定第一顺序继承人中的一人或者数人继承，也可以指定第二顺序继承人中的一人或者数人继承，也可以同时指定第一顺序继承人或者第二顺序继承人中的继承人继承，且份额亦较为自由。

(三)遗嘱继承优先于法定继承，又受法定继承限制

我国《继承法》第 5 条规定：“继承开始后，按照法定继承办理；有遗嘱的，按照遗嘱继承或者遗赠办理。”但是遗嘱继承受到法定继承诸多规则的限制，

如遗嘱继承人必须为法定继承人之一人或者数人;所立的遗嘱不能剥夺无劳动能力又无生活来源的法定继承人的继承份额;应当为胎儿保留继承份额等。

二、遗嘱继承的适用条件

根据我国继承法规定,被继承人的遗产按照遗嘱继承须同时具备以下条件:

(一)遗嘱涉及的遗产未在遗赠扶养协议中处理

被继承人生前与他人订有遗赠扶养协议,同时又立有遗嘱的,继承开始后,如果遗赠扶养协议与遗嘱继承没有抵触的,遗产分别按协议和遗嘱处理,如果有抵触的,按协议处理,与协议抵触的全部或者部分无效,即遗赠扶养协议优先于遗嘱继承。

(二)存在合法有效的遗嘱

合法有效的遗嘱才能产生法律拘束力。若遗嘱无效,则不可能按被继承人生前的意愿分配遗产。

(三)遗嘱继承人没有放弃继承,也没有丧失继承权

如果遗嘱继承人在法律规定的期限内放弃了继承权,继承权消灭。若遗嘱继承人基于法定的原因丧失继承权,其继承资格因被剥夺而消灭,不能产生遗嘱继承的效力,该部分的遗产仍按照法定继承方式继承。

(四)被继承人先于遗嘱继承人死亡

若遗嘱继承人先于被继承人死亡,继承开始时,继承人主体消灭,无法承受被继承人的遗产,故不再发生继承关系,涉及已死亡继承人的遗产,按照法定继承处理。若遗嘱继承人在被继承人死亡后,遗产分割前死亡的,仍可以按转继承方式先由遗嘱继承人(被转继承人)继承,然后由转继承人的继承人继承。

第二节 遗 嘱

一、遗嘱的概述

遗嘱是被继承人生前按照法定方式根据自己的意愿对其死后遗产所作的处分,并于被继承人死亡时发生效力的民事行为,其具有如下特征:

(一)遗嘱是被继承人的单方民事行为

单方民事行为是基于一方的意思表示即产生相应的法律后果,遗嘱只需要被继承人单方作出意思表示,无须征求继承人的同意,遗嘱即成立。同时遗嘱体现遗嘱人本人的真实意思,必须由遗嘱人本人作出,不得代理。

(二)遗嘱是死因民事行为

遗嘱要等遗嘱人死亡以后才发生效力。因此,在遗嘱人死亡前,遗嘱人可以单方变更遗嘱。在遗嘱人生前,不得要求分割遗嘱人的财产。

(三)遗嘱是要式民事行为

各国法律对遗嘱的形式均有严格的要求。各国都严格控制遗嘱的形式,如我国《继承法》规定,有公证遗嘱、自书遗嘱、代书遗嘱、口头遗嘱和录音遗嘱等。而且对于不同的遗嘱形式,都规定了不同要件,缺一不可,否则无效。

二、遗嘱能力

遗嘱是遗嘱人单方所作出的民事行为,其效果以当事人的意思表示为核心,故需要遗嘱人具有相应的表达意思处分财产的能力,即遗嘱能力。各国法律一般都对遗嘱能力作了详细的规定,完全民事行为能力人具有遗嘱能力为各国继承法所确认,但是限制民事行为能力人是否具有遗嘱能力则不一致,主要存在以下两种立法例:一种是限制民事行为能力人也具有一定的遗嘱能力。法国成年年龄是 18 周岁,但是 16 周岁就有遗嘱能力,但是其遗嘱能力受限。另一种是遗嘱能力与完全民事行为能力相一致,限制民事行为能力人不具有遗嘱能力。意大利、瑞士和英美采用此种立法例。我国采用是后一立法例。《继承法》第 22 条规定,无民事行为能力人和限制民事行为能力人所立遗嘱无效。在我国 18 周岁以上为成年年龄,具有完全民事行为能力人;16 周岁以上以自己的劳动收入为主要生活来源的人视为完全民事行为能力人,均有遗嘱能力。考虑到我国未成年人较少参与经济活动,即便参与经济活动也必须能以自己劳动为主要生活来源才视为完全民事行为能力人,且立遗嘱是一种重要的民事行为,为了确保遗嘱处分能真正符合当事人的意思,这一立场仍应当坚持。

遗嘱人是否具有遗嘱能力应当以立遗嘱的时间为准。《继承法意见》第 41 条规定:"遗嘱人立遗嘱时必须具有行为能力。无行为能力人所立的遗嘱,即使本人后来有了行为能力,仍属于无效遗嘱。遗嘱人立遗嘱时有行为能力,后来丧失了行为能力,不影响其遗嘱的效力。"对精神病人的遗嘱能力问题则较为复杂。精神病人在被宣告为无民事行为能力人或者宣告为限制民事行为能力人，患病期间无遗嘱能力确定无疑。

三、遗嘱的形式

遗嘱是处分死后财产的行为，法律后果重大，各国法律对其形式有严格的要求，为要式民事行为。虽有被继承人处分自己死后财产的意思表示，若不符合遗嘱的形式要求，不能产生遗嘱的效力。各国规定了多种形式的遗嘱供当事人选择，引导遗嘱人设立规范的遗嘱，减少继承纠纷的发生。我国继承法规定遗嘱的形式有公证遗嘱、自书遗嘱、代书遗嘱、录音遗嘱和口头遗嘱五种。

(一)公证遗嘱

公证遗嘱是指经公证机关公证的遗嘱。公证遗嘱是形式最为严格，较之其他遗嘱方式效力往往较高。我国《继承法》第 17 条第 1 款规定："公证遗嘱由遗嘱人经公证机构办理公证遗嘱。"该规定过于简单，结合《公证暂行条例》和《公证遗嘱公证细则》，公证遗嘱必须符合下列条件：

1. 公证遗嘱由遗嘱人及公证员共同办理

遗嘱人申办遗嘱公证应当亲自到公证处提出申请，如果亲自到公证处有困难的，可以书面或者口头形式请求有管辖权的公证处指派公证人员到其住所或者临时处所办理。

2. 遗嘱人意思表示真实

公证人员应当审查遗嘱人的遗嘱能力及意思表示是否真实。公证人员应当了解遗嘱人的身体状况，精神状况；遗嘱人是老人、间歇性精神病人、危重病人的，还应当记录对事物的识别和反应能力。为保障遗嘱是遗嘱人的真实意思，公证人员应当向遗嘱人讲解有关遗嘱和公民处分财产权利，以及公证遗嘱的意义和法律后果。公证人员询问遗嘱人时，除翻译和见证人以外，其他人员一般不在场。遗嘱人提供遗嘱或者遗嘱草稿的，还应当了解形成的时间、地点和过程，是自书还是代书，是否为本人意愿，有无修改和补充等。

3. 公证人员应当审查遗嘱内容的合法性

公证人员如果发现遗嘱违反法律规定，应当拒绝公证，如在公证遗嘱中剥夺了无劳动能力又无生活来源人的继承份，或者剥夺了胎儿的保留份及遗嘱处分了他人的财产等等。公证遗嘱的目的主要对遗嘱真实性进行审查，初步审查其合法性，即内容本身不违反法律规定，但是对于遗嘱人是否真实拥有该遗产，该遗产是否存在产权纠纷，指定的继承人是否存在等等，一般不进行全面的审查。遗嘱公证后，遗嘱人仍有可能将遗嘱中指定的财产处分，也有可能遗嘱中指定继承人先于遗嘱人死亡。

4.公证机关必须制定遗嘱公证书

公证人员对遗嘱进行审查后,确认遗嘱真实合法的,要制作遗嘱公证书。《遗嘱公证细则》第17条规定:“对于符合下列条件的,公证处应当出具公证书:(一)遗嘱人身份属实,具有完全民事行为能力;(二)遗嘱人意思表示真实;(3)遗嘱人证明或者保证其处分的财产是其个人财产;(四)遗嘱内容不违反法律规定和社会公共利益,内容完备,文字表达准确,签名、制作日期齐全;(五)办证程序符合规定。”

(二)自书遗嘱

自书遗嘱,是遗嘱人亲笔制作的遗嘱形式,又称为亲笔遗嘱。《继承法》第17条第2款规定,“自书遗嘱由遗嘱人亲笔书写,签名,注明年、月、日。”自书遗嘱应当具备如下要件和程序:

1.遗嘱人亲自书写遗嘱全文

书写遗嘱所用的材料不限,可以用毛笔、钢笔等,可以记载在纸张上,也可以记载在物上。自书遗嘱只要求是遗嘱人处分遗产的真实意思的书面记载,而不要求一定有“遗嘱”的字样。但是如果被继承人仅在信笺或者日记中有如何分配死后财产的打算或者顾虑,并没有形成遗嘱的意思表示,只能认为是其内心想法,并未表示于外部,不符合民事行为需将意思表示于外部的要求,不应认定为自书遗嘱。

2.遗嘱人必须亲自签名

遗嘱人在自己亲笔书写的遗嘱上签名是遗嘱生效的决定性要件,如果仅有遗嘱的全部内容,而无遗嘱人的签名,此遗嘱不能成立。此外,在遗嘱中不得用私人印章和按手印的方式代替签名。至于签名后加盖私章或按手印的不加限制。

3.遗嘱人必须在遗嘱中注明年月日

我国继承法规定,自书遗嘱应注明年、月、日。遗嘱注明的年月日乃是遗嘱成立的时间,是判断遗嘱人遗嘱时是否具有遗嘱能力的重要依据,当有多份遗嘱时,还可以判断哪份遗嘱是最后所立的遗嘱,具有优先效力,意义重大。倘若年月日有欠缺时,遗嘱效力无效。

(三)代书遗嘱

代书遗嘱,是由遗嘱人口述遗嘱内容,他人代为书写制作的遗嘱,又称为代笔遗嘱。代书遗嘱已为多数国家所否定,但考虑到我国公民现有的文化水平整体偏低,文盲和半文盲大量存在,且很多地方经济水平较差,不愿意去公证处公证,代书遗嘱仍有存在的必要。代书遗嘱的设立需要符合下列条件:

1. 代书遗嘱需要两个或两个以上的见证人

利害关系人不得为见证人，继承人、受遗赠人的债权人、债务人、共同经营的合伙人，也应当视为与继承人、受遗赠人有利害关系，不能作为遗嘱的见证人。且见证人应当具有见证能力，我国法律规定应当具有完全民事行为能力。

2. 必须由遗嘱人口述遗嘱内容，其中一人代书

因遗嘱为遗嘱人的意思表示，所以不得代理，只能由其自己口述遗嘱全部内容，由代书人记录，记录后必须将遗嘱全文向遗嘱人宣读，经过遗嘱人认可。我国《继承法》第 17 条第 3 款规定，代书人为见证人中一人，但在实践也出现了代书人非为见证人，甚至是限制民事行为能力人的，其效力如何？有人认为，代书人需要具有完全民事行为能力，方取得代书人资格，否则无效。我们认为，代书人若能正确将遗嘱人口述的内容书写下来即可，至于内容的真实性，由其他见证人证明即可，但应当遵循回避制度，不可为利害关系人。

3. 代书遗嘱应当注明年月日，并由代书人、见证人及遗嘱人签名

在代书遗嘱中，遗嘱人本人不会书写或者生命垂危不能书写，则可由代书人书写遗嘱人姓名，由遗嘱人在上面按印亦可。

代书遗嘱必须具有上述要件方能生效，否则不具有法律效力。

（四）录音遗嘱

录音遗嘱是指通过录音的方式订立的遗嘱，是现代科技发展的产物。录音遗嘱与其他形式的遗嘱相比有信息量大，内容丰富，形成快捷，利于保存，便于使用的特点。但录音遗嘱作为视听资料反映被继承人意愿的遗嘱形式，同样有视听资料证据的缺陷。比如录音遗嘱易于被伪造、模仿、剪辑。现在仅有少数国家将其作为遗嘱形式加以规定。为了保障真实性，录音遗嘱应当具备下列要件：

1. 录音遗嘱必须有遗嘱人和两个或两个以上的见证人参与。录音遗嘱必须有两个或者两个以上见证人参与，在录音开始后，遗嘱人及见证人必须分别说明自己的姓名、性别、年龄、工作单位等个人基本信息。

2. 由遗嘱人亲自叙述遗嘱的全部内容。遗嘱人应当亲自叙述遗嘱的全文，具体说明财产的分配方案，指明财产的种类、位置、数量等，并说明继承人或者受遗赠人姓名、年龄、工作单位及与自己的关系等，以免发生混淆。且遗嘱在录音过程中不得中断。最后见证人将自己见证证明录制在音像磁带上。

3. 遗嘱中必须说明遗嘱录制的具体地址和日期（年月日）。

4. 录音遗嘱完成以后，将录音遗嘱的磁带封存，并在封面上由遗嘱人、见证人签名，并注明年月日，然后交给见证人保管。

5. 继承开始后，录音遗嘱必须在见证人和继承人到场的情况下当众启封。此种做法可以防止有人伪造或者篡改遗嘱。

随着现代科技的发展，录像机、摄像机、刻录机、电脑等进入了千家万户，有学者主张增加录像、光盘一些其他电子读物为载体制作的遗嘱形式，和录音遗嘱统称为音像遗嘱。

（五）口头遗嘱

口头遗嘱又称为口授遗嘱，谓遗嘱人生命垂危或出现其他特别紧急的情事而来不及订立其他形式的遗嘱，可以通过遗嘱人向见证人口述遗嘱内容即可。因口头遗嘱内容未记载于一定的载体上，而存于见证人之大脑内，可能因见证人遗忘而失真，也可因见证人故意做假叙述而失实，易产生纠纷，故各国严格限制口头遗嘱。然而在生命垂危、情势紧急不能以其他方式订立遗嘱的情况下，口头遗嘱简便易行，为唯一可行的遗嘱方式，仍为各国所认可，但对口头遗嘱之成立条件限制较为严格，成立口头遗嘱需要下列条件：

1. 遗嘱人生命垂危及其他紧急情况下

遗嘱人无法采用其他方式订立遗嘱时，才可订立口头遗嘱。所谓生命垂危，是指遗嘱人处于死亡危险的紧急场合，如遗嘱人患疾病而限于危险状态，或者因事故而限于危险状态。根据各国继承法规定，交通断绝、传染病、船舰遇难或者战事等非常事情，一般碍于使用其他遗嘱作成方式，可作口头遗嘱。

2. 口头遗嘱须二人以上见证人，由遗嘱人向见证人口述遗嘱内容

见证人资格与代书遗嘱同，须有完全民事行为能力，须为无利害关系人。两见证人得见证遗嘱人口授遗嘱之全过程。口授得以言语为之，仅以质问及举动例如点头摇头之表示，不为口授。哑者以手势所为之表示，亦非为口授。①

对于口头遗嘱是否需要见证人制作笔录，各国有不同的规定。我国继承法未明文规定，遗嘱内容仅凭记忆即可。为了防止内容被遗忘或者失真，我们认为，有条件记录的，见证人应当记录遗嘱人口述之内容。当时没有条件的，应当在事后条件具备的情况下，记录口述遗嘱内容，并签名或者按印，注明遗嘱人口述的时间及记录的时间。若见证人无书写能力，不能记录时，向公证机关复述遗嘱主要内容，由公证机关存档，由此产生的费用从遗产中支出。

口头遗嘱在遗嘱人死亡后生效，其法律效力与其他遗嘱的效力相同。若紧急情况消除，订立的口头遗嘱与其他遗嘱在法律效力上则不同。口头遗嘱

---

① 史尚宽：《继承法论》，中国政法大学出版社2000年版，第461页。

因是紧急情况下订立的，是其他遗嘱形式的救急办法，一旦危险解除可另立遗嘱，口头遗嘱失去其效力。口头遗嘱的有效期有多久，各国规定亦不同。我国继承法规定，危急情况解除后，遗嘱人能够用书面或者录音形式立遗嘱的，所立的口头遗嘱无效。该规定过于原则，不易掌握。

第三节 遗嘱的有效要件

遗嘱的效力是指一份遗嘱是否具有法律认可的强制力。遗嘱是遗嘱人对其死后遗产的处分，往往财产较多，直接关系到继承人及有关利害关系人的重大利益，法律意义重大，因此，有效的遗嘱必须具备严格的实质要件和形式要件。遗嘱的形式要件上文已有论述，这里主要论述遗嘱的实体要件：

一、立遗嘱人必须有遗嘱能力

立遗嘱是一种处分财产的重要行为，根据我国法律规定，遗嘱人必须具有完全民事行为能力，所设立的遗嘱有效。无民事行为能力人或者限制民事行为能力人所设立的遗嘱无效。

二、遗嘱中处分的遗产必须是遗嘱人死亡时可处分的合法财产权利

遗嘱人立遗嘱是以遗嘱人对该财产享有一定财产权为基础的，如果遗嘱所处分的财产非遗嘱人合法所有，则该部分财产权利不能由继承人所有，故遗嘱涉及处分的该部分处分行为无效。如夫妻一方设立遗嘱处分夫妻全部共有财产，其遗嘱部分无效。遗嘱中所处分的遗产，必须是遗嘱人可处分、可继承的财产。若遗嘱中处分了专属于遗嘱人的财产权利，则无效。如农村土地宅基地使用权专属于村集体经济组织成员所有，村集体经济组织外成员不能继承。如城市中，公房的承租权的承租人需要符合相应的条件，不能由遗嘱继承人当然继续承租，只有和立遗嘱人共同生活的一方有权继续承租。

遗嘱所处分的遗产，必须是遗嘱人死亡时所遗留的财产。若立遗嘱时，遗嘱中处分的财产为遗嘱人所有及可以处分，但是继承开始前就已经灭失则不能按照遗嘱处理。若在继承开始前，遗嘱中涉及的财产已经为遗嘱人处分，认为遗嘱人对该部分遗嘱内容进行了修改，无法再按遗嘱继承。

三、遗嘱的内容必须合法

遗嘱的内容必须符合法律和社会公共道德、善良风俗。遗嘱作为民事行为，是行使财产权的一部分，其权利的行使必须符合法律的规定和社会公共道德、善良风俗。我国继承法规定，遗嘱不得取消无劳动能力又没有生活来源的继承人的继承权。另外，遗嘱必须为胎儿保留必要的继承份额。各国法律还规定，遗嘱不得违背公序良俗，否则无效。

四、遗嘱必须体现遗嘱人的真实意思

遗嘱内容必须是遗嘱人内心的真实意思表示，否则该遗嘱不能产生相应的法律效力。我国《继承法》第 22 条第 2 款、第 3 款、第 4 款规定，遗嘱必须表示遗嘱人的真实意思，受胁迫、欺骗所立的遗嘱无效。伪造的遗嘱无效。遗嘱被篡改的，篡改的内容无效。遗嘱不得代理，代理设立的遗嘱无效。

第四节　遗嘱的变更、撤销

一、遗嘱变更、撤销的概念

遗嘱变更，是指遗嘱人在遗嘱设立后对遗嘱的内容作部分的修改。遗嘱撤销，是指遗嘱人取消原来所设立的遗嘱。

遗嘱设立后生效前，往往会有新情况的出现，可能使遗嘱人意欲变更原先的遗产分配方案，为保障遗嘱人的遗嘱自由，各国法律均允许遗嘱人于遗嘱设立后对遗嘱予以修改。我国《继承法》第 20 条第 1 款规定："遗嘱人可以撤销、变更自己所立的遗嘱。"遗嘱的变更和撤销都是对原来遗嘱意思的改变，二者的区别在于对原设立的遗嘱内容的改变程度不同：遗嘱变更是仅改变遗嘱的部分内容，而遗嘱的撤销是改变原遗嘱的全部内容。

遗嘱的变更和撤销均是遗嘱人所实施的单方的民事行为。仅须遗嘱人自己的意思表达于外部即成立，不需要以相对人同意为条件，也不需要变更或者撤销的意思表示到达相对人。在遗嘱设立后生效前，遗嘱人可以随时无须任何事由而变更或撤销遗嘱。

二、遗嘱变更或撤销的要件

遗嘱人可以在任何时候，无须任何理由变更和撤销遗嘱，但是遗嘱人变更或者撤销遗嘱等于重新设立遗嘱，因此遗嘱的变更或撤销只有符合以下条件，才能发生效力，否则遗嘱的变更或撤销不生效力：

（一）遗嘱人变更或者撤销遗嘱时须有遗嘱能力

遗嘱人于变更或撤销遗嘱时必须有遗嘱能力，变更或者撤销遗嘱的意思表示才有效。遗嘱人在设立遗嘱后丧失行为能力的，于丧失行为能力后对遗嘱的变更、撤销不发生效力，原遗嘱仍有效。

（二）遗嘱的变更、撤销须为遗嘱人的真实意思表示

遗嘱须为遗嘱人的真实意思表示，因此，遗嘱的变更或者撤销也应当是遗嘱人的真实意思表示，而且不适用代理，只能由遗嘱人亲自实施。伪造的遗嘱变更或者撤销不为遗嘱人的意思表示，不能发生法律效力。遗嘱人因受欺诈、胁迫而变更、撤销遗嘱的，不发生变更、撤销的效力。

（三）变更、撤销遗嘱的意思表示必须符合法定形式

遗嘱的变更、撤销可以采用明示方式和推定方式。

遗嘱变更、撤销的明示方式，是指遗嘱人以明确的意思表示变更、撤销遗嘱。遗嘱的变更、撤销仍为遗嘱一部分，形式上必须符合遗嘱的法定形式，才能产生法律效力。我国现行《继承法》规定遗嘱形式为自书遗嘱、代书遗嘱、录音遗嘱、口头遗嘱、公证遗嘱五种。遗嘱人采用哪种遗嘱形式变更或者撤销原遗嘱的，必须符合该形式遗嘱所具备的形式要件。如遗嘱人用口头方式变更或者撤销原遗嘱的，必须是情况非常紧急及两个以上无利害关系人的见证人见证等，才发生法律效力。《继承法》第 20 条第 3 款规定：“自书、代书、录音、口头遗嘱，不得撤销变更公证遗嘱。”即对公证遗嘱的变更或者撤销只能通过公证形式。

遗嘱变更、撤销的推定方式，是指遗嘱人未以明确的意思表示变更、撤销遗嘱，而是法律规定从遗嘱人的行为推定其变更、撤销遗嘱的意思。推定遗嘱变更、撤销的，有以下情形：

1. 遗嘱人立有数份遗嘱，且内容相抵触的，推定变更、撤销遗嘱

《继承法》第 20 条第 2 款中规定，“立有数份遗嘱，内容相抵触的，以最后的遗嘱为准。”但若立有数份遗嘱的形式不同，其中有公证遗嘱的，则应以最后的公证遗嘱为准。

2. 遗嘱人生前的行为与遗嘱内容相抵触的，推定变更、撤销原遗嘱

《继承法意见》第 38 条规定："遗嘱人生前的行为与遗嘱的意思表示相反，而使遗嘱处分的财产在继承开始前灭失、部分灭失或者所有权转移、部分转移的，遗嘱视为被撤销或部分被撤销。"

3. 遗嘱人故意销毁遗嘱的，推定遗嘱人撤销原遗嘱

遗嘱人于立遗嘱后明知是遗嘱，而故意将遗嘱销毁的，视为对遗嘱的撤销。若有数份内容相同的遗嘱，仅销毁一份不能认为撤销原遗嘱，如仅销毁留于自己处的公证遗嘱文本，一般销毁并不能产生撤销遗嘱的效力。若遗嘱人不知为遗嘱而过失销毁遗嘱或者丢失遗嘱的，不能推定遗嘱人撤销遗嘱。

三、遗嘱变更撤销的效力

遗嘱变更或者撤销的目的在于使原来的遗嘱部分或者全部不发生效力，只要符合法定条件，自作出之日起就能达到预期的效果。

遗嘱变更的，自变更之日起，原遗嘱中被变更部分无效，未被变更部分仍然有效。遗产继承以变更后的新遗嘱为准。即便变更后的遗嘱无效，被变更的原遗嘱仍无效。

遗嘱撤销的，自撤销之日起，原设立的遗嘱作废，相当于遗嘱人未设立原遗嘱。遗嘱人撤销原遗嘱后，另立遗嘱的，以新设立的遗嘱为准。

第五节 遗嘱的执行

一、遗嘱执行的概念

遗嘱的执行，是指于遗嘱生效后由遗嘱执行人实现遗嘱的内容。遗嘱执行不仅是实现遗嘱人遗愿的必要程序，而且对于保护继承人与利害关系人的利益也有重要意义。

一般民事行为在生效后发生履行问题，而遗嘱是死因行为，只有遗嘱人死亡后发生法律效力，因此发生的是执行问题，遗嘱执行的目的在于实现遗嘱人意愿的行为，减少遗嘱纠纷的发生。

遗嘱人死亡后，遗嘱的有些内容需要执行，如遗产的分配、遗产债务的清偿等，而有些是不需要执行的，如免除债务人的债务，在遗嘱中剥夺某个继承人的继承权，只需将该部分遗嘱内容公开即可。

二、遗嘱执行人的确定

对于遗嘱执行人的确定，我国《继承法》仅第16条第1款规定遗嘱人可以指定遗嘱执行人。一般认为遗嘱执行人的确定有三类：

(一)遗嘱中指定遗嘱执行人

遗嘱中指定遗嘱执行人的，若被指定的自然人同意处理遗嘱执行事务的，则该指定有效。若遗嘱中指定的遗嘱执行人不同意执行遗嘱的，可以放弃遗嘱执行的相关权利，拒绝履行相关的义务。但是原则上继承人不得拒绝执行遗嘱的权利和义务，除非其放弃了继承遗产。

(二)基于法律规定或者继承人协商，法定继承人数人或者个人担任遗嘱执行人

由于某种原因被指定的遗嘱执行人不能执行遗嘱时，则由全体法定继承人作为共同遗嘱执行人，或者经协商推举一人或数人为遗嘱执行人。

(三)法定继承人也不能执行遗嘱的，由基层组织为执行人

法定继承人由于种种原因不能执行遗嘱时，可以由遗嘱人生前的单位或者继承开始地的基层组织，如村民委员会、居民委员会作为遗嘱执行人。

遗嘱执行属于重大复杂的民事行为，因此，遗嘱执行人应为完全民事行为能力，无民事行为能力人和限制民事行为能力人不具有遗嘱执行人的资格。若遗嘱中指定遗嘱执行人为限制民事行为能力人或者在遗嘱生效后成为限制或者无民事行为能力人的，遗嘱指定执行人无效。继承人选任遗嘱执行人亦同。

三、遗嘱执行人的权利和义务

我国《继承法》未具体规定遗嘱执行人的权利和义务。但从法学理论和司法实践看，遗嘱执行人应当具有以下权利和义务：

(一)遗嘱执行人的权利

1. 遗嘱审查权

遗嘱执行人要忠实执行遗嘱，就必须首先掌握遗嘱中对各项处分的真实涵义以及遗嘱是否真实合法。如遗嘱人立遗嘱时是否有遗嘱能力，遗嘱是否出于遗嘱人的真实意愿，有无涂改、变换或隐匿等情形，是否给无劳动能力又无生活来源的继承人保留了必要的遗产份额以及是否处置了不属于遗嘱人自己的财产等等。遗嘱执行人审查遗嘱时，对遗嘱内容不够明确的，还要澄清遗嘱人的真实意思。

2.遗产管理权

遗嘱执行人有管理遗产的权利和义务。遗嘱中对遗产执行人有管理遗产要求的，遗嘱执行人应当按照遗嘱中的要求管理遗产；遗嘱中对遗产的管理没有要求，但是为了继承人的利益，确有需要管理遗产防止遗产散失的，遗嘱执行人也有必要管理遗产。如遗产在其他继承人手中时，遗嘱执行人有要求转移占有的权利，如果遗产有孳息，有权代为收取；存在遗产债务的，替被继承人偿还。

3.排除妨碍请求权

遗嘱执行人在执行职务时，任何人（包括继承人在内）不得妨碍和干涉。继承人亦不得处分与遗嘱有关的遗产。如果继承人擅自处分未经分割的遗产或者有妨害遗嘱执行人的执行遗嘱的行为，遗嘱执行人有权请求人民法院责令妨碍其执行遗嘱活动的人承担由于其行为而给自己和遗嘱利益承受者造成财产损失的赔偿责任。

4.费用偿还请求权和报酬求偿权

我国《继承法》关于遗嘱执行人执行遗嘱产生的费用及遗嘱执行人是否可以收取报酬未有明确规定。在实践中，遗嘱执行产生的费用可以从遗产中优先扣除，遗嘱执行人一般不收取执行遗嘱过程的报酬。随着公民遗产的增多，遗嘱执行可能需要花费较多的时间和精力，而且需要具备有一定法律专业知识的人才能够胜任，若全盘否定遗嘱执行人获取报酬的权利，可能使得无人执行遗嘱。因此，可以在今后的立法中增加如下内容：遗嘱人可以在遗嘱中指定执行人，并确定报酬。遗嘱执行人也可以与遗嘱人、继承人签订遗嘱执行协议，收取报酬。

（二）遗嘱执行人的义务

1.清理遗产，编造遗产清册

所谓清理遗产，是指查清遗产的名称、数量、地点、价值等情况。遗嘱中一般会对遗产名称、数量和所在地点等有一定的说明，但是遗嘱的订立至遗嘱生效，一般要经过一段较长的时间，在这个过程中，遗嘱中所指定的遗产可能发生变化，或者遗产仍混在夫妻共有财产或家庭共同财产之中，清理遗产十分必要。如果遗产较多，将遗产登记造册，载明遗嘱人死亡时应属于他的全部遗产的名称、数量、价值、所在地，债权和债务的价值、债权人和债务人的姓名。将该清册交付遗嘱继承人及其他利害关系人，使各方了解被继承人的财产情况，有利于遗嘱的执行。

2.忠实执行遗嘱

遗嘱执行人执行遗嘱,必须按照法律的要求和遗嘱人的意愿,忠实地履行自己的职责,不能随意地改变遗嘱内容,应当将遗产交给遗嘱中指定的继承人或者受遗赠人。遗嘱执行人不能忠实履行职责的,有关人员可以请求法院撤换遗嘱执行人。但是遗嘱内容违法的除外,被继承人遗留有缺乏劳动能力又没有生活来源的法定继承人或胎儿,而被继承人又没有用遗嘱给他们留下必要的遗产份额,遗嘱执行人有权为他们保留必要的遗产份额。

3. 赔偿义务

如果遗嘱执行人在执行遗嘱过程中,故意或过失给继承人造成损害,应负赔偿责任。

本章思考题:

1. 试论述遗嘱继承制度的特征。

2. 有学者提出公证遗嘱效力高于其他形式设立的遗嘱,有违遗嘱人遗嘱自由原则,你如何看这个观点?

3. 试论述继承法如何保障遗嘱人实现遗嘱自由。

4. 案例分析

2004 年 2 月,张老伯去世,张老伯的弟弟张某及张老伯已解除收养关系的养女小张共同委托的清点人在清点遗物时发现了一份张老伯的"身后财产分配单"。"财产分配单"上载明,张老伯将自己的房产、股票、储蓄等百万元财产平分为 4 份,分别留给侄子、侄女、侄孙和小张。还特别注明,"弟弟张某无权享受以上任何一项本人财产"。该"分配单"正文打印而成,并有被继承人张老伯的亲笔签名、印章及日期。

张某认为,自己是张老伯的亲弟弟,是唯一的法定继承人。"财产分配单"系电脑打印而成,张老伯生前不会操作电脑,即便是遗嘱也应为代书遗嘱,但因无代书人签名,应为无效遗嘱。

承办此案的陶海荣法官说:打印遗嘱究竟为自书遗嘱还是代书遗嘱,应当结合被继承人是否具有计算机操作能力,以及反映遗嘱形成过程和真实性的其他证据综合考虑予以认定。日前,此案通过上海市二中院法官调解,5 位当事人平均分割张老伯遗产。

问题:

(1)你认为"身后财产分配单"是否属于有效的遗嘱? 如果是,那是什么遗嘱?

(2)如果你是法官,该案当事人拒绝接受调解,你会如何判决?

第二十六章

遗赠、遗赠扶养协议

第一节　遗　赠

一、遗赠的概念和特征

(一)遗赠的概念

遗赠是指自然人以遗嘱的方式将个人财产的一部分或者全部赠送给国家、集体或法定继承人以外的其他人,并在遗嘱人死亡后发生法律效力的单方民事行为。我国《继承法》第16条第3款规定:“公民可以立遗嘱将个人财产赠给国家、集体或者法定继承人以外的人。”

(二)遗赠特征

遗赠具有如下法律特征:

1.遗赠是单方民事行为

遗赠是遗嘱人将自己死后的财产赠与他人的意思表示,只需其一方意思表示就可成立,无须相对方即受遗赠人同意。在遗赠生效前,遗赠人也可以根据自己的意愿变更或撤销遗赠。

2.遗赠是无偿民事行为

遗赠人给予他人财产利益的行为,未取得任何利益,属于财产的无偿转让。虽然有附义务的遗赠,但是所附义务是不可能对等的。我国继承法只承认积极财产为遗赠的对象。因此,受遗赠人所负的义务不得超过所享受的权利。

3. 遗赠是要式民事行为

遗赠属于遗嘱内容的一部分，必须以遗嘱的方式进行，故为要式民事行为。

4. 遗赠是死因民事行为

遗赠是遗赠人生前作出的意思表示，但只有在遗赠人死亡后才能发生法律效力。在遗赠生效前，遗赠人可以随时依照法定程序变更或撤销自己的意思表示。受遗赠人必须在遗赠人死亡后才可以接受受遗赠的财产。如果受遗赠人在遗赠人死亡前已经死亡，则该部分遗赠不能生效。

5. 遗赠的对象必须是法定继承人以外的人或者组织

我国继承法根据遗嘱中指定的继受遗产的人与被继承人关系的不同区分遗嘱与遗赠，继受遗产的人为法定继承人为遗嘱，继受遗产的人非为法定继承人的为遗赠。所以受遗赠人只能是法定继承人以外的个人或者组织，否则为遗嘱。

6. 接受遗赠的主体只能是受遗赠人本人

遗赠以特定的主体作为接受遗赠的对象，必须由受遗嘱人亲自行使，他人不得代替。受遗赠的权利只能本人享有，不能通过再行继承和转让。若受遗赠人在继承开始后表示接受遗赠的，却在遗产分割前死亡的，根据《继承法意见》第 53 条规定，其接受遗赠的权利可以由其继承人继承。从反面可以推知，受遗赠人在继承开始后未表示接受遗赠的，却在遗产分割前死亡的，接受遗赠的权利不可由其他人行使。

二、遗赠与相关概念的区别

（一）遗赠与遗嘱继承

根据我国法律，遗赠和遗嘱继承都是被继承人以遗嘱的方式处分自己生前财产的行为，都应当具备一定的条件方能生效。但是遗赠是遗嘱继承的一种特殊的形式，但两者之间存在显著的区别：

1. 主体范围不同

遗赠的权利主体只能是法定继承人以外的民事主体，可以是国家，集体和自然人，而遗嘱继承人必须是法定继承人，继承人与被继承人存在一定的亲属关系，而受遗赠人与遗嘱人之间并不一定有亲属关系。

2. 客体范围不同

遗赠的客体只能是积极财产，而不包括消极财产，即债务。而遗嘱继承人继承的客体包括积极财产，也包括消极财产（即包括遗产权利和遗产义务）。

3.行使的方式不同

受遗赠人接受遗赠的，必须在法定期间内有明确的接受遗赠的意思表示，如果受遗赠人在法定期间内未明确表示接受遗赠的，视为放弃遗赠。而遗嘱继承人接受遗嘱可以通过明示的方式，也可以通过默示的方式取得，即如果受遗嘱人在法定期间内未明确表示接受或者放弃时，推定其接受继承。

（二）遗赠与赠与

遗赠与赠与都是当事人一方将自己的财产无偿转移至他方的行为，但这两者区别较大，主要表现在以下几方面：

1.法律性质不同

遗赠是单方行为，只要遗嘱人一方的意思表示就可以成立。而赠与属于双方行为，为合同关系，赠与不仅要赠与人有赠与的意思表示，也需要受赠人有接受赠与的意思表示，方可成立。

2.形式要件不同

遗赠是要式行为，赠与是不要式行为。遗赠是遗嘱的特殊形式，需要具备遗嘱的所有形式要件，只能采取自书遗嘱、代书遗嘱、公证遗嘱等，只有特殊情况下才可以采用口头遗嘱，且需要具备特殊要件。而赠与是不要式行为，可以是口头的，也可以是书面的等。

3.生效时间不同

遗赠在成立时并不发生法律效力，只有在遗赠人死亡以后才发生法律效力，受遗赠人方可申请执行遗赠，要求分割遗产。赠与合同一般成立就可以生效，于赠与人生前发生效力。

4.处分的财产范围不同

遗赠是死因行为，立遗嘱时可以处分今后取得的财产，只要生前取得的财产即可，可以是概括的权益。而赠与处分的是赠与人生前的财产，一般该财产是赠与人已经取得财产，若赠与人处分尚未取得的财产，可能因无权处分而认定无效。

5.主体范围不同

遗赠人只能是自然人，不能是其他民事主体；受遗赠人只能是法定继承人以外的国家，集体和自然人。赠与中，赠与人可以是自然人，也可以是其他民事主体，如国家，法人组织等，受赠人可以是继承人，也可以是继承人以外的民事主体。

（三）遗赠与死因赠与

死因赠与是赠与人与他人订立协议约定赠与他人财产，于其死亡时发生效力的双方民事行为。死因赠与与遗赠都是取得他人死后财产的一种制度，但死因赠与是一种特殊的赠与合同，与遗赠主要存在下列区别：

死因赠与为双方民事行为，须双方意思表示一致才可成立。遗赠是单方民事行为，遗赠人意思表示完成即成立；死因赠与属于附期限的民事行为，赠与人生前不能单方变更或者撤销，要受合同法调整。而遗赠成立后，遗嘱人可以随意变更或者撤销，且由继承法调整；死因赠与为不要式行为，法律对其形式没有特殊要求。而遗赠则需要符合遗嘱的要件，方可成立或有效；死因赠与取得财产的主体可以是单位和自然人，可以是法定继承人和法定继承人以外的人，而遗赠只能是法定继承人以外的单位和自然人。

三、遗赠的有效条件

遗赠虽然为遗赠人的单方行为，但因涉及处理的财产价值往往较大，必须具备一定的条件才能成立：第一，遗赠必须符合遗嘱要件有效成立。因为遗赠是遗嘱内容的一部分，因此，只有当遗嘱有效成立时，遗赠才有效，如遗赠人有遗嘱能力，遗嘱的形式要件等。第二，受遗赠人必须未丧失受遗赠权。遗赠是受遗赠人单方受益的行为，但是若允许受遗赠人对遗赠人有重大不法或不道德行为时继续保有受遗赠权，则不合情理。因此，应当比照《继承法》第 7 条规定，受遗赠人将丧失受遗赠权。第三，遗赠的内容没有侵害无劳动能力又没有生活来源的继承人的合法权益。我国《继承法》明确规定，遗嘱应当对缺乏劳动能力又没有生活来源的继承人保留必要的遗产份额。当遗赠的内容侵害了这些人的必要财产份额，该部分遗赠无效。第四，遗赠所处分的财产必须是遗赠人死亡时客观存在的，且可以执行的。如果遗赠中所处分的财产已经被遗赠人生前以其他方式处分了，可以视遗嘱人通过事实行为变更了遗赠的内容；若遗赠所处分的遗产由于其他客观原因不存在而不可能执行，受遗赠权无法执行。第五，遗赠人先于受遗赠人死亡，且受赠人明确表示接受遗赠。受遗赠人先于遗赠人死亡的，遗赠会因受赠主体缺失而使权利无主体承受而无效。倘若受赠人放弃受遗赠，则遗赠仍然无效，只有遗赠为受赠人接受时，遗赠的财产方可由受赠人承继。倘若受赠人在遗赠人死亡后遗产分割前死亡，若其明确表示接受遗赠的，其受遗赠权利由其继承人继承。若其未明确表示接受遗赠，视为放弃受遗赠，不可由其继承人继承。

第二节　遗赠扶养协议

一、遗赠扶养协议的概念和特征

(一)遗赠扶养协议的概念

遗赠扶养协议是遗赠人与扶养人之间签订的有关遗赠与扶养的协议。依据该种协议,扶养人承担遗赠人生养死葬的义务,享有受遗赠的权利,遗赠人享有受扶养人扶养的权利,同时,有将遗产遗赠给扶养人的义务。

遗赠扶养协议是我国继承立法的创造,具有中国特色。我国古代有“老有所养,壮有所用,幼有所长、鳏寡孤独残疾者皆有所养”的美好社会愿望。为了缓和社会矛盾,虽然我国古代统治者曾建立了一系列的救济制度,由于受时局限制,未能形成一套完善的保障制度。

新中国成立后,在农村逐步建立五保制度。所谓的“五保”是指农村集体经济组织为那些农村的无生活来源,又缺乏劳动能力的人提供“保吃、保穿、保住、保医、保葬”的五保供养制度。五保供养协议具有社会保障和社会福利性质,由于该种社会保障是无偿提供的,我国农村集体经济组织本身经济力量薄弱,保障力度上较弱,同时有相当部分有生活来源但是子女在外的老人不能享受该种保障,因此有些老人为了安排自己的晚年生活,自发地与法定继承人以外的人订立遗赠扶养协议,双方按照协议规定的条款履行义务,享有权利。这为遗赠人的晚年生活提供了一种新型的保障措施,减少许多继承纠纷,有利于安度晚年生活。

(二)遗赠扶养协议的特征

1.遗赠扶养协议是双方民事行为

遗赠扶养协议是扶养人与受扶养人之间的双方民事行为,须由双方当事人意思表示一致才能成立。该行为一旦成立,在不违反法律和社会公共利益的情况下,非经过协商一致,一方不得任意解除该协议。遗赠属于单方行为,遗赠人可以随时变更或撤销。

2.遗赠扶养协议是诺成性民事行为

遗赠扶养协议经双方意思表示一致即成立,且不需要交付标的物而生效。遗赠则需要遗嘱人死亡方生效。

3.遗赠扶养协议是双务、有偿民事行为

扶养人取得遗产是需要支付相应的对价,即履行一定的扶养义务为前提。如果扶养人不履行扶养义务,则不得接受遗产。虽然存在附义务的遗嘱或者遗赠,但是所附义务与接受遗产不是对等的,所附义务往往远远小于受赠的遗产。

4.遗赠扶养协议效力具有优先性

现实生活中,可能存在遗嘱和遗赠扶养协议相互冲突的问题。对于该问题,从立法精神的角度来看,遗赠扶养协议优先于遗赠、遗嘱,其理由如下:其一,遗嘱、遗赠是单方民事行为,而遗赠扶养协议是双方民事行为。其二,遗嘱、遗赠一般是无偿的财产转移行为,而遗赠扶养协议一方支付了相应的对价,是有偿的。其三,遗嘱和遗赠均在被继承人死亡后发生效力,而遗赠扶养协议则在协议成立时即开始生效,能够约束双方当事人。因此,如果当两者发生抵触时,应当按照遗赠扶养协议履行。另外,当生前赠与行为与遗赠扶养协议发生冲突时,可以参照上述方法处理。

二、遗赠扶养协议的效力

(一)遗赠扶养协议的内部效力

遗赠扶养协议属于合同关系,经遗赠人与扶养人意思表示一致而成立,对双方产生拘束力。

1.扶养人的权利和义务

遗赠扶养协议的扶养人依照协议的约定,在受扶养人生前扶养遗赠人,在遗赠人死后安葬遗赠人,并于其死后取得协议中约定的财产的权利。

遗赠扶养协议自成立时起,扶养人的扶养义务即发生法律效力,且不得中断。扶养人如果无正当理由不履行扶养义务,受扶养人可以解除遗赠扶养协议,其所支付的供养费用也一般不予补偿。受扶养人也不得擅自解除协议的,对不尽扶养义务或者以非法手段谋夺受扶养人财产的扶养人,经受扶养人的亲属或者有关单位的请求,人民法院可以剥夺扶养人取得受扶养人遗产的权利;对不认真履行扶养义务,致使受扶养人经常处于生活无人照料状况的扶养人,人民法院可以酌情对扶养人取得受扶养人遗产的数额予以限制。

扶养义务人取得协议约定的财产权利只有在受扶养人死亡后才发生法律效力,并且以其认真履行扶养义务为条件。受遗赠人生前扶养人不得主张取得约定的财产。

2.遗赠人的权利和义务

根据遗赠扶养协议的约定，遗赠人享有请求扶养人对其履行扶养义务的权利，并于其死后按照协议约定要求其承担安葬义务的权利。但是遗赠人不得随意处分协议中指定的财产。如果遗赠人生前将协议中约定的财产无偿赠与第三人或者有偿转让给第三人，均可能使扶养人对该财产的期待权落空。遗赠人处分该部分财产势必损害了扶养人的财产权益，根据我国《继承法意见》规定，遗赠人无正当理由不履行的，扶养人可以要求解除遗赠扶养协议，并要求遗赠人返还已支付的供养费用。

（二）遗赠扶养协议的外部效力

我国《继承法》第5条规定："继承开始后，按照法定继承办理；有遗嘱的，按照遗嘱继承或者遗赠办理；有遗赠扶养协议的，按照协议办理。"因此，遗赠扶养协议相对于遗嘱继承、遗赠和法定继承，具有优先适用的法律效力。我国《继承法》第31条和《继承法意见》第55条规定，公民与集体所有制组织签订遗赠扶养协议的，按照遗赠扶养协议处理。没有扶养协议的五保户实行五保时，死者有遗嘱继承人或者法定继承人要求继承的，按遗嘱继承或者法定继承处理，但集体经济组织有权要求扣回五保费用。

遗赠扶养协议的存在，并不影响遗赠人与其法定扶养人之间的权利义务关系。我国婚姻法规定，具有扶养义务的一方当事人不应遗赠扶养协议的存在而免除。但是遗赠扶养协议的受扶养人死亡后，协议所涉及的财产，应当根据协议的约定，由扶养人取得，遗嘱继承人和法定继承人不得主张该财产的权利。

本章思考题：

1. 遗赠与赠与的区别。
2. 遗赠扶养协议的概念和特征。

第二十七章

遗产的处理

第一节 继承的开始

一、继承开始的原因

继承基于法定原因而开始。继承开始的法定原因是自然人的死亡这一法律事实,与一般的民事法律关系如合同开始的原因不同,非基于当事人的民事行为而产生。当今世界各国基本上实行单纯的财产继承制度,因而被继承人的死亡是继承开始的唯一原因。早在古罗马时期就有关于任何人不得为生存者的继承人的原则。“遗产继承不是别的,而是对已故者的权利之概括承受。”①但在世界上曾经存在过以不治恶疾、沦为奴隶、俘虏、隐居、出家、国籍丧失、收养终止、户主权的丧失、女户主招赘、赘夫离婚引起身份权的丧失,作为继承开始的原因。如古代欧洲,曾经把患麻风病、沦为奴隶、入僧籍视为继承开始的原因。旧中国宗祧继承中的立嗣、过继、爵位继承、家长地位的继承,属典型的身份继承。这些身份权的继承可非因被继承人死亡而发生继承,如被继承人退隐、或者被继承人因健康原因将家长权或爵位提前继承等。旧大理院判例还以出家为继承开始的原因。“出家为僧,即为法律上脱离家族关系

① [意]桑德罗·斯奇巴尼选编:《婚姻·家庭和遗产继承》,费安玲译,中国政法大学出版社 2001 年版,第 235 页。

之一原因，其俗家之得为立嗣，自系条理上之结果。”[①]当今世界除极少数国家保留有身份继承外，如韩国保留有户主继承，身份继承淡出历史舞台。随着现代民法“身份”向“契约”的转变，家本位向个人本位转化，财产的取得不再以身份的取得为前提，即身份权的变化不会导致财产权益的变化。身份权的丧失将不再是继承发生的原因，个体自然人的死亡成为继承开始的唯一原因。

被继承人的死亡在法律上可分为两种，一种是自然死亡，另一种是宣告死亡，即法律上的死亡。该两种死亡的法律事实都可以成为继承开始的原因。

当然，并非所有人的死亡都是继承开始的原因。现代各国基本上将继承限定为财产继承，若自然人死亡时无财产(包括积极财产和消极财产)，自不发生继承问题。我国将限定继承作为继承法的一项基本原则，债务的清偿以遗产价值为限，超过部分，继承人不负清偿责任。因此继承仅限于积极财产，不包括消极财产(即债务)。因此，当死者有债务而无财产时，其死亡也不为继承开始的原因。

二、继承开始的时间

我国《继承法》第 2 条规定：“继承从被继承人死亡时开始。”《继承法意见》第 1 条规定，继承从被继承人生理死亡或被宣告死亡时开始。自然死亡，一般应当以死亡诊断书或者户口本上的死亡登记为准。宣告死亡，以法院判决中确定的失踪人的死亡日期，为继承开始的时间。相互有继承权的几个人在同一事件中死亡，如不能确定死亡先后时间的，推定没有继承人的人先死亡；死亡人各自都有继承人的，如几个人的辈分不同，推定长辈先死亡；几个死亡人辈分相同，推定同时死亡，彼此不发生继承，由他们各自的继承人分别继承。对于非在同一事件中死亡的，如不能确定死亡先后时间的，可按上述方法推定。

继承开始的时间具有法定性和强行性，不能由当事人商定，也不能任意改变。正确确定继承开始的时间具有重要的法律意义：

(一)继承开始的时间是遗产权利开始转移到继承人手中的时间

在继承开始以前，被继承人的主体尚未消灭，其拥有财产权利。当继承开始时，其主体地位消灭，财产权利转移到继承人手中，由继承人单独或者共有拥有。

---

① 刘春茂：《中国民法学——财产继承》，中国人民公安大学出版社 1996 年版，第 511 页。

(二)继承开始的时间是确定继承人范围的时间

继承开始是继承法律关系发生的原因,是客观意义的继承权转化为主观意义的继承权,才产生现实的具体的继承法律关系。因此,只有在继承开始的时间具有继承资格的人,才享有主观意义的继承权,才能取得遗产。如当继承开始时已经丧失配偶身份的,离婚判决已经生效,那么被继承人原配偶就不能以配偶身份继承遗产,若离婚判决尚未生效,双方仍为夫妻,则一方死亡,另一方仍为法定继承人。

(三)继承开始的时间是确定遗产的数额和范围的时间

遗产的范围和数额从被继承人死亡之日开始计算。我国公民习惯上把家庭成员的个人财产与家庭共有财产混在一起,或者夫妻共同财产混为一起,继承开始时间为共有关系终止的时间,并以此时的财产状态来确定属于遗产的部分。当然在继承开始后,遗产分割前,遗产可能由于经营或者保管等而发生总量上的变化,但在范围上并不会变化。

(四)明确继承开始的时间有助于确定代位继承和转继承的适用

如果继承人(被继承人的子女)在继承开始前死亡,那么,继承人的晚辈直系血亲有代位继承的权利。如果继承人在被继承人死亡以后、遗产分割前死亡,发生的则是转继承,由继承人的全体继承人继承,为转继承。

(五)明确继承开始的时间,对于放弃和接受继承(包括遗赠)有重要意义

继承开始,继承人才可以表示接受继承或者放弃继承。继承人在此前所做的表示不具有法律意义。在继承开始后,继承人或者受遗赠人就放弃或者接受遗赠的表示溯及至继承开始时。在有些国家规定接受和放弃继承的期限,而继承开始的时间为该期限的起算点。

(六)明确继承开始的时间,对于确定保护继承权时效有重大意义

继承人的继承权受到侵害时,可行使继承权回复请求权,请求人民法院予以保护。《继承法》第8条规定:"继承权纠纷提起诉讼的期限为二年,自继承人知道或者应当知道其权利被侵害之日起计算。但是,自继承开始之日起超过二十年的,不得再提起诉讼。"

(七)明确继承开始的时间,有利于确定遗嘱的生效时间

自继承开始,遗嘱才发生效力,才可以执行;在继承开始前,遗嘱不能发生效力。

三、继承开始的处所

继承开始的处所是指继承开始的地点,继承开始处所的确定对于遗产继

承有着重要的意义。在国内遗产继承中涉及遗产纠纷的法院管辖；在涉外遗产纠纷中，涉及国家的司法管辖权，准据法的适用，进而影响继承人的范围、继承顺序及继承份额的多少等等。另外，在开征遗产税的国家，继承开始的处所对遗产税的征收有重要意义。随着我国私有财产的日益壮大，遗产数量不断增长，开征遗产税势在必行。

世界上许多国家对继承开始的处所均有明文规定，主要存在四种立法例。一是本籍地主义，即以被继承人死亡时的户籍所在地为继承开始的处所。二是住所地主义，即以被继承人死亡时的住所为继承开始的处所。三是死亡地主义，以被继承人死亡地为继承开始的处所。四是财产所在地主义，即以被继承人主要财产所在地为继承开始的处所。就目前而言，大多数国家采用被继承人的最后住所地开始，即采住所地主义，如瑞士、日本、意大利、法国以及我国的台湾和澳门地区。也有个别国家原则上采用最后住所地主义，特殊情况下辅之以财产所在地主义，如《苏俄民法典》和《越南民法典》。

我国《继承法》对于继承开始的处所未作规定，但是我国《民事诉讼法》第 34 条第 3 款规定，因遗产纠纷提起的诉讼，由被继承人死亡时住所地或者主要遗产所在地人民法院管辖。说明我国采用住所地和主要遗产所在地相结合的原则。这与《越南民法典》规定有所不同。《越南民法典》规定只有在最后住所地难以确定的时候，才可以适用主要财产所在地，而我国规定，最后住所地和主要遗产所在地两者是并列的，管辖条件是平等的，没有先后顺序，这容易造成冲突。

我国到底该采用何种立法例比较合理呢？有学者认为，采苏俄和越南立法例比较合理。因为继承的首要问题是确定继承人的资格，而继承资格的确认由被继承人住所地法院管辖最为适宜。如果无法确定被继承人的最后住所地，以被继承人主要遗产所在地为继承开始的地点则是合理可行的。[①] 我们认为还需要考虑到我国的现实。就目前而言，我国仍是城乡二元对立的社会，农民工到城里打工生活多年后死亡，但是其财产仍在老家，主要继承人亦在农村老家，若由其经常居住地的法院管辖，不仅增加查明财产的难度，也为继承人徒增诉讼的难度，因此对该种情况似无必要以经常居住地法院管辖的必要。我们认为，对于国内的遗产继承纠纷，原则以被继承人的住所地为继承开始的处所，但若多数继承人或主要遗产所在地非为一地的，可基于方便当事人诉讼

---

① 张玉敏等：《中国继承法立法建议稿及立法理由》，人民出版社 2006 年版，第 24 页。

和法院查明事实的原则，由多数人所在地或者主要遗产所在地为继承开始的处所。对于涉外继承，可根据多数国家采纳的以被继承人死亡时的住所地为继承开始的处所。

四、继承开始的通知

由于遗产继承不仅关乎继承人的利益，还关乎被继承人债权人、受遗赠人、可分得适当财产的人以及遗产信托受益人的利益，有些国家还关乎国家税收。要保障各方面的利益，前提条件上是让其知道被继承人死亡这一事实及被继承人遗留的财产和遗愿，这有赖于继承开始的通知。我国《继承法》第 23 条规定："继承开始后，知道被继承人死亡的继承人应当及时通知其他继承人和遗嘱执行人。继承人中无人知道被继承人死亡或者知道被继承人死亡而不能通知的，由被继承人生前所在单位或者住所地的居民委员会、村民委员会负责通知。"

第二节 遗产的范围

一、遗产的含义

遗产是继承法律关系所指向的对象，又称为继承权的客体。各国的继承立法对待遗产是否包括债务有两种不同的立法例。一种立法例认为，遗产既包括积极财产，也包括消极财产。如《日本民法典》第 896 条规定："继承人自继承开始时起，承受属于被继承人财产的一切权利义务，但专属于被继承人本身者，不在此限。"为了保障继承人的权利，防止继承人无限承担被继承人的债务，第 920 条和第 922 条规定了单纯继承和限定继承，供继承人选择。采用该立法例子的还有德国、法国和瑞士等。另一种立法例认为，遗产不包括债务，专指被继承人净得的财产和财产权利。即先从被继承人的财产中扣除应当缴纳的税收和债务，才是可继承的遗产。采该立法例的有英国和美国。

我国《继承法》第 3 条和第 33 条规定："遗产是公民死亡时遗留的个人合法财产"，"继承遗产应当清偿被继承人依法应当缴纳的税款和债务，缴纳税款和清偿债务应当以实际价值为限。超过遗产实际价值部分，继承人自愿偿还不在此限"。我国的立法例与上述立法例等均有不同。我国继承法中所称的遗产不包括消极财产，即债务，与第一种立法例有异，但也不同于第二种立法例。第二种立法例中，遗产只包括积极财产，为扣除债务后的净资产，而我国继承法中的遗产只是积极财产，尚未扣除消极财产，清偿债务只是遗产继承应当负担的义务。

我们较赞成第一种立法例，遗产应当包括积极财产和消极财产。在很多的法律关系中，权利义务并存，很难把他们分开。如在合同继承中，要取得合同权利就必须承担相应的合同义务，合同债权与债务的机械分割是不可取的，实践中很难操作，而且这种立法模式能够保障债权人的利益，同时又可以通过限定继承的方式保障继承人的利益。

二、遗产范围的界定

我国《继承法》第 3 条规定："遗产是公民死亡时遗留的个人合法财产，包括：(一)公民的收入；(二)公民的房屋、储蓄和生活用品；(三)公民的林木、牲畜和家禽；(四)公民的文物、图书资料；(五)法律允许公民所有的生产资料；(六)公民的著作权、专利权中的财产权利；(七)公民的其他合法财产。"可见我国继承法采用列举与概括相结合的立法例。基于当时我国的公民财产种类较少的社会现实，采用列举法已能够包括主要财产，对于当时无法穷尽的少数财产通过运用概括式陈述"公民的其他合法财产"，弥补了列举式的不足，简洁明了，易让老百姓理解。但改革开放以来，人民生活水平不断提高，财产类型也不断变化，列举式的弊端日益凸显。一是列举的方式无法穷尽日益增多的财产类型，不能起到释明的目的。二是转移受限制的财产较多，由于法律不明确，实践中造成了能否继承的混乱。我们建议，在未来的继承立法中，将遗产建立在被继承人死亡时遗留的合法财产权利和义务的基础上，再列举哪些不为继承客体的财产权利和义务，及哪些是继承受限的财产权利和义务。根据我国相关法律的规定，下列财产及财产权利不能作为遗产继承：

(一)专属于特定人的财产权利

国家机关给高职工作人员的住房使用权、汽车使用权等，专属于该公民，与其职务密切相关，其继承人不可随便继承。但专属于特定人的养老金、退休金等在生前应取得部分属于个人财产可以继承。

(二)具有人身性质的债权

具有人身性质的债权是专属于特定债权人的。如约稿合同未履行，作者死亡，合同不得继承。作者的继承人无权继承该合同。

（三）具有抚恤、救济性质的财产权利

死者生前享有的领取抚恤、补助金、残疾补助金、救济金、最低生活保障金等权利，与公民的人身不可分离，不得作为继承权的客体。但是，已经根据此种权利获取的财产权利，可为遗产。

第三节 遗产的保管

被继承人一死亡，其权利主体即消灭，便发生其生前所有财产的保管问题。若在遗产分割前，被继承人的遗产无人保管，或者保管不善，会造成遗产的损害、散失等，直接损害债权人、继承人及受遗赠人和其他利害关系人的权益。因此，各国均有对死者遗产的保管规定。

一、遗产保管人的确定

遗产保管人，即在遗产分割及交付于继承人之前，对死者遗产负有保存和管理之责任者。一般来说遗产保管人的范围较为宽泛，继承人、第三人等均可为遗产保管人。对于遗产的保管，被继承人在遗嘱中未列明遗产保管人的，首先由继承人保管。但是若继承人尚未确定或者继承人是否继承尚未确定，或者继承人为无民事行为能力人等原因无法管理遗产时，各国一般规定了遗产保管人的确定办法，有司法机关管理的，有法院指定的，有亲属会议选任保管人的，有法律直接规定遗产保管人的选任次序的。我国《继承法》第 24 条规定："存有遗产的人，应当妥善保管遗产，任何人不得侵吞或者争抢。"由此可见，存有遗产的人，即为遗产保管人。我国的遗产保管人绝大多数是死者遗产的法定继承人，或者死者的其他亲友，或者死者生前的单位。遗产保管人可能是一人，也可能是数人。随着市场经济的发展，经济交往日益频繁，存有遗产的人为死者的非法定继承人的情况将会日益增多，对该种情况，我们认为应当借鉴国外立法例，原则上应当在知悉继承开始时将遗产交由遗嘱中指定的保管人，若无指定则交由最前顺序继承人管理，若占有遗产是基于原合同关系，仍按原合同关系占有使用至合同期满。如被继承人将房子出租于他人，其死亡后，房客无须直接将房子交还继承人，但是需要将房屋租金交于某个继承人保管，直至原房屋租赁合同到期。若被继承人死亡时，该遗产由于种种原因无人保管的，可根据习惯由其所在的单位、居民委员会、村民委员会等保管。

二、遗产保管人的地位

遗产保管人的地位，从法学理论上讲应当取决于遗产的主体。当财产权利人死亡后，原主体消失，新的主体承受。通说认为，被继承人死亡，继承人成为其遗产的所有人，即成为死者遗产的主体。这时，遗产保管人管理遗产的行为应当是继承人的代理行为。我们认为，我国继承法认可有限继承制度，在被继承人生前存有债权人的情况下，债权人方是遗产保管的第一受益人，受益范围以债权范围为限。若被继承人死亡后，其遗产散失致使不足清偿其债权，则继承人事实上不能继受遗产，受损害者为债权人。

在没有继承人继承遗产的情况下，遗产保管人的地位大体存有三种立法例：

第一种视遗产保管人为国库的代理人。在没有继承人、受遗赠人接受遗产的情况下，遗产归国库，以国库为最后的遗产继承人。《法国民法典》第 768 条、第 769 条和《德国民法典》第 1936 条均有规定。

第二种视遗产保管人为法人的代表。持此种主张的国家认为，对无人继承的遗产，自继承开始，遗产自为主体，遗产保管人为该法人的代表。如《日本民法典》第 951 条规定："继承人有无不明时，继承财产为法人。"第 995 条规定，"有继承人事已分明时，法人视为不存在，但不妨碍管理人于其权限内实施的行为的效力。"若最后无继承人继承，则归入国库，法人亦消灭。

第三种视遗产保管人为国家或者集体经济组织成员的代理人。我国继承法规定无人继承或者受遗赠的遗产归国家或者集体经济组织所有。这种情况下，遗产保管人即非继承人的代理人，也非遗产法人的代理人，而是国家或者集体经济组织的代理人。

我国《继承法》对于遗产保管人的法律地位未作明文规定。我们认为，遗产保管人设置的目的在于防止遗产因为无管理人导致损害或者散失，其保障的是债权人、继承人、受遗赠人及国家和集体经济组织的利益，但是在遗产分配前，遗产到底为谁所继受不确定，遗产保管人应当概括为遗产利益承受者的代理人。但是遗产保管人作为代理人，与一般代理人区别明显。第一，遗产保管人作为代理人享有的代理权是法律授权的，而非当事人意思表示的结果。第二，代理权是消极的，只能限于遗产的保管，而不得代替继承人承认继承或者放弃继承，也不能代替继承人充当诉讼当事人等。如果遗产保管人未尽到保管义务，而导致遗产利益承受者受到损害的，可以要求保管人赔偿。

三、遗产保管人的义务

我国继承法对于遗产保管人的义务未明确规定，一般认为遗产保管人存有下列义务：

(一)保管遗产

存有遗产的人应当妥善保管财产。怠于履行义务的，或者供自己使用、消费，致使遗产遭受毁损、散失的，应负有赔偿损失的责任。在遗产分割结束前，若遗产债权人或者继承人对遗产发生争抢，遗产保管人可不予理睬。

(二)编制遗产清册

编制遗产清册，是防止遗产散失的重要措施，也是据以清偿遗产债务、执行遗赠及将遗产移交的重要依据。

(三)报告义务

在管理遗产期间，遗产保管人有向继承人、死者的债权人及利害关系人报告遗产管理状况的义务。

(四)移交遗产的义务

当债权人或者继承人就遗产分割达成协议后，遗产保管人就应当交付遗产。

第四节 遗产的分割

一、遗产分割的概念

遗产的分割包括两层意思，首先是将遗产从共同财产中分割出来；其次是按照各继承人的应继承份额分配遗产。

在分割被继承人遗产之前，首要确定的是遗产的具体范围，将被继承人的个人财产从共同财产中分割出来。

(一)从夫妻共同财产中分割出遗产

我国《婚姻法》确认了婚后所得共同制作为我国法定夫妻财产制度，原则上婚姻关系存续期间取得的财产为夫妻共同财产，分别在《婚姻法》第 17 条、《婚姻法司法解释(一)》和《婚姻法司法解释(二)》中有详细的规定。我国《婚姻法》第 19 条还规定了约定财产制度，夫妻双方可以约定将婚前的个人财产或者婚后财产的全部或者一部分作为夫妻共同财产或者个人财产。因此，当一方死亡时，其遗留的财产多数仍属于夫妻共有状态，因此，首先需要区分被继承人个人遗产与夫妻共同财产。我国《继承法》第 26 条第 1 款规定："夫妻在婚姻关系存续期间所得的共同所有的财产，除另有约定的以外，如果分割遗产，应当先将共同所有的财产的一半分出为配偶所有，其余的为被继承人的遗产。"

（二）从家庭共有财产中分割出遗产

我国现阶段，很多家庭不仅是消费单位，同时又是生产单位。家庭作为生产单位，各成员共同劳动创造财富，如农村的家庭联产承包责任制，基本上以户为单位承包，所得的收益为家庭共同财产。某些大家庭仍然保留着同居共财的习俗，如共同出资建造房屋、出资购买其他家庭财产，形成共同财产。因此，当被继承人死亡后，需要把死者遗产从家庭共有财产中分离出来。我国《继承法》第 26 条第 2 款规定："遗产在家庭共有财产中的，遗产分割时，应当先分出他人的财产。"根据《最高人民法院关于贯彻执行〈民法通则〉若干问题的意见》第 90 条规定，共同共有关系终止时，对共有财产的分割，有协议的，按照协议处理；没有协议的，应当根据等分原则处理，并且考虑共有人对共有财产的贡献大小，适当照顾共有人的生产、生活的实际需要等情况。

（三）从其他共有财产中分割出遗产

除了夫妻共有和家庭共有财产外，被继承人生前还可能与其他人形成共有关系，如合伙财产。确认被继承人的遗产还必须根据合伙协议或者出资比例，将被继承人的遗产从合伙财产中析出。

二、遗产分割的原则

根据我国继承法规定，我国的遗产分割原则有：

（一）保留胎儿应继份原则

被继承人留有未出生的胎儿的，分割遗产时应当为胎儿保留一定的遗产份额。若遗嘱中已经对胎儿的应继份作出了规定，能够保障其基本生活，则应当尊重遗嘱。若遗嘱剥夺了胎儿的应继份额，则该部分无效。当被继承人遗产较少，而又有多个继承人时，可以考虑扶养成本，为胎儿保留的应继份视具体情况确定，可多于平均份额，亦可少于平均份额。

（二）尊重被继承人的意愿的原则

被继承人若在遗嘱中对遗产的分割有规定的，在遗产分割时应当充分尊重被继承人的意愿。如果被继承人遗嘱中明确不得分割的遗产的情况下，只能由继承人共同管理或者共同收益。只有当被继承人在死亡时,未对遗产的分割或者分割份额有规定的时候,才根据其他原则处理。

(三)继承人协商分割原则

我国《继承法》第 15 条规定:"……遗产分割的时间、办法和份额,由继承人协商确定。协商不成时,可以由人民法院调解委员会调解或者向人民法院提起诉讼。"当被继承人死亡后,继承人取得继承既得权,成为现实可以处分的权利,在不违背法律的情况下,可以自由处分自己的权利,因此,遗产分割应当充分尊重权利人的意愿,认可协商的结果,有利于家庭和睦。

另外,根据《继承法》第 29 条规定,遗产分割中还应贯彻有利于生产和生活、有利于物尽其效、照顾弱者、权利义务相一致的原则等。

第五节　无人承受遗产的处理

一、无人承受的遗产的概念和界定

无人承受的遗产是指没有法定继承人、遗嘱继承人、受遗赠人和酌情分得遗产的人承受的遗产。这种遗产是指当被继承人死亡后,经过清偿债权、按照扶养协议规定的对价支付以后,及通过遗嘱继承和法定继承后,仍没有具体的人承受的遗产。

无人承受的遗产与无人承认的遗产是两个不同的概念。无人承认的遗产是指继承开始后,有无继承人不明确的遗产,一般需要经过一定的司法程序确认是否存在债权人、继承人或者受遗赠人,从而确定其归属。而无人承受的遗产则是在已经查明无继承人或者受遗赠人的情况下,有人放弃继承或者丧失继承权,导致遗产无继承人或者受遗赠人承受。

无人承受的遗产与无主财产也是有区别的。无主财产是不属于任何人的财产,包括没有所有人或者所有人下落不明。而无人承受的遗产,其原所有权人是明确的,只是因为其死亡后无人承受该财产权利,可能是由于继承人丧失继承权或者放弃继承权等。无主财产一般要经过人民法院的特别程序加以确认解决其归属。而无人承受的遗产无须经过人民法院的审理直接根据继承法确定其归属。

二、无人承受遗产的处理

我国《继承法》第32条规定:"无人继承又无人受遗赠的遗产归国家所有;死者生前是集体所有制组织成员的,归所在的集体经济组织成员所有。"根据该条,我国是根据被继承人生前的身份确定此类遗产的归属。被继承人生前是集体所有制成员的,该遗产归属于集体所有制组织所有,其余的均归国家所有。

本章思考题:

1. 试论述确定继承开始时间的法律意义。

2. 简答继承的通知主体、通知对象及通知方式。

3. 案例分析

(1)刘某婚前向孙某借款2万元(属于个人债务),不久刘某与徐某结婚,婚后不久,刘某与徐某外出打工,刘某在一次意外事故中死亡,死亡时未留下任何遗产。后经劳动部门鉴定为工伤,徐某与刘某打工的公司达成赔偿协议,由公司一次性赔偿徐某12万元。孙某知晓后,要求徐某从12万赔偿金中偿还刘某生前欠款2万元。徐某认为,该12万元赔偿金属于刘某打工的公司对自己的精神抚慰金,应该属于自己,拒绝了孙某的请求。

分析该案件,试回答下列问题:

工伤死亡赔偿,一般包括哪些费用?这些赔偿费用中,你认为哪些是遗产?

你认为,孙某有权要求徐某支付2万元吗?

(2)陈某在2000年购买了某福利彩票一套,其中一张彩票获得当期一等奖入围资格。在办理中奖登记时,陈某将福利彩票交给父亲陈某某,并以陈某某的名义办理了中奖登记,并由陈某某参加摇奖活动。在摇奖中,陈某某摇得100万大奖,并以自己的名义缴纳了个人所得税20万,并将单位调配给他的一套房屋产权买下。2002年陈某某的妻子张某死亡。之后陈某某的岳父母提出要求继承女儿遗产20多万元,双方调解无效诉至法院。法院审理过程中,陈某某父子认为,中奖彩票是陈某购买的,是陈某委托陈某某参加摇奖,所得属于陈某个人所有,不为陈某某夫妻共同财产,岳父母无权要求分割。所购房为单位调配所得,调配人员为陈某某夫妻,陈某及陈某某母亲四人,该房子属于家庭共有。

试分析上述案件,如果你是法官,会如何判决?

第六编 侵权责任

第二十八章

侵权责任法总论

第一节 侵权责任法概述

一、侵权行为与侵权责任

(一)侵权行为的含义、特征与分类

1.侵权行为的含义

“侵权行为”一词系外来语,它是近代以来随着西方法律文化的输入而传入我国的。英美侵权行为法中的“侵权行为”用“tort”这一单词表达,它源于拉丁语“tortus”,原意是“扭曲”、“弯曲”的意思,以后该词逐渐取得了法律上的专门含义,被用作民事侵权和不法侵害的法律用语。①

对于“侵权行为”一语,各国均有特定的表达文字。例如,法国、日本、俄罗斯称为“不法行为”或“违法行为”,而在德国,则称为“不许行为”或“不法行为”。中文中的“侵权行为”一词最早出现在清末编订的《大清民律》中,但是它在当时的民法中却没有对其进行严格的含义界定。

时至今日,对于侵权责任法中这一最为重要的术语的基本含义,学界仍旧存在着不同的界定。例如,王利明教授认为侵权行为是指行为人由于过错侵害他人的人身和财产并造成损害,违反法定义务,依法应承担的民事责

① 江平:《民法学》,中国政法大学出版社 2011 年版,第 463 页。

任的行为。[1] 又如,佟柔先生认为侵权行为是行为人不法侵害他人的财产权利或者人身权利的行为。[2] 再如,我国台湾地区学者郑玉波先生则认为侵权行为者乃因故意或过失不法侵害他人之权利或利益,而应负损害赔偿责任之行为也。[3]

综合各种观点,本书认为侵权行为是行为人因过错或不以过错为要件侵害他人绝对性权利,或受法律保护的已公开的权利或利益,因而须就所生损害负赔偿义务的行为。

2.侵权行为的基本特征

从上述定义出发,可以发现侵权行为具有以下几个方面的明显特征:

第一,侵权行为侵犯的是绝对性权利和受法律保护的已公开的权利或利益。前者包括人身权、物权、知识产权等支配性权利,该权利的效力是针对一切不特定主体,具有对世性。另外,随着社会经济的发展,侵权责任法的保护范围也在不断扩大,受侵权责任法保护的对象不再局限于人身权和财产权等民事权利,还包括一些合法的人身利益和财产利益。正如有学者所说的那样:“必须通过对侵权行为作扩张解释:侵害的‘权’不仅包括民事权利,而且还包括受到法律保护的利益。”[4]据此,通常所称的“法益”就是受到法律保护的利益,其与权利合称为“权益”。

第二,就一般情况而言,侵权行为是行为人基于过错而实施的行为。通常,一个人只有在他具有过错的情况下才能对其行为造成的损害后果承担赔偿责任,“无过错即无责任”。将过错作为侵权行为的必备要件意味着侵权行为是行为人基于过错而实施的行为,过错本身包含了法律对行为人所实施的行为的否定性评价,体现了社会公共规范对个别行为或事件的价值判断。此时,过错在某种程度上起到了对责任承担的限制作用,以求合适地维护民事主体的行为自由。过错责任原则适用于大多数侵权行为,行为人只对自己的侵权行为所造成的损害承担责任。当然,在某些特殊情况下,法律也规定了无过错责任原则,此时,无论行为人是否存在过错,均不影响其对责任的承担。

第三,侵权行为是事实行为,是引发损害赔偿的法律事实之一。所谓事

---

① 王利明:《侵权行为法研究》,中国人民大学出版社2004年版,第8页。

② 佟柔:《民法原理》,法律出版社1988年版,第237页。

③ 郑玉波:《民法债权总论》,中国政法大学出版社2004年版,第115页。

④ 张新宝:《侵权行为法的一般条款》,载《法学研究》2001年第4期。

实行为是指行为人不具有设立、变更或消灭民事法律关系的意图，但依照法律规定却能引起民事法律后果的行为。换句话说，侵权行为是不以意思表示为要素的事实行为，只要该行为符合法律规定的侵权行为构成要件，则直接发生损害赔偿的法律效力。

3.侵权行为的基本分类

(1)一般侵权行为和特殊侵权行为

根据侵权行为构成要件的不同，可将侵权行为分为一般侵权行为和特殊侵权行为。所谓一般侵权行为是指行为人基于主观过错实施的，应当适用侵权责任一般构成要件和一般责任条款的致人损害行为。特殊侵权行为是指损害是由与行为人有关的行为、事件或特别原因所致，因而适用特别责任条款的行为。我国《侵权责任法》中分别规定了产品责任、机动车交通事故责任、医疗损害责任、环境污染致人损害责任、高度危险致人损害责任、饲养动物致人损害责任、物件致人损害责任等特殊侵权行为及其责任承担。

(2)作为的侵权行为和不作为的侵权行为

根据侵权行为性质的不同，可将侵权行为分为作为的侵权行为和不作为的侵权行为。作为的侵权行为是指违反对他人的不作为义务而实施的侵权行为，表现为积极侵权，例如打伤他人、毁坏他人的财物等。不作为的侵权行为是指负有对他人的作为义务，因不履行或者不适当履行作为义务而造成他人损害的行为。例如施工者未设置明显标志或者未采取安全措施而致人损害等情形。

(3)单独侵权行为和共同侵权行为

根据侵权行为人人数的不同，可将侵权行为分为单独侵权行为和共同侵权行为。单独侵权行为是一个人单独实施的侵权行为。共同侵权行为是两个以上的人共同致人损害的侵权行为。

(二)侵权责任的含义与特征

1.侵权责任的含义

《侵权责任法》第3条规定："被侵权人有权请求侵权人承担侵权责任。"这里所谓的侵权责任，又称侵权的民事责任，它是指侵权人一方对自己的加害行为或者"准侵权行为"造成的损害等后果依法所应当承担的各种民事责任。简单地说，所谓侵权责任就是指行为人侵害他人财产或人身造成损害，依法应当承担的法律后果。侵权责任是与违反合同的民事责任相对应的一类民事责任。在这里，承担侵权责任的主体称为"赔偿义务人"或者侵权人，有权主张损害赔偿等请求的人，称为"赔偿权利人"或被侵权人。

2. 侵权责任的特征

第一，侵权责任是民事责任的一种基本形式。民事责任是指当事人违反民事义务所应当承担的民法上的不利后果。民事责任可以分为侵权责任和违约责任两大类，分别是违反法定义务和约定义务的责任形式。

第二，侵权责任本质上是一种不利的法律后果。从根本上讲，侵权责任是侵权人一方依法承担的一种法律上的不利后果。这一后果包括财产方面的不利性和人身方面的不利性。

第三，侵权责任的承担方式具有多样性。侵权责任法的主要功能在于填补被侵权人一方因侵权行为所遭受的损害，从而对被侵权人一方提供救济。传统民法将侵权行为作为债的发生原因之一，利用债的规则来解决侵权责任问题，损害赔偿被认为是侵权责任的主要形式。但现代侵权法担负着保护人格权、身份权的重任，在诸多情况下仅仅依赖损害赔偿并不能达到立法的目的与效果。因此，我国《侵权责任法》还规定了返还财产、停止侵害、排除妨碍、消除危险、恢复名誉、消除影响、赔礼道歉等其他侵权责任承担方式。

二、侵权责任法的体系与机能

（一）侵权责任法的体系

侵权责任法是调整有关侵害他人人身、财产权益的行为而产生的相关侵权责任关系的法律规范的总和。换句话说，它是调整侵权责任关系的法律规范的总和，是我国民法的重要组成部分。

2010 年 7 月 1 日起实施的《侵权责任法》是继《合同法》、《物权法》之后，我国民事领域里又一部重要的民事基本法，这标志着我国民法典的主体工程已经完成。《侵权责任法》共 12 章，92 个条文。其内在结构包括三个有机的组成部分：总则、分则和附则。第一章至第三章是总则，包括侵权责任的一般规定、责任构成和责任方式、不承担责任和减轻责任的情形。第四章至第十一章是分则，包含两个方面的内容：一是关于责任主体的特殊规定，二是关于侵权责任的列举规定，其主要部分为适用无过错责任原则或过错推定的各种侵权责任，以及少量适用过错责任的规定。第十二章作为附则只有一个条文，是关于《侵权责任法》生效时间的规定。

（二）侵权责任法的机能

侵权责任法的机能就是侵权责任法的立法目的问题。由于观察视角的差异，不同的学者对侵权责任法的机能阐述存在着不少差异。例如，王泽鉴教授认为侵权责任法的机能主要有三个，即行为自由与权益保护、填补责任、预防损害。另外，也有学者认为侵权责任法的主要功能包括填补损失、预防功能；同时，其辅助功能包括惩罚功能、设权功能与激励功能等。众所周知，我国现行《侵权责任法》作为一部私权利的救济法，体现了注重保护民事主体私权利的法治精神。根据我国《侵权责任法》第 1 条“为保护民事主体的合法权益，明确侵权责任，预防并制裁侵权行为，促进社会和谐稳定，制定本法”的规定可知，其主要机能包括以下几个方面：

1. 保护私权

正如有学者所说的那样：“《侵权责任法》的基本定位为民事权益的救济法，以填补损害、保护私权，使受害人的合法权益恢复到侵权行为发生前的状态为主要目的。”[①]对此，可以从以下三个方面加以理解：第一，《侵权责任法》作为民事法律体系的重要组成部分，承担着与物权法、人格权法、著作权法等法律不同的使命。可以说，上述法律之间具有不同的功能与作用，后者的主要功能是创设权利，而前者的主要功能是对权利进行救济。它代表的是一种矫正正义，具有事后性与第二性，其社会功能以对分配正义的维护和恢复为主。第二，与刑法具有强烈的制裁功能不同，《侵权责任法》尽管保留了一定的惩罚色彩，但是其重点却已经从对加害人的惩治转向了对受害人的赔偿，也就是说，它是以填补受害人的损失为中心进行制度设计的。第三，以私权救济为核心功能的《侵权责任法》，适应了我国市场经济发展的基本需求，遵循了以人为本的发展理念，从而将会极大地促进和谐社会的进步与发展。

2. 明确侵权责任

所谓侵权责任，是指赔偿义务人对自己的致害行为造成的损害等后果依法所应当承担的各种民法责任形式之总和。通过立法的方式明确侵权责任是实现侵权责任法立法目的的主要途径，也是侵权责任法的主要功能之一。根据学者的观点，明确侵权责任包括以下基本内容：(1)对保护的民事权益的种类和范围作出概括或者列举性规定；(2)对侵权责任的归责原则、构成要件作出明确规定；(3)对承担侵权民事责任的各种方式以及适用条件作出明确规定；(4)对减轻和不承担侵权责任的各种事由作出详细规定；(5)对他人造成损害或者物件造成损害的责任承担作出明确规定；(6)对适用无

---

① 梅夏英：《中华人民共和国侵权责任法讲座》，中国法制出版社 2010 年版，第 1 页。

过错责任原则和过错推定责任的特殊侵权责任之构成要件与适用条件作出明晰规定。简言之,明确侵权责任,最主要的是解决侵权责任构成要件以及侵权责任承担问题。只有明确了侵权责任,才能及时矫正不法行为给他人合法权益所带来的负面效果,并且有效地预防侵权行为的再次发生,进而引导人们对其行为后果形成正确的认识,达到在民事活动中自觉约束自己的行为的目的。

3.预防并惩罚侵权行为

法律本身具有预防功能,侵权责任法同样不能例外。该法通过对侵权行为的认定规则,以及侵权责任承担方式的规定,向人们展示出一套完整的行为规范,并以损害赔偿等不利后果作为对侵权行为的阻吓手段,在一定程度上为人们对自己行为后果的判断提供了一个明确的预期,并划定了行为自由的界限,从而起到预防侵权行为发生的作用。

此外,尽管惩罚功能不是侵权责任法的主要功能,但是它还是在侵权责任法中有所体现。例如,在我国《侵权责任法》中,对于明知产品存在缺陷仍然生产、销售,造成他人生命、健康损害的侵权人,可以根据受害人的要求,依法予以惩罚性赔偿。换句话说,对那些主观恶性极大,对社会造成巨大损失的侵权行为,通过对它处以超过其造成的损害范围的惩罚性赔偿,对于防止此类行为的再次发生具有极强的震慑和预防功能。

第二节　侵权责任的归责原则

一、侵权责任归责原则概述

(一)侵权责任归责原则的含义

侵权责任归责原则是侵权责任法的一个核心问题,它直接决定着侵权责任法的规范体系和基本内容。"归责"(imputation),是指依据某种事实状态确定责任的根据,它指的是责任的归属,即责任应当由谁承担的问题。归责原则(criterion of liability),是指确定责任归属必须依据、坚持的基本法律准则,即确定责任的标准和基础。正如拉伦茨教授说的一样:"承担责任,是指接受其行为所产生的后果,并对这种后果负责。……承担责任必须具备法律上的可归责性，而可归责性又必须具有特定的、适用于全体人的归责标准。”①

根据上述阐述，侵权责任归责原则是指以何种根据或基础确认和追究侵权人的侵权责任，它所解决的是侵权责任的伦理和争议性基础问题。换言之，它是指行为人或侵权人因其自己行为或应当由其负责的他人行为以及归其管理的物件致人损害的事实发生后，确定其应承担侵权责任的基本法律依据或规则。

（二）侵权责任法归责原则体系

所谓侵权责任法归责原则体系是指在一国侵权责任法中由一个或者数个归责原则所组成的具有内在逻辑联系的系统结构。

在我国，关于侵权责任法归责原则体系历来存在较大的争议，主要有“一元论”、“二元论”和“多元论”三种代表性的观点。其中“一元论”观点，即单一过错责任归责原则学说，该观点否认在过错责任之外存在其他归责原则，极力主张通过扩大过错责任范围来解决侵权责任法领域中出现的新问题。“二元论”认为过错责任原则和无过错责任原则都是我国侵权责任法所确认的归责原则。对于一般侵权行为，适用过错责任原则进行归责；对于特殊侵权责任，适用无过错责任原则进行归责。另外，“多元论”内部又存在诸多分歧，例如有人认为归责原则包括过错责任原则、危险责任原则和公平责任原则三种；还有人认为归责原则包括过错责任原则、过错推定责任原则和无过错责任原则等等，不一而足。②

根据我国《侵权责任法》第 6 条的规定，可以推断我国侵权责任法所确认的归责原则采纳了包括过错责任原则和无过错责任原则的“二元论”观点。具体言之，《侵权责任法》第 6 条第 1 款规定的是过错责任原则，即“行为人因过错侵害他人民事权益，应当承担侵权责任”。第 6 条第 2 款规定的是过错推定责任原则，即“根据法律规定推定行为人有过错，行为人不能证明自己没有过错的，应当承担侵权责任”。③ 第 7 条规定的是无过错责任原则，即“行为人损害他人民事权益，不论行为人有无过错，法律规定应当承担

---

① ［德］卡尔·拉伦茨：《德国民法通论》（上），王晓晔等译，法律出版社 2003 年版，第 50～51 页。

② 张新宝：《侵权责任法》，中国人民大学出版社 2010 年版，第 17 页。

③ 通说认为过错推定责任原则不是一个独立的归责原则，而是过错责任原则的特殊适用。这一点后面将会进行详细的论述。

侵权责任的，依照其规定”。

此外，应当提及的是，在英美侵权法中存在“严格责任”(strict liability)这样的概念术语，它与大陆法系国家的危险责任、客观责任相对应。根据学者的研究，严格责任原则的适用范围大致等于大陆法系的无过错责任原则的适用范围加上过错责任原则的特殊形式(过错推定)的适用范围。[①]

二、过错责任原则

(一)过错责任原则的含义

过错责任原则(fault liability)又称“过错原则”或“过失责任原则”，它是侵权责任法中最基本的一项归责原则，它的意思是侵权行为以过错为责任要件，加害人只有在有过错的情况下才承担民事责任。“有过错有责任，无过错即无责任。”相反，如果侵权人在主观上不存在过错，就当然不承担侵权责任，即便可能符合其他构成要件。

(二)过错责任原则的特征

1. 过错责任原则的性质是主观归责原则。换句话说，过错责任原则要求在确定行为人责任时，要依据行为人的主观意思状态来确定，而不是依据行为的客观方面来确定。

2. 该原则以过错作为责任构成的中心环节。在适用过错责任的场合中，如果行为人主观上没有过错，就不符合侵权责任的构成要件，不能构成侵权责任。

3. 该原则以过错作为责任构成的最终要件。过错责任原则以过错作为法律价值判断标准，不仅仅要求将过错作为侵权责任的一般构成要件，而是要求将过错作为侵权责任构成的最终决定要件。

4. 受害人的过错可以免除或减轻加害人的赔偿责任。如果受害人是故意导致损害发生的，则加害人虽然客观上造成了受害人的损害后果，仍可免除其侵权责任；如果受害人对于同一损害的发生或扩大具有过错，则可减轻加害人的赔偿责任。

(三)过错责任原则的适用

1. 适用范围

根据《侵权责任法》第 6 条的规定，过错责任原则适用于对一般侵权行为的归责。也就是说，除非法律另有特殊规定，要求对某些侵权行为不适用

---

① 张新宝:《侵权责任法》，中国人民大学出版社 2010 年版，第 23 页。

过错责任，过错责任原则才不适用。可以说，其适用的范围是相当广泛、普遍的。

2. 适用方法

过错责任原则的适用方法，是指对过错的举证和证明负担的分配方法。过错责任原则有两种适用方法：一是谁主张谁举证。在这种情况下，由被侵权人一方对侵权人一方的过错进行举证和证明，而侵权人一方无须证明自己没有过错。二是过错推定中举证责任的倒置，此时，推定侵权人一方有过错，而由侵权人一方承担证明自己没有过错的责任。

（四）过错推定责任原则

1. 过错推定责任原则的含义

所谓过错推定责任原则，是指在适用过错责任原则的前提下，在某些特殊的场合，由损害事实本身推定行为人有过错，从而减轻或者免除受害人对过失的证明责任，并据此确定过错行为人赔偿责任的归责原则。

值得注意的是，过错推定是对传统过错责任原则的发展和修正。根据传统的过错责任原则，“无过失即无责任”，受害人必须举证证明加害人具有过错，方能获得赔偿。但是，在某些特殊情况下，受害人往往难以举出证据来证明加害人存在过错，从而使无辜的受害人难以寻求到合理的补偿，这显然对受害人是极为不公的。加之进入 19 世纪末期以后，机器大工业的发展导致了工业事故和交通事故大幅度增加，这已成为社会所普遍面临的严峻社会问题，此后，许多国家开始对传统的过错责任原则进行修正和补充。这一原则的出现，对受害人而言是扩大法律救济的一种法律措施，使受害人不因无法证明加害人的过错而丧失获得赔偿的机会和权利。

当然，尽管这一原则具有重要的意义，但是不能将其地位无限制地夸大。正如有学者说的那样：“它毕竟属于过错责任原则的一部分，是过错责任原则适用中的一种特殊情形，它仍然以侵权人一方的过错为责任的根据或标准，因此不可将其与过错责任原则相提并论，更不可将其作为我国侵权责任法的归责原则之一。”①

2. 过错推定责任原则的适用

(1)过错推定责任原则的适用范围

过错推定责任的适用必须具有确定的法律根据，只有法律明确规定的部分特殊侵权行为才能适用过错推定责任原则，任何人无权突破、超越法律

① 张新宝：《侵权责任法》，中国人民大学出版社 2010 年版，第 20 页。

的规定。根据我国《侵权责任法》的规定，大体说来，下列情况适用这一原则：一是在关于责任主体的特殊规定中，监护人责任、雇主责任、违反安全保障义务的网络侵权责任、无民事行为能力人在教育机构中受到损害的责任，适用过错推定责任原则；二是在医疗损害责任中，医疗机构的侵权行为适用过错推定责任原则；三是在饲养动物致人损害责任中，违反管理规定未对动物采取安全措施造成损害的以及动物园的动物造成损害的，适用过错推定责任原则；四是在物件致人损害，建筑物以及建筑物上的搁置物、悬挂物致人损害，堆放物致人损害，林木致人损害，公共场所危险施工致人损害责任中都适用这一原则。

(2)其他注意事项

第一，加害事实的证明。过错推定虽然将举证的责任倒置，即免除了受害人就侵害人的过错进行举证的责任，但是，仍然要求其就侵害人的行为或者被告占有、管理或控制下的他人的行为或物件与损害结果之间具有因果关系负举证责任。如果受害人仅仅能证明有损害事实的存在，而不能证明是何人的行为所致，则不能适用这一原则。

第二，举证责任的倒置。在原告能证明其损害是被告的行为或其管理、控制下的他人或者物件所致时，被告必须就自己没有过错而负举证责任。当被告能够证明自己没有过错，才可免除其侵权责任；否则，就要承担相应的侵权责任。

三、无过错责任原则

(一)无过错责任原则的含义

无过错责任原则(no fault liability)又称“无过失责任原则”，是指在法律有特别规定的情况下，以已经发生的损害结果为价值判断标准，对于与该损害结果有因果关系的行为人，不问其有无过错，都要求其承担侵权责任的归责原则。也就是说，在此情况下，侵权责任的成立不以行为人的过错为要件，无论行为人有无过错，只要符合侵权责任的其他成立要件，侵权责任便可成立。

无过错责任起源于 19 世纪。西方资本主义国家经济的迅速发展，一方面对社会物质文明作出了巨大的贡献，另一方面也导致了工业灾害频发，交通事故骤增，公害严重损害人们的生命健康以及产品缺陷经常导致消费者的严重损害等重大事故。在这样的条件下，人们试图寻找一种较传统过错责任原则更为严格的法律对策，以向被侵权人提供更加合理、科学的保护和救济。可以说,这一原则是适应现代社会的需要而逐渐发展起来的,反映了侵权责任法在当代的发展趋势。

在我国,随着工业化、城市化进程的快速推进,环境污染加剧、交通事故频仍、高度危险物和高度危险作业的领域不断扩展,人们已经生活在社会学家所描述的"风险社会"之中了。为了增强行为人的责任意识,同时使得受害人能够得到及时有效的救济,我国现阶段更应突出和强调这一原则的适用。

(二)无过错责任原则的基本特征

对于无过错责任原则的基本特征,可以从以下几个方面予以把握:

第一,无过错责任原则仅仅适用于极为个别的侵权行为且必须有法律的明文规定。正如上文所述,过错责任原则是侵权行为法的基本归责原则,它适用于一般的侵权行为,而无过错责任原则则不同,它是在特定领域为弥补过错责任原则的不足而创设的原则,只适用于特殊侵权行为。

第二,无过错责任原则中的因果关系是决定责任承担的关键要件。在适用无过错责任原则的情况下,行为人是否承担责任并不取决于其是否存在过错,而是取决于其行为和物件与损害后果之间是否存在因果关系。符合法律规定的行为若与损害后果之间存在因果关系,行为人就必须承担责任;相反,如果不存在因果关系,行为人将不需要承担侵权责任。

第三,无过错责任原则的宗旨在于合理补偿损失,不具有惩罚功能。在适用无过错责任原则的情况下,由于不问行为人是否有过错都须承担责任,所以它不可能具有惩罚的功能,其唯一的功能仅仅在于补偿损失。

第四,无过错责任原则不要求考虑行为人的过错,但应当考虑受害人的过错。由于无过错责任原则的制度价值在于弥补受害人的损害而不在于惩罚行为人,所以为公平起见,当受害人存在过错时,其过错可以成为行为人减轻责任的重要依据。

第五,无过错责任的赔偿范围一般都存在最高赔偿限额。关于这一问题,后面将进行阐述。

(三)无过错责任原则的适用

1.适用范围

无过错责任原则的适用范围,必须由法律作出明确规定。根据《侵权责任法》的规定,这一原则适用于以下类型的侵权案件:(1)产品责任案件;(2)在机动车交通事故责任中,机动车一方对非机动车或行人致害的案件;(3)环境污染致人损害案件;(4)高度危险致人损害案件;(5)饲养动物致人损害案件;(6)用人单位和用人个人承担雇主责任的案件;(7)监护人承担监护人责任的案件。

2.适用方法

无过错责任原则的适用方法主要是基于“不考虑侵权人有无过错”这一基本理念,而免除被侵权人一方对侵权人一方过错的举证和证明责任。侵权人也不得以证明自己没有过错为由主张免除责任。但是,应当注意,被侵权人一方仍需证明侵权行为、损害后果以及二者之间存在因果关系。

第三节 侵权责任的构成要件

一、侵权责任构成要件概述

(一)侵权责任构成要件的含义

侵权责任构成要件,通常是指“一般侵权行为”的责任构成要件,因为“特殊侵权行为”在责任构成方面有着特殊的规定与要求。基于此,本书认为侵权责任构成要件是指一般侵权责任得以成立所必须具备的充分且必要条件。

侵权责任构成要件理论具有重要的价值和意义,正如有学者所指出的:“侵权责任构成要件的理论在侵权责任法学中具有十分重要的地位,是研究任何一种一般侵权行为的指南和纲领,也是对立法和司法实践的高度概括,对归责原则的系统阐述。”①

(二)侵权责任构成要件学说概览

对于一般侵权行为责任的构成要件,一直存在“三要件”与“四要件”两种学说的争议。后一观点认为,基于过错责任原则承担侵权责任的构成要件应当包括四个:加害行为的违法性、损害、加害行为与损害之间的因果关系以及行为人的过错。与此同时,“三要件”学说观点认为,不应当将违法性作为责任构成的要件之一。一方面,即便某种行为并没有违反法律的明确规定,但由于行为人具有过错,也可能要承担侵权责任;另一方面,在过错责任中,即便多数侵权行为是违法的,但是,违法性要件通常被过错要件所囊括。因此,一般责任构成要件仅仅包括损害、过错与因果关系三个要素。以上两种学说之间争

① 张新宝:《侵权责任法》,中国人民大学出版社2010年版,第27页。

议的焦点问题在于是否将违法性作为一个独立的构成要件。

根据《侵权责任法》第6条的规定,可以发现我国立法采纳了第二种学说的基本观点,将违法性这一要件排除在了构成要件的范围之外。根据这一条文,本书认为一般侵权责任的构成要件包括以下几个:加害行为、损害、因果关系与过错。以下将对构成要件分别加以阐释。

二、加害行为

(一)加害行为的含义与特征

加害行为是指行为人实施的加害于受害人民事权益的不法行为。只有造成了他人权益的侵害,才可能发生侵权责任的承担问题。因此,加害行为的存在是一般侵权行为重要的构成要件之一。

根据上述含义,可以发现加害行为具有以下几个特征:

第一,加害行为是受人的意志所支配的活动。若非受人的意志支配,即无意识的行为或者无行为意思的行为,即使产生致人损害的后果也不属于加害行为。

第二,加害行为既包括作为,也包括不作为。前者指行为人通过积极的动作举止侵犯他人权益;后者指行为人违反了特定的行为义务,致使他人权益受到侵害。这种义务既可能来自法律的直接规定,也可能来自业务或职务上的特别要求。

第三,加害行为必须是对他人的民事权益构成了现实的侵害。

(二)加害行为的基本分类

1. 自己的加害行为与他人的加害行为

自己的加害行为是指侵权人自己实施的侵害他人民事权益的行为,这是加害行为的常态。

在某些特殊情况下,某些民事主体要对"他人的加害行为"承担侵权责任。对他人行为承担责任的情况通常包括以下几类:第一,雇主对雇员在执行雇佣事务过程中,实施的加害行为给第三人造成的损害承担侵权责任;第二,监护人对被监护人给第三人造成的损害承担侵权责任;第三,法律规定的其他情形。

2. 直接加害行为与间接加害行为

侵权人的加害行为直接作用于被侵害人的人身或财产等受到法律保护的权益,称为直接加害行为;侵权人通过他人或者其他介质作用于被侵权人的人身或财产等受法律保护的权益,称为间接加害行为。

3.积极加害行为与消极加害行为

实施积极的作为行为导致损害的,叫做积极加害行为;消极不履行法定的作为义务,导致被侵权人受到损害的,叫做消极加害行为。绝大多数加害行为都需要侵权人的积极作为,只有在法律、行政法规等要求当事人承担积极作为义务的情况下,该当事人不履行积极的作为义务才构成消极加害行为。

三、损害

(一)损害的含义与特征

1.损害的含义

损害又被称作损害后果,是指被侵权人一方因他人的加害行为或者物的内在危险之实现而遭受的人身、精神或财产方面的不利后果。这种"不利性"表现为财产减少、利益损害以及名誉毁损、健康损害、身体损害等。损害一般应当是现实的已经存在的不利后果。

2.损害的特征

第一,结果性。损害是指受害人因他人的加害行为而在人身和财产权益方面产生的不利后果。只有侵权行为,而没有实际的损害结果,则无所谓赔偿的问题。

第二,真实确定性。损害是一个真实确定的事实。损害不是虚构的、臆想的、尚未发生的现象,而是一个已经发生的真实存在的事实。

第三,损害的可赔偿性。损害是可赔偿性的损害,具有法律上的可补救性。当然,不是每一个发生在权利上的不利后果都必然导致赔偿性损害,损害应当在量上达到一定程度,方才具有可赔偿性的可能。

(二)损害的形态

1.从侵害的客体角度出发,可将损害的形态分为财产损害与非财产损害,后者又分为人身损害和精神损害两个子类。财产损害是指损害了财产权利和具有财产性的利益;人身损害是指损害人格、身份权利和利益,精神损害是指受害人在受到侵害后,精神上受到的痛苦以及肉体上遭受疼痛两个方面。

2.从侵害的结果角度分析,损害可分为直接损害和间接损害两种。直接损害又称为积极损害,是指受害人已有财产的减少和既得利益的丧失,即所谓的实际损害;间接损害也称为消极损失、预期利益或可得利益的损害。例如,房屋或树木被破坏,使得受害人可得的法定和天然孳息的丧失。由于预期利益不像直接损害那样是一个定型化和定量化的事实,所以,在计算间接损害时,条件要求非常严格,不能无限制地、无根据地扩大它的数量。

3.法定损害和边际类型损害。根据法律规定,在损害事实确定后可以赔偿、可以补救的损害都被称作法定损害。所谓边际类型损害是指不能明确认定其类型归属的损害,由于其类型不易确定,这种损害在法律上如何救济,是否可以赔偿,争议都比较大,学界一般将这类损害统称为边际类型损害。[①] 例如,因过失导致某人多年不用的电脑或过时的服装损坏,是否还要赔偿其财产损失以及可得利益。对此,有人认为只要有使用的可能性就应当赔付,有人则认为如果使用者是盈利性的使用者,就应赔可得利益等,莫衷一是。

4.纯粹经济损失。纯粹经济损失是英美法上的概念,是指除了对人身和对财产的损害所造成的损失以外的经济上的损失,常常表现为一种费用或利润的丧失。例如,有车撞坏马路上的隔离带,造成堵车一小时,公交公司营业收入的减少就是纯粹经济损失;因为堵车,使得开往火车站的汽车无法移动,赶火车的人下来绕道打出租车的费用,或者因此而错过了火车造成的损失,都属于纯粹经济损失。据此,可以发现之所以称其为纯粹经济损失,就是因为其是与个人人身或物的损坏本身没有联系的损害类型。

综观各国的法律,对纯粹经济损失原则上不予赔偿。其主要原因包括:第一,纯粹经济损失与加害行为间的因果关系过于遥远;第二,如果都给予赔偿,则会妨碍行为的自由程度;第三,无端增加社会成本,即如果对这些损失给予赔偿,将会提高全体社会成员的生活成本,必然影响正常的经济流转;第四,极易导致诉讼泛滥。

四、因果关系

侵权行为法的因果关系,是一个极为复杂的问题。尽管各国关于侵权行为的法律都承认因果关系是确认侵权行为责任的必备要件,但对因果关系研究的理论及观点,却是众说纷纭、各不相同。

(一)因果关系的含义

因果关系是一个哲学术语,反映事物、现象之间的相互联系、相互制约的一种关系。也就是说,它是指一定的先前事实与一定的后发事实之间存在引起与被引起的关系,即没有前者就没有后者的关系。在侵权责任法中,因果关系是指他人的加害行为或者物的内在危险之实现与损害之间的内在联系。

(二)因果关系的确定

关于如何确定侵权责任的因果关系,主要有两种不同的学说,一种是“必

① 江平:《民法学》,中国政法大学出版社 2011 年版,第 488 页。

然因果关系说”，该说认为只有当行为人的行为与损害结果之间具有内在的、本质的、必然的联系时，才具有法律上的因果关系。另一种是“相当因果关系说”，它认为只要行为人的行为对损害结果构成适当条件，行为人的行为就与损害结果之间产生了法律上的因果关系。目前，在司法实务界及理论界，后一学说占据了绝对的主导地位。其原因主要包括两个方面：第一，如果以必然因果关系作为认定侵权责任的基础，必然会缩小责任的客观基础，并会不适当地开脱一些本应当承担责任的行为人的责任。第二，相当因果关系虽然扩大了因果关系的范围，但在大量适用过错责任和过错推定责任原则的案件中，有主观过错作为保障，并不会无限制地扩大侵权赔偿责任的适用范围。

（三）因果关系的表现形态

在侵权行为中，行为人的加害行为与损害后果之间的因果关系，表现为多种不同形态，这也体现了哲学上因果关系多样性的特点。其形态有四种，分述如下：

1. 一因一果

在侵权行为中，一因一果是指原因和结果均为单数，原因为行为人的单个加害行为，结果为被侵权人单纯的损害后果。这是侵权行为中最常见的一种因果关系形态。

2. 一因多果

在侵权行为中，一因多果是指原因为单数，结果为复数，原因为行为人的单个加害行为，结果为数个被侵权人的损害后果或一个被侵权人的多个损害后果。例如汽车司机违章超车而撞上正在正常行驶的另一辆汽车，同时也撞伤了该车里的几名乘客。

3. 多因一果

在侵权行为中，多因一果是指原因为复数，结果为单数，原因为多个行为人的多个加害行为，结果为被侵权人单一的损害后果。例如，甲误伤乙之后随即将其送进医院治疗，但医院疏于医护导致乙伤口感染化脓，造成了乙严重的后遗症。在此情形下，甲的行为与医院的行为均为原因，共同导致了乙的损害后果。

4. 多因多果

在侵权行为中，多因多果是指原因为复数，结果也为复数，原因为多个行为人的多个加害行为，结果为被侵权人的多项损害后果或多个被侵权人的损害后果。

五、过错

(一)过错的含义

过错是加害人在实施行为时主观上对其行为后果具有故意或过失的一种可归责的心理状态，即加害人在实施行为时，或是故意要达到某种后果，或是心理上没有达到其应达到的注意程度。换言之，有过错不是指存在一个人的行为造成他人权益损害的客观事实，而是指行为人能预见和能避免却没有预见和避免损害后果发生的事实。

(二)过错的性质

关于过错的性质，理论上有三种不同的学说。第一，主观过错说。这一学说认为过错是人的主观心理态度，是违法行为人对自己的行为和后果的认识。对行为的控制程度，应以主观的心理状态作为衡量过错的标准。第二，客观过错说。这一学说认为过错不是由人的主观心理状态决定的，而是由人的客观行为来判定，如果一个人的行为没有达到一个正常人在相同情况下应达到的标准，那么这个人就存在过错。第三，主客观统一说。这一学说认为对过错的性质认定应当建立在主客观相统一的基础上，认为过错是一种心理状态，但这种心理状态要通过行为人的行为表现出来，即要结合行为和心理一起来判定。在这三种学说中，最后一种学说由于认为过错不仅是行为人的一种主观心理状态，而且也是一种由该心理状态所支配的应该受到非难的行为人的行为，因而是一个相对完整、科学的观点，实践中也多采纳这一观点。

(三)过错的表现形式

1. 故意

(1)故意的含义

故意是指行为人明知和能预见其行为的不良后果，然而希望或放纵其结果发生的心理状态。

(2)故意的类型

故意分为直接故意和间接故意两种类型。前者是指能预见自己的行为会导致某种损害后果的发生，但仍然追求这一损害后果发生的主观心理状态；后者是指能预见自己行为的后果，但放任这一后果发生的主观心理状态。

值得注意的是，民事责任与刑事责任不同，在刑法中，以故意为原则，过失犯罪较少，因此，故意和过失决定犯罪是否成立，直接故意和间接故意决定量刑的程度。但是在民法中，由于原则上是过失侵权，故意侵权较少，因此，多数情况下不论故意还是过失，都要承担相应的赔偿责任。因此，可以发现，民法与刑法对待过错的态度存在一定程度上的差异，这与二者的功能不同不无关系。

2. 过失

(1)过失的含义

过失是行为人对自己的行为结果应当预见且能够预见，但却未能预见，或者虽有预见却轻信能够避免而依然实施该行为的心理状态。

(2)过失的类型

过失分为两种情形：第一是疏忽大意的过失，即应预见、能预见而没有预见；第二是轻信的过失，即预见了行为的后果，却轻信可以避免。

(3)过失作为归责的理由

过失责任是自主参与、意思自治的必然逻辑。民法以意思自治为理念，一切以意思表示为特征的行为均由行为人自主、独立、自由选择。自主参与的结果有利益，也有风险，参与者对自己失误造成的风险必须自己承担，而不能转嫁给他人，即民法所谓的“自己责任”原则。可以说，过失在民法中具有相当的普遍性。因此，分析的重点也就放在过失问题上了。

(4)过失与过失程度的判断

判断过失，以一般人的注意和注意程度来判断。

①一般人的确定。一般人是指诚实的、守信用的、善意的人，也即“善良管理人”。一个初始状态的善良管理人应当是一个受过一般教育，具有一般的知识水平和技能，且具有一般道德水准的人，是一个正常的理性人。在确定一个人是否有过失时，是以这样的一般人作为比照对象的。

②确定一般人“所能注意”的标准。一般人“所能注意”是指在当时、当地、同等条件下，要求一般人，一个普通人应注意的程度。从理论上讲，一般人能注意的程度可以分为三种，即一般人所不能注意的情况、一般人所能注意的极限以及一般人所能注意的起点。以一般人所能注意的起点作为原始起点，过失分为重大过失和轻过失。连普通人应注意的义务都未尽到，则属于重大过失。反之，违反了较高要求的注意义务，则属于轻过失。

轻过失在理论上又可分为一般轻过失和具体轻过失两种。一般轻过失，也称为抽象轻过失，是指违反了善良管理人的一般注意义务，这种过失是抽象而不是具体的。具体轻过失，是指违反了行为人平日在处理自己同一事务时所应具有的注意义务，换言之，违反了如同处理自己事务时应有的谨慎注意义务。

(5)过失的种类

①普通过失和推定过失。法律没有直接的相关规定，在诉讼中由受害人一方负举证责任的过失，称作普通过失。法律直接推定过失，被推定人须证明自己无过失的过失为推定过失。

②重大过失和轻微过失。对自己行为的注意程度有重大缺陷，未尽到最低的注意义务，称为重大过失。对自己行为的注意程度有轻微缺陷，违反了较高注意义务的，称为轻过失。

③单独过失和共同过失。行为主体为单个人，单一行为人有过失的，称为单独过失。行为主体为多数人，两个人以上共同实施加害行为都存在过失的情形，称为共同过失。

④单方过失与双方过失。单方过失是指一方有过失，他方无过失。双方过失即混合过失，是双方都存在过失。

⑤第三人过失。第三人过失是指除原告和被告以外的第三人，对原告损害的发生或扩大具有的过失。

第四节　数人共同的侵权责任

一、数人共同的侵权责任的含义、特征与分类

（一）数人共同的侵权责任的含义与特征

1.含义

所谓数人共同的侵权责任是指由数个责任主体对同一损害后果承担侵权责任的责任承担形式。这是对数人共同的侵权责任的广义理解。狭义的共同侵权责任，仅指连带的侵权责任。本部分所探讨的数人共同的侵权责任是从广义的角度展开的。

2.特征

(1)承担责任主体的复数性。承担侵权责任的主体为二人或者二人以上，可以是数个自然人，也可以是数个法人，或者数个自然人和法人的集合。这些人均为独立承担民事责任的主体，而不存在诸如雇主与雇员之间的关系，监护人与被监护人的关系或者其他替代责任关系的情形。

(2)责任后果的同一性。数人对同一损害后果承担侵权责任，而不是数人对不同的损害后果承担责任。换句话说，被侵权人一方对该数人享有一

个同一的损害赔偿请求权，数人承担共同的侵权责任是为了满足该同一的请求权。

(3)承担责任方式的多样性。数人承担共同侵权责任的方式即数个责任主体与被侵权人一方的请求权之间的联系具有多样性。数人承担何种共同侵权责任，针对不同的情形，由法律加以明确规定。对此问题，下文将详细阐述。

(二)数人共同的侵权责任的分类

根据我国现行法律的规定，数人对同一后果承担共同的责任，可以作如下的分类：(1)数人对同一损害后果承担连带的侵权责任；(2)数人对同一损害后果承担按份的侵权责任；(3)在数个责任主体中，部分责任主体承担全部侵权责任，部分责任主体承担补充侵权责任。

1.数人承担连带责任的侵权行为

(1)连带的侵权责任的含义

连带的侵权责任，是指数个责任主体作为一个整体对损害共同承担责任，其中任何一个责任主体对全部损害承担的侵权责任。在这一情况下，假如责任主体之一对全部损害承担了侵权责任之后，他有权向未承担责任的其他责任主体追偿，请求偿付其应当承担的赔偿份额。另外，从被侵权人一方的请求权角度看，他既可以向全部责任主体主张权利，也可以向部分责任主体主张权利。一旦责任主体中的一人赔偿了全部损害，也就履行完了全部赔偿义务，被侵权人一方不得再对其他责任主体提出赔偿请求。反之，如果被侵权人一方的请求没有得到实现，他则可以向其他责任主体请求赔偿全部损害或者赔偿剩余的部分损害。

(2)连带的侵权责任的适用范围

依照我国法律的规定，连带的侵权责任适用于以下几种情形：第一，实施共同侵权行为的数个加害行为人；第二，帮助、教唆他人实施侵权行为的人(帮助、教唆无行为能力人和限制民事行为能力人的情况除外)；第三，实施共同危险行为的数个危险行为人；第四，原因叠加情况下的多数侵权人；第五，法律直接规定数个责任主体承担连带的侵权责任的情况。例如，广告主和广告经营者的共同侵权；《证券法》上有关公司董事的共同侵权责任等皆是如此。

2.数人承担按份的侵权责任

(1)数人承担按份的侵权责任的含义

数人承担按份的侵权责任，是指在数个责任主体承担共同侵权责任的情形中,每一个责任主体只对其应当承担的责任份额负清偿义务,而不与其他责任主体发生连带关系的侵权责任。任何一个责任主体在承担了自己相应的份额赔偿责任后,即从损害赔偿的侵权责任关系中解脱出来。从被侵权一方来看,于数人承担按份的侵权责任情形,他只能分别向各个责任主体主张不同份额的损害赔偿。

(2)数人承担按份的侵权责任的份额确定

数人承担按份的侵权责任,其责任份额由两个因素决定:第一,比较各个责任主体的过错程度的大小。过错较大的承担较大份额的责任,过错较小的承担较小份额的责任。第二,比较各个责任主体的加害行为原因力的大小。其行为原因力较大的承担较大份额的责任,其原因力较小的承担较小份额的责任。在无法对过错和原因力大小进行比较的情况下,数个侵权人平均承担赔偿责任。

3.补充的侵权责任

(1)补充的侵权责任的含义

补充的侵权责任,又称补充责任或补充赔偿责任,主要发生在一个侵权行为造成的损害事实产生了两个相重合的赔偿请求权的情况,此时,法律规定权利人必须按照先后顺序行使赔偿请求权。只有排在前位的赔偿义务人的赔偿不足以弥补损害时,被侵权人才能请求排在后位的赔偿义务人赔偿。在这样的案件中,后位赔偿义务人承担的侵权责任便称为补充的侵权责任。

(2)补充的侵权责任的适用范围

《侵权责任法》第32条第2款规定:“有财产的无民事行为能力人、限制民事行为能力人造成他人损害的,从本人财产中支付赔偿费用。不足部分,由监护人赔偿。”再如,第37条第2款规定:“因第三人的行为造成他人损害的,由第三人承担侵权责任;管理人或者组织者未尽到安全保障义务的,承担相应的补充责任。”另外,第40条规定:“无民事行为能力人或者限制民事行为能力人在幼儿园、学校或者其他教育机构学习、生活期间,受到幼儿园、学校或者其他教育机构以外的人员人身损害的,由侵权人承担侵权责任;幼儿园、学校或者其他教育机构未尽到管理职责的,承担相应的补充责任。”以上都是有关补充责任的规定。应当注意的是,《侵权责任法》实际上规定了两种不同的补充责任,即全部补充责任与相应的补充责任。监护人承担的是全部补充责任,而安全保障义务人和教育机构等承担的是相应的补充责任。在前者,“缺多少补多少”,补充责任的承担将使得被侵权人的全部损害得到赔偿。在后者,承担补充责任者只是承担与其过错大小相适应的补充责任,同时还可能考虑其他情况,最后确定赔偿的合理数额。

二、共同侵权行为

(一)共同侵权行为的含义

共同侵权行为是指二人以上共同故意或者共同过失致人损害,或者虽无共同故意、共同过失,但其侵害行为直接结合发生同一损害后果的行为。

(二)共同侵权行为的分类

按照共同侵权数人之间有无主观上的共同过错,可将共同侵权分为两类:有意思联络的共同侵权和无意思联络的共同侵权。多数侵权行为是有共同故意或者共同过失的共同侵权,即所谓的有意思联络的共同侵权。无共同故意或共同过失的共同侵权,指虽无共同故意、共同过失,但其侵害行为“直接结合发生同一损害后果”的情形。所谓“直接结合”是指数人的行为密切关联,作为一个整体导致损害的方式,各行为人的行为对于损害结果发生是不可或缺的,且无法比较其原因力大小。

(三)共同侵权行为的构成要件

毋庸置疑,共同侵权行为首先是侵权行为,其构成要件应当符合一般侵权行为的构成要件。除此之外,共同侵权行为还需要具备一些特殊的要件,方可构成共同侵权行为。这些要件主要包括以下几个方面:

第一,主体的复数性。所谓主体的复数性,就是指侵权人为二人或二人以上的多数人。同时,这些多数人均应是独立承担侵权责任的主体。

第二,意思联络或者行为关联。《人身损害赔偿解释》第3条第1款规定:“二人以上共同故意或者共同过失致人损害,或者虽无共同故意、共同过失,但其侵害行为直接结合发生同一损害后果的,构成共同侵权,应当依照民法通则第一百三十条规定承担连带责任。”根据这一规定可知,即使没有共同过错,如果存在“行为关联”,即符合“直接结合”的特征,也可能成立共同侵权行为。

第三,结果的统一性。结果统一性是指共同侵权行为所导致的后果是一个统一的不可分割的整体。

(四)共同侵权行为的主要形态

1.共同加害行为

(1)共同加害行为的含义

共同加害行为是指两人或者两人以上的行为人基于共同的故意或过失,侵犯他人的合法权益并造成损害的行为。

(2)共同加害行为的构成要件

第一，行为人为数人。行为人必须是两人或者两人以上，他们被称作“共同行为人”，既可以是自然人，也可以是法人。对共同行为人的认定，并不要求一定亲自实施加害行为，只要行为人有意识地利用他人行为作为自己的行为，他就可以被认定为共同行为人。

第二，数人都具备了侵权责任的构成要件。数人的行为均必须符合侵权责任的构成要件。例如，在共同加害人当中，如果有一人是无民事责任能力人，那么，他的过错就不能被认定，也就不能被认定为共同行为人。但是，应当注意，在共同加害行为中，因果关系的认定存在一定的特殊性。受害人不必证明每个共同行为人的行为与损害之间存在因果关系，只需证明共同行为与损害之间存在因果关系即可。

第三，数人的行为构成共同加害行为。我国立法对“共同”加害行为采取了较为宽泛的观点。首先，该共同行为包括了共同故意，即数个行为人基于共同故意侵害他人合法权益的，应当成立共同加害行为；其次，该共同行为包括了共同过失，即数人共同从事某种行为，基于共同的疏忽大意或过于自信的过失而造成他人损害；最后，该共同行为还包括了故意与过失相结合的行为。

(3)共同加害行为的责任承担

根据《侵权责任法》第 8 条的规定，共同加害人对于造成的损害负连带责任。某一或数个共同加害人在承担了超出自己应当承担的份额或全部责任之后，有权向其他行为人就超过自己应当承担的部分进行追偿。但是，不能以内部约定或超出自己的赔偿份额为由拒绝向权利人承担赔偿责任。

2.教唆、帮助侵权行为

(1)教唆、帮助侵权行为的含义

教唆、帮助侵权行为，又称拟制的共同加害行为，是指行为人基于过错对他人实施教唆或帮助，致使被教唆人或者被帮助人对第三人实施直接侵权行为，最终造成损害并应当承担相应法律责任的行为。其中，教唆行为，是指行为人采用诱导、劝说、挑拨、刺激、怂恿等手段使他人接受实施侵权行为意图的行为。帮助行为，是指帮助人具体的援助行为，这些援助行为促成了被帮助人侵权行为的完成，使其侵权目的得逞。

(2)教唆、帮助侵权行为的责任承担

根据《侵权责任法》第 9 条的规定可知，教唆、帮助人与行为人原则上构成共同侵权行为，承担连带责任。教唆、帮助无民事行为能力人、限制民事行为能力人实施侵权行为的，教唆、帮助人承担责任，即单独责任；该无民事行为能力人、限制民事行为能力人的监护人未尽到监督职责的，应当承担相应的责任。[①]

3.共同危险行为

(1)共同危险行为的含义

所谓共同危险行为，是指二人或二人以上共同实施有侵害他人权利的危险的行为，并且造成损害后果，而不能判明真正加害人的侵权行为。

(2)共同危险行为的构成要件

第一，数人实施了共同危险行为。首先，共同危险行为的主体是多数人；其次，危险行为是确定的；再次，数人的行为具有共同危险性，也就是说这种危险性是现实存在的。

第二，数人的危险行为均有可能造成损害结果的发生。正如有学者说的那样："惟虽不能确知何人之行为造成该损害之结果，各人之行为均有可能，故又名之曰共同危险行为。"[②]

第三，损害结果已经发生，但不知是何人所为。

(3)共同危险行为的免责事由

根据《人身损害赔偿解释》的规定，共同危险行为人能够证明损害后果不是由其本身造成的，就不承担赔偿责任。但是《侵权责任法》已经有所变化："能够确定具体侵权人的，由侵权人承担责任；不能确定具体侵权人的，行为人承担连带责任。"可以发现，其免责事由更加严格，只有在证明真正的加害人的情况下，其他人才能免责。

4.无意思联络的数人侵权行为

(1)无意思联络的数人侵权行为的含义

无意思联络的数人侵权行为是一种较为特殊的侵权行为形态，它是数个行为人事先没有共同的意思联络，但他们的单独行为在客观上共同导致了受害人的损害，法律根据其损害的可分与不可分性确定赔偿责任的行为。

(2)无意思联络的数人侵权行为的类型

① 应当注意的是，所谓"相应的责任"，是指依据监护人的过错程度来确定的责任。如果监护人的过错程度很大，此时监护人有可能要就受害人的全部损害与教唆人、帮助人承担连带责任。如果监护人过错程度很小，此时监护人只需就受害人的损害承担部分赔偿责任。

② 转引自梅夏英：《中华人民共和国侵权责任法讲座》，中国法制出版社2010年版，第60页。

第一，原因力竞合的，成立连带责任。《侵权责任法》第 11 条规定："二人以上分别实施侵权行为造成同一损害，每个人的侵权行为都足以造成全部损害的，行为人承担连带责任。"这种行为又称为"行为关联的侵权"。

第二，原因力结合的，成立按份责任。《侵权责任法》第 12 条规定："二人以上分别实施侵权行为造成同一损害，能够确定责任大小的，各自承担相应的责任；难以确定责任大小的，平均承担赔偿责任。"在这一类型的行为中，任何一个行为人的侵害行为都不足以单独导致该损害后果，而必须结合在一起，共同发挥作用才能导致该后果的发生。

第五节　责任竞合与责任聚合

一、民事责任竞合

(一)民事责任竞合的含义

所谓责任竞合，是指同一事实符合数个法律规范的要件，致使这些规范都可以适用于该事实的现象。换句话说，由于规范竞合的存在，当事人的同一行为可能依照不同的规范应当承担数个不同的法律责任。当然，这里所讲的竞合是狭义上的竞合，即仅指同一法律部门内的规范竞合现象。

侵权责任法视角下的责任竞合是指侵权人实施的某一违法行为符合多种民事责任的构成要件，从而在法律上导致多种民事责任形式出现的法律现象。从这一含义中可以发现出现民事责任竞合的根本原因是民事法律规定之间存在相互交叉及效力边缘不清晰的问题。

(二)民事责任竞合的特征

1.侵权人仅实施了一个不法行为。行为人只实施了一个不法行为，而不是实施多个不法行为。如果行为人实施数个不法行为，不论其所违反的法律规范是否相同，均不属于民事责任竞合的范畴，而应当分别承担责任。

2.同一不法行为违反了两个或两个以上民事法律规范，构成两个或两个以上民事责任。

3.数个民事责任之间相互冲突。由于数个民事责任之间相互冲突，不管其他情形如何，不法行为人最终只就其所实施的不法行为承担一个民事责任。

二、责任聚合

(一)责任聚合的含义

责任聚合,又称请求权聚合,是指同一法律事实基于法律的规定以及损害后果的多重性,而应当使责任人向权利人承担多种内容不同的法律责任的形态。在侵权责任法中,所谓责任聚合,是指侵权责任与其他类型法律责任之间的聚合,致害行为人在实施侵害他人人身或财产权益的行为时,其行为不仅违反了民事法律法规的相关规定,而且违反了行政法律法规或刑事法律法规的规定,因而应当同时承担侵权责任、行政责任和刑事责任的情形。

(二)责任聚合的特征

第一,加害人只实施了一个违法行为,但侵害了不同法律部门所保护的对象;第二,加害人的行为具有多重违法性,即同一行为符合不同法律部门的数个责任构成要件;第三,加害人承担多重责任,在这里,不同法律部门的责任是同时并存的,区别于以上所述的责任竞合;第四,追究程序的复杂性,不同的法律部门有不同的程序法,这就使追究加害人多重责任的程序变得十分复杂。

(三)责任聚合的处理

首先,侵权人因同一行为应当承担行政责任或刑事责任,并不影响其依法应承担民事侵权责任。不同的法律责任,各自有其不同的法律基础和不同的适用范围,所以三者之间不能相互吸收、抵消或取代。让加害人对受害人所遭受的损失承担侵权责任,并不意味着其行为就不再对社会公共秩序产生负面影响,从而无须承担行政或刑事责任;同样,仅对加害人加以行政或刑事上的处罚,也无补于受害人所遭受的人身损害或财产损失的赔偿。

其次,《侵权责任法》第 4 条规定:“因同一行为应当承担侵权责任和行政责任、刑事责任,侵权人的财产不足以支付的,先承担侵权责任。”从中可以发现我国法律采取的是民事责任优先的原则。之所以确立这一原则,至少出于以下几个方面的考虑:第一,确立民事责任优先原则是实现法的价值的需要。具体而言,若责任人不缴纳罚款、罚金,或者不上缴被没收的财产,并不会对国家造成较大的经济困难,但若责任人无法向民事责任中的受害人支付损害赔偿费,则有可能使该受害人陷入极大的困难之中。第二,确立这一原则,是维护市场经济秩序和交易安全的必然要求。如果一方当事人对另一方当事人依法享有债权,却因其承担财产性的行政、刑事责任后丧失清偿债务的能力而无法实现,必然会使得当事人在以后的民事活动中投入更多的注意力去审查对方当事人是否存在违法或犯罪行为,否则可能影响自己权利的实现。然而,这种事先审查所带来的额外成本，必将影响正常市场交易的运行效率，同时也会对交易安全产生不利影响。第三，民事责任是平等主体之间发生的一方依法向另一方承担的一种财产责任，目的在于弥补权利人因他人的民事违法行为而给其造成的经济损失。这种补偿性的责任一旦遭到破坏，权利人的权利则难以实现。而行政、刑事责任的功能并非仅限于此。

第六节 责任抗辩

一、责任抗辩的含义

责任抗辩也就是通常所谓的“免责事由”、“抗辩事由”、“违法性阻却事由”，它是被告针对原告的损害赔偿请求，证明自己承担责任不成立或者可减轻责任的理由。它是由法律专门规定的在构成要件之外，影响侵权人一方侵权责任承担的抗辩事由。

我国《侵权责任法》第三章专门规定了“不承担责任和减轻责任的情形”。研究责任抗辩问题对于确定侵权责任的各种不承担责任、减轻责任事由具有重要意义。如果说研究侵权责任的构成要件是为了确定侵权人的侵权责任，那么，研究责任抗辩则是为了解决侵权人一方在特定条件下减轻或不承担侵权责任的问题。

二、责任抗辩的特征

如上所述，责任抗辩，又称抗辩事由，是不承担责任或减轻责任的事由，即法律规定的可以减轻或不承担侵权责任的特定事由。它具有以下特征：

1. 对抗性。这种事由足以对抗原告的指控和诉讼请求，以达到减轻或免除责任的目的。

2. 客观性。作为抗辩事由，必须是已经发生的客观事实而不是加害人一方的主观臆断或尚未发生的情况。

3. 法定性。作为侵权行为法上阻却违法性的事由，应当是法律规定的特定事由。

4. 限定性。不同的抗辩事由具有不同的适用范围。

三、责任抗辩的类型

依照损害事实的发生是否与人的行为有关为标准，责任抗辩可分为正当理由与外来原因两大类。

(一)正当理由

正当理由着眼于从加害行为本身的合法性或合理性来进行抗辩，即承认某行为是损害发生的原因，但主张行为的实施有合法的根据。正当理由主要包括以下几种：

1. 依法执行职务的行为。依法执行职务的行为是依照法律的授权及有关规定，在必要时行使职权损害他人财产及人身权益的行为。

2. 正当行使私权的行为。正当行使私权的行为是权利人有合法根据地行使自己的权利。例如，抵押权人依法行使抵押权。

3. 正当防卫。所谓正当防卫是对正在发生的危及本人和他人人身、财产的行为在合理的限度内采取的必要性防卫措施。

4. 紧急避险。紧急避险是指为了使本人或第三人的人身、财产或公共利益免遭正在发生的危险而不得已采取的致使他人人身或财产遭受损害的行为。

5. 受害人的同意。受害人同意是指受害人通过明示或默示的方式对某种特定的损害作出同意的表示。受害人同意作为加害人免责的一种事由，是按照私法自治的原则，受害人有权处分自己的权益，只要这种处分不违反法律的强制性规定和善良风俗，即为有效。

6. 自甘冒险。所谓自甘冒险是指受害人知道或者应当知道存在某种风险，却依然冒险行事，从而自行负担损害发生的风险的情形。应当注意的是，一般而言，受害人同意适用于故意侵权领域，而自甘冒险适用于过失侵权领域，二者存在很大不同。

7. 适法的无因管理行为。在无因管理中，有时会给他人造成某种损害，但只要尽到善良管理人的管理义务，无因管理人就不承担侵权责任。

(二)外来原因

外来原因是行为人将损害发生的全部或部分原因归结于某种外部事件或他人的行为，从而主张其行为不构成或不单独构成法律上应承担责任的原因。其情形主要包括以下几种：

1. 不可抗力。所谓不可抗力是指不能预见、不能避免且不能克服的客观情况。

2.受害人过错。在侵权责任法中,受害人的过错表现为两种情况:一种是损害的发生完全是由受害人自己的故意或过失造成的,由此免除加害人的责任;另一种是损害的发生,除加害人有过错外,受害人也有过错,即混合过错。此时,在比较受害人与加害人的过错程度之后,减轻或免除加害人的责任。

3.第三人过错。损害是因第三人造成的,第三人应当承担侵权责任。第三人过错作为抗辩事由一般有两种情况:一种是损害完全由第三人过错所致,被告没有过错,此时,第三人承担责任,被告免责;另一种是第三人的行为是造成损害结果的部分原因,此时,可减轻被告的部分责任。[①]

本章思考题:

1. 我国侵权责任的归责原则是什么?
2. 我国《侵权责任法》规定的侵权责任的构成要件包括哪些?
3. 数人共同的侵权责任的分类主要包括哪些?
4. 简述责任抗辩的基本类型。

---

① 应当注意,有学者认为意外事件也是外来原因之一。所谓意外事件是由当事人意志以外的原因偶然发生的意外事故或突发事件。我国立法没有将意外事件作为免责事由,其主要原因是考虑到如果这样做的话,可能会使得行为人找出各种理由试图免责。但是,按照某些学者的观点,尽管法律没有将其作为免责事由,但并不等于实践中对于意外事件一律不作为减责或免责的事由。参见江平:《民法学》,中国政法大学出版社 2011 年版,第 501～502 页。

第二十九章

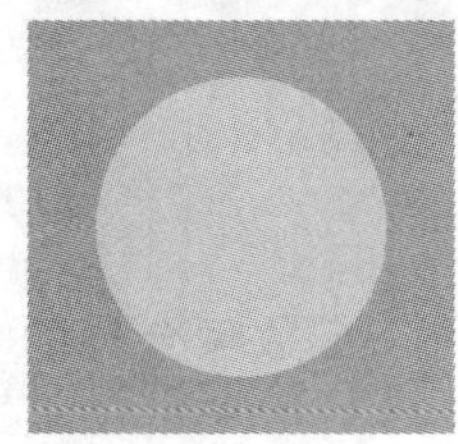

侵权责任方式与损害赔偿

一、侵权责任方式概述

（一）侵权责任方式的含义

所谓侵权责任方式是落实侵权责任的具体形式，它是侵权责任承担的具体体现。或者说，它是指侵权人依法应当对侵权损害承担不利法律后果的形式和类别。

（二）侵权责任方式的类别

根据学者的研究，在西方国家的侵权责任法中，侵权责任方式主要有两种：英美法系国家的侵权法确定的侵权责任方式主要是赔偿，被侵权人无论受到什么类型的损害，法律一般都采用赔偿的方式对其予以救济。大陆法系国家的侵权责任法确定的侵权责任方式主要是恢复原状和适当条件下的损害赔偿两种。

在我国，无论是《民法通则》还是《侵权责任法》都规定了种类较多的侵权责任方式。多样化的责任方式提供了更多的救济方式，能够更充分地发挥侵权责任法的功能。这些责任方式可以分为两大类，即填补损害类型的侵权责任方式与预防类型的侵权责任方式。其中，返还财产、恢复原状、赔偿损失、赔礼道歉、消除影响、恢复名誉为填补损害类型的侵权责任方式；停止侵害、排除妨碍、消除危险为预防类型的侵权责任方式。

（三）侵权责任方式的适用方法

根据《侵权责任法》第 15 条的规定，上述责任方式可以单独适用，也可以合并适用。例如对单纯的财产损害，可以单独采用赔偿损失的方式救济损害；对于侵害名誉权、隐私权等人格权的情形，可以单独采用消除影响、恢复名誉，也可以并用消除影响、恢复名誉和精神损害赔偿等方式。总之，在具体适用侵权责任方式时，应当把握的一般原则是：在任何情况下，只要有救济损害的需要，如果一种方式不足以救济受害人，就应当同时适用其他方式。

二、赔偿损失概述

（一）赔偿损失的含义与特征

1.赔偿损失的含义

赔偿损失作为一种侵权责任方式，是指侵权人通过支付一定数额金钱的方式承担对被侵权人的损害予以救济的侵权责任。

2.赔偿损失的特征

第一，赔偿损失是一种适用范围最广泛的侵权责任方式。也就是说，在其他责任方式无法实现或不足以救济受害人、制裁侵权人时，赔偿损失都有适用的余地。

第二，赔偿损失的责任人并不总是侵权行为人，二者之间可能存在不一致。

第三，赔偿损失的目的并不局限于补偿受害人。在某些情况下，为了对受害人的精神损害进行抚慰，并预防和制裁故意侵权，特别是惩治他人的恶意侵权行为，可以依法适用精神损害赔偿和惩罚性损害赔偿。

第四，赔偿损失可以是金钱赔偿，也可以是实物等其他财产赔偿，但以金钱赔偿为主。

第五，赔偿损失包括财产损失和非财产损失。根据《侵权责任法》的规定，可以分为财产损失赔偿、人身损害赔偿和精神损害赔偿三种类型。

（二）赔偿损失的基本原则与限制规则

1.赔偿损失的基本原则

(1)全部赔偿原则

全部赔偿原则是指侵权人或其替代责任人对侵权行为所造成的受害人的全部损害都应予以赔偿。换句话说，全部赔偿的范围应当与受害人的损害范围相当，“损害多少，赔偿多少”。只要是法律认可的损失包括人身损害、财产损害以及精神损害都要依法进行赔偿。当然，这并不意味着对于所有赔偿一律采取相同的赔偿标准，而是针对不同的种类，采取不同的赔偿标准。具体而言，对于被侵权人的实际财产损失，采用完全赔偿的原则，对于被侵权人的间接财产损失，采用合理赔偿原则；对于精神损害赔偿，采用法定项目与法官酌定数额相结合的原则；对于人身损害尤其是死亡赔偿与残疾赔偿，采用法定主义的赔偿原则。

(2)衡平原则

衡平原则是对全部赔偿原则的修正,可以说是“矫正正义”的一种具体体现。当然,并非所有案件的判决结果都需要在这种原则下进行调整,而只是极少数案件判决结果要根据这一原则加以微调。在司法实践中,按照《侵权责任法》的规定,侵权人应当完全赔偿被侵权人的损失,但是这样的结果可能又会导致不公平的后果发生。此时,法官需要按照衡平的原则加以调整,以体现民法公平原则的精神。

2.赔偿损失的限制规则

(1)损益相抵规则

所谓损益相抵规则是指被侵权人在遭受损失的同时也得到利益的,应将其所得利益从应得的赔偿金额中扣除的一项规则。其目的是要核定受害人的真正损害,使受害人的真正损害得到赔偿。正如英美侵权法中的一句谚语说的一样:“损害赔偿不是中‘六合彩’。”当然,被侵权人得到的“利益”仅限于经济利益或可以用金钱计算的财产性质的利益,不包括所获感情、精神利益。

(2)过失相抵规则

过失相抵规则,是指被侵权人对损害之发生有过错的,应当依据其过错的大小或种类减轻直至免除行为人的责任。过失相抵规则的构成要件包括以下几个方面:第一,受害人必须具有过错;第二,受害人的过错行为必须是损害发生或者损害结果扩大的原因;第三,受害人的行为必须是不当的行为;第四,受害人必须具有过失相抵能力。

三、财产损失赔偿

(一)财产损失赔偿的含义与原则

1.财产损失赔偿的含义

财产损失赔偿是指因侵害他人财产权所产生的赔偿责任,表现为侵权人因侵权行为给他人造成财产损害,应以其财产赔偿被侵权人所受到的损失。财产损失赔偿以给付金钱或实物补偿为主要方式。

2.财产损失赔偿的原则

(1)完全赔偿的原则

正如上述,完全赔偿原则又称为实际损失赔偿原则,是指侵权人对自己的侵权行为给被侵权人一方造成的实际损失或全部财产损失承担赔偿责任。

(2)适当赔偿的原则

适当赔偿原则是完全赔偿原则的例外情况,它是指综合考虑案件的各种情况，对被侵权人的财产损失予以“适当”的赔偿而非完全的赔偿。这一原则是民法公平原则的体现。这一原则适用的案件主要有：第一，赔偿间接财产损失或可得利益的案件；第二，赔偿“纯粹经济损失”的案件；第三，难以准确确定财产损失数额的案件。

(二)财产损失赔偿的计算

1.财产损失赔偿的计算标准

(1)市场价格计算标准

《侵权责任法》第19条规定：“侵害他人财产的，财产损失首先应当按照损失发生时的市场价格计算。”这一规定将市场价格作为财产损失赔偿金额计算的主要标准。依市场价格进行赔付相对而言具有较好的客观性与公正性。同时，该条规定也明确了时间标准，即“损害发生时”，而不是其他任何时间。当然，《侵权责任法》并没有对地点标准作出明确规定，也就是对以哪一个地方的市场价格为标准进行赔付并不明确。根据学者的观点，以财产损失发生地为地点标准具有相当的合理性，值得采用。①

(2)其他计算标准

《侵权责任法》第19条规定：“侵害他人财产的，财产损失可以按照其他方式计算。”这里所谓的“其他方式”，是指市场价格标准之外的其他计算方式。也就是说，对于那些不能自由买卖的“财产”，因为没有市场价格可言，所以只能采用其他计算标准。当然，有的学者对此观点也有所补充，例如张新宝教授认为：“大多数限制流通物是有市场价格的，仍然可以适用‘市场价格标准’；某些自由流转物，由于数量少等原因，却没有形成市场，难以发现其市场价格，因此需要其他方式确定赔偿数额。”②

2.财产损失赔偿的计算方法

(1)侵害人身权益的财产损失计算

根据《侵权责任法》的规定，侵害他人人身权益造成财产损失的，按照被侵权人因此受到的损失赔偿；被侵权人的损失难以确定的，侵权人因此获得利益，按照其获得的利益赔偿；侵权人因此获得的利益难以确定，被侵权人和侵权人就赔偿数额协商不一致，向人民法院提起诉讼的，由人民法院根据实际情况确定赔偿数额。

---

① 王利明、周友军、高圣平：《中国侵权责任法教程》，人民法院出版社2010年版，第336页。

② 张新宝：《侵权责任法》，中国人民大学出版社2010年版，第103页。

(2)侵害物权的财产损失计算

由于实物赔偿的实物往往是新购置的种类物,而被侵害的财产,往往是已被使用过的物品,所以存在着折旧的问题。在这一情况下,通常的解决办法是考虑被损坏物品的折旧,计算出其中的差价,由受害人按照差价退回多赔偿的部分。当然,如果双方争议过大,一般不考虑实物赔偿方法,而采用折价法进行现金赔偿。

对于该财产损失导致的可得利益损失额的计算,一般采取收益平均法或同类比照法加以确定。例如,侵害他人营运中的汽车,经营者因汽车被损害而停运一个月,这一个月的可得利益损失就可根据损害发生前的月平均收益作为间接损失的数额。

(3)侵害知识产权的财产损失计算

有关知识产权保护的单行法与相关行政法规、司法解释对侵害知识产权的赔偿计算作出了特别的规定。根据"特别法优于一般法"的原则,这些特别的规定优先适用。例如《专利法》第 65 条、《商标法》第 56 条以及《著作权法》第 48 条分别对此作出了明确的规定。[①]

四、人身损害赔偿

(一)人身损害赔偿的含义

人身损害赔偿是指自然人的生命、健康、身体遭受侵害,造成伤害、残疾、死亡等后果及其他损害后果的,由侵权人以财产赔偿的方式进行救济和保护的法律制度。也就是说,人身损害赔偿是赔偿损失的侵权责任方式在人身损害案件中的具体运用。

(二)人身损害赔偿的一般赔偿范围

人身损害的一般赔偿,是指侵权人的侵权行为尚未达到被侵权人伤残、死

① 《专利法》第 65 条第 1 款规定:"侵犯专利权的赔偿数额按照权利人因被侵权所受到的实际损失确定;实际损失难以确定的,可以按照侵权人因侵权所获得的利益确定。权利人的损失或者侵权人获得的利益难以确定的,参照该专利许可使用费的倍数合理确定。赔偿数额还应当包括权利人为制止侵权行为所支付的合理开支。"《商标法》第 56 条第 1 款规定:"侵犯商标专用权的赔偿数额,为侵权人在侵权期间因侵权所获得的利益,或者被侵权人在被侵权期间因被侵权所受到的损失,包括被侵权人为制止侵权行为所支付的合理开支。"《著作权法》第 48 条规定:"侵犯著作权或者与著作权有关的权利的,侵权人应当按照权利人的实际损失给予赔偿;实际损失难以计算的,可以按照侵权人的违法所得给予赔偿。赔偿数额还应当包括权利人为制止侵权行为所支付的合理开支。"

亡后果的一般损害的赔偿。根据《侵权行为法》第 16 条的规定，对于人身损害的一般赔偿范围包括医疗费、护理费、交通费等为治疗和康复支出的合理费用以及因误工而减少的收入。应当注意的是，司法实践中并不仅仅限于这些典型的赔偿项目，只要是为了治疗和康复所支出的所有合理费用，都可以纳入一般赔偿的范围，例如营养费、住院费、伙食补助费等费用以及侵害身体权所造成的经济利益损失等。当然，这些费用的支出必须是合理的，否则既会增加侵权人本不应承受的经济负担，同时也会助长被侵权人的不当请求行为，有失公正。

1. 医疗费

医疗费包括医药费和治疗费，是指被侵权人遭受人身损害之后接受医学上的检查、治疗所必须支出的各种费用。医疗费一般包括挂号费、医药费、检查费、治疗费、住院费以及其他医疗费用(如进行器官移植的费用、聘请专家会诊的费用等)。在司法实践中，一般根据医疗机构出具的医药费、治疗费等收费凭证，结合病历和诊断证明等相关证据确定医疗费的具体数额。医疗费的具体数额一般按照一审法庭辩论终结前实际发生的数额确定。因器官功能康复训练所支出的康复费、适当的整容费以及其他后续治疗费，赔偿权利人可以待实际发生后另行起诉。当然，如果根据医疗证明或者鉴定结论确定在将来必然发生的医疗费，可以与已经发生的医疗费一并予以计算和赔偿。

2. 护理费

护理费是指被侵权人因遭受人身损害，生活无法自理，需要他人护理而支出的费用。众所周知，被侵权人在没有遭受人身伤害之前，生活能够自理，无须支出这种费用。在遭受损害后，不得不支付此等费用，因此，该笔费用的发生与侵权行为之间具有因果关系，应由侵权人承担赔偿责任。这一费用的承担通常需要由医疗单位或法医出具相应的证明。

在司法实践中，护理费一般根据护理人员的收入情况、护理人数、护理期限、护理级别等予以确定。护理人员有收入的，原则上参照因其误工而减少的收入计算；没有收入或雇佣专门护工的，原则上参照当地护工从事同等护理的劳务报酬标准计算。另外，护理期限原则上应计算到受害人恢复自理能力为止。受害人因残疾不能恢复自理能力的，可以根据其年龄、健康状况等因素确定合理的护理期限。

3. 交通费

交通费是指被侵权人及其必要的陪护人员因就医或者转院治疗所实际发生的用于交通的费用。赔偿交通费用应当根据实际支出加以确定，通常以正式交通费票据为准，票据记载的时间、地点、人数要与实际救治的时间、地点、人数相一致。对于交通费的计算标准，一般应当参照侵权行为地的国家机关一般工作人员的出差车旅费标准予以支付。

4. 误工费

误工费，即因误工而减少的收入，是指赔偿责任人应当向赔偿权利人支付的被侵权人从遭受伤害到治愈或者定残，或者从侵权之日至死亡之日这段时间内，因无法从事正常工作而失去或减少的劳动收入费用。一般根据被侵权人的误工时间和收入状况确定误工费。被侵权人有固定收入的，误工费按照实际减少的收入计算；被侵权人无固定收入的，按照其最近 3 年的平均收入计算。

5. 营养费

营养费是指被侵权人在遭受损害后，为辅助治疗或使身体尽快恢复健康而购买日常饮食之外的营养品所支出的费用。营养费的支出是治疗过程中一项必要的支出，最高人民法院的司法解释多次确认了对人身损害赔偿案件中被侵权人营养费的赔偿问题。通常而言，确定营养费的依据有两个：一是被侵权人的伤残情况，二是医疗机构出具的权威意见。

6. 住院伙食补助费

住院伙食补助费是指被侵权人遭受人身损害后，其在住院治疗期间支出的伙食费用超过平时在家的伙食费用，而由侵权人就其合理的超出部分予以赔偿的费用。住院伙食补助费参照当地国家机关一般工作人员的出差伙食补助标准予以确定。

（三）人身损害造成残疾的赔偿范围

人身损害造成残疾是指被侵权人身体遭受伤害，致使部分肌体丧失功能，且无法恢复，因而全部或部分丧失劳动能力的状态。根据《侵权责任法》的规定，造成被侵权人残疾的，除应当赔偿医疗费、护理费、交通费等为治疗和康复支出的合理费用以及因误工减少的收入外，还应当赔偿残疾生活辅助具费和残疾赔偿金。

1. 残疾生活辅助具费

残疾生活辅助具费是指被侵权人因残疾而造成身体功能部分丧失后需要配制补偿功能的残疾辅助器具的费用。残疾生活辅助器具主要包括义肢及其零部件、义眼、助听器、盲人阅读器、矫正器等。根据最高人民法院的司法解释，计算残疾生活辅助具费一般按照普通使用器具的合理费用标准计算。

2. 残疾赔偿金

残疾赔偿金是被侵权人残疾后所特有的一个赔偿项目。最高人民法院《人身损害赔偿司法解释》第 25 条规定:“残疾赔偿金根据受害人丧失劳动能力程度或者伤残等级,按照受诉法院所在地上一年度城镇居民人均可支配收入或者农村居民人均纯收入标准,自定残之日起按二十年计算。但六十周岁以上的,年龄每增加一岁减少一年;七十五周岁以上的,按五年计算。”

(四)人身损害造成死亡的赔偿范围

死亡赔偿是指在被侵权人因遭受侵权而死亡的情况下,侵权人一方对死者近亲属承担的综合性赔偿责任,既包括对死亡这一单纯损害后果的赔偿,也包括对因死亡而产生的一系列其他损害后果的赔偿。《侵权责任法》在总结立法和司法实践经验的基础上,借鉴国外做法,规定侵害他人造成死亡的,除应当赔偿医疗费、护理费、交通费等人身损害一般赔偿范围所规定的合理费用外,还应当赔偿丧葬费和死亡赔偿金。

1. 死亡赔偿金

死亡赔偿金是赔偿责任人对被侵权人死亡这一损害后果所支付的金钱赔偿。死亡赔偿金属于财产性质的赔偿,作为个人生命的代价,不属于精神损害赔偿的范围。至于死亡赔偿金的计算数额,最高人民法院《人身损害赔偿司法解释》第 29 条的规定有“同命不同价”的嫌疑,历来为人们所诟病。鉴于此,《侵权责任法》对死亡赔偿金的赔偿标准并没有作出明确的区别对待的规定,这为立法和新的司法解释的出台及法官的自由裁量权留下了足够的空间。另外,从国外的经验看,多数国家都没有在法律中对人身损害死亡赔偿金的赔偿标准作出明确规定,主要是由法官在司法实践中根据具体案情加以自由裁量。

2. 丧葬费

丧葬费,是指侵权人一方侵害他人生命致人死亡时发生的丧葬费用的金钱赔偿。侵害自然人的生命权致使其死亡的,死者的近亲属要对死者进行安葬,这就产生了丧葬费的支出。这些费用一般包括安排同事、亲朋遗体告别租用场地的费用,为死者整容、化妆、运尸、冷藏、骨灰寄存等产生的费用;土葬的地方,为死者购买墓地、棺木以及安葬死者的费用。根据《人身损害赔偿司法解释》第 27 条的规定,丧葬费按照受诉法院所在地上一年度职工月平均工资标准,以 6 个月总额计算。

五、精神损害赔偿

(一)精神损害赔偿的含义与特征

1. 精神损害赔偿的含义

精神损害赔偿是指民事主体因人身权益遭受侵害而产生严重精神损害时，被侵权人依法要求侵权人通过给付金钱的责任方式进行救济和保护的民事法律制度。

2. 精神损害赔偿的特征

(1)非财产性

精神损害本质上是受害人对痛苦的主观感受，没有易于识别的物理特征，换句话说，受害人生理和心理痛苦的有无、轻重因人而异，它与受害人的财产减少无关，它不像财产损害那样可以直接用金钱来衡量损害的程度和范围。

(2)独立性

精神损害的独立性主要体现在以下三个方面：第一，精神损害存在的独立性。精神损害可以与财产损害、人身损害相伴发生，也可以单独发生。第二，精神损害存在形式的独立性。除少数国家法律规定精神损害必须同时伴有财产损害方可请求救济外，大多数国家的立法都没有这一特殊要求。第三，精神损害可以作为独立的诉因而单独请求精神损害赔偿。

(3)主观兼客观性

一方面，精神损害的发生过程及损害发生后的严重程度，因每个人的主观感受能力及承受能力的差异而不同，因此，精神损害在发生和范围上均具有主观性。另一方面，要对精神损害的赔偿数额进行确定，就必须对主观的精神损害进行客观化判定。

(4)适用上的限定性

这种限定性是指并非受害人任何权利或受法律保护的利益遭受损害时，都会发生精神损害赔偿责任。首先，大多数国家将精神损害赔偿的适用范围限定在侵害人格权益的场合，至于侵害财产权益，通常不发生精神损害赔偿的问题。其次，为了防止精神损害赔偿责任给人们的行为自由造成不适当的限制，避免精神损害赔偿的适用范围无限膨胀，甚至诱使某些人借此牟利，各国法律都要求精神损害应当达到一定的程度。在我国，根据《侵权责任法》的规定，只有“造成他人严重精神损害”时，方能产生精神损害赔偿责任问题。

(三)精神损害赔偿的适用范围

我国《民法通则》规定人格权即姓名权、肖像权、名誉权和荣誉权四项具体的权利可以作为精神损害赔偿的客体范围。但随着社会和经济的发展，这一规定显得过于狭隘而不合时宜。根据最高人民法院《精神损害赔偿司法解释》以及《侵权责任法》的规定，我国精神损害赔偿的客体范围主要包括以下几个组成部分：

第一，人格权。根据现行法律的列举性规定，可以将这些人格权归纳为一般人格权与具体人格权两个种类，后者又可以分为物质型人格权与精神型人格权两个子类。

第二，人格利益。从现有的民事立法看，民法的保护范围并不限于民事权利。在侵权行为法领域，人格权利固然是法律保护的重心，人格利益尽管没有上升为权利，但在实践中又具有重要的现实意义，此时以法益的名义得到法律的应有保护实属必要。

第三，特定的身份权。在司法实践中，因身份权遭受侵害造成受害人精神痛苦的"非财产上损失"后果的，以监护权遭受侵害的情形最为普遍。例如，最高人民法院《精神损害赔偿司法解释》第 2 条规定："非法使被监护人脱离监护，导致亲子关系或者近亲属间的亲属关系遭受严重损害，监护人向人民法院起诉请求赔偿精神损害的，人民法院应当依法予以受理。"

（四）精神损害赔偿数额的确定因素

精神损害赔偿的目的是通过金钱赔偿，对被侵权人及其近亲属的精神痛苦予以抚慰。现实中，由于情况不一，导致很难有统一的标准确定精神损害赔偿的数额。为了限制法官的不当裁量权，并为公正裁判提供指引，根据《精神损害赔偿司法解释》的规定，以下几个因素可以作为确定精神损害赔偿数目的参考因素：(1)侵权人的过错程度；(2)侵害的手段、场合、行为方式等具体情节；(3)侵权行为所造成的后果；(4)侵权人的获利情况；(5)侵权人承担责任的经济能力；(6)受诉法院所在地的平均生活水平。

六、其他侵权责任方式

（一）停止侵害

停止侵害，是指依被侵权人请求，判定侵权人停止正在实施的侵权行为的一种侵权责任方式。停止侵害，主要是要求行为人不实施某种侵害行为。这一责任方式能够及时制止侵害，防止侵害后果的扩大。例如某人正在散布诽谤他人的谣言，受害人有权请求加以制止。采用这种责任方式以侵权行为正在进行或者仍在延续为基本条件，对于未发生或者已经终止的侵权行为则不适用。

（二）排除妨碍

排除妨碍是指依被侵权人的请求，人民法院判令侵权人以一定的积极行为除去妨碍，使被侵权人正常行使其合法权利的侵权责任方式。例如，某人在他人家门口前堆放垃圾，妨碍了他人通过，同时污染了他人的居住环境，受害人有权请求行为人将垃圾清除。当然，受害人也可以自己排除妨碍，排除妨碍所支出的费用应由行为人承担。受害人请求排除的妨碍必须是不法的，如果行为人的妨碍行为是正当行使权利的行为，则行为人可以拒绝受害人的非法请求。

（三）消除危险

消除危险是指依人身或财产受到现实威胁的被侵权人的请求，法院判令造成此等威胁或对此等威胁负有排除义务的侵权人消除危险状况，保障被侵权人人身、财产安全的侵权责任方式。例如某人的房屋由于受到大雨冲刷随时有倒塌的可能，危及邻居的人身、财产安全，但房屋的所有人不采取措施，邻居可以请求该房屋的所有人采取措施消除这种危险。适用这一责任方式的前提是危险确实存在，对他人人身、财产安全构成现实威胁，但还未发生实际损害。

（四）返还财产

返还财产是指人民法院依被侵权人的请求，判令非法侵占他人财产的侵权人将侵占的财产返还给被侵权人的一种侵权责任方式。返还财产责任因行为人无权占有他人财产而产生，也就是说，没有法律或者合同的根据占有他人财产，构成无权占有，侵害了他人的财产权益，行为人应当返还该财产。适用返还财产责任方式的前提是该财产仍然存在，如果该财产已经灭失，适用该责任方式就变得毫不现实，此时，受害人只能要求赔偿损失；或者该财产虽然存在，但已经受损的，权利人可以根据自己的意愿，选择返还财产、恢复原状或者赔偿损失等责任方式。

（五）恢复原状

恢复原状是指法院依被侵权人的请求，判令毁损他人财产的侵权人通过修理等手段，使受到损坏的他人财产恢复到受损害前状况的一种侵权责任方式。采用这一方式应当满足两个基本条件：第一，受到损坏的财产仍然存在且有恢复原状的可能性；第二，恢复原状确有必要。

（六）赔礼道歉

赔礼道歉是指侵权人通过口头或者书面方式向被侵权人进行道歉，以取得其谅解的一种侵权责任方式。赔礼道歉主要适用于侵害名誉权、隐私权、姓名权、肖像权等人格利益的情形。赔礼道歉可以是公开进行，也可以是私下进行。

（七）消除影响、恢复名誉

消除影响、恢复名誉是指法院根据受害人的请求，判令行为人在一定范围内采取适当方式消除对受害人名誉的不利影响以使其名誉得到恢复的一种责任方式。消除影响、恢复名誉主要适用于侵害名誉权的情形，一般不适用于侵犯隐私权的情形，因为消除影响、恢复名誉往往是公开进行的。

本章思考题：

1. 我国《侵权责任法》规定的侵权责任方式有哪些？

2. 我国《侵权责任法》关于赔偿损失的基本原则与限制规则分别是如何规定的？

3. 我国《侵权责任法》关于人身损害造成残疾的赔偿范围是什么？

第三十章

特殊责任主体的侵权责任

第一节　监护人责任

一、监护人责任的含义与特征

(一)监护人责任的含义

我国《侵权责任法》第32条第1款规定:“无民事行为能力人、限制民事行为能力人造成他人损害的,由监护人承担侵权责任。监护人尽到监护责任的,可以减轻其侵权责任。”这一条文确定了我国的监护人责任制度。

监护人责任是指监护人对其所监督、教育的被监护人造成他人损害所承担的侵权责任。换言之,无民事行为能力人或者限制民事行为能力人具体实施了侵权责任,侵害了被侵权人的权利,造成了被侵权人的人身损害或财产损害的后果,但承担侵权责任的不是造成损害的行为人,而是行为人的监护人,这属于典型的替代责任。

(二)监护人责任的特征

1.原则上对他人造成损害的行为承担责任。此时,明显存在着行为主体与责任主体的分离:实际造成损害的是作为被监护人的无民事行为能力人或者限制民事行为能力人,而承担责任的主体则是监护人。

2.原则上承担无过错责任。我国监护人责任的归责原则是无过错责任,监护人承担责任不以存在过错为必要。也就是说,即使监护人尽到了监护职责,也只能减轻其赔偿责任而不能免除其责任。正如有学者说的那样:“我国的监护人责任在采取无过错责任的同时，引入了一点公平衡量的因素，以此来缓解无过错责任的严格性。”①

3.原则上承担补充责任。《侵权责任法》第32条第2款规定：“有财产的无民事行为能力人、限制民事行为能力人造成他人损害的，从本人财产中支付赔偿费用。不足部分，由监护人赔偿。”这一规定确立了监护人的补充责任。

二、监护人责任的构成要件

监护人责任是一种典型的替代责任，监护人纯粹就被监护人的不法致害行为承担无过错责任。此时，监护人承担责任不以监护人具有过错为前提，被侵权人也不需要证明监护人的过错。也就是说，考察监护人是否承担责任的核心是考察被监护人的行为是否符合侵权责任的构成要件。以下对此进行具体分析：

（一）加害行为

这里的加害行为是指行为人的加害行为，即无民事行为能力人或者限制民事行为能力人自己实施的行为，而不是他人利用无民事行为能力人或者限制民事行为能力人实施的侵权行为。

（二）存在损害事实

这一损害事实是无民事行为能力人或限制民事行为能力人自己实施而产生的后果。损害事实的存在是构成侵权责任的重要前提条件。

（三）存在因果关系

加害行为人的行为与损害事实之间存在因果关系，即损害事实须因行为人的行为所引起，两者之间存在引起与被引起的客观关系。

三、监护人责任的承担

无民事行为能力人或者限制民事行为能力人造成他人损害的，由监护人承担民事责任，这一规定的法理根据源于监护人的监护职责。也就是说，由于大多数监护人与被监护人之间存在着血缘等密切关系，监护人可以通过教育、管理等方式来减少或者避免被监护人侵权行为的发生。

当然，在某些特殊情况下，被监护人也会具有一定数额的财产。在这样的情况下，监护人虽然仍旧承担监护人责任，但是这一责任属于典型的补充责任，即应先以被监护人的财产承担赔偿责任，不足的部分再由监护人进行补充

① 张新宝：《侵权责任法》，中国人民大学出版社2010年版，第140页。

性的赔偿。

第二节　用人者责任

一、用人者责任的含义与特征

(一)用人者责任的含义

用人者责任,又称为用人者替代责任、雇用人责任,即传统上所说的雇主责任,是指用人者(用人单位、个人劳务使用人)对被使用人(工作人员、个人劳务提供人)在从事职务活动时致人损害的行为承担的赔偿责任。在这里,所谓的用人者,是指任用被使用人,通过对其活动进行委派、指示以实现自己特定目的的人。被使用人(劳动者)与用人者相对应,是指接受用人者的指示,根据用人者的意思提供劳务或劳动的人。

(二)用人者责任的特征

用人者责任属于一种特殊主体的侵权责任,相对于其他侵权责任,它具有如下基本特征:

1.原则上是一种替代责任。这种责任之所以被称为替代责任是指用人者对被使用人的侵权行为承担侵权责任。

2.原则上适用无过错责任原则。即是说,只要被使用人在职务活动中发生了侵权行为,该项责任即由用人者承担,并不考虑用人者的过错。

3.以用人者与直接侵权人存在特定关系为前提,即通常所说的用人者与被使用人的关系。这种关系体现在用人者对侵权人的活动存在指示、控制、监督、管理等关系。

4.是用人者对被使用人在执行职务活动时的致害行为承担的责任,这要求侵权处于特定的状态,即在执行职务、从事雇佣活动过程之中。

二、用人者责任的归责原则

在用人者责任的归责原则问题上,无论是从世界民法发展趋势来看,还是从我国的民事立法的角度分析,都以无过错责任原则为最优选择。根据这一原则,将不再考虑用人者是否在劳动者选任、监督或者其他方面存在过失,只要劳动者在为用人者提供劳动的过程中,因侵权行为造成他人损害,用人者就要承担替代责任。

采用无过错责任原则,就要达到用人者无条件地承担由劳动者致害行为所引起的侵权责任的目的。如此,不仅可以减轻受害人所需承担的举证负担,同时也简化了用人者责任的构成要件,从而使受害人的权益能够更为有效而便捷地得到救济。

三、用人者责任的构成要件

(一)用人者与劳动者之间形成了用人关系

法律之所以规定由用人者对劳动者的侵权行为承担替代责任,其关键因素就在于责任者与致害人之间所具有的特定关系,即用人者与劳动者之间所形成的用人关系。

在实践中,由于判断二者之间是否形成用人关系的情况比较复杂,根据学者的观点,通常会综合考察下述几个因素:

1.用人者与劳动者之间是否存在雇佣合同。通常认为,凡是订立以劳动者为用人者提供一定劳务为目的的合同,无论采取何种方式订立,均可被认为属于存在雇佣合同的范畴。

2.用人者与劳动者之间是否存在监督控制关系。如果在用人者与劳动者之间存在监督控制关系,那么则应当认定在他们之间存在着用人关系。

3.劳动者是否构成用人者组织的一部分。这一因素强调劳动者是否融入用人者所经营的事业之中,以及融入该项事业的程度。如果劳动者已经融入了用人者经营的事业之中,且他完成的工作是作为用人者所经营事业整体的、不可分割的一部分的话,那么就应认定他们之间存在着用人关系。

简言之,在司法实践中,判断用人者与劳动者之间是否存在用人关系时,应当结合案件实际情况,并综合运用上述三个标准进行判断。

(二)劳动者致害行为发生在从事雇佣活动之中

用人者不是为劳动者的一切侵权行为承担替代责任,而只有在劳动者的侵权行为发生在其从事雇佣行为的过程中时,用人者才承担替代责任。此时,采用何种标准确定劳动者的致害行为属于雇佣行为就显得特别重要,因为它直接决定着责任的承担主体的不同。根据司法实践中的经验,判断何为“雇佣行为”,采取的是客观标准,也就是说,依据劳动者行为的外观进行判断,而不考虑用人者及劳动者在主观上是否有为用人者提供劳动的意思。[①]

（三）劳动者的致害行为构成侵权行为

在用人者承担替代责任的构成要件中，劳动者的致害行为本身构成侵权行为，也是必不可少的要素之一。

四、用人者责任的承担

（一）用人者责任的承担形式

《侵权责任法》第 34 条规定："用人单位的工作人员因执行工作任务造成他人损害的，由用人单位承担侵权责任。"从这一条文可以发现，现行立法采纳的是单独承担责任的方式。换句话说，由用人者对劳动者所造成的损害承担完全赔偿责任，劳动者即使存在故意或重大过失，也无须对因其侵害行为遭受损失的第三人承担赔偿责任。

（二）用人者的追偿权

我国《侵权责任法》仅仅规定了由用人者对其劳动者的侵权行为承担替代责任，并没有对在用人者承担责任后，能否向劳动者进行追偿作出明确规定。根据学者的观点，这是立法者有意为之的，因为"立法者认为在法律中明确规定用人者享有追偿权，就如同一把双刃剑一样，既有有利的一面，也有不利的一面"[②]。换句话说，在司法实践中，立法者试图把自由裁量的权力交与法官，让其在具体案件中结合用人者与劳动者双方的经济情况、过错程度等多方面因素进行综合判断，以求达到实质公平的法律效果。

五、劳务派遣责任

（一）劳务派遣的含义

劳务派遣，是指劳务派遣机构受用工单位委托招聘员工，并与员工签订劳务合同，将之派遣到用工单位工作，其劳动过程由用工单位管理，其工资、福利等由用工单位提供给派遣机构，再由派遣机构支付给员工的一种特殊用工形式。在劳务派遣关系中，存在劳务派遣单位、劳动者、接受派遣单位三方当事人，体现了雇佣单位与用工单位的分离，是现代社会一种新的用工手段。

---

① 梅夏英：《中华人民共和国侵权责任法讲座》，中国法制出版社 2010 年版，第 117 页。

② 梅夏英：《中华人民共和国侵权责任法讲座》，中国法制出版社 2010 年版，第 124 页。

(二)劳务派遣责任的承担

根据《侵权责任法》第 34 条第 2 款的规定,劳务派遣的接受方被视为主要的用人者,对劳务派遣工作人的致害行为承担无过错责任。

同时,如果劳务派遣单位有过错,则应当承担相应的补充责任。在此,接受派遣方的责任是第一位的,只有在接受派遣方无力赔偿的情况下,派遣方才需要承担赔偿责任。

六、个人劳务责任

(一)个人劳务关系的含义

所谓个人劳务关系,是指两个或两个以上平等主体,通过订立劳务服务合同建立的一种民事权利义务关系。目前,在社会上,个人之间形成劳务关系的情况越来越多,例如,家庭保姆、家教、小时工(钟点工)等皆属此类。基于此,《侵权责任法》对此作出了专门规定,以促进上述行为的规范运作。

(二)个人劳务责任的承担

《侵权责任法》第 35 条规定:"个人之间形成劳务关系,提供劳务一方因劳务造成他人损害的,由接受劳务一方承担侵权责任。提供劳务一方因劳务自己受到损害的,根据双方各自的过错承担相应的责任。"这一条文规定了个人劳务责任的承担方式。另外,学者对义务帮工造成他人损害的责任承担问题存在争议。所谓义务帮工,是指帮工人自愿、无偿地为他人提供服务,且未被被帮工人明确拒绝而形成的法律关系。有的学者认为,对于义务帮工关系,应直接适用《侵权责任法》第 34 条或者第 35 条的规定。

第三节 网络侵权责任

一、网络侵权行为的含义、特征与种类

(一)网络侵权行为的含义

网络侵权行为是指发生在互联网上的各种侵害他人民事权益的行为。它不是指侵害某种特定民事权益的具体侵权行为,也不属于在构成要件方面具

有某种特殊性的特殊侵权行为，而是指一切发生于互联网空间的侵权行为。[①]可以说，网络侵权行为就是利用网络技术所实施的侵权行为。

(二)网络侵权行为的特征

由于网络侵权行为发生在网络这一与现实生活既有联系又大相径庭的空间之中，因此，与普通侵权行为相比，网络侵权行为的特殊性是显而易见的：

1. 主体的特殊性

首先，网络服务提供者在侵权行为中发挥着重要的作用。在普通侵权行为中，当事人通常只包括加害人和受害人双方。但是，在网络侵权中，直接致害人往往需要依托网络服务提供者所提供的技术支持与平台才能实现其侵权目的。

其次，责任主体难以确定。与现实生活的环境相比，网络空间具有更加开放和自由的特点，再加上由于我国目前尚未全部实行网络实名制，因此，这就使得网络侵权行为的主体身份变得难以确定。

2. 客体的特殊性

在网络侵权行为的客体范围中，除了包括传统领域中业已存在的权益如肖像权、名誉权、隐私权以外，还包括那些依托网络产生，且也只能存在于网络之中的新型权益，例如虚拟财产权、网络用户账号等。

3. 损害后果的特殊性

以现代通信技术为基础的网络，使得信息的传播速度和广度大大提升。信息的快速、广泛传播，也使得网络侵权行为所造成的损害后果可以在很短时间内迅速蔓延，其后果的严重程度可想而知。

(三)网络侵权行为的种类

参照《侵权责任法》第36条的规定，根据致害人与损害结果之间是否具有直接关系，可以将网络侵权行为分为网络直接侵权和网络间接侵权两类。

1. 网络直接侵权是指网络用户、网络服务提供者通过其自身的行为，直接侵害权利人的合法民事权益的侵权类型。对于这类侵权行为，由实施直接侵权行为的人承担侵权责任。

2. 网络间接侵权是指虽然侵权人没有直接实施侵权行为，但由于其与损害结果之间存在间接关系，因此在符合法律规定的条件下，由其承担侵权责任

---

① 互联网是建立在现代计算机与通信技术基础上的，由成千上万相互协作的网络以及网络所承载的信息结合而成的集合体。它是由电话系统、邮政服务、新闻媒体、购物中心、信息集散、音像传播系统等功能结合而成的一个整体。

的侵权类型。《侵权责任法》第 36 条第 2 款及第 3 款所针对的侵权行为就属于这一类别。由于网络直接侵权行为与普通的侵权行为差异不大,因此不再赘述。下文将重点放在网络间接侵权问题的阐述上。

二、网络服务提供者的侵权责任

(一)明知规则与提示规则的含义

《侵权责任法》第 36 条第 3 款规定:“网络服务提供者知道网络用户利用其网络服务侵害他人民事权益,未采取必要措施的,与该网络用户承担连带责任。”根据这一规定可知,本着最大限度救济受害人的立法目的,我国《侵权责任法》规定主观存在过错且对直接侵权行为具有帮助行为从而构成共同侵权行为的网络服务提供者,与直接侵权人承担连带责任。这一规则被称为“明知规则”。

此外,《侵权责任法》第 36 条第 2 款规定:“网络用户利用网络服务实施侵权行为的,被侵权人有权通知网络服务提供者采取删除、屏蔽、断开链接等必要措施。网络服务提供者接到通知后未及时采取必要措施的,对损害的扩大部分与该网络用户承担连带责任。”这一规则简称“提示规则”,它充分考虑了权利人与网络服务商在遏制侵权方面的各自优势:权利人一般均具有丰富的专业知识,且对自己的作品最为熟悉,提示规则将主动发现和监督侵权活动的责任分配给权利人;同时,网络服务商能够利用删除、屏蔽等技术手段有效制止侵权行为,因此,提示规则要求其应协助权利人制止侵权,这种设计恰恰契合了法律的效率原则。[①]

(二)明知规则与提示规则的适用范围

依据网络服务提供者的经营内容和手段不同,网络服务提供者可以分为内容服务提供者与技术服务提供者两大类别。所谓内容服务提供者,是指主要向网络用户提供内容服务的网络主体;所谓技术服务提供者,主要是提供接入、缓存、信息存储空间、搜索以及链接等服务类型的网络主体。在这两类网络服务提供者中,只有技术服务提供者才能适用《侵权责任法》第 36 条第 2 款、第 3 款的规定。内容服务提供者,由于其法律地位与出版者相同,应对所上传的内容的真实性与合法性负责,因此,如果其通过主动提供内容的方式侵犯他人合法权益的,应属于网络直接侵权的范畴,不再适用提示规则与明知

---

① 梅夏英:《中华人民共和国侵权责任法讲座》,中国法制出版社 2010 年版,第 139 页。

规则。

（三）明知规则的构成要件

1. 主观过错

如果网络服务提供者知道网络用户利用其提供的服务从事侵害他人民事权益的行为，那么其在技术上的垄断性地位便自然地要求其承担监管义务。此时，如果它不履行监管义务而将涉及侵权的内容进行适当处理，那么就可以合理地推断其对该用户的侵权行为存在主观上的放任心理，从而构成了网络服务提供者自身的主观过错。

2. 直接侵权行为成立

在明知规则中，已经明确规定了网络服务提供者承担侵权责任的前提是已经发生了用户通过其提供的服务实施符合侵权行为构成要件的直接侵权行为。

3. 存在共同侵权行为

依据明知规则，当网络服务提供者知晓其用户的侵权行为后，如果采取放任的态度，任由其所运营的平台对该侵权内容进行无限制的传播，那么其在客观上便实施了通过提供信息发布平台的方式帮助侵权人达到侵权目的的共同侵权行为。

4. 共同侵权行为与直接侵权行为具有因果关系

试图通过网络进行侵权的行为人，由于其通常不具有独立架设网络平台的技术手段，因此，绝大多数网络侵权行为，均是通过网络服务提供者所提供的服务达到其侵权目的的。

（四）提示规则的适用

根据提示规则的具体规定，网络服务提供者在接到权利人发出的侵权通知后，应当及时采取删除、屏蔽或者断开链接等措施，阻止公众继续访问该侵权信息。如果网络服务提供者在接到通知后，及时地通过采取删除、屏蔽或者断开链接等必要措施，制止侵权内容进一步扩大影响，则可视为其已经切断与侵权行为之间的关系，从而无须承担侵权责任。但如果网络服务提供者在接到权利通知后，未能及时采取行动的话，那么在这种情况下，由于其已经通过权利通知知晓了侵权行为的存在，则可以对其直接适用明知规则，判决其与直接侵权行为人构成共同侵权关系，从而承担连带责任。

（五）明知规则与提示规则的关系

根据学者的观点，明知规则与提示规则之间存在着递进或者包含关系，即是说提示规则是明知规则的一项特殊形态。因为无论网络服务提供者对其用户所发表的内容有无注意义务，其被判定需要承担连带责任的前提条件却是一样的，即对利用其所提供服务进行侵权行为的事实已经知晓，但却未及时地采取有效措施。提示规则的目的在于通过权利人发出的权利通知，将本无审查义务的网络服务提供者转变为知晓侵权行为存在的人，从而使其承担及时消除侵权内容的义务。

第四节　违反安全保障义务的责任

一、安全保障义务概述

(一)安全保障义务的含义

一般认为，安全保障义务的法理基础是源自德国法上的“交往安全义务”。这种义务并不是《德国民法典》明文规定的一项义务，而是通过 1902 年“枯树案”、1903 年“道路撒盐案”等一系列判例逐渐形成的。①

安全保障义务，指的是公共场所管理人和活动组织者的安全保障义务，即场所管理人以及活动组织者，在其管理的场所和组织的活动中，对消费者、潜在消费者、其他进入场所的人以及活动参与者的人身、财产安全，依法律规定须承担的保障其安全的义务。

(二)安全保障义务的范围

如何合理地确定安全保障义务的范围，无论对经营者、组织者，还是对消费者、参与者而言，都具有重要的意义。若设定的范围过宽，将有可能制约正常的社会经营活动，而限定得过窄则又会对消费者、参与者的人身财产安全造成不应有的危险，最终也会传导至市场，对市场造成严重的负面影响。

1. 安全保障义务的义务主体

我国《侵权责任法》第 37 条将安全保障义务的义务主体范围界定为宾馆、商场、银行、车站、娱乐场所等公共场所的管理人或者群众性活动的组织者。

2. 安全保障义务的保护对象

安全保障义务的保护对象在《侵权责任法》中并没有明确规定，而只是用“他人”涵盖了保护的对象范围。在学者看来，判断特定主体是否属于安全保

---

① 张新宝:《侵权责任法》，中国人民大学出版社 2010 年版，第 177 页。

障义务的保护对象，并不能以其是否与管理人或者组织者形成了消费关系或者潜在消费关系作为判断标准，而应以其是否因管理人或组织者所造成的危险而受到了威胁作为最主要的判断标准。

3. 安全保障义务的时间范围与空间范围

（1）时间范围

一般情况下，公共场所和群众性活动都有其各自的营业时间，在营业时间内，管理人和组织者应对保护对象承担安全保障义务，这一点毋庸置疑。但是，对于那些在营业时间范围以外仍然滞留或者进入公共场所或活动中来的人，是否也应当对其承担安全保障义务呢？在学者看来，此时负有安全保障义务的主体仍应承担安全保障义务，只不过程度有所降低。①

（2）空间范围

管理人和组织者所负安全保障义务的空间范围，原则上应当限定在其经营或活动的场所。但是在现实生活中，经常会出现某些管理人和组织者将其营业或者活动的范围扩展到其原有的场所之外的情况。例如，超市在其门口进行的促销活动就是如此。在这种情况下，有的学者认为管理人和组织者的安全保障义务亦应同时扩大，因为在营业范围扩大的同时，管理人和组织者也将其可能带来的风险扩大了。②

4. 安全保障义务的内容

根据《侵权责任法》的规定，管理人和组织者的安全保障义务的内容主要涵盖以下几个方面：

（1）硬件方面的安全保障义务

第一，保证公共场所或组织活动中的建筑物或构筑物主体结构符合相关法律、法规的安全标准；第二，保证公共场所或组织的活动符合相关法律规定对消防、疏散、安保等方面的要求；第三，保证在公共场所及所组织的活动中，为经营或服务而使用的设施、设备符合人身安全保障要求。

（2）服务方面的安全保障义务

管理人和组织者应当保证其所提供的服务是安全的，并采取积极有效的措施防止和控制对他人人身、财产造成危险的不安全因素。

---

① 参见梅夏英：《中华人民共和国侵权责任法讲座》，中国法制出版社 2010 年版，第 158 页。

② 梅夏英：《中华人民共和国侵权责任法讲座》，中国法制出版社 2010 年版，第 149 页。

(3)应对外来威胁而产生的安全保障义务

这里的义务主要是指经营者或组织者应当采取措施,防止因第三人的违法行为甚至犯罪行为对消费者可能造成的损害。

二、违反安全保障义务的责任概述

(一)违反安全保障义务的责任类型

1.安全保障义务人对自己过失的责任

《侵权责任法》第37条第1款规定:"宾馆、商场、银行、车站、娱乐场所等公共场所的管理人或者群众性活动的组织者,未尽到安全保障义务,造成他人损害的,应当承担侵权责任。"

2.安全保障义务人对第三人致害的补充责任

《侵权责任法》第37条第2款规定:"因第三人的行为造成他人损害的,由第三人承担侵权责任;管理人或者组织者未尽到安全保障义务的,承担相应的补充责任。"

(二)违反安全保障义务的责任的归责原则

根据《侵权责任法》第37条的规定,承担安全保障义务侵权责任的前提是受害人所遭受的损害是管理人或组织者未尽到安全保障义务所致,因此,违反安全保障义务所导致的侵权责任应适用过错责任原则。

第五节 教育机构的侵权责任

一、教育机构侵权责任的含义与特征

(一)教育机构侵权责任的含义

教育机构侵权责任已经成为我国侵权法关注的一个重要问题,这与校园伤害事故频发不无关系。20世纪90年代以来,我国学生伤害事故因为学校教学生活设施、学校食品安全、教学活动甚至教师体罚、校外伤害等原因频频发生,学生人身安全已经成为社会关注的焦点问题。在总结已有经验的基础上,《侵权责任法》的规定可谓及时、全面。

教育机构侵权责任是指幼儿园、学校等教育机构对无民事行为能力人或者限制民事行为能力人在教育机构学习、生活期间受到的人身损害承担的侵权责任。在这里,幼儿园是指对 3 周岁以上学龄前幼儿实施保育和教育的机构;学校是指国家和社会力量举办的全日制中小学(含特殊教育学校)、各类中等职业学校、高等学校。另外,其他诸如少年宫、职业培训机构、电化教育机构等也属于教育机构的范畴。

根据《侵权责任法》第 38 条、第 39 条的规定可知,教育机构承担侵权责任的根本原因源于其未尽到"教育、管理职责"。"教育、管理职责"是指教育机构对学生的教育、指导、监督、保护、照顾、组织、管理等各项职责和义务,其总的目的在于保障学生人身安全,防止发生学生伤亡事故。

(二)教育机构侵权责任的特征

1. 教育机构侵权责任首先是一种侵权责任。教育机构对幼儿、学生所遭受的人身损害可能承担违约责任等其他责任,但是,《侵权责任法》规范的教育机构责任仅仅是一种侵权责任。

2. 教育机构侵权责任是对人身损害的赔偿责任。在教育机构学习、生活的人,在这期间可能遭受人身损害,也可能遭受财产损失,《侵权责任法》规范的仅仅是对人身造成损害的赔偿问题。

3. 教育机构侵权责任是对在校学生等遭受的人身损害承担责任,而不包括在校学生等致人损害的赔偿责任。这一特征将其与监护人责任、用人者责任区别开来。

二、教育机构侵权责任的归责原则

(一)过错责任

《侵权责任法》第 39 条规定:"限制民事行为能力人在学校或者其他教育机构学习、生活期间受到人身损害,学校或者其他教育机构未尽到教育、管理职责的,应当承担责任。"从这一条文可以发现,教育机构对限制民事行为能力人承担的是过错责任,需要被侵权人证明教育机构存在未尽到教育、管理的职责,教育机构才承担侵权责任。[①]

(二)过错推定责任

《侵权责任法》第 38 条规定:"无民事行为能力人在幼儿园、学校或者其他教育机构学习、生活期间受到人身损害的,幼儿园、学校或者其他教育机构应

① 在我国,中小学教育是九年制义务教育,学校本身并不以营利为目的。因此,在学校和学生之间不存在经济力量、诉讼地位的明显不平等,没有必要给予学生一方特别的保护。参见张新宝:《侵权责任法》,中国人民大学出版社 2010 年版,第 194 页。

当承担责任,但能够证明尽到教育、管理职责的,不承担责任。”这一条文确立了教育机构对无民事行为能力人的过错推定责任。之所以采取这一原则,主要考虑到被侵权人年龄小,识别能力和表达能力较差,家长又不在身边,距离证据较远,被侵权人一方整体的举证能力相当薄弱,需要法律加以平衡。

三、教育机构侵权责任的承担

(一)教育机构对自己不作为过错的责任的承担

1.教育机构对自己不作为过错的责任的含义

教育机构对自己不作为过错的责任是一种不作为侵权责任,责任的发生不是因为教育机构的直接加害行为,而是因为教育机构的不作为,即没有尽到“教育、管理职责”。

2.教育机构对自己不作为过错的责任的构成要件

(1)学生在教育机构学习、生活期间遭受到人身损害。

(2)教育机构没有尽到教育、管理职责。教育机构没有尽到教育、管理职责的表现形式可谓五花八门,归总起来大概包括三个方面:第一,教育机构的硬件设施、食品药品之类存在安全隐患;第二,教育机构在教育活动中没有尽到对学生的安全保护和照顾义务;第三,教师体罚等直接性的伤害。

(3)学校的不作为过错与损害之间存在因果关系。

3.教育机构对自己不作为过错的责任的承担

《侵权责任法》确立了教育机构对学生受到人身损害的完全赔偿责任。如果损害是单纯因为教育机构的不作为过错造成的,教育机构将承担完全赔偿责任。但是,如果被侵权人或者被侵权人的监护人存在过失,或是学校对学生活动进行了特别指示和指导,而学生仍置之不理,此时就可以根据双方的过错程度来减轻学校的责任。

(二)教育机构对第三人致害的责任

1.教育机构对第三人致害的责任的含义

《侵权责任法》第40条规定:“无民事行为能力人或者限制民事行为能力人在幼儿园、学校或者其他教育机构学习、生活期间,受到幼儿园、学校或者其他教育机构以外的人员人身损害的,由侵权人承担侵权责任;幼儿园、学校或者其他教育机构未尽到管理职责的,承担相应的补充责任。”从这一条文中可以发现,只有在教育机构“未尽到管理职责”之时,也就是没有尽到对学生的安全保护义务的时候,才承担补充责任。

2.教育机构对第三人致害的责任的构成要件

(1)第三人不法加害在校学生造成学生的人身损害。

(2)教育机构未尽到管理职责。教育机构有采取安全保障措施防止校外人员伤害学生的义务,例如,配备必要的学校保安等。

(3)教育机构的过错与学生受到损害之间存在因果关系。

3.教育机构对第三人致害的责任的承担

第三人侵权致使在校学生遭受人身损害的,通常情况下由该第三人自己承担赔偿责任。如果教育机构未尽到管理职责,那么其应当承担补充责任。

本章思考题:

1. 监护人责任的构成要件是什么?
2. 用人者责任的构成要件包括哪几个?
3. 明知规则与提示规则的含义分别是什么?
4. 我国《侵权责任法》关于教育机构责任的承担是如何规定的?

第三十一章

特殊侵权行为

特殊侵权行为，通说是指立法特别规定其法律构成要件和法律效果的侵权行为。详言之，在我国，一般侵权行为的责任要件统一适用《民法通则》第106条和《侵权责任法》第6条的规定；而对于特殊侵权行为，则适用《侵权责任法》第32条至第91条的特别规定以及《民法通则》第121条至第127条及第133条的规定。可以看出，特殊侵权行为之所以"特殊"，首先表现在立法对这类侵权行为作出了特别规定；此外，"特殊"还指法律针对这类侵权行为规定了特别的法律要件、法律效果、免责事由等。在这一章中所涉及的特殊侵权行为责任主要包括产品责任、机动车交通事故责任、医疗损害责任、环境污染致人损害责任、高度危险致人损害责任、饲养动物致人损害责任以及物件致人损害责任等七类。[①]

第一节 产品责任

一、产品与产品责任的含义

（一）产品的含义

对于产品的含义，我国《侵权责任法》并没有给出严密、周全的定义。我国

① 在有的学者看来，第三十章所阐述的特殊责任主体的侵权行为也属于特殊侵权行为。参见江平：《民法学》，中国政法大学出版社2011年版，第520页。考虑到我国《侵权责任法》的立法体例及结构安排，本章所阐述的特殊侵权行为并不包含第三十章所列举的特殊责任主体的侵权行为。

《产品质量法》第 2 条规定:“本法所称产品是指经过加工、制作,用于销售的产品。”因此,可以推知法律上所指的产品仅仅是指动产。

(二)产品责任的含义

产品责任,是指因产品存有缺陷造成他人财产、人身损害,产品制造者、销售者所应承担的民事责任。应当说明的是,产品责任的含义有广义与狭义之分,广义的产品责任既包括产品存在缺陷致人损害所应承担的民事侵权责任,也包括产品质量不合格所引起的不适当履行的合同责任。这里所谓的产品责任则是狭义上的产品责任,即产品有缺陷致人损害所应承担的侵权责任。

二、产品责任的归责原则、构成要件与责任承担

(一)产品责任的归责原则

在《侵权责任法》出台之前,我国产品责任的归责规定散见于《民法通则》、《产品质量法》、《消费者权益保护法》等法律之中,但没有形成统一明确的归责原则。

《侵权责任法》第 41 条规定:“因产品存在缺陷造成他人损害的,生产者应当承担侵权责任。”从中可以断定《侵权责任法》采纳的是无过错责任原则。也就是说,对于生产者,不论主观上是否有过错,只要存在产品有缺陷致人损害的事实就要承担责任。正如有学者说的一样:“如果关于特殊侵权责任的相关条文没有使用‘过错’或‘过失’等词语表述归责原则,则该责任不以‘过错’或‘过失’为要件。”[①]

(二)产品责任的构成要件

1. 产品存在缺陷

产品存在缺陷是产品责任发生的前提与基础,是产品责任法的核心所在。《产品质量法》第 46 条规定:“本法所称缺陷,是指产品存在危及人身、他人财产安全的不合理的危险;产品有保障人体健康和人身、财产安全的国家标准、行业标准的,是指不符合该标准。”据此,可以将产品缺陷分为三类,即制造缺陷、设计缺陷与警告缺陷。所谓制造缺陷是指产品与其设计要求的背离;设计缺陷是指产品设计本身存在的缺陷;警告缺陷是指生产者疏于以适当方式向消费者说明产品在使用方法及危险防止方面应予注意的事项,因而导致产品发生危险。

① 梅夏英:《中华人民共和国侵权责任法讲座》,中国法制出版社 2010 年版,第 161 页。

2. 缺陷产品造成受害人损害的事实

缺陷产品造成受害人损害的事实，是指缺陷产品的使用人或者第三人因缺陷产品造成损害的客观存在。缺陷产品造成的财产损害既包括缺陷产品以外的其他财产的损害，也包括缺陷产品本身的损害。

3. 缺陷产品与损害事实之间存在因果关系。

（三）产品责任的免责事由

由于产品责任采取的是无过错责任原则，因此明确免责事由实属必要。根据现行法律的规定，产品责任的免责事由有以下几个：

第一，未将产品投入流通。产品是否投入流通，应以最初生产者投入流通为准，与其后的各流通环节上的批发、零售、运输等环节无关。

第二，产品投入流通时引起损害的缺陷尚不存在。

第三，将产品投入流通时的科学技术水平尚不能发现缺陷的存在。

第四，为使产品符合政府颁布的强制性标准而产生的缺陷。

（四）产品责任的承担

1. 产品责任的请求权与追偿权

《侵权责任法》第 43 条规定："因产品存在缺陷造成损害的，被侵权人可以向产品的生产者请求赔偿，也可以向产品的销售者请求赔偿；产品缺陷由生产者造成的，销售者赔偿后，有权向生产者追偿；因销售者的过错使产品存在缺陷的，生产者赔偿后，有权向销售者追偿。"从这一规定可以看出，在缺陷产品致人损害的外部关系上，无论是生产者还是销售者，对受害人均应承担无过错责任。但是，只有当由于销售者的过错致使产品存在缺陷时，销售者才承担最终责任。此时，如果销售者承担了责任，则不能再向生产者进行追偿。当然，如果生产者承担了责任，生产者则可以通过证明缺陷是由于销售者的过错所致，而向销售者主张追偿权。

2. 产品责任的承担方式

(1)赔偿损失

赔偿损失是产品责任案件中最基本的侵权责任承担方式。具体赔偿哪些项目以及赔偿数额，需要结合案情，根据《侵权责任法》第 19 条、第 20 条以及第 22 条的规定予以确定。

(2)排除妨害、消除危险和召回

根据《侵权责任法》第 45 条的规定，因产品缺陷危及他人人身、财产安全的，被侵权人有权请求生产者、销售者承担排除妨碍、消除危险等侵权责任。

《侵权责任法》第 46 条规定："产品投入流通后发现存在缺陷的，生产者、销售者应当及时采取警示、召回等补救措施。未及时采取补救措施或者补救措施不力造成损害的，应当承担侵权责任。”在这里，所谓售后警示义务是指生产者对产品投入流通后发现的不合理的危险予以警告和指示的义务；召回是指产品的生产者、销售者公开要求产品的购买人、使用者等送回有缺陷的产品，以进行修理、更换或退货的制度。

(3)惩罚性赔偿

根据《侵权责任法》第47条的规定，明知产品存在缺陷仍然生产、销售，造成他人死亡或者健康严重损害的，被侵权人有权请求相应的惩罚性赔偿。可以发现，这一规定的适用条件是极为严格的。由于惩罚性赔偿本身的严厉性，因此严格限制其适用范围是不无道理的。在《侵权责任法》中，把惩罚性赔偿金严格限制在恶意产品侵权行为的范围内适用，不再扩大其适用范围，就是为了避免惩罚性赔偿的副作用的发生。值得注意，这一制度是英美法系国家侵权法的一项制度，大陆法系国家的侵权法没有规定这一制度。

第二节　机动车交通事故责任

一、机动车交通事故责任的含义、特征与归责原则

(一)机动车交通事故责任的含义

机动车交通事故责任是指因在道路上驾驶机动车，过失或意外造成人身伤亡、财产损失而应当承担的损害赔偿责任。具体而言，它是指机动车与非机动车驾驶人员、行人、乘车人及其他在公路、城市道路以及虽在单位管辖范围但允许社会机动车通行的地方、广场、公共停车场等用于公众通行的场所上进行交通活动的人员，因违反《道路交通安全法》和其他道路交通管理法规、规章的行为，过失或者意外造成的人身伤亡或财产损失而应当承担的损害赔偿责任。

(二)机动车交通事故责任的特征

1.机动车交通事故责任发生在道路交通领域中。

2.责任人与受害人在事故发生之前不存在相对性的民事法律关系。

3.机动车交通事故责任的主要形式是人身损害赔偿，但常伴有财产损害赔偿。

4. 机动车交通事故责任既受特别法调整，也受基本法调整。

(三)机动车交通事故责任的归责原则

根据《道路交通安全法》第76条的规定，依据侵权行为当事人主体不同，机动车交通事故责任可分为机动车与机动车之间的交通事故责任以及机动车与非机动车、行人之间的交通事故责任。

1. 机动车之间交通事故责任归责原则

一般认为，机动车之间发生交通事故采用过错责任原则。因为，发生于机动车之间的交通事故，双方主体之间的地位、力量以及其他所遭受损害的可能性基本等同，与一般侵权之间并无本质差别，故而并无必要对其中某一方当事人进行特殊保护。

2. 机动车与非机动车、行人之间交通事故责任归责原则

发生此类交通事故时，应对机动车一方适用何种侵权责任归责原则，学界有不同的观点。根据立法者的立法本意，本书认为机动车一方侵权责任的归责原则应当以过错推定原则为主，同时兼顾无过错责任原则。具体而言，第一，机动车一方所承担的是过错推定责任。这是机动车一方承担责任的主要归责原则。第二，机动车一方应部分地承担无过错责任。虽然机动车一方可以通过证明其对交通事故发生无过错的方法减轻其赔偿责任，但是却无法彻底免除其赔偿责任，他仍应对受害人的损失承担不超过百分之十的赔偿责任。

二、机动车交通事故责任的承担

(一)机动车交通事故责任承担的原则性规定

1. 机动车第三者责任强制保险

机动车第三者责任强制保险，是指以机动车所有人或者使用人对机动车交通事故受害人应当承担的损害赔偿责任为标的的强制性责任保险。在机动车交通事故发生后，对于侵权行为所造成的受害人人身、财产损失的，应当由加害人一方的保险公司在其保险责任限额范围内予以赔偿。这里所谓的“第三者”，是指本车人员以及被保险人以外的受害人。

2. 机动车一方的侵权责任承担

(1)机动车之间发生交通事故时的责任承担

如前所述，此时根据过错责任原则，对双方的侵权责任进行认定。

(2)机动车与非机动车、行人之间发生交通事故时的责任承担

在此情况下，首先由保险公司在第三者责任强制保险的保险限额内进行赔偿。当保险赔偿不足以赔偿受害人的全部损失时，由机动车一方对受害人

就不足部分再进行赔偿。

另外，在进行责任认定的过程中，以下几个情况值得注意：第一，如果机动车与非机动车驾驶人、行人之间发生交通事故，非机动车驾驶人、行人没有过错的，应由机动车一方承担全部赔偿责任；第二，有证据证明非机动车驾驶人、行人有过错的，应当根据其过错程度适当减轻机动车一方的责任；第三，机动车一方当事人能够证明自己无过错的，承担不超过百分之十的赔偿责任；第四，交通事故是由被害人的故意行为造成的，机动车一方不承担赔偿责任。

（二）机动车交通事故责任的特殊规定

1. 租赁、借用的机动车交通事故责任

《侵权责任法》第49条规定："因租赁、借用等情形机动车所有人与使用人不是同一人时，发生交通事故后属于该机动车一方责任的，由保险公司在机动车强制保险责任限额范围内予以赔偿。不足部分，由机动车使用人承担赔偿责任；机动车所有人对损害的发生有过错的，承担相应的赔偿责任。"其中，机动车租赁是指机动车所有人将机动车在一定时间内交付承租人使用、收益，机动车所有人收取租赁费用，不提供驾驶劳务的行为；机动车借用是指机动车所有人将机动车在约定时间内交由借用人使用的行为。

2. 未办理过户登记的机动车交通事故责任

《侵权责任法》第50条规定："当事人之间已经以买卖等方式转让并交付机动车但未办理所有权转移登记，发生交通事故后属于该机动车一方责任的，由保险公司在机动车强制保险责任限额范围内予以赔偿。不足部分，由受让人承担赔偿责任。"本条是关于转让并交付但未办理所有权转移登记的机动车发生交通事故时责任承担的基本规定。

（三）拼装或者已达到报废标准的机动车交通事故责任

《侵权责任法》第51条规定："以买卖等方式转让拼装或者已达到报废标准的机动车，发生交通事故造成损害的，由转让人和受让人承担连带责任。"所谓拼装机动车是指使用报废或者不合格的机动车的发动机、变速器、前后桥、车架以及其他零配件组装的机动车。报废机动车是指达到国家报废标准，或者虽未达到国家报废标准，但发动机或者底盘已严重损坏，经检验不符合国家机动车运行安全技术条件或者国家机动车污染物排放标准的机动车。

（四）盗抢的机动车交通事故责任

《侵权责任法》第52条规定："盗窃、抢劫或者抢夺的机动车发生交通事故造成损害的，由盗窃人、抢劫人或者抢夺人承担赔偿责任。保险公司在机动车强制保险责任限额范围内垫付抢救费用的，有权向交通事故责任人追偿。"本条是关于被盗窃、抢劫或者抢夺的机动车发生交通事故造成损害的责任的规定。

(五)机动车驾驶人逃逸后的交通事故责任

《侵权责任法》第52条规定:"机动车驾驶人发生交通事故后逃逸,该机动车参加强制保险的,由保险公司在机动车强制保险责任限额范围内予以赔偿;机动车不明或者该机动车未参加强制保险,需要支付被侵权人人身伤亡的抢救、丧葬等费用的,由道路交通事故社会救助基金垫付。道路交通事故社会救助基金垫付后,其管理机构有权向交通事故责任人追偿。"

第三节 医疗损害责任

一、医疗损害责任的含义、特征与类型

(一)医疗损害责任的含义

医疗损害责任是指医疗机构及医务人员在医疗过程中因过失造成患者人身损害或者其他损害,应当承担的以损害赔偿为主要方式的侵权责任。

(二)医疗损害责任的特征

1.医疗损害责任的责任主体是医疗机构。医疗机构是指从事疾病诊断、治疗活动的医院、卫生院、疗养院、门诊部、诊所、卫生所(室)以及急救站等机构。

2.医疗损害责任的行为主体是医务人员。医务人员包括医师和其他医务人员。医师又分为执业医师和执业助理医师,是指依法取得执业医师资格或者执业助理医师资格,经注册在医疗、预防、保健机构中执业的专业医务人员。

3.医疗损害责任发生在诊疗活动之中。诊疗活动是指通过各种检查,使用药物、器械及手术等方法,对疾病作出诊断、消除疾病、缓解病情、减轻痛苦、改善功能、延长生命、帮助患者恢复健康等活动。

4.医疗损害责任的主观要件为过失。

(三)医疗损害责任的类型

1.医疗技术损害责任

医疗技术损害责任,是指医疗机构及医务人员在医疗活动中,违反医疗技术上的高度注意义务,具有违背当时医疗水平的技术过失,造成患者人身损害

的医疗损害责任。

2. 医疗伦理损害责任

所谓医疗伦理损害责任，是指医疗机构及医务人员违背医疗良知和医疗伦理要求，违背医疗机构和医务人员的告知和保密义务，具有医疗伦理过失，造成患者人身损害以及其他合法权益受损的医疗损害责任。

3. 医疗产品损害责任

医疗产品损害责任，是指医疗机构在医疗过程中使用有缺陷的药品、消毒药剂、医疗器械、血液及制品等医疗产品，因此造成患者人身损害，医疗机构或者医疗产品生产者、销售者应当承担的医疗损害赔偿责任。[①]

二、医疗损害责任的归责原则及构成要件

在很长一段时间里，我国确立了医疗机构就医疗行为不存在医疗过失承担举证责任(举证责任倒置)的基本制度。随着社会的发展，这种确定医疗侵权责任实行完全的医疗过错推定的做法，其不合理性越来越明显。《侵权责任法》针对这一问题，在综合各种经验的基础上，形成了新的归责原则。

(一)过错责任原则为主

《侵权责任法》第54条规定："患者在诊疗活动中受到损害，医疗机构及其医务人员有过错的，由医疗机构承担赔偿责任。"显然，立法者对医疗损害责任采取的是过错责任原则。学者普遍认为，采取这一归责原则，是符合我国国情和医疗行为特征的。

1. 医疗损害过错责任的构成要件

(1)过错是承担责任的前提，无过错即无须承担赔偿责任。

(2)造成患者人身损害。

(3)医疗机构及其医务人员的过错与患者的损害之间具有因果关系。

2. 医疗损害过错责任的具体情形

(1)未尽说明告知义务

所谓医师的告知义务，是指医方在其执行医疗行为的过程中，将其诊疗对象即患者的有关诊断、治疗措施及疾病发展和诊疗措施所面临的风险等向患者本人或者其家属交代的义务。《侵权责任法》第54条规定："医务人员在诊疗活动中应当向患者说明病情和医疗措施。需要实施手术、特殊检查、特殊治疗的，医务人员应当及时向患者说明医疗风险、替代医疗方案等情况，并取得

① 杨立新:《医疗损害责任概念研究》，载《政治与法律》2009年第3期。

其书面同意;不宜向患者说明的,应当向患者的近亲属说明,并取得其书面同意。”

(2)未尽诊疗注意义务

《侵权责任法》第57条规定:“医务人员在诊疗活动中未尽到与当时的医疗水平相应的诊疗义务,造成患者损害的,医疗机构应当承担赔偿责任。”这里所谓的注意义务就是指医务人员应当尽到与其当时的医疗水平相应的诊疗义务。

(3)未尽保密义务

《侵权责任法》第62条规定:“医疗机构及其医务人员应当对患者的隐私保密。泄露患者隐私或者未经患者同意公开其病历资料,造成患者损害的,应当承担侵权责任。”这是对医务人员保密义务的规定,从患者的角度来看也就是对患者隐私权的保护问题。在司法实践中,医疗机构以及医务人员未尽到保密义务主要包括两种情况:第一,泄露患者隐私;第二,未经患者同意,公开其病历资料。

(4)过度医疗

《侵权责任法》第63条规定:“医疗机构及其医务人员不得违反诊疗规范实施不必要的检查。”由医疗机构提供的超出患者个体和社会保健实践需求的医疗检查服务,医学伦理界称之为“过度医疗”。

(二)过错推定责任原则为辅

《侵权责任法》第58条规定:“患者有损害,因下列情形之一的,推定医疗机构有过错:(一)违反法律、行政法规、规章以及其他有关诊疗规范的规定;(二)隐匿或者拒绝提供与纠纷有关的病历资料;(三)伪造、篡改或者销毁病历资料。”

(三)医疗损害的无过错责任为特例

《侵权责任法》第59条规定:“因药品、消毒药剂、医疗器械的缺陷,或者输入不合格的血液造成患者损害的,患者可以向生产者或者血液提供机构请求赔偿,也可以向医疗机构请求赔偿。患者向医疗机构请求赔偿的,医疗机构赔偿后,有权向负有责任的生产者或者血液提供机构追偿。”从中可以看出关于此类问题适用的是无过错责任原则。

三、医疗损害责任的免责事由

根据《侵权责任法》第60条的规定可知,医疗损害责任的免责事由有三种情形:

第一，患者或者其近亲属不配合医疗机构进行符合诊疗规范的诊疗。当然，在这种情况下，医疗机构完全免责的前提是医疗机构以及医务人员不存在过错。

第二，医务人员在抢救生命垂危的患者等紧急情况下已经尽到合理诊疗义务。

第三，限于当时的医疗水平难以诊疗。

第四节　环境污染致人损害责任

一、环境污染致人损害责任的含义与类型

（一）环境污染致人损害责任的含义

在谈论环境污染致人损害责任的含义之前，首先对“环境”以及“环境污染”的基本含义作一个简单的说明。所谓环境是指对人类生存与发展具有影响的周围自然因素；所谓环境污染，是指由于人为的原因致使环境发生化学、物理、生物等特征上的不良变化，从而影响人类健康和生产生活，影响生物生存和发展的现象。

环境污染致人损害责任是指污染者违反法律规定的义务，以作为或不作为的方式，污染生活、生态环境，造成损害，依法不问其过错，应当承担损害赔偿等法律责任的特殊侵权责任。

（二）环境污染致人损害责任的具体类型

根据污染要素的不同，可以将环境污染致人损害责任分为以下几种类别：

1. 转基因农产品环境污染致人损害责任，众所周知，正确使用转基因技术对人体健康有益，但是如果不正确使用则会造成基因污染，进而可能对人体健康造成严重的损害；

2. 水环境污染致人损害责任；

3. 大气污染致人损害责任；

4. 固体废弃物环境污染致人损害责任；

5. 海洋环境污染致人损害责任；

6. 能量环境污染致人损害责任，能量环境污染是指违反法律的规定，向环境中排放电磁波、热能、光波、放射性物质等造成的污染；

7.有毒有害物环境污染致人损害责任；

8.噪声环境污染致人损害责任。

二、环境污染致人损害责任的归责原则

《侵权责任法》第65条规定："因污染环境造成损害的，污染者应当承担侵权责任。"这说明我国环境污染侵权责任采取的是无过错责任原则。之所以采取这一原则，其理由主要包括以下几个方面：第一，采用这一原则，是社会实质公平的体现，有利于保护受害人的合法权益，并减轻其所承担的举证责任。第二，实行这一原则，能够督促污染者切实履行环境保护义务，积极采取措施防治环境污染。第三，这一原则有利于简化责任认定程序，从而提高诉讼效率，加快受害人获得赔偿的速度。第四，这一原则也与国外环境侵权相关法律的发展趋势相吻合。

三、环境污染致人损害责任的构成要件与责任的承担

（一）环境污染致人损害责任的构成要件

1.须有环境污染行为。环境污染行为通常体现为工矿企业等单位所产生的废水、废气、废渣、粉尘、垃圾、放射性物质、噪声、震动、恶臭等排放或者传播到大气、水、土地等环境中，对一定区域内人们的生活、生产产生危害的行为。

2.须有客观的损害事实。这种损害具有滞后性与广泛性两大特点。所谓滞后性就是指这种影响可能不会立即体现出来，而是一个日积月累的漫长过程。

3.环境污染的行为与损害结果之间存在因果关系。

（二）环境污染致人损害责任的承担

1.承担方式

《环境保护法》第41条第1款规定："造成环境污染危害的，有责任排除危害，并对直接受到损害的单位或个人赔偿损失。"从中可以发现"排除危害"和"赔偿损失"是环境污染致人损害责任承担的主要方式。

2.环境污染致人损害责任承担的特殊规定

（1）无意思联络的环境侵权行为

《侵权责任法》第67条规定："两个以上污染者污染环境，污染者承担责任的大小，根据污染物的种类、排放量等因素确定。"这一规定是针对受害人所遭受的损害结果是两个以上的污染者，以无意思联络的侵权行为造成的情况。

在这一情况下，根据各自排放的污染物的种类、数量等因素确定不同污染者对其所造成的损害的原因力大小。当然，如果无法甄别各自的损害程度，则由侵权人平均承担责任。

(2)第三人的过错污染环境的责任

《侵权责任法》第 67 条规定："因第三人的过错污染环境造成损害的，被侵权人可以向污染者请求赔偿，也可以向第三人请求赔偿。污染者赔偿后，有权向第三人追偿。"

四、环境污染致人损害责任的免责事由

虽然污染者不能以其污染行为不存在过错为由免除责任，但其仍然可以通过证明存在法律明文规定的免责事由，而主张免除其侵权责任。这些事由有以下几种：

1. 不可抗力。《环境保护法》第 41 条第 3 款规定："完全由于不可抗拒的自然灾害，并经及时采取合理措施，仍然不能避免造成环境污染损害的，免于承担责任。"

2. 受害人的过错。如果损害的发生或扩大不是由污染者造成，而是由受害人故意造成的，则污染者不承担环境侵权责任。

3. 正当防卫与紧急避险。

第五节　高度危险致人损害责任

一、高度危险致人损害责任的含义与特征

(一)高度危险致人损害责任的含义

现代科技的飞速发展，致使许多具有高度危险性的大型现代工业日益增多。根据目前的科技水平，即使人们在操作管理过程中保持高度的谨慎，也难免会发生危险事故。因此，科学、合理地规范这一行为显得特别重要。

在《侵权责任法》中，所谓高度危险致人损害责任是指从事对周围环境具有高度危险的作业而造成他人损害时，依法应当承担的一种特殊侵权责任。

(二)高度危险致人损害责任的特征

1.合法性

高度危险作业首先是一种合法行为,是法律所允许的行为。人类为了享受现代科技文明所带来的巨大经济利益,就必须允许某些高空、高压、易燃、易爆、剧毒、放射性以及高速运输工具等作业的存在和发展。

2.高度危险性

限于科学技术和工业制造能力、材料强度等因素的制约,这些作业具有高度危险性在所难免,加上这些活动本身的危险程度较高的特性,更进一步强化了其高危性。

3.受害人特别保护的必要性

受害人需要特别的保护是应对高危作业危害性的必要举措。

二、高度危险致人损害责任的归责原则与构成要件

(一)高度危险致人损害责任的归责原则

《侵权责任法》第69条规定:“从事高度危险作业造成他人损害的,应当承担侵权责任。”由此可见,我国高度危险致人损害责任的归责原则是无过错责任原则。

(二)高度危险致人损害责任的构成要件

1.须有高度危险活动或者危险物对周围环境造成损害的行为。

2.须有损害后果或者严重危险的存在。

3.高度危险行为与损害结果之间存在因果关系。

三、高度危险致人损害责任的赔偿限额

损害赔偿限额一般在一些特殊侵权行为中适用,是指对损害赔偿义务人的赔偿责任以法律的形式确定其赔偿限额,即不按照实际损失全部赔偿,是对全部赔偿原则的修正与衡平。

在部分特殊侵权行为中,如若实行全部赔偿原则,实际损失数额往往过大,导致加害人承受不起或负担过重,从而严重影响该行业或该行为的正常运转。可以说,赔偿限额是对优质产业进行保护或者对以“社会利益为目的的活动”进行维护所采取的措施,是侵权损害赔偿之效率价值的反映。[①]

---

① 梅夏英:《中华人民共和国侵权责任法讲座》,中国法制出版社2010年版,第326页。

四、高度危险致人损害责任的具体类型

(一)民用核设施事故致人损害责任

民用核设施属于非军用、经国家有关部门批准而建立的能产生高辐射、高污染且具有高度危险性的核设施。民用核设施事故致人损害责任是指由于民用核设施内的核燃料、放射性产物、废料或运入运出核设施的核材料所发生的放射性、毒害性、爆炸性事故或其他危害性事故损害他人健康、危害他人生命或造成他人财产损失时,民用核设施的经营者所应承担的民事责任。针对这一问题,我国《侵权责任法》第 70 条规定:"民用核设施发生核事故造成他人损害的,民用核设施的经营者应当承担侵权责任,但能够证明损害是因战争等情形或者受害人故意造成的,不承担责任。"

(二)民用航空器致人损害责任

民用航空器是指通过空气的反作用,而不是由空气对地面发生的反作用,在大气中取得支撑的任何机器,主要包括固定翼飞机、滑翔机、直升机等飞机。

民用航空器致人损害是指在民用航空器上或者在旅客上、下民用航空器时发生事故,造成旅客人身伤亡或造成旅客随身携带物品的毁灭、遗失或损坏。我国《侵权责任法》第 70 条规定:"民用航空器造成他人损害的,民用航空器的经营者应当承担侵权责任,但能够证明损害是因受害人故意造成的,不承担责任。"

(三)高度危险物致人损害责任

1. 占有或使用高度危险物致人损害责任

我国《侵权责任法》第 72 条规定:"占有或者使用易燃、易爆、剧毒、放射性等高度危险物造成他人损害的,占有人或者使用人应当承担侵权责任,但能够证明损害是因受害人故意或者不可抗力造成的,不承担责任。被侵权人对损害的发生有重大过失的,可以减轻占有人或者使用人的责任。"根据本条,制造、加工、使用、运输、保管易燃、易爆、剧毒、放射性等高度危险物造成他人人身损害或财产损失的,高度危险物的占有人或使用人是其责任承担的主体。无论其主观上是否有过错,都应承担赔偿责任。

2. 遗失、抛弃高度危险物致人损害的责任

我国《侵权责任法》第 74 条规定:"遗失、抛弃高度危险物造成他人损害的,由所有人承担侵权责任。所有人将高度危险物交由他人管理的,由管理人承担侵权责任;所有人有过错的,与管理人承担连带责任。"

3. 非法占有高度危险物致人损害的责任

我国《侵权责任法》第 75 条规定:"非法占有高度危险物造成他人损害的,

由非法占有人承担侵权责任。所有人、管理人不能证明对防止他人非法占有尽到高度注意义务的，与非法占有人承担连带责任。”

（四）高度危险作业致人损害责任

高度危险作业致人损害主要包括行为人从事高空、高压、地下挖掘，使用高速轨道运输工具造成损害的责任。我国《侵权责任法》第 73 条规定：“从事高空、高压、地下挖掘活动或者使用高速轨道运输工具造成他人损害的，经营者应当承担侵权责任，但能够证明损害是因受害人故意或者不可抗力造成的，不承担责任。被侵权人对损害的发生有过失的，可以减轻经营者的责任。”

第六节　饲养动物致人损害责任

一、饲养动物致人损害责任的含义与归责原则

（一）饲养动物致人损害责任的含义

饲养动物致人损害应承担赔偿责任是一项古老的法律规则。例如，早在古罗马《十二表法》中就规定，饲养的动物致人损害为“私犯”的一种。

在《侵权责任法》中，所谓饲养动物致人损害责任，是指饲养的动物造成他人人身或财产权益损害时，动物的饲养人或者管理人依法承担的侵权责任。

（二）饲养动物致人损害责任的归责原则

关于饲养动物致人损害责任的归责原则问题，存在不同的立法例。例如，法国民法理论对动物致人损害责任最初采取过错责任原则，后期才逐渐改为无过错责任原则。在英美法系国家中，法律一直对动物致人损害责任采取无过错责任原则。

在我国，《民法通则》实施以前，司法实践中一直是按照过错责任原则处理相关问题的。1986 年《民法通则》采取了无过错责任原则。《侵权责任法》在立法过程中，针对归责原则这一问题，尽管学者间也存有不同观点，最后仍旧延续了无过错责任原则。

二、饲养动物致人损害责任的构成要件

关于饲养动物致人损害侵权责任的构成要件，包括以下几个方面：

1. 须是饲养的动物。所谓饲养的动物，是指人们管束喂养的动物，包括

一切为人所饲养的家禽、家畜等。司法实践中认定“饲养的动物”,应同时具备以下几个因素:第一,它为特定的人所有或占有;第二,饲养或管理者对动物具有适当程度的控制力;第三,该动物依其自身的特性,有可能对他人的人身或财产造成损害;第四,该动物为家畜、家禽、宠物或驯养的野兽、爬行类动物等。

2. 须有动物的侵害行为。

3. 须有损害事实的存在。

4. 损害事实与动物侵害之间具有因果关系。

三、饲养动物致人损害责任的承担

(一)饲养动物致人损害责任承担的一般规则

《侵权责任法》第78条规定:“饲养的动物造成他人损害的,动物饲养人或者管理人应当承担侵权责任,但能够证明损害是因被侵权人故意或者重大过失造成的,可以不承担或者减轻责任。”从这一条文可以发现,动物的饲养人或管理人均是责任主体。动物的饲养人是指动物的所有人,即对动物享有占有、使用、收益、处分权的人;动物的管理人是指实际控制和管束动物的人,管理人对动物不享有所有权,只是根据某种法律关系直接占有和控制动物。在实际生活中,动物的饲养人与管理人有时为同一人,有时则不为同一人。因此,须分为两种具体情况,分别进行处理:

1. 饲养人与管理人是同一主体。在这一情况下,关于责任的承担主体并无争议。

2. 饲养人与管理人不是同一主体。此时由哪一主体来承担责任,要根据“谁现实占有,谁负责”的原则处理。

(二)饲养动物致人损害责任的特殊规则

1. 未采取安全措施的动物致人损害责任

《侵权责任法》第79条规定:“违反管理规定,未对动物采取安全措施造成他人损害的,动物饲养人或者管理人应当承担侵权责任。”据此,只要饲养人或者管理人违反管理规定,未对动物采取安全措施造成他人损害的,其就应该承担侵权责任,不论其对损害的发生是否有过错。

2. 禁止饲养的动物致人损害责任

《侵权责任法》第80条规定:“禁止饲养的烈性犬等危险动物造成他人损害的,动物饲养人或者管理人应当承担侵权责任。”从中可以发现,饲养人如果饲养了禁止饲养的烈性犬等危险动物,而该危险动物又造成他人损害的,动物的饲养人或者管理人应当承担无过错侵权责任。

3.动物园饲养的动物致人损害责任

《侵权责任法》第81条规定:"动物园的动物造成他人损害的,动物园应当承担侵权责任,但能够证明尽到管理职责的,不承担责任。"据此,动物园动物造成他人损害的,动物园承担过错推定的侵权责任。在其能够证明尽到管理职责的范围之内,则不承担责任。之所以对动物园饲养动物的侵权责任加以一定程度的限制,乃考虑到经营动物园在我国是一项公益事业,其饲养动物并不仅仅是为了自己谋利,而是为了社会公众的利益,因此其承担的责任较一般饲养人或管理人为轻。

4.遗弃、逃逸的动物致人损害责任

《侵权责任法》第82条规定:"遗弃、逃逸的动物在遗弃、逃逸期间造成他人损害的,由原动物饲养人或者管理人承担侵权责任。"遗弃的动物是指被饲养人抛弃了的动物;逃逸的动物是指饲养人并不是放弃了自己饲养的权利,而是暂时地丧失了对该动物的占有和控制。本条明确了饲养人和管理人的管理责任,有助于从源头上遏制遗弃饲养动物行为的发生,促使人们看管好自己饲养的动物以防丢失。当然,如果遗弃的动物被他人收养,就不再由动物的原饲养人或管理人承担责任,因为此时已经出现了新的动物饲养人或管理人。另外,逃逸的动物,也可能回归自然,此时,其就变成了野生动物,原饲养人也将不再承担责任。

5.第三人过错造成的动物致人损害责任

《侵权责任法》第83条规定:"因第三人的过错致使动物造成他人损害的,被侵权人可以向动物饲养人或者管理人请求赔偿,也可以向第三人请求赔偿。动物饲养人或者管理人赔偿后,有权向第三人追偿。"第三人的过错是指被侵权人和动物饲养人或管理人以外的第三人对动物造成损害存有过错。第三人的过错在大多数场合表现为有意挑逗、殴打、投喂、诱使等行为。

第七节 物件致人损害责任

一、物件致人损害责任的含义、种类与归责原则

(一)物件致人损害责任的含义

物件致人损害责任,是指物件的所有人、管理人或者其他主体对其所管领

的物件致人损害承担的侵权责任。在这里,“物件”是指建筑物、构筑物、其他设施及其搁置物和悬挂物以及建筑物中的抛掷物。所谓建筑物,是指人工建造的、固定在土地上,其空间用于居住、生产或存放物品的设施;构筑物或其他设施是指人工建造的、固定在土地上、建筑物以外的某些设施;建筑物、构筑物或者其他设施上的搁置物、悬挂物,是指搁置、悬挂在建筑物、构筑物或其他设施上,非建筑物、构筑物或者其他设施本身组成部分的物品。

(二)物件致人损害责任的种类

1.按照致人损害物的种类,可以分为:(1)建筑物、构筑物或者其他设施致人损害责任;(2)堆放物、妨碍通行物、林木、地下设施致人损害责任;(3)施工人责任和抛掷物、坠落物等致人损害的责任。

2.按照责任主体的类型划分,可以分为:(1)物件所有人或管理人、使用人的责任;(2)行为人的责任,例如建筑物倒塌时建筑单位与施工单位的连带责任就是这一类型。

(三)物件致人损害责任的归责原则

根据《侵权责任法》第85条、第87条的规定可知,我国建筑物侵权的归责原则是过错推定责任原则。这一原则基本上延续了我国《民法通则》的规定。之所以采取这一原则,根据学者的观点,是因为建筑物及其他设施的所有人、管理人或使用人享有对这些物件的实际控制权,只要他们通过合理的方式进行支配、使用,且不存在过失,这些物件就不应出现因倒塌、坠落等原因而造成他人损害的情况。[①]

二、物件致人损害责任的具体类型

(一)建筑物、构筑物或者其他设施致人损害责任

《侵权责任法》第85条规定:“建筑物、构筑物或者其他设施及其搁置物、悬挂物发生脱落、坠落造成他人损害,所有人、管理人或者使用人不能证明自己没有过错的,应当承担侵权责任。所有人、管理人或者使用人赔偿后,有其他责任人的,有权向其他责任人追偿。”根据这一规定,可知构成这一责任的条件包括以下几个:

1.存在建筑物等物件倒塌、脱落、坠落的事实;

2.须有损害后果的存在;

---

① 梅夏英:《中华人民共和国侵权责任法讲座》,中国法制出版社2010年版,第359页。

3.建筑物等物件的倒塌、脱落、坠落与损害后果之间存在因果关系。

(二)堆放物、妨碍通行物、林木、地下设施致人损害责任

1.堆放物致人损害责任

它是指由于堆放物整体倒塌或者个别物件滚落、滑落而致人损害,堆放人承担的赔偿责任。我国《侵权责任法》第88条规定:“堆放物倒塌造成他人损害,堆放人不能证明自己没有过错的,应当承担侵权责任。”

2.妨碍通行物件致人损害责任

它是指在公共道路上堆放、倾倒、遗撒妨碍通行的物品造成他人损害的,由实施该行为的单位、个人或负有道路安全保障义务的主体承担的侵权责任。我国《侵权责任法》第89条规定:“在公共道路上堆放、倾倒、遗撒妨碍通行的物品造成他人损害的,有关单位或者个人应当承担侵权责任。”

3.林木致人损害责任

它是指因林木折断、倾倒造成他人损害,林木所有人或者管理人承担的侵权责任。我国《侵权责任法》第90条规定:“因林木折断造成他人损害,林木的所有人或者管理人不能证明自己没有过错的,应当承担侵权责任。”

4.地下设施致人损害责任

它是指窨井等地下设施致人损害,其管理人承担的侵权责任。我国《侵权责任法》第90条第2款规定:“窨井等地下设施造成他人损害,管理人不能证明尽到管理职责的,应当承担侵权责任。”

(三)施工人责任和抛掷物、坠落物等致人损害的责任

1.施工人责任

施工人责任是指在公共场所或道路上从事挖坑、修缮安装地下设施等施工活动,没有设置明显标志和安全措施造成他人损害,施工人承担的侵权责任。我国《侵权责任法》第91条第1款规定:“在公共场所或者道路上挖坑、修缮安装地下设施等,没有设置明显标志和采取安全措施造成他人损害的,施工人应当承担侵权责任。”

2.不明抛掷物、坠落物致人损害的责任

我国《侵权责任法》第87条规定:“从建筑物中抛掷物品或者从建筑物上坠落的物品造成他人损害,难以确定具体侵权人的,除能够证明自己不是侵权人的外,由可能加害的建筑物使用人给予补偿。”据此,如果从建筑物中抛掷物品或者从建筑物上坠落的物品造成他人损害而无法确定具体侵权人的,由可能加害的建筑物使用人给予补偿。如果能够查明责任人,则由侵权人承担责任。这一责任的承担前提是无法确定具体侵权人。因此,这里使用了“补偿”

术语而非“赔偿”。正如有学者说的一样:“这里的‘补偿’不是严格意义的侵权责任,因为没有举证证明需要指出补偿者符合侵权责任的构成要件。”[①]

本章思考题:

1. 特殊侵权行为的种类包括哪些?
2. 产品责任的构成要件是什么?
3. 医疗损害过错责任的具体情形有哪些?
4. 简述高度危险致人损害责任的具体类型。

① 张新宝:《侵权责任法》,中国人民大学出版社2010年版,第350页。

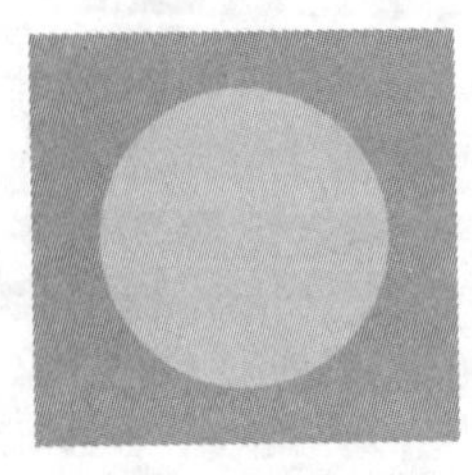

后 记

本书以全国高等院校法学专业主干课程教学大纲为基础，在编写中力求反映学科理论前沿动态，注意掌握《物权法》等民事法律的立法进展，以满足教学的需要。本书由李峰主编，杨瑞、张友连副主编，全书撰写分工如下（以章节先后为序）：

侯银萍：第一章、第二章；

杨　瑞：第三章、第四章、第五章、第六章；

张亚琼：第七章；

高周荣：第八章、第九章；

李　峰：第十章、第十一章、第十二章；

朱红英：第十三章、第十七章；

孟兆平、李嘉：第十四章；

李云波：第十五章、第十六章；

张友连：第十八章、第十九章、第二十章；

孙科峰：第二十一章、第二十二章、第二十三章、第二十四章、第二十五章、第二十六章、第二十七章；

兰仁迅：第二十八章、第二十九章、第三十章、第三十一章、第三十二章、第三十三章。

编　者

2008 年 4 月 1 日

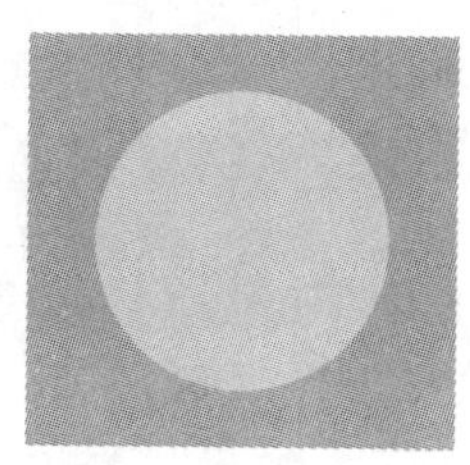

再版后记

《侵权责任法》作为一部全面保护并救济私权利的基本法，具有重大的现实意义与理论价值，而且，随着司法实践经验的不断积累以及理论研究的渐趋深化，其必将对我国民事立法的体系化进程乃至我国法制建设的更大进步注入强劲的动力。

《侵权责任法》于2009年12月26日第十一届全国人民代表大会常务委员会第十二次会议通过，并自2010年7月1日起开始施行。该法是以1986年颁行的《民法通则》为蓝本，同时借鉴、吸收了我国近年来极具参考价值的司法解释、其他法律法规的相关规定，并在仔细比较、甄别国外相关理论研究成果与实践操作经验的基础上，经过诸多法律人呕心沥血的共同努力而铸成的重要民事法律成果。

作为民法的重要组成部分，这次《侵权责任法》的颁布致使教材原有相关内容不再符合教学要求，为此，结合《侵权责任法》的条文及权威解释，本着理论性与实用性并重的原则，由李海龙博士执笔，对侵权法一编重新撰写。具体说来，对《侵权责任法》涉及的一般规定；责任构成和责任方式；不承担责任和减轻责任的情形；关于责任主体的特殊规定；产品责任、机动车交通事故责任、医疗损害责任、环境污染责任、高度危险责任、饲养动物损害责任、物件损害责任等11个有机组成部分进行了全面的阐释。同时，还由有关作者对人身权一编的部分内容进行了修改。

编　者

2011年7月30日

图书在版编目(CIP)数据

民法学/李峰主编. —2版. —厦门:厦门大学出版社,2006. 8
(21世纪东部法学系列教材/张旭总主编)
ISBN 978-7-5615-3006-1

Ⅰ. 民… Ⅱ. 李… Ⅲ. 民法-法的理论-中国-高等学校-教材 Ⅳ. D923. 01

中国版本图书馆CIP数据核字(2012)第034237号

厦门大学出版社出版发行
(地址:厦门大学 邮编:361005)
http://www. xmupress. com
xmup @ xmupress. com
沙县方圆印刷有限公司印刷
2012年5月第2版 2012年5月第1次印刷
开本:787×960 1/16 印张:42.75 插页:2
字数:745千字 印数:1～3000册
定价:55.00元